Bismarck
비스마르크 평전

지은이 강미현

독일 괴팅겐 대학교에서 석사학위를, 성신여자대학교에서 박사학위를 받았다. 지은 책으로 《통일 이후 독일과 독일인의 비스마르크 역사상(Das Bismarckbild nach der Wiedervereinigung Deutschlands und die Deutschen)》과 주요 논문으로 〈Bismarck 식민정책의 연구 동향에 관한 고찰〉 〈비스마르크 시대 포젠 지역을 중심으로 한 폴란드 정책〉 등이 있다. 현재 부산외국어대학교에 출강하고 있다. 1985년 처음 비스마르크를 접한 이후 끊임없는 관심과 연구의 성과물인 이 책은 한국간행물윤리 위원회의 '2010년 우수저작 및 출판지원사업' 당선작으로 선정되었다.

비스마르크 평전

비스마르크, 또다시 살아나다

초판 1쇄 발행일 2010년 11월 30일   **초판 3쇄 발행일** 2021년 5월 28일

지은이 강미현 | **펴낸이** 박재환 | **편집** 유은재 | **관리** 조영란
펴낸곳 에코리브르 | **주소** 서울시 마포구 동교로15길 34 3층(04003) | **전화** 702-2530 | **팩스** 702-2532
이메일 ecolivres@hanmail.net | **블로그** http://blog.naver.com/ecolivres
출판등록 2001년 5월 7일 제201-10-2147호
종이 세종페이퍼 | **인쇄·제본** 상지사 P&B

Copyright ⓒ 강미현 2010
ISBN 978-89-6263-041-1 03990

비스마르크 평전

비스마르크, 또다시 살아나다

강미현 지음

에코리브르

머리말

비스마르크와 만난 것이 1985년으로 거슬러 올라가니 꽤 오래되긴 했다. 프로이센 연구의 대가인 괴팅겐 대학 역사학과 타덴(Rudolf von Thadden) 교수가 건네준 소책자 몇 권에서 비스마르크의 이름을 볼 수 있었다.

그래, 비스마르크! 그는 프로이센 사람이었다. 1851년 정치생활 초년의 독일연방의회 대사 시절부터 스스로 말한 것처럼, 그는 프로이센 사람이고 프로이센 사람으로 남을 순수한 프로이센주의자였다. 1862년 수상이 된 이후로도 줄곧 주장해온 프로이센 자국의 동등한 이원주의가 오스트리아에서 거부당하면서 더 이상 연방의 맹주이던 '오스트리아의 아류 국가, 프로이센'이나 '이류 국가, 프로이센'이 아닌 프로이센의 헤게모니를 외치기에 이르렀다. 그 결과 1866년, 지난 50여 년의 정치적 흐름에 역행하는 '형제 전쟁'이 불가피해졌다. 이를 전후로 덴마크, 프랑스 등과 치른 전쟁에서 연전연승하면서 그는 마침내 1871년 독일제국을 통일·창건하고 프로이센인으로서 더 나아가서는 독일인으로서 독일 근대사의 마지막 장을 장식하게 되었다.

근 30년에 이르는 최고의 지도자 비스마르크. 그러나 그는 독일 역사에서 철저한 이분법적 논란으로 시시각각 존재를 달리해왔다. 특히 전쟁과 피에 의존한 독재자라는 논란으로 시대적 영웅으로서의 인물과 정치는 여지없이 천당과 지옥을 오르내려야 했다.

그는 민주주의에 역행한 나머지 독일의 역사 발전을 저해한 파괴범에 지나지 않을까. 당대 유럽의 정치무대에서 프로이센과 독일 조국에 안겨준 최고의 위상과 영광은 무엇이며, 유럽의 평화유지에 기여한 공은 또 무엇인가?

비스마르크의 전반적인 통치기술이 내정과 외정으로 인한 '다선'의 정치와 불가분하듯 일방적으로 흑백 중 하나의 색으로 그의 전부를 덮어버릴 수는 없지 않은가! 지난 10월 31일 북부도시 브레멘 중심가의 성 페트리 성당에서 개최된 통일 20주년 행사가 독일인들에게 '일상화' 되어버린 역사의 현실을 떠올리면서 우리의 앞날과 함께 '제대로' 된 비스마르크 상에 대해 다시금 생각하게 된다.

부족하기 짝이 없는 원고더미를 염치없이 내밀기도 했고, 오랜 작업을 흔적조차 없이 통째로 날려버리면서 기약 없이 무작정 손 놓아버리기도 했다. 그러나 그런 지난날들을 마무리할 수 있게 된 지금, 다행이고 감사하다.

이 책을 접하는 분들의 많은 비판과 충고를 기다리면서 에코리브르의 박재환 사장님의 배려, 그리고 문지영 선생님과의 소중한 인연에 감사드린다. 그리고 무엇보다 처음부터 끝까지 마다않고 읽어준 강성훈 선생에게 진심어린 고마움을 전한다.

2010년 가을을 보내며
해운대 센텀시티에서 강미현

차례

사진 출처:
본문의 사진은 모두 '오토 폰 비스마르크 재단(Otto-von-Bismarck-Stiftung)'의 허락을
받아 실었습니다.

서문

1989년 11월 9일, 동서 냉전의 상징이던 베를린 장벽이 무너졌다. 동독 주민들은 거리로 뛰쳐나와 평화시위에 가세하며 개혁의 목소리를 드높였다. 독일 전역의 TV, 라디오, 신문 등 각종 언론매체들은 가시화된 통일 문제를 구체적으로 다루었고, 시시각각 서독 수상 헬무트 콜(Helmuth Kohl, 1930~)과 동독의 마지막 수상 로타어 데 메지에르(Lothar de Maiziere, 1940~)의 모습을 실어 보냈다.

그 이듬해인 1990년 10월 3일, 드디어 독일 통일! 그 무렵 독일 북부의 조그마한 대학 도시인 괴팅겐에서조차 생필품을 구입하는 동독인들이 쉽게 눈에 뜨일 정도로 많은 변화가 일상 속으로 스며들었다. 독일 생활의 막바지를 보내던 나 역시 자동차로 한 시간 거리인 인근 동독 지역의 하일리겐슈타트로 달려갔고, 말로만 듣던 사회주의국가의 골목골목을 누비며 대전환기의 한 현장을 지켜볼 수 있었다.

또다시 2009년 11월 9일! 통일독일의 상징이 된 브란덴부르크 광장에서 1000개의 도미노가 차례로 쓰러지면서 베를린 장벽 붕괴의 역사적 의미를 일깨우며 그 20주년을 기념하는 '자유축제'의 장이 열렸다. 사람들은 "우리는 하나"라고 외치던 그날의 기사를 떠올리며 코앞에 다가온 통일 20주년의 독일을 고대했다. 유럽의 골칫거리였던 독일은 통일 이후 국제 정치와 경제 등 세계무대에서 유럽연합의 핵심 국가로, 또 세계사의 주역으로 쉼 없이 달려왔고 또 앞으로도 그렇게 달려갈 것이다.

그러나 이 지구상에 독일만큼 영광과 부흥, 다른 한편으로는 전쟁과 패배, 독재와 분단으로 얼룩진 숙명의 역사를 지닌 나라도 드물다. 그만큼 이해하기 복잡하고, 문제 또한 심각한 나라라 할 수 있다. 962년 오토 대제(Otto I, 912~973)에 의해 360여 개의 정치조직체로 성립된 신성로마제국 하의 역사가 그랬고, 1806년 나폴레옹(Napoléon Bonaparte, 1769~1821) 의 통치로 말미암아 천 년에 가까웠던 신성로마제국의 역사가 종결되었던 시대도 그랬다. 그리고 얼마 지나지 않아 나폴레옹 체제가 붕괴되고 1815년 열강의 빈 체제가 성립되면서 독일은 하나로 통일된 민족국가가 아닌, 41개의 개별국가와 자유도시로 대폭 재구성된 독일 연방의 틀에 갇혔고, 그렇게 다시 반세기를 견뎌야 했다.

1871년 독일은 오토 폰 비스마르크(Otto von Bismarck, 1815~1898)에 의해 역사적인 대전환기를 맞이했다. 비스마르크는 독일 연방의 의장국인 오스트리아를 제외하고 프로이센을 중심으로 한 소독일주의에 입각하여 마침내 제국의 통일시대를 열어놓았다. 이른바 비스마르크 제국이 하나로 통일된 근대 민족국가로서 새로운 역사를 열어나갔던 것이다.

그러나 1914년 발발한 제1차 세계대전에서 패배한 독일은 1919년 베르사유 조약에 따라 전쟁 책임을 지고 '사랑받지 못하는' 바이마르 공화국을 받아들여야 했다. 더욱이 1939년 히틀러(Adolf Hitler, 1889~1945)가 단행한 제2차 세계대전에서 거듭 전란의 쓴맛과 함께 전쟁 범죄 국가의 오명까지 감수해야만 했다. 70여 년 동안 지속되었던 통일국가는 1945년 동·서 이데올로기 대립으로 분단되고 말았고, 다시 반세기 만인 1990년 독일연방공화국으로 재통일되어 지금의 모습으로 새롭게 일어설 수 있었다.

참으로 오래도록 많은 시련을 거치고 난 국가의 모습이 아닐 수 없었다. 독일인들에게는 하나의 국가와 민족으로 통일되어 살기보다는 흩어져 지내온 역사가 더 길었다. 독일인들이 다른 민족들보다 더 전투적이기 때문이었을까? 그래서 참혹하고 불행했던 그런 과거를 겪어야 했던 것일까?

1990년 여름, 당시 동독 정부는 동등한 협의 파트너가 아니었고, 서독 사람들은 '구경꾼'으로서 독일의 통일 과정을 경험했다. 두 개의 국가로 나뉘어 살던 하나의 민족이 통일국가에 살게 된 지도 어느새 20년이 훌쩍 지났다. '같은 피'를 앞세우고 흥분과 열광에 휩싸여 통일을 받아들였지만, 서로의 기대에 미치지 못해 '마음의 장벽'은 쉬이 가시지 않은 채 오히려 갈등과 불만마저 짊어져야 하는 세월은 여전하다. 특히 동독인들 가운데는 옛 시절을 그리워하는 이른바 '오스탈기〔Ostalgie, 동독 (Ost)에 대한 향수(Nostalgie)〕' 증세를 보이거나 '2등 시민'이라는 인식을 가진 이들도 많다. 통일 20주년을 바라보면서 옛 동·서독을 막론하고 독일인이라면 누구나 통일로부터 다시 분열로 되돌아가고 있는 후유증을 직시하지 않으면 안 되는 실정이다.

미련과 혼란 속에 20년을 함께한 독일인들! 그들에게 되돌아갈 길은 없으나, 과거의 교훈을 통해 배우고 경험하는 길은 지금도 계속되고 있다. 그 과정에서 현재가 과거로 인해 발전한다면, 그 과거가 지속적인 미래도 보장해줄 수 있는 길이 된다는 것을 독일인들은 충분히 인식하고 있다. 따라서 반세기에 가까운 분단의 역사를 극복하고 함께 어우러져 살게 된 '종착지'에서 서로 내면의 통일을 이루기까지 더한 인내의 시간을 마다하지 않는다. 더 나아가서는 평화를 파괴했던 과거를 반성하며 유럽 국가들과 함께 유럽 통합에 앞장서는 한편 세계와 더불어 누리게 될 희망의 미래도 고민하고 있다.

그러한 시점에서 독일인들은 통일 조국의 정체성을 올바로 세우기를 희망한다. 과거 청산과 함께 '완전한 역사 새로 쓰기'가 절실한 시대적 요구가 된 것이다. 두 개로 분단된 국가에서 살아온 그들이 각각의 과거사를 어떻게 이해하며, 그 이전 '대과거'의 공동 역사를 또한 어떻게 받아들일 것인가? 그리고 통일된 국가를 어떻게 하나의 완성된 모습으로 제시하려는 것일까?

독일이 민족 통일을 맞은 최대의 역사적인 해인 지난 1990년은 비스마르크가 탄생한 지 175년이 되는 해이자 그가 정치무대에서 물러난 지 꼭 100주년이 되는 의미 있는 해였다. 1989년 동독이 무너지는 틈을 타고 독일 전역으로 확산된 통일의 기운과 함께 비스마르크는 독일에서 새롭게 조명되었다. 통일독일의 국면에서 첫 통일독일의 지도자 비스마르크가 초미의 관심사가 되었던 것이다.

그 후 8년이 지난 1998년 7월 14일, 비스마르크 서거일인 7월 30일을 기념하여 100주년 행사가 개최되는 자리에서 그런 관심은 그대로 입증되었다. 기념식에 즈음하여 그에 대한 역사적인 재인식 문제는 학계와 언론의 관심을 모으기에 충분했다. '제2의 국가 창건' 이후 새로운 미래의 상을 추구하기 위해서도 비스마르크를 말해야만 했고, 그 제국을 되돌아봐야만 했다.

그날 특히 함부르크 근교에 위치한 아우뮐레의 프리드리히스루에서도 비스마르크 재단이 주최하는 포럼이 열렸다. 재단의 후견인인 옛 재무장관 스톨텐베르크(Gerhard Stoltenberg, 1928~), 미국의 전 외무장관 키신저(Henry Alfred Kissinger, 1923~), 독일의 내무장관 칸터(Manfred Kanther, 1940~) 등 저명인사들을 포함한 700여 명이 이 포럼에 참석했다. 고요하고 한적하기만 하던 작센발트는 그날 토마스 스페히트(Thomas Specht)의 총지휘 하에 40여 명의 경찰이 총동원된 것으로 밝혀질 만큼 대대적인 행사를 치러냈다.

과연 그러한 만남이 무엇을 의미하는 것이었으며, 그들 모두에게 비스마르크는 어떻게 비쳤을까? 새로운 밀레니엄의 시대를 여는 21세기에 한층 아득한 과거로 자리매김하게 되었음에도 불구하고 19세기의 비스마르크는 또 한 번 통일독일의 현장에서 그렇게 되살아나고 있었다.

비스마르크의 출현! 과거 청산과 함께 '완전한 역사 새로 쓰기'의 현장에 비스마르크가 없다면, 그런 작업들은 분명 불가능했다. 그것은 비스마르크의 제2제국이 1990년 독일 통일의 출발점이었기 때문이기도 하지만, '전체 역사'에서 제2제국이 신성로마제국의 제1제국과 히틀러의 제3제국 사이의 '중간기'로서, 특히 나치 출현과 그로 인한 분단국가의 역사와 연장선상에 있기 때문이다.

그렇다. '비스마르크의 부활(!)'이다. 그러나 문제는 '어떻게 되살아날 것인가?'였다. 비스마르크는 정계를 떠난 뒤는 물론 죽은 뒤에조차 자신의 뜻과는 관계없이 수없이 되살아나곤 했다. 제1차 세계대전을 주도했던 빌헬름 2세(Wilhelm II, 1859~1941)에 의해, 바이마르공화국을 거부하고 유럽 제패를 꿈꾸던 히틀러에 의해, 그리고 분단국의 정통성을 주장하고자 했던 옛 동·서독의 위정자들에 의해. 그러나 그 어디에서도 본래의 완전한, 전체적인 비스마르크의 모습은 존재하지 않았다.

1990년 독일의 운명은 새롭게 바뀌었다. 완전하게 통일된 오늘날의 독일이야말로 불구나 반쪽이 아닌, 비스마르크의 '제대로' 된 전체적인 상을 바로 세워야 할 때이다. 그러나 그 일이 그리 간단하지만은 않다. 서독이 주체가 된 통일독일의 경우만 하더라도 비스마르크 연구에서 지속적인 찬반논쟁이라는 기존의 정형화된 틀을 크게 벗어나지 못하고 있기 때문이다.

예컨대 통일 방식에 관해 '오스트리아가 왜 통일독일에서 배제되었는가?' 내지는 '독일이 어떻게 통일되었어야만 했던가?' 하는 의문들이 여전히 제기되고 있고, 비스마르크에 관한 상반된 견해의 폭이 좁혀지지 않았다. 그런 가운데 1866년 비스마르크가 오스트리아와의 전쟁에서 거둔 승리조차 이른바 '형제 전쟁'이라는 내전의 결과로 비하하는 반대론자들의 논평도 여전하다. 특히 그들은 비스마르크의 최대 업적으로 평가되는 1871년의 통일에 대해서도 '군부독재에 의한 쿠데타'라거나, '위로부터의 혁명'이 일구어낸 정치적 결과로 비하하며, 나아가 그의 시대 전반을 악몽으로까지 비유한다. 그들에게 비스마르크는 주로 침략전쟁을 펼친 장본인일 뿐이다. 그런 점은 오늘날 건국 60주년을 맞이하는 대한민국이 아직까지 '분단체제를 고착화'시켰다는 논란에서 자유롭지 못한 상황과 다를 바가 없다고 할 수 있겠다.

심지어 그들은 비스마르크 논쟁에서 '독일연방(Deutscher Bund)이라는 기구가 정말로 자국의 통일을 저해했던 것일까?'라는 의구심마저 갖는다. 오늘날 유럽의 통합이라는 과제를 안고 있는 유럽공동체의 현실적인 차원에서 볼 때, 제국 통일 이전의 독일연방이 오히려 시대를 앞서간 하나의 대안으로 비쳤기 때문일 것이다.

급기야는 비스마르크를 제2제국이나 바이마르공화국 또는 히틀러의 제3제국과 비교해, 시기적으로 가장 오래 지속되었던 독일연방을 단기적인 안목으로 파괴해버린 주범으로 지목하기도 한다. 100년 뒤의 일까지 그의 탓으로 돌려 단죄하면서, 오스트리아를 저버리는 돌이킬 수 없는 우를 범한 죄인으로 역사의 심판대에 올려놓은 것이다.

비스마르크는 '독일의 집'을 짓고자 했다. 그 목적을 위해 현실적인 상황에서 주어진 기회를 철저하게 이용했고 수단과 방법도 가리지 않았다. 그 때문이었을까. 소위 '철혈 정책'으로 비난받는 혹독한 대가를 치러야 했다.

그 결과 비스마르크는 시대에 따라 독일제국의 통일이라는 업적으로 시대의 영웅으로 칭송받는가 하면, 때로는 민주주의에 역행하고 전쟁과 피에 의존한 독재자이자 독일의 역사 발전에 모순을 안겨준 파괴범으로 혹평받는 철저한 이분법적인 평가를 받아왔다. 그리고 그렇게 허물어지기를 되풀이하면서 세워진 비스마르크의 '독일의 집' 또한 역사의 진실을 외면당한 채 숱한 아이러니에 빠지기도 했다.

그러고 보면 비스마르크만큼 역사적으로 그렇게 극단적으로 편향된 평가 속에 존재하는 인물도 그리 흔치 않다. 흑백논리에 따라 대립의 각을 세우는 양상을 보노라면 우리나라에서도 벌어지고 있는 소위 '역사 바로 세우기'의 작업에서 연일 파헤쳐지던 박정희 전 대통령을 떠올리지 않을 수 없게 한다. 자업자득의 결과이든 당파성의 폐해 때문이든 비스마르크에 대한 이분법적 평가는 학계에서마저 굳어진 지 오래고, 그런 만큼 그 틀을 쉽게 깨버리지 못하는 것이 지금의 현실이다.

시공을 초월하고 끈질기게 따라다니는 과거의 망령으로부터 자유롭지 못하면서 19세기의 과거든 21세기의 현재든 어떤 시대를 막론하고 '천국'과 '지옥'의 두 세계를 쉼 없이 오르내리는 비스마르크! 그러나 시대마다 정권에 따라 달라지는 그런 일회적이면서도 양극단적인 평가는 더 이상 의미가 없다. 특히 나치 시대와 그로 인한 분단의 역사와 연관된 평가 또한 비스마르크 시대에 복잡하고 역동적이었던 유럽의 근대적인 흐름과 통일 전후 제국의 특수한 정황에 대한 인식과 이해 없이는 제대로 이루어질 수 없다. 쉼 없이 안팎으로 서로 관련된 '다선의 정책'을 펼쳤던 만큼 처음부터 끝까지 일방적으로 흑백 중 하나의 색으로만 그의 전부를 그려내는 평가는 위험하기 때문이다. 통일독일의 역사가 전체적인 완전한 모습으로 거듭나야 하듯, 비스마르크의 공과와 그의 시대 또한 숲만 볼 것이 아니라 숲을 이루게 한 주변 나무들도 함께

들여다볼 수 있는 안목과 여유로써 바라봐야 한다.

비스마르크와 관련된 기념관이나 박물관을 비롯하여 초상화, 동상 등 각종 기념물의 규모는 상당하기 이를 데 없다. 그 수에 있어서는 오늘날까지 보존된 것만으로도 어떤 위인과 비교해도 가히 압도적이고, 기록물 역시 헤아릴 수 없을 만큼 산재해 있다. 더구나 그러한 역사적 소산물들이 독일 전역에 고루 퍼져 있다는 사실은 놀랍기까지 하다.

비스마르크 관련 서적도 7000권에 육박하며, 비스마르크 전기만 해도 지금까지 알려진 독일어 및 영어 본이 30권을 넘어섰다. 옛 동·서독 이외에도 망명한 학자나 해외학자들의 관심이 얼마나 지대한 지 충분히 입증되고 남을 일이다. 그의 시대가 전체 독일 역사는 물론 19세기의 유럽 역사와도 밀접하게 관련되어 있으니 당연한 결과이기도 하다. 과연 '비스마르크 효과'는 유별나다.

비스마르크의 전기 가운데는 독일 분단 이전인 20세기 전반기에 출간된 책도 있다. 마륵스(Erich Marcks)의 제1권 《비스마르크―비스마르크의 유년기 1815~1848》와 그의 사후에 출간된 제2권 《비스마르크와 독일의 혁명 1848~1851》을 비롯하여 마이어(Arnold Oskar Meyer)의 《비스마르크―인간과 국가원수》는 여전히 명저로 꼽히고 있다. 방대한 작업으로 알려진 마륵스와 마이어의 전기는 주로 한 인간으로서, 그리고 국가를 책임지는 정치가로서 다양하게 서술하여 비스마르크를 영웅시하는 교본으로 익히 알려져 왔다.

그 이후로는 몸젠(Wilhelm Mommsen)의 저서 《비스마르크―정치 전기》 또한 비록 짧은 분량이지만 충실한 사료 작업으로 인정받고 있다. 그리고 회의적인 시각을 보여주되 독일과 유럽에 40년간 평화를 안겨준 공적에 대해 극찬을 아끼지 않는 테일러(Alan J. P. Taylor)의 《비스마르크》, 스위스와 미국에서 발표된 연구업적으로서 비판서에 가까운 아이크(Erich

Eyck)의 《비스마르크》(전3권)가 그 뒤를 잇고 있다. 그 밖에도 동독 출신인 엥겔베르크(Ernst Engelberg)의 《비스마르크》(전2권)와 서독의 갈(Lothar Gall)의 《비스마르크―백색의 혁명가》는 단연 으뜸이다. 현재 비스마르크 연구의 대가인 이들 모두 방대하고 충실한 사료 작업은 물론 옛 동·서독에서 동시 출간함으로써 역사적인 사건으로서의 의미까지 더해주었다. 그 내용 면에서 엥겔베르크의 경우 친프로이센적이면서 후기 마르크스주의에 대한 새로운 해석 방향을 제시했다고 한다면, 갈은 어떠한 예찬이나 비판보다는 비스마르크 시대와 그의 삶 자체를 뛰어난 문체로 객관적으로 묘사하여 높은 평가를 받았다.

그러나 국내로 눈길을 돌려보면, 우리의 현실은 언급할 형편조차 못된다. 그런 실태가 비스마르크 연구자들 개인의 문제인 것은 분명하지만, 한두 권에 지나지 않는 연구 실적을 볼 때 불모지라고밖에 말할 수 없다. 우리에게 낯설지 않은 인물인 비스마르크에 대한 이런 연구의 현주소는 대대적으로 세계화를 외치는 속에서도 서양사 내지 유럽사에 대한 어긋난 역사교육의 현장 또한 한몫을 했다고 여겨진다.

비스마르크 시대를 중심으로 대내외 정치를 비롯하여 식민정치와 소수민족의 정치에 대해 연구해온 나에게 이번 작업은 시기적으로 너무 늦은데다가, 의욕이나 능력 외에도 새로운 사료 연구 면에서 모두 미흡하고 부끄러운 단계에 지나지 않는다. 비록 지금까지 알려진 전기들과 옛 동·서독의 다양한 해석 및 연구결과까지 포함한 총체적인 자료 정리에 지나지 않지만, 이 책은 종합적이고도 전체적인 비스마르크의 상을 만나기 위한 첫걸음이라 생각한다. 다만 통일독일의 역사에서 또다시 살아난 비스마르크에 대한 이해에 객관적이며 거시적인 안목이 더해졌으면 하고 바랄 뿐이다.

가문의 후손으로서, 프로이센의 후예로서

그는 누구인가

비스마르크, 그는 타고난 천재라는 수식어가 따라붙을 만큼 19세기에 독일과 유럽을 움직인 탁월한 정치가이자 외교의 대가였다. 그러나 그에게서 그러한 면모나 재능을 일찍부터 발견하기란 쉬운 일이 아니었다. 그리고 소위 집안의 역사와 전통을 이어가고 조상의 뜻을 기리는 가문의 후손으로서도 마찬가지였다.

어려서부터 비스마르크는 마을과 교회 어디서든 숱한 집안의 표적과 문장, 그림과 기념비를 통해 가문의 역사를 접할 기회를 가졌다. 심지어는 주변 환경을 통해, 또 구두로 전해 내려오는 이야기를 통해 조상의 관습이나 전통을 경험했을 가능성도 적지 않다.

그러나 수백 년 넘게 이어져 내려온 가문의 세습지인 쇤하우젠에서 태어나고 또 그곳을 소유지로 물려받는 그에게서 일찍부터 특별한 기대나 편견을 찾아보기는 쉽지 않다. 부모의 의지에 따라 어릴 때부터 스무 살이 넘도록 이 도시 저 도시로 옮겨 다녀야 했던 때문이었을까. 오히려 그는 부모로부터 정신교육이나 가정교육은커녕 형제와 더불어 가족이라는 울타리 속에서 자랄 기회조차 갖지 못했다.

비스마르크의 어머니는 자신의 인식과 경험에 대한 자긍심이 유별났던 만큼 그에 못지않게 자식들의 교육에 최대한의 기대와 열성을 쏟았다. 하지만 양가의 관습과 전통, 가풍을 비롯하여 조상들의 업적이나 역사에 대한 특별한 가르침은 주지 못했다. 그의 아버지 역시 그런 면에서는 전혀 다를 바가 없었다. 심지어 자식들의 교육과 미래를 일방적으로 주도했던 어머니의 뜻에 따른 나머지 아버지는 겨우 여섯 살이 되는 비스마르크가 고향과 가족의 품을 떠나는 것을 지켜보기만 했다. 그렇게 유년기부터 청소년기를 거쳐 청년기까지 연장되는 도시 유학생활은 비스마르크의 삶 속에서 출생 지역이나 직계가족과의 인연조차 기대하기 어렵게 만들어버렸다.

하지만 그런 가운데 청년기에 이르면서부터 국가에 대한 관심이나 귀족 가문에 대한 자의식이 형성되는 새로운 변화의 조짐이 엿보이기도 했다. 때마침 비스마르크가 태어나던 1815년 무렵은 국제적으로 빈 체제가 성립되던 때였고, 독일은 41개의 영방국가(領邦國家)로 구성된 독일연방으로 다시 태어나던 시기였다. 독일연방이라는 중심체제의 틀 속에서 독일은 다원국가로서 마치 다양한 음을 내는 오케스트라에 비유되곤 했다. 그러나 독일연방의 지휘 하에 제1바이올린만을 켜는 의장국인 오스트리아가 정치적 지배자로 여겨진 반면, 프로이센은 오케스트라를 구성하는 한낱 평범한 일개 영주국으로 바라보는 시각이 지배적이었다.

관례적이고도 통상적인 그런 인식과 평가에도 불구하고 비스마르크 나름대로는 "슈바벤 가문이 사실 브란덴부르크에서 오래전부터 정착해온 프로이센의 귀족 혈통보다 더 나을 것도 없다"는 꽤 의식적이고도 역설적인 반응을 드러내보였다. 뿐만 아니라 쇤하우젠 저택의 문설주에 새겨진 1700년이라는 연도를 자랑스럽게 여겼듯이 가문에 대한 자부심도 못지않았다.

1701년 호엔촐레른 가문을 중심으로 프로이센 왕국이 성립될 때부터 우리 선조들 역시 내 출생지인 쇤하우젠에서 터전을 잡고 살아왔다.

평생을 두고 따라다니는 국가나 가문에 대한 그러한 남다른 인식이 자리하기까지는 숱한 혼란과 시련이 뒤따라야만 했다. 우선 비스마르크는 유년 시절부터 시작된 어머니의 일방적이고도 냉정한 교육방식으로 인해 어머니에 대한 원망이 유별났다. 게다가 청소년기에 접어들면서 귀족 신분인 아버지와 평민 출신인 어머니라는 이중적인 출신성분에 대한 신분상의 콤플렉스까지 떨쳐버리지 못했다. 그 때문에 프로이센 국적의 귀족 출신 자제라면 누구나 지니는 신분의식이나 당연한 귀속감과 같은 반응들이 그에게는 따라주지 못했다.

따라서 다른 아이들과는 달리 그는 김나지움 시절부터 스스로 '살아나가는 법'을 터득했던 것 같다. 그런 과정에서 일종의 자구책으로서 가급적 어머니와의 관계로부터 벗어나는 한편, 귀족의 자제로서 당당하게 '정체성 갖추기'에 매달렸다.

그 정도의 혼란과 시련으로는 충분치 못했던 것인지 대학 시절의 그는 '방탕아'의 모습까지 보였다. 심지어는 졸업 이후 사법연수원에 갓 취직한 상황에서 불거진 연이은 연애 스캔들로 자타가 공인하는 무책임한 공무원에 불성실한 사회인이라는 낙인까지 찍혔다.

그러한 모습은 어머니와의 원만하지 못한 관계 속에서 자신의 복잡하고 혼란스런 심리 상태를 극복하는 과정을 제대로 치러내지 못하고 외면해버린 채, '반쪽'의 정체성에만 매달려온 그 나름대로의 해결방식으로 인한 일종의 후유증이었다. 그렇게 뿌리내린 자아 정체성에는 반항적이고도 부정적인 기질이 쉽게 자리할 수밖에 없었다. 그런 의미에서 비스마르크는 일찍이 외로움과 그리움, 혼란과 불만 등으로 얼룩져버린 성장기의 '병치레'가 청년기에도 계속되었던 셈이다.

그런 상황에서 1838년 그는 빈털터리에 빚더미까지 안고 고향으로 되돌아올 수밖에 없었다. 그러나 17년 가까이 떠돌이와 다를 바 없던 외지생활을 접고 뒤늦게 찾아온 고향은 어릴 적 까마득한 기억 속에 부둥켜안고 있던 일말의 추억 그대로일 수만은 없었다. 마음을 붙이지 못한 시골생활에서 제대로 뿌리내리지 못한 정체성은 흔들리기 마련이었다.

시간이 흐를수록 자의식마저 상실하고 장래의 꿈도 포기해버린 채 그는 고향에서조차 인생의 낙오자로 전락했다. 불행한 과거로부터 헤어나지 못하고 길고도 긴 슬럼프에 빠져 지내는 그런 모습 그 어디에서도 자랑스러운 가문의 후손으로서나 독일과 유럽을 이끌어나간 유능한 지도자로서의 성품이나 역량은 찾아보기 어려웠다.

그러나 마침내 누구도 쉽게 흉내낼 수 없는 타락과 혼란의 과정을 거친 32세의 늦깎이 예비신랑의 눈에 고향의 저택에 남아 있던 많은 유품과 정경이 새삼스럽게 다가오기 시작했다. 13세기로 거슬러 올라가는 600여 년이라는 귀족 가문의 오랜 역사 속에 그토록 방황했던 그 자신도 함께 나란히 들어서 있음을 깨닫게 되었다. 중세로 거슬러 올라가는 아득한 오랜 역사를 지닌 가문의 엄연한 후손임을 내세우는 그 자신의 모습도 그 속에서 꿈틀대고 있었던 것이다.

그렇지만 거기에는 역시 아버지의 존재만이 드리워져 있었다. 아버지에 대한 일방적인 인정과 절대적인 사랑만이 채색되어 있었을 뿐, 어머니의 세계는 완전히 부정되고 차단되었다. 프로이센 귀족 혈통의 우월함을 내세우고, 조상들의 쇤하우젠 터전을 자랑하는 자아 정체성에 더 이상의 흔들림은 없었던 반면, 그 세계 어디에서도 어머니의 모습은 없었다. 어머니는 외부인에 지나지 않았다. 참으로 오랜 진통 끝에 비스마르크는 보수적인 귀족 신분에 뿌리 내린 자신의 자아를 되찾긴 했으나, 지난 날 홀로 강구했던 자구책의 틀을 벗어나지는 못했던 것이다. 1847년 3월, 머지않아 아내가 될 요한나(Johanna von Bismarck, 1846~1894)에게 보내는 편지에서도 그런 그의 정체성을 확인할 수 있다.

> 수백 년 동안 나의 조상들이 태어나서 죽을 때까지 살아왔던 바로 이곳에서 보수주의의 원칙이 대대로 상속되어 왔던 것이오.

비스마르크의 세계는 평생 보수주의 귀족계급의 신분만을 고집한 것과 마찬가지로, 국가관에 있어서도 프로이센을 근간으로 한 시각에 흔들림이 없었다. 그는 프로이센이 아닌 그 어느 곳에도 눈길을 주지 않았다. 따라서 1847년 정계에 입문한 정치 초년병에게 말로만 듣던 오스트리아의 일방적인 지배체제의 현실은 충격의 시작이기도 했다.

마침내 1851년 독일연방 내 프로이센 대사로 본격적인 정치활동을 시작한 이후, 그는 오스트리아의 일방통행에 맞서 프로이센과의 대등한 이원주의를 주장하게 되었다. 1815년 이후 40년 가까이 지속되어온 정치질서를 과감히 깨트리고 연방 내 의장국으로 행세해온 오스트리아에게 도전장을 내밀었던 것이다. 그의 주장은 독일 국가 전체에 비상사태를 야기할 만한 충격적인 일이었다.

> 프로이센과 오스트리아가 함께 독일 국가를 지배하다!

그러나 10여 년의 노력에도 불구하고 오스트리아와 프로이센의 이원주의 요구는 아무런 성과 없이 허공에서 맴돌았다. 일찍이 "남부의 오스트리아 혈통보다 못할 것도 없다"고 반격했듯이, 그는 1862년 프로이센 수상에 오르면서부터 독일 내 두 강대국의 이원주의라는 정치 목표를 실현하기 위한 구체적인 대응방안을 추진해 나갔다.

> 자국의 지배권은 누구에 의해서 주어지는 것이 아니라 스스로의 힘으로
> 획득하는 것이다. 또 거기에 성공하지 못할 경우 그 다음의 단계는 약속
> 하지 못한다.

비스마르크는 오스트리아가 이원주의를 거부하는 상황에서 자신의 정치생명을 내건 최후의 수단으로 전쟁을 구상했다. 1866년 오스트리아와의 전쟁 결정은 독일 내 반(反)프로이센 세력들을 자극하고도 남았으니, 프로이센의 승리는 그에 대한 거센 비판을 불러일으켰다.

그는 왜 수십 년 동안 유지되어온 기존의 빈 체제 하의 독일연방을 부정하게 되었을까? 왜 정치 전통 그대로 오스트리아의 일방적인 위상을 인정하지 못했을까? 이원주의의 진정한 결말이 굳이 전쟁을 거쳐야만 했던가? 전통적인 빈 체제를 수긍했더라면 독일의 통일은 이루어지지 않았더라도, 혹은 그 방법과 시기가 달라졌을지 모르지만, 적어도 상충되는 최악의 역사적인 평가로부터 자유로워질 수 있지는 않았을까?

그러나 비스마르크는 전쟁의 위험과 전쟁에 대한 반대에도 불구하고 '이류 국가 프로이센', '오스트리아의 아류 국가 프로이센'으로는 만족하지 못했다. 이미 기존의 정치적 흐름에 역행하려고 생각한 그때부터 그는 스스로 천국과 지옥의 망령이라는 족쇄를 기꺼이 차게 되었는지도 모른다. 그런 점에서 오스트리아와의 이원주의는 곧 프로이센의 헤게모니 정책으로서 그의 첫 번째 정치 목표인 동시에 비난의 진원지가

되었고, 향후 독일 정치의 시금석이었으되 비난의 촉매로까지 작용하면서 비스마르크 정치 전반의 일대 전환점이 되었다.

마침내 피 튀기며 총탄이 오가는 전쟁터에서 이원주의는 더 이상 존재하지 않았다. 한 치의 양보도 허락할 수 없었고, 오직 프로이센의 지배권을 위한 승리만이 기대될 뿐이었다. 조국의 운명 앞에서 천국이든 지옥이든 어느 한 곳에 정착하지 못하는 자신의 운명 따위는 두려워하지도 않을 바로 그런 기세였다.

훗날 비스마르크의 적수들 중 한 사람인 프로케슈-오스텐(Anton von Prokesch-Osten, 1795~1876)의 비아냥거림 속에도 그런 그의 모습이 적나라하게 담겨 있었다.

> 제아무리 하늘에서 내려온 천사라 해도 프로이센의 휘장이 없다면 영접하지 않고, 사탄이라 할지라도 프로이센에게 독일 땅을 얻게 해준다면 덥석 손을 잡을 위인이 바로 비스마르크다.

그랬다. 비스마르크는 프로이센이 사라지기 전까지, 아니 독일제국으로 흡수되고 계승되기 전까지 프로이센 중심의 국가관에서 단 한 순간도 눈을 떼지 않았다. 그에게는 프로이센의 후예가 아닌 그 어떤 다른 모습도 허용될 수 없었다.

> 내 조국은 프로이센이다. 나는 아직도 내 조국을 떠나지 않았고, 또한 떠나지도 않을 것이다.

1866년 '형제 전쟁'이 프로이센의 승리로 끝남에 따라 오스트리아와의 이원주의는 결국 프로이센의 패권주의로 귀결되었다. 독일연방 내

국가들 가운데 최고의 국력을 과시하게 된 프로이센의 영광과 비스마르크의 리더십은 그 무엇과도 비교될 수 없었다. 이미 1864년 오스트리아를 끌어들여 덴마크와의 전쟁을 승리로 이끈 이후 두 번째로 맞이한 승리를 통해 정적들은 확연히 줄어들었고, 그에 따라 그의 위상 또한 확고해졌다. 마치 프리드리히 대제(Friedrich II, 1712~1786)가 오스트리아의 여왕 마리아 테레지아(Maria Theresia, 1717~1780)를 상대로 승리한 7년 전쟁(1756~1763)의 영광이 다시 도래한 듯 충천하는 분위기가 지배적이었다.

그리하여 과거 역사에 파묻혀 있던 비스마르크의 가문이 '재조명'되기 시작했다. 대표적으로 리델(Adolf Friedrich Johann Riedel, 1809~1872)이 《크레베제와 쉰하우젠 영지의 획득에 이르기까지 귀족 가문의 정착 역사》라는 책을 펴내기에 이르렀다. 1866년 브란덴부르크 변경 지역의 역사모임에서 발간한 이 책은 오늘날 비스마르크 가문의 역사에 관한 모든 연구의 교본서로 굳건히 자리를 차지하고 있다. 1869년 비스마르크 가문을 풀어헤친 헤제킬(George Hesekiel, 1819~1874)의 《백작 비스마르크에 대한 저서》 또한 한때 일반인들까지 널리 읽을 정도로 큰 관심거리였다.

그리고 1870~1871년 비스마르크는 프랑스와의 전쟁을 승리로 이끌고 마침내 독일을 하나의 제국으로 통일시켰다. 그 위대한 업적이 현실로 드러나자, 자연스레 그를 영웅시하는 이야기가 많아졌다. 그런 위상과 위력에 걸맞게 비스마르크에 대한 칭송은 최절정에 달했고, 따라서 프로이센의 후예이자 가문의 후손으로서 그의 계보 연구도 한층 깊이있게 이루어졌다.

당대 학자들의 흥미와 노력, 거기에 비스마르크 개인의 관심과 재정지원에 따라 가문의 역사는 상당한 윤곽까지 드러났다. 그러한 연구는 비스마르크 개인의 순수한 가족사인 동시에 국가와 가문에 전해 내려오는 보수적인 전통과 유산을 드러내는 일이었다. 또 신분상의 사회적 분위기와 의식 등을 받아들이고 극복해야 했던 비스마르크의 개인사이자 프로이센 국가가 발달하는 과정을 보여주는 국가의 변천사이기도 했다.

오스트리아 및 프랑스와 전쟁을 거듭하면서 비스마르크는 보수주의자로서, '프로이센 국가주의자'로서, 그리고 제국 통일의 영웅으로서의 모습을 갖추어 나갔다. 그러나 정계에서 쫓겨나고 히틀러 제국과 분단 독일을 뒤로한 채 사후 100년이 훨씬 지난 지금, 그를 둘러싼 논쟁은 여전히 복잡하고 까다롭기만 하다. 특히 역사가들의 경우 비스마르크 없이는 독일제국은 물론 독일의 '완전한' 역사에 대한 논의를 시작조차 할 수 없을 만큼 그 중대성을 실감하고 있다.

이제 역사 속의 비스마르크를 찾아 떠나는 긴 여정에서 프로이센과 가문의 역사는 첫 행선지가 된다. 비스마르크를 빼놓고 프로이센이나 그의 가문에 대한 연구가 이루어질 수 없듯, 비스마르크 또한 프로이센과 그의 가문의 역사를 통해서만 보다 완전한 모습으로 거듭날 수 있다. 그런 의미에서 그의 가문에 대한 역사적인 발굴 작업은 비스마르크 개인의 정신적 자산에 접근하는 일이자, 프로이센의 후예로서 그를 바라봄으로써 독일과 유럽의 역사 연구에 깊이를 더해주는 학문적 토대라 하지 않을 수 없다.

콩 심은 데 콩 나고 팥 심은 데 팥이 나다

비스마르크는 젊은 시절의 오랜 방황을 끝내고 32세 때인 1847년에 평생 자신이 몸담을 정치세계의 길에 들어섰다. 누군가의 권유나 후원 없이 그 스스로 원하고 택한 길이었다.

그러나 그 선택이 가문의 후손으로서, 그리고 프로이센의 후예로서 손색이 없을 만큼 영광으로 칭송될 것인가 하는 점은 그 혼자만의 문제가 아니었다. 1862년 프로이센 수상에 올라 1890년 퇴임하기 직전까지, 30년에 가까운 오랜 집권 시기 동안 프로이센과 독일 제2제국을 통치한 그의 업적은 프로이센과 독일 국가의 운명, 더 나아가 유럽의 국제정세에 직결되었다. 그리하여 그의 업적은 시대를 막론하고 오늘에 이르기까지 수없이 역사 발전의 교훈과 쟁점을 안겨주고 있다.

리델이나 헤제킬의 연구 결과가 보여주듯이, 비스마르크 가문의 역사는 프로이센이 흥기하던 시기뿐만 아니라 그 정치적·사회적 발달과정과 아주 밀접하게 연관되어 있다. 하급관리로 출발한 조상들의 활약상이 수백 년간 이어지는 가운데 비스마르크 가문은 때로는 영지를 소유한 토지귀족으로서, 때로는 프로이센 왕조에 충성을 서약한 군 장교나 관리로서 프로이센의 충실한 근간을 이루어왔다.

비스마르크 가문의 역사 연구는 대체로 프로이센의 역사적 발전에 맞추어 크게 종교개혁 이전 시기, '30년 전쟁' 전후 시기, 그리고 1701년 프로이센 왕국 성립 이후의 세 시기로 구분된다. 앞의 두 시기가 가문 역사의 초기에 해당한다면, 마지막 시기는 여러 가계로 복잡하게 나뉘는 과정을 거친 뒤 비로소 가문의 세습지인 쉰하우젠에 정착하는 비스마르크의 직계조상들의 역사이기에 더욱 의미를 지닌다고 하겠다.

초기 가문의 역사

프로이센이 독일 역사에서 두각을 드러내기 시작한 때는 동방을 향해 본격적으로 식민지 개척 운동을 표방하던 12세기 무렵이다. 그 이전까지 프로이센은 신성로마제국의 황제가 독일 북부의 브란덴부르크를 중심으로 설치했던 한낱 변경백령에 지나지 않았다.

그 후 엘베와 다뉴브 강을 넘어 동부의 슬라브 지역을 향해 식민정책이 확대됨에 따라 프로이센은 시선을 집중시키는 곳으로 거듭 탈바꿈했다. 두 강을 끼고 있던 지리적 조건을 뛰어넘어 동방으로 진출할 수 있는 제1선의 요충지로서 중심 역할을 담당했던 것이다. 이로써 프로이센에게는 향후 한 제후국으로서 첫발을 내디딜 가능성이 열리게 되었다.

그 무렵 독일의 황제들은 오토 대제의 신성로마제국이라는 이름에 어울리게 고대 로마제국의 정통을 계승한다는 정책 노선에 기반을 둔 보편주의적 제국 이념에 빠져 있었다. 그 결과 한 국가의 국왕으로서가 아닌 광범위한 영토를 가진 신성로마제국의 황제가 됨으로써, 독일의 왕은 이탈리아와 프랑스의 정치에도 개입함은 물론 교황 임명권까지 관리하는 동시에, 동부 지역의 폴란드나 헝가리의 내정마저 간섭할 수 있는 지위를 확보했다.

따라서 황제가 독일 전역을 관리하고 책임지기란 사실상 불가능해졌다. 게다가 당시 독일의 실정은 영방국가들을 비롯하여 자유시와 교회령 등을 포함하여 300여 개로 흩어진 소국들에게 주권이 분립되어 있었고, 외세의 침입까지 잦은 상태였다. 중앙의 통제력이 제대로 발휘되지 못하는 상황이 빈번해진 가운데 영방국가들은 각자의 문제를 독자적으로 해결해야만 하는 상황이었다. 이에 따라 황제의 권력은 상대적으로 미약해진 나머지 결국 상징적인 존재로 전락하고 마는 한계를 드러냈다.

아나나 다를까 그 틈을 타고 각 지역의 수많은 봉건 제후들이 활개를 치는가 하면, 그들 사이에 알력마저 심해졌다. 급기야 새로운 황제조차 선출하지 못한 채 17년간이나 황제 자리를 비워두어야 했던 대공위 시대(Interregnum, 1254~1273)가 도래하는 등 국가 권력이 난립하는 시기도 겪었다.

전반적으로 불안정하고 혼란스러웠던 정국은 1356년 황제 카를 4세 (Karl IV, 1316~1378)가 일종의 제국헌법인 '금인칙서'를 공표하여 황제 임명권을 비롯한 특권을 지닌 7명의 선제후들을 선출함으로써 다소 해결되는 국면을 맞이했다. 그리고 그때 프로이센의 브란덴부르크 변경 백(邊境伯)도 선제후의 대열에 포함되었다. 그리하여 프로이센은 신성로마제국의 한 영방국가로서 새로운 역사의 장을 펼치는 대열에 본격적으로 들어설 수 있었다.

한편 가문의 역사가 프로이센 초기의 발전과 함께했다는 점에서 비스마르크 조상들의 활동 역시 국가의 변화와 무관하지 않았다. 프로이센이 홍기하던 당시는 종교개혁 이전 시기로서 비스마르크 가문이 서서히 모습을 드러내는 시발점이었다.

비스마르크 가문의 초기 역사는 이름은 밝혀지지 않았지만 하벨베르크 지역의 주교 관료로서 그 주교관구인 비스코페스마르크의 하급관리직을 맡아온 선조에서부터 출발하는 것으로 알려졌다. 그리고 1270년 이후로 엘베 강의 서부에 위치한 스텐달을 중심으로 활동을 전개한 선조들이 유력한 재력가에 속할 정도로 세력을 키워나갔다. 14세기 초에 이르러서는 모직물 공업에 종사하여 부를 축적함으로써 재단사 길드 조직과 스텐달 지방의회의 핵심 의원으로서 정치·경제적으로 영향력을 행사하는 지위에까지 올랐다.

그 후 1330~1340년대에 접어들면서, 제국 내에 교황청이나 중앙관청에 반대하는 지역이나 세력들이 속출하여 정국이 어수선해진 틈을 타고, 정치 분야에서 유능한 실력을 발휘하는 인물들이 생겨났다. 그 가운데에는 비스마르크 가문의 사람도 있었는데, 그가 바로 클라우스(Klaus von Bismarck, 1307~1377)였다.

클라우스는 특히 바이에른의 비텔스바흐 왕족 출신으로서 독일 황제로 선출된 루드비히 4세(Ludwig IV, 1283~1347)와 브란덴부르크 변경방백인 그의 아들 루드비히(1312~1361) 등 교황에게 파문을 당한 두 사람을 정치적으로나 재정적으로 적극 후원하는 일까지 마다하지 않았다. 그밖에 당시 스텐달의 귀족들이 선제후에게 시 금고의 재정 보조금까지 알선해주고 도움을 주는 과정에서 큰 이득을 남기곤 했는데, 클라우스는 그런 일에도 역시 빠지지 않았다.

가톨릭 교회의 파문도 두려워하지 않고 선제후의 정치를 후원하는데 적극적이었던 클라우스는 스텐달의 도시귀족들 가운데서도 꽤 유능한 인물로 알려졌다. 그 보답으로 브란덴부르크 선제후로부터 하급귀족에 준하는 성과 영지를 하사받았다. 이로써 중심지에 위치한 스텐달을 포함한 광활한 지역인 알트마르크의 남쪽 성터와 함께 클라우스는 영주로서의 권리와 수입도 보장받았다. 그리고 영지의 소유주가 됨으로써 마침내 가문의 입지를 높일 기회까지 얻었다. 그때부터 비스마르크 가문은 생활의 터전이자 주된 활동무대로 삼게 될 알트마르크의 터줏대감으로 자리를 굳혀나갔다.

알트마르크는 변경방백인 브란덴부르크의 루드비히가 1356년 선제후에 등극하면서 브란덴부르크의 영토가 되었다가, 1807년 틸지트 강화조약으로 1813년까지 새 왕국인 베스트팔렌으로 넘어갔고, 1816년 다시 프로이센에 귀속된 지역이다. 특히 비스마르크의 출생지이자 가문의 영지인 쇤하우젠의 좌측에 위치한 알트마르크는 중세 때 프로이센의 동방 식민정책의 출발지이기도 했다. 독일제국을 통일한 비스마르크에게 무엇보다 친족의 터전지인 이곳은 1894년 7월 12일에 스스로 했던 말대로 남다른 의미가 담긴 곳임에 분명했다.

우리 모두 기뻐하는 독일제국이라는 영광스런 나무는 여기 알트마르크에 뿌려진 씨앗에서 움이 터 나왔다.

그러나 클라우스에 대한 선제후의 조치는 이를 지나치게 과분한 처사로 받아들인 스텐달의 수공업자와 소매상인들의 반감을 사고도 남았다. 그들은 중세사회에서 '신이 원하는 제도'라는 틀 속에서 대대로 특권만을 누려온 귀족계급에 강한 분노를 느꼈다. 세금을 이용한 편법을 썼음에도 불구하고 그 대가로 성직록 외에 재정 불로소득까지 받아 부를 축적하는가 하면, 성을 소유하고 영주로 신분 상승까지 하는 등 부당할 정도로 우대받는 귀족들에게 그들은 강력히 반발했다. 그러한 인식은 성 니콜라이로부터 독립하여 새로운 학파를 세우려던 가톨릭 성직자들에게서도 쉽게 찾아볼 수 있었다.

마침내 1345년 여름 스텐달에서 특혜를 받았던 대부분의 귀족 가문을 축출하려는 민중봉기가 발발했고, 그때 클라우스 역시 그 대상으로 지목받았다. 그런 상황에서도 그는 수많은 마을을 비롯하여 알트마르크의 광활한 봉건영지와 특권을 마음대로 누렸다. 그곳이야말로 그의 안전한 피난처이자 활동의 중심지가 된 셈이었다.

클라우스의 뛰어난 활약상은 다음 황제 치하에서도 여전했다. 예전과는 달리 교황권을 지원할 뿐만 아니라 이용까지 하려던 카를 4세의 새로운 정치적 흐름에 편승한 때문이었다. 한때 교황에 반대했지만, 1361년 시대적 흐름에 과감히 몸을 내맡기고 180도로 입장을 바꾼 클라우스는 막데부르크의 새로운 대주교 포르티츠(Dietrich von Portitz, ?~1367)에게 접근했다. 그러고는 막데부르크 대주교에 속해 있던 영지에 자기자산으로 종교재단을 설립하고 그곳 책임자의 위치에까지 올랐다.

독일에서 지배권을 확립하려던 카를 4세와 그의 선구자적 역할을 해주던 대주교와의 관계에 끼어든 클라우스는 그 후 역시 새로운 정치적 변화를 주시하며 재빠른 행보를 보였다. 권모술수를 발휘한 끝에 자신의 영지를 최고의 세속적인 위치이자 정치·외교적으로 안정이 보장된 곳으로 만들어놓는 데 성공했던 것이다. 이처럼 그는 각 지역의 봉건 제후들이 할거하던 상황에서 특혜를 누리며 시대를 보는 안목과 뛰어난 재략으로 한 시대를 풍미했다.

비스마르크 가문의 초기 역사는 '스텐달의 가문사' 또는 '클라우스의 시대'로 기억될 만큼 프로이센 선제후의 최측근에서 정치·경제는 물론 종교에 이르기까지 다방면에 걸친 클라우스의 역량으로 대변되었다. 그리고 그에 걸맞게 가문의 영예도 함께 따라준 시기였다.

수세기가 지나서 까마득한 후손인 비스마르크까지도 그런 클라우스의 후광을 톡톡히 입었다. 1870년 독일제국의 창건을 눈앞에 두고 독일 황제의 공식 명칭 문제와 관련해 비스마르크가 황제 빌헬름 1세(Wilhelm I, 1797~1888)와 의견대립으로 신경전을 벌이던 때였다. 비스마르크는 바이에른 국왕 루드비히 2세(1845~1886)에게 보고를 올리는 기회를 빌어서 비스마르크 가문이 누렸던 스텐달의 영광이라는 과거사 한 부분을 끄집어냄으로써 그의 도움을 이끌어내려 했다.

지나치게 승승장구하다 보니 주변국들의 이목과 질시를 감안해야 했던 비스마르크로서는 대대적으로 자신의 위상을 과시하려던 황제와의 신경전을 조속히 끝낼 필요가 있었다. 게다가 패전국이었던 오스트리아를 더 이상 자극하지 않고 오히려 동맹국으로 끌어들이려는 정치적 계획까지 마무리지어야만 했다.

따라서 그는 바이에른 출신의 루드비히 황제가 한때 브란덴부르크 변경에 거주하던 자신의 선조로부터 특별한 지원을 받았던 과거사를 충분히 이용하고자 했다. 즉 선조 클라우스가 바이에른의 왕족들에게 의존한 것보다 바이에른 왕족들이 클라우스에 의지하고 도움을 받았던 면이 훨씬 컸다는 사실을 들춰냄으로써, 황제와의 곤혹스러운 갈등에서 벗어나는 데 바이에른 국왕의 적극적인 동의를 구할 심산이었던 것이다. 결과는 그의 뜻대로 이루어졌다.

클라우스의 위상은 그 이후에도 빛을 발했다. 훗날 1890년 비스마르크를 정계에서 내몰고 제국주의적 세계정책을 표방하는 독일제국의 젊은 황제 빌헬름 2세(1859~1941)는 1895년 브란덴부르크에서 프로이센의 역사적 위상을 드높이고, 군주들을 예술의 후원자로 알리기 위한 일환으로 호화로운 기념비를 세우는 사업을 명령했다. 그 결과 기념비들 중 하나로 카를 4세와 막데부르크 대주교 포르티츠 옆에 클라우스의 동상도 나란히 세워졌다. 그 기념비는 제2차 세계대전 당시 폭격으로 베를린의 지게스알레 거리가 폭파되기 전까지 남아 있었으나, 그 이후에 완전히 철거되고 말았다.

1899년 빌헬름 2세는 오토 비스마르크의 첫째 아들로서 아버지와 함께 정계를 떠난 헤르베르트(Herbert Nikolaus von Bismarck, 1849~1904)를 기념비 개막식에 초대했다. 비스마르크를 내쫓았던 그가 다른 한 명의 비스마르크를 동상으로 모셔놓은 가운데 또 다른 비스마르크를 불러놓았던 것이다.

그날의 의식은 예전에 프리드리히 대제가 그랬듯이 친위대와 의장대의 대열 속에서 장대하게 치러졌다. 프리드리히에 비견되던 위인인 오토 비스마르크가 생존해 있었더라면 그 역시 그 자리에 초대되었을 가능성이 있었겠지만, 그는 바로 그 전해에 이미 세상을 떠나고 없었다. 그때 세워진 32개의 기념비 가운데 세 개는 가톨릭 교회와 보수주의의 '결집정책'을 절묘하게 묘사한 작품으로서 그 정책에 누구보다 일조한 적임자로서 클라우스의 활약상도 함께 기려졌다.

그런데 클라우스의 소위 '결집정책'으로 알려진 선례는 비스마르크 정치에서도 찾아볼 수 있다. 1878년 보수주의자로서 신교도이기도 했던 비스마르크는 7년 가까이 시행해온 정치적 가톨릭주의자들을 억압하는 문화투쟁을 철회했다. 물론 클라우스가 보여준 가톨릭과의 화합을 그대로 모방한 것은 아니었지만, 그들과의 화해와 타협이 절실하게 요구되는 시점에서 과감하게 돌아서는 전략적 선택을 한 것이다. 이로써 클라우스에 못지않게 비스마르크 또한 가톨릭 교회에 우호적인 입장으로 돌아서면서 선조보다 더하지도 덜하지도 않는, 위기상황에 따른 실리정책을 좇는 기질을 발휘한 셈이었다.

스텐달의 클라우스 시대가 끝나고 비스마르크 가문의 중반기에 접어들 무렵, 독일에는 종교개혁의 바람이 거세게 불어닥쳤다. 당시 서유럽 국가들은 중세사회의 지방분권적 봉건제도가 붕괴되는 과정에서 과도기적 형태로 근대적인 중앙집권의 통치체제를 형성했다. 스페인의 국왕에서 신성로마제국의 황제로 선출된 카를 5세(1500~1558) 역시 그러한 추세에 힘입어 제국을 하나로 통합하고자 했다. 그리하여 자신의 뜻에 반대하는 프랑스와 이탈리아, 오스만투르크 등에 대항하여 패권을 장악하는가 하면, 다른 한편으로 지원군을 이용하여 친교황 정책을 펼쳐나갔다.

그러나 서유럽 국가들과는 달리 오래전부터 분할 통치된 나머지 중앙집권적 왕권이 부재하던 독일 내 각 영방군주들의 생각은 달랐다. 카를 5세의 뜻하지 않은 통합정책에 그들은 저항의 목소리를 한데 모았다. 정국은 다시 불안한 상황으로 빠져들었고, 민중들마저 반대하는 분위기에 가세했다. 그러한 움직임은 그들 나름대로 세속화를 멀리하고 경건주의에 의지하려는 새로운 종교적 경향마저 취하도록 자극했다. 중세 이래로 막대한 토지재산을 소유하고 낭비와 물질주의로 타락하여 세속화된 교회 세력을 불신하는 민중들의 입장을 그대로 드러내는 변화가 아닐 수 없었다.

　각국의 세속군주들과 교회의 관계는 계속해서 분쟁으로 치달았다. 그런 가운데 이상의 모든 조짐들이 장차 종교개혁으로 맞부딪히게 될 경우 어느 쪽으로 사태가 유리하게 전개될 것인지는 짐작하고도 남을 일이었다. 교회에 불리한 상황은 비단 그뿐만이 아니었다. 때마침 황제의 친교황 정책에 힘입어 로마 교황령을 독립국가로 만들려던 교황 레오 10세(Leo X, 1475~1521)가 성 베드로 성당의 건립 기금을 모집하자, 카를 5세가 그의 후원자로 나서면서 독일은 지나친 배당금까지 떠맡고 말았다. 그야말로 독일은 교황의 최대 희생양이 되었다. 독일이 종교개혁의 발원지가 될 이유가 그만큼 더 확실해진 셈이었다.

　그리고 그 폐해는 무엇보다 무지한 민중들에게까지 돌아갔다. 배당금을 채우기 위해 천당에 이르는 패스포트로 선전된 '면죄부'가 판매되기에 이르렀다. 이 사건을 지켜보던 루터(Martin Luther, 1483~1546)는 1517년 마침내 종교개혁의 불을 지폈다. 교황을 둘러싼 교회 세력과 이를 지지하는 황제에 반대하여 들고 일어난 군주들이 루터를 지원했고, 그러한 개혁 사태는 독일 전역은 물론 유럽으로까지 광범위하게 확산되고 말았다.

　종교 분쟁은 마침내 신·구교의 분열을 초래했으나 1555년 아우구스부르크 종교화의로 종결되었다. 기독교 세계의 상호 적대적인 분파는 중세 이래 지속되어온 교회의 통일을 파괴시켰고, 교회의 만능주의적이고 초월적인 종교관을 더 이상 발붙일 수 없도록 만들어놓았다. 그리고 무엇보다 각국 군주에게 신교든 구교든 종교의 선택권이 부여됨에 따라 과거 교회가 갖고 있던 절대적 권위도 사라졌다.

　그러나 가톨릭 세계로부터 분리되어 개신교를 탄생시킨 종교개혁은 가톨릭 교회 입장에서는 개혁이 아닌 일종의 개악(Deformation)이었다. 가톨릭 교회는 신교 세력이 확장됨에 따라 자기 세력을 소생시키기 위해 이른바 반동 종교개혁 운동을 일으키지 않을 수 없었다. 그리하여 중세 때부터 제기되어온 자체 내의 개혁운동을 한층 새로운 차원에서 강력하게 전개시켰고, 그 양상은 또다시 신·구교의 종교 분쟁을 일으킬 만한 새로운 투쟁의 불씨를 품어놓게 되었다. 따라서 종교개혁의 소용돌이는 장기적인 관점에서 기독교 신앙을 강화시켜주긴 했지만, 다른 한편으로 끊임없이 신·구교 간의 충돌을 촉발시켰다. 특히 종교 선택권을 갖게 된 각 군주들의 권한이 강화됨으로써 영방국가 독일은 분열이 더욱 강화되는 결과를 초래했다.

그 무렵 클라우스의 후손에 대해서는 언급할 만한 활동이 전해지는 바가 없다. 그런 점으로 보아 프로이센 국가에 대한 비스마르크 가문의 정치적 영향력이 크게 쇠퇴하여, 클라우스로부터 물려받은 봉건적인 특권과 영지를 그대로 세습·유지하는 것마저 어려웠던 듯하다. 그 시절 비스마르크 가문으로서는 잊을 수 없는 사건 하나가 그런 상황을 잘 말해준다.

1562년 순전히 사냥에 욕심을 내던 호엔촐레른 왕실의 강압을 이기지 못해 스텐달을 크레베제·쇤하우젠과 맞바꾼 사건이 벌어졌다. 가문 대대로 물려받은 스텐달의 방대한 삼림지대와 특히 레츠링 숲까지 뻗어 있는 우거진 삼림과 사냥 지역이 브란덴부르크 선제후와 태자의 관심을 끈 것이 그 발단이었다.

아우구스부르크 종교화의 이후에도 그 선제후 부자의 유혹의 눈길은 식을 줄 몰랐다. 심지어 태자의 경우 비스마르크 가문을 신·구 서열별로 구분하여 7년이 넘도록 각종 회유와 압력을 행사해왔다. 결국 태자는 1560년 종교개혁의 결과로 교회 재산의 국유화가 한창 진행되던 중 구실을 만들어내기에 이르렀다. 왕실의 소유지가 된 교회 영지 가운데 일부를 비스마르크 가문의 그 땅과 맞바꾸자고 제의했던 것이다.

마침내 1562년 12월, 비스마르크 일가는 약정 계약을 맺기 위해 레츠링으로 소환되었다. 태자의 의도에 따라 구 서열에 속했던 후손 하인리히(Heinrich von Bismarck, ?~1575)와 프리드리히(Friedrich von Bismarck, 1510~1589) 형제는 그들 성터의 몫으로 크레베제 교구의 영지를 하사받았다. 이어 신 서열에 속한 후손 욥스트(Jobst von Bismarck, 1510~1589)와 게오르그(Georg von Bismarck, 1515~1580) 형제 또한 쇤하우젠과 주교구인 하벨베르크에 속해 있던 피쉬벡을 보상으로 받았다. 비스마르크 일가가 알트마르크를 떠나 새로이 소유하게 된 영지들은 지리적으로나 역사적으로 중심지로부터 다소 멀리 떨어진 편이었지만, 경제적으로 궁핍하지 않은 그런 대로 쓸 만한 지역이었다.

그러나 1849년 2월, 프로이센 의회의 하원과 그 이듬해 에어푸르트 통합의회의 의원을 거쳐 독일연방의 프로이센 측 대사로 부름을 받아 본격적으로 정계에 발을 들여놓을 무렵, 비스마르크의 귀에 예기치 않게 그 땅에 대한 얘기들이 흘러들었다. 한평생 땅에 대한 애착이 남달리 강했고, 승마를 즐겨하며 사냥에 유독 관심을 보였던 그가 그 사실을 알게 되면서 사건의 전모도 하나씩 드러났다.

특히 대사직을 수행하기 직전인 1850년 10월, 왕실 사냥에 처음으로 초대받은 직후 접한 가문의 역사와 그 뒷얘기에 대한 정확한 정보들은 그의 관심을 자극하고도 남았다. 예전부터 알트마르크 영지의 남쪽으로 쭉 뻗은 레츠링 숲에서 벌어지는 왕실 사냥에 늘 큰 관심과 부러움을 갖고 있었기에 왕실 전용의 사냥터가 자기 조상들의 옛 소유지였고, 그것도 강제적으로 빼앗겼다는 사실에 민감해지기까지 했다.

1345년부터 1562년까지 200년 이상이나 존속되어온 가문의 영지를 억지로 맞바꾸기 위해 조상들이 소환되었던 그곳, 자신이 수도 없이 부

:: 게를라흐 형제. 형 레오폴트와 동생 루드비히

러워했던 그곳, 바로 그곳에서 아무것도 모르는 채 최대한 신하의 예를 갖추고 사냥의 기쁨을 황송하게 즐겼던 자신의 꼴을 비스마르크는 되돌아보지 않을 수 없었다.

불려간 조상들의 입장과는 달랐고, 또 사건의 내막에 대해 제대로 알지 못한 채 초대받은 상황이긴 했지만, 가문의 옛 터전에 대한 진상을 알게 된 이후의 아쉬움과 실망이란 적지 않았다. 그때까지 가문의 옛 이야기에 관심이 없던 비스마르크는 왕실 사냥에 초대된 그 자리에서 바로 말할 '기회'를 놓쳐버린 것에 분노마저 느꼈다. 사전에 알고 있었더라면 어떠한 방식으로든 최소한의 행동은 취했어야 했다는 심경이었다. 극단적인 그의 기질로 보아서는 충분히 상상할 수도 있는 일이었다. 귀족으로서 확고한 신분의식은 지녔으되, 30대 중반이 되도록 수백 년에 이르는 가문의 역사를 거의 모르다시피 살아온 그에게는 분명 전환점이 될 수 있었다.

그 이후에도 영지 교환 사건은 비스마르크의 기억 속에 되살아나곤 했다. 1855년 10월, 또다시 왕실 사냥에 참석하고 난 뒤에는 더욱 그랬다. 절친한 고급부관인 게를라흐 형제, 즉 레오폴트(Leopold von Gerlach, 1790~1861)와 루드비히(Ernst Ludwig von Gerlach, 1795~1877, 이후 '게를라흐'는 이 동생 루드비히를 말함) 중 동생 게를라흐에게 보내는 편지에서도 그의 불만은 역력히 드러났다.

　300년 전에 우리 가문에게서 부당하게 빼앗아간 소유지인 레츠링에서 개최되는 왕실 사냥에 제가 초대받지 못한다면, 이는 더욱 화가 치미는 일이 아닐 수 없을 것입니다.

　그리고 다시 수십 년이 지나 1870~1871년 프랑스와의 전쟁 중 비스마르크는 절친한 친지이자 언론인인 부슈(Moritz Busch, 1821~1899)에게 다시 한 번 그 일을 끄집어내며 조소라도 하듯 불편한 심기를 드러냈다. 그때는 독일 통일을 눈앞에 두고 그의 위치가 더할 수 없이 최정점을 향해 가고 있을 때였다.

　우리 선조는 왕실 사냥터를 내주고 대신 버터 빵으로 보상받았지.

　그러나 비스마르크 가문이 겪었던 영지 교환 사건 일화는 절대왕정 하에서 국왕과 귀족과의 관계가 늘 명쾌할 수만은 없음을 보여주는 대표적인 사례일 뿐이었다. 왕권을 보호하고 권위를 유지하기 위한 국왕의 요구에 충성해야 하는 신하로서는 어떠한 요구든 받아들일 수밖에 없었다. 그보다 더한 고역이라도 불만을 표출하거나 거부하기란 쉽지 않은 일이었다. 기회가 있을 때마다 개인적으로 분노를 감추지 못한 비스마르크였지만, 그렇다고 해서 오래전 왕실에 빼앗긴 가문의 영지를 되찾을 수 있는 상황은 아니었다. 빌헬름 국왕과 그 사이에 어떻게 보면 봉건제도보다 더한 주종 관계가 버티고 있었고, 그런 틀을 신봉하는 그가 빼앗겼던 사냥터를 회복하려 했을 리 없기 때문이다.

그럼에도 분노를 잠재우지 못했던 이유는 또 다른 영지이자 자신의 소유지인 쇤하우젠의 상황이 새로운 국면에 들어섰기 때문인 듯하다. 신·구 가문으로 양분되어 맞바꾼 새 영지들 가운데 자신의 출생지이기도 한 쇤하우젠이 다시 두 지역으로 갈라져 상속되어온 데다가 그 나머지를 구입하기도 쉽지 않았던 것이다. 1866년 비스마르크는 오스트리아와의 전쟁에서 승리하여 포상금 150만 탈러(taler, 독일의 옛 화폐 단위) 가운데 4분의 1을 하사받았다. 그는 이듬해 고향 폼메른의 바친에 별장을 새로이 구입할 수는 있었지만, 쇤하우젠의 나머지를 사들일 엄두는 내지 못했다.

그런데 1871년 1월 18일 프랑스의 베르사유 궁전에서 역사적이고도 영광스러운 독일제국의 선포가 이루어지던 날, 그에게 영토 교환 사건에 얽힌 분노를 다소나마 삭이는 기회가 마련되었다. 제국 통일의 공로에 힘입어 11월 19일 난생 처음으로 가문의 역사서를 편찬하는 작업에 착수할 수 있었기 때문이다. 그의 지시에 따라 가문의 역사서에는 1864년 덴마크와의 전쟁에서 승리하고 그 이듬해 9월 16일 황제 빌헬름 1세에 의해 라우엔부르크의 백작으로 승작된 사실이 모두 기록되었다. 1870년 프랑스와의 전쟁에서 승리하고 그 이듬해 1871년 3월 22일 다시 프로이센의 제후에 해당하는 대공의 작위를 받게 된 사실 또한 명시되었다.

그리고 그 후 무엇보다 1885년 쇤하우젠의 완전한 복구로 비스마르크의 영광이 재현됨에 따라 수백 년 전 그 땅에 얽힌 비화에 대해 상당히 회포를 풀었다고 하겠다. 70회 생일을 기념하는 자리에서 한 기부단체가 그를 위해 모금한 금액으로 쇤하우젠의 나머지 영지를 되찾았기 때문이다. 이로써 교환 사건을 최초로 알게 된 지 근 35년의 세월이 지나서야 맞바꾼 영지나마 본래 그대로를 완전히 회복할 수 있었다. 지난 300년간 비스마르크 가문에게 남아 있던, 강제로 교환된 영지에 대한 가슴 아픈 기억을 간접적이나마 치유하고 가문의 명예를 크게 회복한 감격적인 순간이었다.

가문의 역사서를 편찬하고, 또 최고의 전성기에 영지까지 하사받은 비스마르크의 상황은 당대인들의 최대 관심사가 되었다. 그의 정적들을 비롯하여 일각에서는 제후로 신분상승하는 등 '벼락출세'한 그에게 곱지 않은 시선을 보내기도 했다.

하지만 프로이센에 기여한 그의 업적과 위상을 기리는 그런 포상은 분명 그 누구도 흉내조차 낼 수 없는 성과에 대한 상징이었다. 결코 그가 아니면 이루어낼 수 없었던 업적들은 프로이센의 후예로서, 가문의 후손으로서 독일은 물론 그의 가문에도 최대의 역사적 치적으로 기록되고도 남을 일이었다.

직계 조상의 역사

비스마르크 가문의 후기는 프로이센에 비로소 왕국이 성립되는 결정적인 시기인 동시에 비스마르크의 직계 조상과 관련해서도 역사적으로 중요한 시기였다. 특히 1562년 영지 교환 사건 당시 가문의 대변자로 담판에 나섰던 프리드리히를 중심으로 직계 조상의 분기선이 형성되는 의미 있는 시점이라 할 수 있겠다.

그러나 프리드리히 이후부터 고조부 이전 시기까지 80여 년에 가까운 시간은 가문의 암흑기라 불릴 만큼 자료 자체가 부족하여 역사 파악에 많은 한계가 따른다. 다만 그 이후의 시기나마 상당히 구체적인 자료들이 남아 있어 직계 조상들의 활동과 역량에 대해 상세한 내용을 파악할 수 있는 것이 다행이다.

비스마르크의 고조부 아우구스트(August von Bismarck, 1666~1732)는 세 명의 통치자를 차례로 보필한 인물이다. 아우구스트는 먼저 브란덴부르크 대선제후인 프리드리히 빌헬름(Friedrich Wilhelm, 1620~1688) 시대에 그동안 침체된 가문의 모습을 말끔히 씻어버리는 데 일조했다. 프리드리히 빌헬름은 종교개혁 이후 신·구교 간의 대립으로 시작된 30년 전쟁(1618~1648)을 지원하고 프로이센의 중앙집권화를 추진하기 위해 관료제를 정비하며 군대를 강화한 끝에 절대주의의 왕정체제를 수립하는 기틀을 마련했다. 이로써 그는 프로이센을 독일제국 내 분산된 360여 개의 영방국가들 가운데 오스트리아에 버금가는 국가로 급부상시키는 데 절대적으로 공헌한 군주가 되었다.

반면에 수십 년 동안 계속된 전쟁의 대가로 황폐화된 현실은 그의 통치에 있어 어두운 면이었다. 강력한 중앙집권체제를 형성하는 동안 도시고 시골이고 할 것 없이 굶주림과 빚더미에 시달려 유랑민이 들끓는 등 국민의 경제력과 정치력을 마비시켜놓은 결과는 감출 수 없는 한계였다. 게다가 신성로마제국의 유명무실함이 여전한 가운데 독일 내 영방국가들의 분열 양상에도 별다른 진전을 보여주지 못했다.

그 다음으로 1688년 프리드리히 빌헬름의 뒤를 이은 그의 아들 프리드리히 1세(1657~1713)는 선왕의 치적에 힘입어 1701년 프로이센 국왕에 즉위했다. 그 무렵 아우구스트의 역량도 최고로 발휘되어 국왕의 절대적인 버팀목으로서 역할을 충실히 이행했고, 1710년에는 알트마르크 군수로 발탁되었다. 그리하여 150년이 지나 알트마르크가 또다시 비스마르크 가문의 활동지로 거듭 부상하기에 이르렀다.

그러나 1713년 프리드리히 빌헬름 1세(1688~1740)가 집권하면서 아우구스트의 영향력은 크게 약화되었다. 프리드리히 빌헬름 1세는 소위 '군인왕'으로서 잔인한 절대주의자이며 엄격한 경건주의자였다. 그는 자신의 후계자를 보호하고 융커 귀족들의 세력을 약화시키기 위해 1722년 관료제도의 훈령을 개편했고 이에 따라 알트마르크에서 비스마르크 가문의 영향력도 현격하게 줄어들 수밖에 없었다.

그런 가운데 아우구스트의 사촌으로 쇤하우젠의 영주이자 막데부르크의 연대장인 루돌프 아우구스트(Ludolf August von Bismarck, 1683~1750)는 프리드리히 빌헬름의 총애와 신임을 받았던 것으로 보인다. 그가 몇 차례의 승진 끝에 러시아에서도 복무했던 것을 보면 비스마르크 가문 전체의 입지가 사라진 것은 아니었다.

한편, 국왕의 신임을 받지 못했던 아우구스트에 비해 그의 아내 도르테아 카테(Dorothea Sophie von Katte) 가문의 상황은 달랐다. 당시 도르테아의 배다른 두 오빠들은 프리드리히 빌헬름 하에서 정치적으로 왕성한 활동을 보여주고 있었기 때문이다. 집 안은 물론이고 마을 교회 내 2층 특별석에 비스마르크 가문의 문장인 세 잎 클로버와 카테 집안의 생쥐를 문 고양이 문양이 나란히 장식되어 있었는데. 이것이 그때의 상황을 잘 뒷받침한다.

특히 도르테아의 둘째 오빠 한스 하인리히(Hans Heinrich von Katte, 1681~1741)의 경우, 육군 대령으로서 막강한 군사력을 장악했던 인물이다. 그런데 1730년 황태자가 도주를 기도한 사건과 연루된 그의 아들 한스 헤르만(Hans Hermann von Katte, 1704~1730)이 퀴스트린에서 처형되는 사태가 벌어졌다. 아들이 죽음을 맞이할 정도로 위급한 상황이었는데도 한스 하인리히는 국왕과 절친한 친구들과의 긴밀한 교류를 통해 사회적 유대관계를 확실히 해둔 덕분에 그 누구의 모함도 받지 않고 무사히 위기를 모면하여 가문을 지킬 수 있었다.

그 이후 한스 하인리히는 1736년 기병대 장군으로 승진했고, 1740년 프리드리히 빌헬름 사후에는 육군 원수에 올라 백작 가문으로 승격하는 영광까지 누렸다. 이는 부왕의 부당한 행위에 맞서던 프리드리히 2세, 즉 프리드리히 대제가 카테 가문의 신분을 격상시켜준 때문이었다. 이것은 자신의 눈앞에서 처형된 젊은 친구 한스 헤르만에 대한 새 국왕의 확실한 보상책이기도 했다. 비록 얼마 되지 않아 한스 하인리히는 운명을 달리했지만, 카테 가문은 왕실의 보호 하에 지속적으로 혜택과 명예를 누렸다.

아우구스트 비스마르크에 대한 부정적인 대우는 프리드리히 2세의 통치 하에서 아우구스트의 첫째 아들 아우구스트 프리드리히(August Friedrich von Bismarck, 1695~1742)에 이르러 완전히 사라졌다. 국가 제1의 공복으로 자칭하면서 프로이센의 르네상스, 소위 문예부흥을 일으킨 대표적인 계몽전제군주 프리드리히 대제는 부왕 프리드리히 빌헬름 1세의 엄격한 군사 교육 덕분으로 군사 전략에 능했다. 또한 재력과 강병책에 힘입어 프로이센의 전성기를 일구어내며 전형적인 계몽절대군주로 부상했다.

또한 프리드리히 대제는 오스트리아의 마리아 테레지아 여왕이 제위에 오르기까지 여제의 상속권 문제를 둘러싸고 오스트리아와 여러 차례 계승전쟁(1740~1748)을 벌였던 장본인이기도 했다. 전쟁에서 승리한 프리드리히 대제는 아마 섬유공업의 중심지이자 철, 석탄이 풍부한 슐레지엔을 확보함으로써 프로이센의 공업 발전에도 크게 이바지했다.

그 후 실지를 회복하려던 마리아 테레지아의 노력 끝에 프랑스, 러시아와의 '외교 혁명'이 결성되자, 이에 반대하고 맞선 프리드리히는 영국을 자기편으로 끌어들여 7년 전쟁을 주도했다. 그 무렵 영국은 이미 해상무역과 식민정책에서 프랑스와 대립하고 있었을 뿐만 아니라, 왕실의 고향이기도 한 독일 북부의 하노버 공국을 지켜줄 만한 세력이 필요했기에 이를 계산하고 접근한 프리드리히의 정략적인 동맹 체제를 거부하지 못했다.

새 황제 표트르 3세(Peter III, 1728~1762)의 즉위로 러시아마저 프로이센과 휴전하면서 마침내 1763년 2월 15일 프리드리히 대제는 후베르투스부르크에서 평화협정 체결과 함께 전쟁을 승리로 끝맺었다. 그 대가로 영국은 세계적인 식민제국으로서, 그리고 무엇보다 프로이센은 유럽의 강대국으로서 확고한 지위를 차지하게 되었다.

그런 프리드리히 대제 치하에서 아우구스트 프리드리히의 공적 또한 대단했다. 오토 비스마르크의 중조부로서 머리를 길게 땋아 늘인 모습으로도 유명했던 그는 1711년 16세의 나이에 중기병 연대에서 기병기수로 군복무를 시작하여 30년 가까이 그곳에서 절대적인 충성을 바쳤다. 특히 마리아 테레지아에 대항하는 프리드리히 대제의 통치 이념에 따라 1741년 제1차 슐레지엔 전쟁에서 육군 중령으로 5군단의 기병대를 총괄 지휘하여 프로이센 군대와 국왕의 명성을 드높이는 최대의 위업을 보여주었다. 그러나 1년 뒤 크차스라우-코투지츠 전투에서 심한 부상을 당하고 쿠텐베르크 가까이로 옮기던 도중 오스트리아 경기병에 의해 피습을 당하여 비극적인 최후를 맞이하고 말았다.

아우구스트 프리드리히는 비록 세상을 떠나고 없었지만, 프리드리히 대제는 소박하고 절제 있는 그의 생활방식과 30여 년간 왕실에 충성을 다한 그를 잊지 않았다. 특히 마지막까지 용기 있는 전투력을 발휘했던 그의 공적을 기려 기회가 있을 때마다 진정한 대장부라는 찬사를 아끼지 않았다. 게다가 황태자 시절에 아우구스트 프리드리히의 외가인 카테 집안의 청년 한스 헤르만과의 남다른 인연도 있었으니, 그에 대한 국왕의 총애는 충분히 짐작할 만했다.

아우구스트 프리드리히의 위업은 비스마르크 가문으로서 드문 영예임에 틀림없었다. 훗날 유럽 내 강대국으로서 프로이센의 영광을 논하는 자리에서 프리드리히 대제의 치적이 다뤄질 때마다 그에 비견되던 인물은 단연 비스마르크였다. 독일 내 유일한 강대국이던 오스트리아에 대항해 프로이센의 동등권을 주장하다가 끝내 전쟁을 승리로 이끌고, 독일제국을 통일한 비스마르크가 쌓은 공적은 프리드리히 대제와 나란히 비교·평가되었고, 그 자체만으로 가문의 위상을 인정하고도 남을 일이었다.

그런 그에게 충정의 표상이라 할 수 있는 증조부 아우구스트 프리드리히의 위업은 금상첨화가 아닐 수 없었다. 프리드리히 대제가 보여준 증조부에 대한 두터운 신뢰는 비스마르크에게 후손으로서 가문에 대한 자긍심을 갖게 해주고, 최고의 신하이자 정치가로서의 위상을 검증받고 돋보이게 해주는 디딤돌이었다. 따라서 프로이센의 후예로서뿐만 아니라 가문의 후손으로서 아우구스트 프리드리히와 비스마르크 두 사람 모두 손색이 없는 인물들이었고, 그런 점에서 콩 심은 데 콩 나고 팥 심은 데 팥이 나는 대표적인 사례를 보여주었다.

한편 사후에도 국왕의 변함없는 총애를 받았던 아우구스트 프리드리히와는 달리 그의 동생 카를 루돌프(Karl Rudolf von Bismarck, 1700~1760)의 경우에는 색다른 기록이 남겨져 있다. 이미 혈통이 다른 아들을 둔 미망인과 결혼한 카를 루돌프는 이를 계기로 라인 남부 계열 비스마르크 가문의 선조가 됨으로써 쇤하우젠의 비스마르크 혈통과는 갈라지게 만든 장본인이었다.

그 때문에 카를 루돌프의 집안은 비스마르크가 태어난 1815년 이후를 기점으로 해서 비스마르크 본가와는 구별되었다. 따라서 그의 손자 프리드리히 빌헬름(Friedrich Wilhelm von Bismarck, 1783~1860) 때부터는 표기상 그 이름에 알파벳 'k'가 추가되었다.

그리고 카를 루돌프의 결혼으로 인한 여파는 비단 혈통 문제뿐만이 아닌, 가히 운명적이라 할 만한 역사적인 사건과도 연결되었다. 이미 세상을 떠난 그로서는 알 수 없는 일이었겠지만, 그의 후대에 이르러 비스마르크 본가와는 불미스럽고도 처절한 관계로부터 헤어날 수 없는 숙명에 처했기 때문이다. 즉, 1806년 나폴레옹이 신성로마제국을 붕괴시키고 자국의 동맹국으로서 독일 영내에 16개국으로 구성된 라인연방(Rheinbund)을 설치했는데, 이에 굴복하고 만 독일 국가의 운명 속에서 남북에 위치한 두 집안이 적대관계에 놓였던 것이다.

대표적으로 카를 루돌프의 손자인 프리드리히 빌헬름은 라인연방에 속한 뷔르템베르크 출신으로 바덴에서 활동하면서 기병장교, 군인작가, 벨기에 군사학회 회원, 외교관 등 화려한 경력을 지닌 인물이었다. 그는 나폴레옹을 위해 직접 참전하여 그로부터 국가훈장까지 받을 정도로 평생을 나폴레옹 숭배자로 살았다. 따라서 프랑스에 대항한 프로이센의 민족해방 전쟁에서는 비스마르크 본가와의 '대적'이 불가피했다.

현실은 참으로 냉혹했다. 1813년 프리드리히 빌헬름이 라이프치히 전투에서 나폴레옹에 대항하는 연합군의 포로가 된 날, 비스마르크의 막내 숙부 레오폴트(Leopold von Bismarck, 1770~1813)는 나폴레옹의 다른 군대에 맞서 격전을 벌이던 중 할레 근처의 뫼커른에서 숨을 거두고 말았다.

사촌 관계인 프리드리히 빌헬름과 레오폴트, 한 명은 라인 남부의 친프랑스 진영, 다른 한 명은 북부의 반프랑스 진영에 속했던 그들은 서로를 적대할 수밖에 없었던 비운의 주인공들이었다. 서로에게 직접 총칼을 들이대진 않았지만, 나약한 국가의 운명에 따라 희생양이 된 이들 두 사람의 참사는 비스마르크 가족사의 숙명으로도 길이 남을 일이었다.

국제 변화 속의 약체, 독일

18세기에 이르러 유럽 사회는 근대화의 물결에 휩싸였다. 특히 15세기 말 이후 포르투갈과 스페인을 필두로 해서 16~17세기에 이르러 네덜란드, 영국, 프랑스가 가세하면서 독일의 주변국들은 그야말로 영토 확장에 한창 열을 올렸다. 그 결과 그들의 무역 중심지는 지중해를 벗어나 대서양 연안으로 옮겨졌고, 그 규모 역시 커질 수밖에 없었다. 상공업이 발달함에 따라 각국에 근대 도시들이 생겨남은 물론, 상대적으로 농촌을 중심으로 한 중세 봉건사회의 붕괴도 가속화되었다.

이런 유럽 국가들은 국가에 따라 시기적으로 다소 차이는 있었지만, 절대왕정 체제 하에서 근대국가로의 모습까지 갖추어나갔다. 나아가 정치적으로나 경제적으로 혁명적인 사건들을 주도하면서 근대적인 시민사회 건설에도 박차를 가했다. 그러한 발전에는 인간 중심적 합리주의에 대한 정신적·지적 가치 발견도 함께 자리하고 있었다. 말하자면 일찍부터 신항로의 발견과 해외 진출에 앞장선 이후로 활성화된 원거리 무역과 그에 따른 식민무역은 국가와 국민의 경제를 급속하게 발전시키는 원동력이 되었고, 이는 그들의 정신적 계몽으로 이어졌다.

그러나 그 무렵 독일은 통일을 이루지 못한 채 분권적인 정치체제의 약점을 그대로 드러내고 있었다. 종교개혁 이후로 분열 사태가 가속화되었고, 신항로를 발견하는 사업마저 뒤처지면서 한층 어려운 상황에 몰렸다. 급격한 성장의 시대에 여전히 지방분권 체제에 머무른 채 지리적 팽창의 대열에도 합류하지 못하여 해외 진출의 기회마저 놓쳐버렸던 것이다.

이렇게 새로 변화하는 환경에서 독일은 쇠퇴의 길로 밀려날 수밖에 없었다. 게다가 보수적인 토지귀족 융커가 경제적·사회적 주도권을 모두 장악한 탓에 후진적인 농업 행태까지 그대로 유지되어 발전을 가로막았다. 따라서 자본주의 발전의 기틀은 부족하고, 그로 인해 시민세력의 형성도 미미한 탓에 근대국가로의 이행을 기대하기란 실로 요원해 보였다.

한편 유럽사회는 급속한 근대화를 맞이하는 동안 엄청난 '성장통'을 두 번씩이나 겪어야 했다. 그 중심에는 근대화의 상징으로 성장한 상층 부르주아 시민계급의 역할이 절대적으로 작용했다. 그들은 대단한 경제력으로 초기 자본주의 경제를 만들어나가는 한편, 절대군주의 정치적 관료집단으로도 대거 충원되었다. 이를테면, 자본의 축적과 의식의 혁신을 바탕으로 신흥귀족으로 신분상승하는 등 새로운 시대 흐름에 실질적인 주인공으로 나섰던 것이다.

그러나 시민세력 못지않게 군주들 또한 근대사회의 새로운 변화에 편승한 또 하나의 부류로서 자리했다. 부르주아들의 적잖은 재정력과 뛰어난 행정력에 힘입은 군주들은 자신들의 세력을 확장시켜 절대왕정 체제를 확립해나갈 필요성을 느꼈다. 그러나 절대군주 체제의 운영은 부르주아 세력과 긴밀하고도 상호 보완적인 관계를 형성해야 충분한 추진력을 기대할 수 있었기에, 부르주아 세력과 불협화음이 발생할 경우 그만큼 치명적인 한계에 부딪힐 수밖에 없었다.

아니나 다를까, 대내외적으로 절대왕정을 강화하려는 의지가 단호했던 국왕이 보다 강력한 왕권을 위한 방책을 추진하면서부터 부르주아와의 관계에 이상기류가 보이기 시작했다. 국왕은 더 이상 봉건귀족에 의존하지 않고 왕실의 안전과 함께 독자적인 군대 지휘권을 확보하기 위해 상비군 제도의 수용을 주장했을 뿐만 아니라, 각 지역에서 자신의 의지를 대신 수행해줄 대리집단인 관료기구도 도입하길 원했다. 그러나 상비군이든 관료든 그 모든 제도나 기구에는 국왕의 독점적인 재정 자원이 있어야만 가능했다.

따라서 그 후속조치로서 국왕은 시민계급의 조세 규모를 늘린다거나 필요 이상의 관직을 매매하는 수단을 동원해야 했고, 심지어 중세에도 보지 못했던 전국 규모의 징세제도까지 도입하기에 이르렀다. 특히 징세제도는 재정적으로 중앙집권화를 이룬 국왕의 위상을 말해주는 장치이긴 했으나, 졸지에 납세자의 처지가 될 수밖에 없는 귀족들에겐 아주 불만스러운 상황이었다. 그 과정에서 자신의 의지를 포기하지 않은 국왕은 귀족들의 불만을 해결하는 일종의 타협안으로서 면세 특권을 남발했고, 그 때문에 국가 재정과 관련된 과세 문제는 결국 대부분 부르주아의 부담으로 돌아올 수밖에 없었다.

강화되는 절대왕정의 폐단이 속출하면서 문제점은 꼬리에 꼬리를 물었다. 부르주아 시민계급의 입장에서 볼 때, 지금까지 자신들로부터 적잖은 재정적 도움을 받아 왕권을 강화했으면서도 국왕은 일방적으로 귀족 편을 드는 것처럼 보였다. 그뿐만 아니라 그들의 목표인 근대적인 민족국가 수립과도 거리가 멀어 보였고, 국왕은 오히려 왕실의 권리와 이익만을 위해 왕조 체제를 공고히 하는 데 주력하는 것으로 인식되었다.

부르주아 세력의 불만은 커질 수밖에 없었다. 그런 상황에서 국왕과의 상호의존 관계는 더 이상 존립하기 힘들어졌다. 부르주아들의 반발이 잦아짐에 따라 정치적·사회적 동요가 확산되었고, 그로 인한 후유증도 점점 커졌다. 귀족들 못지않게 경제력을 쌓아올린 부르주아들은 끝내 자신들의 경제력에 걸맞은 정치적·사회적 기회를 요구하며, 낡은 봉건적 질서와 제도 자체에 분노를 터뜨리기에 이르렀던 것이다. 중세 봉건제도 하에서 실권을 장악했던 귀족들의 권력이 각국의 군주들에게로 새로이 옮겨졌을 뿐, 일종의 봉건적 잔재와 같은 병폐가 근대에도 기승을 부리기는 마찬가지였다.

첫 '성장통'은 1789년 프랑스에서 가장 먼저 터져나왔다. 아무런 특권도 누리지 못한다고 인식한 부르주아 시민들은 그동안 구체제의 봉건적 신분구조 하에서 쌓였던 분노까지 한꺼번에 쏟아냈다.

프랑스의 부르주아 계급은 각종 세금 징수에서 면세 혜택을 누려온 특권계급인 제1신분의 성직자와 제2신분의 귀족을 제쳐두고 제3신분인 자신들이 국가의 재정 부담만 고스란히 떠안아야 하는 상황을 불평등하다고 인식했다. 또한 지방마다 다른 관세법과 도량형을 적용하는 비효율적인 행정체계에서 비롯되는 재정적 손실마저 모두 떠맡은 것에 분노해마지 않았다. 심지어 루이 14세(Louis XIV, 1638~1715)의 대외 원정을 거쳐 루이 15세(1710~1774)의 오스트리아 왕위계승 전쟁, 7년 전쟁, 그리고 루이 16세(1754~1793)에 이르러 미국 독립전쟁 지원 등 대를 이어 끊임없이 지출되는 막대한 전쟁비용으로 인한 심각한 재정난에다 왕실의 호화롭고 사치스런 생활비용을 떠안으면서 부르주아들의 불만은 커져갔다. 국가의 재정 파탄 상황을 되돌릴 모든 책임도 그들의 몫으로 되돌아왔기 때문이다.

재정 문제를 해결하기 위해 튀르고(Anne-Robert-Jacques Turgot, 1727~1781), 네케르(Jacques Necker, 1732~1804)를 비롯하여 칼론(Charles Alexandre de Calonne, 1734~1802), 브리엔(Étienne Charles de Loménie de Brienne, 1727~1794) 등이 차례로 재무장관으로 기용되었다. 그들은 특권계급의 면세 혜택 폐지나 국민 전체에 대한 평등과세 등 조세의 평등화를 위한 세제 개혁안을 내놓았다.

그러나 이 개혁안은 왕실과 귀족들의 완강한 저항으로 물거품이 되었다. 개혁안은 귀족의 아성이던 고등법원의 벽을 뛰어넘기도 어려웠다. 더욱이 1787년과 1788년에 걸친 흉작으로 인한 곡물가격 폭등, 식량 부족 사태, 기근 등으로 인한 경제적 위기감은 민중들의 생활고만 가중시켰다.

사회 전반적으로 불안한 정국이 확산되자, 1788년 5월, 국왕은 마침내 새로운 과세를 결정할 유일한 기구로서 삼부회 소집이 불가피하다고 인식했다. 그러나 성직자와 귀족, 시민 등 각 신분의 대표로 구성된 삼부회는 신분별 표결을 주장한 1, 2신분과 머릿수 표결방식을 주장한 3신분의 대립으로 결렬되고 말았다. 유일한 해결책마저 사라짐으로써 사태의 심각성은 극에 달했다.

마침내 시민계급에 의한 혁명이 불가피해졌다. 1789년 6월, 제3신분의 대표들이 모여 '프랑스 국민의 진정한 대표'로서 국민의회를 결성했고, 1791년 9월의 헌법 제정과 함께 입헌군주제를 채택했다. 혁명의 기운이 한층 고조되는 가운데 급진적인 자코뱅 세력이 주도권을 장악하게 되었다. 그리고 1792년 9월 21일, 그들에 의해 소집된 국민공회는 그 다음날 민주적이고 민중적인 제1공화정을 탄생시키고 루이 16세를 단두대에서 처형시켰다.

주변국들은 프랑스의 급변 사태에 불안감을 감추지 못했다. 그로 인해 가장 크게 영향을 받을 국가는 다름 아닌 독일이었고, 마침내 오스트리아와 프로이센을 선두로 대프랑스 연합전선을 펴기에 이르렀다. 그러나 프랑스와 연합세력 간의 전쟁은 쉽게 끝날 기미가 보이지 않았다.

연합세력에 맞선 프랑스의 혁명세력은 안으로 시민혁명에 반대하는 내란까지 맞이하면서 이중으로 위기상황에 처했다. 하지만 혁명정부의 로베스피에르(Maximilien de Robespierre, 1758~1794)는 공안위원회와 혁명재판소를 설치하는 등 독재정치를 감행해나갔다. 국경지대에서 벌어지는 오스트리아, 프로이센과의 전투가 국내 상황을 불안하게 몰아갔지만, 프랑스는 연이은 승리로 인해 다소 안정을 되찾아갔다. 그럼에도 독재적인 공포정치는 내부의 불만세력들을 제압하지 못했다. 결국 반(反)로베스피에르파에 의한 '테르미도르 반동'이 일어나 1794년 7월 27일 공포정치는 종지부를 찍고 말았다.

1795년 다시 새 헌법을 제정한 국민공회에 의해 온건한 부르주아들로 구성된 총재정부가 출범했다. 그러나 정치 경험이 부족한 부르주아 정부의 무능함은 왕정복고의 새로운 조짐과 함께 또다시 정국을 불안하게 만들었다. 그칠 줄 모르는 프랑스 국내의 혼란은 급기야 약체정권을 거부하고 강력한 지도자를 원하는 새로운 분위기로 반전되었다.

그런 움직임은 대프랑스 동맹체제에 맞서서 대단한 활약을 펼쳐온 나폴레옹에게 유리하게 작용했다. 1799년 11월 9일, 나폴레옹은 그 위기상황을 이용하여 '브뤼메르의 쿠데타'를 일으킬 수 있었다. 나폴레옹은 정권 장악의 기회를 놓치지 않고 사실상 1인 독재체제인 집정정부를 수립하기에 이르렀고, 이로써 시민계급에 의한 민족국가와는 거리가 먼, 이른바 '프랑스 혁명의 사생아'로서 나폴레옹 황제 시대가 열렸다.

프랑스의 시민계급에 의해 급진전된 사태는 유럽의 군주들에게 충격 그 자체였다. 자유주의 시민혁명과 새로운 지배체제의 급류가 그들을 향해 밀려드는 것은 시간문제였다. 따라서 혁명의 확산과 나폴레옹의 군사적 야심에 대항하는 대프랑스 연합전선을 더욱 강화하지 않으면 안 되었다. 오스트리아와 프로이센 역시 군주제의 단결력을 발휘하여 군사력을 총동원하며 이에 적극 가담했다.

그러나 혁명의 이념을 내걸고 유럽 제패에 총력을 기울이던 나폴레옹을 꺾기란 힘에 겨웠다. 나폴레옹은 현실감각이 탁월한 행정가로서의 면모를 발휘하여 혁명기의 사회변화를 인정하고 국가의 기능도 한층 강화해나갔다. 또한 대프랑스 동맹이라는 유럽 열강의 연합전선에 대적하기 위해 대륙봉쇄령을 더욱 강화시켰다. 이를 통해 프랑스의 수출 무역을 확립할 뿐만 아니라, 최후까지 홀로 남아 대항하던 영국의 산업마저 무너뜨리고자 했다. 그러나 오랜 저력의 제국주의국가인 대영

제국이 경제적 우월권을 완전히 상실하지 않은 채 라틴아메리카를 비롯한 다른 식민지역으로부터 그 손실을 충당함에 따라 나폴레옹의 구상은 현실화되지 못했다.

그럼에도 나폴레옹의 기세는 좀처럼 꺾이지 않았다. 1812년 6월, 나폴레옹은 대륙봉쇄령에도 불구하고 영국과 계속 통상을 하던 러시아를 응징하기 위해 원정길에 올랐다. 그러나 러시아의 '동장군'과 초토전술에 휘말리면서 결국 1813년 제5차 대프랑스 동맹을 결성한 유럽 연합군에 의해 라이프치히에서 패배했다.

나폴레옹이라는 인물로 인해 유럽은 한동안 조용할 날이 없다시피 했다. 1792년부터 1797년까지의 1차부터 1799년~1802년, 1805년, 1806~1807년, 그리고 다시 1815년 나폴레옹 체제가 붕괴되고 빈 체제가 결성되기까지 유럽 전역은 프랑스를 상대로 수차례에 걸친 연합 전쟁을 벌이느라 숨 돌릴 겨를이 없었다. 1814년 4월 11일, 나폴레옹은 마침내 권좌에서 쫓겨나 엘바 섬에 유배되었다. 그러나 곧 다시 돌아와 권력을 회복한 나폴레옹은 비스마르크가 태어난 지 11주가 지나던 6월 18일 워털루 전투에서 영국과 프로이센의 연합군에 대패하면서 백일천하의 일장춘몽을 접고 결국 자신의 제국시대를 끝내야만 했다.

한편 시민혁명이 발발하던 무렵 유럽 대륙에는 근대사회의 발전에 결정적인 영향을 미치게 될 또 하나의 '성장통'이 전개되고 있었다. 프랑스처럼 피를 흘리는 시민혁명과는 다른 이른바 산업혁명이었다.

산업혁명은 그동안 지리적 팽창과 중상주의 정책으로 꾸준히 부를 축적하여 자본가로 새로이 탄생한 부르주아 계급이 광범위한 구매력을 충족하고 이윤의 확대를 꾀하기 위해 각종 기계의 발명과 함께 기술혁신을 추구해온 결과였다. 그러한 현상은 식민무역으로 인한 광범위한 해외시장과 함께 패권을 장악하고 정치적·사회적 안정에 힘입은 영국에서 신속하게 나타났다.

산업혁명의 영향으로 공장제 생산의 비약적이고도 지속적인 발전이 전 산업분야로 파급되면서 산업사회의 출현을 불가피하게 만들었다. 그런 가운데 소수 자본가계급의 지배와 다수 노동자계급의 종속 현상도 뒤따랐다. 생산성을 증대하고 이윤을 극대화하려는 자본가와 이에 반해 임금과 작업 환경 및 시간 등 각종 노동문제의 개선을 요구하는 노동자 간의 대립과 갈등이 커지면서 이는 새로운 사회문제를 예감케 했다.

게다가 산업혁명은 프랑스의 시민혁명과 마찬가지로 기존 보수주의 지배체제 하의 유럽으로 하여금 대대적인 변혁의 분위기에 빠져들 수밖에 없도록 만들었다. 먼저 경제구조를 농업에서 산업 중심으로 전환시켰을 뿐만 아니라, 사회구조는 물론 정치적 상황에 이르기까지 인간 생활에 총체적인 변화를 초래하게끔 했다. 더구나 계몽사상에 정신적·지적 영향을 받은 시민계급이 지금까지의 경제적 관심에서 한 걸음 더 나아가 인간 이성을 지배체제의 새로운 중심적 가치로 받아들이도록 했다. 이로써 유럽 각국의 제후나 귀족들 또한 경제 발전은 물론 정치적·사회적 변화의 필요성을 외면할 수 없게 되었다.

한편 영토적·종교적으로 여전히 분산되어 있던 독일에서조차 그러한 시대적 변화를 환영하는 분위기였다. 모든 사회적·민족적·지역적 차이에도 불구하고 그들 나름대로 종교, 국가, 교육, 경제, 예술 등 다방면에서 다양한 주제들을 중심으로 새로운 변화를 꾀했던 것이다.

그런 과정에서 비록 시민혁명이나 산업혁명 그 어느 것도 일어날 수 있는 배경과는 거리가 멀었지만, 시민계급을 대변하게 될 세력이 점차 형성되기 시작하면서 '절대주의 왕실'의 타락에 맞서 도덕적인 행동을 취하려는 경향을 엿보인 것은 주목할 만했다. 특히 일부 제후 가문이나 귀족들이 그 주역이 되어 계몽주의에 동조하는 조짐을 보이면서 더 이상 남의 나라 얘기만은 아닌 듯 그들 나름대로의 근대적인 변화를 받아들이기 시작했다.

그럼에도 독일은 국제 변화 속에서 여전히 약체에 지나지 않았다. 초기 자본주의 경제 하에서 근대적 민족국가를 형성한 유럽의 강대국들에 비해 영방국가들의 분립 상태를 극복하지 못한 정치적 상황이 그렇고, 전근대적 경제구조에서 탈피하지 못한 경제적 실태 또한 그랬다.

게다가 독일은 나폴레옹의 통치체제로 인한 영향력이 다른 어떤 나라에서보다 치명적으로 작용한 곳이어서 역사적 상흔까지 지니게 되었다. 독일은 유럽의 한가운데 위치하여 오래전부터 사방에서 공격받기도 했지만, 동구와 서구를 잇는 유럽의 심장부라는 지리적 여건 탓에 유럽 제패를 꿈꾸던 나폴레옹이 가만히 놔둘 리 없었던 곳이다.

마침내 독일은 천 년 이상 지속해온, 거대한 조각보와도 같은 신성로마제국과의 관계를 완전히 청산해야만 하는 쓰라린 역사적 전환기를 맞게 되었다. 나폴레옹이 전쟁 영웅답게 1806년 독일을 자국의 위성국으로 만들기 위한 일환으로, 영방국가들 가운데 맹주인 오스트리아와 프로이센을 배제시킨 가운데 라인연방을 결성했기 때문이다. 이로써 나폴레옹 통치 기간 동안 붕괴된 옛 신성로마제국의 자리에는 선택된 16개의 특정 국가들이 들어서게 되었다.

라인연방에 속한 16개 국가들은 나폴레옹에 의해 경제적 부흥을 맞이하면서 곧 독일의 새로운 중심지로 부상했다. 그 가운데 작센의 경우 독일 내에서 프로이센과 대적할 만한 지역으로 지목되었고, 영국 상품과의 상거래를 금지하는 봉쇄정책에 힘입어 자국의 경제적 지위를 구축할 절호의 기회도 얻어냈다. 그리하여 수도 라이프치히의 시장은 영국 상품 대신에 중·동부 유럽으로 수출하는 면직물과 염료업의 중심지로 급부상했고, 프로이센으로부터 빼앗은 폴란드의 바르샤바 공국까지 통치하는 큰 혜택도 누렸다. 그 밖의 군소국들도 예외는 아니었다. 프랑스의 관세정책과 독점무역의 새로운 지배체제에 소속됨으로써 이 국가들은 직·간접으로 자국 내의 경제체제와 대외적 지위를 향상시키는 계기를 마련했다.

그러나 이는 라인연방의 국가들이 독자적인 힘으로 거두어들인 성과가 아니었던 만큼 그에 따른 한계와 문제점은 결국 독일 전체의 몫으로 남겨질 뿐이었다. 사실 나폴레옹은 독일 국가들 간에 분열을 더욱 조장하고 그들 사이에 결집력의 싹을 미연에 잘라버리려고 했고, 라인연방은 그런 구상의 결정체에 지나지 않았다. 따라서 라인연방 국가들은 경제성장을 이루었으되 의존적이고 통제된 발전이란 한계 때문에 경제의 불구자로 귀결될 뿐이었고, 그 결과 독일 내 각 국가들은 개별적인 흥망만 거듭했다. 하나의 국가로서 통일된 민족의식이나 근대 민족국가로의 열망과는 거리가 멀었다. 그로 인해 독일의 여러 국가들은 정치의 미숙아로 전락할 가능성마저 다분해졌다.

결과적으로 독일은 유럽을 제패하려는 나폴레옹의 무력 앞에 무릎을 꿇은 대표적인 국가가 되었다. 그러다 나폴레옹 체제가 붕괴되고 20여 년이 지난 1834년 프로이센의 지휘 하에 라인연방에 속했던 남부국가들과의 독일 관세동맹이 결성되면서 비로소 독일은 경제적 통일은 물론 프랑스의 영향력으로부터 실질적으로 독립하기에 이르렀다.

민족 해방운동사와 가문의 남자들

프랑스에 허를 찔린 독일은 더 이상 위협의 대상이 되지 못했다. 그러나 시간이 흐를수록 나폴레옹의 구상은 점점 어긋났다. 독일에 대한 그의 지배력과 영향력이 적지 않았던 만큼 그에 대한 독일인들의 반감 또한 심각해졌기 때문이다.

프랑스 시민혁명 당시 혁명세력에 대항했던 분위기가 나폴레옹에 대항하는 열강의 동맹체제로 다시 옮겨져 민족해방운동은 열기가 고조되었다. 독일인들은 나폴레옹 통치체제에 반발하여 민족해방의 슬로건을 내걸고 대프랑스 전시체제 하에서 나폴레옹 군대와의 전쟁을 불사하게 되었다. 그런 움직임이 독일의 역사에 얼마나 심각한 영향을 미칠 것인지 예측하긴 어려웠지만, 그들에게 나폴레옹의 참패는 곧 독일 민족주의의 승리가 아닐 수 없었다.

마침내 라인연방에서 제외된 오스트리아와 프로이센을 중심으로 민족해방을 위한 투쟁이 전개되었다. 먼저 그동안 독일 남서부 국가들과 긴밀한 관계에 있던 오스트리아의 황제 프란츠 2세(Franz II, 1768~1835)는 1803년 이후로 프랑스의 동맹국이 되어버린 그들과 다시 연합하여 강력한 단일지역으로 재구성하고자 시도했다. 1805년 12월 2일, 아우스터리츠 전투에서는 러시아의 지원도 뒤따랐다.

그러나 상황은 프란츠 2세의 기대대로 돌아가지 않았다. 오스트리아의 상황과는 다른 독일 남서부의 바이에른이나 바덴, 뷔르템베르크 3국이 이미 8월과 10월 사이에 나폴레옹의 조치에 따라 하나의 동맹체로서 프랑스군을 적극 지원했기 때문이다. 이는 1795년 프로이센이 독자적으로 감행했던 프랑스와의 바젤 강화협정 수준마저 뛰어넘어 제국헌법에도 위배되었지만, 그런 상황을 제지할 만한 어떠한 수단도 없었다. 오스트리아로서는 여간 실망스런 일이 아닐 수 없었다. 게다가 러시아의 지원군마저 참패하고 프랑스 군대가 대승을 거두면서 12월 26일 오스트리아로서는 어쩔 수 없이 나폴레옹의 강압 하에 프레스부르크 평화협정을 체결해야만 했다.

독일 남서부를 완전히 장악한 나폴레옹에 대한 반감은 북부에서도 마찬가지였다. 해방운동의 본거지로서 유일하게 독립적인 세력을 구축한 프로이센은 프랑스에 대항하는 민족의식도 강력했다. 비스마르크의 조국인 프로이센의 흥망은 물론 비스마르크의 출생지이자 가문의 영지인 쉰하우젠의 참상과 함께 가문의 남자들의 운명 또한 기로에 설 수밖에 없었다.

1806년 10월 9일, 프로이센은 예나에 이어 아우어스테트에서 해방전쟁을 감행했다. 그러나 나폴레옹 군대에게 거듭 패배를 맛봐야만 했다. 10월 27일에는 수도 베를린마저 점령당했고 국왕과 정부 관료들까지 동프로이센의 메멜 지역으로 피신하기에 이르렀다.

그런데도 독일의 해방전쟁은 거기서 끝나지 않았다. 1809년 오스트리아가 또다시 전쟁을 일으켰고, 프로이센에서 군사력을 갖춘 열렬한 애국단체들이 중심이 되어 민족주의적 저항운동을 감행해나갔다. 라인연방 하에 놓인 남서부 국가들을 배제한 곳곳에서 반나폴레옹주의를 내세운 민족해방의 목소리는 그렇게 드높이 울렸다.

이렇듯 주변 대프랑스 동맹국들의 참전에다 자국 내 반혁명세력의 저항으로 이중고에 시달렸음에도 프랑스 혁명세력의 혁명의지와 조국애 또한 사그라지지 않았다. 그 때문에 나폴레옹의 군대는 물론 나폴레옹이 지배하는 독일 남부의 라인연방에 대항하는 오스트리아와 프로이센 군대로서는 사활을 건 대접전을 벌이지 않을 수 없었다.

당시 프랑스에 대항하여 민족해방운동에 참전한 흔적은 비스마르크의 출생지인 쉰하우젠에서도 찾을 수 있다. 그곳에만 해도 이미 반나폴레옹주의와 숙적 프랑스 타도를 외치며 애국주의의 열정을 불사르며 해방전쟁에 참전했던 850명의 영혼을 달래는 위안소가 마련되었다.

당시 참전자들 가운데 대표적 인물은 독일 민족운동의 선구자인 '체조의 아버지' 얀(Friedrich Ludwig Jahn, 1778~1852)이다. 얀은 체조 훈련, 격투, 활쏘기 등을 통해 독일인들의 신체적인 힘을 단련시킬 뿐만 아니라, 단체체조를 중심으로 그들의 의지력과 공동의 정신을 함양하고 독일 민족의 고유성과 독립성을 고취하며 '독일적인 것'을 소생시키고자 했다. '점령국' 프랑스에 대항해 그만의 무혈투쟁의 방법으로 고군분투했던 것이다. 그 밖에도 대표적인 민족운동가 아른트(Ernst Moritz Arndt, 1769~1860)의 호소문이나 투쟁가도 쇤하우젠의 교회에서 퍼져나갔고, 시인이자 민족주의 운동가로 해방전쟁에서 전사한 쾨르너(Theodor Körner, 1791~1813) 또한 그곳의 목사관에 거주하면서 전시 상황을 주도했던 것으로 알려졌다. 시인이자 극작가로서 민족혼을 불태우던 클라이스트(Heinrich von Kleist, 1777~1811) 역시 그곳을 찾았던 한 사람으로서 살육 현장에서의 심적 · 정신적 고통 끝에 요절하고 말았다.

그리고 무엇보다 비스마르크 가문의 남자들의 참상도 대프랑스 동맹의 연합전선에서 예외일 수는 없었다. 앞에서도 언급했듯이 그들은 남부 계통의 비스마르크 가문과 대적해야만 하는 비극을 비켜갈 수 없는 운명이었다.

비스마르크의 증조부 아우구스트 프리드리히의 네 아들 가운데 첫째 아들이자 비스마르크의 조부인 카를 알렉산더(Karl Alexander von Bismarck, 1727~1797)는 일찍이 네 아들을 군대에 보냈고, 다시 전쟁터에까지 내보내야만 했다. 슬하에 딸 하나와 아들 여섯 명을 두었으나, 유아기에 두 아들을 잃었던 그로서는 전쟁이 장기전이 될수록 군에 남은 아들들의 건강과 생명을 걱정하지 않을 수 없었다.

일상생활에서 주거지, 가축, 소작인 등에 대한 불만이나 문제도 많았지만, 카를 알렉산더는 말 타기와 사냥을 비롯하여 아름다운 문학작품이나 가정음악회를 통해 자신의 삶을 소중하게 즐길 줄 아는 인물이었다. 그리고 독일과 프랑스 문학에서 글을 뽑아 다양한 초록을 남겼고,

스스로 여러 차례 시를 써서 가족들이 한자리에 모였을 때 발표할 만큼 그는 당시 계몽주의의 영향을 받은 교양적인 귀족 그룹에 속했다.

그뿐만 아니라 시골 영주로서 저택과 토지를 소유하고 있었지만, 제한된 공간과 경험에도 불구하고 남달리 진리와 선, 통찰과 도덕적 행위를 잊지 않으려는 참된 인간의 삶을 추구하는 데 나름대로 정진하고자 한 점도 두드러졌다. 쇠네펠트 출신인 데어플링거(Georg von Derfflinger, 1606~1695) 남작의 손녀와 결혼한 그는 아내의 죽음을 맞이했을 때 슬픔을 감추지 못해 손수 기도문을 작성하여 떠나는 아내에게 바침으로써 주위를 감동시키기도 했다.

카를 알렉산더로서는 전쟁터로 보낸 자식들에 대한 염려와 사랑을 서신 왕래로나마 달랠 수 있었다. 1793년 말부터 1795년 초까지 막내아들이자 비스마르크의 아버지인 페르디난트(Karl Wilhelm Ferdinand von Bismarck, 1771~1845)에게 보내는 편지에는 평화를 갈구하는 아버지의 심중이 그대로 담겨 있었다.

그의 네 아들 가운데 첫째 아들이자 비스마르크의 백부인 에른스트(Ernst Friedrich Alexander von Bismarck, 1762~1820)의 경우, 전쟁과 직접적인 인연은 없었다. 에른스트는 예민한 감성의 소유자로서 7년 전쟁과 관계없이 태어난 자신을 천만다행으로 여길 정도로 전쟁터에서 사람을 죽이는 일보다는 도서관에서 책을 가까이하기를 원했다. 일찍부터 참전용사의 삶을 거부했던 그는 프랑스 혁명이나 나폴레옹에 반대하는 전쟁에 참전하지 않았던 것으로 보인다.

그러나 첫째가 다하지 못한 임무를 동생들이 대신하기라도 하듯, 비스마르크의 두 숙부는 프로이센의 해방전쟁에 적극 참여했다. 사형제 가운데 오랫동안 군복무를 했던 셋째 레오폴트는 반나폴레옹주의자로서 전쟁터에서 최후를 맞이할 정도로 군인정신이 투철한 인물이었다.

이미 오래전에 군대에 들어갔던 그는 평생을 전쟁터에서 보내다시피 했다. 그런 셋째 아들에 대한 아버지 카를 알렉산더의 애타는 심정은 각별할 수밖에 없었다. 특히 남부 비스마르크 가문 출신의 사촌과 공교롭게 적이 되어 싸워야 했던 레오폴트는 1813년 종전을 바로 눈앞에 두고 나폴레옹 군대의 추격을 받아 뫼케른에서 끝내 전사하는 비운의 주인공이 되었다.

레오폴트는 자신의 삶 전체를 국가를 위해 바친 철저한 군인정신의 전형이었다. 1796년 8월 1일 아버지에게 보낸 편지에서 그는 베스트팔렌에서 무장해제가 선포되기 직전의 시절을 힘들게 기억해냈다. 당시 자신이 지휘하던 군대가 전선을 유지하던 동안 속출했던 탈영 사태를 걱정하던 마음도 함께 떠올렸다. 탈영자들이 도주 중에 적에게 무참히 사살되거나 아군에게 잡혀 처형되는 일이 많다는 것을 잘 알던 그에게서 부하들에 대한 애정이 묻어났다.

둘째 아들 프리드리히(Friedrich Adolf Ludwig von Bismarck, 1766~1830) 역시 전시 체제에서 레오폴트와 마찬가지로 참전했다. 그는 프리츠(Fritz)라고 부르던 조카들인 비스마르크 형제에게는 어릴 때부터 부모의 역할을 대신할 정도로 가깝게 지낸 숙부였다.

프리드리히는 15세의 나이에 입대하여 여느 귀족 자제들처럼 사관생도부터 시작하여 기병기수를 거쳐 잘츠베델에 배치된 이후 육군소장으로서, 그리고 1814~1815년 라이프치히에서 프로이센의 군사령관으로 활동하는 등 30년 이상을 군대에서 보냈다. 형 에른스트와는 달리 그는 오히려 훈련을 통해 자신의 우둔함마저 바뀌었다고 얘기할 정도로 군대생활에 뛰어난 적응력을 보였고, 명예롭게 퇴역함으로써 일찍이 전사한 동생 레오폴트를 대신하여 가문의 영예를 끝까지 지켜나간 인물이었다.

그 밖에도 프리드리히는 '영원히 복종하는 아들'이라는 별칭에 걸맞게 전쟁터에서도 아버지 카를 알렉산더에게 가장 부지런히 소식을 전했다. 한껏 글솜씨를 발휘한 듯한 편지에서 그는 탈영 같은 민감한 주제 이외에도 엄격한 군대생활과는 어울리지 않는 장교들의 애정행각에 관해 험담을 늘어놓기도 했다. 지루하지 않으면서 오히려 흥미 위주로 쓴 그런 편지는 아마도 아버지의 걱정을 덜어주기 위한 그만의 뜻 깊은 배려였던 것 같다.

프리드리히는 군대생활뿐만 아니라 능숙한 플루트 연주에다 프랑스어로 편지를 쓸 만큼 문학과 예술 분야에서도 남다른 교양을 갖추었다. 그는 바쁜 군대생활에도 불구하고 클라이스트의 작품, 멘델스존(Moses Mendelssohn, 1729~1786)의 철학서, 타소(Torquato Tasso, 1544~1595)의 시집 번역본 등 스스로 즐겨 읽는 도서들을 아버지에게 자주 부탁할 정도로 육체적으로나 정신적으로 충실한 삶을 살았다. 한동안은 잘츠베델에 초대된 극단의 연극 공연에도 매우 관심을 보였고, 특히 민감한 표현법의 희극도 곧잘 이해하는, 그야말로 다방면에 걸쳐 두루 소양을 갖춘 지성인임에 틀림이 없었다.

그리고 막내아들이자 비스마르크의 아버지인 페르디난트 역시 1794년 말 23세의 나이로 잠시 전쟁에 참전했다. 그러다 아버지로부터 평화협정의 분위기에 대해 전해 듣고 바젤 강화협정이 체결된 지 불과 3개월 뒤에 자의로 군복무를 그만두었다. 고향에 돌아온 이후로는 1797년 세상을 떠나는 아버지의 병환을 돌보면서 가사에만 전념했고, 한동안 징병 기피자와 다를 바 없는 대우를 면치 못했다.

1802년 잠시 군복을 입었던 그는 이후 10년 만인 1812년 프랑스에 반대하는 국민군을 조직한 공으로 국왕으로부터 귀족단체인 요한 회의 명예회원으로 기병 대위의 칭호를 받았다. 그리고 1815년 공식적인 직함까지 갖게 됨으로써, 1년을 겨우 넘긴 복무기간이 군대생활의 전부일 정도로 군역을 제대로 마치지 못한 미필자로서 그동안의 '불명예'를 씻을 수 있었다.

비스마르크는 요한 회의 명예회원인 아버지의 그러한 업적을 〈베를린 신문〉에 기고한 적이 있었다. 첫째 아들 헤르베르트의 탄생을 계기로 그 기쁨을 전함과 동시에 아버지의 공적을 기림으로써 가문의 입지를 세우고자 했던 것 같다. 그리고 무엇보다 1848년 독일의 시민혁명이 한창이던 때 누구보다 자유주의 혁명에 반대하는 보수적인 반혁명주의자로 앞장섰던 자신의 열의를 드러내려는 의도를 숨길 순 없었던 모양이다. 즉, 자국으로 전파된 시민혁명에 분노를 금치 못하고 그 발원지가 된 프랑스에 대해 유별난 적개심을 품고 있었기에, 아들의 탄생일을 기회로 역사적으로 프랑스에 대적했던 아버지의 업적까지 이용함으로써 일거삼득의 효과를 기대했던 셈이다. 그렇게 해서라도 독일 내의 자유주의 혁명세력들에게 자신의 투쟁의지를 알리려던 의도는 일종의 선전포고 식의 제스처로 이해할 수 있다.

10년 가까이 독일을 지배한 나폴레옹 체제는 패전으로 끝이 났다. 하지만 그 후유증은 좀처럼 사그라지지 않았던 만큼 나폴레옹과 그의 시대에 대한 역사적인 평가는 간단치 않았다. 그 가운데 특히 독일인들의 민족해방 운동과 투쟁은 집중적인 연구의 대상이 되었다. 그 연구 결과에 따르면, 오스트리아와 프로이센을 중심으로 일어난 민족해방 전쟁은 대부분 지식인들이 주도한 것으로서 독일 전 지역을 대상으로 한 것도 아니었고 자발적인 대중봉기도 아니었다. 그런 만큼 하나로 통일된 민족주의적 의식이나 공통된 조국이라는 개념이 부재한 가운데 발생한 운동이었다는 것이 주된 평가였다.

그러나 오늘날 동구 공산진영의 붕괴에 이어 옛 동·서독의 통일을 전후로 해서, 반프랑스의 구호를 내걸고 나폴레옹의 침략전쟁에 항쟁했던 애국주의 정신에 힘을 실어주는 경향이 다시 부각되었다. 이를테면, 프랑스 시민혁명 당시 순수하게 공감하여 자유주의를 함께 외치면서 시작되었던 해방운동에 대한 인식 전환이 이루어졌던 것이다.

그 결과 나폴레옹의 독재체제에 대항한 전쟁은 독일 내 지식인들의 투쟁보다는 강력한 민족해방 운동이라는 차원에서 집중적으로 다루어졌다. 그에 따라 반나폴레옹주의를 주창했던 열렬한 애국단체들의 저항 또한 특정인에 의한 제한적이고 지역적인 움직임이었다는 기존의 평가보다는 계속되는 패배에도 불구하고 수차례나 항쟁을 시도한 그런 사실에 보다 의미를 부여하고자 했다. 패배한 전쟁이라도 평가절하하지 않고 민족해방 운동으로서 재해석하려는 것이라고 하겠다.

무엇보다 그러한 새로운 경향은 서유럽 국가들을 잣대로 하여 해방전쟁의 구성원 자체나 지역과 규모, 그리고 전쟁 결과 등을 중점적으로 비교해온 종래의 연구와 방법을 달리한 점에서 의미가 충분했다. 서유럽과는 달리 하나로 통일되어 있지 않은 독일의 특수한 정황을 고려하지 않은 채 전 지역과 민중을 대상으로, 그것도 일제히 항거하는 식의 민족해방 운동을 기대하는 판단 자체를 거부한 셈이다. 서유럽을 중심으로 한 틀에 고정시킨다면 독일이라는 국가의 민족주의 운동에 대한 연구는 더 이상의 결론도 의미도 찾기 어렵기 때문일 것이다.

결과적으로 서유럽 중심에 일방적으로 맞춘 기존의 방식을 극복한 연구동향은 독일의 주어진 현실 자체에 시각을 맞추고 출발함으로써 독일 민족운동사의 의미와 그 특수성에 대한 이해의 폭을 넓혀놓았다. 독일 자유주의 영역의 전문가인 랑에비쉐(Dieter Langewiesche)를 비롯하여 민족주의 역사 연구의 대가인 단(Otto Dann)이 그런 민족해방 운동사의 주류를 이루었다. 특히 독일 자체의 특수한 한계에도 불구하고 감행했던 일련의 전쟁을 독일 민족해방운동의 첫 번째 공식적인 시작으로 간주해야 한다는 단의 주장은 그런 의미에서 대담한 시도의 출발점이 아닐 수 없었다.

다만 역사학자 니퍼다이(Thomas Nipperdey)나 사회학자 벨러(Hans-Ulrich Wehler)의 주장에서 보듯, 독일인의 민족주의가 정치적·사회적 운동으로서 그 시작부터 발전과정에 이르기까지 나폴레옹 체제의 영향을 결정적으로 받았음에는 의심의 여지가 없다. 민족주의라는 것 자체가 다른 민족과의 상관관계 속에서 본격적으로 그 역량과 진의를 발휘한다는 것은 부인할 수 없는 사실 아닌가. 그런 만큼 외부로부터 침략을 받은 독일인의 경우 어느 민족들보다 자신들의 한계를 절감했고, 그에 따라 국가의 통일에 대한 염원도 절실했을 것이다. 그런 점에서 독일적인 민족주의의 색채가 묻어나는 특수한 사례 또한 감안될 필요는 있다.

그런 맥락에서 국가를 통일하기 위해서는 독일에도 나폴레옹과 같은 강력한 독재자가 필요하다고 생각하는 사람들이 있을 정도로, 맹목적인 민족주의적 정서의 한계를 드러내는 것 또한 독일인의 민족주의의 한 특징으로 꼽아야 할 것이다. 피해국으로서의 자의식 이면에 소위 강자들의 침략적인 정책논리를 공공연히 인정해버리는, 이중적인 면모를 드러내는 성숙하지 못한 그런 태도에는 그들의 민족주의의 아이러니가 그대로 표출되어 있다고 하겠다. 그만큼 통일국가를 강력하게 원하는 독일인의 의지가 그런 식으로라도 노출된 것이고 보면, 민족해방 운동의 연구는 유럽의 전체적 상황과 함께 독일의 특수성 또한 고려된 가운데 그 평가나 의미를 찾는 것이 바람직하다.

외가의 역사

동서양을 막론하고 전기 작품들을 접하다 보면 선천적인 혈통에 의해서든 후천적인 환경을 통해서든 부계 못지않게 모계 역할의 중요성이 부각되는 경우가 적지 않음을 보게 된다. 그러나 비스마르크의 경우 외가를 중심으로 연구된 가족사를 발견하기란 매우 어렵다. 친가와는 비교가 되지 않을 정도로 편파적인 그런 결과는 사료 자체의 제한이나 부재 때문이라는 점에서 비스마르크 가족사의 한계인 동시에 특징이기도 하지만, 거기에는 그럴 만한 이유 또한 있다.

비스마르크 개인적으로는 평생토록 어머니에 대해 거의 언급하지 않다시피 하고 살았다. 어린 시절 깊이 박힌 어머니에 대한 부정적인 기억을 굳이 들춰내고 싶지도 않았겠지만, 실제로 어머니의 자리를 떠올릴 만한 추억이 없었던 것이 사료가 없는 주된 이유다. 결국 꼬리표처럼 따라다닌 어머니에 대한 반감으로 외가와 교류도 끊어짐으로써 그에 관한 사료가 남아 있지 않게 되었던 것이다.

그럼에도 일부 전기 작가들은 많은 접촉도 없었고 부정적이기만 했던 어머니의 존재를 오히려 드러내는 데 역점을 두었다. 그들 작품 속에는 살아생전에 어머니를 언급하는 자체를 꺼려하고 자기세계 속의 어머니를 달가워하지 않은 비스마르크를 그의 의지와 상관없이 그대로 그리고 자주 등장시켰던 것이다.

심지어 이런 전기 작가들은 비스마르크의 삶에서 드러나는 그의 '천재적인' 기질이나 자제하지 못하는 극단적인 감정 표출 등을 모두 유전적인 특성과 이차적인 환경 문제, 특히 어머니 쪽과 밀접하게 결부 짓곤 했다. 유소년기에 어머니와의 돌이킬 수 없는 관계가 비스마르크 개인의 인성 발달과 성격 형성에는 물론, 무엇보다 국정을 운영하는 지도자로서의 자질과 기질에까지 치명적으로 작용했다고 보았기 때문이다.

비스마르크의 외가인 멩켄 가문은 대대로 프로이센의 정책에 순응해온 보수주의 성향의 친가와는 여러 모로 상황이 달랐다. 비스마르크의

외조부 아나스타시우스(Anastasius Ludwig Mencken, 1752~1801)는 19세기를 전후로 전쟁과 평화, 혁명과 반혁명이라는 급격한 변혁의 시대 속에서 자유주의적 정서와 진보적 사고를 지향했다. 그로 인해 관직에 몸담았던 그로서는 보수적인 국가체제의 감시에 휘말려 여러 차례 어려움에 부딪히는 힘겹고도 어려운 삶을 살아야 했다. 그런 의미에서 외조부는 절대왕정체제 하에서 근대 시민사회를 지향하는 이중고에 시달린 과도기적 인물이었다.

:: 비스마르크의 외할아버지 아나스타시우스 멩켄

외조부의 그러한 정신세계는 외증조부인 고트프리트(Gottfried Ludwig Mencken, 1712~1762)의 영향이 적지 않았다. 고트프리트는 한때 브라운슈바이크의 궁중 고문관이자 헬름슈테트의 법학교수를 역임했다. 1682년 창간된 월간 전문잡지 〈악타(Acta)〉에서 두 세대에 걸쳐 적극적인 활동을 펼쳤던 라이프치히의 멩켄 가문과 인척관계였던 헬름의 외조부 멩켄 가문은 대대로 전해지는 학자 집안에 속했다.

비스마르크의 외조부 아나스타시우스 멩켄은 문학 방면에 타고난 소질을 보여, 특히 시를 중심으로 해서 탐미주의적 성향의 작품을 접하면서 프랑스어를 자유자재로 번역하기도 했고, 소설과 희곡도 즐겨 쓰는 등 문예 애호가의 성향이 짙었다. 그리고 달변가인데다 역사와 정치 방면에 박식함까지 고루 갖추어 그 무렵 시민계급의 대표적인 지성인으로 꼽힐 만했다.

비스마르크 모자의 뛰어난 문학적 소양은 외조부로부터 물려받았을 것으로 보인다. 특히 비스마르크의 어머니인 빌헬르미네 루이제(Wilhelmine Luise von Bismarck, 1789~1839)의 경우, 12세에 아버지를 여의었지만 남편 페르디난트의 단순하고도 얄팍한 소양을 접할 때면 희미하나마 아버지의 모습을 떠올렸을 것이다.

외조부 아나스타시우스가 열 살 때 그 부친 고트프리트는 50세의 나이로 세상을 떠났다. 자식이 남편의 살아온 행적 그대로 살기를 원했던 어머니의 간곡한 뜻에 따라 아나스타시우스는 자신의 취향과는 다른 법학에 투신해야만 했다. 처해진 환경에 따라 그의 삶의 여정이 전혀 다른 길로 맞추어나갈 수밖에 없었던 것이다.

그러나 아나스타시우스는 탁월한 지성 덕분에 일찍이 베를린 정부 당국으로부터 인정을 받았고, 특히 외무장관 헤르츠베르크(Ewald Friedrich von Hertzberg, 1725~1795)의 눈에 띄었다. 공사관 서기관으로 발탁되면서 공직에 몸담은 그는 스톡홀름으로 파견된 지 불과 몇 달 뒤 파격적 인사에 따라 프로이센 대사로 전격 임명되었다. 그러고는 스웨덴 왕실과의 해묵은 적대관계를 청산하는 데 유감없는 실력을 발휘하는 등 외교에서 기념비적 업적을 남겼다. 30세에 이르러 헤르츠베르크와 핑켄슈타인(Karl Wilhelm von Finckenstein, 1714~1800) 두 장관의 주청으로 프리드리히 2세 치하의 외무부 각료비서관이 되었고, 곧이어 각령이나 전보를 작성하는 막중한 임무까지 도맡아 관장했다.

아나스타시우스는 거의 매일같이 국왕을 접견하는 긴장된 업무에도 불구하고 한결같이 성실한 자세로 임하여 국왕의 신뢰를 쌓아갔다. 그 나이 때에 고향에서 한창 무기력증에 빠져 헤어나지 못했던 외손자 비스마르크와 비교하자면, 두 사람 모두 가정환경이 결정적인 동인으로 작용하긴 했지만, 아나스타시우스는 엘리트 중의 엘리트로서 그것도 비스

:: 외할머니 요한나 멩켄

마르크가 꿈꾸었던 외교관이 되어 한 창 국익에 기여했다는 점에서 큰 차이가 났다.

그러고 보면 비스마르크의 외조부 아나스타시우스나 증조부인 아우구스트 프리드리히는 같은 국왕을 모셨다는 공통점을 지녔다. 또한 각자 분야는 달랐지만 프로이센에 절대적인 충성을 바치고 국왕으로부터 두터운 신임을 받았던, 프로이센으로서는 없어서는 안 될 충실한 신하들이었다.

그리고 3년 뒤 1785년 말 아나스타시우스는 포츠담의 왕실 전매공장주 쇼크(Pierre Schock)의 미망인 요한나(Johanna Elisabeth Mencken, 1755~1818)를 만나 결혼했다. 폼메른의 산림청장이자 토지 관리인의 딸로서 보에켈 태생이던 요한나와 멩켄의 결혼은 비록 같은 신분끼리라고 하더라도 미망인과 유능한 청년의 결합이었던 만큼 평범하지는 않았다.

당시 미망인이 소유한 재산을 매개로 한 결혼이 드물지 않았지만, 두 사람의 경우는 그보다는 각별한 사랑이나 자유주의를 지향한 정신적인 이끌림으로 이루어진 결실이었던 것 같다. 물론 결혼 후 남편이 관료생활을 그만둠으로써 고정 수입이 끊어진 탓에 미망인의 재산이 탕진될 수밖에 없었으나, 그렇다고 해서 경제적 어려움이 없이 결혼생활을 꾸려나갈 만큼 미망인의 재력이 넉넉했던 것도 아니다.

전 남편 쇼크의 경우 스위스 태생인 그의 아버지 때만 해도, 1738년 국가의 특혜를 입어 포츠담에 전매공장을 설립한 이후로 한때 최고의 경영지로 가꾸어 놓을 정도로 왕성한 활동가였다. 그러나 7년 전쟁이 끝나고 몇 년 뒤, 그곳이 프리드리히 2세에 의해 다시 왕실의 관리로 넘어가면서부터 상황은 완전히 달라졌다.

부친의 경우 자산으로 설립한 전매공장이었던 만큼 어느 정도 독자적인 경영에 따른 재정문제를 보장받을 수 있었다. 그러나 프로이센 절대왕조에 의해, 일종의 공장주로 전락한 쇼크는 기껏해야 왕실의 고용인에 지나지 않았다. 따라서 요한나의 재정상황은 시아버지 때와는 달리 그렇게 넉넉하지 않았다.

그뿐만 아니라, 성실하게 정치활동에만 힘써온 아나스타시우스의 인물됨으로 보아 미망인의 유산에 연연해서 결혼한 것으로 보이지도 않는다. 관직에 몸담은 이후로 정적들의 시샘으로 관직에서 물러난 것이 한두 번이 아니었지만, 그럴 때마다 아나스타시우스는 자신의 자리를 지키기 위해 유력자들의 힘을 청한다거나 상대에게 어떠한 술책을 부리는 법이 없었다.

그런 면에서 아나스타시우스는 정적들에 맞서 투쟁적인 기질을 발휘하고 정치적 목표를 달성하기 위해서 어떠한 수단도 마다하지 않았던 외손자 비스마르크와 달랐다. 한때 만족스럽지 못한 시골귀족의 출신성분이나 제대로 갖추지 못한 자신의 능력은 외면한 채 아리따운 영국의 상류층 여성들이나 넘보던 비스마르크의 여성관이나 결혼관과도 완전히 달랐다. 아나스타시우스의 결혼은 사랑을 바탕으로 하면서도 그의 자유주의적 시민계급의 정신세계에 걸맞게 누구보다 진보적이고 개인주의적인 기치가 발휘되어 이루어진 결실로 여겨진다.

남달리 유능했던 아나스타시우스는 공직생활에 적응하면서 주위의 관심과 함께 촉망받는 젊은이로 자리를 굳혀나갔다. 그러나 오래지 않아 왕실과 관료들의 모함은 전도유망한 그의 앞날에 찬물을 끼얹었다.

관료들 사이에서 '자코뱅파', 즉 과격파로 불린 그는 한창 진행 중이던 프랑스의 시민혁명을 지지하고 유럽의 연합전쟁을 반대한다는 명목으로 1792년 5월 말 밀고자들에 의해 고발되었다.

아나스타시우스는 순식간에 반정부인사로 전락했다. 프리드리히 빌헬름 2세(1744~1797)의 명령에 따라 전쟁터로 직행해야만 했던 그는 그곳에서조차 일거수일투족을 철저하게 감시받아야 했다. 절대왕권에 반대한다는 명목이었던 만큼 자유주의적 성향을 지닌 시민계급 출신으로서는 국왕의 의혹을 완전히 거두어내기가 쉽지 않았던 모양이다.

시민혁명의 불길이 걷잡을 수 없이 유럽 전역으로 거세게 퍼져나갈 무렵, 그해 말 아나스타시우스는 베를린으로 소환되었다가 그 이듬해 완전히 관직을 박탈당하는 수모를 겪어야 했다. 40세의 나이에 유능한 실력을 발휘할 수 있었음에도 불구하고 국왕의 신뢰를 잃고 쫓겨나서 실업자가 되는 바람에 그는 넉넉지 못한 아내의 재산에 의지할 수밖에 없었다. 그렇게 하루아침에 대부분의 시간을 계몽주의자들과 어울려 보내는 신세로 전락하면서 인생 최대의 고비를 맞이하게 되었다.

아나스타시우스는 뜻하지 않은 자신의 처지에 대해 고뇌하지 않을 수 없었다. 무엇보다 신의 존재에 대해 매우 회의적인 입장으로 변했다. 자신의 이름이자 주님의 이름인 부활을 뜻하는 '아나스타시오룸'이 궁극적으로 자신의 불쌍한 영혼조차 구원하지 못함을 자책하면서 자신이 던진 숱한 의문에 스스로 해답을 찾아 헤매었던 것이다. 1795년 교회사를 연구하는 헬름의 한 학자에게 보낸 편지에서도 그는 예수의 부활에 대해 의문을 제기했다.

교회사를 기록하는 자들이 도대체 예수의 부활에 대해 얼마나 확신하고 있는 겁니까? 그런 압도적인 믿음을 뒷받침할 만한 근거는 가지고 있는 것입니까?

아나스타시우스는 계속해서 예수의 부활을 부정했다. 결국 그 누구든 신에 의해서가 아니라 각자의 능력과 진정한 인식에 의해서만 스스로 책임질 수 있다는 신념을 따르면서 그는 합리주의적 종교철학으로 자신의 내면을 채워나갔다. 이성의 자율성과 최종결정권만을 내세우려는 그에게서는 스스로를 전형적인 계몽주의의 화신으로 극화하려는 모습이 두드러졌다. 그런 태도는 세상의 모든 현상을 종교를 통해 이해하려는 전통적인 사고방식에 극렬하게 대립하려는 몸부림이기도 했다. 그렇게 그는 정치세계로부터 점점 멀어져갔다.

그 후 아나스타시우스는 위급한 정치적 사태에 즈음하여 다시 정계로 복귀할 기회를 맞았다. 오스트리아와 함께 프랑스 혁명세력에 대항하여 연합군으로 참전하기로 약속했던 프로이센이 일방적으로 프랑스와 바젤 협정을 체결함으로써 유럽에서 외교적 고립상태에 빠진 때문이었다. 프로이센 정부로서는 그의 뛰어난 외교력이 어느 때보다 절실했다.

애초에 프로이센은 오스트리아와 지금까지의 적대적인 관계를 뒤로하고 프랑스의 혁명세력에 공동으로 대항하여 1차 유럽 전쟁에 가담하기로 약속했다. 그 후 프로이센은 서부 전선에서 프랑스 군대에 맞서 상당한 전과를 올렸지만, 오스트리아는 투르코앵에 이어 1794년 6월 26일 프레루스에서 패배를 거듭했다. 오스트리아의 연이은 참패에 뒤이어 프랑스가 10월부터 크레베에서 코블렌츠에 이르기까지 독일의 라인 좌안지대를 지배하는 사태가 벌어졌다.

이에 위협을 느낀 프로이센은 오스트리아를 배제한 채 독자적으로 1795년 4월 5일부터 5월 17일까지 약 2주간의 협상 끝에 바젤 평화협정을 체결했다. 말하자면 계속되는 전쟁으로 파괴된 경제를 회복하기 위한 방안으로 프로이센은 북부 독일에서 자유 상권을 확보하고, 빼앗긴 라인 좌안지대 가운데 우측을 보상받는다는 조건 하에 반프랑스 동맹에서 탈퇴하기로 했던 것이다. 1803년까지 지속된 이 협정으로 프로이센을 위시한 북부 독일에서는 프랑스를 향한 총성이 멎었지만, 그 대신 필니츠에서 맹세했던 오스트리아와의 우호적인 유대관계도 의미를 잃고 말았다.

전쟁이 한창 진행되던 와중에 프로이센의 그와 같은 일방적인 행동은 반오스트리아 정책으로의 복귀로 비쳐 오스트리아와의 충돌이 불가피해졌다. 또한 좌안지대에 대한 영토 포기로 비쳐진 바젤 협정에 대한 독일 내 비난의 목소리마저 감내해야만 했다. 심지어는 자국을 향해 심상찮게 돌아가는 유럽의 분위기까지 견뎌야만 했다.

결과적으로 프로이센으로서는 영토 손실보다도 오히려 자국 스스로 짊어져야 하는 정신적 상실감이 그 무엇에 비할 수 없을 정도로 커져버렸음을 깨닫지 않을 수 없었다. 더욱이 폴란드 문제와 관련하여 오스트리아와 러시아로부터 철저히 소외당하는 것까지 감수해야만 했다. 결국 약속을 저버리고 독자적인 노선을 택한 대가로서 외교 무대에서의 고립이라는 외교정책의 실패를 자초할 수밖에 없는 노릇이었다.

따라서 안팎으로 꽉 막힌 이런 정국 하에서 프로이센은 우선 폴란드의 자국 영내에 오스트리아와 러시아의 새로운 행보를 막기 위해 바르테 좌우 지역을 남부 프로이센의 지방으로 합병시켰던 1793년의 결과를 재검토하고 확실히 해둘 필요가 있었다. 그 자구책으로서 아나스타시우스 멩켄은 프로이센 영내에 재경부의 조직위원회를 위한 칙령을 작성하라는 명령을 수행해야만 했다.

그동안 1792년과 1793년 2차에 걸쳐 오스트리아와 러시아는 국민 주권을 주장하던 폴란드 내 혁명의 목소리를 저지하기 위해 프로이센과 함께 폴란드를 분할한 바 있었다. 그러나 1795년 1월 3일 세 나라가 새로이 모여 3차에 걸쳐 폴란드를 세 부분으로 완전 해체하기 위한 상호 조약을 체결하기로 한 시점에서 상황이 순탄치 않아 보였기 때문에 아나스타시우스의 임무는 더욱 막중해 보였다. 심지어 양국끼리 체결한 평화협정에 대한 결정을 8월에야 통보받은 프로이센 정부로서는 외교적 따돌림을 감수할 수밖에 없는 처지였다.

그러나 그 후에도 아나스타시우스의 관직 박탈과 복귀는 거듭되었다. 그 이유는 작업을 수행하는 과정에서 인도주의와 자유무역주의를 새롭게 인식하게 된 그의 사상 때문이었다. 아나스타시우스로서는 슬라브 지역으로 새로이 거주지를 옮기려는 독일 식민주의자들에게 거부감을 느꼈고, 그런 정치적 소신이 관료들의 눈에 곱게 비칠 리 없었다. 따라서 다시 감시와 억압을 받는 신세가 됨으로써 정부에서 밀려나야 했다.

그 후 아나스타시우스는 또 한 번 복귀할 기회를 가졌다. 1797년 11월 숙환으로 세상을 떠난 프리드리히 빌헬름 2세의 뒤를 이어 즉위한 프리드리히 빌헬름 3세(1770~1840) 때였다. 프리드리히 빌헬름 3세는 황태자 시절에 내각을 재구성하는 과정에 대해 아나스타시우스에게 소견서를 청한 적이 있었다. 그 소견서에서 아나스타시우스는 세부사항의 사실성보다는 확고부동한 원칙만을 고수하여 대대적인 수정을 불가능하게 만들어놓은 정부를 신랄하게 비판함은 물론, 고령의 관료들의 혹독함과 사람을 불신하는 태도 등을 일일이 지적해놓았다. 그뿐만 아니라 국가를 주도하는 관점이 국왕의 머리에 달려 있고 신하들은 그것을 알아서 맞추어야 하지만, 때때로 오류를 드러내고 마는 절대관료주의체제의 한계를 냉철하게 비판하는 내용도 함께 강조했다. 심지어는 관료들에 대해 한편으로는 계급적인 조직구조에 있어서 국왕의 신하지만, 다른 한편으로 독자적으로 생각하고 처리하는 전문인이 되어야 한다는 점에서 관료의 이중적인 기능성을 강조하는 혁신적인 새로운 비전까지 제시했다.

18세기에서 19세기로 넘어가는 과도기의 관료들은 대개 대학이나 다른 고급 전문학교를 통해 시민계급이 지닌 개혁적이고도 진보적인 사고의 영향을 받기는 했지만, 지방귀족이나 국왕의 입장에서 관료들에게 그대로 시행토록 할 정도로 현실적 여건은 따라주지 못했다. 그런 만큼 정가 주변 사람들의 눈에 아나스타시우스의 견해는 한마디로 독설에 지나지 않았다. 정부 역시도 그의 현실적이고도 전문적인 주장을 받아들이기에는 의견 대립이나 사고 차이를 극복하기가 쉽지 않았다.

아나스타시우스가 내세우는 자질을 갖춘 관료의 상과 훗날 비스마르크의 통치체제를 비교할 때, 주군에 대한 절대적인 충성은 물론 국정 운영의 최고 책임자로서 탁월한 재능을 겸비한 비스마르크는 분명 아나스타시우스의 외손자로서 전혀 손색이 없었다. 오히려 과감한 추진력으로 현실적인 실용주의까지 내세운 그는 외조부가 주장한 이중적인 기능성을 갖춘 관료 그 이상의 정치가였다. 불행히도 아나스타시우스의 경우, 프로이센 정부의 노선에 부합되지 않는 정서를 시도하기에는 시기상조였다. 뿐만 아니라 기질이나 역량에 있어서도 투쟁적이지 못했고, 그의 뜻을 함께할 동지 또한 가까이 없었기 때문에 홀로 모든 것을 실행하기에는 역부족이었다.

마침내 일찍이 아나스타시우스의 진면목을 알아본 새 국왕 프리드리히 빌헬름 3세의 명령에 따라 그는 곧 등용되었다. 국왕은 그다지 영특하지는 않았지만, 그의 치세로 보아 매우 존경할 만한 인물이었다. 무엇보다 슈타인(Heinrich Friedrich Karl von und zu Stein, 1757~1831)-하르덴베르크(Carl August von Hardenberg, 1750~1822)의 근대적인 개혁을 바탕으로 국가를 재편성하려는 의지가 강했기 때문에 아나스타시우스의 취지에 더욱 공감하는 입장이었다.

그리하여 집권 직후부터 정치 혁신의 일환으로 주로 음모를 꾀하던 자들이나 첩자들이 더 이상 왕실의 측근에 발을 붙이지 못하도록 하는 강경한 조치를 취했다. 이른바 1788년의 종교칙령을 발표함으로써 프리드리히 대제의 종교정책을 반대하여 심각한 논란을 야기한 적이 있던 뵐너(Johann Christoph von Wöllner, 1732~1800)나 비쇼프베르더(Johann Rudolf von Bischoffwerder, 1741~1803)에게 각각 사임을 권고하거나 파면시켰고, 부정축재한 백작부인 리히테나우(Lichtenau, 1752~1820)의 재산도 몰수했다. 종교야말로 마음과 감정과 개인의 신념 문제로서 비방을 일삼는 위선의 대상이 되어서는 안 된다는 것이 그 취지였다. 국왕이 내린 특단의 조치는 행정과 문화 분야에서 정치적 책략을 수정하기를 바라던 아나스타시우스의 뜻이 다소 반영된 결과이긴 했으나, 그를 반대하여 칼날을 세우는 주위의 시선들은 여전히 강력했다. 그 때문인지 아나스타시우스는 공직생활을 2년도 채우지 못하고 또다시 물러나야만 했다.

세기 전환기를 맞이할 무렵 아나스타시우스는 극도로 나빠진 건강상태로 인해 정신력마저 마비되는 불운을 겪었다. 그 스스로 왕실에 대한 책임을 수행하기에는 역부족임을 깨달아야만 했다. 50세를 겨우 넘기고 운명을 달리했던 아버지의 뒤를 따라 그 역시 1801년 8월 49세에 세상을 떠났다. 때 이른 그의 죽음은 멩켄 가의 재정난을 더욱 부채질했고, 비스마르크 어머니의 조기결혼도 이런 상황과 무관하지 않았다.

공직생활 동안 아나스타시우스는 하루에 시작하고 결정해야 할 모든 업무내용을《다양한 칙령의 회의록과 초록》이라는 6권으로 된 저서를 참고하여 집행해나갔다. 프로이센의 대표적인 개혁가로 알려진 슈타인 남작이 성실하고 자유로운 관리로서 기억했듯이, 그는 시민계급의 계몽주의에 입각한 사고와 몸에 밴 비판적 통찰력으로 자신의 임무에 충실하고자 했다. 그러나 경직된 국가체제라는 외부 상황으로 인해 항상 감시와 강압을 받아야 했기 때문에 정신적으로 풍부한 자신의 내면적 태도에 충실하고 그 책임의식을 몸소 실천하기란 무척 어려웠다. 자의식을 가지고 지속적으로 문제를 제기할 수도 있었겠으나, 마르크스 등이 평가하듯이 비스마르크가 가졌던 불굴의 기질이나 지도자적 역량을 갖추지 못한 아나스타시우스가 정치적 불만을 표출하고 자신의 의지대로 강력하게 주도해나가기는 무리였다.

아나스타시우스 스스로는 자신의 그런 처지를 자주 변명하곤 했지만, 마르크스를 비롯해 프로이센 중심으로 역사를 서술하던 당대 역사가들로부터도 그런 자세는 공감을 얻지 못했다. 그들은 특히 나폴레옹의 점령으로 잃어버린 듯했던 프로이센이 '구출'된 것을 개혁가들의 업적이었다고 평가하기보다는 오히려 구출되는 시점에서야 비로소 개혁가들의 활동이 두드러진 사실을 지적하고 비난하는 입장이었다. 아나스타시우스 역시 그런 비난의 대상에서 예외일 수는 없었다.

일찍이 부친을 여의고 재정적인 어려움으로 인생의 방향까지 바꾸어야 했던 아나스타시우스는 자유주의와 인간 중심의 원칙을 추구한 진보적인 지성인이었으나, 다른 한편으로 절대주의 왕조체제와 관료주의에 부합하지 못한 시대의 불운아이기도 했다. 자유계몽주의 분위기에 편승함으로써 주위로부터 끊임없는 질시와 비난을 받아야 했음에도 불구하고 개인적으로는 자신의 길을 묵묵히 걸어간, 나름대로 프로이센 국가의 안녕과 근대적인 정치 발전에 봉사한 성실한 관료였다.

비스마르크의 친가와 외가 두 가문은 신분과 이데올로기 면에서 완전히 다른 환경이었다. 13세기까지 거슬러 올라가는 친가는 가문 대대로 관료나 장교 출신의 보수주의 성향의 귀족 가문이었던 반면, 17세기부터 시작되는 외가는 지식인 중심의 자유주의 시민계급 출신의 가문이었다.

그렇다고 해서 그들이 모든 면에서 서로 대립적인 것만은 아니었다. 어떻게 보면, 서로 다른 조건에도 불구하고 친가는 시골에서 융커 또는 장교로, 외가는 수도의 관저에서 학자 또는 관료로, 두 집안 모두 여러 세대를 거치며 프로이센 국가를 위해 충성하고 이바지해왔다. 특히 18세기에 이르러서는 절대왕정이라는 같은 국가체제와 사회질서 속에서 국가와 왕실의 안녕을 위해 몸 바친 위정자들인 동시에 국가 발전에 중요한 기여를 한 사람들로서 프로이센을 떠받들고 있던 두 개의 축을 대변한다고도 하겠다.

그런 환경에 직면하여 과연 프로이센의 후예로서, 두 가문의 후손으로서 비스마르크는 어떤 평가를 받을 수 있을까? 1815년생인 비스마르크가 조부 카를 알렉산더나 외조부 아나스타시우스 멩켄을 직접 접하기는 시기적으로 불가능했다. 그렇다고 부모의 가정교육이나 정신교육을 통해 서로 다른 환경의 장점을 살릴 수 있도록 배우고 자라났던 것도 아니었다.

어떻게 보면, 비스마르크는 남들과는 달리 전혀 다른 두 환경을 오가면서 경험을 쌓고 이를 효과적으로 발전시킬 기회와 가능성도 있었다. 하지만 수백 년 동안 지속되면서 갈라져온 가문의 혈통관계나 역사에 대해 그는 큰 매력을 느끼지 못했다. 기껏해야 가문 대대로 전해온 토지 귀족인 융커 출신의 보수적인 귀족 가문이라는 혈통적인 유산을 달고 다니기 위해 일방적으로 아버지의 존재에 집착했고, 아버지의 뿌리에서 정체성과 안정감을 찾으려 했다. 때로는 애써 비껴가고, 또 때로는 모르는 채 외면했던 만큼 외가와는 더욱 더 '단절'에 가까운 관계가 되었다. 그런 의미에서 부모의 서로 다른 환경과 특성을 적절하게 조화하거나 좋은 점을 가려 취할 수 있는 환경적 이점을 그는 스스로 거부한 셈이었다.

그럼에도 불구하고 프로이센 국가를 위해 조상들이 걸어왔던 삶을 되돌아보면 비스마르크의 인생 전반 역시 그 길에서 벗어나지 않았다. 오히려 충성스런 신하로서 그리고 탁월하고도 강력한 리더십까지 갖춘 지도자로서 역사에 길이 남을 업적까지 이루어놓았으니, 콩 심은 데 콩이 나고 팥 심은 데 팥이 나는 실례를 더없이 구현한 셈이다. 친가에는 물론 외가에도 더없이 자랑스러운 가문의 후손으로서, 그리고 영광스런 프로이센의 후예로서 길이 남을 수밖에 없는 인물이 바로 비스마르크였다.

가문 세습지의 상속자가 되다

동양의 문화권에서는 예로부터 왕의 전기나 역사서에 왕의 사주를 타고난 인물이라 하여 '제왕의 사주', '왕기가 서려 있는 명당의 지세' 등 인물관은 물론 풍수지리설까지 심심찮게 등장하며, 이는 위인들의 경우도 예외는 아니었다. 그런 예언이 적중하기라도 한 듯 그들 모두는 태생에서부터 그 존귀성에 절대성까지 부여받기도 했다. 마치 "왕대밭에 왕대 나고 쑥대밭에 쑥대 난다"는 속담처럼 말이다.

독일의 민족 영웅으로서 오랫동안 그 자리를 지켰던 비스마르크이고 보면, 그를 둘러싸고도 그런 얘깃거리는 나옴직하다. 특히 그의 선조들의 오랜 터전이던 알트마르크 대신 전혀 새로운 쇤하우젠이 그의 출생지가 되어버렸고, 그것도 권력자의 일방적 횡포에 의해 강압적으로 빚어진 '결과'라는 점 등에서 그 사건 자체 못지않게 맞바꾼 지역을 두고 지세론과 운명론에 역사성마저 가미될 법도 하다. 하지만 그런 경향은 역시 서양적인 관심의 차원과는 거리가 먼 것 같다. 그럼에도 독일제국을 통일하고 유럽에 자국의 헤게모니를 떨친 위대한 영웅으로서, 가문의 후손으로서, 그리고 한 인간으로서 참으로 파란만장한 일생을 살게 되는 비스마르크에게 결정적인 영향을 미쳤던 곳이 바로 가문의 세습지이자 그 자신의 출생지인 쇤하우젠이다.

　정계에 입문한 직후 비스마르크가 프로이센 측 연방대사직에 이어 러시아와 프랑스 외교관을 거쳐 수상과 재상으로 승승장구함에 따라 자의든 타의든 그의 가문에 대한 관심도 커질 수밖에 없었다. 그리하여 가능한 모든 가족문서에서부터 공문서나 생물학적 계보에 이르기까지 직계가족의 영역을 뛰어넘어 수백 년을 거슬러 올라가는 가문의 초기 역사까지 연구가 진행되었고, 그에 따른 편찬 작업도 함께 이루어졌다.

　그런 가운데 유독 쇤하우젠이라는 곳에 관심의 초점이 모아졌다. 쇤하우젠은 1562년 12월 강제적인 영지 교환 사건으로 인해 조상의 새로운 역사가 시작된 곳이며, 그 후로 가문의 세습지가 되었으나 그마저도 둘로 나뉘어져 수백 년 동안 불완전한 채로 보존되었던 곳이다. 그리고 무엇보다 이 세습지의 반쪽은 비스마르크 자신의 출생지이자 소유지였다. 따라서 비스마르크는 시간이 흐를수록 그곳에 대한 관심이 커졌고 가문의 후손으로서 이곳을 본래의 온전한 모습으로 되찾는 일을 개인적인 큰 과제로 여겼다.

　그러나 비스마르크에게 쇤하우젠은 가문의 역사적이고 혈연적인 의미만 담고 있는 것이 아니었다. 유소년 시절에 쇤하우젠은 잠시나마 생활했던 크니프호프와 함께 잃어버린 어린 시절에 대한 추억의 장소이자 그리움의 대상이었고, 전원생활을 평생의 꿈으로 여기던 말년의 그에겐 낙원과도 같은 곳이었다.

그뿐만이 아니었다. 청년기의 방탕한 생활과 좌절로 빈털터리가 된후 돌아올 수밖에 없었던 유일한 곳, 미래가 보이지 않는 절망적인 늪에서 벗어나기 위해 몸부림치던 곳, 그리고 가슴속에 묻어둔 하나의 사랑을 간직하고 평생의 반려자를 만나 비로소 한 가정을 꾸리기 시작했던 곳, 생의 힘겹고 감사한 고비와 순간마다 함께해준 쉰하우젠은 그의 인생의 밑자리이자 영혼의 안식처였다.

이처럼 가문의 영지를 이어갈 후손으로서, 토지에 남달리 관심이 컸던 지주로서, 그리고 무엇보다 그 속에서 태어나고 또 잃고 싶지 않은 추억을 지녔던 한 인간으로서 비스마르크에게 절대적인 인연이 닿아 있어 유별했던 곳! 그래서 그 역사성을 아무리 강조해도 지나치지 않은 곳, 그곳이 바로 비스마르크의 쉰하우젠이었다.

1562년 영지 교환 사건 이후로 여러 혈통과 세대를 걸쳐 복잡한 상속 과정에 놓였던 쉰하우젠은 300여 년이 지난 1885년 비스마르크의 나이 70세가 되어서야 나머지 반쪽을 회복하여 온전한 모습으로 거듭났다. 오늘도 쉰하우젠을 찾아 모여드는 사람들에게 그곳은 비스마르크 가족사의 현장이자 그의 삶의 증인으로서 비스마르크의 존재에 생생한 의미를 확인시켜주고 있다.

앞에서 잠깐 이야기했지만, 쉰하우젠은 비스마르크 가문의 선조 클라우스의 전성시대가 끝나고 가문의 중기에 접어든 무렵 가문의 영지를 왕실의 사냥터로 넘보던 브란덴부르크 태자의 뜻대로 영지 교환이 이루어지면서 처음 그 존재가 부각되었다.

교환 당시 신 서열의 욥스트와 게오르그 두 형제에게 각각 배분되었던 결과만 생각해보면, 까마득한 후손으로서 구 서열에 해당하는 비스마르크에게 쉰하우젠 소유는 능력 밖의 문제였다. 그러나 신 서열의 두 형제 모두 후손 없이 각각 1589년과 1580년 운명을 달리하면서 그 서열은 혈통의 대가 끊어졌다. 이에 따라 홀로 남은 구 서열의 프리드리히에게로 소유권이 모두 돌아가면서 비스마르크와 쇤하우젠의 인연의 끈이 비로소 이어졌다.

역시 태자의 일방적인 결정에 따라 또 하나의 교환 영지였던 크레베제를 구 서열의 형 하인리히와 공동 소유했던 프리드리히는 결과적으로 신 서열의 두 사촌이 남겨놓은 영지 쇤하우젠까지 모두 물려받았다. 그때 그의 형 하인리히는 이미 1575년 세상을 떠난 뒤였으므로, 프리드리히야말로 신·구 서열을 막론하고 가문의 현존하는 유일한 연장자였고, 뜻하지 않게 쇤하우젠 전체를 소유하게 되었다.

쇤하우젠과 구 서열 혈통과의 인연이 본격적으로 시작되는 가운데 프리드리히는 비스마르크 가문의 1세대가 되어 생물학적 의미에서나 재정적인 차원에서 비스마르크의 직계조상으로서 중요한 분기점이 되었다. 특히 그는 1562년 영지 교환 사건 당시 태자의 대리인과 담판을 지었던 장본인으로서 전체 가문의 대변자 역할을 한 때문에 일명 '교환자'로 불리기도 했다.

그러나 그 후 다시 300여 년이 지나 1885년 비스마르크가 전체 땅을 소유하기까지 쇤하우젠의 역사는 상당히 복잡한 과정을 거쳐야만 했다.

우선 상속받은 프리드리히마저 4개월 후 욥스트의 뒤를 따라 같은 해에 세상을 떠났기 때문에 곧바로 새로운 상속절차가 불가피해졌다. 그의 자손이 몇 명이나 되는지, 몇 세대가 지났는가에 대해 전해지는 바가 없고, 또 그의 형 하인리히의 신상에 대한 기록도 남아 있지 않다. 그렇게 100여 년의 공백기가 지나고, 프리드리히의 후손이자 비스마르크의 고조부가 되는 아우구스트가 1695년부터 쇤하우젠에 정착하여 1700년 지금의 터전에 축성을 하였다는 기록이 남아 있어 나머지 역사를 추정해볼 수 있다.

당시 아우구스트가 지은 3층 건물에는 장주로 장식된 현관 위쪽에 1700년이라고 기록되어 있어 쉰하우젠 저택이 완성된 시기를 말해준다. 때마침 베를린에서 대저택을 바로코 양식으로 개조하던 유행 시기에 걸맞게 쉰하우젠의 건물 모양도 대체로 비슷한 건축양식을 취했다. 그리고 오래된 교회건물을 옆으로 두고 외곽의 약간 높은 곳에 지은 건물은 상류층으로서의 위치, 지배력, 소유 정도에 어울릴 만한, 일대에서 가장 요충지에 자리했다.

건물의 내부구조를 살펴보면, 넓은 현관의 대기실을 지나 떡갈나무 재목으로 된 무겁고 넓은 계단 위로 올라가면 크고도 비교적 나지막한 방들이 죽 늘어서 있다. 그중 가장 화려하게 두드러지는 방은 석회를 바른 천정과 함께 타일로 꾸민 개방식 벽난로가 놓여 있고, 거기다 천지의 모습이나 풍경을 그려놓은 그림들로 즐비하게 장식되어 있어 눈길을 끈다. 그러나 대체로 간단한 문양의 가구들이나 바로크 양식의 기둥을 이용한 장식장들은 전체적으로 귀족적인 화려함보다는 오히려 안락함에 치중한 느낌을 준다. 다소 절제된 집안 분위기를 구현하고 있어 결코 과시적이거나 호화스럽지 않은 비스마르크의 취향에도 적격이다.

그 후 쉰하우젠은 아우구스트의 다음 세대로 이어졌고, 그 역사는 1732년 아우구스트의 유서를 비롯하여 몇몇 사료들을 근거로 한 검증 작업을 통해 보다 구체적인 모습을 갖추게 되었다. 사료들에 의하면, 큰 아들이자 비스마르크의 증조부인 아우구스트 프리드리히가 폼메른을, 둘째 아들이자 첫째 종증조부인 카를 루돌프가 엘베 강 이서지역인 윙링겐과 뷘트펠데를 물려받았고, 쉰하우젠은 이름이 알려지지 않은 나머지 두 형제의 몫으로 주어졌다. 그리고 비스마르크의 조부인 카를 알렉산더가 8년이라는 공백기를 깨고 1775년부터 쉰하우젠 중 '1지역'의 소유주가 되었다는 기록이 나온다.

그러나 이상의 기록만으로는 '1지역'을 소유한 카를 알렉산더가 셋째와 넷째 숙부 가운데 누구의 쇤하우젠을 어떻게 해서 물려받았는지 알 수 없다. 따라서 카를 알렉산더에게 '1지역'이 돌아올 수 있었던 경우를 추론해본다면, 셋째와 넷째 두 형제 가운데 한 명이 자손을 남기지 않고 특별한 유언도 없이 세상을 떠난 상황에서 가문의 법적 상속자들 가운데 카를 알렉산더가 최고 연장자였을 가능성이 높다.

그 밖에 추가로 두 가지 기록이 있다. 하나는, 비록 시간이 제법 흐르고 난 뒤지만 비스마르크의 아버지 페르디난트가 쇤하우젠 '1지역'을 소유하던 무렵에 그보다 32살이 많은 아우구스트 아담 하인리히(August Adam Heinrich von Bismarck, 1739~1813)라는 인물이 '1지역'의 규모보다 더 큰 쇤하우젠 '2지역'을 소유하고 있었다는 것이다.

'2지역'이 저택이 딸린 '1지역'보다 규모 면에서 세 배가량이나 컸다고 알려진 것을 보면 아마도 처음부터 저택의 소재 유무에 따라 규모가 정해지고 물려졌을 듯싶다. 그러나 쇤하우젠의 '2지역'을 소유했던 아우구스트 아담 하인리히의 직계 가족관계에 대해서 언급된 자료는 없다. 다만 출생연도로 보아서는 카를 알렉산더와 사촌관계로 보이기 때문에 1771년생인 페르디난트와는 종숙부 사이로 추정될 뿐이다. 한편 쇤하우젠을 나란히 소유했던 페르디난트에 비해 아우구스트 아담 하인리히가 여러 면에서 수준 차이가 컸다는 점은 분명하다. 보잘 것 없는 시골귀족에 그저 '소위 비스마르크'로 불린 것이 페르디난트의 전력이었다면, 아우구스트 아담 하인리히는 라테나우 기총병의 친위대 대장을 역임했고 육군소장으로 군사적인 명망은 물론 사회적으로도 이름을 떨치고 있었기 때문이다.

그리고 나머지 또 하나의 기록에 의하면 '2지역'이 다시 1830년부터 시민계급 가운데 한 부호로 알려진 막데부르크의 시의회 의원 가에르트너(Ernst August Gaertner, ?~1862) 부자에게 차례로 넘어갔다는 사실이다. 가문 이외의 인물이 소유하게 된 원인은 밝혀지지 않았지만, 그것으로 보아 비스마르크의 직계조상들에게 계속해서 물려져 처음부터 소유주가 확실했던 '1지역'과는 달리 '2지역'의 소유 관계는 복잡했던 것이 분명하다.

이상의 기록들과 또 그에 따른 추론 등에 의해 모습을 드러낸 쇤하우젠의 역사가 비스마르크 개인적으로는 그리 유쾌할 리 없었다. 가문의 땅덩어리가 둘로 쪼개졌고, 그 나머지마저 이리저리 소유권이 왔다 갔다 했다는 사실에 심기마저 불편했을 것이다. 특히 시간이 흘러 가문의 영지를 온전하게 회복하려는 욕구가 생기면서부터는 자신이 '2지역'마저 구입할 경제적 여건을 갖추지 못했기에 상심도 컸을 것이다.

게다가 아버지 페르디난트와 아우구스트 아담 하인리히의 상반된 처지처럼, 비스마르크 자신 또한 쇤하우젠을 나란히 소유한 또 다른 한 명과 비교되는 상황에 처해 있었다.

비스마르크가 쇤하우젠의 일부를 소유할 무렵 그 나머지를 소유한 또 한 명의 비스마르크가 있었으니, 그는 '쇤하우젠의 비스마르크'와 구분하고자 '브리스트의 비스마르크'로 불린 빌헬름 아우구스트(Wilhelm August von Bismarck, 1803~1877)였다. 쇤하우젠을 갓 물려받던 시절의 비스마르크 입장에서 역시 가문의 유산 상속자로서 자신보다 열두 살이 많은 브리스트의 비스마르크는 여러 면에서 버거운 상대임에 틀림없었다.

브리스트의 비스마르크는 말 그대로 땅 부자였다. 세습지의 일부인 엘베 강 우측의 쇤하우젠 일대, 즉 쇤하우젠 '2지역'을 소유하고 있었을 뿐만 아니라, 그 외에도 엘베 강 서쪽의 브리스트, 벨레, 되벨린을 비롯하여 피쉬벡에 이르는 광활한 지역 모두를 차지하고 있었다. 또한 한때 비스마르크의 백부 에른스트에게 속했던 윙링겐까지 포함하여 가문의 대부분 영지를 소유하여 당시 비스마르크와는 비교가 되지 않는 대지주였다. 아우구스트 아담 하인리히 사후에 벌어진 일이긴 하지만, 가에르트너라는 외부인의 손에 한때 넘어갔다가 어떠한 경로로 브리스트의 비스마르크에게로 되돌아갔는지 알려진 바는 없지만, 당시 쉰하우젠 반쪽을 소유했던 것으로 보아 아우구스트 아담 하인리히의 손자로 여겨질 뿐이다.

쉰하우젠의 소유주인 두 남자는 경제력 차이만큼이나 직업에서도 상당한 격차를 보였다. 빌헬름 아우구스트는 비스마르크가 의회에 갓 참여하던 무렵에 제방관으로서 이미 프로이센 주의회에서 왕성하게 활동하고 있었다. 물론 15년 뒤를 내다본다면 상황은 뒤바뀌겠지만, 1847년 당시만 해도 비스마르크는 보궐선거로 겨우 정계에 발을 들여놓은 햇병아리에 지나지 않았다.

훗날 빌헬름 아우구스트는 그 후로도 여덟 번이나 연속으로 당선될 만큼 정치적 경력에서 사촌동생격인 쉰하우젠의 비스마르크 못지않게 나름대로 주목할 만한 행보를 보였다. 특히 비스마르크가 수상으로 재임하는 동안에도 그는 변함없이 정계에서 활동했고, 특히 1867년의 북독일 연방의회를 거쳐 1873년까지 독일 제국의회 의원을 역임한 보수 진영의 고정멤버로도 알려졌다.

이 두 비스마르크는 원래부터 집안끼리 교류가 없어서였는지, 아니면 처음부터 두드러진 차이 때문이었는지 알 수는 없으나, 상호간에 왕래는 고사하고 최소한의 서신 교환조차 없는 관계였다. 같은 집안 사람들인 만큼 비스마르크로서는 먼저 정계에 몸담아 활발한 정치활동을 하던 빌헬름 아우구스트의 존재를 의식하지 않을 리 없었을 테고, 특히 정치 초년병으로서 같은 보수 진영 의원의 경험이나 조언을 청했을 법한데도 그랬다.

비스마르크가 정계에서 최고의 자리에 오른 뒤에 그의 처신에 따라 그러한 소원한 관계를 개선할 수도 있었겠지만, 그가 빌헬름 아우구스트에게 어떠한 배려나 관심을 보였다는 기록 또한 없다. 성격상 일족이라는 사실을 특별히 내세울 비스마르크도 아니었지만, 두 사촌 간에 적어도 같은 시대에 같은 장소를 공유한 정치인들로서 교류조차 없었던 것은 아주 이례적인 일이 아닐 수 없다.

그래서인지 이들의 소원한 관계는 전기 작가들의 구설수에 오르기도 했다. 일설에는 비스마르크가 정계에 발을 들여놓은 지 얼마 되지 않아 정통 보수주의자들과 결별했던 점을 들어, 그들 두 사람이 노선을 달리했을 가능성을 지적하기도 했다.

그러나 그들은 처음부터 소원했을 뿐만 아니라, 비스마르크와 관련된 수많은 기록물에 빌헬름 아우구스트와의 교류에 대해 어떠한 언급도 없기 때문에 시기나 처지를 막론하고 서로 가까이 하지 않았음을 부인할 수 없다. 빌헬름 아우구스트는 70세에 이를 때까지, 그것도 비스마르크 체제 하에서도 오래도록 정치활동을 펼친 점에서 비스마르크가 견제하는 라이벌이었다기보다는 자신의 영역에서 꾸준하게 활동했던 정치인으로 보인다.

결론적으로 쇤하우젠에 대해 유쾌하지 못한 비스마르크의 입장은 전반적으로 보아 땅 문제와 관련이 커 보이고, 빌헬름 아우구스트와의 소원한 관계도 이를 뒷받침해주는 것 같다. 빌헬름 아우구스트는 엘베 강을 중심으로 해서 동서로 광범위한 영지들을 소유하고 있었다. 비스마르크 가문의 계보는 혈육도 없이 죽은 선조들이나 라인 남부의 혈통이 되어버린 경우를 참고하면 이제 쇤하우젠과 브리스트의 두 집안밖에 남지 않았다. 그런 맥락에서 가문의 모든 영지나 사유지는 사실상 두 집안에서 나누어 소유한 셈이었다. 이를 모를 리 없었던 비스마르크가 가문의 대부분 영지를 소유하고, 심지어 쇤하우젠조차 나누어 갖고 있던 브리스트의 빌헬름 아우구스트에게 그리 좋은 감정을 가지기는 쉽지 않았을 법하다.

그리고 거기에는 빌헬름 아우구스트가 소유한 많은 영지 가운데 브리스트와 벨레 지역도 한몫을 했다고 볼 수 있다. 왜냐하면 그 땅들의 전 소유주가 다름 아닌 비스마르크의 둘째 숙부인 프리드리히였기 때문이다.

당시 육군 중장으로 오랜 군대생활을 마친 숙부 프리드리히가 1830년 세상을 떠나자 가문의 모든 친인척은 그의 사유지 외에 영지인 벨레와 브리스트의 소유 문제를 두고 법적 상속자를 가려야 했다. 그러나 수많은 비스마르크의 전기를 보면, 프리드리히 숙부에 대한 기록이 간간이 자리를 차지하고 있으나, 그 어디에도 그의 직계가족에 대한 언급이 없다. 특히 군 장교로 제대하고 말년에는 동생 부부인 비스마르크의 부모와 김나지움의 학생이었던 비스마르크 형제와 함께 베를린에서 지냈던 것으로 보아 독신으로 생을 마쳤음에 틀림이 없다. 한때 비스마르크의 어머니를 신부감으로 두고 동생 페르디난트와 본의 아니게 경쟁을 벌였으나 그 이후로 오랫동안 군대생활을 계속하느라 결혼과는 거리가 멀어졌고 자연 후사도 없이 세상을 떠난 것으로 보인다.

마침내 브리스트와 벨레 지역에 대한 봉토 수여증서가 1831년 3월 4일 막데부르크의 고등법원에 의해 숙부 프리드리히의 뒤를 이어 비스마르크 가문의 최고 연장자인 레빈 프리드리히 크리스토프 아우구스트(Levin Friedrich Christoph August von Bismarck, 1771~1847)에게 먼저 넘어갔다. 레빈 프리드리히 크리스토프 아우구스트는 왕실 측의 대변인이자 성직자협의회 회원으로서 1809년 7월부터 1813년까지 베스트팔렌을 지배하던 나폴레옹의 조카 제롬(Jérome Bonaparte, 1784~1860) 밑에서 스텐달 시장을 역임했던 유명인이었다.

따라서 훗날 브리스트의 비스마르크가 브리스트와 벨레 두 영지의 소유주라는 기록만 남아 있는 실정에서 레빈 프리드리히 크리스토프 아우구스트와 브리스트의 비스마르크 두 사람은 부자 관계일 가능성도 크다.

여하튼 1831년 당시 비스마르크는 비록 16세에 지나진 않았지만, 사망한 숙부 프리드리히는 사랑스런 조카에게 땅 한 귀퉁이도 남긴 것이 없었다. 그의 영지는 상속법 절차에 따라 당시 가문의 최고 연장자였던 브리스트의 빌헬름 아우구스트에게로 돌아갔다. 아무리 조카 비스마르크가 숙부와 절친했다한들 후계자도 없고 특별한 유언 한 마디 없는 상황에서 죽은 숙부의 영지에 대해서 비스마르크는 아무런 권한이 없었다.

그 후 1849년에 아버지 페르디난트로부터 쉰하우젠의 반쪽을 물려받아 이제 막 땅에 대한 소유욕을 갖게 된 34세의 비스마르크는 숙부의 브리스트와 벨레까지 소유한 빌헬름 아우구스트의 존재에 불만을 가졌을 수 있겠고, 그런 상황은 두 비스마르크의 소원한 관계에도 작용했던 것 같다. 사실 직계혈통 이외에 인척과는 극히 제한된 교류를 유지했던 비스마르크이고 보면 빌헬름 아우구스트라고 해서 특별히 예외여야 할 이유 또한 없었다. 오히려 소원한 관계였기에 숙부의 상속 결과가 더욱 불만스러웠을지도 모른다.

그런데 숙부 프리드리히가 남긴 영지와 관련하여 또 한 명의 새로운 인물이 등장하여 비스마르크의 마음을 더욱 불편하게 했다. 즉 프리드리히 빌헬름 아카츠(Heinrich Friedrich Wilhelm Achatz von Bismarck, 1785~1856)라는 사람이 느닷없이 법적 상속인으로 나타났던 것이다. 1849년 시민혁명이 일어나던 와중에 뒤늦게 하인리히 프리드리히 빌헬름 아카츠가 가문의 현존 인물들 가운데 최고 연장자로 밝혀졌고, 프리드리히 숙부의 남은 사유지인 자작나무의 목초지와 사슴 방목지가 모두 그에게 돌아갔다.

그는 일찍이 프로이센 왕실의 기병대 장교를 거쳐 베네수엘라 공화국, 프랑스 왕실 등 대부분 해외에서 근무했다. 그러나 매사 하나의 일에 몰두하지 못했고, 연극배우로도 활동하면서 각지를 방황하며 보낸 나머지 빚에 쪼들려 16년간이나 복무한 군에서도 반강제로 내보내지는 수모까지 겪었다.

개인적으로나 사회적으로 완전히 실패한 낙오자나 다름없는 길을 걸었지만, 1849년 하인리히 프리드리히 빌헬름 아카츠는 비스마르크 가문의 최고 연장자로서 법적 상속자가 되었다. 결국 빚을 갚고 사망할 때까지 연금으로 생활하게 된 그는 자신이 과거 사회에 적응하지 못하고 불확실한 삶을 살아오면서 전혀 통제하기 어려웠던 일들을 조그마한 비망록으로 출간하기도 했다.

쇤하우젠 저택의 도서관에도 소장된 그 책자에는 '완전히 염치없는 무뢰한'이라는 글귀가 고스란히 남아 있다. 그 책을 구입한 시기와 인물은 알려지지 않았지만, 무능하기로 소문난 인물이 가문의 일족이라는 이유 하나로 숙부 사유지의 일부를 고스란히 차지하게 된 사실을 사뭇 못마땅하게 여겼던 조카 비스마르크가 자신의 심중을 그대로 드러낸 표현일 가능성도 크다.

이처럼 가문의 영지 소유 문제와 관련하여 그 법적 처리에 대해 비스마르크는 상당히 불만이었던 것으로 드러났다. 그는 심지어 상속법을 무의미한 제도로 받아들이기까지 했다. 비스마르크의 백부로서 전쟁을 혐오하던 에른스트의 아들 테오도르(Theodor von Bismarck-Bohlen, 1790~1873)는 하인리히 프리드리히 빌헬름 아카츠가 소유했던 영지를 상속받긴 했지만, 당시 상속법과 관련하여 인척관계의 피상적인 관계가 지닌 한계점을 지적했다.

사회적 위치로나 개인적 인식 면에서 아카츠와는 전혀 다른 소양을 지닌 테오도르는 숙부 프리드리히의 사유지를 전혀 왕래도 없던 낯선 인척들이 물려받는 식의 법적 상속절차를 매우 비합리적이라고 판단했다. 심지어 친족 간의 소속감이라는 것도 서로 득이 되는 관계에서나 공고해지는 부차적인 것으로 간주할 정도였다. 같은 가문 사람이라고 해서 물질적으로든 도덕적·정치적으로든 어떤 특별한 영향력을 갖지는 않는다고 생각한 그에게 가문의 최고 연장자에게 돌아가는 상속법이란 아무런 의미가 없었다.

한편 테오도르는 같은 쉰하우젠 혈통의 장손으로서 아들이 없던 장인의 희망에 따라 1818년부터 볼렌이라는 또 다른 성을 갖게 되어 백작의 지위로 격상되었다. 적극적이고 능동적인 군 활동 덕택으로 육군 중령의 지위까지 올랐던 그는 군대생활을 기피했던 자신의 아버지와는 달리 나폴레옹의 지배에 대항하는 해방전쟁에 참전하여 그로스-괴르센과 몽마르트 등지에서 두 번씩이나 심한 부상을 당할 정도로 투혼을 발휘했다.

그는 정치적으로도 왕성하게 활동하여 1842년 폼메른과 뤼겐의 시의회 위원장을 역임했고, 1850년 프로이센이 오스트리아의 독주에 대항하면서 전쟁 기운이 감돌 때 다시 군의 부름을 받을 정도로 정부의 신뢰를 받았다. 그 후 청원하여 1828년부터 일시적으로 군에서 물러나 1854년 육군 소장으로 완전히 퇴역하기 전까지 그는 장인의 칼스부르크 영지 등에서 농업 근대화에 헌신했다.

그러나 비스마르크 역시 따지고 보면 프로이센의 재산 상속법이 아니었더라면 쉰하우젠과의 인연이 어떻게 되었을지 모를 일이다. 다행히도 그에게는 두 명의 아들 헤르베르트와 빌헬름이 있었으므로 자신의 영지를 모르는 일족의 손에 넘겨주는 유쾌하지 못한 일은 겪지 않아도 되었다.

피를 나눈 형제 이외에 친인척과 거의 교류가 없던 비스마르크에게 일족의 존재란 매우 가까운 관계이기는 하되, 현실적으로 매우 제한된 범주로 머물렀다. 브리스트의 비스마르크와의 소원한 관계와는 달리 비스마르크는 테오도르의 아들 프리드리히(Friedrich von Bismarck-Bohlen, 1818~1894) 백작과는 긴밀한 관계를 유지했다. 프리드리히 빌헬름 4세의 최측근에서 경찰과 근위기병대 지휘관을 지낸 프리드리히는 연방의회 대사 시절 비스마르크에게 국왕의 건강상태나 왕실 측의 활동 근황에 대해 유용한 정보를 알려주어 실질적인 도움을 주었던 인물이다.

비스마르크는 쇤하우젠 반쪽의 주인이 되고 35년이나 지난 1885년 70세 생일에 즈음하여 비로소 쇤하우젠 전체를 차지할 수 있었다. 가문의 세습지로서 본래의 완전한 모습 그대로를 회복하여 사실상의 소유주가 되었던 것이다. 쇤하우젠 전체를 되찾은 일은 세간에 많은 관심을 불러일으켰다. 누구로부터 어떻게 매입하여 그의 손에 들어왔는지 자세한 기록은 남아 있진 않지만, 비스마르크의 업적을 기리는 보수단체가 상당한 금액을 치르고 구입했던 것으로 알려졌다.

어린 시절을 잠시 지내고 그 이후엔 가끔씩 들렀던 쇤하우젠에서 비스마르크가 보낸 시간은 바친이나 프리드리히스루에 비할 바 못 되지만, 이곳이 그에게 주는 의미는 단순한 소유지 그 이상이었다. 쇤하우젠 영지의 복구는 가문 전체로 보나 비스마르크를 존경하던 모든 이들의 열의로 보나 역사적인 결실인 것만은 분명했다. 특히 정계에 입문한 직후 강제로 이루어진 교환 사건을 접한 뒤로 수십 년이라는 시간이 지나는 동안 이 땅을 되찾으려는 의지는 절실했을 것이고, 또 그동안 남들 못지않게 부동산을 구입해왔던 터였기에 비스마르크 개인으로선 더욱 남달랐을 것이다. 어쩌면 브리스트의 비스마르크에게 직접 매입 의사를 타진했다가 둘의 관계가 더욱 껄끄러워졌을지도 모를 일이다. 여하튼 브리스트의 비스마르크가 세상을 떠나고 8년이 지나서, 그것도 남의 힘을 빌어서야 이루게 된 쉰하우젠의 복구는 비스마르크에게 아주 힘들고도 의미 있는 일이 아닐 수 없었다. 브리스트 집안 또한 같은 가문의 후손으로서 비스마르크 못지않게 가문의 영지를 간직하고 싶었을 것이기에 그에게 베풀어진 '선물'은 그래서도 더할 수 없이 귀하고 값질 것이다.

혼란스런
두 세계를 오가며

격동 속의 '약체' 독일

나폴레옹 체제의 붕괴로 불안했던 유럽의 정국이 완전히 안정된 것은
아니었다. 대프랑스 동맹을 결성하여 연합전쟁에서 승리한 유럽 열강
은 전쟁의 재발을 막고 평화를 유지하기 위한 작업에 들어갔다. 오스트
리아의 메테르니히(Klemens Wenzel Lothar Metternich, 1773~1859)를 주축으
로 열린 빈 회의에서는 프랑스 자유주의혁명 이전의 상태로 되돌아가려
는 입장을 취했다. 그 결과 수립된 빈 체제는 보수주의를 기반으로 19세
기 전반의 유럽 정치를 좌우하게 되었다.

강대국들은 여기서 한걸음 더 나아가 보수·반동주의의 정통성을 원
칙으로 하여 자국의 기존 세력을 유지하는 데 혈안이 되었다. 특히 오스
트리아와 프로이센을 비롯하여 영국과 러시아 등 대표 국가들은 보수
반동·복고주의를 원칙으로 한 4국 동맹을 체결하고 평화와 질서를 교
란하는 모든 행위를 방지하기 위해 뜻을 같이하기로 합의했다. 각국의
군주들 또한 신성동맹을 결성하여 자국 내로 급속하게 전파된 자유주
의와 민족주의 운동을 억압하는 데 주력했다.

그러나 4국 동맹과 신성동맹이 주도하는 보수·반동의 새로운 흐름에도 불구하고 유럽 내 자유주의의 외침은 가라앉을 기미를 보이지 않았다. 이미 프랑스 혁명에 고무된 각국의 시민세력이 중심이 되어 낡은 봉건적 사회질서와 구조를 무너뜨리려는 기세가 거셌기 때문이다. 심지어 그들은 자유민주주의와 새로운 근대 시민사회를 건설하고 언론, 집회, 종교의 자유 이외에 인민주권과 대의제 정부에 대한 요구를 늦추지 않았다.

그리고 그 이면에서 산업화의 열망도 점차 확산되어 경제는 물론 정치체계에 또 다른 기폭제로 가세했다. 마침내 눈부신 생산력의 증강에 힘입어 산업자본주의 사회가 출현하고 폭발적인 인구 증가와 함께 도시의 발달이 거부할 수 없는 현실이 됨으로써 전통적인 귀족계급이 주도하는 농업사회와의 유대관계가 무너지는 것은 시간문제였다. 또한 자본가계급과 노동자계급의 대립과 갈등으로 인한 노동문제가 중요한 사회문제로 부각되었고 노동자계급은 정치 참여까지 요구하기에 이르렀다.

결과적으로 보수가 지배하는 현 상황을 유지하고 강대국들 간의 세력 균형을 도모하려는 빈 체제의 존립은 순탄치 않아 보였다. 더구나 나폴레옹의 압제에 항거했던 국가들을 중심으로 민족주의가 힘을 얻는가 하면, 자유주의의 물결은 다양한 근대 개혁운동으로 확산되었다. 한마디로 유럽 각국은 안팎으로 혁명과 반혁명의 복잡하고 혼란스런, 그야말로 걷잡을 수 없는 변화와 개혁의 소용돌이 속으로 빠져들었다.

그러한 전환기적 변화에 대해 가장 민감했던 나라는 나폴레옹의 지배체제에서 막 벗어난 독일이었다. 나폴레옹의 잔재를 하루빨리 벗어버리기 위한 일환으로 독일은 빈 체제의 입장에 적극성을 띠었다. 그리고 마침내 빈 의정서의 연방규약에 따라 연방체제를 탄생시켜 나폴레옹의 통치로 인해 사라져버린 신성로마제국을 대신하게 되었다. 그 결과 360여 개의 영방국가로부터 대폭 재편성된 독일은 오스트리아와 프로이센을 맹주로 하고 나머지 35개의 독립된 제후국과 4개의 자유시와 함께 새롭게 출발했다.

그에 따라 구성국들 사이에서도 여러 가지 변화가 두드러졌다. 합스부르크 왕가의 오스트리아는 기존 신성로마제국의 황제권을 포기하는 대신 독일연방의 의장국으로 거듭났다. 또 오스트리아는 벨기에, 브라이스가우, 독일 남부 라인 지역을 포기하는 대신에 북부 이탈리아의 베네치아를 얻었고, 동남부와 다뉴브 강 지역에서 세력을 더 강화함으로써 독일 내 전반적인 영향력은 예전에 비해 크게 달라진 것은 없었다.

프로이센 또한 작센의 일부에다가 서부의 베스트팔렌과 라인란트까지 새로이 합병하면서 세력권을 확장했다. 엘베 강 일대는 나폴레옹의 동생 제롬의 지배 하에서 1806년 일시적이나마 베스트팔렌의 구획으로 정리된 적이 있었다. 그렇지만 하노버와 헤센-카셀 공국이 여전히 프로이센의 중간지역을 가로질러 위치함으로써, 국가 통일을 이루기 전까지 서부와 영토적으로 분리된 상태는 극복하지 못한 실정이었다.

그 외에도 오스트리아와 프로이센 두 강대국을 제외한 '제3의 독일 지역' 역시 독립국으로서 그 지위가 크게 신장되었다. 나폴레옹 체제 하에서 오스트리아가 포기할 수밖에 없었던 남부 라인의 국가들이 포함된 이들 지역은 국가에 따라 차이는 있었지만, 유럽의 근대화 바람에 적극 합류함으로써 2류 국가들의 입지를 보다 강화하는 계기를 마련했다. 바이에른, 바덴, 뷔르템베르크 등이 대표적이었다. 이 개별 국가들은 장차 독일 자유주의 운동의 진원지로서 새로운 의회주의 정부를 출범시키는가 하면, 입헌군주제와 근대적인 관료체제를 수용하는 업적도 이루어내면서 그 어떤 곳보다 근대적인 시민사회로의 움직임이 빨랐던 곳이다.

그럼에도 불구하고 빈 체제 하의 전반적인 변화가 독일에 유리하게 작용하는 것은 아니었다. 무엇보다 독일 전체를 주도할 새로운 기구인 독일연방 자체에서부터 문제점이 내포되어 있었다. 규약에 따르면, 연방의 41개 회원국 모두 정치적으로 엄연히 제각각의 주권을 행사하는 존재들로 인정됨과 동시에 유럽의 질서와 이해관계의 균형에 따라야 하는 독립국이었다.

하지만 연방 회원국들은 독립국이기는 하나 국제 원칙상으로는 독일연방에 속해 있어 개별적으로 진정한 독립국으로서 영향력을 행사하기 어려운 모순점을 안고 있었다. 독일연방은 국내적으로도 독일을 대표하는 유일한 기구로서 구성 국가들이 주권에 따라 독자적인 결정을 내리고 다수결의 논리에 따르도록 되어 있었다. 그러다 보니 사실상 연방 내에서 많은 의석을 차지한 오스트리아와 프로이센 두 강대국의 합의에 따라 모든 결정이 좌지우지됨으로써 나머지 중소국가들의 이해에 부합하는 결과를 기대하기 어려웠다.

독일연방의 문제점은 그뿐만이 아니었다. 기본법은 물론 연방 기구나 종교문제와 관련된 의안들을 집행 · 수정할 경우, 의회 내 만장일치제를 원칙으로 했기 때문에 정치 · 경제적으로나 사회 · 종교적으로 각국이 분열을 일으킬 가능성이 상존했다. 게다가 1866년까지 하노버를 비롯하여 홀슈타인과 룩셈부르크 지역의 외국인 군주들까지 의회 참정권을 지니고 있었기 때문에, 그런 의미에서 독일연방은 이방인인 나폴레옹 통치 하의 라인 연방체제와 일면 유사했다.

심지어 1819년부터 연방은 자유민주주의 운동과 민족주의 운동에 오히려 대항하는 기구로 자리매김함으로써 문제점은 더욱 커 보였다. 향후 독일 내 민족주의 운동이 일어날 경우, 이는 연방의 기본 입장에 배치됨으로써 그 운동 성사의 불투명성과 함께 그로 인한 각국의 진정한 독립권 행사와의 갈등이 불가피했기 때문이다.

따라서 독일연방은 독일 전체 41개 국가들로 이루어진 '느슨한' 결합체일 뿐, 제각각 주권을 지닌 국가들을 포괄하고 결합하는 긴밀한 구심점이자 연합체로서의 진정한 정치적 조직은 되어주지 못했다. 오히려 서로를 견제하고 분권주의를 그대로 촉구해 나가면서 하나로 통일된 연방국가로 발전할 가능성을 사전에 제지당함으로써 독일의 통일을 저해하는, 심지어 통일을 가로막는 기구에 지나지 않았다.

그런데 무엇보다 이러한 여러 문제점을 안고 있는 연방체제가 오스트리아와 프로이센 두 강대국들이 가세하여 빚어낸 결과라는 점을 또한 부인할 수 없다. 이는 독일 국가들의 통일을 바라지 않던 유럽 강대국들의 기대와 의도에서 비롯되었다. 물론 그런 의도에 그대로 부합하는 연방 기구의 문제점은 독일 국가들 스스로 자초한 면이 있다. 결국 독일 국가들은 통일을 원하지 않았고, 약한 독일에 관심을 가졌던 강대국들의 기대에 순응한 셈이었다. 당시 독일이 통일 국가를 이루기 위해 여러 나라로 분산된 독일인들의 관심을 모으기에는 대내외적으로 시기상조이고 역부족이었다.

독일연방 시기 독일의 모습은 비스마르크가 집권하는 초기까지 근 50년 가까이 변함없이 지속되었다. 바꾸어 말하면, 당시 독일인들에게 독일 전체의 민족 문제나 국가 문제는 당면한 일차적 관심사가 되지 못했고 또 그럴 수도 없었다. 제각각 주권을 부여받은 독립국가로서 하나하나가 국가인 동시에 조국이 되는 그런 현실에서는 어떠한 전체 독일의 문제도 개별 국가의 문제를 뛰어넘기가 쉽지 않은 법이었다.

예컨대 비스마르크의 가문만 보더라도 전체 독일이라는 국가 차원에서 시국을 바라보는 안목은 찾아보기 어려웠다. 그들 가족의 주된 관심사는 독일 연방체제의 전체적인 현안보다는, 군사령관으로서 1814년 11월 이후로 라이프치히에 주둔해 있던 비스마르크의 숙부 프리드리히를 통해 전해들은 프로이센의 작센 합병 문제나 프로이센의 세력권 확장 등이었다. 말하자면 그들의 관심은 자국의 이해관계와 직접적으로 연관된 분야에 집중되어 있었지, 독일 국가 전체의 상황 변화는 관심 밖이었다. 더욱이 비스마르크 개인적으로도 1866년 전쟁을 감행하기 전까지 오스트리아를 오스트리아로서, 프로이센을 프로이센으로서 제각각 독립된 국가이자 독일의 핵심 세력으로 인정하는 가운데 연방체제를 지지하는 수준에 그쳤다. 결국 연방의 원칙이 프로이센을 중심으로 하는 통일독일과 거리를 둔 이상, 장차 비스마르크에게 연방과의 동행은 불가능한 일일 수밖에 없었다.

그러한 경향은 빈 체제 이후 30여 년 만인 1848년 연방체제로부터 벗어나려고 한 독일 자유주의 혁명세력들의 시도에서 그 시발점을 찾을 수 있다. 혁명을 수행하는 과정에서 그들은 연방을 부정하고 의장국인 오스트리아를 제외한 채 프로이센 정부를 중심으로 독일 통일을 추진하고자 했으나 뜻을 이루지 못했다.

그로부터 20년 가까이 지난 1866년에 비스마르크가 이를 다시 추진하고 기존 체제를 해체함으로써, 1871년 독일 통일이라는 결실과 함께 연방의 흔적은 완전히 사라지고 말았다. 연방의 해체와 통일독일의 주역이던 비스마르크는 그 이전만 해도 누구보다 1848년의 통일정책을 반대했고 연방 체제를 적극 수용한 독일연방주의자였던 점에서 아이러니하지 않을 수 없다. 달리 말하자면, 그 전까지 프로이센 사람으로서 그에게 조국은 전체 독일이 아닌 프로이센이었고, 그것이 그의 국가관이었다.

독일은 1815년 새로운 국제질서인 빈 체제의 결실인 독일연방을 등에 업고 다시 태어날 수 있었다. 그러나 보수주의의 지배체제가 확립되었는데도 자유주의의 흐름을 외면할 수 없었던 유럽의 정치적 분위기에 흔들린 채, 강대국들과는 달리 근대 시민사회와 통일된 민족국가조차 이룩하지 못한 '약체'의 독일연방은 그 이후로 전체 독일로서의 건강한 모습으로 거듭나기가 어려웠다. 특히 옛것과 새것이 서로 혼재하고 뒤바뀌는 세태 속에서 독립적이고 분권적인 현 체제의 모순과 한계를 부인하지도 극복하지도 못하는, 한마디로 격동기를 헤쳐나가기에 하나의 국가로서 독일연방의 힘은 역부족이었다.

어머니에게서 영영 멀어지다

비스마르크는 1815년 독일연방과 함께 태어났다. 당대의 복잡 미묘한 대내외 상황 못지않게 그의 개인적인 출생 배경 또한 마찬가지였다. 독일이 처한 실정이 장차 정계에 입문하여 지도력을 발휘하게 될 그에게 '무관'할 수 없었을 뿐만 아니라, 무엇보다 부모님의 파격적이고도 흔치 않는 이중 신분 간의 결합으로 인해 그의 인생은 출생부터 순조롭지 못했다.

국가의 지도자로서 독일의 형국이 고스란히 그대로 물려받아야 할 숙명이었던 것과 마찬가지로 출생 문제, 특히 부모님의 원만하지 못한 배경이나 어머니의 독선적인 교육방식 또한 자신의 의지와 관계없이 그에게 주어진 운명이었다. 따라서 그는 국가는 물론 가족의 혼란스런 전환기적 '증세'나 이중적인 틀로부터 자유로울 수 없는 존재였다.

그랬다. 국가의 지도자로서나 한 인간으로서나 비스마르크의 역사는 독일의 실태와 어머니의 존재에서부터 비롯되었고 또 그로부터 분리될 수도 없었다. 과거의 숙명과 운명에서 벗어나지 못하는 현실 속에서 연신 두 세계를 오가지 않을 수 없었던 것이다. 따라서 그 나름대로 어머니를 극복하고 스스로 정치를 해나가기까지 삶의 객체에서 주체가 되는 과정 속에서 비스마르크의 방황은 오래도록 끊임없이 지속되어야만 했다.

너무나 다른 아버지와 어머니

비스마르크의 아버지 페르디난트는 특출한 재능이나 실력을 찾아보기 어려운 지극히 평범한 인물이었다. 가문 대대로 조상들이나 형제들이 보여주었던 정치적 · 군사적 공적이나 왕성한 활동 등도 기대할 수 없었고, 국왕으로부터 어떤 신뢰나 특혜를 받는 처지도 못 되었다. 심지어는 포츠담의 친위대 의무병으로 군복무를 하던 중 도중하차한 전력으로부터 한동안 자유롭지도 못했다. 1812년 40세가 넘어서야 국왕 덕분에 요한 회의 명예회원으로서 기병 대위라는 칭호와 함께 사회적 명망을 얻긴 했으나, 그것이 일생 최대의 유일한 업적이라면 업적이었다.

그럼에도 불구하고 그는 쇤하우젠 일대에 오랜 역사를 지닌 영지와 저택을 소유하고 있다는 사실만으로 스스로를 위안하고 만족했다. 주어진 땅에 그저 안주하는 전형적인 시골 융커 쪽이 적격인, 말 그대로 소박하고도 단순한 일개 토지귀족에 지나지 않았다. 따라서 국가에 대한 충성이나 공명심, 또는 급격한 시대 변화에 대한 정치적 · 사회적 인식 변화나 새로운 외부세계와의 접촉과는 거리가 멀었다.

사형제 가운데 막내였던 페르디난트는 1797년 아버지 카를 알렉산더가 죽은 이후로 근 7년이라는 세월을 가계 운영에 전념하다가 1804년부터 가문의 세습지인 쇤하우젠을 관리하게 되었다. 영지 윙링겐을 소유했던 것으로 알려진 맏형 에른스트는 그때 40세가 넘어 이미 분가한 상황이어서 쇤하우젠의 소유권과는 거리가 멀었다. 그리고 1813년 나폴

:: 비스마르크의 아버지 페르디난트

레옹 군대와의 전투에서 전사함으로써 일찍이 생을 마감한 셋째 형 레오폴트와 평생 군대생활로 결혼도 하지 않은 채 독신으로 살아온 둘째 형 프리드리히 모두 일찍부터 군에 몸담았기 때문에 그 무렵 직업장교로서 명성을 떨치던 때였다.

　따라서 세 형의 상황을 고려할 때 쇤하우젠은 병든 아버지를 그동안

:: 비스마르크의 어머니 빌헬르미네

가까이에서 모시고 집안 살림살이를 도맡아온 페르디난트가 계속해서
관리해야 하는 형편이었고, 사실상 그곳을 떠맡을 수 있는 사람도 그뿐
이었다. 어쨌든 33세의 시골 노총각에게 쇤하우젠의 존재는 살림밑천
이자 시골생활의 유일한 낙인 셈이었다.

　페르디난트는 일찍부터 가계 경영에 발을 들여놓은 덕에 나름대로 금전관계에 익숙했고 숫자 계산도 빠른 편이었다. 결혼하고 10년이 되어가던 무렵인 1816년 초 부친으로부터 물려받은 영지 크니프호프로 거처를 옮겨가면서 조금씩 땅도 구입하기 시작했는데, 그 지역에서 10킬로미터 이내에 위치한 야르흐린과 퀼츠 모두 사촌의 미망인으로부터 싼값에 장만한 부동산들이었다.

또 페르디난트는 프로이센의 여느 시골귀족들과 마찬가지로 불평불만이 많은 농민들 사이에서 마치 소왕국의 국왕처럼 군림하는 시골지주이자 아랫사람들을 다소 거칠게 다루는 주인이기도 했다. 그러면서도 대체로 우직한 편이었고, 가족들에게는 그지없이 온순한 가장이기도 했다.

그런데 비스마르크의 어머니 빌헬르미네 루이제의 경우 남편과는 여러모로 상황이 달랐다. 먼저 귀족의 칭호도 없고 부친이 일찍 세상을 떠난 관계로 재정적으로도 어려운 환경에서 자라났다. 하지만 그녀의 아버지 아나스타시우스 멩켄은 30세의 이른 나이에 프리드리히 빌헬름 2세와 프리드리히 빌헬름 3세 치하에서 외무부 각료를 역임할 정도로 엘리트 중의 엘리트였다. 그녀의 조부 역시 브라운슈바이크 출신에 법학교수를 역임한 지식인 계층으로 계몽절대주의의 대변자이자 과격파로 알려진 인물이었다.

따라서 개혁적인 자유주의 성향의 가정환경 탓이었는지 그녀 역시 당시 도시에서 성장하던 교양시민계급의 전형적인 여성으로 손색이 없을 만큼 지적 성향을 갖추었다. 더욱이 내각에서 종사하던 아버지 덕택으로 어린 시절부터 훗날 프리드리히 빌헬름 4세와 빌헬름 1세가 되는 왕자들의 놀이친구로 왕족들과 어울리면서 궁정예법을 경험하여 상류사회 세계를 접할 기회도 누렸다.

빌헬르미네와 페르디난트 두 사람의 상반된 면은 그뿐만이 아니었다. 둘 사이에는 출신성분이나 신분 차이보다 오히려 거기서 비롯된, 지금까지 살아온 생활방식이나 사고력에서부터 인간관계는 물론 개인적인 자질과 인간적인 호의 등에 이르기까지 서로 너무나 다른 성향을 가지고 있었다. 그러한 차이점들은 부부 사이에 불협화음이 되어 원만한 결혼생활에 문제가 될 소지가 다분했다.

남편의 생활이라는 것은 천편일률적이라 할 만큼 단조로웠다. 거기에 정신세계마저 단순하고 깊이가 없었다. 유창한 어휘력에 풍부한 감수성을 겸비하고 학문적인 소양에 있어서 친정오빠 못지않다는 소리까지 듣고 자라난 아내에게 맞출 재간이 없는 남편이었다. 그로서는 당시 사회적으로 개혁적인 분위기 속에서 지식을 갖춘 젊은이나 장교들을 비롯하여, 특히 베를린의 지성인들 사이에서 유행하던, 일상적으로 대화나 토론을 즐기는 살롱 문화의 맛과 멋을 알 턱이 없었다. 따라서 자유주의적이고 정신적인 성향과는 전혀 거리가 먼 지적 수준으로 인해 페르디난트는 아내가 꿈꾸던 결혼생활의 소망을 채워주기에는 부족했다.

결국 페르디난트에 대한 이질감으로 인해 빌헬르미네의 원만한 결혼생활은 쉽지 않았다. 서로 다른 신분으로 다른 환경 속에서 다른 교육을 받으며 다른 성향을 키워온 부부가 갖가지 차이점을 극복하고 인간적으로 조화를 이루면서 결혼생활을 유지해 나가기가 쉽지 않음을 보여주는 대표적인 사례였다. 특히 그들의 결혼이 귀족과 평민 사이에 신분을 초월해 이루어졌다는 사실 자체만으로도 이미 평범한 선을 넘어섰고, 그들이 사는 곳이 프로이센의 여느 지역보다 봉건적인 색체가 짙고 낙후된 곳이었기에 더욱 그러했다.

언젠가 비스마르크 형제가 김나지움을 다니던 무렵이었다. 온 가족이 함께 대도시 베를린에서 기나긴 겨울을 보내는 동안에도 페르디난트는 연극공연을 단 한 차례도 관람하지 않았다. 시골의 일상생활에 젖

어 단순하고 메말라 있기만 했던 남편의 정신세계가 아내로서는 크나
큰 불만거리였을 것이다.

> 오늘은 오토(비스마르크)의 생일이네. 밤에 숫염소가 뻗었다. 참으로 버
> 티기 힘든 날씨다.

빌헬르미네의 결혼은 사실상 친정어머니의 주도로 성사되었다. 어머
니의 뜻에 따라 그녀는 공교롭게도 페르디난트와 둘째 시숙인 프리드
리히 두 사람을 동시에 결혼상대로 두고 고민해야 했다. 거기에는 두 집
안 모두 결혼을 통해 의도하는 바가 강하게 작용하고 있었다. 비스마르
크 가문으로서는 어떻게 하든 왕실의 측근에서 활동하던 인물과 인연
을 맺고자 하는 희망이 있었다. 그리고 50세를 넘기지 못하고 일찍 세상
을 떠나버린 남편으로 인해 가사가 넉넉하지 못했던 멩켄 부인으로서
는 경제적 안정을 중시하지 않을 수 없었다.

결혼의 결정권은 결국 두 사람을 놓고 현실적으로 저울질하던 빌헬
르미네의 친정어머니 요한나에게 있었다. 두 번씩이나 남편을 잃었던
그녀로서는 첫 번째 남편의 소생인 큰 딸 안겔리케(Angelique)가 사회적
으로 명망을 갖춘 근위장교 출신의 케셀(Gustav Friedrich von Kessel, 1760~
1827)과 이미 결혼한 상태였기 때문에 둘째 딸의 경우에 굳이 같은 직업
의 프리드리히를 사위로 택할 이유가 없었다. 게다가 두 명의 비스마르
크 남자들 가운데 '떠돌이' 군대생활을 하던 프리드리히보다는 부모의
영지를 경영하던 페르디난트의 조건이 경제적 안정을 원했던 멩켄 부
인의 마음에 더 들 수밖에 없었다. 따라서 비스마르크 부모의 결혼은 외
할머니의 소위 '가족 정치'의 결실이었다.

빌헬르미네가 페르디난트와는 달리 다방면에 소양을 겸비한 프리드

리히와 결혼을 했더라면 부부관계는 또 달라졌을지도 모른다. 그러나 남편과 대화다운 대화나 정신적 교류라고는 제대로 나누어보지 못한 채 사회적으로나 인간적으로 공감대를 찾지 못한 그녀에게 더 이상의 다른 방도가 없는 것이 현실이었다. 때문에 그들의 부부관계는 마치 두 세계 속에 따로 사는 듯했고, 그 책임은 늘 남편에게 있는 듯했다.

그렇다고 해서 그들의 결혼생활이 늘 대립적이었던 것만은 아니었다. 페르디난트가 독재자 유형도 아니었고 많은 부분에서 자상한 남편이기를 자처했기 때문이다. 친정 집안의 경제적 이유로 어린 나이에 결혼한 아내에게 가급적 자유롭게 행동할 수 있도록 배려를 아끼지 않았던 그로서는, 특히 17세의 신부보다 배가 넘는 열여덟 살의 나이 차이를 극복하기 위한 자신만의 노력과 희생이 남다를 수밖에 없었다. 서로의 집안에 부족한 부분을 채우기 위한 결혼이었던 만큼 그에게도 결혼생활이 힘들기는 마찬가지였을 것이고, 오히려 빌헬르미네보다 더했을 수도 있다. 그런 점에서 결혼생활이 끝까지 지속된 사실은 무엇보다 그가 가정의 버팀목으로서 자기 역할에 충실했음을 말해준다.

한편 부모님의 불안정한 결혼생활 전반과 그로 인한 어머니의 불만과 욕구는 어김없이 자식들에게 영향을 미치는 법이었다. 빌헬르미네와 페르디난트, 두 사람의 의식 차이는 급기야 어린 비스마르크의 성장과정에도 영향을 미쳤다. 비스마르크의 기억에 아버지는 늘 관대했고, 어머니는 지나치게 냉정하고 엄격했다.

어머니는 자신의 눈높이에 부합하도록 교육을 통해 예리한 통찰력을 지닌 성숙한 아들로 성장하기를 원했다. 내심 도시의 최고 지성인으로서 친정아버지를 표본으로 삼은 듯도 했다. 다만 어떠한 경우에도 두 아들만은 장화를 질질 끌며 소리나 내고 다니는 시골 촌뜨기로 키우려 하지 않았기 때문에 남편이 이상적인 남성상일 수는 없었다. 2남 2녀의 자식들 가운데 두 아들에게서만은 자신이 희망하는 그 무엇이든 가능성을 한껏 기대하는 눈치였다.

그리하여 1815년 4월 1일에 태어난 비스마르크는 겨우 걸음마를 떼기도 전인 1816년 초 출생지인 쇤하우젠을 떠나 크니프호프 농장에서 유년 시절을 보내게 되었다. 크니프호프는 프로이센의 근대화 과정에서 가장 낙후된 지역으로 여전히 융커 세력이 강했던 동북부의 포어폼메른의 스테틴 시에서도 약 60킬로미터 떨어진 나우가르트 구역의 변두리에 위치한 곳이었다.

비스마르크의 어린 시절 추억은 주로 쇤하우젠과 크니프호프, 두 시골 구석에서 보낸 극히 짧은 순간순간들로 채워졌다. 그는 크니프호프의 언덕길과 숲을 자기 마음의 장소로서 정말 사랑했다. 그리고 말년에 이르기까지 사냥과 전원생활에 최고의 의미를 두고 한평생 이상향과 다름없는 곳으로 쇤하우젠을 꼽았다.

그러나 고향 전원에서의 행복과 기쁨은 한순간에 지나가고, 비스마르크에겐 더 이상 꿈의 유년기가 허락되지 않았다. 비스마르크의 부모는 당시 아이들의 장래 문제로 고민이 많았다. 특히 교양을 갖춘 도시 여성으로서 상류사회까지 경험했던 어머니에게 수업교재든 수업방식이든 가정교사의 수업으로는 충분하지 못한 시골환경의 제반 교육 여건은 하나도 마음에 들지 않았다.

그에 비해 아버지의 경우, 비스마르크의 기억으로는 1만 5000탈러의 성직록을 받기 위해 내심 아들이 성직자의 길을 걸었으면 하고 바라기도 했다. 훗날 1879년 시아버지의 그런 뜻을 접하게 된 요한나는 성직자가 된 남편이 무척이나 행복해 했을 모습을 쉽게 떠올릴 수 있었다. 국가의 지도자로서 숨 가쁘게 이어진 남편의 삶을 곁에서 죽 지켜왔던 아내로서는 충분히 보일 법한 반응이었다.

그러나 아버지와는 전혀 뜻이 달랐던 어머니는 자식이 가능한 빨리 확실하고 안정된 직업을 갖길 원했다. 그런 정도의 열성이라면 아들이 관료나 외교관으로서 높은 관직에 오르기를 기대했음직도 하다. 잘 맞지 않는 남편에게서 부족함을 느끼던 차에 아들만은 타성에 젖은 채 자기만족으로 아무런 공명심도 미래도 없이 시골구석에 박혀 살아가기를 원치 않았던 것이다. 그렇기에 어머니는 두 아들의 교육에 희망을 갖고 남다른 주의를 기울였으며, 심지어 자신의 인생까지 걸고자 했던 것 같다.

따라서 아이들의 양육이나 교육 문제에 관한 한 처음부터 늘 적극적이면서도 결코 자신의 의지를 굽히지 않았던 어머니 앞에서 유순했던 아버지는 가정의 평화를 위해 침묵을 지킬 수밖에 없었다. 아내의 성향을 너무도 잘 알던 그로서는 그것이 최선이라고 생각했기 때문이다.

늘 어머니의 뜻대로

어머니의 의지에 따라 그 첫 번째 단계가 곧바로 실행에 옮겨졌다. 어린 비스마르크는 1821년 일곱 살을 3개월 앞두고 다섯 살 위인 형 베른하르트(Bernhard von Bismarck, 1810~1893)가 한 해 전에 그랬듯이 베를린의 한 학교로 보내져 기숙사 생활을 했다. 양질의 교육을 받아야만 한다고 고집하던 어머니 밑에서 그들 형제에게 피할 수 없는 의례적인 '답습'이 시작되었던 것이다.

비스마르크 형제가 간 곳은 스위스의 위대한 교육이론가인 페스탈로치(Johann Heinrich Pestalozzi, 1746~1827)의 정신을 이어받아 개혁 성향을 지닌 요한 에른스트 프라만(Johann Ernst Plamann, 1771~1834)이 설립한 프라만 학교로서 프로이센 개혁에 앞장선 전진기지이기도 했다.

프라만 학교는 주로 고위직의 자녀들을 교육하는 초등기관이었으나, 창립 당시 재직했던 최고 수준의 선생들은 비스마르크가 다니던 무렵에는 현직을 떠나고 없었다. 그 가운데 하르니쉬(Christian Wilhelm Harnisch, 1787~1864)는 1822년부터 바이센펠스에서 사범학교를 운영하고 있었고, 수학자이자 지도 제작자였던 프리젠(Karl Friedrich Friesen, 1784~1814)은 1814년 3월 뤼초우의 의용대 지휘관으로 참전했다가 전사했으며, 독일 민족운동의 선구자였던 체조의 아버지 얀도 대중 선동죄로 체포되어 구금 중에 있었다. 수학선생 아이젤렌(Ernst Wilhelm Eiselen)만이 현직에 남아 있었으나, 그 역시 얼마 되지 않아 1825년 체조학교에 이어 여학교를 세우기 위해 학교를 떠났다.

여섯 살에 시작한 기숙사 생활은 비스마르크와 어머니의 관계에 평생 어두운 그림자를 드리우게 한 결정적인 계기가 되고 말았다. 프라만 학교는 수업과 학습, 공동산책과 공식적인 놀이 시간 등 하루 12시간으로 빡빡하게 채워진 교육 프로그램을 매일같이 엄격하게 진행시켰다. 겨우 초등학생에 지나지 않은 그에게는 그러한 수업 방식부터 불만스럽고 참기 힘들었다. 엄격하게 강요하는 인위적인 스파르타식 수업에는 아이들을 숲이나 들판으로 자유로이 돌아다니게 하는 시간 외에 하루 종일 마구간에서 고되게 훈련을 시키는 과정도 포함되어 있었다. 믿음, 엄격함, 절제의 세 가지를 요구하는 규칙적인 집단 생활을 매일같이 5년간 지속적으로 견뎌낸다는 것은 여간 힘든 일이 아니었다.

비스마르크는 마치 소년원과도 같은 프라만 학교의 체제에서 반항심만 한껏 키웠고, 평생을 두고 불평하면서 쓰디쓴 악몽을 지우지 못했다. 그의 말대로 프라만 학교는 아이들의 자유로움과 활발함을 키워주며 마음으로 하는 교육보다 군대식 획일화 교육을 통해 인간의 이성을 속성으로 재배하듯 길러내는 데 주력하는 곳이었다. 1864년 6월, 비스마르크는 쾨니히스베르크 출신의 법학도로서 1846년부터 공직생활을 시작하여 1863년부터 외무부에서 자신을 보필하던 코이델(Robert von Keudell,

1824~1903)에게 "나의 유년 시절은 마치 사육장과도 같은 프라만 학교에 서 망쳐졌다"는 의미심장한 말을 남길 정도였다. 1867년에는 발하우젠 (Robert Lucius von Ballhausen, 1835~1914)에게도 학교체제에 대한 혐오감을 강하게 드러냈다.

프라만 학교의 선생들은 아침마다 펜싱 검으로 아이들을 찔러 깨웠다. 그들은 루소의 영향을 받은, 귀족을 증오하는 선동가 부류였다.

게다가 '프라만식의 음식'도 비스마르크가 그곳 생활을 비난했던 대 표적인 이유 중 하나였다. 새벽 6시 정각에 빵과 우유의 아침식사로 하 루일과가 시작되었고, 7시에 종교 수업과 교장의 훈화에 이어 10시 30분 에 휴식과 함께 마른 빵으로 한 차례 더 식사시간이 주어졌다. 정찬인 점심시간에 배급되는 주 메뉴와 함께 프라만 학교의 식사시간과 관련 된 불만거리 역시 훗날 비스마르크의 기억에서 사라지지 않은 채 마치 스펙트럼처럼 줄지어 나왔다.

12시 정각이면 어김없이 나타나는 프라만 부인과 그녀의 조카 얼굴은 쳐다보기도 싫었다.

딱딱하지는 않으나 제대로 씹을 수가 없었던 고기는 늘 질겼고, 네모나 게 툭툭 잘라 요리한 감자는 차게 굳어 있었다. 그나마 생 당근은 즐겨 먹을 만했다.

저녁에는 다시 빵이나 샌드위치에다 데운 맥주에 첨가물을 섞은 음료수 가 나왔다.

"수영 수업이 있는 날이면 한창 배고팠던 우리는 논밭 관리인에게 우르르 몰려가 침을 꿀떡 삼키면서 캐비지를 구걸하곤 했다"고 또렷이 기억하고 그곳에서 단 한 번도 맛있게 배불리 먹어본 적이 없었다고 항변하던 비스마르크는 그 때문인지 훗날 대식가로 유명해졌다.

게다가 프라만의 나쁜 기억 가운데 혹독하리만치 철저했던 그곳의 식사 규율 또한 잊으려고 해도 잊어지지 않는 악몽처럼 그의 뇌리에 박혀 있었다.

> 우리는 엄격한 식사 규칙에 따라 주어진 음식 양을 제대로 해결하지 못할 경우에는 식사가 끝난 후에 정원 쪽의 발코니에서 나머지를 모두 처리할 때까지 접시를 들고 서 있어야만 했다. 매일 3~4명씩은 그런 처벌을 받았다.

그러나 프라만 학교의 수업방식이나 식사시간에 대한 불만도 어머니에 대한 기억보다 더 나쁘지는 않았다. 지독한 학교생활 속에서 그나마 유일하게 가족의 품으로 돌아갈 수 있는 기회이자 쉰하우젠과 크니프호프에서 지낼 수 있는 시간은 방학이었다. 다른 아이들과 마찬가지로 어린 비스마르크도 늘 방학을 기다렸다.

그렇지만 간절했던 그 소망이 제대로 이루어진 적은 없었다. 어머니는 매년 7월 성수기 때면 사람들과 어울릴 수 있는 휴양지로 홀쩍 떠나버렸고, 고향에 갈 수 없었던 어린 비스마르크는 포츠담 근교의 템프린에 살던 숙부 프리드리히(비스마르크 형제는 프리츠라고 불렀음)에게 맡겨지기 일쑤였다. 형 베른하르트의 경우도 예외는 아니었지만, 매번 반갑게 기다려주지 않는 어머니로 인해 무참히 어긋나버리고 만 부푼 기대는 어린 그에게 깊은 상처가 되어 가슴 깊숙이 쌓여만 갔다.

더구나 간간이 떠오르는 어머니의 모습은 지극히 자기중심적이며 이기적이기까지 했다. 그녀에게는 아들과의 대화보다는 늘 처벌과 위협이 우선이었다. 방학 기간 동안만이라도 자식들을 곁에 두고 직접 돌보기보다는 건강상의 이유로 홀로 여행지를 돌아다니기에 여념이 없었던 그녀는 명령조로 조목조목 적어놓은 질문에 명확한 대답을 요구하는 편지로써 아이들을 대했고, 그런 식으로 어머니로서의 자리를 채워나갔다. 1825년 초, 열 살이 채 되기 전 비스마르크는 어머니로부터 잊을 수 없는 편지 한 통을 받았다.

> 네 성적이 미하엘보다 좋지 않을 경우 이번 겨울에 집에 올 생각은 아예 하지도 말아라. 프라만의 허가증 없이는 절대로 찾아올 수 없다는 것도 미리 말해두니 명심해야 한다.

흔히 15세에 군에 입대하면서 집을 떠나는 통례를 제쳐두더라도, 여섯 살의 어린 나이에 강제로 가족의 품에서 벗어나야 했던 '조치'와 그 강압적인 생활의 '틀'은 비스마르크에게 무엇과도 비교할 수 없는 악몽 그 자체였다. 여느 아이들처럼 그 역시 엄마의 품을 간절히 기다렸을 것이나, 그런 따뜻함이 자신과는 거리가 멀다는 사실을 매번 받아들일 수밖에 없었기 때문이다. 그로 인해 어머니에 대한 감정도 점점 부정적으로 변해갔다.

낯선 도시의 낯선 학교로 보내진 5년 동안 고된 훈련에 가정의 따뜻함이라고는 느껴보지 못한 채 비스마르크는 유소년기의 힘든 학교생활을 나름대로 견뎌냈다. 열한 살에 학교로 보내진 형 베른하르트의 경우처럼 비스마르크도 최소한 열 살을 넘기고 새로운 환경을 경험했더라면 한결 나았을지도 모른다. 하지만 큰아들이 생활한 지난 1년 동안 프

:: 1826년 11세 때의 비스마르크. 궁정화가 크뤼거(Franz Krüger, 1797~1857)의 작품

라만 학교에 대한 어머니의 신뢰가 커졌든지, 아니면 의욕이 너무 지나쳤든지, 또는 두 형제가 의지하며 나란히 다닐 수 있다고 믿었든지 간에 비스마르크는 그 지독한 생활을 형보다 5년이나 빨리 시작해야 했다.

그 때문인지 어린 시절의 따뜻한 보금자리에 대한 미련은 두고두고

:: 쇤하우젠의 공원과 크니프호프의 전경

비스마르크를 쫓아다녔다. 겨우 여섯 살을 넘긴 이후로 비스마르크는
고향을 찾아가기 쉽지 않았던 탓인지 고향에 대한 생각이 유달리 간절
했다. 평생을 두고 그리워했던 크니프호프는 그에게 추억 그 이상의 의
미로 자리했다. 다만 그 속에서 그는 어머니의 존재를 인정하지 않았고
오히려 거부했다.

계절이 바뀌고 시간이 흐름에 따라 비스마르크는 차츰 내면으로부터 들려오는 소리에 귀를 열고 기억속의 광경을 눈앞에 떠올리곤 했다. 그럴 때마다 배어나오는 인상 깊은 상징이나 감미로운 언어로써 자신에게 밀려오는 애정과 그리움을 한껏 펼쳐내기도 했다. 그러고는 마치 고향의 자연이 안겨주는, 그 자연과 함께 묻어내는 그대로의 느낌과 표현들이 쇤하우젠과 크니프호프의 인연에서 비롯된 은혜 덕분임을 늘 잊지 않았다. 어머니가 없어도 어린 시절의 추억이 담긴 산실로서 자신의 기억 속에 고향의 모습을 영원히 그대로 소중하게 간직했던 것이다.

방수로와 수풀, 사암으로 된 동상과 보리수가 죽 늘어선 쇤하우젠의 공원, 그곳을 소유했던 부모님 덕에 기회가 있을 때면 나는 이웃들의 호기심 어린 눈길을 피해 말을 달리며 누빌 수 있었다.

크니프호프는 강변의 평지를 끼고 넓게 펼쳐진 쇤하우젠과는 달리 농가도 도로도 없는 자그마한 마을이었다. 마을은 떡갈나무가 길게 뻗어 있는 거리를 지나 좌측으로 숲과 공원을 끼고 우측으로 집들이 드문드문 보이는 곳에 위치했다. 2층으로 된 저택은 좌우로 증축한 1층 건물에 각각 다락방까지 있었고, 집 뒤편으로 정원과 거기에 딸린 방과 베란다, 그리고 우측으로 하인들이 거주하는 방으로 이루어져 있었다. 벽돌로 장식된 좁은 현관이 말해주듯, 누가 보더라도 저택으로 보기에는 규모나 시설이 미미한 곳이었다.

그럼에도 완만한 언덕과 작은 숲길, 저 멀리 펼쳐진 초원과 수목림, 거기에다 활엽수림과 개울까지 끼고 있던 크니프호프. 한 폭의 그림과도 같았던 그 전경들이란 전형적인 도시의 삭막하고 메마른 모습과는 너무나 거리가 먼, 그야말로 어린 비스마르크에게는 전원생활을 만끽

할 수 있었던 천국이자 제2의 고향과도 같은 곳이었다.

어린 손으로 정원 일을 거들며 무가 잘 익었는지 쑥 뽑아보던 일, 한겨울의 추위에 얼음판에서 마냥 미끄럼을 타던 일, 그리고 조금은 자라서 아버지를 따라 자고새를 잡으러 일대를 누비며 사냥을 따라나섰다가 덫에 걸린 닭을 발견하고 화들짝 웃던 일, 두 번 다시 겪어보지 못할 그 모든 일들을 나는 평생의 추억거리로 품고 지내며 살았다.

훗날 법학 공부를 마치고 불확실한 장래 문제로 안정을 찾지 못한 채 1836년 사법기관에서 시보 생활을 시작했으나, 그 연수를 그만두고 진로를 바꾸어 행정관청에서 새로 출발하는 와중에 두 번씩이나 논문을 썼던 곳이 쉰하우젠이었고, 1839년 모든 것을 잃고 상념에 빠져 빈털터리가 되어 돌아와야 했을 때 몇 년간 농사일을 하며 묵었던 곳도 크니프호프였다. 비스마르크가 한 친구에게 보낸 편지에는 고즈넉한 쉰하우젠 생가의 모습이 아련하게 그려져 있다.

나는 4주째 고스란히 여기 마법에 걸린 오래된 성에 들어앉아 있다. 고딕식의 두꺼운 벽과 네 개의 기둥, 30개의 방과 그중 가구가 배치된 두 개의 방, 약간은 낡은 듯 화려한 색의 카펫, 득실대는 쥐들에 윙윙거리는 바람소리마저 들리는 굴뚝, 지나친 망상까지도 너끈히 얘기하기에 딱 알맞은, 내 조상들의 옛 저택이다. 그 옆에 웅장한 오래된 교회, 내 침실에서 내다보이는 교회 마당과 그 건너편에 펼쳐진 낯익은 정원, 그 정원의 울창한 보리수와 주목들이 가꾸어진 수풀 등이 저 멀리 보인다.

유소년 시절의 학교 친구들이 어린 비스마르크의 그런 외로움에 대해 전혀 의식하지 못했다면, 이는 순전히 그런 자신을 감추려 했던 비스마르크의 자존심과 노력 때문이었을 것이다. 오히려 그는 친구들 사이에서 서로 대장 노릇을 하려는 여느 소년들과 다를 바 없는 평범한 아이로 기억되기를 바랐다. 그렇지만 어머니로 인해 계속해서 무참히 꺾여버린 기대와 그로 인한 실망을 그 자신에게만은 감출 수 없었던 모양이다.

> 프라만 학교에서 내다보던 바깥 풍경 ……그때는 빌헬름 거리의 남서쪽으로 베를린 도시가 끝나는 전경이 펼쳐져 있었다. 창문 밖으로 한 쌍의 황소가 밭고랑을 가는 것이 보일 때면, 나는 크니프호프에 대한 그리움으로 끝내 눈물을 훔쳐야만 했다.

열두 살이 되기까지 프라만 학교에서 5년간의 초등교육 과정을 마친 비스마르크는 다시 어머니의 계획에 따라 그 다음 단계로 움직였다. 하지만 그럴수록 어머니에 대한 반감은 줄어들지 않은 채 계속 따라다닐 뿐이었다.

1827년 가을부터 1830년까지 약 3년 동안 비스마르크는 프리드리히-빌헬름 김나지움(Friedrich-Wilhelm-Gymnasium)을 거쳐 1832년 졸업시험을 치를 때까지 베를린에서 가장 역사가 깊고 좋은 교육기관으로 정평이 나 있던 그라우엔 수도원 김나지움(Gymnasium zum Grauen Kloster)으로 차례로 옮겨 다녔다.

그때 아이들의 교육환경을 위해 비스마르크의 부모는 도시풍의 주택인 베렌 53번가를 구입해놓았다. 겨울 동안 가족이 함께 머무르기에 알맞은 집이었다. 그러나 무더위를 피해 크니프호프에서 지내기를 원하던 어머니의 뜻대로 여름철마다 베를린 집은 가정부와 가정교사의 감시감독에 맡겨졌다. 그해 겨울과 그 이듬해 초까지 온 가족이 처음으로 함께하는 가운데 60세가 넘어 연로해진 템프린의 숙부 프리츠도 합류하여 대가족이 한 자리에 모이게 되었다.

하지만 온 가족이 모인 그 자리는 누구에게도 행복한 순간이 되지 못했다. 그럴수록 가족 모두에게 프리츠 숙부의 역할은 절대적이었다. 신경과민 증세가 심해지면서 사고의 균형마저 잃어버리곤 했던 어머니와 강한 자의식으로 무장한 채 성장한 두 아들 사이에 충돌이 잦아졌고, 이때 무기력한 아버지를 대신할 유일한 중재자는 숙부뿐이었다.

지금껏 어머니와 한 순간도 제대로 살아보지 못한 비스마르크에게 어머니를 그다지 필요로 하지 않는, 아니 어머니에 대한 반감만 키워놓은 시기에 이루어진 '모자상봉'에서 순탄한 관계를 기대하기는 애초에 무리였던 것일까.

임종을 4개월 앞둔 어느 날 숙부 프리츠가 나팔 소리와 트럼펫 소리에 비유하기도 했지만, 오랜 시간 동안 서로 다른 여건 속에서 떨어져 살아왔던 모자의 대립과 갈등은 예사롭지 않게 늘 그런 식으로 폭발했던 모양이다. 이미 각자의 세계에 익숙해질 대로 익숙해진 그들 모두에게 한 가족으로서 한데 어울려 조금씩 이해하고 거리를 좁혀놓기엔 함께한 시간이 너무 짧았다. 서로를 필요로 하고 받아들이기에 오래전부터 너무 많은 기회를 놓쳐버린 듯했다.

비스마르크의 15세 생일 다음날 프리츠 숙부는 세상을 떠났다. 몇 주 뒤 짐을 챙겨 크니프호프로 돌아간 부모는 그 뒤로 두 번 다시 베를린을 찾지 않았고, 아예 거처까지 팔아넘겼다. 비스마르크는 더욱 어머니와 멀어질 수밖에 없었다.

라이프치히에서 대학생활을 원했던 형 베른하르트와도 헤어지면서 비스마르크는 베를린에 혼자 남아 학창 시절의 마지막을 보냈다. 먼저 프레보(Prévot) 교수 집에서 1년 정도 지낸 뒤 프리드리히-빌헬름 김나지움 교장의 장인인 보넬(Bonell) 박사 집으로 옮겨 지냈다. 매사에 성실하고 의무를 다하라는 그의 가르침만 생생하게 기억할 뿐 비스마르크는 그 시절에 대해 아무것도 생각해내지는 못했다.

학교생활에서도 뚜렷한 기억이 남아 있지 않기는 마찬가지였다. 다만 학업 면에서 그는 어머니의 기대치에 부응하지 못했고, 전체 졸업성적은 18명 가운데 15등일 정도로 초라했다. 그런 그에게 어머니의 실망 또한 적지 않았을 테고, 그것은 모자의 갈등을 부추기는 요인이자 어머니의 신경과민이 악화되는 원인이기도 했을 것이다.

비스마르크가 영리하지 못했다거나 공부에 영 관심이 없었다거나, 아니면 그가 다닌 김나지움이 다른 학교에 비해 교육수준이나 학생들의 실력이 뛰어났다는 점을 감안하더라도 성적이 우수하지 못한 것은 분명했다. 학적부의 기록에 유능하고 충분히 준비가 된 학생이라는 선생님의 긍정적인 평가가 인상적이긴 했지만, 선생님들이나 친구들은 하나같이 그를 평범한 학생으로 기억할 뿐이었다.

비스마르크는 학업성적에 커다란 성과를 거두었다거나 이렇다 내놓을 만한 정신적·예술적 소질이라고는 없는 평범한 학생이었습니다.

그럼에도 그 무렵의 비스마르크에게는 다른 학생들에게서 접하기 어려운 몇 가지가 눈에 띄었다. 비록 김나지움 졸업성적이 수학이나 역사, 지리에서 모두 3점(미)에 그쳤지만, 영어와 프랑스어를 비롯하여 라틴어 과목 등에서 우수한 면모를 보였다. 언어 영역을 제외하고는 하급을 면치 못했지만, 당시 유럽에서 주요 언어였던 라틴어에서 보여준 뛰어난 실력은 장차 외교관과 정치가로서 그의 언변술과 대화술에 결정적인 자산이 되어주었다.

언어에 탁월한 소질을 지녔던 어머니를 그대로 빼닮았음직한 그는 훗날 정계 활동에서 출중한 감성과 예리한 관찰력으로 적절한 어휘력을 뿜어냈고, 또 수많은 외교문서나 협정서, 공문서에서도 그 능력을 유감없이 발휘했다. 오늘날까지 19세기의 가장 뛰어난 저술 중의 하나로 꼽히는 비스마르크의 명저 《상념과 회상(Gedanken und Erinnerungen)》의 첫 부분은 당대에 많은 사람이 암송하다시피 할 정도였다. 가히 독일어의 대가로서 독일문학계의 뛰어난 스타일리스트로서 단연코 정평이 날 만한 수준이었다.

그 무렵 비스마르크는 그 무엇과도 비교할 수 없는 '새로운 세계'를 남달리 경험하고 있었다. 군대식의 혹독한 프라만 학교 생활에 비해 한가롭고 느긋하기까지 했던 김나지움 시절 동안 학교에서 배울 수 없는 인간적이면서도 정신적인 성숙기를 거치면서 무엇보다 자신의 정체성에 골몰하기 시작했다. 특히 부모의 서로 다른 신분과 주변세계에 눈을 뜨면서부터 냉정하고 예민했던 어머니와는 거리를 두었다. 그만의 사춘기를 겪었던 시절이다.

따라서 어머니와 마찰하는 횟수가 늘어날수록 비스마르크는 나름대로 시간을 보내는 방법까지 터득했다. 무엇보다 그는 승마를 통해 여유와 자유를 맘껏 누리면서 안정된 세계의 맛에 흠뻑 취했다. 여전히 시골 촌뜨기에 지나지 않았지만, 그에게는 승마만큼 이상적이고 최대의 즐거움을 안겨주는 놀이가 없었다. 또 정체성의 형성과 어머니에 대한 반발로 갈등의 골이 깊어질 대로 깊어진 그에게 승마야말로 그의 말대로 "귀족의 특권이자 그 신분에 딱 어울리는" 일거양득의 스포츠였다. 많은 시간을 말 타기에 할애하면서 홀로 만족과 즐거움을 누리던 그는 엄연한 귀족 신분의 자제로서 더 이상 남몰래 눈물이나 훔치던 아이로 남기를 원치 않았다.

또 비스마르크에게는 간간이 떠오르는 추억들도 있었다. 그 기억 속에서는 마음의 고향과도 같았던 따뜻한 분들이 변함없이 그를 향해 손짓했다. 쇤하우젠의 아버지 농장에 거주하면서 베를린의 김나지움 시절 베렌 53번가에서도 한동안 함께 지낸 것으로 보이는 노이만(Trinne Neumann) 아주머니는 모든 집안일과 부엌일을 도맡았다. 행실이 반듯한 분으로 어머니를 대신하여 살림을 책임졌던 그녀는 사랑으로 비스마르크 형제를 돌보았고 저녁마다 형제가 좋아하던 계란 케이크를 잊지 않고 준비해두었다.

밤늦게 돌아온 우리 형제가 케이크를 먹을라치면 쉴 새 없이 잔소리를 해대던 아주머니는 맛있게 먹고 있는 우리를 보고는 이내 다정하게 말을 걸어오곤 하셨지.

어머니의 자리를 대신했던 노이만 아주머니를 기쁘게 그리고 쓸쓸히 떠올리곤 했던 그에게 크니프호프의 목수 브란트(Brand) 아저씨도 잊을 수 없는 사람이었다. 브란트 아저씨를 생각할 때마다 흐드러지게 피어 있던 하이데 약초와 무성하게 핀 들꽃들이 온통 그의 기억 속으로 함께 펼쳐 들어왔다.

일찍부터 외로움을 알고 체념에 익숙해질 수밖에 없었던 어린 비스마르크는 고이 간직했던 몇 안 되는 순간들을 들춰내면서 이미 고향의 땅을 밟고 그 숲을 달리고 달렸다. 추억을 벗으로 삼고 홀로 자연과 나무를 느끼면서 사람들을 그리워하고 예감하는 습성을 키워나갔던 그는 마음 깊이 소중히 지켰던 자신의 감성들을 그렇게 하나씩 하나씩 풀어 헤치곤 했던 것이다.

그러나 비스마르크만의 사춘기적 증세는 쉽게 끝나지 않았다. 아니

그 자신의 내면세계에는 만족되지 않는 그 무엇이 늘 서성거리고 있었다. 후천적인 교육환경의 힘이나 도시생활의 경험 때문인지, 아니면 아무리 부인해도 사라지지 않는 어머니의 존재와 무게 때문인지, 도시 교육의 이념과 강압적인 출세 욕구로 가득한 어머니의 정서나 가치관이 끈질기게 그의 의식 속으로 비집고 들어왔다.

참으로 힘든 순간순간이었다. 그럴 때마다 그는 자기 존재로의 귀속감이나 한 인격체로서의 정체성에 연결된 어머니와의 고리를 모두 끊어버리고자 안간힘을 썼다. 자신이 몸담았던 프라만 학교의 교육 노선이나 자신을 낳아준 어머니가 지지한 자유주의 성향으로부터 벗어나 보수주의적 색채로 눈을 돌리고자 애를 썼던 것이다. 심지어는 자신이 겪어야 했던 충격적이고도 불행한 시간과 그로 인한 잔인한 상흔을 모두 어머니의 탓으로 돌리기도 했다. 그러나 형보다 소질이 많았고 유독 예민했던 비스마르크가 상류사회에 다니면서 아이들을 올바로 돌보지 않은 어머니의 부정적인 이미지를 지우기에는 불행히도 너무 늦어버렸다. 하지만 당시 비스마르크가 보인 모습들은 상처받은 청소년기에 그 혼자 할 수 있었던 투쟁 방식이고 해결책이었다.

비스마르크의 수많은 저술에서 어머니에 대한 따스한 마음이 담긴 이야기는 단 한 줄도 찾을 수 없다. 어머니의 임종을 앞에 두고도 그는 말이 없었다. "어머니의 이기심이 깃든 사랑은 오히려 자식들을 위한 사랑을 거스르는 큰 화근이었다"고 떠올릴 뿐이었다. 그만큼 극단적으로 박혀버린 부정적인 상을 허상으로 꾸며대지 않는 한, 더 이상 다른 느낌에 대해서는 단 한 줄의 새로운 말도 떠올리지 못했다. 어머니는 다만 그런 어머니의 모습 그대로 아들에게 남아 있었을 뿐 아들의 생각을 바꿔놓지 못한 채 돌아가셨다.

어머니가 세상을 떠나고 오랜 시간이 지난 후, 1847년 2월 24일 결혼을 앞두고 한창 사랑에 빠져 있던 비스마르크는 요한나에게 보내는 편지에서 처음이자 마지막으로 어머니에 대한 회한을 털어놓았다.

　외향적이고 화려함을 좋아하신 어머니는 총명하고 강한 이성을 지닌 아름다운 여성이었으나, 베를린 사람들의 기질을 제대로 지니지는 못하셨소. 그저 많이 배우고 잘되기만을 바라며 늘 엄하고 냉정했던 어머니를 나는 미워했고 갈수록 거짓과 성공으로 기만했소.

　어머니에 대한 미움이 크면 클수록 상대적으로 아버지의 의미는 절대적이었다. 요한나에게 "아버지를 정말 사랑했다"고 고백할 정도였다. 일찍부터 시작한 도시의 학교생활에서 맛본 모든 엄한 규칙과 명령, 고된 훈련, 그리고 무엇보다 늘 텅 비어 있던 어머니의 자리 등 그 모든 것들로부터 벗어나 순순히 사랑받는 한 아이로 마음껏 머물 수 있게 해준 아버지는 한없이 선량하고 부드러운 분으로 그의 기억 속에 큰 자리를 차지했다. 실망을 안겨주지 않고 늘 보장된 안식처였던 아버지의 존재는 언제든 떠올려도 지루하지 않은 추억의 보고였다.

　처음부터 아무런 재미도 소득도 없으리라고 짐작하면서도 나는 아버지가 계획하는 여우사냥에 기꺼이 동참했다. ……자식들의 편지가 얼마나 아버지를 기쁘게 할 것인지 알기에 서슴없이 여동생에게 편지를 쓰도록 종용하기도 했다. ……비록 아버지에게 냉정했고 또 버릇없이 굴며 자주 화를 냈던 내 자신이 후회스럽기도 하지만, 무한한 사랑을 준 아버지에게만큼은 진정으로 마음 깊이 좋은 아들로 남고 싶은 심정이었다.

고질병

튀어나올 듯 부릅뜬 두 눈만으로도 비스마르크는 카리스마 넘치는 정치가의 이미지에 잘 어울린다. 오늘날까지도 '철혈 재상'으로 유명한 그를 두고 호전적이고 독선적인 기질이었다고 말하기도 하지만, 정치 전반에서 보여준 탁월하고도 신중하며 주도력까지 갖춘 면모는 지도자로서 극찬할 만한 역량이 아닐 수 없다. 그에게는 정책을 밀고나가기 전까지 가능한 모든 상황을 연결하여 저울질하는 습성이 있었다. 그렇기에 일단 실행에 옮긴 이후로는 어떠한 상황에도 좀처럼 굴하지 않고 밀고나갔다.

그러나 정작 비스마르크 스스로는 그런 강한 이미지와 달리 시적 감성이 풍부한 낭만적 기질의 소유자로 후세에 알려지기를 원했다면 사람들은 어떤 반응을 보였을까? 과연 그의 바람대로 순순히 그렇게 받아들일 수 있을까? 낭만주의자로 남기를 원하는 그에게 오히려 의아심을 갖지는 않았을까?

비스마르크는 어린 시절부터 자연과 교감하고 자신의 감성을 읽어내는 데 자연스러울 만큼 감성이 남달랐다. 베를린 대학 시절에 절친한 벗 모트리(John Lothrop Motley, 1814~1877)와 카이저링(Alexander von Keyserling, 1815~1891) 등과 만나 자주 문학작품을 얘기하고 피아노 연주를 함께 감상하던 때나, 아내 요한나에게 연주를 부탁해 즐겨 듣던 모습에서도 그런 감성은 빛을 발했다. 비스마르크 가족과 자주 왕래하며 매우 절친한 관계를 유지했던 슈피쳄베르크(Hildegard von Spitzemberg) 남작부인이 여러 차례에 걸쳐 누누이 언급했지만, 그가 남긴 수많은 편지와 일기 등을 접하다 보면 그리 어렵지 않게 '감성의 마술사'를 만나게 된다.

탁월한 언어감각과 풍부한 표현력으로 부드럽고 예민한 감성과 영혼을 그대로 드러낼 줄 아는 실체의 주인공! 그 누구도 감히 흉내낼 수 없을 정도로 내면으로부터 깊은 감성을 끌어내는 낭만주의자! 스스로를 고스란히 표출할 줄 아는 비스마르크를 자신의 바람대로 낭만주의자라고 부르지 못할 이유도 없지 싶다.

그렇다. 비스마르크는 강력하고 냉철한 지도자이면서 또한 섬세하고 뛰어난 문학가이기도 했다. 일반적인 사람들은 동적이든 정적이든 주로 한쪽이 우성으로 작용하는 경우가 많은데, 그의 경우는 유별났다. 서로 상반된 지성과 감성, 인식과 느낌의 두 세계를 넘나들며 최고 수준의 능력을 발휘하기란 드문 일이니 남작부인의 말대로 '강한 마력의 소유자'임에 틀림이 없다.

비스마르크의 그런 양면성은 전기 작가들에게 최고 관심사 중 하나였고, 그래서 일부 작가들은 스스럼없이 그의 천재성을 지적하기도 했다. 누구보다 독재적이고 호전적인 투사로 불리며 강력한 지도자의 기상을 떨친 그가 다른 한편으로 부드러운 감성과 섬세한 감각으로 낭만주의자의 면모를 한껏 드러냈다면 천재성이란 말도 그리 어색하지는 않다.

하지만 아무리 천재적이라 해도 그에게서 두드러지는 극단적인 기질을 외면할 수는 없다. 정적이나 적대국과 치열하게 대립하는 상황에서 수단과 방법을 가리지 않고 맞섰던 그였기에 '민족의 영웅'이니 '철혈재상'이니 하는 수식어 못지않게 '백색의 혁명가'요 '군부 독재정치가'라는 상반된 수식어도 그에게는 따라붙었다. 가령 뜻대로 되지 않을 경우 끓어오르는 분노를 걷잡을 수 없이 순식간에 터뜨리고 마는 극단성은 부드러운 감성과는 아주 판이한 단면이다. 마치 이성적인 인식이 마비라도 된 듯 감정이 최고조에 달해 통제 불능 상태에 이른 그런 모습에서는 도저히 정상적이고 원만한 성격 형성을 기대하기란 어려워 보인다.

곧잘 노골적으로 드러내는 그런 감정 폭발은 비스마르크 이미지의 한 특징으로서 커다란 성격 결함이라고도 할 수 있다. 이른바 고질적인 '비스마르크 병'이라 부를 만하다. 이는 한 개인으로서가 아니라 국가를 통치하고 유럽의 정치질서에 영향력을 행사하는 지도자로서의 위치를 생각해볼 때 문제시하지 않을 수 없다. 물론 자신이 짊어진 짐이 무거웠던 만큼 그에 따른 정신적·심리적 에너지의 소모로 인해 나타난 극단적인 증상으로 볼 수도 있다. 그럼에도 이를 타고난 성품보다는 어린 시절의 상흔과 부정적인 과거의 기억에서 원인을 찾을 수도 있다. 즉 비스마르크 성격의 근원에는 자아정체감을 형성하던 시절의 심리적·정신적 상흔을 제대로 극복하지 못한 채 그것을 어머니에 대한 전적으로 부정적인 기억과 결부시키면서 홀로 성장한 과거사가 깊이 자리하고 있다는 것이다. 그런 의미에서 그는 문학가이고 지도자이기 전에, 오래전부터 고질병을 앓아온 한 사람의 인간이기도 했다.

비스마르크의 삶에서 가족의 의미는 매우 중요하다. 그가 계속해서 벗어나려 했던 어머니의 존재는 사실 다른 누구보다 결정적이었다. 어려서부터 어머니의 냉정한 교육방식과 어긋난 사랑을 증오했고, 귀족 신분의 아버지와 달리 평민 출신의 어머니로 인한 자신의 이중적인 신분도 외면했던 그로서는 자신이 지닌 자질이나 성품조차 어머니의 섬세한 문학적 소양과 예민한 정신적 기질을 그대로 닮아 있음을 부정하는 것으로도 만족하지 못했다. 오랜 정신적·심리적 고충과 정체성의 혼돈 상태를 겪을 수밖에 없었던 그에게 아버지에 대한 일방적인 사랑과 보수적인 귀족의 전형만을 채워넣으려는 외곬수의 모습이 그 보상으로 자리했지만, 원하든 원하지 않든 그만큼 어머니의 존재는 그의 삶 깊숙이 엮여 있었다.

그의 어머니가 자식 사랑하는 법을 조금만 바꾸었어도 상처받은 어린 아들이나 신경과민에 시달리는 자신의 처지 모두 남의 얘기가 되었을 것이다. 그러나 어머니는 자신의 눈높이에 아들을 맞추기만 했고, 아이의 상식으로 다가가면서 따뜻한 애정으로 마음깊이 품어주지 못했다. 오히려 남편과의 조화롭지 못한 결혼생활에다 사회적 인식과 명예욕마저 포기해야만 했던 그녀는 날이 갈수록 자신의 이상적인 교육 열망을 채워주지 못하는 아들까지 지켜보면서 생의 허무감과 비참함을 금치 못했던 것 같다. 자신에 대한 아들의 부정적인 태도를 모를 리 없었기에 남편에 이어 아들마저 포기하고 체념해야 했던 그녀로서는 끝내 극심한 신경과민에 시달리지 않을 수 없었다. 그녀는 자신의 인생관에 얽매인 비극적인 삶으로 스스로를 힘들게 한 나머지 불행한 아내이면서 소외된 어머니로 머물 수밖에 없었던 셈이다.

그런 상황에서 아버지의 역할마저 적절치 못했다. 아버지가 두 모자를 감싸안고 이끌어줄 수 있었다면 그들의 삶은 분명 달라졌을 것이다. 그러나 아버지는 가족들에게 조언을 해줄 만한 분별력이나 지도력을 지니지 못했고, 가정의 화목이라는 명분하에 모든 결정을 어머니에게 맡기기만 했다. 아내에게 열등감을 가졌던 남편은 그것이 자신이 할 수 있는 전부라고 믿었다.

거부할 수도 숨길 수도 없는 존재인 어머니! 비스마르크는 어머니를 온전히 이해하기에는, 그리고 아버지처럼 어머니의 의지와 결정대로 무조건 따라주기에는 너무 어렸고 감수성 또한 예민했다. 그에게 어머니는 그리움보다는 미움을 품는 법을 깨닫게 해준 부정적인 여성의 대명사였다. 서로에게 절실했을 두 사람이었지만, 또 그렇게 되어주지 못한 두 사람이었다.

비스마르크는 누구보다 도시의 자유주의적 시민계급과 시골의 보수적인 귀족계급 간의 양면을 적절하게 융화할 수 있는 가능성을 부여받았다. 그러나 양쪽 부모의 환경을 서로 보완하고 적절하게 조화시키기는커녕 지나치게 한쪽만을 고집하고 다른 한쪽을 가차 없이 외면해버렸다. 스스로 찾아낸 자신의 방식을 고수할 뿐 포기하는 데는 익숙지 않게 되어 자신도 모르게 극단적인 기질의 소유자가 될 수밖에 없었다. 훗날 신경과민에 시달리고 자주 사고의 균형감각을 잃어버리는 면에 있어서는 비스마르크도 그 어머니에 못지않았다.

어머니의 젖을 먹고 자란 나는 보수·반동적이기보다 오히려 자유주의적일 수 있었는데도 전혀 그렇게 되지 못했다.

비스마르크 가족은 정서적인 교감이나 인지적인 기대치에 있어서 서로를 향한 눈빛을 알아주지 못했다. 특히 보수주의 노선의 아버지와 자유주의 성향의 어머니는 두 집안의 이데올로기적 대립과 그에 따른 정신적인 사고의 차이, 그리고 질적으로 다른 가문의 전통과 환경 탓에 서로 화합하는 모습을 보여주지 못했다. 그렇게 서로 어울리지 못한 부모의 부부관계 속에서 비스마르크는 피해자로 성장할 수밖에 없었다. 역부족으로 드러난 부모님의 사랑 때문에 그에게 부모님은 어려서나 늙어서나 영원히 회복되지 못한, 일방적으로 추종이 아니면 거부하는 관계에 멈춰 있을 뿐이었다.

결국 경험하지 못한 채 돌아가시긴 했지만, 어머니는 내가 프로이센의 수상으로서 펼치는 정치적 노선에도 기뻐하지 않으셨을 것이오.

비스마르크는 감자나 핥고 있는 시골 아이들 속에서 자신의 재능을 방치하지 않고 질적인 교육을 받도록 해준 어머니의 교육적인 명예심에 진정으로 고마워했다. 그러나 어머니의 정신적인 소양과 재능을 물려받았음에도 그런 사실을 인정하지 않았고, 자신의 인생 전반에 어두운 그림자를 드리워놓은 어머니의 존재에 대해 일절 말이 없었다.

평생의 반려자를 눈앞에 둔 시점에서 비스마르크는 어머니에 대한 미움을 걷어내지 못한 채 달려온 자신을 되돌아볼 시간이 필요했다. 결혼을 앞둔 그에게는 그 어느 때보다 가족의 의미가 새롭고 절실하게 다가왔다.

너무 어린 나이에 부모님의 집은 그만 내게 낯설어졌고 그 후로 두 번 다시 그곳에서 고향을 느껴보지 못했소.

방탕과 허상의 한가운데에서

1815년 빈 체제 이후 공고해진 보수세력은 그럼에도 자유주의와 민족주의의 움직임에 맞서 쉴 새 없이 충돌했다. 동서남북으로 국경선이 복잡하게 얽힌 지리적 특성으로 인해 유럽 곳곳에서는 변화를 추구하는 혁명세력과 이를 저지하려는 반혁명적 움직임이 대치하는 가운데 복잡한 양상이 전개되었다.

그런 흐름은 1830년대 프랑스에서 먼저 결실을 보였다. 1824년에 즉위한 샤를 10세(Charles X, 1757~1836)가 예전 부르봉 왕조의 절대주의 체제로 완전 복귀하겠다고 선포한 것이 발단이었다. 그동안 시민혁명과 유럽 전쟁을 치른 뒤 집권한 루이 18세(1755~1824)는 보수반동과 자유주의 두 세력 사이에서 나름대로 신중하게 중도적인 정책을 표방했다. 그러나 그의 동생 샤를은 시대착오적인 반동정치를 감행함에 따라 정국이 예사롭지 않게 돌아가게 되었다.

이런 새로운 조짐에 망명길에 올랐던 귀족들이 고국을 향해 발걸음을 재촉했다. 국왕은 보수세력을 중심으로 시민혁명의 성과를 부정하며 극단적인 노선을 고수해나갔다. 그러자 이에 반대하는 세력이 들고일어나 전국적인 규모의 반정부세력으로 탈바꿈하여 투쟁에 나섰고, 2년간의 투쟁 끝에 혁명세력은 1830년 7월 30일 새 정부를 수립했다. 그리고 다시 사태를 수습하는 과정에서 8월 7일 샤를을 대신하여 오를레앙공 루이 필립(Louis Philippe, 1773~1850)을 국왕으로 하는 입헌군주제의 왕정체제가 세워졌다. 40여 년 전인 1789년 시민혁명이 휩쓸고 지나간 그 자리가 또다시 자유주의 세력에 의해 회복된 셈이었다.

프랑스에 새로이 입헌군주제가 도입되면서 빈 체제 하의 보수반동 국가들은 다시 일대 위기에 직면했다. 특히 독일의 경우 자유주의자들과 민족주의자들이 새롭게 각성하기 시작하면서 1815년의 결과인 독일연방 체제를 거부하고 개인의 자유와 일부 투표권을 보장하는 헌법 제정을 요구하고 나섰다. 프로이센과 이웃한 작센, 쿠어 헤센, 브라운슈바이크 등 군소 국가들에서 국지적인 소요 사태가 일어나는가 하면, 1830년 9월 30일 베를린의 시내 중심가에서는 헌법 제정과 언론 자유를 외치는 시가전도 벌어졌다.

그러나 프로이센의 프리드리히 빌헬름 3세는 1815년 5월에 이미 헌법 제정을 약속했는데도 그 이후로 약속을 이행하지 않은 채 여전히 어떠한 변화도 허용하지 않았다. 국왕은 스스로 한 약속을 위반함으로써 얻게 될 굴욕보다도 오히려 헌법과 결부된 합법적인 정당이 만들어지는 것에 더 두려움을 품었기 때문이다. 더욱이 연방 체제를 주도하는 세력인 오스트리아 또한 프로이센과 뜻을 같이함으로써 자유주의의 새로운 시대적 흐름에 발맞춘 프랑스식 입헌의회 수립까지는 갈 길이 멀었다.

유럽과 독일의 혼란스런 분위기에 비스마르크 가문의 남자들도 초연할 수는 없었다. 무엇보다 프리드리히 숙부의 경우 7월 혁명을 목격하지 못한 채 그 4개월 전 이미 운명을 달리하지만, 그 전까지는 이웃나라에서 이는 혁명의 전운을 충분히 전해 듣고 있었다. 거동이 불편해진 이후로 2년 가까이 비스마르크의 부모와 함께 살면서 수많은 방문객들이 끊이지 않고 베렌 53번가로 모여들기도 했고, 또 비스마르크 가족들 또한 고위층의 저녁만찬에 초대받곤 했기 때문이다. 방문객들 가운데는 두 왕자 카를과 알브레히트를 비롯하여 메클렌부르크-슈베린의 세습 대공, 현역 장교들과 훈장을 받은 옛 장성들, 그리고 최고의 보수주의자인 내무장관 겸 경찰청장 슈크만(Kaspar Friedrich von Schukmann, 1755~1834) 등 고위관료도 자주 눈에 띄었다.

때로는 시골 귀족이나 도시의 관료들도 모여들었는데, 그들의 얘깃거리는 가문의 역사와 그에 관련된 경험담에서부터 농부들을 다루는 일상적인 문제나 당시 기업과 시장 경영에 이르기까지 다양했다. 모임의 분위기는 늘 화기애애하지는 않았지만, 그렇다고 해서 그렇게 나쁜 상황도 아니었다. 다만 시기가 시기였던 만큼 현 상황에 대한 불평불만을 늘어놓는 식의 만남과 대화가 빠질 수 없는 것이 그들의 일상적인 모습이었다.

비스마르크의 경우 주거지나 김나지움이 모두 베를린 시내에서 그리 멀지 않은 곳에 위치했던 것을 감안하면 심각한 사회 분위기와 동떨어져 있지는 않았을 것이다. 그러나 당시 어른들의 모임에 대해 그 스스로 언급한 적은 없다. 설령 어른들에게서 심각한 사태에 대해 들었다고 하더라도 김나지움 학생에 지나지 않던 그가 상황을 이해하고 판단할 수 있는 수준도 아니었다. 왕실, 행정, 군대 등에 대해, 그리고 승진이나 하다못해 비난이나 모욕과 관련된 각종 소문과 관련된 화젯거리를 그 나이에 제대로 이해하지 못했을 가능성이 크고, 무엇보다 아예 대화에 끼어들지도 못했을 것이기 때문이다.

그렇지만 판단력이 부족한 나이였어도 그런 분위기에 둘러싸였던 그 무렵이 어머니와의 부정적인 관계로 한창 민감하던 때였음을 감안해본다면 그 나름대로 의미가 없지도 않았다. 이를테면 정체성이나 귀속감의 문제에 시달리던 시기였던 만큼 집으로 모여드는 귀족들의 무리가 그리 싫지는 않았을 것이고, 심지어 남달리 느껴지기까지 했을 것이다. 그의 저서 《상념과 회상》에서 밝힌 청년기의 보수적인 정서도 갑자기 생기지는 않았을 것이기 때문이다. 비스마르크는 이 책에서 "보수주의의 군주제 중심에 가치를 두면서 시민적이고도 인문주의 지향의 김나지움 체제를 비난하는 보수주의자의 길에 들어선" 자신의 입장을 밝히고 있었다.

수백 년 전부터 귀족들이 장악하던 재화가 새로이 시민계급으로 넘어가는 시대에 살았음에도 청소년기의 비스마르크는 다분히 보수주의적 성향에 머물렀다. 시민계급이 귀족들을 제치고 사회 각 분야로 밀고 들어가 국가 기구에까지 손을 뻗치는 상황이 되었지만, 그런 성향은 이후에도 변하지 않았다.

정권을 장악한 후에도 비스마르크는 자유주의자들과 정치적 '화합'은 했으되 근본적으로 보수주의 노선을 바꾼 적은 없었다. 1878~1879년의 경우, 소위 '보수주의에 의한 제2의 제국 창건'이라 불리던 국가 주도의 보호관세 도입은 정적이던 자유주의자들 가운데 우파와 결탁하여 지지 세력을 확보할 수 있었다. 자유주의 우파에게 경제활동을 강력하게 뒷받침해주는 대신, 반대 세력인 좌파와의 분열을 자초하도록 만든 전략이었다. 궁극적으로 자유주의자들의 정치적 영향력을 약화시킨 그러한 통치기술은 실용주의 노선에 편승한, 보수주의에 의한 현실정치의 면모가 아닐 수 없었다.

그리고 보면 어린 시절에 10년이 넘도록 자유민주주의의 개혁적인 이념을 표방하는 교육환경을 쫓아다닌 일이나 어머니의 자유주의적인 개혁 성향은 비스마르크에게 오히려 역효과가 난 셈이었다. 19세기 근대 시민사회로의 전환기 속에서 새로이 싹트는 사회의식이나 신분의식의 변화에도 불구하고 보수주의를 고수하며 융커 귀족의 틀을 벗어나지 않았던 그는 어쩌면 집으로 찾아드는 수많은 방문객들 틈바구니에서 이미 '우리'라는 동질감을 느꼈을지도 모른다.

자유시민적인 환경을 거슬러가며 보수적인 군주제 성향을 지지하면서 정체성을 찾아갈 무렵, 그는 대학에 들어갔다. 그러나 그는 복잡한 시대상에 못지않은 가족사에 엮인 채 혼란스런 두 세계를 오가며 한동안 방탕과 허상의 늪에서 헤어나지 못했다.

괴팅겐 대학의 싸움꾼

17세가 채 되기 전인 1832년 비스마르크는 대학 진학을 앞두고도 여전히 어머니의 그늘에서 벗어나지 못했다. 어머니는 오랜 고민 끝에 친척들 가운데 지식인이자 재정부에 몸담고 있던 한 어른의 조언을 따르기로 했다. 그러고는 이번 역시 자신의 판단과 의지에 따라 유럽 중부에서 명문으로 알려진 괴팅겐 대학을 선택해버렸다.

그러나 대학을 선별하는 과정에서 그녀 나름대로 세심하게 고심한 흔적은 역력했다. 맥주나 마시며 노는 데 빠져 지내지는 않을까 우려하여 하이델베르크는 처음부터 아예 배제할 정도였다. 아울러 사회생활에서 언론의 자유와 자유사상을 중시하던 바덴의 하이델베르크 대학이 보수적인 군주제 중심인 프로이센의 공직을 준비하기 위한 교육을 얼마나 제공해줄지 의문스러웠기 때문이기도 했다. 한편 본 대학의 경우, 1818년에 건립된 짧은 역사에다가 사회적 명성으로나 학문적으로나 검증이 덜 된 대학이라고 그녀는 판단했다. 고향의 동창들 대부분이 진학

하던 곳이어서 본 대학에 마음이 갔던 비스마르크 개인적으로는 못내 아쉬운 결정이 아닐 수 없었다.

베를린에서 서쪽으로 약 200킬로미터 떨어진 괴팅겐은 어느 곳보다 도시의 물이 들지 않은 전형적인 학문의 도시이고 대학 도시였다. 물론 조언을 해준 사람도 모를 리 없었겠지만, 괴팅겐 대학은 1831년 초 이미 프로이센 개혁을 선동한 중심지로 유명했다. 그 가운데 핵심 인물로는 법학자 라우셴프라트(Johann Ernst von Rauschenplat, 1787~1868)와 강사 슈스터(Schuster)가 있었으며, 해외에서 망명한 대부분의 급진적 지도자들이 머무르던 곳으로도 정평이 나 있었다.

1832년 비스마르크가 입학을 앞둔 그 무렵에도 학교 사정은 여전히 조용하지 못했다. 괴팅겐 시민들과 학생들이 대거 무장하여 시청을 점령하고, 국민군을 조직하여 날마다 회의를 열어 개혁운동을 추진하기 위한 임시위원회를 결성하는 등 분위기가 심상치 않았다. 결국 8일 만에 도시를 점령한 정부군에 의해 진압되기는 했지만, 그 후유증으로 대학은 부활절까지 폐쇄되고 학생들은 모두 추방될 정도였다.

비스마르크의 어머니는 학과 선택의 문제에서도 자신의 소신대로 법학을 고집했다. 법학은 비스마르크가 특별히 관심을 갖던 분야도 아니었다. 그렇지만 군인으로 종사하거나 가문의 유산을 물려받아 농장이나 경영했으면 하던 아버지의 생각과는 달리 자유주의 시민계급 출신답게 어머니는 공직으로 나아가는 발판이자 돈을 버는 학문으로 통용되던 법학을 고집했다.

당시 가진 자들 가운데 자유주의의 조력자들이나 헌법 광신자들, 또는 민주주의 선동가들이 법학을 선택하는 경향이 있었다. 그런 새로운 시대상황을 고려할 때, 전형적인 토지귀족인 융커의 아들이 변호사로 활동하기에 이로운 사회적 분위기는 아니었지만 개혁적인 성향의 어머니로서는 안정된 미래와 출세의 가능성에 치중하여 과감한 선택을 원했다.

대학 선별에서부터 전공과 직업에 이르기까지 비스마르크의 미래는 어머니에 의해 좌우되었다. 19세기 그 시절의 독일에서도 대학 진학 문제는 당사자만의 문제는 아니었을 것이며, 이는 오늘날의 우리사회와도 비슷하다. 물론 부모의 의견이나 사회적 추세를 함께 고려해야겠지만, 비스마르크 어머니의 모습 역시 우리의 어머니들과 크게 다르지 않았던 모양이다.

비스마르크는 뚜렷한 의지나 인식도 없이 철저하게 어머니의 계획대로 움직이며 청년기의 삶을 시작했다. 그런 그에게서는 어떠한 열망이나 포부도 읽어낼 수 없었다. 그러나 어머니는 학맥에서나 실무에서나 유능한 정치교육의 최고기관으로서 괴팅겐의 오랜 명성에 힘입어 내심 법학을 전공한 아들이 장차 법관이나 외교관이 되기를 기대했을 것이다. 어쩌면 자신의 아버지 아나스타시우스처럼 프로이센에 충성할 수 있는 인물을 꿈꾸었을지도 모른다.

1832년 자유민주주의를 외치는 개혁의 바람으로 괴팅겐 대학은 소요로 들끓었고, 학사 일정도 한 달이나 지체되었다. 4월의 개강이 지연되었으니 대학 도시로서 괴팅겐의 분위기는 그야말로 한적하기 이를 데 없는 시골에 지나지 않았다.

5월 10일에야 겨우 등록을 마친 비스마르크는 대학생활을 시작했다. 말로만 듣던 대학 분위기는 김나지움과는 판이하게 달랐다. 마치 가두어 놓았던 둑이 한꺼번에 터져버린 듯 대학에서 그는 순식간에 고삐 풀린 망아지가 되었다. 그동안의 모든 간섭과 감시의 틀을 미련 없이 벗어버린 채 처음으로 주어진 자유에 정신없이 도취되었던 것이다. 그때까지 어머니의 영향력에 좌우되던 아이의 모습이라고는 찾아보기 어려울 만큼 판이한 행동이었다. 고향을 그리워하며 남몰래 눈물을 훔치면서 틀에 박힌 학교생활에 복종하던, 그야말로 소심한 유년기의 모습은 아득한 과거로 밀려났다. 어머니와의 잦은 충돌에 미움과 불만으로 가득 찼던 청소년기의 모습도 더 이상 아니었다. 한마디로 그에게서 어머니의 그림자는 사라지고 없었다.

대학생활이 시작된 지 불과 2주일을 조금 넘긴 5월 27일, 독일 남부에서는 '함바흐 축제'가 한창이었다. 함바흐 축제는 바이에른 정부당국으로부터 언론탄압을 받던 팔츠 지역의 반발을 계기로 노이슈타트 근교에 있는 성을 중심으로 시작되었다. 그러나 축제는 분열된 독일 전역의 대학생들을 중심으로 각지에서 모여든 3만여 명이 자유와 통일을 요구하는 시위로 확산되었다.

축제의 참가자들은 프랑스의 7월 혁명에 고무되어 러시아, 오스트리아, 프로이센 3국이 공화주의-자유민주주의의 민족주의 운동을 억압하기 위해 체결했던 신성동맹 체제에 반대했고, 유럽 각국의 국민들도 이에 함께 투쟁할 것을 주장했다. 심지어 지도자들이나 연설가들이 주축이 되어 민주주의와 국민주권을 요구하는 목소리를 드높이며 공화주의 형태의 민족국가를 희망했다.

확고한 목적의식을 가졌던 이 시위는 과거 1817년 10월 대학생과 교수 500여 명이 1813년 라이프치히 전투의 민족해방 정신을 기리는 분위기 속에서, 루터의 종교개혁의 역사적인 위대함을 고취하기 위해 개최했던 '바르트부르크 축제' 때와도 달랐다. 시위 참가자들의 경우 수공업자 단체나 농부들까지 가세함으로써 수적으로도 훨씬 우세했고, 특히 지도자들의 경우 더 이상 대학생이나 교수들로만 이루어지지도 않았다. 오히려 일상적인 직업에 몸담고 있고 정치에 정통한 언론인이나 변호사들이 자리하고 있어 개혁적 분위기를 물씬 풍기는 정치적 축제

이기도 했다.

함바흐 축제는 그야말로 '국가의 축제'로 손색이 없었다. 이 축제는 1848년 독일의 자유주의 시민혁명인 3월 혁명이 발발하기 전까지, 독일 민주주의 탄생의 계기가 된 중요한 정치적 사건으로 자리매김했다. 그리고 그때 사용한 흑-적-황의 삼색기는 오늘날 통일과 권리, 그리고 자유를 상징하는 독일 국기가 되었다.

그러나 함바흐 축제에서 주창된 민족주의와 자유주의의 움직임은 곧 독일연방의 반국민적 탄압정책에 부딪히고 말았다. 연방정부가 1819년의 '칼스바트 강령(Karlsbader Beschlüsse)'에 6개 조항을 추가·발표하여 기존의 질서를 파괴하는 자들에 대한 즉각적인 구금조치를 단행한 때문이었다. 비록 허사가 되긴 했으나, 대학생들과 젊은 시민들은 그 이듬해에 초소를 점령하고 정치범의 석방을 요구하는 등 여전히 강경투쟁을 불사했다.

그 이후로도 사회적 빈곤층들로 구성된 대중들이 가세하여 시위는 혁명적인 양상으로 확산되었다. 그러자 시민계급 자체에서는 오히려 이를 사회적 위화감만 조성시키는 사태로 받아들이는 새로운 기류마저 감돌기 시작했다. 입헌군주제를 지향하던 자유주의자들 내 상층 부르주아의 상당수가 하층민들의 사회혁명적 분위기에 위협을 느낀 때문이었다. 민족국가의 통일 문제에 있어서 반드시 혁명적인 민주주의자들과 공동노선을 취할 필요가 있겠느냐는 의문이 결국 그들의 발목을 붙잡은 셈이 되었다.

함바흐의 교훈은 1840년대에 이르기까지 바이에른, 바덴, 라인란트 외에도 '괴팅겐 대학 7교수'의 자유주의 운동 등을 비롯해 독일 전역에서 일어난 자유주의 운동의 초석으로 자리했다. 그러나 자유주의자들 내에서부터 확고하게 뿌리내리지 못한 그런 시민의식은 결정적인 걸림돌이 아닐 수 없었다. 정부의 강경한 탄압조치에 적극 대항하지 못하고 오히려 사회 분위기에 위협을 느끼면서 그 정도에서 그쳐버린 그들이 그런 한계를 극복하지 않는 한 향후 자체 내 파벌관계와 그로 인한 문제로부터 자유로울 수는 없기 때문이었다.

아니나 다를까, 머지않아 '자유주의의 보수화' 경향이라는 취약점까지 재발할 전조가 나타났다. 자유주의자들 간의 분열 현상은 자멸을 자초하는 불씨로서 언제든 타오를 수 있는 문제였기 때문이다. 실제로 그들 스스로 주역이 되는 1848년 3월 혁명이 실패를 감수해야만 했던 주된 이유 중 하나도 바로 그 때문이었다. 근대 시민사회로 발전하는 정상적인 궤도에서 벗어나버린, 성숙하지 못한 시민계급의 현주소는 먼 훗날 두 차례에 걸친 세계대전과 민족분단이라는 독일의 특수한 역사와도 직접적으로 연결되는 뼈아픈 교훈으로 남고 말았다.

한편 그 무렵 신입생 비스마르크는 서클 활동으로 대학생활을 시작했다. 그는 귀족 자제들이 선호하던 향우회적 성향의 하노베라(Hannovera) 서클을 멀리하고 오히려 부르셴샤프트(Burschenschaft)에 가담했다. 부르셴샤프트는 바르트부르크 축제를 개최한 이후에 결성되었다가 없어졌으나, 독일 민족의 통일을 열망하던 대학생들을 중심으로 1827~1828년에 독일 전역에서 결성된 학우회였다. 그 회원들은 다시 함바흐 축제에도 참가하면서 민족주의적 사고를 주창하고 애국주의를 선전하는 학생들로 구성되었다.

그런데 비스마르크가 하노베라를 선택하지 않고 부르셴샤프트에 가담했던 것은 전혀 예상치 못한 일이었다. 지금까지 귀족 신분 속에서 동질성을 찾고 정체성을 추구했던 비스마르크이고 보면 부르셴샤프트 쪽으로는 아예 눈길조차 돌리지 않았어야 했다. 어쩌면 그 스스로 선택한 결심이 얼마 지나지 않아 무너져야 당연한 것이었다.

부르셴샤프트의 진정한 의미를 제대로 파악하지 못하고 가입한 때문이었을까, 아니면 그 회원들에게서 우호감이나 친밀감을 느끼지 못한 때문이었을까? 어느 귀족 자제들과는 달리 비스마르크는 자아정체성이나 소속감의 문제로부터 늘 자유롭지 못한 것이 사실이었다. 그런 상황을 불행으로까지 받아들였기에 신분의식의 갈등이 심해질수록 그 개인적으로는 '완전무결'한 귀족 자제들에 대한 일종의 거리감이나 콤플렉스도 있었던 것으로 보인다. 따라서 귀족의 무리로부터 벗어나려는 심리가 부르셴샤프트를 선택하는 데 크게 작용했을 수도 있다. 서클 활동에서조차 귀족과 평민의 자제들로 양분된 상황에서나마 잠시 자신의 방황을 묵과할 수도 있었을 테니 말이다.

훗날 그 스스로는 서클을 탈퇴한 이유를 "회원들의 뒤떨어진 교육수준과 생활수준에 대한 실망, 그리고 그들의 극단적인 정치 성향에 공감대를 찾지 못한 때문"이라고 밝혔다. 귀족과 평민의 이중적인 특성이 혼재된 자신의 출생 문제와 일방적인 교육방식 때문에 자유주의적 시민계급의 뿌리는 가능한 감추는 대신 보수적인 사고와 귀족 신분만을 선호하고 쫓아가던 그였기에 처음부터 어긋난 결정이었다.

부르셴샤프트의 분위기를 받아들이고 그 정서와 화합하기에 2개월의 시간은 비스마르크 인내의 상한선이었던 것 같다. 군주체제에 대해 비판의 소리를 듣고 자라나지 않았던 그에게는 개혁이나 자유보다는 복종과 보수를 지지하는 융커 귀족을, 그리고 민족보다는 국가를 우선으로 하는 것이 자연스럽지 않았을까.

결과적으로 부르셴샤프트 가입과 관련하여 그 회원들이 정치·사회적으로 바라는 독일 통일의 의미를 그 역시 같은 차원에서 생각했다고 본다거나, 또는 개혁운동에 가담할 만큼 자유주의의 반정부적인 정치의식을 지녔다고 판단하는 것은 무리다. 그렇다고 순전히 그 개인의 심리적인 상황으로 인한 이탈 현상에서 비롯된 결과로만 볼 수도 없다. 바꾸어 말하면, 자유주의니 국민주권이니 공화주의 형태의 민족국가니 하는 그런 정치적 이념들을 기치로 내걸고 현 지배 체제에 저항하는 자유주의 운동이 비스마르크와 전혀 거리가 멀었다고 볼 수만도 없다. 그러한 민족주의적 사고가 초보 대학생인 비스마르크에게도 상당히 고무적으로 비쳐진 일면은 분명 있기 때문이다. 강의실이든 강당이든 대학 내 곳곳에서 벌어지는 부르셴샤프트의 부르짖음을 목격할 수 있었기에 그는 호기심과 함께 자극을 받고 함께 움직일 수 있었을 것이다.

그런 면에서 4년간의 프라만 학교를 비롯하여 9년 동안 김나지움에서 교육받은 자유주의와 민족주의의 영향 때문인지 비스마르크가 잠시나마 흔들렸던 것은 분명하다. 훗날 정치 현장에서 자유주의자들과의 정치적 '화합'에서 보여준 '유연함'이 말해주듯, 전반적으로 학교에 대한 불만과 반발에도 불구하고 그러한 환경이 이론적인 고찰을 통해 그의 사고의 일부로 발전한 결과였다.

1833년 가을 괴팅겐 대학을 떠나던 무렵, 비록 한때였지만 비스마르크는 한 사람에게만 계속해서 복종해야 하는 이유를 문제시한 적이 있다. "민족적 감정을 중시하는 것이야말로 최고의 목표"라고 회고록《상념과 회상》에서 토로했듯이, 그에게는 보수와 자유의 두 세계 사이에서 어느 정도 정신적인 갈등을 겪은 흔적이 묻어났다.

나는 비록 공화주의자는 아니지만, 국가의 미래를 생각하면 범신론자로서 가장 이상적인 국가 형태를 공화국이라고 본다.

귀족 자제들의 서클을 기피했던 비스마르크는 일시적인 방황을 끝내고 역시 '제자리'로 돌아왔다. 부르셴샤프트에 가담한 사실이 검사나 행정관료 또는 외교관을 꿈꾸는 자들에게 두고두고 따라다니면서 위해를 안겨줄 만한 구실이 된다는 것을 재빠르게 파악했더라면 지배 권력의 그런 이념에 맞추어 아예 발을 들여놓을 시도조차 하지 않았을 것이다.

물론 2년 뒤의 그런 일을 상상조차 할 수 없는 그였겠지만, 실제로 독일 연방의회는 부르셴샤프트 회원들이 국가 관직에 등용되지 못하도록 하는 독단적인 법안을 통과시켰다. 그로서는 운 좋게 화를 피해간 셈이었다.

부르셴샤프트에 가담한 지 2개월도 채 되지 않아 7월 6일 비스마르크는 드디어 하노베라에 모습을 드러냈다. 일시적으로 참석한 그는 8월에 그들만의 공식적인 입회 절차라고 일컫는 격투를 치르고 나서야 정식 회원으로 가입할 수 있었다. 놀고 싸우는 데 열중하던 하노베라 서클 회원들의 대부분은 그런 일에 모두 능숙했다.

비스마르크는 괴팅겐에서 보내는 3학기 동안 25차례의 격투를 벌이며 보수주의자들 사이에서 점차 두각을 나타냈다. 그로부터 6년이 지난 후 비스마르크는 학내 소요 사태에 정부당국이 "휘몰렸다"고 언급했는데, 이때 이미 그의 사고에는 하노베라 회원답게 자유주의 운동에 대한 심한 거부감이 있었다.

하노베라의 분위기에 휩쓸리면서 비스마르크의 대학생활은 학문하는 분위기와는 거리가 멀어졌다. 그는 1833년 초에 '20년 뒤 독일이 과연 통일을 이룰 것인가?' 하는 문제를 두고 한 미국 학생과 25병의 샴페인을 걸고 격투를 벌인 적이 있었다. 정계에 입문하고 20년이 지난 1853년 비스마르크는 그 학생을 수소문해 보았으나, 이미 세상을 떠났다는 소식만을 접할 수 있었다.

1870년 프랑스와의 전쟁 중에 그는 다시 한 번 '샴페인 내기'를 떠올렸다. 다시 20년이 지나서, 그것도 자유주의자들에 의해서가 아닌 보수주의자들에 의한 독일제국의 통일을 목전에 두고서 만감이 교차하지 않을 수 없었던 모양이다. 그러면서도 그는 아주 조심스럽게 그 옛 기억을 다시 한 번 더듬었다.

신의 도움으로 실현될 일을 겨우 격투 정도로써 객기를 부리고 말았다.

1853년 비스마르크는 왜 미국인 친구를 찾고자 했을까? 만약 그가 살아 있었더라면 자신의 처신이 부질없었다고 하면서 1870년처럼 오로지 신의 소관으로 겸허하게 받아들일 생각이었을까?

그러면서도 그 스스로는 1833년에 벌써 국가 통일을 꿈꾸었던 자신의 사고와 희망에 놀라움을 금치 못했다. 어떠한 형태의 국가 통일을 구상하고 있었는지에 대해 구체적으로 알려진 바는 없지만, 아버지 페르디난트가 40년 전 3월 31일자에 형 베른하르트에게 보낸 편지를 보면, 당시 프로이센 군주제의 틀만은 그의 뇌리에 박혀 있었던 것 같다. 그것이 그의 신념이자 국가관으로서 그 이후로 변한 적은 없었다.

오토가 잘 지내고 있다는 편지를 보냈다. 그런데 국왕을 비웃으며 프로이센에는 앞으로 예의바른 학생이 결코 없을 것이라는 말에 한꺼번에 여섯 명과 싸웠다고 했다. 그러나 뒤에 그들로부터 그 말을 취소 받았다고 하더구나.

비스마르크의 괴팅겐 대학 시절은, 하노베라의 향우들도 같은 생각이지만, 대학생으로서는 정상적인 궤도에서 한참을 벗어나 있었다. 그 시절의 그를 대변하는 수식어로는 방탕이나 방종만큼 적절한 단어도 없을 정도였다.

비스마르크가 대학에서 처음 선택한 과목은 두 개의 법학 강좌를 제외하고는 철학, 역사학, 국가학, 그리고 수학 등 상당히 광범위했다. 그러나 어느 강의에서든 그의 모습을 찾기는 어려웠다. 그에게는 강의와 세미나에 참여하기보다 대부분의 시간을 할 일 없이 돌아다니며 친구들과 어울려 먹고 마시며 마구 주먹이나 휘두르는 것이 일상이었다. 나이트가운 모양의 밝은 색 외투나 담녹색의 긴 예복 차림에 커다란 개를 거느리고 다니던 튀는 행색은 주변의 눈길을 끌기에 충분했고, 저돌적이고도 반항적인 모습에는 귀족의 오만함까지 배어나왔다.

늘 과격한 행동에 술집과 결투 없이는 그 시절을 기억할 수 없을 만큼 비스마르크는 도시에서 가장 잘나가는 '싸움꾼'으로 이름을 날렸다. 펜싱 격투, 술자리, 빚, 구류 처벌 등 정상적인 학생으로서는 한 가지도 제대로 경험하기 쉽지 않은 갖가지를 그때 체험했다. 그러나 펜싱 격투장에서 그가 보여준 움직임은 늙어서도 스스로 자랑스럽게 떠올리곤 했다.

매번 공격할 때마다 나는 날카로운 칼날이 내 얼굴을 노리는 것을 피해가면서 상대에게로 점점 다가갔다. 바로 그때 부릅뜬 눈으로 내 몸을 앞으로 구부리는 교묘한 기교의 검술은 정말 대단했지.

격투를 일종의 의식으로까지 받아들였던 하노베라 회원들과 다를 바 없이 행동했던 비스마르크에게서 다른 건전한 모임을 기대하기란 어려웠다. 훗날 크게 후회했지만 그는 그 오랜 시간을 아무런 이득도 없이 술집에서 허송세월로 보내고 빚까지 지는 신세가 되어, 결국 아버지에게 떠밀려 괴팅겐 대학을 떠나야 하는 지경에 이르렀다.

그런 가운데서도 외교관이라는 직업과 관련된 장래 문제만은 그도 진지하게 고심했다. 지리부도에 심취하면서 국가학이나 민족학에 대단한 관심을 보이면서 그는 당대인들로부터 그다지 흥미를 끌지 못한 외교정치를 자주 얘기했고, 프로이센 장교의 입장에서 바라본 해방전쟁의 의미도 곱씹곤 했다. 심지어 지리부도를 보면서 "전쟁 당시 스트라스부르크, 하이델베르크, 스파이어 등지에서 프랑스 군대의 승리와 점령을 떠올릴 때는 울분을 참지 못했다"며 발끈하기도 했다.

특히 프랑스 군대의 팔츠 점령을 생각할 때면 내게는 복수심과 함께 전쟁 욕구마저 끓어올랐다.

한편 성실하지 못한 대학 시절을 대변이라도 하듯, 대표적인 일화를 통해 여유와 익살까지 보여주는 노익장 비스마르크에게서 실소를 금할 길이 없다. 괴팅겐 대학 당국이 저명한 정치인 비스마르크의 탄생 70주년을 기념하여 그에게 명예박사학위를 수여하던 때였다. 대학에서 파견한 법학과 교수 이에링(Rudolph von Ihering, 1818~1892)과의 만남이 주선되었으나, 당국의 의도만큼 그리 순탄한 접견이 되지는 못했다. 대학 시절 존경했던 교수가 누구냐는 이에링의 정중한 질문에 비스마르크가 스스럼없이 내뱉은 답변이 전혀 뜻밖이었기 때문이다.

그런 분은 한 분도 없었소. 그 누구도 내게 법학에 대한 관심을 심어주지는 못했소.

법학을 전공한 그에게서 법학과와 관련된 설명은 그뿐이었다. 더욱이 엉뚱하게 그는 말머리마저 슬쩍 돌렸다.

국가학을 부전공으로 선택했던 내게 역사학 교수 달만의 강의는 들을 만했지요. 그는 1837년 국왕의 위헌에 저항하던 괴팅겐 7교수의 한 사람이었소.

그러고는 달만(Friedrich Christoph Dahlmann, 1785~1860)에 이어 이내 "나폴레옹이 일방적으로 파괴했다는 이론을 주장하던 역사학과 헤렌(Arnold Hermann Ludwig Heeren, 1760~1842) 교수가 주최한 유럽의 국가체제에 대한 강의에 깊은 감명을 받았다"고 넌지시 일러주었다.

브레멘 상인가문의 아들로서 경제와 상업에 유달리 관심을 가졌던 헤렌은 경제뿐만 아니라 일반적인 정치에 이르기까지 다방면에 걸쳐 종합적으로 분석하는 연구방법으로 뛰어난 업적을 남겼다. 이후 근대사, 특히 유럽의 국가체제와 식민역사에 이르기까지 그의 관심분야는 방대했다.

대학당국이 본래 인터뷰하기로 한 취지가 무색해질 정도로 비스마르크의 답변은 줄곧 다른 곳으로 내달렸다. 헤렌 교수에 대한 설명이 끝나기가 무섭게 느닷없이 괴팅겐 시절 자신의 망가진 모습마저 화젯거리로 끄집어냈다. 할 말을 잊은 듯 무척이나 난감해 하는 이에링의 모습에 전혀 개의치 않고 비스마르크는 묻지도 않는 이야기보따리를 줄줄이 풀어헤쳤다.

나는 학문에 그리 성과를 보이지 못했소. 방학 중에도 학교에서 시간을 보내는 여느 학생들과는 달리 나는 학기 중에도 싸움질에 카드놀이에 술집에서 시간을 보내기 일쑤였지. ……나는 교수들보다는 학교의 수위를 비롯한 하급직원들과 더 가까웠소. 심지어 베를린 대학 시절에는 구류 처분까지 받아 학생 감옥에 복역한 적도 있습니다.

70세의 생일을 맞이하기 4일 전인 1885년 3월 28일, 비스마르크는 괴팅겐 대학으로부터 명예박사학위를 받았다. 그날 그는 하노베라 향우회의 예전 상급생 모임에 참석하여 피르크스-자미텐(Baron Firks-Samiten) 남작 등과 함께 술자리에 어울렸다. 그 자리에서 이런 이야기가 오갔다. 피르크스-자미텐은 향우회의 상급생이며 친구인 비스마르크를 자신의 후임자로 지목하면서 "국내 정치의 자유주의적인 분위기에 반대하니 그런 정책을 삼갔으면 좋겠다"는 의향을 내비쳤다. 이에 비스마르크는 "나는 그러면 이미 죽은 것이나 다름없다"며 일축했다. 그 대답이야말로 비스마르크다운 대답이었다. 때는 바야흐로 대외적으로 영국과의 신경전에다 국내 좌파 자유주의자들과의 투쟁까지 겹쳐 있었던 만큼 안팎의 두 문제를 한꺼번에 타개하기 위해 식민정책이라는 절묘한 방책을 눈앞에 두고 있었다. 예기치 않게 식민정책으로 급선회함으로써 우파 자유주의자들과의 공고한 기반을 다짐은 물론 동시에 자국에 독선적인 식민 강국 영국의 심기도 불편하게 만들 수 있었으니 절호의 기회가 아닐 수 없었다. 한마디로 보수주의자인 비스마르크로서는 자유주의 노선과의 화합도 불가피하다고 숙지하고 결정한 정책인 만큼 되돌아볼 필요가 없는 최선책이었던 것이다. 피르크스-자미텐 역시 양조장이나 지키고 정치에 관한 한 관여하지 말라는 그런 뜻으로 받아들였다.

그로부터 5년 뒤 정계에서 은퇴한 직후인 1890년 4월 1일, 75세의 비스마르크는 괴팅겐 시로부터 명예시민 증서도 받았다. 빌헬름 2세의 뜻에 따라 쫓겨나다시피 정계에서 물러나야만 했던 그가 명예시민으로 추대받았다는 사실은 현 정권에 몸담았던 시절의 실세로서 누렸던 유명세나 명예학위와는 의미가 분명 달랐다. 비록 권력을 잃고 정계를 떠났지만 국가 최고 지도자로서 그동안의 공로를 충분히 인정하고 기억하겠다는 시민들의 뜻이 거기에 담겨 있었기 때문이다.

베를린에서 개과천선하다

대학 문을 들어선 지 벌써 2년이 훌쩍 지난 1834년 5월 신학기를 맞이해서 비스마르크는 괴팅겐을 떠나 베를린 대학으로 옮겨야만 했다. 방탕한 생활로 진 빚 때문에 지난 9월에 이미 괴팅겐 대학을 그만두었기 때문이다. 그러나 달라진 모습이라고는 찾을 수 없는 그에게서 성실한 대학생의 모습을 기대하기란 좀체 어려웠다.

베를린에서의 대학생활이 시작되기 전 그는 아버지에 이끌려 잠시 크니프호프를 찾았다. 그에게 실망을 금치 못한 어머니의 질책은 짐작하고도 남을 일이었다. 어머니는 성공적인 공직자로서의 경력을 갖추게 하기 위한 일념으로 고심 끝에 선택하도록 했던 법학을 지금이라도 그만두어야 하는 것은 아닌지, 아들이 계속해서 공부에 관심이 없다면 도대체 어떤 미래를 다시 계획해야 할지 여간 고민이 아니었다. 남편의 뜻대로 군에나 지원하는 편이 차라리 낫지는 않았을까 후회하기도 했다. 김나지움의 좋지 않은 졸업성적과 예상치 못한 괴팅겐에서의 방탕한 대학생활까지 지켜본 그녀로서는 계속되는 실망과 허망함을 감추지 못했다.

그러나 그런 어머니에 대해 비스마르크는 강한 부담과 불만으로 반응했다. 특히 군사훈련을 몹시 싫어한 탓에 지금껏 군대 지원을 미루었던 그였기에 입대 문제만은 극구 반대하는 입장이었다. 장성한 아들 앞에 어머니의 훈시도 더 이상 효력이 없었는지 군대라는 말은 이내 사라졌다. 부득이할 경우 최대한 늦게 갈 작정이었기에 장교가 되었으면 하는 부모님의 의향을 처음부터 따를 가능성이라고는 전혀 없었다.

비스마르크에게 군 입대는 머지않아 거듭되는 좌절과 실패를 극복하기 위한 최후의 도피처로서 선택되긴 하지만, 그런 군복무마저 쉽게 마치기 위한 심산으로 장교이던 친구 밑에 지원서를 제출할 정도였다. 그런 그이고 보면 부모님의 지원 제안에 얼마나 민감하게 반응했을지 쉽게 짐작할 일이었다. 어쩌면 군대에 대한 지나친 거부감은 일찍이 프라만 초등학교 시절의 스파르타식 훈련에 질려버린 때문일지도 모를 일이었다.

1833년 말 비스마르크는 베를린으로 옮겨왔다. 독일인들의 정신적인 삶의 중심지라는 명성을 가진 베를린 대학은 약 2500명의 학생 가운데 4분의 1 이상이 법학도였다. 당시 베를린 대학은 법학계의 우두머리인 사비니(Friedrich Karl von Savigny, 1779~1861) 외에도 역사학자 랑케(Leopold von Ranke, 1795~1886)를 비롯하여 철학자 트렌델렌부르크(Friedrich Adolf Trendelenburg, 1802~1872), 지리학자 리터(Carl Ritter, 1779~1859) 등 쟁쟁한 학자들이 학문 활동의 거점으로 삼고 있던 그야말로 학문의 전당이었다.

새롭게 시작한 대학생활에서 비스마르크는 재정적인 어려움과 도덕적인 부담감 때문에 괴팅겐에서처럼 방탕하게 생활할 수는 없었다. 게다가 학기가 지나감에 따라 장래에 대한 압박감이 심해져 참담함을 금할 길이 없었다. 개강을 앞두고 베를린의 긴 겨울은 그렇게 내내 어둡고 냉랭하기만 했다.

그 무렵 비스마르크는 여전히 외교관이라는 한 가닥의 희망만은 버리지 못했다. 공식적인 대학 등록을 며칠 앞둔 1834년 5월 5일 친구 샤르라흐(Gustav Scharlach, 1811~1881)에게 보낸 편지에서 그는 농담 반 진담 반으로 자신의 의지를 드러내기도 했다.

내 계획은 이제 이곳에서 1년 더 머물렀다가 2년 뒤 아헨에서 외무고시를 치르고, 페테르부르크든 리우데자네이루든 어디든 상관하지 않고 떠나버리는 것이라네.

그러나 그 계획이 결코 쉽지 않았던 듯, 바로 그 무렵 외무장관 안칠론(Johann Peter Friedrich von Ancillon, 1767~1837)을 대면한 자리에서 접한 일련의 이야기는 그에게 심한 허탈감만 안겨주었다. "정부의 관리직을 염두에 두고 국가시험을 치르되, 몇 개월 전에 체결된 관세동맹과 관련해서 업무를 보라"는 권고는 충고라기보다 오히려 그의 용기를 꺾어버리는 말에 지나지 않았기 때문이다.

주정부 기관에서 주최하는 외무고시의 결과는 대부분 가문의 배경이나 관료들과의 개인적인 친분 정도가 결정적인 역할을 하게 되어 있다네. 특히 해외 관직의 경우 프로이센의 평범한 지방귀족 자제들에게는 하늘의 별따기인 셈이지.

시간이 흐를수록 가슴을 죄어오는 답답함은 이루 헤아릴 수 없었다. 그런 가운데서도 장래 희망인 외교관에 대한 미련만은 백지로 되돌릴 수 없었다. 지금까지 엄청난 에너지로 대담한 행동을 서슴지 않았던 자신을 그대로 주저앉히기에는 남아 있던 자존심이 허락지 않았다.

결국 비스마르크는 외교 업무와 관련된 정보를 수집하기로 결심하고 왕실과 관료들의 사교모임을 주시하기 시작했다. 사생결단의 각오로 자신의 희망을 향해 덤벼들기로 작심한 것이다. 그 무렵 그는 한 친구에게 이렇게 말했다.

나는 프로이센의 최고 룸펜이 되든지, 아니면 최고의 인물이 되고 말테다.

정식으로 등록을 마치고 베를린에서 대학생활을 시작한 이후 비스마르크는 자신의 삶에서 처음으로 행운과 맞닥뜨렸다. 괴팅겐 시절에는 서로 몰랐던 두 친구를 베를린에서 다시 만나게 될 줄이야! 그 주인공들은 바로 미국인 모트리와 발트 해 출신의 카이저링이었다.

모트리는 뉴잉글랜드 태생으로 훗날 빈과 런던 주재 대사이자 역사학자이면서, 특히 네덜란드 역사의 전문가가 되었다. 하버드 대학 출신으로서 탐구적이면서 문학과 예술에 대한 소양까지 두루 갖춘 그와의 만남은 융통성이 없던 폼메른의 융커 아들이자 괴팅겐의 방탕한 일개 대학생에 지나지 않던 비스마르크의 삶에 결정적인 전환점이 되었다.

일찍부터 외교 활동과 역사 연구를 접목할 줄 알았던 모트리는 그렇지 못한 비스마르크에게 뒤늦게나마 체계적인 학문 방법과 함께 여러 가지 토론 방식을 가르쳐주면서 그의 삶에 지대한 영향을 미친 친구 이상의 친구가 되었다. 특히 모트리는 비스마르크가 지니고 있던 귀족 신분으로서의 특권의식과 자만심을 서슴없이 비난했다. 너무나 만족해하면서 이름 앞에 'von'이라는 세 철자를 달고 다니는 독일인들의 지나치게 뿌리 깊은 귀족적 특성도 신랄하게 질타했다.

> 빈 회의 이후 프로이센의 영토는 야영장이 되어버렸고, 그 국민들은 총검으로 훈련되었다. 사들이고 훔치고 강탈하여 모자이크와도 같이 뒤죽박죽 인위적으로 짜맞춘 프로이센은 오로지 군사적인 힘에 의해서만 지탱해나갈 것이다.

모트리의 예견이 적중이라도 하듯, 장차 프로이센의 정치를 이끌어갈 절친한 친구 비스마르크의 정치도 결과적으로는 그 틀에서 시작되었다. 그러나 어느 사이에 비스마르크 역시 모트리 못지않게 아무것도 하지 않으면서 조상들의 수만 세고 있는 귀족들을 노골적으로 조롱하고 있었다. 괴팅겐의 하노베라 시절이나 미국 학생과 결투를 하던 때와는 분명 다른 모습이었다.

졸업 후 고국으로 돌아간 모트리는 1841년 러시아 페테르부르크에 주재하는 미국 대사관의 서기관으로 공직생활을 시작했다. 그 후 1861~1868년 빈에서, 1869~1870년 런던에서 각각 대사로 있던 시절 오스트리아와의 전쟁으로 독일 내에서 헤게모니를 장악하고, 이어 프랑스와의 전쟁을 승리로 이끈 친구 비스마르크의 전성기를 가까이에서 지켜보았다. 그리고 얼마 되지 않아 모트리는 독일제국의 수상이 된 비스마르크로부터 초대를 받았다. 친구의 권력에 놀라기도 했지만, 검소한 생활방식에 또한 감명 받은 그는 비스마르크를 최고의 인물로 극찬해마지 않았다. 1840년대 자신의 첫 번째 책을 내고 1850년대에 세 권짜리 《네덜란드 공화국의 기원사》를, 1860년대에 네 권의 《네덜란드 역사》를 출간하는 등 왕성한 지적 활동으로 비스마르크에게 정신적 활력소가 되었다.

그리고 프로이센의 정치체제에 대해 끊임없이 비판을 가하던 카이저링 역시 비스마르크에게는 평생 지울 수 없는 또 한 명의 절친한 친구였다. 카이저링의 조부모와 부모 모두 페테르부르크의 지식인들과 긴밀하게 교류했다. 특히 심오한 정신세계를 지녔던 그의 부친은 한때 동프로이센의 영주 가문에서 가정교사를 지냈던 칸트(Immanuel Kant, 1724~1804)와도 보기 드문 관계를 유지한 대표적인 지성파였다. 그러한 점에서는 비스마르크의 외조부인 아나스타시우스 멩켄에 견줄 만했다. 비스마르크와 같은 해에 태어난 카이저링은 1839년 제목만으로도 획기적인 《유럽의 척추동물들》이라는 저서를 통해 종합적이고도 비유적인 서술방식으로 유럽세계의 특성과 문제점에 눈을 돌리는 안목을 보여주었다.

그 후 카이저링 역시 정계에 진출했다. 그러나 자신의 전성기였던

1856~1862년 동안 기사계급 출신으로서 왕조나 관료주의에 반대하는 입장을 고수하면서 그는 에스토니아 최고의 위치에서 행정을 수반하는 자유로운 신분의 보수주의자이기를 자청했다. 그가 주장하는 자유주의는 서유럽식의 시민계급-헌법주의를 중심으로 하는 자유주의와는 다소 거리가 있었지만, 프로이센에서의 활동 제의를 거부할 정도로 보수 반동적인 토대와는 또 다른 입장을 취했다. 그러한 점에서 그 역시 모트리에 못지않게 정치적으로 비스마르크와는 분명 다른 노선을 지향하면서도, 모트리와는 달리 귀족 신분의 사고방식을 지닌 비스마르크에게 또 다른 세계를 경험할 수 있게 해준 벗이었다.

베를린 대학에서 함께 모인 모트리, 카이저링, 비스마르크. 이들 세 사람은 시내 중심가인 베렌 가, 프리드리히 가, 라이프치히 가에 모여 살면서 서로의 우정을 다져나갔다. 서로 다른 환경에 기질과 성향에 풍부한 지식까지 고루 겸비한 낯선 세계의 두 친구들과의 만남은 외교관을 꿈꾸던 비스마르크에게 그야말로 의미 있고 고무적인 일이 아닐 수 없었다. 괴팅겐 시절 하노베라의 동창들과는 전혀 다른 차원의 인연이었다.

베를린 대학 시절 세 사람 모두에게 공통된 문학적인 재능은 그 이후로도 계속해서 서한을 주고받으면서 친분을 유지해가는 확실한 기반이 되었다. 비스마르크는 그들과 함께 셰익스피어(William Shakespeare, 1564~1616)나 바이런(George Gordon Byron, 1788~1824)의 작품을 통해 영어 실력을 쌓는가 하면, 모트리와 함께 시를 감상하고 카이저링의 피아노 연주를 경청하면서 서로의 감성을 즐겨 교감하기도 했다. 뿐만 아니라, 의심이 지나치게 많은 극단적인 무신론자였던 비스마르크는 그들의 단골메뉴인 종교 문제에서부터 세계관 문제에 이르기까지 끊임없이 열띤 토론을 벌이면서 정신적인 유대관계도 넓혀나갔다. 무엇보다 진지한 학문적인 자세와 합리적인 토론 생활에 익숙해 있던 그들과의 교류를 통해 터득한 내면적·정신적 가치는 그 무엇보다 소중한 자산이 되었다. 그러한 의미에서 모트리와 카이저링은 비스마르크에게 친구 이상으로 인생의 정신적인 동반자로서 전혀 손색이 없었다.

비스마르크는 베를린 대학 시절에 많은 세계를 경험했다. 학교의 가르침이나 어머니의 의지로도 이루지 못했던 자유주의에 대한 상당한 포용력이나 무위도식하는 귀족에 대한 반감 등과 같은 사고의 전환도 가능해질 정도였다. 그리고 무엇보다 괴팅겐에서의 방탕했던 생활만은 되풀이하지 않았다.

베를린 대학에서 3학기를 이수한 비스마르크는 마침내 법학 공부를 마치고 1835년 3월에 졸업을 했다. 성실하지 못했던 괴팅겐 시절에 비하면 상당히 빠른 기간에 학업을 마친 셈이었으니, 두 친구의 역할이 좋은 자극제가 된 것만은 분명했다.

오수(汚水)를 내달리다

비록 뛰어난 성적은 아니었으나, 비스마르크는 1835년 5월 20일 과외까지 받아가면서 준비한 첫 번째 국가고시에 무난히 합격했다. 그리고 며칠 뒤 베를린의 고등법원에서 사법시보로 근무를 시작했다.

그러나 전혀 예상치 못하게 공직생활은 그에게 커다란 장벽으로 돌아왔다. 외무장관 안칠론의 부정적인 이야기를 잊지는 않았지만, 얼마 지나지 않아 그 생활 자체에 불만만 쌓인 채 적응하지 못하는 날이 늘어갔다. 불확실한 인생의 목표에 불안감까지 떠안은 채 한없이 미궁 속으로 빠져드는 그런 기분이었다. 17, 18세기부터 귀족 자제들이 새로운 교육을 받거나 더 넓은 세계를 경험하기 위해 '그랑 투르(grand tour)', 이른바 '신사들의 유럽여행'을 떠났던 것처럼 그렇게 여행을 가고 싶은 충동에 휩싸이기도 했다. 그러나 재정적인 어려움으로 외국생활을 동경하는 것만으로 만족해야 했다.

비스마르크는 다람쥐 쳇바퀴 돌듯 매일같이 반복되는 공무에 시달렸다. 낮이면 흥미도 없는 일을 해야 하고 저녁이면 먹고살기 위해 왕실과 관료들의 사교 모임을 찾아나서 즐거운 척해야 하는 자신의 처지에 회의감만 커져갔다. 결국 그의 육체와 정신은 날로 피폐해졌다. 그는 6월 18일 샤르라흐에게 절망감에 가까운 편지를 써서 보냈다.

그런 모임에서 즐거움을 맛보거나 찾을 만큼 나 자신이 멍청하지는 못하네. ······펜대보다는 쟁기가, 서류철보다는 사냥자루가 차라리 낫겠다는 생각이 자주 내 안에서 치밀어올라. 그렇게 하기에 너무 늦은 것도 아니지 않은가.

공직생활의 하루하루를 무의미하게 흘려보내는 가운데 비스마르크는 그래도 확실한 미래를 보장받으려는 의욕만은 버리지 못했다. 조급함이 더해질 뿐이었지만, 기어이 당시 포츠담 내각에서 근무하던 형 베른하르트에게 우선 외무고시를 치를 방법에 대한 자세한 정보를 부탁했다.

형의 도움으로 비스마르크는 이미 33세의 젊은 나이에 아헨 시장으로 재직하고 있었고 훗날 내무부 장관에 오르는 아르님-보이첸부르크(Adolf Heinrich von Arnim-Boitzenburg, 1803~1868)로부터 허가서를 받을 수 있었다. 내년 1월에 국가고시를 다시 치르는 조건으로 진로를 바꿀 수 있다는 내용이었다.

비스마르크는 베를린의 사법시보를 미련 없이 그만두었다. 그러고는 두말없이 본격적으로 외교관이 되기 위한 길을 찾아 선뜻 아헨 행을 결

:: 1836년 21세의 비스마르크

심했다. 1836년 2월 중순, 그는 아르님-보이첸부르크의 배려로 2차 시험의 논문주제까지 넘겨받았다. 그리고는 철학과 국가학에서 논문 두 편을 제출하고 법학과 국가경제학, 재정에 관한 구두시험을 필수로 치러야 했다.

2차 시험 과정은 전공인 법학에 대한 구체적인 지식과 행정학 이외에 프로이센의 교육 개혁 이념에 알맞은 학문적 지식과 교양을 두루 갖추어야만 하는 능력 시험이었다. 6월 30일 비스마르크는 철학 논문 〈본성과 맹세의 허용에 대하여〉와 국가학 논문 〈절약적인 국가 경제에 대하여〉를 각각 제출했다. 첫 번째 시험보다 좋은 성적은 아니었으나, 1점(수)과 4점(양)을 각각 받았다. 국가학 논문의 경우, 아무래도 이렇다하게 제시할 만한 사회적인 참여의식이나 관심을 보여주지 못한 점이 결점으로 작용했다.

논문이 무사히 통과된 후 비스마르크는 아르님-보이첸부르크로부터 소개받은 서적들을 중심으로 꼬박 8일 동안 지독하게 준비했다. 그 덕분에 필기시험으로 라틴어와 그리스어 텍스트를 번역하고 그리스어로 말하며 역사와 철학체계에 대한 구두시험까지 무사히 치러낼 수 있었다. 특히 구두시험의 성적은 뛰어난 판단력에 신속한 이해력과 노련한 표현력으로 최고 점수를 받아냈고, 그 결과 상관의 관심을 받기에 충분했다.

비스마르크는 "국가시험에는 합격을 우선으로 한 전략이 필요하다"고 늘 생각하고 있었다. 그런 그에게 아헨에서 치른 시험 역시 지금껏 베를린에서 수행했던 연수교육과 마찬가지로 목표를 위한 한낱 수단에 지나지 않았다. 국가시험에 대한 그런 가벼운 생각은 훗날 1868년 10월 바친 별장에서 카이저링과 나눈 대화에서도 여지없이 흘러나왔다.

대학이란 한낱 사소한 가정생활에까지 학문적인 공동체를 형성케 하고 생계를 유지하는 교수들에게 그들의 책이나 쓰기 위해 필요한 곳에 불과하다네. 강의도 순전히 형식적인 것에 지나지 않아. 노트에 기록한 내용도 8일이면 다 외워서 국가시험 정도는 치를 수 있거든.

그러자 언젠가 남편과 함께 베를린 대학을 찾았던 요한나도 그 옆에서 옛 기억을 더듬으면서 두 사람의 대화에 끼어들었다.

'사랑하는 비스마르크가 대학생으로서 공부하고 졸업했던 곳이 이곳이었구나!' 싶었죠. 그래서 "아, 저곳을 당신이 매일같이 다녔군요!" 하며 매우 감격해마지 않았어요. 그러나 그 순간 그의 대답은 느닷없이 "전혀"라는 단 한 마디뿐이었어요.

요한나의 얘기에 쉽게 동의라도 하듯 카이저링도 한몫 거들었다.

비스마르크는 정말 그런 대학생이었습니다. 심지어는 일주일 동안 국가시험을 준비해서 합격하고 다시 학교로 돌아왔을 때는 공부를 너무 많이 한 것에 분통을 터뜨렸으니까요.

7월 1일부터 비스마르크는 아헨에서 업무를 시작했다. 베를린에서 보낸 1년간의 시보 생활이 경력으로 인정되어 3년에서 2년으로 근무 기간도 단축되었다. 이제야말로 외교관이 되는 지름길이 제대로 펼쳐진 것처럼 생각되었다. 스스로 택한 우회로가 미래의 꿈을 실현시켜줄 진정한 길임을 의심치 않았다.

아헨으로의 출발을 앞둔 초여름, 그는 막간을 이용하여 여행길에 올랐다. 장차 외교관 직업을 준비하기 위해 세상이라는 위대한 책을 통한 여행에 몸을 실을 계획이었다. 라이프치히에서 출발한 여행은 프랑크푸르트, 비스바덴, 뤼데스하임을 거쳐 빙거로흐에서 라인 강의 증기선을 타고 영국식의 거대한 파티를 즐기며 마지막으로 쾰른을 지나 새로운 생활을 시작하게 될 아헨에 이르도록 일정이 잡혀 있었다. 너무나 만족스러운 여행이 가져다준 예상치 못한 경비는 좋은 시험성적을 미끼로 삼았던 그의 계획대로 고스란히 부모님의 몫으로 돌아갔다.

여행 중에 비스마르크는 무엇을 보고 느꼈을까? 그토록 꿈꾸던 세계를 언젠가는 지금처럼 마음대로 누비게 되리라는 기대에 한껏 부풀어 있지는 않았을까? 아헨에서의 새로운 출발은 그보다 더 좋을 수 없을 정도로 최상이었다. 외교관이 되기 위해 법률 분야에서 재빠르게 진로를 바꾼 뒤 비스마르크는 7월에 국유지와 산림 업무, 8월에는 군사 및 지방체제와 관련된 다양하고 새로운 업무를 신속하게 처리하며 능력을 발휘했다. 그의 인생이 드디어 자신과 어머니가 모두 꿈꾸던 그대로의 길로 제대로 접어든 듯 느껴졌다. 머지않아 다가올 먹구름은 감히 상상도 하지 못할 정도였다.

그런 성취감은 잠시에 지나지 않았다. 사회적으로나 개인적으로 대단한 성공을, 그것도 남들보다 빠르게 성취할 것을 꿈꾸던 그에게 날이 갈수록 공직의 무게는 다르게 느껴졌다. 아헨의 행정업무 역시 국왕의 관리로서 사법부의 보조로 근무하던 예전의 일과 사뭇 다를 바가 없었다. 외교관이 되기 위해 그것도 '단축 코스'를 발견한 그에게 아헨의 활동 역시 직장생활이라는 면에서는 베를린의 사법관 시보 시절과 마찬가지로 천편일률적인 단조로움뿐이었다. 무언가 새로운 자극을 주기는커녕 일종의 구속으로 느껴지기는 예전과 다를 바가 없었다.

새로 시작한 공직생활에 실망한 비스마르크는 다시 하루하루를 겨우 넘기는 신세가 되고 말았다. 그러한 정신자세로는 정확성과 엄격함을 요하는 업무에서 성과를 낸다는 것이 무리였다. 당시 라인 지방에서 일어나고 있던 새로운 산업의 발달을 가까이에서 경험할 수 있었음에도 국가의 관리로서 그런 과정에서 빚어지는 각종 사회적인 문제점들조차 제대로 인식하지 못할 정도로 관심 자체를 상실한 상태였다. 프로이센-

프로테스탄트교의 지배에 저항하는 가톨릭교의 반대가 싹트기 시작한 그곳에서 종파적인 갈등이 한창 일어날 때에도, 민족적인 희망의 상징이던 카를 대제의 황제 돔이나 쾰른 성당에 대한 들끓는 여론에도 이렇다 저렇다 반응이나 내색조차 없었다.

그에게는 그저 무료한 날만 계속되었다. 시민계급이 외쳐대는 자유나 1815년에 국왕이 약속했던 헌법 제정의 문제도 그에게는 별개의 문제였고, 자신의 자유와 특권과 관련되지 않은 주변의 상황 그 무엇에도 무관심하거나 불만스러워했다. 심지어는 자신과 아무런 직접적인 관계도 없는 라인 지방의 주민들을 '타고난' 하층민들로 서슴없이 경멸하고 평가절하하면서 그들과는 아무런 관계도 갖지 않으려는 특권의식만 앞세웠다.

　　이곳 남자들은 인색하고 거칠며 여자들은 뚱뚱하고 고루하기만 하다. 그들은 내게 거만하고 낯설게 보일 뿐이다.

그러던 어느 날 아헨의 전혀 새로운 모습이 비스마르크의 시야로 확들어왔다. 그의 열정을 송두리째 흔들어버리게 될, 상상조차 하지 못한 전혀 다른 세상의 모습이 두 눈 가득히 들어왔다. 아헨은 이미 로마 시대부터 19세기 초반까지 국제적으로 이름난 휴양 온천지로서 귀족들이나 부유한 영국인들이 모여드는 곳으로 유명했다. 대학 도시로서 너무도 한적하기만 했던 괴팅겐이나 크고 복잡한 베를린과는 사뭇 다른, 사교계로서 유서 깊은 아헨만의 새로운 모습이 그에게 별천지처럼 다가왔다.

괴팅겐 대학 시절의 '망나니 융커'에서 정신을 차리고 새로운 희망을 찾아 베를린으로, 그리고 다시 아헨으로 달려온 그는 공직에 대한 불만과 내면의 불안감을 단숨에 내팽개치기라도 한 듯 뒤도 돌아보지 않고 돌아섰다. 인생의 목표도 흔들리고 영혼의 보금자리도 보장된 것 없는 불안한 현실 속에서 그는 미래에 대한 모호한 집착만 가득한 채 번쩍 눈에 들어온 별천지에 빠져들고 말았다. 한마디로 혼란과 도락에 파묻혀 마음껏 자유를 누리던 괴팅겐 시절의 충동이 다시 엄습해왔던 것이다.

마침내 1836년 여름, 단축된 직항로에서 벗어나도 한참을 벗어나는 일이 벌어졌다. 자신의 직무를 깡그리 잊어버린 채 비스마르크는 그림처럼 아름다운 두 명의 영국 아가씨에게 차례로 정신을 잃고 말았던 것이다.

그는 먼저 크레베란트(Herzog von Cleveland) 대공의 조카로 알려진 21세의 라우라(Laura Russel)에게 온통 마음을 빼앗겨 사랑에 빠졌다. 아헨에서 밀회를 즐기기에 여념이 없었던 그는 형 베른하르트에게 보낸 편지에서 그 어느 것과도 견줄 수 없는 라우라의 아름다움을 자랑했고, 불과 5주 만에 약혼까지 거론했다. 따분한 공직의 틀에 얽매어 있다고 여긴 그에게 그녀와의 관계는 참으로 흥미롭고 신선한 충격이었다.

한순간에 시골 융커의 촌스러움마저 벗어던진 듯 비스마르크는 제정신을 잃고 하루하루를 보냈다. 부유한 영국 귀족층 사람들과의 사교에 한없이 빠져들면서 스스로 상류사회에 동화되어갔던 것이다. 순식간에 발전한 사랑으로 비스마르크는 자신의 위치와 정도를 완전히 벗어나버렸다.

그러나 그 결과는 재정적인 적자를 메우기 위해 카지노에서 도박까지 하는 신세로 귀결되었다. 도박에서도 돈을 잃고 후회와 불만에 빠져 지내면서 자살까지 생각하던 그는 아버지에게 자신의 처지를 알렸다.

게다가 가을이 되면서 라우라 일행은 다음 여름을 기약한 채 휴가를 마치고 다시 영국으로 돌아가버렸다. 이로써 그들의 관계는 더 이상의 진전 없이 끝나버렸다. 두 사람에게 남겨진 것이라고는 아무것도 없었다. 거기서 비스마르크가 느끼고 깨달은 것이 있었을까? 비스마르크는 그런 상황에서조차 라우라와의 결혼약속을 구체적으로 매듭짓지 못한 것을 못내 후회할 뿐이었다. 어지간히 그녀에게 넋이 나갔던 모양이다.

이 일의 파장은 그것으로 그치지 않았다. 그가 라우라와 만남을 가진 데는 그녀의 아름다움도 한몫을 했겠지만, 무엇보다 귀족 가문의 부유한 여성에 대한 그의 특별한 관심과도 무관하지 않았다. 심지어는 그런 조건을 갖춘 여성과의 만남이 부와 출세와 직결되어 장래의 직업까지 보장한다고 착각할 정도였다. 따라서 최고의 신부감을 놓쳐버린 그로서는 그저 안타까울 뿐이었다.

그러나 정작 심각한 문제는 따로 있었다. 공직에서 불성실한 자로 찍혀버릴 위기에 닥친 것이다. 비스마르크의 상관인 아르님-보이첸부르크가 아무런 보고조차 없이 장시간 업무를 게을리한 부하의 행동을 곱게 받아들일 리 없었다. 게다가 귀족 가운데서도 상당히 높은 직위에, 그것도 젊은 나이에 가장 부유한 상속권자들 중의 한 사람으로서 부와 명예를 모두 갖춘, 그야말로 비스마르크에게 더없이 동경의 대상이던 아르님-보이첸부르크가 자신이 꿈꾸던 외교관의 수장인 외무장관 안칠론의 후계자로 지목된다는 소문까지 나돌았으니, 그의 앞날은 막막하게만 보였다. 외교관의 경력을 꿈꾸는 자가 직무를 유기한 대가로 장차 외무장관이 될 상관의 눈 밖에 나버릴 처지가 된 셈이었다.

막연하게 내년을 기약한 채 라우라가 떠나버린 상황에서 비스마르크의 미래는 먹구름으로 뒤덮인 듯했다. 이것저것 다 놓치고 아무런 실속도 없이 힘에 부치는 빚까지 떠맡게 된 꼴이었다. 불행 중 다행으로 유명한 법학자 사비니의 아들이자 아헨에서 연수생활을 함께하던 카를(Karl Friedrich von Savigny, 1814~1875)의 도움으로 비스마르크의 일탈 행위는 무마되고 복직도 이루어졌다. 그리고 11월 2일 아버지는 한마디의 불평도 없이 200탈러를 보내 빚의 일부를 갚아주었다.

비스마르크는 마음을 다잡고 새로이 일어서기로 결심하고 다시 직업 전선으로 뛰어들었다. 겨우내 절약해서 나머지 빚을 갚고 어느 정도 저축까지 할 결심이었다.

그런데 설상가상이라 했던가! 12월 3일 형에게서 편지를 받은 비스마르크는 최악의 상황에 처했다. 그제야 세간에 떠돌던 악성루머가 그의 귀에도 들려왔다. 즉 매혹적이던 라우라가 크레베란트 대공의 조카이거나 그의 불륜으로 생긴 딸도 아닌 정체불명의 존재일 뿐만 아니라, 그녀의 어머니는 불과 2년 전에 귀족으로 신분 상승했다는 이야기였다. 상류층의 귀족이라 믿고 부유한 그들과 즐겨 어울렸던 그에게 들려온 진상은 여전히 다 갚지도 못한 빚보다 더한 충격으로 가슴 깊숙이 박혀버렸다.

떠나버리고 만 사랑과 도박으로 빚까지 떠안고 있던 비스마르크는 여전히 라우라를 가슴 한쪽에 품고 있었기에 생각만 해도 비참하기 이를 데 없었다. 자존심에 상처를 받아 최악의 상태를 경험한 그는 더 이상 잃어버릴 것도 없는 자신을 자책하고 또 자책했다.

상심에 젖어 지내는 날이 계속되던 중 그 이듬해 초 비스마르크는 열네 살이나 많은 36세의 연상의 여인을 만나면서 다소 위안을 얻었다. 곱게 다듬어진 우아한 모습에 이미 결혼까지 한 그녀는 삶에 대한 열정과 욕구를 불러일으켜주는 여인이었다. 그녀와의 만남을 더없는 기회로 여긴 비스마르크는 규칙적으로 그녀를 찾았고, 프랑스어를 연습하는 시간까지 애써 만들었다.

그러나 두 사람의 관계에 더 이상 진전은 없었다. 그때까지만 해도 그의 플레이보이 이미지가 훗날 그의 경력에 치명적이지는 않아 보였다.

그러나 또다시 이어진 로맨스로 아헨에는 그해 여름부터 그에 대한 추문이 나돌기 시작했다.

무더운 한여름 피서철에 비스마르크는 두 번째로 이사벨라(Isabella Loraine-Smith, 1820~1885)와 새로운 사랑에 빠졌다. 비길 데 없이 아름다웠고, 경이로움마저 느끼게 하는 그녀의 신비로운 매력에 그의 마음은 온통 빼앗겨버렸다. 라우라 때보다 훨씬 빨리 진전된 관계

:: 1830년대 비스마르크의 연인 이사벨라

에 비스마르크는 지난번의 실수를 만회할 생각으로 그녀에게 적극적으로 다가섰다.

그는 영국 국교회 출신의 성직자와 지방 귀족 사이에서 태어난 17세 어린 숙녀의 매력에 흠뻑 빠져 영국 상류층에 대한 환상에서 좀처럼 벗어나지 못했다. 비스마르크는 휴가 허가도 받지 않은 채, 그것도 수개월에 걸쳐 이사벨라의 가족과 함께 마인 강과 라인 강을 거쳐 스위스로 밀월여행을 떠나버렸다. 마치 한 방에 모든 것을 해결할 것처럼 참으로 어처구니없는 처신이 아닐 수 없었다.

그러나 결혼 날짜까지 오갈 정도로 급속하게 진전된 두 사람은 그동안 값비싸게 즐긴 대가로 더없이 심각한 금전 난에 부딪혀야만 했다. 예전에도 그랬듯이 비스마르크는 또다시 이것을 메우기 위해 비스바덴의 도박장을 전전해야 했다. 룰렛 게임을 하다가 눈덩이처럼 불어난 1700탈러의 엄청난 빚은 급기야 재정 파탄까지 몰고 오고 말았다.

라우라와 마찬가지로 이사벨라의 경우도 진정한 만남은 아닌 듯했

다. 너무나도 달콤했던 4개월 동안의 사랑 역시 그 이상으로 지속되지는 못했기 때문이다. 아마도 청혼자의 금전적인 여유가 두 영국 아가씨에게는 최대의 관심사였던 모양이니, 빚에 쪼들려 도박장이나 찾는 신사를 계속해서 만나줄 리가 없었다. 아니나 다를까, 그 이후 이사벨라가 넉넉지 못한 시골귀족 출신의 비스마르크가 아닌, 런던 근교 해로우 출신의 안정된 수입이 보장된 29세의 청년 은행가 브뱅(Richard Lee Bevan)을 선택해 결혼했다는 소문이 들려왔다.

비스마르크의 처지는 아주 곤란해졌다. 두 번씩이나 휴가 처리를 하지 않고 무책임하게 돌아다녔으니, 아르님-보이첸부르크로부터 더 이상의 선처를 기대하기란 불가능했다. 더욱이 늘어난 빚더미와 악성 루머로 주변의 차가운 시선과 부정적인 인식은 물론, 그를 믿었던 가까운 사람들의 실망까지 겹쳐 하루하루를 보내는 것조차 괴로울 지경이었다.

훗날 자신의 구혼 편지에서 조심스레 언급하기도 했지만, 대학을 다니고부터 8년 동안 집과의 왕래를 거의 끊다시피 하며 부모님을 찾지 않았던 그를 아버지는 변함없이 용인했지만, 늘 가차 없이 꾸짖었던 어머니의 반응은 이번에도 뻔했다. 만성신경증에 시달리던 어머니는 끝내 자리에 누웠고, 그로 인해 재정적으로나 개인적으로 아버지의 근심 걱정만 더 늘어버렸다. 자연 집안의 분위기는 어두워져만 갔다.

비스마르크는 지금껏 자신이 저질러놓은 문제를 스스로 해결해본 적이 없었다. 그 책임은 순전히 아버지의 몫으로 돌아갔다. 비록 젊은 시절 한때의 일로 돌린다 하더라도 연애 문제와 일에 있어서 똑같은 실수를 반복하면서 허상만 쫓던 대가는 걷잡을 수 없을 만큼 엄청났다. 고위층의 아름답고 부유한 여성들에게로 끊임없이 눈길을 돌렸던 비스마르크는 누가 보더라도 스스로 쳐놓은 덫에 톡톡히 걸려든 신세였다.

그럼에도 불구하고 4개월의 향락이 그에게는 여전히 꿈같은 시간으로 남아 있었던 모양이다. 저 멀리 세계를 제패했던 전성기의 영국 상류 사회에 대한 환상에서 헤어나오지 못했든지, 아니면 상류층에게 절대 적인 호감과 친화감을 느껴 그들에게 동화될 정도로 편견에 사로잡혔 든지 간에 그는 쉬이 미련을 떨쳐버리지 못했다. 그 이후로도 비스마르 크는 아름다움에다 사회적·경제적으로 안정된 조건까지 갖춘 여성이 야말로 자신의 이상에 걸맞다고 판단한 때문인지 귀족 가문의 부유한 여성과의 결혼에 지나치게 집착하곤 했다. 직장에 대한 성실함이나 책 임감이라고는 전혀 찾아볼 수 없이 상류층 여성과의 결혼이야말로 미 래를 위한 완전한 해결책인 양, 결혼을 빌미로 자신이 처한 현실적인 궁 지로부터 벗어나려 했고 그 대가는 스스로 짊어져야 할 몫이었다.

그러고 보면 여성상에 대한 비스마르크의 기준은 심각하기 이를 데 없었다. 사실 여성으로서는 첫 번째 대상이던 어머니의 영향이 결정적 이었던 만큼 "어떠한 일이 있어도 장차 어머니와 같은 여성과는 가정을 꾸미지 않으리라"고 다짐했던 그가 아니던가. 하지만 과연 그가 만난 영국 여성들에게서 어머니와 다른 여성상을 발견하긴 했던 것일까?

어머니와의 관계의 후유증 때문일까, 아니면 스캔들의 교훈 때문일 까. 훗날 비스마르크는 아내 요한나를 만나면서부터 "다른 사람들을 위 한 사교계의 여성이 아닌, 자신에게 따뜻한 아내이며 아이들에게 너그 러운 어머니가 될, 자신의 어머니와는 전혀 다른" 그런 여성상을 절실 히 원했다.

그로부터 8년이 지난 1845년 1월 9일, 비스마르크는 30세가 되도록 만나는 여성도 없이 시골 한구석에서 결혼상대를 찾고 있었다. 지난 과 거를 몹시 후회했던지 샤르라흐에게 보낸 편지에서는 이사벨라와의 로 맨스를 노련한 뱃사람과 난파선에 비유했다.

그림처럼 아름다웠던 영국 아가씨의 유혹에 빠져 나의 오랜 영원한 수로 안내인이었던 공명심의 조종 키마저 그만 항해 방향을 바꾸도록 하고 말았네. 그 바람에 휴가 허락을 받지도 않은 채 6개월씩이나 외국의 해변에 오수가 고인 곳을 내달렸지. 끝내는 그녀와 정리를 했건만, 2개월 뒤 그 대가로 나는 50세의 외팔이 연대장에게 네 마리의 말과 1만 5000탈러의 소득을 다시 빼앗기는 신세가 되어버렸네. 텅 빈 돈지갑에 병든 가슴만 안고 폼메른으로 귀향해야만 했지.

오랜 방황의
끝에서

좌절의 늪에서 헤매다

비스마르크는 아헨의 일자리를 놓쳐버리고 빚만 진 채 고향으로 돌아와야 했다. 무엇을 어디서부터 어떻게 다시 시작해야 할지에 대한 아무런 계획도 없었다. 폼메른의 크니프호프로 돌아가는 길 이외에 다른 방안이 없는 무조건의 귀향이었다. 1837년 11월 1일, 실직에 무일푼의 빈털터리가 된 그의 눈앞에 병색이 완연해진 어머니와 부채로 힘에 겨운 아버지의 모습이 또렷하게 다가왔다. 그 모든 것을 예전으로 되돌리기에는 때가 너무 늦었음을 깨달아야만 했다.

그런데도 아헨에서 돌아와 겨우 한 달 동안 시골생활을 하고 난 그는 벌써부터 무료함을 지우지 못했다. 그는 영국 아가씨들과의 사건을 무마시키는 데 도움을 주었던 사비니에게 12월 초 편지를 썼다. 이 편지에는 외교관의 꿈마저 접고 시골에 처박힌 한 청년의 처절함이 절절이 묻어났다.

그런데 뜻하지 않게 사비니의 활약으로 비스마르크는 다시 한 번 아르님-보이첸부르크의 선처를 받았다. 그달 중순부터 새로운 부임지인 포츠담 부대에서 군복무를 시작하라는 것이었다. 이로써 그동안 공직 생활에 심한 거부감을 가졌던 그는 처음부터 아버지가 원했던 길이고 어머니마저 한때 생각했던 병영생활에 뛰어들었다. 군대에 대한 거부 감이 사라진 것도 아닌 상황에서 새로이 결심을 굳힌 것을 보면 단조로 운 시골생활이 어지간히 견디기 힘들었던 모양이다. 그러나 베를린과 아헨 두 곳에서 무책임하게 중단해버린 공직생활이 포츠담이라고 해서 순탄할지는 의문이었다.

허상의 도피처

1838년 1월 말, 비스마르크는 아버지에게 새로운 결심을 밝히고 3월 말 포츠담 친위대의 저격부대에 입대했다. 그 결정은 대학 시절의 잦은 펜 싱 격투에서 타격을 받은 이후로 오른쪽 팔 아래의 약해진 근육을 핑계 로 군복무를 모면하려 했던 때와는 달랐다. 그가 지원한 곳은 대개 상급 학교를 다닌 자나 고위층 자제들에게 주어지는 특권적인 자리였다. 게 다가 일반 징집 대상자에 비해 군복무 기간도 1년으로 짧은데다가 예비 역 장교로 진급할 기회도 빨랐으니 그다지 나쁜 조건은 아니었다. 이를 비스마르크 자신이 모를 리 없었다.

1838년 가을, 비스마르크는 폼메른의 저격부대에서 그라이프스발트 로 옮겨갔다. 그러나 충분한 고심 끝에 스스로 선택한 결정이 아니었기 때문이었는지, 아니면 역시 공직처럼 틀에 박힌 군대생활에 대한 거부 감 때문이었는지, 자신이 본래 원하던 바도 아니었던 군복무를 하면서 벌써부터 새로운 탈출구를 찾을 생각에 젖어 지냈다. 군대를 공직활동 이나 시골생활을 대신해주는 일종의 도피처로 여기지 않더라면 어림 없는 행동이었다.

1838년 10월 22일, 비스마르크는 끝내 베를린과 아헨에 이어 포츠담의 자리마저 지키지 못하고 중도에 하차했다. 그 스스로 원하던 바이기도 했지만, 역사 교과서마다 위풍당당한 제복 차림의 모습으로 등장하는 비스마르크! 막강한 군대를 지휘하는 장군처럼 매번 우리들 앞에 자태를 드러내고 있지만, 알고 보면 그의 군 경력은 1년도 제대로 채우지 못했던 포츠담 시절이 전부였다. 이를테면 그 이후부터 52년이라는 긴 세월에 이르기까지 단 하루도 군복무를 한 적이 없었다는 말이다.

1890년 비스마르크는 재상에서 물러나는 퇴임식과 함께 육군 원수로 화려하게 진급함으로써 군인으로서는 최고의 영예를 얻었다. 재임기간 동안 덴마크, 오스트리아, 프랑스와의 전쟁을 주도하여 차례로 승리로 이끌었고, 마침내 독일을 통일한 철혈 재상으로 알려진 그가 피 흘리는 전쟁터에서 직접 싸워본 적이라고는 없었으니 이처럼 아이러니한 일도 찾기 힘들 것이다. 일찍부터 군대에 대한 거부감이라든지 전혀 내세울 것 없던 군 경력이나 입대 배경, 그리고 중도에 하차해버린 실상 등을 접하고 보면 당당히 제복을 입은 그에게서 실소를 금할 수가 없다.

비스마르크는 오랫동안 고심한 끝에 또다시 새로운 도피처를 찾아냈다. 이제 누구의 눈치도 간섭도 필요치 않는 그 길은 바로 지방의 융커로 돌아가는 것이라고 그는 판단했다. 병영생활 중에 틈틈이 시간 나는 대로 엘데나 농업학교에서 농학을 배웠던 것으로 보면 벌써부터 부모님으로부터 물려받게 될 경작지나 경영할 작정이었음에 틀림없었다.

실제로 비스마르크는 수익과 가치를 올리는 방법으로 농업 근대화를 추진할 계획에 마음이 부풀어 있었고, 밤마다 귀리타작이며 비료 개발 문제와 호밀 이삭줍기를 꿈꾸곤 했다. 얘기치 않은 그의 결정에 사촌 카롤리네(Caroline von Malortie)가 신중을 기할 것을 권유했다. 그러나 "정부 관리가 되기보다는 큰 농장의 경영자가 되는 것이 더 많은 사고를 필요로 한다"며 고집하던 그에게 그런 권유는 귀에 들어오지 않았다. 이미 9월에 쓴 한 편지에서 그는 그야말로 공명심에 한껏 사로잡혀 있었다.

명령하기보다는 복종하지 않는 편을 택하고야 말겠다.

"비록 시골 농장의 지주로 머물지언정 조그마한 왕국의 왕처럼 살고 싶다"던 비스마르크는 명령과 규제의 틀 없이 스스로 책임지고 살기를 원했다. 그러고는 법률가, 외교관, 장교로서 그 어떠한 길에든 더 이상 미련을 두지 않기로 작정했다. 아무래도 지방 귀족으로서 무한정 누릴 수 있는 자유에 더없이 이끌렸던 것 같다.

경직된 관료주의적 국가체제에서는 나와 같이 창조적이며 고집 센 인물 이 뜻을 펼칠 자리는 없다. ……프로이센의 관료들은 오케스트라의 각 구성원과도 같다. 그들은 제1바이올린이나 트라이앵글을 연주하고자 하나, 전체에 대한 통찰이나 영향은 전혀 개의치 않은 채 자신에게 주어 진 부분만을 좋든 싫든 연주해야 한다. 그러나 나는 내가 좋다고 인정하 는 그런 음악을 연주할 뿐 그렇지 않으면 아예 연주를 하지 않겠다.

대학을 마친 후 3년 가까이 사회생활을 하는 동안 비스마르크는 세 차례의 '외도'에다 역시 세 차례나 진로까지 바꾼 끝에 시골구석의 융 커로 다시 일어섰다. 참으로 흔치 않은 일이었다. 도시에서 배운 학문과 는 전혀 관계없고 지금까지의 목표와도 전혀 다른, 그것도 완전 무지의 세계인 농업에 과감히 뛰어들 일만 남겨두었다. 그의 의지로 보아 그제 야 제 길을 찾은 듯했지만, 불어나는 엄청난 빚에 쪼들리던 그로서는 그 동안 쌓였던 채무관계를 정리하는 것이 무엇보다 급선무였다. 그런 만 큼 당장이라도 빚을 조금씩 청산하기 위해서는 하루 속히 스스로 돈 벌방법 이외에 다른 해결책이 없었던 때문이기도 했다.

그뿐만 아니라 어떠한 일을 시작하든 당시 그의 처지로는 부모의 동의와 도움 없이 홀로 일어설 형편도 되지 못했다. 그 무렵 프로이센은 시대적 상황까지 침체되어 있어서 어려움이 가중된 시기였다. 당시 외교관으로서 연대기 저자이자 작가이기도 했던 엔제(Karl August Varnhagen von Ense, 1785~1858)가 질타했던 그대로 1836년 가을의 프로이센 사회는 참으로 암담하기 짝이 없었다. 훗날 비스마르크를 몹시 싫어하여 그의 행동을 신랄하게 비판하던 엔제는 당시 일방적으로만 돌아가는 사회구조의 부조리를 가차 없이 고발했다.

지금의 사회는 활동해야 하는 방향이든, 어떠한 결정적인 이점이나 실질적인 이득이든 그 모든 것을 확실하게 제시해주지 못하고 있다. 그런 가운데 거의 가진 자들만이 혜택을 누리는 실정이다.

엔제의 말처럼 그 무렵 프로이센은 사회 내 모든 시스템이 꽉 막혀 있었다. 그런 최악의 실태가 지방 출신의 비스마르크에게도 예외일 리 없었다. 19세기 문학사조의 하나인 '청년 독일파(Junges Deutschland)'의 수장인 구츠코프(Karl Gutzkow, 1811~1878) 역시 자서전에서 "베를린은 마비되어 마음을 털어놓을 수 없는 획일적이고 단조롭기만 한 도시이자 군대, 관료, 성직자들에게나 알맞은 곳"이라고 적나라하게 비판했다.

1840년대에 접어들어서야 주철공장을 비롯한 산업 분야를 시작으로 젊은이들의 헤겔주의에 의해 정신세계에 새로운 변화나 발전도 나타나지만, 1830년대에 폼메른의 한 시골 지역에서 무언가 새롭고 역동적인 일에 뛰어들 만한 제반 기회를 제대로 얻기란 멀고도 먼 얘기였다. 사회적으로 침체되고 편파적인 현실 속에서 전혀 낯선 분야로 뛰어들어 일을 벌이는 자체가 위험천만하게 비쳐졌던 것이다.

비스마르크로서도 다른 길이 보이지 않았지만, 또 보려고 하지도 않았다. 다행히 부모님의 땅에서 하는 일인 만큼 그나마 위험요소가 적을 뿐이었다. 다만 상황이 상황인 만큼 어머니의 이해를 얻어내는 것이 문제였지만 그리 어렵게 생각하지도 않았다.

군복무 기간 동안 이미 결심을 굳혔던 비스마르크는 휴가를 내어 부모님을 찾았다. 그는 1838년 9월부터 악화된 증세로 베를린에서 요양 중이던 어머니에게 공직의 꿈을 던져버리는 대신 시골 영주로서 장차 독립된 생활을 하고 싶다는 심중을 밝혔다. 공직생활에 신물이 나 있던 자신의 그간 행적도 어렵사리 털어놓았다.

비스마르크의 예상대로 부모님은 아들의 새로운 진로에 대해 별 다른 반응을 보이지 않았다. 1838년 7월 19일, 베른하르트가 베를린에 있던 아버지에게 보낸 편지에서도 이미 동생 비스마르크의 간곡한 의지가 간접적으로 전달된 때문이기도 했다. 그런 만큼 부모님이 부정적인 뜻을 밝히지 않은 것만으로도 허락한 것이나 다름없었다.

오토가 집으로 돌아와 어머니에게 자신의 마음을 열었습니다. 오토는 그동안 공직에서 얼마나 혐오감을 느꼈고 그 일로 인해 넌더리를 내며 자신의 삶마저 고통으로 시달렸는지를 어머니에게 자세히 알리지 않았습니다. ……오토는 어머니에게 급히 다른 자리를 간곡히 청하려 했습니다. 막데부르크에서 사탕수수 제조법을 배우고 와서 크니프호프에 공장을 세울 계획도 갖고 있었습니다. 그동안 오토가 얼마나 불행했으며, 아버지의 농업에 대한 관심이 얼마나 큰지, 또 농지를 개량하려는 훌륭하고 올바른 뜻도 지니고 있었다는 사실을 알게 되었습니다. 저 역시 우리 형제가 크니프호프에 함께 있게 되어 진심으로 기쁩니다. ……그러

니 부모님께서 그곳에 소유한 토지를 오토에게 물려주십시오. 저의 재
산은 쇤하우젠 하나면 되겠습니다.

그런데 대학까지 끝내고도 사회에서 제자리를 찾지 못한 채 이리저
리 방황하는 아들로부터 새로운 결심을 접한 어머니의 심정은 어떠했
을까? 더 이상 실망할 것도 없는 체념에 가까운 심중은 아니었을까? 아
들이 진 빚에 대해 속속들이 알지는 못했지만, 자신의 오랜 투병생활로
폼메른 세습지의 심각한 재정난만은 어느 정도 눈치 채고 있던 그녀로
서는 어쩌면 무능한 남편을 대신해서 두 아들이 가문의 토지와 재정을
책임지겠다는 말에 위안을 얻었을 수도 있었으리라.

1839년 1월 1일, 암으로 고통스러워하던 그녀는 49세의 나이로 세상
을 떠났다. 건강했던 비스마르크의 친가와는 달리 그녀는 자신의 조부
와 부친과 마찬가지로 50세를 넘기지 못했다. 아버지를 향한 사랑의 표
현을 아끼지 않았던 것과는 달리 어머니에 대한 반감과 미움으로 늘 팽
팽한 긴장과 대립 속에 지내야 했던 비스마르크는 그 순간 되도록 말을
아꼈다.

1839년 부활절에 크니프호프로 거처를 옮긴 비스마르크는 그해 여름
형과 함께 물려받은 두 농경지 퀼츠와 야르흐린을 기반으로 경영자로
서 첫걸음을 내딛었다. 재정난도 해결하고 누구의 간섭도 받지 않은 채
독자적으로 기업 형태의 농업을 경영하리라는 포부 때문이었는지, 베
를린과 아헨에 이어 포츠담과의 이별은 그리 어려울 것도 없었다.

크니프호프는 자작농이라고는 없이 예전 그대로 집안의 농노와 세습
의 소작농들이 고용된 지역이었다. 생산한 곡식의 양에 따라 현물을 지
급하는 봉건제도의 색채도 여전했다. 이곳은 중세의 농노제와 유사한
형태로 수백 년 동안 지켜온 제도가 쉽게 허물어질 것 같지 않은, 프로

이센에서도 가장 발달이 늦은 지역이었다. 대표적인 융커들의 거주지라 할 수 있었다. 더욱이 토지 귀족인 융커는 지역 내 경찰권과 재판권, 교회 후견인으로서의 권리까지 행사하기 때문에 봉건적 제도를 폐지하려는 모든 움직임에 반대하는 입장을 고수했다. 비스마르크 역시 그런 많은 영주들처럼 귀족의 권리 수호에 적극 찬성하는 쪽이었다.

그리고 1841년 형 베른하르트가 나우가르트 의회 의원으로 임명되는 바람에 쇤하우젠의 두 형제는 다시 갈림길에 섰다. 나우가르트와 가까운 야르흐린으로 거주지를 옮기기를 원하는 베른하르트의 뜻에 따라 농업에 뛰어든 지 2년도 채 되지 않은 비스마르크는 크니프호프와 퀼츠의 땅을 각각 형과 나누어 처음으로 자기만의 토지를 소유하게 되었다.

그 이후부터 비스마르크는 점차 자산을 늘려나갔다. 크니프호프 이외에도 혼자 힘으로 약 4400에이커에 이르는 경작지와 초원, 숲, 저수지, 그리고 보잘 것 없지만 조그마한 가옥, 마구간, 곡창, 대장간, 양조장, 아울러 하루 품삯을 받는 일꾼들을 위한 열한 채의 오두막 등을 모두 소유하기에 이르렀다. 그 후 1845년 11월 아버지의 죽음을 계기로 토지 문제가 재조정되면서 그는 자신의 몫이던 야르흐린과 이웃한 퀼츠를 모두 형에게 주는 대신에 쇤하우젠을 물려받기로 했다. 그 자신이 태어나고 수백 년 동안 조상 대대로 전해 내려온 가문의 세습지를 형에게서 넘겨받으면서 비스마르크는 마침내 쇤하우젠의 새 주인이 되었다.

한편 공직생활에 적응하지 못하던 예전 모습과는 달리 비스마르크는 농업 경영인으로서 짧은 시간에 높은 수익을 올렸다. 여기에는 분명 자신만의 노하우가 있었다. 당시 화학자 리비히(Justus von Liebig, 1803~1873)가 발견한 인조비료 덕을 보기도 했지만, 비스마르크는 수익성 있는 작물 생산으로 되돌려놓는 영농기술을 터득하는가 하면, 무엇보다 소홀히 방치된 많은 토지를 이용하여 높은 수확과 소득을 올리는 경영 혁신을 이루었다.

대표적인 비스마르크 전기 작가인 마이어가 그의 저서 《비스마르크》에서 설명했듯이, 쉰하우젠 저택의 도서관에 소장된 농업 관련 전문서적들에 선명하게 남아 있는 읽은 흔적들을 본다면 당시 그의 노력과 관심을 충분히 짐작할 수 있다.

비스마르크는 안일하게 행동하는 다른 융커들과는 확실히 다른 경영 방법으로 성과를 올렸다. 체계적으로 연구하는 데 익숙하지 않은 그였지만, 나름대로 필요와 의지에 따라 도움이 될 만한 자료와 정보를 수집하고 회계 정리도 게을리 하지 않았다. 또한 토지의 질, 땅과 수확량의 관계에 대해 살피느라 직접 현장을 돌아다녔고, 농업경제와 기술을 배움에 있어 농민들과 이웃들의 경험과 지식도 기꺼이 경청할 줄 알았다.

그뿐만이 아니었다. 그에게는 사람을 다룰 줄 아는 능력도 있었다. '정치적'으로 유능하고 감정이입의 능력까지 갖추었다고 평가받을 만큼 그는 인간관계에서 특출한 장점을 보였다. 농민들에게 장화 신은 발로 위협하는 법이 없었고 가급적이면 악담이나 질타는 삼갔으며, 오히려 붙임성 있는 쾌활한 성격과 사투리로 훈계하는 친화성마저 보이기도 했다.

비스마르크는 스스로의 힘으로 재정적으로 상당한 기반을 마련했다. 그리고 재력의 수준에 어울리게 사회적으로도 예비역 장교로, 그리고 스타르가르트 내 국경수비대와 창기병 육군 소위 등의 명예직까지 맡으며 유대관계를 넓혀나갔다. 한때 누구보다 즐겨왔던 도시생활을 벗어나서 동경해온 시골의 삶과 자연 속에서 누구의 구속도 받지 않고 자유를 맛보면서 부를 축적한 비스마르크는 지주로서 한적한 전원생활에 익숙해져 있었다.

그러나 경작지나 생산량 등 물질적인 이권도 완전히 보장되고 독립된 생활도 누리게 된 시점에서 무료함이 새롭게 그의 발목을 잡았다. 시골의 따분하고 고독한 시간의 무게가 어느새 그 자신을 짓누르고 있음을 깨달았던 것이다. 그동안의 생활이 도피에 지나지 않은 듯 지금까지의 삶 가운데 가장 힘든 순간이 다가오고 있었다.

염세주의에 빠져들다

예상치 못한 크나큰 시련이 비스마르크에게 닥쳤다. 힘들고 외로운 유년기와 반항기의 청소년기를 거쳐 혼란과 방탕을 흠씬 맛본 대학 시절, 그리고 성실과 책임을 잊어버린 공직생활에서 계급사회의 영향력을 무시한 채 방종과 도피 행각을 일삼았던 사회생활. 이 모든 것을 뒤로한 채 전원생활을 통해 처음으로 경제적인 안정과 성공을 이룩한 시점에서 시골생활은 그에게 갈수록 존재의 상실감만 안겨주어 더없는 좌절과 위협으로 다가왔다.

날이 갈수록 뭔가 채워지지 않는 공허감만 차오를 뿐, 안으로부터 끓어오르는 다른 세계로의 충동을 비스마르크는 억누를 길이 없었다. 심미적인 성향에 센티멘털한 정적주의(靜寂主義)의 정서 외에도 사회적으로 적극적이면서 강건한 외향적인 기질을 동시에 품고 있던 그로서는 땅과 자연 속의 농경생활에 묻혀 조용히 지내는 것만으로 만족하지 못했다. 하루, 한 달, 일 년이 가봐야 폼메른 융커 출신의 '촌뜨기 무리'나 소시민들, 아니면 기껏해야 창기병 장교들과의 일상적인 교류가 전부인 생활! 하는 일 없이 엽총이나 차고 무위도식하기만 하는 자신의 처지를 견디기가 무척이나 괴로웠던 듯, 비스마르크는 1843년 9월 10일 크리칭(Louis von Klitzing)에게 보낸 편지에서 이미 '병적인 나태함'에 시달리는 모습을 드러냈다.

비스마르크는 그런 환경에서 벗어나지 못하는 처지가 견디기 힘들었지만, 그렇다고 모든 것을 부정적으로 받아들이지만은 않았고 마음을 추스르기 위해 부단히 노력했다. 늘 많은 책을 가까이 했던 탓에 뛰어난 문장력이나 숨은 기지가 그 밑거름으로 쌓여갔다. 셰익스피어나 하이네(Heinrich Heine, 1797~1856)의 작품을 비롯하여 역사서와 철학서, 대중문학, 베를린 신문까지 모두 그의 읽을거리였다. 특히 유럽에서 당시 가장 유명했던 시인 바이런의 작품들에 나타난, 모든 세대가 공감할 수 있는 삶의 감정을 통해 자신 속에 내재된 상심의 모습이나 모험에 대한 그리움과 자유를 한껏 갈구하기도 했다.

그의 노력은 무도회와 사교계, 연극공연과 오후의 차 모임, 심지어 사냥꾼 무리와의 만남 등 각종 모임에 참석함은 물론 스테틴 의회의 자문역이나 폼메른의 경영인 단체에서 정치적 역량을 발휘하는 것으로도 이어졌다. 그런 기회들을 통해 데비츠(Dewitz), 프로케슈-오스텐, 바르텐슬레벤-카로프(von Wartensleben-Carow), 젠프트-필자흐(Ernst von Senfft-Pilsach, 1795~1882), 빌로-쿰머로프(Ernst Gottfried Georg von Bülow-Cummerrow, 1775~1851) 등 이름 있는 귀족이나 동년배들과의 만남이 이루어졌고, 무엇보다 고향친구 블랑켄부르크(Moritz von Blanckenburg, 1815~1888)와의 특별하고도 귀한 만남도 시작되었다.

그러나 그런 많은 노력에도 불구하고 삶의 방향도 목표도 완전히 뒤바뀐 현실에서 더 이상의 만족감을 얻기란 쉽지 않았다. 융커 생활로 개인적인 활동 욕구와 사회적인 독립성을 실현할 수 있으리라 확신했던 기대가 채워졌는데도 시골의 삶으로부터 벗어나 정치적 활동을 펼칠 수 있는 삶이 더없이 절실하게 와 닿을 뿐이었다. 5년 전까지만 해도 판사니 외교관이니 하면서 대학 시절 친구들과 함께 미래를 꿈꾸던 그가 아니던가. 비스마르크는 그런 세계에서 멀어진 현실을 받아들이기가 새삼 힘들어졌다. 1840년 아버지와 함께 프리드리히 빌헬름 4세의 취임식에서 충성을 맹세하기 위해 크니프호프에서 몇 차례 마차를 갈아타고 종착역인 스테틴까지 간 후 다시 기차를 타고 네 시간을 가야만 했던 그때만 하더라도 두 번 다시 그곳을 찾을 일은 없다고 생각했다. 거리상으로도 먼 베를린이 더욱 멀어져버린 지금의 현실을 되돌려놓기란 그저 막막할 뿐이었다.

그동안의 노력과 결실도 자신의 삶 전체의 문제를 해결해줄 수 없다는 것을 깨닫게 된 시점에서 농업 경영은 결국 하나의 '허상'에 지나지 않았다. 경직된 외부세계의 조직체계와 사회적인 명령과 강압을 극복하지 못한 채 외교관이라는 꿈마저 포기하고 스스로의 관념에 사로잡혔던 대가를 비스마르크는 그렇게 혹독하게 치러야 했다.

채워지지 않는 무언가를 찾으려는, 내면의 갈증을 해소하기 위한 몸부림은 계속되었다. 마침내 비스마르크는 생활의 안정을 찾는 일이 최우선이라 생각했다. 1841년 그는 네 번째로 만난 여인 오틸리에(Ottilie von Puttkammer)에게 사랑을 느끼고 청혼을 결심했다. 그러나 그녀의 어머니가 개입하면서 일이 틀어졌다. 판진의 영지를 소유하고 재정적으로 상당히 탄탄했던 그녀의 어머니는 "둔감하고 편협하며 경건한 체하는 경박한 청년"이라는 갖은 모욕적인 언사로 그의 청혼을 거절했고, 오틸리에가 그의 구혼에 대해 거절 편지를 보냈다는 사실을 떠들고 다녔다.

결혼까지 생각했던 것으로 보아 두 사람의 관계에 어느 정도 진전은 있었던 것 같다. 그러나 비스마르크는 자신에 대한 주변의 일방적인 평가로 말할 수 없는 모욕감을 느꼈고, 해가 바뀌어서도 상실감에서 헤어나지 못했다. 그해 초 오틸리에가 진정으로 자신을 사랑하지 않았다는 판단 하에 그녀와의 청혼 문제를 깨끗이 정리하기로 결심했지만, 벼랑 끝으로 내몰린 심정만은 여전히 극복하기 어려웠다. 무엇보다 쉽게 마음을 접어버린 오틸리에의 태도에 더 큰 상처를 받았던 만큼 그녀를 용서하기가 쉽지 않았다.

　고루하고 우매한 시골 분위기를 견디다 못한 비스마르크는 마음의 상처를 치유하고자 여러 가지로 고민하던 중 서유럽으로 떠나기로 결심했다. 자유로운 세계에 대한 억누를 길이 없는 충동과 함께 여행길에 오른 그는 지나간 모든 상흔을 뒤로한 채 1842년 7월부터 9월까지 약 3개월에 걸쳐 스코틀랜드, 영국, 프랑스, 이탈리아, 스위스 등지를 돌아다녔다. 금전적으로도 상당히 안정되었고, 또 농장 일은 그가 없어도 돌아갈 만한 상황이었다.

　비스마르크는 여행하는 동안 자신의 일정에 대해 자세한 기록을 남기지는 않았으나, 영국의 음식문화와 함께 주로 풍경과 농업에 대해 언급한 몇 통의 편지를 아버지에게 보냈다.

　　요크에 들렀을 때 오래된 많은 기념물을 보면서 웅장하고 아름다운 뮌스터를 떠올렸습니다. 맨체스터에서는 관심을 끄는 몇 군데 제조업체를 비롯해서 세계에서 가장 큰 기계공장도 둘러보았습니다.

　하지만 비스마르크는 영국 맨체스터를 방문하고도 유럽 최초로 차티스트 운동이 일어난 그곳의 노동자 파업에 대해서는 일체 말이 없었다. 당시는 자유주의가 발전하는 과정에서 정치적·경제적 혜택을 크게 누리던 산업자본가계급과는 달리 오히려 소외되었던 노동자들이 자신들의 비참한 생활조건을 개선하기 위해 한창 파업을 벌이고 있을 때였으므로, 대규모의 노동자들이 참가하는 그런 정치적 개혁운동의 현장을 비스마르크가 경험하지 않았을 리는 만무하다. 물론 굳이 아버지에게 설명할 필요를 느끼지 못했을 수도 있었겠지만, 근대적인 농업 경영인인 동시에 프로이센 동부의 전형적인 지주 귀족인 그에게는 사회적인 상황, 특히 프롤레타리아트와 자본가들 사이의 계급투쟁이 지나치게 심기를 자극했을지도 모른다. 훗날 "정당 위에 국가가 존재한다"는 원칙하에 그가 주도하는 소위 '사이비 의회주의 정치체제'를 주목한다면, 노동자들의 계급운동이자 의회민주주의 정치의 시발점이 되는 차티스트 운동이 그의 눈에 몹시 거슬렸을 수 있다.

아무튼 과거 아헨 시절 영국의 지위 높은 귀족들에게 현혹되던 그때처럼 비스마르크는 보수당의 필(Robert Peel, 1788~1850)이나 노드니에서 하노버의 황태자와 그의 부인인 데사우의 공비와 공주 일행이 머무는 곳을 찾아다니는 등 고위층의 부유한 사람들을 접할 수 있는 기회를 쫓아다녔다.

그러나 긴 여행에서 돌아온 이후에도 농촌생활에 대한 비스마르크의 불만은 좀체 사라지지 않았다. 오틸리에를 다시 만날 기회도 있었으나, 그 스스로 더 이상의 만남을 원치 않았다. 1년 뒤인 1843년 9월 10일 그는 친구 크리칭에게 편지를 썼다.

> 나는 여자들과의 교제를 매우 좋아하는 편이지만, 지난번의 경험으로 인해 결혼 문제만큼은 신중을 기해야 한다는 것을 새삼 깨닫게 되었네. 지난번 겨울 나는 심한 옴에 걸렸었네.

자신의 말대로 그동안 심한 열병을 치러낸 비스마르크는 툭툭 털어버리고 일어나 다시 예전처럼 일상생활 속에 빠져들기로 결심했다. 독서를 게을리하지 않은 가운데 자신을 위한 곳이라면 어디든 가리지 않고 찾아다니면서 사람들과의 유대관계를 놓치지 않으려고 애썼다.

외로운 시골 융커의 단조로운 생활을 극복하기 위한 그런 노력은 수많은 편지들에 잘 담겨 있다. 그 가운데 1843년 10월 1일 아버지에게 보낸 편지에 이어 10월 31일 매제인 아르님(Oskar von Arnim, 1813~1903)에게 보낸 글에서도 곤혹스러움과 외로움이 줄줄이 묻어났다. 특히 9월 10일 루이제에게 보낸 편지에서는 다시 도시로 나가야 할지, 아니면 더 넓은 세계를 계속 돌아다녀야 할지에 대한 혼란스러움과 무력감마저 표출되었다.

> 지난번 영국 여행을 하던 중에 지금까지 5년 동안의 시골생활은 내게 충분하다는 생각이 들었다. 문득 영국의 식민 사업에나 관여해볼까, 아니면 무언가 변화를 주기 위해 속임수로 몇 년간 아시아인인 양 살아볼까 하는 등 기상천외한 생각까지 해봤다.

마침내 비스마르크는 무모한 시골생활을 접고 예전의 공직생활로 되돌아가기로 결심했다. 1844년 4월 7일, 그는 2차 국가고시를 남겨두고 수습근무를 신청한 끝에 5월 3일 포츠담에 새로운 자리를 얻었다. 소홀했던 공직생활을 만회할 수 있도록 자신의 열정을 모두 보여주리라는 절박한 심정으로 붙든 마지막 기회였다.

그는 이번만은 열정적인 에너지가 멈추지 않기를 희망했다. 그러나 그는 입이 열 개라도 더 이상 할 말이 없게 되었다. 불과 2주일도 못 된 5월 15일 형수의 급작스런 병환으로 휴가를 얻은 후 4주간 근무를 계속하다가 또다시 중도 하차해버린 것이다. 그는 7년 전 아헨에서 그랬던 것처럼 두 번 다시 그 자리에 모습을 드러내지 않았다.

여간 심각한 일이 아니었다. 도대체 무엇이 문제였을까? 사회생활에 적응하지 못하는 그가 문제인가, 아니면 그의 말대로 공직사회의 체제가 문제인가? 비스마르크는 "지난날과 하나도 다를 바가 없는 관리들의 자세와 업무실태가 너무도 진부하고 무익하다"고 질타했다. 더구나

"윗사람들의 편협하고 불손한 태도나 어리석고 교만한 행동" 앞에서 오랜 시간 그런 생활에서 떠나 있었던 그는 더더욱 불쾌하고 당혹스럽기만 했다.

변명 아닌 변명으로 그 모든 것에 책임을 돌린 비스마르크는 두말없이 직업 전선에서 이탈해버렸다. 공직사회의 체제가 하루아침에 바뀔 문제도 아니었고 다른 많은 공직자들이 그처럼 행동하지도 않았을 테지만, 그 스스로 적응하며 견뎌내지 못하는 한 지겹기만 하던 시골생활에서 벗어나 공직생활로 되돌아가는 것은 영영 불가능한 일이 되었다.

결국 비스마르크는 다람쥐 쳇바퀴 돌듯 시골생활로 되돌아왔다. 그러고는 그 속에서조차 아웃사이더가 되어 스스로 자초한 비애에 젖어 지내기만 했다. 하지만 늘 그랬듯이 자기 존재에 대한 회의와 비판만은 끊이지 않았고, 방대한 양의 독서를 하면서 정신적인 자극과 사회적인 수준을 높이기에 안간힘을 썼다.

그러나 그는 자신의 존재에 대한 염증과 삶에 대한 호기심마저 상실한 채 점점 무기력과 의욕상실로 지쳐갔다. 비도덕적인 태도, 맹목적인 자포자기, 자기파괴 등 한 인간이 치러낼 수 있는 모든 정신적 · 심적 고통으로 괴로운 날들을 보냈고, 급기야 상심의 병을 몹시 앓으면서 감상적인 염세주의자가 되어갔다. 그러던 중 8월 4일 비스마르크는 샤르라흐에게 편지 한 통을 보냈다.

폭풍이 몰아치는 삶 속에서 나는 어떤 다른 키를 조종해볼 의향조차 없이 시골구석에 내던져진 채 거의 자포자기 상태에 있다네. ……개와 말, 그리고 지방 융커들과 어울려 일상을 흘려보내는 내게는 융커들과 함께 가볍게 읽을거리를 나누는 시간이 그나마 다른 사람과 어울리는 기회가 되고, 면밀한 도축업자의 거칠음에서 탈피하는 순간이기도 하지. 때로 조용히 거침없이 말을 달리기도 하고 독한 궐련을 피우면서 술을 마시는 것으로 낙을 삼을 수밖에 없네.

그러기를 반년이 지났을까, 1845년 1월 9일 비스마르크는 또다시 샤르라흐에게 편지를 썼다.

그 이후로도 나는 여전히 이러고 지내네. 육체적으로 건강은 많이 회복되었으나, 스물아홉 살의 나이에 여태껏 결혼도 하지 못한 채 외롭게 지내는 신세를 면치 못했어. 정신적으로 상당히 둔감해진 면도 없진 않지만, 정확하게 추진하던 일에서마저 특별한 흥미를 잃어버렸지. 아랫사람들이 그들 방식대로의 생활을 편히 누려도 묵인하고, 그들이 기만해도 화를 내기는커녕 그저 방관하는 처지가 되어버렸네. 오전에는 짜증이 나다가도 식사 후에는 쉽게 평온한 마음이 찾아들어.

아무것도 이루지 못한 상황에서 돌아갈 곳조차 없이 방황하는 한 인간이 느껴야 하는 불안감과 좌절감! 비스마르크는 서른에 가깝도록 독신의 처지에 삶의 의미마저 잃어버린 채 자신에 대한 주체할 수 없는 허무와 괴로움을 온몸으로 느낄 수밖에 없었다.

당시의 그는 사회적으로나 개인적으로 많은 모순을 지닌 존재임에 틀림없었다. 프로이센의 보수주의자이고 군주주의자였지만, 그 근간이 되는 병역을 스스로 기피하고 관료주의 업무마저 혐오했던 청년이 아니던가. 또한 폼메른의 자유로운 시골생활에 뿌리를 내리고 성공했으면서도 그곳에 만족하지 못하고 겉도는 시골 융커이기도 했다. 그런 모습들이 그 누구도 아닌 바로 비스마르크 자신이었다.

같은 신분의 일상적인 의식과 수준을 벗어난 비스마르크는 정신적인 행동반경의 제한과 심리적인 타격을 끌어안은 채 방황의 늪에서 허우적 댔다. 어떻게 보면 유명한 비스마르크 전기 작가 폰타네(Theodor Fontane, 1819~1891)가 지적한 대로, 폼메른의 융커 귀족으로서, 그리고 너 거슬 러 올라가면 알트마르크의 지주 귀족으로서 그가 한 일이라고는 그때 까지 하나도 없었다. 자신을 위해 빚을 청산하고 돈을 모으는 것 이외에 얻은 것은 실의에 빠진 그 자신뿐이었다. 폭풍우 속의 난파선마냥 이리 저리 부딪혀 떠돌아다니면서 어떤 것에도 만족하지 못한 채 모든 것으 로부터 비켜난 인생의 '낙오자'나 다름없었다.

일생의 운명을 만나다

몸과 마음 모두 병이 들어 삶의 의미를 상실해 있던 비스마르크에게도 희망이 찾아오는 것인지, 새로운 인생을 시작할 수 있는 천금 같은 기회 가 다가오고 있었다. 그것은 내면의 고독과 무료함을 물리치고 존재의 상실감을 극복하기 위해 그동안 여기저기 모임을 찾았던 그에게 블랑 켄부르크가 기울여온 노력의 결실이기도 했다.

아버지의 농지를 경영하기 위해 1843년 사법시보를 포기하고 고향으 로 돌아와 있던 블랑켄부르크는 비스마르크의 김나지움 동창이자, 훗 날 수십 년 동안 프로이센의 보수주의 지도자로서 정치활동을 하게 되 는 인물이다. 베를린 대학 시절의 친구들인 모트리와 카이저링 다음으 로 비스마르크에게 찾아온 또 하나의 행운이었다.

블랑켄부르크에 이끌려 폼메른의 경건주의자들 모임에 자주 참석하 게 된 비스마르크는 그들과 긴밀한 유대관계를 맺었다. 대부분 사회적 명망가들인 그들은 프로이센 정계를 좌우하던 권력의 실세들이었다. 비스마르크는 그들과의 교류로 인해 지금껏 가져보지 못한 인맥이라는 것을 형성한 셈이었다.

그들 중에는 경건주의 주교이자 명망 높은 퇴역장교인 트리크라프 출신의 타덴(Adolf von Thadden, 1796~1882)을 비롯하여 타덴의 두 처남 젠프트-필자흐와 게를라흐도 있었다. 특히 게를라흐야말로 프로이센 내 보수주의의 일인자인자로서 자신의 형 레오폴트와 함께 머지않아 정계에 입문하는 비스마르크에게 절대적인 후원자가 될 사람이었다.

그러나 그들은 인간 내면세계의 고행과 엄격함을 추구하는 정신, 어떠한 비판도 용납하지 않는 성서 제일주의, 종파에 관계없이 깊은 신앙심을 표출하는 자세 등으로 대표되는 경건주의자들이기도 했다. 모두 공통된 종교관이나 인생관을 지녔다는 면에서 비스마르크에게는 낯설기만 한 부류였고, 특히 처음부터 종교를 통해 이루어진 만남이었기에 그들과 함께하는 자리는 더욱 부담스러웠다. 누구에게든 얽매이기를 원치 않던 그의 성미로는 박차고 나와버리고 싶을 때가 한두 번이 아니었을 것이다.

하지만 이타주의의 지극한 마음과 함께 그 누구도 부인할 수 없는 호감에다 뛰어난 이해력과 포용력까지 지닌 친구 블랑켄부르크의 세심한 배려와 노력 앞에서 비스마르크는 자제할 수밖에 없었다. 신을 믿지 않는 사람들의 마음을 돌려놓는 데는 누구보다 말하기 좋아하고 편지쓰기에 열성적이었던 블랑켄부르크를 따라갈 사람이 없었으니, 비스마르크도 조금씩 생활의 변화를 보이기 시작했다.

가슴에 묻어둔 여인

블랑켄부르크와의 만남이 잦아지면서 비스마르크는 퇴역장교 타덴이 1820년 결혼한 후 얻게 된 트리크라프의 농장도 즐겨 찾게 되었다. 그러나 의지할 곳 없이 고독하기만 했던 그가 그곳을 자주 찾았던 실제 이유

는 따로 있었다. 평생을 따라다니며 그의
마음 깊은 곳 한 자리를 차지하게 될
이루지 못한 그의 사랑이 그곳에 있
었기 때문이다. 그 여인은 비스마
르크에게 사랑의 의미를 진지하게
깨닫게 해준 진정한 첫사랑인 타덴
의 딸 마리(Marie von Thadden, 1822~
1846)였다.

:: 마리

　뛰어난 감성적 카리스마에 경건한
의식을 겸비한 매력적인 여성이었던
마리는 비스마르크의 영혼을 심층까
지 뒤흔든 존재였다. 마리는 방황하던 그의 영혼을 걱정하며 먼저 다가
섰다. 어떤 다른 의도가 있는 것은 아니었고, 또 그에게 특별한 감정을
가지게 되리라고는 상상조차 하지 못한 그저 배려 차원의 접근이었다.
그녀는 기독교에 대한 확고한 신뢰와 신앙심을 실천하려는 마음이었다.

　마리로 인해 비스마르크는 자연스럽게 종교 문제에 대한 관심의 폭
을 조금씩 넓혀나가기 시작했다. 이신론(理神論)과 범신론에 대한 생각
들에 사로잡혀 있기도 했지만, 그는 여전히 경건주의자들과의 종교적
인 대화라면 가급적 피하고 싶었다. 그는 블랑켄부르크를 통해 신의 천
지창조를 믿게 되긴 했지만, 다른 한편으로 인간의 힘이나 이성의 힘도
인식하고 있었기 때문에 신학적 사고를 극복하기도 쉽지 않았다.

　그런 가운데 비스마르크는 차츰 참된 믿음에 대한 의문들을 새롭게
제기하게 되었다. 신앙이란 무엇보다 신뢰와 평화가 수반되어야 한다
고 믿게 됨에 따라 자신들의 견해가 옳다고 주장하여 결국에는 불손해
지는 바람에 그 신뢰와 평화를 깨트리고 마는 잘못된 믿음에 대해서도

고민하기에 이르렀다.

마리와의 만남이 잦아지면서부터 비스마르크의 종교관에도 많은 변화가 보였다. 그는 개인의 필요나 소망, 기대를 이루기 위한 신앙은 멀리하면서도 나름대로 신의 전지전능함과 무한함에 대해 여러 가지 사고의 깊이를 더해갔다. 그리고 궁극적으로 신은 인간에게 인식의 가능성을 인정하지 않았으며, 인간이 신의 의지와 계획을 알고자 하는 것은 불손이고, 다만 창조주가 죽음으로 심판을 내리듯 인간은 순종으로 기다려야 할 뿐이며, 지상에서 신의 의지는 신이 암흑세상을 통해 인간에게 부여한다는 신앙세계를 받아들이기 시작했다.

물론 그런 종교관의 변화 이면에는 여전히 계몽주의적 합리주의나 외로움과 고독에 빠져 절망하는 인간의 격정 같은 것들이 뒤섞여 있었다. 그런가 하면 경건주의자들에게서 자주 접했던 편협하고 지나치게 경건한 체하는 식의 자아확신 따위를 본능적으로 거부하는 심리도 함께했다. 그럼에도 복잡한 그의 내면에 신의 존재가 자리하게 된 것만은 분명했다.

시간이 흐를수록 신앙 문제로 혼란스럽긴 했지만 비스마르크의 마음속에 마리의 존재만큼은 확고하게 자리 잡았다. 마리만은 그의 종교적인 편견에서 완전히 제외된 자유로운 인물이었다. 그녀 역시 경건주의자임에 틀림없었으나, 그런 사실과 관계없이 자신만이 지닌 인격이나 개성 자체가 그를 위해 도움이 되는 것을 알았기에 만남을 계속해나갔다.

어느새 마리는 얼마 전까지만 해도 염세주의에 빠져 있던 비스마르크에게 스스로의 존재에 다시 깊이 안주하고 싶게 만드는, 솟구치는 생의 욕구를 회복시켜주는 존재가 되어 있었다. 자신의 내면에 존재하면서도 서로 길을 가로막고 있었듯, 그동안의 기대치와 거부감이 심원한 충격으로 인해 순식간에 산산조각이 되면서 그 스스로 느껴보는 새로운 의욕이 가슴 벅찬 희열로 다가왔다.

타인뿐만 아니라 자기 자신에 대해 비판적인 회의가 여전히 남아 있긴 했지만, 삶의 의미를 되찾은 비스마르크는 의욕이 넘쳐났다. 피상적이고 진부하며 보잘 것 없던 자기 존재의 의미가 너무도 새롭게 와 닿으면서 그는 그동안 걸어온 길에 대해 깊이 참회하는 시간들을 기꺼이 받아들였다. 그리고 그 순간순간을 마리가 함께했다.

마리 역시 비스마르크와 나눈 수많은 대화를 통해 "비스마르크만큼 자유롭고 분명하게 토론하는 사람은 보지 못했다"고 말할 정도로 놀라움을 금치 못했다. 마리는 비스마르크에 대해 인간적으로 말할 수 없이 깊은 공감대를 느꼈다.

마침내 비스마르크는 마리에게 마음의 문을 열었다. 그는 자신의 내면을 있는 그대로 내보이는 데 주저하지 않았다. 그녀에게 사랑의 감정을 묻어둘 수만은 없었기 때문이다. 지나간 시절 순식간에 빠져들었다가 후회로 얼룩져버린 두 번의 로맨스와는 모든 것이 다르다는 사실을 그는 진지하게 깨달았다.

'21세의 이상적인 여인상'인 마리에게 반해버린 비스마르크 못지않게 마리 또한 그에게 빠져들었다. 마리는 '거침없는 거만함의 전형, 폼메른의 불사조'인 비스마르크의 순수한 정신적 이상과 열정적인 에너지에 매료되지 않을 수 없었다.

두 사람은 어느새 장난도 즐길 만큼 가까운 사이로 발전했다. 그러나 마리는 이미 오래전에 블랑켄부르크와 약혼한 처지였다. 비스마르크에게 블랑켄부르크는 소중한 친구였지만, 그렇다고 자신에게 마리가 갖는 의미를 부인하기는 더욱 힘든 일이었다. 마리 역시 '경건하고 신실하며 부드럽고 착한' 블랑켄부르크와 '넘치는 힘과 열정에 불타오르는 매혹적인' 비스마르크, 두 남자 사이에서 혼란스럽기는 마찬가지였다.

두 사람 사이의 친밀한 감정은 마리가 블랑켄부르크와 결혼한 이후에도 크게 달라지지 않았다. 마리와 자주 편지를 주고받았던 친구이자 머지않아 비스마르크의 아내가 될 요한나는 이런 사실을 누구보다 잘 알고 있었다. 요한나와 이들 두 사람의 관계가 참으로 묘하다고 하겠다.

그 무렵 마리는 괴테(Johann Wolfgang Goethe, 1749~1832)의 작품《시와 진실(Dichtung und Wahrheit)》에 매우 심취해 있었다. 리리를 향한 괴테의 사랑을 통해 자기 내면을 들여다본 듯, 요한나에게 보내는 편지에서도 괴테의 사랑에 대한 공감과 친근감을 드러내면서 자신의 이중적인 마음을 내비치곤 했다. 1845년 7월의 긴 편지에서는 악마의 세계가 자신에게도 쉽게 영향을 미칠 수 있다는 생각을 이야기했고, 또한《친화력(Die Wahlverwandtschaften)》에서 괴테가 언급한 인간끼리의 친화성을 비유하며 심각하게 고민하는 모습도 내비쳤다. 경건주의에 대한 열렬한 믿음 때문에 자신의 감정에 충실할 수 없었을 뿐, 마리는 어떻게 보면 자신의 말대로 악마의 어두운 세계 앞에서 서성거리고 있었던 것이다.

마리의 고민은 쉽게 끝나지 않았다. 그 무렵 그녀는 기독교 신자가 아니었던 치텔만(Karl Ludwig Zitelmann, 1816~1898)과도 남다른 글을 주고받았다. 그와는 때로 남녀 간의 사랑에 대해 상당히 자극적인 대화를 나누기도 했다.

깊은 사랑을 느끼지 못한 채 살아가는 사람들이나 깊은 사랑을 알지도 못하면서 사랑한다고 믿고 결혼까지 하는 어긋난 남녀관계에 대한 치텔만의 이야기는 마리의 마음마저 흔들어놓았다. 특히 부부로 살면서도 삶의 진실한 충만감이 결여되었을 때, 애써 살아보려고 한다지만 불행한 부부관계가 되고 마는 그런 것이야말로 진정 고통스러운 관계라는 이야기에 마리는 더욱 충격을 받았다.

마리의 편지에는 치텔만이 강조하던 그런 이야기들도 담겨 있었다.

어떻게 보면 그런 글들은 비스마르크와의 감정이 현실적으로 지속될 수 없음을 인정하는, 그녀의 대담하면서도 용기 있는 고백서와도 같았다.

마리의 노력은 계속되었다. 남편과 누리는 것과는 또 다른 삶의 만족을 둘러싸고 있는, 즐거우면서도 고통스러운 '앎'이기도 한 현실 속에서 마리는 무엇보다 신앙의 힘에 매달렸다. 인간적인 욕망으로 가득 찬, 또 다른 자신과 끝을 내기 위한 부단한 노력을 통해 내면의 유혹을 극복하려는 일종의 고해성사를 계속 치르고 있었던 것이다.

비스마르크 역시 마리와의 관계가 편할 수는 없었다. 마리는 그의 높은 기대치에서 벗어나지 않는 출신과 생활방식에다가 심성이나 기질과 외모 등 그 어느 면으로 보더라도 자신에게 더없이 어울리기만 했다. 더욱이 직업적으로나 개인적으로 오랫동안 따라다니던 공허함과 상실감을 극복하지 못했던 자신에게 존재에 대한 깊은 통찰과 함께 삶에 대한 새로운 의욕까지 불어넣어준 그녀였다.

그런 여인을 눈앞에 두고서도 비스마르크는 죽마고우인 블랑켄부르크와의 우정과 이미 신 앞에서 두 사람이 올린 결혼서약이라는 현실을 외면할 수 없었다. 마리는 이미 비스마르크에게 남녀 간의 사랑을 넘어서는 삶의 의미가 되어버렸지만, 주변의 따가운 시선과 소문 때문에라도 그는 마리와의 만남을 자제하지 않을 수 없었다. 체념과 포기만이 유일한 길로 보였다.

그런데 비스마르크와 마리의 관계를 지켜보았던 요한나는 둘의 관계를 어떻게 생각했기에 비스마르크의 아내가 되기로 결심할 수 있었을까?

요한나는 폼메른의 동부지방에서도 가장 후미진 라인펠트 시골 귀족의 외동딸로서 집안으로나 사회적으로나 경건주의에 많은 영향을 받은 신실한 신앙인이었다. 음악과 문학에 관심이 많았던 그녀는 슈만(Robert Alexander Schumann, 1810~1856)과 베토벤(Ludwig van Beethoven, 1770~1827)

같은 작곡가, 셰익스피어와 낭만주의자들 가운데 장 폴(Jean Paul, 1763~
1825) 같은 작가를 매우 존경했다. 요한나는 경건주의자들 모임에서 자
유롭게 행동한다거나 정신적으로 개방되지는 않았지만, 절제와 소박함
을 갖춘 이성이 돋보이는 여성이었다.

블랑켄부르크의 눈에 요한나는 부부관계에서 내조를 충실하게 해나
갈 여성으로 비쳐졌다. 요한나의 내면까지 파악하고 있던 그에게는 그
녀야말로 비스마르크의 '광기'와 불안함, 삶의 모든 영역을 변화시키려
는 욕구, 그리고 무엇보다 그의 종교적인 냉담까지 해결해줄 훌륭한 파
트너였다.

블랑켄부르크는 1843년 말부터 이미 요한나가 비스마르크에게 알맞
은 여성이라 생각했고, 자신의 아내가 될 마리에게 도움을 요청했다. 그
는 자신의 약혼녀 마리와 친구 비스마르크 사이의 관계를 전혀 의심하
지 않았고, 종교적인 가르침의 영향 때문인지 오히려 두 사람을 절대적
으로 신뢰했다. 비스마르크에게 특별한 감정을 지녔던 마리가 요한나
에게 질투심이 없었다고 할 수는 없겠지만, 자신과 맺어질 수는 없는 상
황이었기에 진지하게 고심하기 시작했다. 시간이 흐를수록 마리는 요
한나가 비스마르크의 중심을 잡아주어 신앙과 인격의 성숙에 도움을
줄 수 있겠다는 기대를 가지게 되었다.

비스마르크에게 일생의 운명을 만날 기회가 조금씩 다가오고 있었
다. 1844년 10월 4일, 트리크라프에서 마리와 블랑켄부르크의 결혼식
연회가 벌어지던 날, 그곳에서 비스마르크는 평생의 반려자가 될 요한
나를 처음으로 대면했다.

그러나 요한나를 연회석으로 안내하던 비스마르크는 그녀를 매력적
인 여성으로 보지는 않았다. 여성을 만나는 자리라면 많은 경험이 있는
그였지만, 요한나에게서 자신의 감정을 움직일 만한 열정은 느끼지 못

했다. 그의 마음속에 여전히 마리가 자리했기 때문이었을까?

그날 신랑 블랑켄부르크는 요한나를 만나보도록 비스마르크를 부추겼다. 그는 "자네가 원치 않을 경우 내 두 번째 아내로 삼고 말 테야" 하며 유머러스하고도 단호하게 이야기했다.

그러나 요한나와 잘 어울린다는 얘기에도 불구하고 그날 신부의 아버지가 쏘아 올린 불꽃 이외에 불붙은 것이라고는 아무것도 없었다. 비스마르크는 연회 도중의 큰불을 소화하는 데 용감히 나서서 도왔을 뿐, 블랑켄부르크의 언질에도 아무런 반응조차 보이지 않았다. 그 후 비스마르크와 요한나는 블랑켄부르크 부부의 카르데민 신혼집에서 다시 만날 기회가 있었다. 그러나 비스마르크의 마음에는 여전히 변화가 없었다.

결국 거의 2년 동안이나 두 사람을 지켜보던 마리가 적극 나서기로 결심했다. 그녀는 비스마르크가 요한나를 가까이에서 만날 수 있는 자리를 마련하기로 하고, 1846년 7월 말부터 8월 초까지 경건주의 모임의 친구들과 함께 휴양지 하르츠로의 여행을 계획했다. 여행에 대한 자세한 기록은 전해지는 바가 없지만, 비스마르크의 심중에 변화가 생긴 것만큼이나 의미 있는 결실은 없었다.

드디어 비스마르크가 요한나를 다르게 보기 시작했다. 여행을 다녀온 이후로 블랑켄부르크 부부는 기회가 있을 때마다 비스마르크에게 하르츠에서의 추억을 이야기하며 소극적인 요한나와 편지를 교환하도록 주선했다.

결국 블랑켄부르크 부부의 끊임없는 노력이 빛을 발했다. 1846년 9월 5일, 마침내 비스마르크는 요한나의 아버지에게 매우 신중하게 편지를 보냈다.

이번 여름, 저희는 함께 여행을 다녀왔습니다. 그 이후로 저는 행복하고 평화로운 마음으로 당신의 따님을 만났으면 하고 바래도 좋을지 혼란스럽기만 합니다.

그런데 요한나에 대한 비스마르크의 심중에 변화가 일던 그 무렵을 전후로 예기치 않은 일들이 겹쳐서 일어났다. 그중 하나가 1845년 11월 22일 아버지 페르디난트의 죽음이었다. 어머니의 빈자리와는 달리 자신에게 한결같이 안식처가 되어주었던 아버지의 임종 앞에서 비스마르크는 단순히 아들로서만이 아니라 한 인간으로서 무한한 연민을 느꼈다.

비스마르크는 그해 9월부터 자신을 몹시 보고 싶어 한다는 아버지의 편지를 받고서 부지런히 쇤하우젠을 드나들었다. 크니프호프에 벌여놓은 사업 때문에 그만 돌아가라는 형의 권고도 있었지만, 아버지의 곁을 떠나지 않았다. 나이가 들어 가족도 없이 홀로 외롭게 임종을 맞이하는 것만큼 슬픈 일도 없었겠지만, 무엇보다 자신의 방문에 그렇게 기뻐하던 아버지의 모습을 보았기 때문이었다.

그 무렵 쇤하우젠에 거주하던 형 베른하르트가 나우가르트 구역의 시의원으로 재선되는 바람에 크니프호프의 비스마르크는 뜻하지 않게 주거지를 이전해야 하는 문제에 부딪혔다. 그는 아버지의 병환 때문에 그동안 반년이 넘도록 형을 대신하여 크니프호프는 물론 쇤하우젠까지 도맡아서 두 곳을 오가야 했다. 결국 비스마르크는 1846년 4월 크니프호프를 소작인에게 맡기고 가문의 세습지인 쇤하우젠으로 거주지를 옮기기로 했다. 그동안 마리와 가까운 크니프호프와 마리와 먼 쇤하우젠 두 곳 사이에서 방황했던 그에게 마리를 포기해야만 한다는 결심이 인위적으로라도 실행되는 셈이었다. 비록 아버지의 죽음과 형의 직장 문제를 계기로 쇤하우젠을 새로운 정착지로 삼긴 했지만, 그렇게 해서라도 마리와의 이별을 결심했기 때문이다. 게다가 하르츠 여행을 다녀온 이후 요한나에게로 다가서는 마음 때문이기도 했다.

그런데 또 하나의 엄청난 소식이 쇤하우젠으로 날아들었다. 뜻밖에도 마리의 죽음이었다. 유행성 열병에 시달리던 어머니를 간병하던 중 뇌막염을 앓게 된 마리는 1846년 10월 말부터 앓기 시작하여 11월 10일 카르데민 집에서 24세의 나이로 세상을 떠나고 말았다.

그 소식에 비스마르크는 할 말을 잊었다. 마리의 종교적인 확신과 신뢰, 자신의 영혼의 상처까지 돌보아주었던 지극한 정성, 그리고 이룰 수 없던 그녀와의 사랑에 대한 애틋함! 뜻하지 않은 갑작스런 죽음 앞에서 비스마르크는 한동안 충격에 휩싸였다.

비스마르크에게 마리의 죽음은 말로 표현할 수 없는 슬픔을 안겨주었다. 자신에게 한 인간으로서의 존재와 삶의 의미를 겨우 되찾을 수 있도록 도와주었던 마리, 신에 대한 믿음으로 일어서도록 함께해준 마리, "고귀하고도 절실한 마리"가 더 이상 이 세상에 없는 존재가 되었다는 사실을 그는 좀처럼 받아들이지 못했다. 그러나 너무 일찍 맞이한 마리의 죽음은 엄연한 현실이었다.

힘들고도 긴 일주일을 보낸 11월 18일 비스마르크는 여동생 말비네 (Malwine von Arnim, 1827~1908)에게 심적 고통을 털어놓았다. 마리와의 관계가 서로에 대한 애정만이 아닌 신뢰와 경외감으로 묶여 있는 흔치 않는 만남이었기에 타격과 상실감은 더없이 깊었다.

너는 내가 카르데민 집안과 어떤 사이인지, 그래서 최근 마리의 죽음이 내게 얼마나 충격적인지 대충 알고 있겠지. 폼메른을 떠난다는 결정도 쉽지 않았는데, 이 일만은 정말 내게 힘들구나. 가까운 누군가를 잃고 그 이별로 인해 내 삶에 크고 예기지 않은 틈이 생겨버린 것은 진정 처음 있는 일이다.

비스마르크는 한평생 마리를 잊지 않았다. 이런 사실을 아내 요한나도 모르지 않았다. 절망의 늪에 빠졌던 남편을 새로운 삶의 길로 이끌어준 사람이 바로 자신의 친구인 마리였기 때문에 그 존재의 의미를 누구보다 잘 알고 있었다. 그렇지만 그러한 그녀의 존재가 평생 동안 그의 아내인 자신을 가려버리게 될 것 또한 잘 알아야 했다.

이처럼 고전적이고도 애절한 삼각관계는 비스마르크의 전기 작가들에게 또 하나의 관심사가 되지 않을 수 없었다. 특히 폰타네는 이를 대표적인 사회소설의 소재로 활용하기도 했다. 전기 작가들은 훗날 정치지도자로서 프로이센의 프로테스탄트적 영향권에 안주하는 비스마르크의 종교적 노선에 대해, 그리고 무엇보다 그가 기독교로 교화되는 과정에서 영향을 미친 마리의 역할에 대해 비중 있게 다루었다.

비스마르크에게 마리는 영원히 지울 수 없는, 가슴 깊숙이 묻어둔 여인이었다. 훗날 비스마르크는 "내 마음에 드는 여인이 있다면, 그 여인에게서 영락없는 마리의 일부분을 보았기 때문"이라고 실토했다.

비스마르크가 프로이센 수상으로 임명되기 직전인 1862년 8월 비아리츠에서 만나 잠시 사랑의 감정을 불태우던 오르로와(Katharina Orlowa, 1840~1875) 부인과의 경우가 그랬다. 그리고 더 나이가 들은 뒤에 마리의 조카딸을 소개받았을 때도, 마리를 대한 듯 그의 두 눈에서는 마리의 모습이 떠나지 않았다.

생의 반려자

마리의 죽음 이후 비스마르크는 놀라울 정도로 변화했다. 무료했던 시골생활과 가슴 아픈 이별을 뒤로한, 그야말로 새로운 출발이었다. 이제 그의 마음은 요한나 한 사람에게 집중되었다.

마리의 죽음으로 깊은 상처를 받았던 비스마르크는 마리가 죽고 한 달이 지난 12월 14일 카르데민으로 향했고, 블랑켄부르크가 함께하는 자리에서 요한나에게 자신의 마음을 털어놓았다. 31세의 비스마르크는 이후 48년이란 짧지 않은 시간 동안 동고동락하게 될 운명의 반려자 요한나를 진심으로 받아들이고자 했다. 마리에 대한 아픔을 모르지 않던 요한나 역시 진솔하게 다가오는 그에게 마음의 문을 열었다.

두 사람의 결혼이 이루어지기까지 비스마르크가 펼친 구애작전은 그야말로 열렬했다. 그 가운데 12월 21일 그의 '구혼편지 사건'은 대단히 유명하다. 한때 망나니였던 자신의 평판에 대해 익히 알고 있던 요한나의 부모님을 설득하기 위해 비스마르크는 1846년의 크리스마스를 며칠 앞두고 성경에 능통한 블랑켄부르크의 세세한 도움까지 받으면서 신실한 경건주의자인 그녀의 아버지 푸트카머(Heinrich von Puttkammer, 1789~1871)를 '공략'하기로 했다.

우선 비스마르크는 경건주의자들과 교류를 가져보려는 노력을 아끼지 않았다. 근본적으로 종교관의 변화가 뒤따른 것은 아니었지만, 구혼편지를 쓸 때 자신의 신앙을 언급하는 일이 가장 중요했기 때문이다. 그것이 요한나에 대한 진실한 사랑의 감정을 전달하기 위한 최선의 태도이자 외교적 기량이라고도 생각했다.

비스마르크의 구혼편지는 많은 부분이 사실이긴 했지만, 상당히 과장된 표현들이어서 장인의 허락을 받아내려는 의지를 잘 보여준다. 그렇게 완성된 편지는 어린 시절에 대한 회고를 시작으로 한 개인 신상명세서와도 같았고, 문체나 구성 면에서 19세기 서한문학의 걸작이라는 평을 들을 정도로 빼어났다.

편지의 서두에 그는 라인펠트의 푸트카머 가문의 딸에게 구혼하는 자신에 대해 먼저 요한나 부모님의 용서를 청하는 간곡한 인사를 잊지 않았다. 그리고 자신의 종교적인 발전과정을 세세하면서도 적절하게 전달하는 '전략'을 펼쳐나갔다. 그는 16세 때 베를린의 유명한 신학자 슐라이어마허(Friedrich Ernst Daniel Schleiermacher, 1768~1834)에게 견진세례를 받았던 사실을 비롯해 당대 최고의 학자들인 슈트라우스(David Friedrich Strauss, 1808~1874), 포이어바흐(Ludwig Feuerbach, 1804~1872), 바우어(Bruno Bauer, 1809~1882) 등의 종교 비판적인 강의와 저서에 대해서 잊지 않고 언급했다.

또한 마리와 관련된 이야기도 빠뜨리지 않았다. 비스마르크는 마리로 인해 비로소 가정환경의 소중함을 깨달았고, 그 집안에서 고향과도 같은 느낌을 찾게 되었다고 설명했다. 고통으로 시달리다가 세상을 떠난 마리를 통해 마음 깊이 느끼는 아픔과 자신의 무능함을 통감한 사실, 그리고 열렬히 기도드릴 수 있게 됨으로써 자신의 신앙을 되돌아보는 시간이 있었음도 토로했다. 신은 비록 자신의 기도를 들어주지 않았지만, 두 번 다시는 그런 일이 없도록 신에게 간청드릴 힘이 생겨났고, 설혹 그럴 자유가 주어지지 않는다 해도 자신이 알지 못했던 신뢰와 삶의 용기를 느낀 지금 더 이상 비관하지만은 않을 것이라는 새로운 각오까지 전달했다.

그뿐만이 아니었다. 그는 신앙의 힘을 재차 강조하면서 자기 스스로 죄악과 부조리에서 벗어날 수 없다는 것을 깊이 깨닫게 되었다고 고백했다. 영원한 삶에 대해 가졌던 의구심도 버린 지금, 은총으로 자신 안에서 믿음을 일깨우며 강화된 신앙심 속에서 매일같이 참회하는 마음을 청하는 용기와 좌절하지 않으려는 강한 의지를 힘주어 강조했다. 그러면서 신과 영원한 생명에 대한 믿음이 실제로 자신의 삶 전부를 좌우하게 된 현실을 재차 강조하며 편지를 끝맺었다.

기나긴 미사여구에도 불구하고 비스마르크의 구혼편지는 요한나에게 완전히 빠진 진실한 마음을 전달하려는 뜻만은 확실했다. 한 가정을 이루어 새로운 삶을 시작하고자 다짐하는 한 남자에게 더 이상의 기다림과 지체는 필요치 않은 듯, 비스마르크는 독신생활을 끝내는 마지막 순간을 초조하게 기다렸다.

그러나 구혼편지를 읽고 난 푸트카머 부부의 반응은 호의적이지 않았다. 편지 내용으로는 그만한 사윗감이 없었지만, 예전에 같은 집안사람인 오틸리에와의 결혼설 등 유쾌하지 않은 소문만 무성했던 작자에게 어린 외동딸 요한나를 보내야 한다니 심란할 수밖에 없었다.

며칠이 지나도록 구혼에 대한 아무런 확답이 없자, 비스마르크는 자신의 뜻이 제대로 받아들여지지 않았다는 생각을 떨치지 못했다. 앉아서 무작정 기다리고 있을 수도 없고, 그렇다고 상대편의 무반응을 결혼 반대의 뜻으로 받아들여 포기할 수도 없는 상황에서 초조하고 답답하기만 했다. 블랑켄부르크는 어려운 종교적인 문제를 더 언급해야 할 것이라는 조언과 함께 '담판 짓기'까지 어느 정도의 시간도 필요하다는 위로를 잊지 않았다.

그러나 어느 누가 이 이상으로 요한나 부모님의 마음을 움직일 수 있었겠는가? 비스마르크는 라인펠트로 직접 찾아가는 길 외에 다른 해결책은 없다고 결론 내렸다. 그리 우호적인 상황은 아니었지만, 누구도 그를 막을 수 없었다. 마치 호랑이 굴을 기습공격이라도 하듯 비스마르크는 요한나의 집으로 뛰어들었고, 미래의 장인 장모 앞에서 그녀를 보는 순간 결정적으로 포옹하고 말았다. 그때 장인의 눈에 비스마르크는 "손도끼를 들고 당장이라도 머리를 내리칠 듯한 푸줏간 주인을 향해 덤벼드는 황소"와도 같았다. 예기치 않은 그의 행동에 말문을 잃은 채 놀라서 쳐다보고만 서 있는 사람이 어디 그들뿐이었겠는가!

1847년 1월 말, 비스마르크가 형 베른하르트에게 보낸 편지에서 설명했듯이 이 당황스러운 사태는 5분도 지나지 않아 수습되었다. 비스마르크는 여동생 말비네에게 보낸 1월 12일자 전보에서 간단히 이렇게 전했다. "모든 일이 잘됐다." 우연찮게도 한낮에 연회가 벌어지던 상황이어서 그곳에 있던 참석자들까지 흥분하지 않을 수 없는 상황이 연출되었다.

비스마르크는 대담한 기지로써 까다로운 문제를 순식간에 해결해버렸다. 정성스런 구혼편지에 이은 그의 과감한 행동에 요한나의 친척과 친지들은 한마디로 완전히 압도되었다. 형에게 보낸 편지에서 고백했듯이, 요한나는 그에게 최상의 여인이었다.

요한나는 귀족 출신으로는 보기 드문 정신의 소유자이며 특별한 기질을 가진 여인입니다. 사랑스럽고 너무도 고귀한 그녀와 결혼할 수 있게 되었으니 더없는 행운을 잡은 셈입니다.

그 무렵 비스마르크의 생활 또한 많이 달라져 있었다. 구혼 사건이 있기 전인 1846년 늦가을부터 그는 이미 쇤하우젠의 제방감독관으로서 공직에 다시 발을 들여놓은 상황이었다.

그 얼마 만에, 그것도 스스로 선택한 공직생활이던가! 엘베 강에서 약 2킬로미터 떨어져 있으며, 2000명에 가까운 주민이 거주하던 쇤하우젠은 1845년 초 40년 만의 급작스런 수해 피해를 입었다. 가옥이나 도로, 울타리, 둑 할 것 없이 모두 무너지거나 유실되었고, 숲의 일부도 파괴되었으며, 곳곳에서 파종마저 어려운 상황이 벌어졌다. 수개월에 걸쳐 진행되는 복구 작업을 지켜보던 비스마르크는 수해 피해에 대한 모든 책임을 관할 제방관에게 돌렸고, 결국 막데부르크 정부당국은 비스마르크에게 직접 그 임무를 맡아달라고 요청했다.

처음 얼마간의 망설임 끝에 그 제의를 수락한 비스마르크는 예리코

우에서부터 잔다우까지 엘베 강의 우측 지역을 관할했다. 빙하가 떠내려올 사태 등에 대비하는 성실한 공직자로서의 모습은 예전의 비스마르크에게 상상조차 할 수 없었다. '얼마 가지 못해 또다시 포기하지는 않을까?' 하는 주변의 염려는 더 이상 필요치 않았다.

매사에 최선을 다하기 시작한 비스마르크는 1847년 1월 갑작스런 공무로 인해 요한나 부모님과의 만남까지 연기할 정도로 달라져 있었다. 더 이상 예전과 같은 낙오자 비스마르크가 아니었다. 고향의 제방관이 되어 12월 2일 정식으로 임무를 맡은 것까지 포함한다면 1890년 3월 20일 독일제국의 재상으로서 정계에서 물러나는 순간까지 그가 공직에 몸을 담은 기간은 무려 43년이 넘었다. 그리고 그 긴 세월 동안 공무를 우선시하고, 맡은 바 소임을 결코 소홀히 하지 않음으로써 누구보다 충실한 공직자의 길을 걸었다.

1847년 1월, 드디어 비스마르크와 요한나의 약혼식이 거행되었다. 약혼한 후 그들은 결혼하기 전까지 각각 쉰하우젠과 라인펠트에서 떨어져 지냈다. 그들은 수백 통의 편지를 주고받으며 서로를 위로하고 그리운 마음을 전했다. 서로를 향한 변함없는 진실한 마음이 잘 담긴 이때의 편지들은 문학적으로도 높은 가치를 인정받았다.

편지 글에서 읽어낼 수 있듯이, 비스마르크에게 사랑이란 모든 것을 소생시키는 힘 그 자체였다. 염세주의자로 세상을 등지고 말았더라면, 애정의 온기로 마음을 열고 기쁨으로 세상을 바라보게 하는 사랑의 힘을 누리는 그런 행운은 결코 맛보지 못했을 터였다.

물론 헤어져 지내던 연인을 향한 사랑과 그리움에 대한 표현들이 주변의 변화들로 인해 늘 명쾌할 수만은 없었다. 때로는 글 끝부분에 공허함으로 채워진 깊은 내면을 차갑게 응시하는 자신을 드러내 보이고, 그런 자신의 마음을 세찬 눈보라에 비유하기도 했다. 그럼에도 그의 편지에는 늘 따뜻함이 배어 있었고, 글귀에 담긴 다양한 뉘앙스는 감동을 안겨주기에 충분했다.

그동안 참으로 오랜 시간을 홀로 지낸 그가 아니었던가. 그제야 누리게 된 행복감은 그래서 더욱 소중하게 빛을 발했다. 2월 1일자의 편지에서 비스마르크는 진정으로 행복감을 감추지 못했다.

내 인생관은 이제 완전히 달라졌다오. 나는 기쁘게 그리고 책임을 다해 제방관 일과 경찰업무를 함께하고 있소. 내게 당신은 정신적인 애인으로서가 아닌, 내 마음 전체에 따뜻한 불꽃으로 자주 피어오르고 있소. 이렇게 변화하는 내 새로운 삶을 신께 먼저 감사드리오.

이윽고 비스마르크와 요한나의 결혼이 이루어졌다. 약혼식이 있은 지 7개월이 지난 1847년 7월 28일 두 사람은 라인펠트의 마을교회에서 결혼식을 올렸다.

어머니에 대한 어두운 기억, 상처와 후회로 얼룩진 연애와 구혼 사건, 그리고 무엇보다 소중했던 마리와의 만남과 뒤이은 그녀의 죽음이 안겨준 충격 등 여러 여성들과의 관계를 모두 뒤로한 채 요한나를 받아들이는 그 순간! 그때부터 요한나는 오래도록 변함없이 비스마르크와 미래를 함께할 그만의 진정한 여인이 되었다.

신혼부부는 며칠 동안 크니프호프와 쉰하우젠의 친지를 찾아다니면서 인사를 드렸다. 그리고는 8월 11일부터 10월 6일까지 두 달 가까이 긴 신혼여행을 떠났다. 여정은 엘베 강을 따라 체코슬로바키아의 보헤미아로 떠나 프라하에서 빈으로, 그리고 다시 다뉴브 강 증기선을 타고 린츠, 잘츠카머굿, 티롤을 거쳐 이탈리아 북부로 이어졌다. 여비가 충분했던 탓에 비스마르크가 바라던 대로 베네치아까지 돌아볼 수 있었다.

그들은 베네치아에서 스위스로 여행 일정을 더 연장하는 바람에 여행 경비 문제에 부딪혔다. 그래서 비스마르크의 형 베른하르트와 요한나의 부모님에게 추가로 400탈러 이상의 비용은 넘기지 않겠다는 약속과 함께 도움을 청하는 편지를 보내기도 했다.

비록 일정과 경비에 차질이 빚어지긴 했지만, 비스마르크 부부는 아름다운 경치와 값진 문화를 접하며 깊은 인상과 감동으로 이어진 시간을 함께 보냈다. 특히 독일 북부의 하르츠와 칼스바트 구역 밖으로 벗어나보지 못했던 요한나에게 이런 세상 구경은 더없이 소중한 경험이었다. 아울러 그녀는 남편 비스마르크를 위해 최대한의 배려를 아끼지 않았다.

신혼여행에서 돌아온 비스마르크 부부는 1847년 10월 중순부터 쇤하우젠에서 신혼살림을 차렸다. 이미 시부모님이 모두 돌아가신 뒤였기에 가정 살림에 초보였던 요한나는 집안 살림에 관한 한 전적으로 친정어머니에게 의지했다.

그 이듬해 8월 21일 요한나는 첫 번째 아이 마리를 낳았다. 마리(Marie Elisabeth Johanna von Bismarck, 1848~1926)가 태어났을 때, 비스마르크는 드디어 아버지가 되었다는 기쁨과 함께 자신의 아버지를 잃었던 아픔과 너무도 일찍 운명을 달리한 여인 마리를 떠올렸다. 장인에게 첫 아이의 기쁜 소식을 전하면서 아들이었더라면 신께 무릎 꿇어 감사했을 것이라는 넋두리를 잊지 않았다. 남아를 선호하는 분위기 때문에 아들을 먼저 낳았더라면 요한나가 자식 문제에서 자유로워졌을 것이기에 나온 그의 자상한 배려였다.

그리고 한 해 뒤인 1849년 12월 28일 베를린에서 두 번째 아이 헤르베르트가 태어났다. 요한나가 간절히 바라던 대로 아들이었으니, 두 사람 모두 적어도 아들을 낳는 문제로부터 해방된 셈이었다. 그리고 마지막으로 1852년 8월 1일 프랑크푸르트에서 빌헬름(Wilhelm Albrecht Otto von Bismarck, 1852~1901)이 태어났다.

헤르베르트는 처음에 니콜라이라고 불렸으며, 태어난 다음해 2월 11일 베를린 도로테엔 37번가의 이층집에서 선교사 고스너(Johannes Gossner, 1773~1858)에게 세례를 받았다. 비스마르크는 베를린에서 태어나 독일 남부 사투리를 쓰게 되어 "운이 나쁜 녀석"이라며 농담까지 할 정도로 아들의 탄생에 기쁨을 감추지 못했다. 자식들 가운데 가장 재능이 뛰어났으면서도 문제 또한 가장 많아 늘 부모의 관심사였던 헤르베르트는 훗날 외교관이자 정치인으로서 아버지의 정치활동을 톡톡히 도왔다.

비스마르크는 32세라는 늦은 나이에, 그것도 온갖 절망적인 순간들을 경험하고 나서야 결혼했다. 그런 만큼 그에게 가정을 이룬다는 의미는 누구보다 각별했다. 그전까지 여성들과의 만남은 후회 아니면 아픈 과거로 남았기에 요한나와의 평온하고 화목한 가정생활에 대한 그의 기대는 아주 컸다. 특히 두 사람의 만남과 결혼을 위해 애써주었던 마리를 생각하면, 새로운 인생을 시작하는 시점에서 그는 더욱 신중하고 진지하지 않을 수 없었다.

이미 이 세상을 떠나고 없는 마리였지만, 남편의 마음속에 자리하고 있는 그녀의 의미를 너무도 잘 알고 있던 요한나였기에 그녀의 마음가짐 역시 비스마르크의 기대에 못지않았다. 그래서일까, 결혼 이후에도 여전히 변하지 않은 남편의 사랑을 확인받고 싶어 했던 것이 요한나의 솔직한 심정이었고, 그것이 때로는 그녀의 문제점으로까지 비쳐지기도 했다.

따라서 그 어떤 것도 그들 두 사람에게 해를 끼치지 못할 것이라는 확신을 원하고 또 원했던 요한나로서는 그녀 나름대로 자기의 사랑을 지켜나갈 사랑의 방식을 터득해나갈 필요도 있었다. 비스마르크 또한 언젠가 한 번 로맨스에 빠진 자신을 알고도 적당히 넘어간 아내의 배려를 너무도 잘 알고 있었기에 제자리를 잊지 않았다. 그리고 보면, 블랑켄부르크가 예상한 그대로 요한나는 비스마르크에게 최상의 반려자가 아닐 수 없었다.

요한나는 남편을 위해 헌신하고 순종했으며, 자신을 비스마르크에게 맞추려고 일방적인 배려를 아끼지 않았다. 그것이 남편을 사랑하는 그녀만의 방법이었다. 자신의 주장보다는 남편과 아이들을 먼저 생각하고, 또 남편의 주변관계에 대해서도 무리없이 적응해나가고자 했다. 매사에 주도적이고 적극적이며 긴장감이 넘치는 비스마르크에게는 그야말로 최고의 파트너였다. 1847년 2월 22일 고백했던 그녀의 사랑은 죽을 때까지 변하지 않은 채 한결같았다.

사랑하는 분, 나는 당신에게 더욱 순종하며 내 스스로 할 수 없는 일도 바꾸어보도록 노력하겠어요. 그러나 당신이 원하지 않으면 조용히 지내며 당신이 원하는 대로 따르겠어요. ······사랑하는 벗이여, 충만한 신뢰감을 가질 수 있기까지 나는 오랜 시간이 필요할 거예요. 이제 정말로 헌신하고 함께 해결해나가야 할 순간이 내게 펼쳐졌으니, 그 무엇도 이 사랑을 내게서 빼앗아가지는 못해요. 이 사랑은 단단하고 깨어지지 않으며 영원히 푸르고 진실할 거예요. 그래요, 죽을 때까지. 사랑하는 이, 소중한 분, 오토. 나는 열정적으로 당신을 사랑하지 못한다고는 생각지 않지만, 그 누구도 이제 다시는 당신의 신뢰를 믿지 못해 나를 황폐하게 만들지는 못할 거예요. 아주 깊이 따뜻하게 진심으로 오로지 당신만을 사랑하겠습니다.

서로의 파트너가 되기 위해

비스마르크는 결혼 직전인 1847년 2월 소집되어 4월에 개최된 통합의 회의 보결의원으로 선출된 이후, 1849년 하원의원으로 정계에 입문했다. 정치가로서의 삶이 시작되면서 베를린에 머무는 날이 늘어났고, 그에 따라 쇤하우젠의 요한나와 떨어져 지내는 시간도 차츰 늘어났다. 그리움에 사무치던 신혼부부는 수많은 편지로 서로의 사랑을 확인하던 약혼 시절로 되돌아갔고, 틈나는 대로 휴가를 낸 젊은 신랑은 라인펠트 친정집으로 아예 거처를 옮긴 요한나를 찾아갔다.

서로의 사랑이 지속되는 가운데 가끔은 그들 사이에 먹구름이 끼곤 했는데, 이는 주로 정치가의 아내로서보다는 여전히 친정 부모의 고명딸로서 요한나 특유의 성향 때문이었다. 그런 면은 블랑켄부르크의 여동생으로 요한나와도 절친했던 경건주의자 헤트비히(Hedwig von Blanckenburg)가 소상하게 적어 보낸 글들을 통해서도 쉽게 알 수 있다.

헤트비히는 "꽃이 피면 지는 때가 있듯 그 열매를 맺어 익어갈 때까지 기다릴 줄도 알아야 하건만, 요한나는 아이들의 어머니로서 여전히 성숙하지 못해 열매를 맺지 못하고 있다"고 말했다. 인식의 범주가 매우 제한된 것으로 보이는 요한나는 헤트비히의 눈에 "자연과 밀착된 감상주의적 문학에 깊이 빠져 있는가 하면, 신에 귀의한 경건주의를 지나치게 숭배하던 예전 그대로의 모습에서 좀처럼 변하지 않은, 현실과는 거리가 먼 여성"으로 머물러 있었다.

시와 온갖 꽃에 정신이 빠져 있는 소녀 같은 네가 때로 나를 자극하고 매료시키기도 해. 새로 눈뜬 아침이 너를 감동시킬 수 있다니 기쁘구나. 그러나 한 가지, 모든 것을 5년 전 그때처럼 똑같은 관점에서 바라보는 네가 나를 힘들게 하고 또 이해하기 어렵게도 해. 마치 네가 심오한 삶

:: 1849년의 비스마르크 부부

의 깊이를 진정 알아차리지도 못하고 지나쳐버리고 말 것 같은, 그런 것
들을 너는 이해할 수 없을 것이라는 생각마저 자주 하게 돼. ……내 안
에도 여전히 그런 면이 있긴 하지만, 이제 나는 보다 더 심오한, 그러면
서도 내면의 아름다움 또한 부족하지 않은 다른 것을 찾았으면 싶어.
아! 요한나, 사랑하는 요한나, 우리는 놀고 장난하는 어린아이로 머물 수만은 없잖아. 우리는 주님의 종으로 진지한 인간이 되어가야만 해.

요한나는 사실 주변의 상황 변화에 빠르게 적응하는 편이 아니었다. 오히려 자신의 감정에 지나치게 몰입함에 따라 갑작스런 심경 변화를 보이기도 했다. 그런 성향은 누구보다 비스마르크를 힘들게 만들었다. 예민한 성격에 누구보다 뛰어난 문학적 감성을 지녔던 비스마르크지만, 요한나의 행동은 때로 편협하고 답답하기 그지없어 보였다.

시간이 흐를수록 비스마르크는 부부로서 장차 두 사람이 함께 삶을 일구어나가는 과정에서 요한나의 그런 성향이 부정적인 영향을 미칠 수 있다는 생각이 들었다. 요한나가 변화를 두려워하여 자신의 세계 속에 안주하고, 또 시련을 받아들이기를 주저하여 삶을 어렵게만 생각한다고 판단했기 때문이다.

요한나는 마치 고통에 굶주리기라도 한 듯 일어나지도 않은 불행에 대해 미리 두려워하며 자책하는 습성을 지녔다.

부부간에 갈등의 소지를 없애고 가족의 화합을 이루기 위해 비스마르크는 고민을 거듭했다. 예민한 감수성을 지녔지만, 충만한 에너지로 단호한 면모도 가진 그는 가족 문제에서만은 여지없이 허물어지는 겁쟁이였다. 예컨대, 정계에 입문한 이후로 베를린을 거쳐 프랑크푸르트로 거주지를 옮김에 따라 가족과 떨어져 지내는 동안에 그들 중 누구라도 혹여 아프지는 않은지, 그리고 그 사실조차 알리지 않는지 노심초사하여 "쓰고 쓰고 또 쓰라!"며 가족들의 소식을 늘 재촉하는 식이었다.

그 역시 최선책으로서 시적인 방법까지 동원하여 편지쓰기를 게을리하지 않았다. 그러고는 요한나의 처지를 감안하여 자신의 사랑을 확인시켜주면서 아낌없는 배려와 충고도 잊지 않았다.

요한나는 늘 남편을 우선으로 내세우는 심성이었지만, 대단하게만 보이는 남편 앞에서 썩 아름답지는 못한 자신의 외모에 대해 자격지심이 있었던 것 같다. 게다가 떨어져 지내는 시간이 많아지다 보니 주어진 외적 환경으로 말미암은 그녀의 심경 변화는 흥분이나 짜증으로 표출될 수도 있었다.

비스마르크에게는 참으로 많은 인내와 이해의 시간이 필요했다. 특히 요한나의 성향이 종교적인 부분에 작용될 경우 그의 인내는 한계에 달하곤 했다. 자연히 두 사람 사이에 갈등이 생기기 마련이었다. 지나칠 정도로 경건주의적인 종교 성향에다 성서 제일주의자인 요한나에 비해 비스마르크는 철저하게 자신의 판단에 의존해 성서를 읽어나가는 편이었으므로, 그들 사이의 간극을 메우기는 쉽지 않았다.

비스마르크는 경건주의적 종교관에 동의하지 못했고, 지나치게 엄격한 경건주의에 빠져 있는 요한나를 종파적인 속박에서 끄집어내야 한다고까지 생각했다. 이는 신앙인으로서 성직자의 중재 없이도, 그리고 성서 제일주의가 아니라 신과의 개별적인 관계가 진정으로 기독교에 안주하는 길임을 의심치 않은 때문이기도 했다. 학창 시절에 그의 지나친 무신론을 지적했던 카이저링에게 신으로부터 너무 멀리 떨어져 나와버린 자신의 의구심을 인정한 때도 있었지만, 지금의 그에게는 그 나름대로의 종교관이 확고하게 자리 잡고 있었다.

1849년 하원의원을 거쳐 1851년 독일연방의 프로이센 대사로 임명되면서 비스마르크는 정치생활을 본격적으로 시작했다. 그는 2년 가까이 이어진 베를린에서의 '기러기 아빠 생활'을 청산하고 가족 모두 프랑크푸르트에 데려오기로 결심했다. 그의 생활무대가 프랑크푸르트로 옮겨지면서 더 이상 가족들이 떨어져 지낼 수만은 없는 이상, 모든 것을 현실로 받아들이고 내린 결단이었다. 그리고 무엇보다 요한나의 문제를 근본적으로 해결하기 위한 차원에서도 꼭 필요한 처방이라 믿었다.

그러나 거주지를 옮기는 문제 역시 요한나에게는 간단치만은 않았고, 그 문제로 비스마르크는 한동안 고민에 빠져 지냈다. 그로서도 요한나가 낯선 도시생활에 적응하기 힘들어 할 것은 짐작하고도 남을 일이었지만, 그렇다고 그녀의 불안한 심리증세 때문에 지금처럼 떨어져 살아서는 더더욱 안 될 일이었다. 장차 프랑크푸르트에서 보내게 될 8년간이 "내 생애 최고의 행복한 시간"이 되리라고는 상상조차 못했던 요한나는 아니나 다를까 남편의 결정을 좀처럼 받아들이지 못했다. 당시 3일 동안 꼬박 눈물로 지새운 일화가 있을 정도로 요한나에게는 그럴 만한 이유가 있었다. 그중 하나는 친정어머니 뤼트가르데(Luitgarde von Purttkamer)와의 이별 때문이었다.

장모는 오랜만에 사위와 함께하는 자리를 빌려 "하나밖에 없는 자식을 차라리 돼지나 치는 작자에게 시집보내는 것이 더 나았겠다"는 한탄을 쏟아내기에 여념이 없었다. 그런 어머니의 심정을 모를 리 없던 요한나도 슬프기는 마찬가지였다. 훗날 1871년 7월 28일 결혼 25주년을 기념하는 은혼식에서 요한나는 친정어머니의 이 얘기를 새삼 떠올리며 미소를 금치 못했다.

그런데 요한나가 3일을 꼬박 슬퍼했던 더 큰 이유는 따로 있었다. 1849년 11월 형 베른하르트에게 보낸 편지에서 비스마르크는 이런 내용을 적었다. "고향 폼메른의 라인펠트를 완전히 떠나 살아야 한다는 바로 그 사실 때문에 요한나가 몹시 슬퍼하고 있어요." 요한나는 쉰하우젠에 살면서도 언젠가는 고향집 라인펠트 가까이에서 살 것이라는 기대를 늘 갖고 있었고, 실제로 남편이 베를린에서 지내는 동안 라인펠트 친정으로 거처를 옮겨 지냈다.

요한나는 새로운 환경에 대해 호기심이나 자신감을 갖기보다는 두려움과 불안감이 앞서는 성격이었다. 그런 그녀를 잘 아는 비스마르크는 라인펠트에서 가까운 크니프호프에 있는 집마저 팔아버릴 생각은 엄두도 내지 못했다. 1866년 오스트리아와의 전쟁에서 승리한 공으로 영지를 하사받았을 때 폼메른 가까이에 위치한 바친을 별장으로 구입했던 것도 그 때문이었다.

휴가를 내 찾아가 설득했지만 처가의 반발에 부딪힌 비스마르크는 그렇다고 해서 요한나를 언제까지나 그곳에 머무르게 할 수는 없었다. 멀리 라인펠트에 요한나를 두고 프랑크푸르트로 되돌아온 비스마르크는 최종적인 결심과 함께 요한나의 불안에 나름의 처방을 내렸다. 그는 사랑이라는 감미로운 '구속'을 통해 그녀의 마음을 돌리려 했다. 새로운 곳에서 그녀가 어떻게 적응해나갈지 가장 큰 고민이긴 했지만, 딸과 헤어진다는 사실을 한탄하는 장인과 장모를 달래고 서둘러 그들로부터 요한나를 벗어나게 하는 것이 급선무였다.

그러면서 비스마르크는 새로운 삶에 직면하여 스스로를 '신의 전사'로 여겼다. "신이 원하는 대로 나는 보내지고, 내 삶 또한 신에 의해 정해져 있다"고 믿으면서 새로운 곳에서의 변화를 받아들이고자 했다. 사실 그동안 그는 연방의회 내 프로이센 대사로 임명되던 첫날부터 유례없는 파격적 인사라는 왕실과 관료들의 비난에 시달렸다. 그렇다고 국왕의 특별한 총애나 지지가 있었던 것도 아니었기에 홀로 괴로운 나날을 보내야만 했다. 그럴수록 주어진 직분에 성실하게 임하는 것만이 최선이었기에 가족 문제까지 겹쳐 에너지를 소진해서는 안 되겠다는 생각이었다.

이래저래 힘든 시기를 보내던 비스마르크는 지난날의 자신도 되돌아보면서 많은 생각을 했다. 특히 1848년 '3월 혁명' 사태를 비롯하여 얼

마 되지 않는 정당 활동 등에서 급작스런 분노를 자제하지 못해 극단적
이고도 불친절한 언행을 보인 탓에 그에게 등을 돌려버린 많은 사람들
을 떠올렸다.

그는 감정을 그런 식으로밖에 표출할 줄 몰랐던 자신에 대한 반성과
함께 신의 도움을 간청하고 또 간청했다. 정치 생명이 다하는 날까지 고
치기 어려운 그 기질을 정계의 출발지점에서부터 다스리고자 각오할
정도로 초보 정치가의 심경은 신중하고도 복잡했다. 넘치듯 폭발하는
사위의 에너지를 모를 리 없던 장모 역시 뒤늦게나마 "악마의 종에 유
혹될 때 자네의 마음속에 있는 신의 사람이 진심으로 사랑하여 좋게 인
도할 것임을 믿는다"며 격려를 잊지 않았다.

비스마르크의 '사랑의 전술'로 결국 요한나는 안정을 되찾았다. 슬픔
의 자취를 말끔히 지워버린 요한나의 모습에 비스마르크는 떨 듯이 기
뻤다. 그녀가 어떤 아내였던가. 스스로 어떤 아내이기를 자처했던가.
정치가로서 새 삶을 시작할 남편이 프랑크푸르트의 어려운 상황 속에
서 가족과 함께하는 미래를 원하고 있다는 것을 모를 리 없었다. 새로운
환경을 눈앞에 두고 그동안 남편이 보내온 수많은 편지를 생생하게 기
억하는 그녀는 복잡하던 심경에 위안을 얻었고, 남편을 따라 낯선 곳에
서 새로운 삶을 시작하기로 마음을 굳혔다.

새로운 시작을 앞둔 남편의 고충과 각오를 헤아리기라도 한 듯 요한
나는 아내의 자리로 되돌아왔다. 이후로 더 이상 친정어머니의 개입도
원치 않았다. 지금까지 두 사람 사이에 쌓아온 사랑의 힘을 증명해 보이
기라도 하듯 마음을 다잡고 새로운 곳에서 펼쳐질 새로운 생활에 대한
기대감으로 부풀어 있었다. 남편의 감미로운 사랑의 구속이 마침내 아
내의 눈물을 멎게 하고 희망을 불어넣었다.

나의 천사, 왜 그리 오랜 이별에 대해 말을 하오? 당신은 저 큰 세상의 겨울을 나와 함께 지내야 한다는 생각으로 나를 믿어요. 그렇지 않으면 누가 있어 나를 따뜻하게 해주겠소? 긴 시간이 지나서야 고향을 찾아 휴가를 보내는 그런 일시적인 방문객으로만 남을 수도 있겠으나, 우리는 그리 오랫동안 헤어져 지낼 수 없으며 그리 되어서도 안 될 일이오. 당신 영혼의 닻을 올리고 고향이라는 항구를 떠날 준비를 하시오.

당신은 저 강변 좋은 곳에 위치한 내 희망이오. 신이 축복한 내 영혼을 앗아가시오!

이제 비스마르크 부부는 함께 새로운 출발을 기다리게 되었다. 1851년 5월 14일자 편지에서 비스마르크는 요한나에게 두 가지 당부를 잊지 않았다. 그중 첫 번째는 약혼 후에도 한번 조심스럽게 권유했던 승마였다. 청소년 시절부터 말을 타는 기쁨을 최고로 여겼던 그로서는 그런 기분을 함께하고 싶었고, 무엇보다 그녀의 정신적·육체적 건강을 위해서도 권하고 싶었던 것 같다. 남편에게 유순했던 요한나였지만, 승마는 정말이지 쉬운 일이 아니었던 듯 그녀의 실력이 어느 정도 향상되었다든지 부부가 나란히 말을 즐겨 탔다든지 하는 기록은 없다.

두 번째 당부는 프랑스어를 배웠으면 한다는 것이었다. 고향 생각보다는 도시생활 속에서 틈나는 대로 자기 자신을 위해 시간을 활용했으면 하는 바람 때문이었다.

당신이 내 청을 받아들이지 않는다고 해서 내가 당신을 덜 사랑할 것도 아니며 한순간이라도 당신을 싫어할 것도 아니잖소. 지금의 당신 그대로, 당신이 좋다고 인정하는 그대로 당신을 사랑하오. ……삶이 그 일에 달려 있는 것은 아니며, 당신은 나의 아내이지 외교관의 아내가 아니잖소. 당신이 프랑스어를 배우듯이 프랑스 사람들 또한 독일어를 배울 수 있는 그런 일이니, 다만 당신이 한가하거나 무언가 읽고 싶을 때 프랑스 소설을 택했으면 하오. 그러나 기분이 내키지 않으면, 이 내용은 못 본 것으로 하오. 신 안에서, 그리고 내 마음이 시키는 대로 당신을 사랑하기 위해 당신과 결혼했기 때문이오. 황량한 바람 속에서 고향 난로의 따뜻함을 찾고 싶을 때, 춥고 폭풍우가 몰아칠 때 달려갈 수 있는, 낯선 세상 속에서 내 마음을 위한 자리를 갖기 위해 당신과 결혼했기 때문이란 말이오. 나는 다른 사람들을 위한 사교계의 여성을 원하지는 않소.

과연 요한나는 비스마르크의 의지를 따랐다. 아니 따르지 않고서는 배겨내지 못할 청이었다. 남편의 노파심이 지나쳤든지 아내의 사회성이 부족했든지 간에, 공직에 오른 남편으로서는 그런 방식으로라도 그에 어울리는 아내의 역할을 독려했을 것이니 말이다. 다른 사람들을 위한 사교계의 여성이라는 의미는 그에게 일찍이 어머니로부터 충분히 경험한 탓에 낯설지 않았다. 어머니와 같은 아내를 원치 않는다고 말한 그였지만, 지나치게 조심스럽고 장황스런 그의 배려 이면에는 대사의 아내로서 그리고 장차 상류사회의 분위기에 어느 정도 어울릴 수 있는 아내로서의 역량을 원했던 것만은 분명하다. 그만큼 그는 적극적이고도 철저했다.

아니나 다를까, 외교관이라는 직책 때문에 이후로 사교계에 부부가 동반하는 기회가 드물지 않았다. 요한나가 그곳에서 프랑스어로 말했다는 기록이 남아 있지는 않으나, 늘 남편을 배려하는 그녀가 그 요청을 저버렸을 리는 없다. 자발적인 의지에서 시작하지는 않았겠지만, 남편의 조언에 따라 프랑스어를 배우는 데 많은 신경을 썼는지, 1851년 7월 헤트비히는 편지에서 "요한나는 지난해 겨울 내내 프랑스어 공부에 전력을 기울였다"고 밝혔다.

불협화음 속의 하모니

프랑크푸르트에서의 생활은 비스마르크 부부에게 새로운 시작이고 경험이었다. 처음으로 함께한 도시에서의 신혼생활에 젊은 부부는 한껏 기대에 부풀었다. 그러나 서로 다른 기질의 부부가 가정이라는 울타리 안에서 아이들과 함께 생활하기는 결혼 이후 처음이었던 만큼 앞으로 겪을 마찰과 갈등, 배려와 이해는 그전까지의 상황과 다를 수밖에 없었다.

그런 점에서 두 사람의 생활방식이 잘 맞는다는 것은 참으로 다행스런 일이었다. 평생 가족적인 삶을 지향한 비스마르크는 소박하면서도 도덕적인 가정환경을 중시했고, 요한나 역시 남편 못지않게 그 틀을 평생 지켜나갔으니 말이다.

그들은 가능한 한 고향의 시골지주다운 생활양식을 고수하는 편이었고, 그렇게 살려는 소신에서 크게 벗어나지 않았다. 따라서 도시적인 자의식이나 더 좋은 것을 추구하려는 가치관은 중요하지 않았다.

그러다 보니 오히려 하녀를 고용하는 문제조차 간단하지 않을 때도 있었다. 도시에서의 상황 처리에 익숙하기보다는 청소와 다리미질에 경험이 있되 우직하고 단정한 사람이면 충분하다고 생각했기 때문이다. 그래도 하녀는 가급적이면 단순한 시골 출신을 원해 아예 고향에서 데려왔고, 마부나 하인들 대부분도 40~50대를 고용해 한 번 몸을 담으면 가족들과 함께 오래 머물러주기를 선호했다.

주거지와 관련한 현실적인 문제를 처리하는 경우에서도 두 사람의 의견은 크게 다르지 않았다. 가족에게 적합한 환경을 우선으로 하되, 쾌적함이나 편리함을 추구하기보다는 금전이 허락하는 한 고향의 집을 떠올리게 하는 그런 곳을 선호했다.

마침내 그들은 도시에서 떨어진 한적한 교외인 갈루스 6번가에 조그마한 정원이 딸린 주택에 둥지를 틀었다. 각자의 마음에 드는 양식도 아니었고, 또 그 집을 구입하기 위해 불과 반년도 되지 않아 5000굴덴을 집세로 써버려야 했지만, 처음 그 집을 보았을 때의 느낌은 두 사람 모두에게 말할 수 없이 소중했다. 자신이 늘 그려왔던 가족적인 공간을 그곳에서 비로소 갖추게 된 비스마르크는 그 기쁜 소식을 곧바로 형 베른하르트에게 알렸다.

프랑크푸르트에서의 생활은 염려했던 것보다 순조롭게 이어졌다. 하지만 두 사람 사이에 차이점도 하나둘씩 드러날 수밖에 없었다. 무엇보다 요한나 개인의 성향이 도시생활에 그다지 어울리는 편이 아니어서 적응 과정에서 다소간의 불협화음이 불가피했다. 서로 다른 개성의 두 사람이 누구의 간섭도 없이 처음으로 함께 살아가는 생활에서 척척 들어맞기를 바라는 것이 오히려 무리가 아니었을까.

비스마르크만 하더라도 낯선 환경에서 향수에 젖을 때면 글을 쓰거나 숲길을 따라 외로이 말을 타면서 고향의 전원풍경을 회상하곤 했다. 자신의 소유가 아닌 집에서, 그것도 가진 돈을 다 털어 세 들어 살며 말조차 빌려 타야 했던 처지를 생각하면 더욱 그러했다. 지난 12년 동안 고향땅에서 맘껏 누려온 자신을 되돌아보면, 프랑크푸르트에서의 도시생활이 기뻐할 일만은 아니었다. 언젠가 게를라흐는 '비참해진' 환경을 마다않는 비스마르크의 새로운 면을 접하고는 검소하고도 진솔한 용기에 새삼 놀라고 감동할 정도였다.

그러니 요한나의 상황은 더하면 더했지 덜하지 않았다. 폼메른의 고향을 잊지 못하는 그녀에게는 냉정하고 비판적인 도시의 대인관계에 적응하면서 새로운 환경에 정을 붙이고 살아가기가 꽤나 힘들었기 때문에 더 많은 시간을 필요로 했다. 1851년 5월 18일자 편지에 드러나듯이, 무엇보다 상류층에 적응하는 문제가 쉽지 않았다. 화려하고 유행이 넘쳐나는 분위기 속에서 겉돌게 되자 간혹 그녀 특유의 성향이 돌출한다든지 심경 변화를 일으키는 등 그 후유증이 나타나곤 했다.

비스마르크 역시 요한나가 상류층 사람들과 편하게 어울리지 못하는 사실을 파악했고, 그녀에 어울릴 만한 사교모임을 찾아주고자 했다. 그는 자신의 젊은 아내가 무엇보다 상류사회의 분위기를 두려워하지 않기를 바랐기 때문에 한동안 외교관 부부들의 모임을 중심으로 친분을 쌓을 만한 여성들을 주의 깊게 살폈다.

비스마르크는 상류사회의 인맥관계를 이내 파악해냈다. 지금껏 사교계에서 많은 여성을 만났지만, 그들 대부분은 자신의 취향에 맞지 않았다. 특히 그는 이중적인 여성을 마음에 들어 하지 않았고, 마음에 든다 하더라도 수줍음을 타는 여성 또한 그리 달가워하지 않았다. 또 수다로 즐거움을 찾는 여성의 경우는 더욱 그러했다. 반면 뚜렷한 자아의식과 함께 상황에 어울릴 줄 아는 지혜로운 여성에게 후한 점수를 주었다. 그 결과 오스트리아 대사 툰-호엔슈타인(Friedrich von Thun-Hohenstein, 1810~1881)의 부인을 추천하기로 했다. 연방의회 내 적수인 툰-호엔슈타인의 아내이긴 하지만, 그녀는 자신의 취향에 맞을 뿐만 아니라 존경할 만한 여성이라고까지 여겼기 때문이다.

그러나 요한나의 결정은 뜻밖이었다. 그녀는 올덴부르크 대사 아이젠데허(Eisendecher)의 부인을 선택했다. 툰의 부인은 비스마르크에게 어울렸지, 요한나에게는 아니었던 것이다. 아이젠데허 부인은 대인관계에서 외향적이기보다는 내향적인 요한나와 비슷한 유형이었던 것 같다. 여하튼 요한나가 아이젠데허 부인과 친밀한 관계를 시작하면서부터 사교계의 인맥 문제는 일단락된 셈이었다.

그 밖에 비스마르크와 요한나는 외양적인 취향 때문에 불협화음을 일으키곤 했다. 비스마르크는 빚을 지면서까지 그럴 필요는 없지만 어느 정도 우아하게 차려 입어야 한다는 소신을 갖고 있었다. 따라서 자신은 물론 요한나까지도 의상에 신경을 쓰고 약간의 장신구로 치장하기를 권했다.

이때 비스마르크의 부탁으로 여동생 말비네가 요한나의 '조언자'로 나섰다. 말비네는 비스마르크가 늘 비판하던 부류의 사교계 여성으로서, 어머니로 인해 일찍 사교계를 경험한 탓에 뛰어난 유행 감각을 지니고 있었다.

그러나 요한나와 말비네의 관계가 자연스럽지만은 않았다. 무엇보다 비스마르크와 요한나는 서로 취향은 물론 외모의 치장에 대한 인식부터 달랐기 때문이다. 당시 말비네가 요한나를 위해 구입했던 물품은 대략 100탈러 이내의 장식품이 대부분으로, 1857년의 경우 크리스마스를 맞아 의상과 금도금 부채도 포함되었다. 사교계 사람들이 얼마나 많은 돈으로 치장하는지 알고 있던 비스마르크는 그런 문제에 의미를 두지 않았지만, 스스로에 대한 자기만족을 찾는 것만은 중시했기 때문에 그 정도는 당연한 지출로 받아들였다.

그러나 요한나는 두 사람을 따를 의향이 없었다. 그러다 보니 마찰이 일어날 소지가 충분했다. 실제로 세 사람 모두에게 유쾌하지 못한 일도 발생했는데, 한번은 요한나가 말비네의 조언을 거절하고 금으로 된 사각형의 조그마한 팔찌를 직접 구입했다. 도시의 유행에 적잖이 거부감을 갖고 있던 그녀로서는 유행이 지났더라도 오랫동안 지닐 수 있는 물건이라고 판단했던 것이나, 비스마르크 오누이의 생각은 달랐던 때문이다.

시누이의 의견과는 달리 자신의 취향을 고수한 요한나는 비스마르크 오누이의 태도에 대해 반발심이 있었던 것도 같다. 무엇보다 그녀는 치장이나 유행에 의미를 두지 않았고, 심지어 거기에 거부감을 지닌 것도 사실이었다. 언젠가 친정어머니와의 대화에서도 그런 마음은 여지없이 드러났다.

> 새로운 의상을 찾는 프랑크푸르트 여성들의 욕구 때문에 이곳에는 어이 없을 정도로 조용한 밤이 드물어요. 자신들의 경제력을 과시라도 하기 위해 온몸을 치장하는 그들을 지켜보는 일이 여간 불쾌하지 않아요.

그러나 요한나와 비스마르크 오누이 사이의 껄끄러운 관계는 요한나의 취향이 바뀌지 않는 한 변하지 않을 모양이었다. 자연 그들의 관계는 어색해질 수밖에 없었다.

언젠가 비스마르크가 선물해준 팔찌에 대한 보답으로 요한나는 직접 남편의 목걸이를 구입한 적이 있었다. 작은 훈장들이 박혀 있는 그 목걸이는 비스마르크의 마음에 들지 않았고, 오히려 부담스러워했다. 때마침 함께 있던 말비네는 "좋기는 하지만 다소 거추장스럽겠다"고 말했고, 이에 비스마르크는 "정치활동을 하는 내게는 그다지 적합한 선물이 아니다"며 맞장구쳤다.

그런 상황에서 요한나의 심경이 편할 리 없었다. 그런 그녀의 마음을 배려했다고 해야 할지, 며칠 뒤 비스마르크는 아주 특이한 생각을 짜냈다. 진품이던 그 목걸이의 보석들을 다른 모양으로 변형하도록 주문했고, 그 이후로는 마치 진짜 덴마크의 십자훈장인양 열심히 달고 다녔다. 심지어 변형된 십자 목걸이에 대해 말비네로부터 소위 '베를린의 평가'를 듣고 아주 흡족해했던 그는 1858년 "걱정해주는 여동생 덕분에 이만큼 멋지고 완벽한 선물을 갖게 되었다"는 인사까지 잊지 않았다.

요한나는 비스마르크 오누이 앞에서 다시 한 번 멋을 모르는 촌스러운 여자가 되어버렸다. 자신의 선물을 간직하기는 하되 마음대로 변형시켰다든지, 말비네의 평가에 최고의 찬사를 던졌다든지 하는 식의 남편의 처신은 그녀의 기분을 상하게 만들고도 남았다.

그러나 그러한 문제는 대외관계를 주도하며 사교계를 드나들지 않을 수 없는 대사와 그런 상황에 익숙지 않는 대사부인 사이에서 피할 수 없었다. 상류층 사회의 분위기에 당당하게 어울릴 줄 아는 성숙한 여인을 원하는 남편, 계속해서 자신과는 다른 취향을 요구하는 남편. 그런 남편의 '극성'이 요한나에게는 꽤나 신경 쓰이는 일이 아닐 수 없었고, 오히려 유행과 치장에 대해 부정적으로 반응하도록 만드는 역효과를 내기도 했다. 그래도 이기는 쪽은 남편이었던 모양이다. 훗날 고령이 된 비스마르크는 어느 날 큰며느리 마르게리테(Marguerite von Bismarck, 1871~1945)에게 이런 이야기를 들려주었다.

> 푸트카머 집안의 숙녀를 비스마르크의 여인으로 만드느라 내가 얼마나 힘들었는지 아무도 모를 거다. (요한나의) 부모님이 돌아가신 후에야 비로소 그럴 수 있었지.

요한나의 취향이 유행에 뒤떨어지고 비스마르크 오누이와 다르긴 했으나, 그렇다고 그녀가 매력이 없는 여성은 결코 아니었다. 그것은 비스마르크 집안을 방문하는 사람들을 통해 항상 입증되는 사실이었다. 비스마르크의 동창들은 한결같이 친절하며 온정이 깊은, 너무도 완벽한 여성으로 요한나를 기억했다. 특히 미국인 친구 모트리는 요한나에 대한 칭찬을 그칠 줄 몰랐다.

비스마르크 집안의 사람들은 늘 언제나 사랑스러웠지만, 요한나만큼 꾸밈없고 진솔한 사람은 없었다. 심지어 하루 종일 그곳에 머무는 동안에도 내가 하고픈 일은 무엇이든 할 수 있을 정도였다. 하다못해 흑맥주, 소다수, 약한 맥주, 샴페인, 부르고뉴 산 포도주, 적포도주 등 그 집에서는 땅에서 나는 먹고 마시는 모든 것을 대접받았고, 늘 하바나 산 최상품 여송연도 피웠다. ……그녀는 매우 다정하고 지적이면서도 아주 편안하게, 나를 마치 오랜 친구처럼 대했다.

그랬다. 요한나는 첫눈에 드러나는 아름다운 여성은 아니었다. 그러나 상냥하고 친절한 성품과 꾸밈없는 자연스러움은 누구도 넘보기 어려운 그녀만의 매력이자 그녀만이 뿜어내는 향기였다. 사실 그런 점이 남편 비스마르크의 관심을 끌었을 것이다.

그런데 자신의 그런 매력에 대해 요한나 스스로 인정하고 자신하기까지는 비스마르크의 각별한 노력이 있었다. 그는 요한나야말로 가장 사랑받을 만한 여인임을 늘 확인시켜주는 배려와 함께 남편으로서 진심으로 성의를 다했다. 물론 요한나의 불안감이나 자책을 항상 인내할 수만은 없는 노릇이고 또 서로 맞지 않는 취향을 그대로 받아들일 수만은 없었지만, 언제든 그녀에게 사랑을 약속하고 또 가급적 그녀의 약점을 있는 그대로 받아들이려는 노력만은 게을리하지 않았다. 역시 요한나에게 비스마르크는 둘도 없는 삶의 동반자였다.

프랑크푸르트에서 요한나는 해가 거듭될수록 스스로 할 수 있는 일과 할 수 없는 일을 분명하게 판단해나갔다. 무엇보다 큰 세계에 적극적으로 나서서 어울리기보다는 작은 모임에서의 자연스런 분위기에 익숙한 여성이 되어가면서 자신만의 향기를 지켜나갔다. 그녀 나름대로 자의식과 내면적인 안정감을 키워나간 것은 비스마르크에게도 참으로 다행스런 일이었다.

그렇게 되기까지 그녀에게 변함없는 버팀목이 되어준 것은 남편의 사랑 이외에도 음악이었다. 음악에 대한 관심이 유별났던 비스마르크에 비해 다소 단순한 편이었던 요한나는 노래를 좋아했고 귀와 마음이 함께 즐거운 음악이면 충분했다. 오랜 친지인 코이델은 요한나의 음악에 대한 애정을 또렷하게 기억했다.

고령에 이르기까지 요한나는 기회만 있으면 음악에 심취했다. 이미 신혼 초기부터 남편 앞에서 자주 피아노를 쳤고, 1849~1850년 겨울을 나던 그해에는 매주 규칙적으로 연습시간을 가지기도 했다.

요한나는 딸 마리와 함께 종종 오페라를 보러 다녔고, 임종을 1년 앞둔 1893년 5월에는 가수 라이문트(Ferdinand Raimund, 1790~1836)를 프리드리히스루 저택으로 초대하기도 했다.

프랑크푸르트에서 보냈던 마지막 시절에 이어 남편의 새로운 부임지인 러시아의 페테르부르크에 머무는 동안 요한나는 세 아이들로 인해 예전만큼 피아노를 칠 시간이 없었다. 그 때문에 새로운 곡을 익히기는 어려웠지만, 베를린으로 돌아온 이후로는 다시 가곡집이나 오페라 등 많은 새로운 곡들을 익혔고 민요든 왈츠든 언제든지 원하는 대로 연주했다.

프랑크푸르트에서 생활하기 시작한 이후 마인 강변의 도시생활에 젖어가는 동안 요한나는 여전히 나름대로의 음악세계를 통해 비교적 자신만의 살아가는 방법에 만족할 줄 알았던 것 같다. 1852년 7월 말, 말비네에게 보내는 편지에서도 그런 심경은 잘 드러나 있다.

나는 내가 좋아하는 사람들과 더불어 음악을 감상하는 것만으로도 어떤 어려움이든 기꺼이 감내하며 살아갈 수 있겠어요.

반면 코이델은 요한나와는 달리 비스마르크의 음악세계와 관련해서 매우 독특한 이야기들을 전해준다. 비스마르크는 스스로 연주하는 악기는 없었지만, 베를린 대학 시절 모트리와 함께 카이저링의 피아노 연주에 심취했던 습관은 결혼 이후에도 그대로 이어져, 요한나의 연주를 즐겨 들었고 시간이나 분위기만 주어지면 언제든 열정적인 곡을 신청했다.

1849년 초 코이델은 비스마르크에게 좋은 음악이란 늘 두 개의 서로 상반된, 전쟁이 아니면 평정의 전원시를 예감토록 하여 최절정의 순간을 맛보게 해주는 그런 방편으로 회고했다.

비스마르크는 자신이 이해한 음악을 세세하게 묘사해낼 줄 알았다. 조용하거나 명쾌한 종류의 음악의 경우 3월 혁명 이전의 보수 반동적인 것으로 표현하면서 절묘하게 폭풍 전야의 분위기도 연상해냈다.

한번은 프랑크푸르트에서 요한나로 하여금 짤막하고 격렬한 곡인 베르거의 작품 12번 제3악장을 두 번씩이나 연주하도록 청했다. 그러고는 음악을 들으면서 죽을 각오로 말고삐를 쥐고 전속력으로 전쟁터를 달려가는 크롬웰의 모습을 떠올렸다. 그는 특히 베토벤의 음악을 좋아했고, 마음의 평정을 찾는 데 가장 적합한 음악이라고 여러 번 강조하기도 했다.

비스마르크는 대학 시절 카이저링에게서 즐겨들었던 베토벤의 소나타를 특별한 정신적 자산으로 받아들였다. 특히 음악을 곧바로 자신의 삶의 현장과 직결시키는 습성 때문에 더욱 그러했다.

f단조로 된 큰 소나타의 첫 작품에서 나는 인간의 용맹스러움을, 그리고 마지막 악장에서는 인간 삶의 투쟁과 오열 같은 전율을 한껏 느꼈다. 그리고 바흐의 평균율 피아노곡집 2권 9번 곡을 감상할 때는 처음부터 수많은 의혹에 싸여 있던 기분이 점차적으로 힘차고 경쾌한 음률을 통해 그 의혹으로부터 빠져나오는 느낌이었다.

자신의 삶의 행태도 목적도 모두 담아놓는 음악! 그런 것이 소위 코이델이 언급하는 '비스마르크 식'의 음악세계였다. 마치 자신의 삶을 영위하듯 음악 속에서 몹시 숨 가쁘게 최대한 감성적으로 몰입하여 쉽게 빠져버리는, 나름대로 독특하게 음악을 이해하는 비스마르크의 감상법이 자리하고 있었다.

그 결과 프랑크푸르트 대사 시절부터 그랬듯이, 심취했던 멜로디가 밤마다 떠오르면서 잠까지 설치는 일도 생겼다. 그 시절에는 음악을 감상하는 자리에서 오히려 책을 펼쳐놓는 괴벽스러움을 연출할 정도였다. 그 후 프로이센의 수상이나 독일제국의 재상이 되어서는 음악 감상을 아예 기피하는 증세까지 보였다. 코이델의 지적대로 음악으로 인해 극도로 흥분하는, 필요 이상으로 감정 기복을 드러내는 반응이 음악에 대한 수용력마저 떨어트리고 말았기 때문이다.

비스마르크에게 음악은 감상의 수준을 벗어나 오히려 지나친 기능까지 발휘함으로써 심리적인 힘과 마찬가지로 정신력마저 쇠잔시키는 증세를 초래했다. 그에게서만 드러나는 그런 폐쇄적인 특성이 언제 어디서 어떤 모습으로 터져버릴지 모를 일이었기 때문에 어떠한 경우에든 그는 집에서 음악을 들으려고 했지 굳이 음악회를 찾으려고 하지 않았다. 게다가 음악을 듣기 위해 돈을 지불해야 한다는 사실 자체에 거부감을 갖고 있었다. 음악이란 사랑과 같이 무상으로 주어야 한다는 생각 때문에 그 점에 대해서는 늘 반발심을 버리지 못했다. 그리고 무엇보다 고정된 좌석에서는 가능한 마음껏 음악을 즐길 수 없다는 것도 그만의 특이한 견해였다.

비스마르크와 요한나! 아홉 살 연하로 23세의 나이에 결코 평범하지 않은 기질의 비스마르크에게 시집온 이후로 요한나는 공무에 시달리는 남편에게 아내로서의 역할에 충실했다. 자신이 평생 정치세계에 묻혀 살 수 있었던 것이 요한나의 큰 배려 때문임을 비스마르크는 늘 잊지 않았다.

비스마르크는 스스로 정치적이지 않다고 말하던 요한나에게 어떤 조언도 청하지 않았다. 정치에 관한 한 오로지 자신만의 문제로 받아들였고, 그것이 그녀에 대한 배려라고 여겼다.

그래서인지 정계 수장의 아내로서 요한나가 정치에 대해 아는 수준은 믿기지 않을 정도였다. 예컨대 정계에 진출하던 무렵 남편의 앞날이 보수적인 인물들과 연결되어 있으며, 특히 보수주의 단체인 카마릴라의 우두머리인 게를라흐 형제의 지원이 있다는 것, 그리고 그 후 보수주의자들과의 긴밀한 유대관계도 현실적인 정치상황 때문에 파행으로 치달을 수 있다는 정도에 그쳤다.

그러나 세태의 흐름에 조용히 물러서 있으면서도 언제나 남편 곁을 떠나지 않고 감싸 안는 사람이 또한 요한나였다. 그녀는 스스로 가장 올바르다고 자만하던 남편의 말을 늘 한 치의 의심도 없이 그대로 믿고 따르며 남편이 하는 일은 모두 옳다고 믿어주었다. 과격한 정치활동에 몸을 던진 남편을 위해 조금의 흔들림조차 없이 남편의 정적에게는 누구보다 격노할 줄 알며 남편에게 위로를 아끼지 않았던 그녀는 평생 동안 헌신과 내조를 아끼지 않은 비스마르크의 일등공신이었다.

소란 속에 처한 당신이 저 바깥에서 불만을 터뜨리면 터뜨릴수록 집으로 오는 당신께 이 아내는 가장 따뜻한 마음으로 더 밝은 햇살을 비출 것입니다. 그리고 아주 나쁘고 불친절한 사람들이 당신에게 잘못을 했다면 그 일을 잊어버릴 때까지 당신을 어루만지며 사랑 가득한 눈빛으로 바라볼 것입니다.

프랑크푸르트 시절은 비스마르크 부부의 삶에서 참으로 많은 일들이 있었지만 더없이 소중한 시간이었다. 훗날 요한나는 처음 이곳으로 오기 싫어 3일 동안 울었던 사실이 무색할 정도로 세 아이와 함께 매년 3개월간의 휴가여행을 떠날 수 있었던 그때가 자기 생에서 가장 행복했던 시절이라고 말할 정도였다.
그도 그럴 것이 매 순간 힘들고도 숨 가쁘게 돌아가는 베를린의 정계활동에 얽매여 또 다른 삶을 살기 시작하면서부터 비스마르크 부부에게는 한가롭기까지 했던 정치활동 초기의 프랑크푸르트 시절이야말로 두 번 다시 꿈도 꾸지 못할 휴식의 시간들이었으니 말이다. 결혼생활 30여 년이 되던 1875년 4월 요한나는 이렇게 회상했다.

내 생애에서 가장 행복했던 순간은 프랑크푸르트에서의 8년이었어!

험난한 정치세계에 뛰어들다

국제정세 속의 '주변국'

19세기 중반을 향해 달려가던 유럽은 자유주의와 이를 저지하는 보수주의 양대 세력 간에 갈등이 증폭되고 있었다. 그 여파로 국제정치 질서로 수립되었던 빈 체제는 겨우 10여 년을 넘기면서 새로운 위기의 징조를 보였고, 무엇보다 자유주의 시민혁명의 발원지라 할 수 있는 프랑스가 또다시 그 모험의 산실로 거듭나게 되었다. 그리고 그 영향은 거스를 수 없는, 일종의 시대적인 대세로 자리하면서 유럽사회를 뒤흔들었다. 독일을 비롯한 유럽 각국은 저마다 자유주의적 변혁이라는 시험대를 거치지 않을 수 없는 상황에 직면했다.

먼저 혁명의 진원지인 프랑스는 1830년 7월 왕정이 수립되고 나서 10년 동안 침체기에서 벗어나지 못했다. 그동안 프랑스는 1814년의 헌법을 부분적으로 수정하여 왕권을 제한하는 반면, 의회 권력을 강화하고 언론과 출판 및 종교와 교육의 자유 등 국민의 기본권을 규정하는 헌법을 제정하는 등 변화의 바람을 일으켰다. 그 결과 선거 자격은 30세 이상의 300프랑 이상 납세자에서 25세와 200프랑으로 각각 완화되었고, 그에 따라 선거권자의 수도 3000만 인구 가운데 9만에서 20만으로 두 배 이상 늘어났다.

그러나 이렇게 늘어난 선거권자는 전체 인구의 0.7퍼센트인 극소수 상층 부르주아에만 해당되어 불안한 사회 분위기를 잠재우기에는 턱없이 미흡했다. "선거권을 갖고 싶으면 부자가 되라"는 폭언이 나올 만큼 7월 왕정은 여전히 상층 부르주아의 과두지배체제에 지나지 않았다. 게다가 빈번하게 교체되는 내각으로 정국은 더없이 불안했고, 그런 가운데 경제 불황과 노동자들의 파업 및 폭동을 비롯한 반정부 시위까지 늘어만 가는 형국이었다.

위기상황은 그뿐만이 아니었다. 대외적으로 추진하던 동방정책이 치명타로 작용했다. 그동안 시리아와 아라비아에서 자국의 우위를 꾀하려던 이집트 총독 알리(Mehmed Ali, 1769~1849)가 콘스탄티노플의 취약한 감독권을 미끼로 삼아 1839년 오스만투르크 제국의 붕괴 위기를 틈타 느닷없이 개입했고, 거기에 프랑스가 이집트의 동맹국을 자청하고 나섰다. 소위 동방정책의 일환으로 알제리를 점령한 이후 북아프리카와 지중해에서 영향력 확보에 주력하던 프랑스의 가세로 근동지역에는 묘한 전운이 감돌았다.

그러다 이를 지켜보던 영국과 러시아, 오스트리아 3국이 오스만 제국의 손을 들어주면서 사태는 급진전되었다. 근동지역을 둘러싸고 유럽 강대국들 간의 이해관계가 첨예하게 부딪힌 가운데 1840년 7월 15일 프랑스를 제외한 3국은 런던협약을 체결했다. 이 협약은 오스만 제국의 존립을 보장해주고, 알리에게는 시리아를 포기하는 대신 이집트에서 상당한 권한을 행사할 수 있도록 해주었다. 동방정책을 추진하던 프랑스의 입지는 3대 강국으로 인해 크게 위축되어 결과적으로 근동 문제에서 따돌림을 당하는 '외교상의 워털루' 같은 상황에 처해졌다.

국가의 명예가 땅에 떨어진 프랑스 정부는 국내의 불만스런 목소리까지 더해지면서 조기에 사태를 수습하지 않으면 안 되었다. 그리하여 대내외 위기상황을 만회하기 위한 수단으로 공격적인 '동부정책'을 감행키로 결정했다. 그러나 동부정책이란 1815년의 빈 협정을 파기하는 조치로서, 특히 라인란트 지역을 다시 프랑스령으로 회복하려는 독일 공략의 움직임을 의미했다.

라인 경계선의 문제는 프랑스의 뜻대로 간단하게 끝날 문제가 아니었다. 빈 회의의 의정서에 따라 해당 지역은 유럽 내 모든 국가들의 문제로 다루어야 할 사안이었다. 따라서 프랑스의 그 같은 행위는 자국만을 위한 일방적인 조치로서 국제 정치질서로부터의 일탈로 간주되었다.

사실 독일을 타깃으로 삼은 프랑스로서는 유럽의 세 강대국들의 유대관계를 무너뜨리는 것이 쉽지 않았다. 당시 러시아는 보스포루스에서 영향력을 넓혀가려고 했고, 오스트리아는 중유럽에서 메테르니히의 위치를 지원하는 데 대한 보답으로 러시아의 동방정책을 눈감아주면서도 다른 한편으로는 그 영향력이 극대화하는 것을 저지하기 위해 이중정책을 쓰고 있었다. 여기에 영국은 인도와의 원활한 교섭을 추진하고자 이집트와 근동을 새로운 권력 중심지로 노리고 있었다. 이렇게 3국은 자국의 이익을 위해 서로 공동 전선을 펴고 있었다.

프랑스는 이들 중 어느 한 나라라도 적대국으로 끌어들여 문제를 크게 만들 필요가 없었다. 그 대신에 러시아와 오스트리아를 지지하지만 근동 지역의 이해관계에 직접 연루되어 있지 않은 독일을 타깃으로 삼기로 했다. '주변국'을 선택함으로써 세 강대국과 직접적으로 맞서지 않고 안팎의 위기를 해소한다는 일거양득을 노린 셈이었다.

결국 프랑스는 좌파 언론과 뉴스들을 동원하여 전혀 예상치 못하고 있던 독일을 향해 알자스 지방의 군대 집결 소식과 함께 노골적인 선전포고를 쏟아내기 시작했다. 전운이 감돌자 열강들은 불안해진 주변 정세를 살피기에 바빴다. 특히 프랑스의 침략적인 민족주의의 타깃이 된 독일은 민감하게 반응했다. 독일은 곧바로 반프랑스의 기치를 드높이고 맹렬한 투쟁에 돌입했다. 잠자고 있던 독일인들의 민족감정이 프랑스의 일방적인 공세로 인해 다시 타올랐다.

1840~1841년 독일의 각 제후들은 일명 '라인 위기(Rheinkrise)'라 불리는 민족주의운동에 대거 동참했다. 분노로 들끓는 독일인들의 민족주의 정서는 예전의 지식인 중심의 엘리트 차원을 넘어서서 각계각층으로 확산되었다. 자유주의자들까지 나서서 제후들은 물론 대중과의 새로운 민족적 동맹을 기대했다. 그에 맞추어 프로이센의 프리드리히 빌헬름 4세를 황제로 추대하려는 새로운 움직임까지 가세했다.

사태는 예상 밖으로 급진전되었다. 오스트리아의 메테르니히는 독일 전역의 대중들까지 합류함으로써 발생할지도 모를 혁명적인 위기상황에 더없이 큰 불안감을 드러내면서 자신의 입장을 표명하기에 이르렀다. 그는 우선 프로이센 당국을 독려해서 전쟁이 발발할 경우를 대비하여 상호 군사력으로 공동 대응할 수 있는 협약이라도 이끌어내고자 했다. 다른 한편으로는 프로이센의 주도 하에 '2류 국가들'이 프랑스와의 전쟁을 대비한다는 명분으로 함께 독일연방의 전쟁법안을 개혁하고, 그에 따른 조치를 감행할지도 모를 새로운 움직임도 견제하고자 했다.

사실 메테르니히는 국내의 상황을 바꾸면서까지 추진되는 반프랑스주의 운동을 수용하지는 않았다. 어떠한 일이 있더라도 현 정치적 상황을 그대로 유지하는 것이 최우선이었다.

하지만 뜻하지 않게 프랑스의 티에르(Adolphe Thiers, 1797~1877) 내각이 해산되고 기조(Guillaume Guizot, 1787~1874)가 정권을 장악하면서 독일을 공략하려는 동부정책은 하루아침에 수포로 돌아갔다. 따라서 유럽 대류을 전쟁의 도가니로 몰고 갈 듯 살벌했던 분위기는 순식간에 잠잠해졌고 예전의 균형을 되찾았다.

독일 또한 서둘러 반정부적인 언론과 출판을 금지하면서 기존의 반동정치로 선회하는 움직임을 보였다. 독일 내의 문제나 독일인들의 자발적 의식으로 촉발된 상황이 아닌, 프랑스로 인해 일방적으로 빚어졌던 위기상황이었던 만큼 프랑스의 변화에 따라 독일은 다소 진정되는 양상이었다.

그러나 독일은 심각한 국제정세 속의 '희생양'으로 남지만은 않았다. 전쟁의 위협은 사라졌지만, 전체 독일인들의 민족주의적 인식은 프랑스 정책처럼 하루아침에 아무렇지 않은 듯 사그라지지 않았다. 전쟁의 가능성이 사라진 이상 라인 사태가 완화되긴 했으나, 끓어올랐던 민족의식에 대한 새로운 각성마저 모두 사라진 것은 아니었기 때문이다.

사실 독일연방 하에서 개별국가들의 분립주의라는 어려운 현실 조건에도 불구하고 그와 같은 민족주의의 고양은 전례가 없을 정도였다. 또한 그 구성에 있어서도 과거 엘리트 계층의 수준을 넘어서서 대중적인 차원에 이르렀고, 그 방법 또한 다양했다. 많은 독일인들이 〈라인 강의 수비대(Wacht am Rhein)〉와 훗날 독일 국가(國歌)가 된 노래를 비롯하여 많은 시와 노래로 인해 애국심이 고양되었다. 특히 체조단, 합창단, 사격클럽 등 다양하게 결성된 애국단체들도 그들 나름대로의 행태로 민족해방운동을 펼쳐나갔다. 그들은 자신들의 활동에 반대하는 독일연방의 협조가 없더라도 독자적으로 주도해나가겠다고 주장했다.

비록 예기치 않게 확산되었다가 접어버려야 했지만, 독일의 민족해방운동 열기는 그렇게 식을 줄 몰랐다. 오히려 멈춰지지 않은 민족의식이 독일인들의 우월성을 알리려는 정신운동으로 확산되는 경향이었다. 연방 내 통치자들이 그동안 자국의 우월권을 강조하기 위해 저마다 정치적 선전을 동원했던 상황과는 차원이 달랐다.

대표적으로 레겐스부르크의 발할라 기념관이나 뉘른베르크의 게르만 박물관 설립 등 기념관 사업들이 전체 독일에서 국가적인 차원으로 활발하게 전개되었다. 심지어 발달하는 산업경제에 힘입어 철도 건설이나 증기선 운항 등 교통체계의 확대로도 연결되었다. 그 결과 애국단체들과 민족의식을 외치는 대중들이 함께 만날 수 있도록, 지역을 초월한 대중매체의 새로운 장으로까지 확산될 수 있었다.

티에르 내각이 물러나지 않았더라면 그 모든 열기는 어떻게 되었을까? 자유민족주의 운동이 시기적으로 앞당겨졌을 테지만, 그 결과 역시 실패였을까? 하지만 무엇보다 머지않아 3월 혁명에서 다시 분출하게 될 자유주의자들의 경우, 라인 위기를 계기로 정치세계에서 민족주의가 매우 중요하게 부각되었음을 새삼 깨닫지 않을 수 없었다. 그들의 열기는 하나로 통일된 근대 민족국가와 자유를 염원하는 시민혁명의 토대로서 자리하기에 충분했다. 결과적으로 라인 위기는 독일 자유민주주의와 민족주의의 역사에 중대한 전주곡을 울린 셈이었다.

한편 프랑스 기조 내각의 등장과 함께 독일과의 신경전은 수면 아래로 가라앉았으나, 수년간 지속된 프랑스 내 위기상황은 또다시 유럽 사회를 가만히 두지 않을 모양이었다. 이런 와중에도 산업화가 본격적으로 진행되면서 각종 노동 문제와 그에 따른 노동자들의 파업과 폭동이 끊이지 않았고, 정부의 강경한 탄압조치로 인해 7월 왕정에 대한 시민들의 반감이 고조되었다. 게다가 1847년의 흉작까지 겹쳐 농민들 사이에서 위기의식이 확산되었고, 1848년 2월 22일부터 선거권 확대를 요구하는 민중들의 목소리마저 흘러나왔다.

마침내 1848년 2월 혁명의 소용돌이가 불어닥쳤다. 혁명세력은 시위를 진압하려는 군대에 맞서 24일 파리를 함락시키고 루이 필립의 폐위와 함께 제2공화정을 수립했다. 특히 사회주의 세력 및 노동자계급이 대거 참여한 2월 혁명은 보다 민주적인 개혁 성향을 띠어 프랑스의 정치와 사회에 더 큰 변화를 예고했다.

혁명의 성과가 폭탄을 터뜨린 듯 그 여파는 유럽으로 확산되었다. 그동안 쌓아올린 둑을 한꺼번에 무너뜨리기라도 한 듯 새로운 흐름에 역행하던 전체 질서에 일대 전환이 불가피해졌다. 그러한 변화는 무엇보다 국가 전반을 뒤흔들 혁명 사태의 발발을 예측하지 못한 독일에 더욱 치명적이었다.

먼저 라인 위기로 들고 일어났던 민족주의자들과 자유주의자들이 그동안 지연된 국가 통일의 문제를 전격적으로 거론했다. 그리고 1820년대를 거쳐 1840년대에 이르는 동안 다른 국가들에 비해 사회 전반적으로 답보 상태에 머물렀던 근대화의 문제점들도 함께 제기되었다. 특히 산업 프롤레타리아트 계급으로 성장하기 시작한 노동자들의 불만이 사태를 한층 가속화시켰다. 계급의식에 눈뜬 노동자들이 실업 증가 사태에 대항하여 파업과 폭동을 주도하면서 목소리를 높이고 나온 결과였다. 게다가 마르크스(Karl Heinrich Marx, 1818~1883)와 엥겔스(Friedrich Engels, 1820~1895)의 주장대로 "1840년대의 흉작으로 인한 식량 부족과 지나친 가격 상승이 2월과 3월 혁명의 모태가 되었다"고 할 만큼 이전부터 빈번했던 민중 봉기도 무시할 수 없는 상황이 되어버렸다.

이윽고 독일 남서부 지역을 중심으로 혁명의 불길이 치솟았다. 만하임과 뮌헨에서 시작해 슈투트가르트, 마인츠, 하나우 등지로 확산된 국민집회는 하노버, 브라운슈바이크, 작센, 튀링겐 등의 동북부 지역으로까지 급속하게 확산되었다. 브뤼셀 등지로 망명했던 독일인들이 희망과 의욕을 안고 고국으로 들어왔고, 국제적인 정치단체들까지 참여한 민중집회가 활성화되었다.

독일은 마치 혁명 전야처럼 들끓기 시작했다. 곳곳에서 전개된 반체제 운동이 불안한 사회 분위기를 흥분의 도가니로 몰아갔다. 1848년 3월부터 1849년 5월에 걸쳐 1년 넘도록 이어지는 시민혁명인 3월 혁명이 본격적으로 시작될 모양이었다. 독일 역사상 그 어느 때보다 민족국가로의 통일과 민족주의운동의 열정이 최고조에 달한, 그런 절체절명의 혁명 사태가 바로 눈앞에 다가왔던 것이다.

혁명의 불길을 거스르다

혁명이 일어나기 전인 1846~1847년 전환기부터 프로이센의 정국은 쾨니히스베르크 행 철도 건설 문제로 한창 시끄러웠다. '왕좌의 낭만주의자'로 알려진 프리드리히 빌헬름 4세는 철도 부설의 원칙을 굽히지 않았고, 어떻게 하든 건설에 따른 적잖은 경비를 해결하는 데 급급했다. 정부 측에서는 그런 국왕의 뜻에 따라 재정적인 부담을 제국의회 의원인 시민계급에게 떠넘길 방안을 모색하기에 분주했고, 급기야는 부족한 세입을 보충하기 위해 1820년의 국채법 개정까지 거론하는 지경에 이르렀다.

그러나 시민계급 출신 의원들의 반발이 심했고, 그 바람에 최악의 충돌사태가 예고되었다. 그들은 국가에 대한 경제적·사회적 부담을 자신들이 감수하는 대가로 국왕의 헌법 제정 약속을 지킬 것을 요구하고 나섰다.

불안한 대치국면이 전개되는 상황에도 불구하고 국왕은 헌법 제정에 반대하는 입장을 고수했다. 그리고 마침내 그러한 상황을 타개하는 방안으로 1847년 4월, 세 신분으로 구성된 8개의 지방의회와 왕실, 제후, 백작 등의 대표들에 의한 귀족회의(Herrenkurie)로 구성된 통합의회(Vereinigter

Landtag)를 소집할 것을 명령했다.

당시 33세의 비스마르크는 혈기왕성한 보수주의자로서 프로이센의 첫 통합의회 의원으로 정계에 등장했다. 당면한 철도 부설 문제는 물론 3월의 혁명정국에 직면한 국왕과 정부의 위기사태를 계기로 평생 몸담을 정치세계에 깊숙이 발을 들여놓았던 것이다.

반혁명 투사를 자처하다

통합의회의 보결의원으로 선출된 비스마르크는 처음으로 정치 무대에 모습을 드러냈다. 그러나 결혼을 2개월 남짓 앞둔 1847년 5월 17일, 철도 부설 문제로 정부와 시민계급 의원들이 대립하는 상황에 개입하면서 그는 정치 신인으로서는 보기 드물게 초반부터 의회 분위기를 혼란스럽게 만드는 장본인이 되었다.

우선 비스마르크는 헌법 제정을 주장하는 자유주의 성향의 자우켄 (Ernst von Saucken, 1791~1854) 의원에 극렬하게 맞섰다. 또한 1813년 나폴레옹과 그의 군대에 저항했던 라이프치히의 자유주의 민족해방운동을 자기 뜻대로 해석하며 국왕과 정부에 반해 헌법 제정을 요구하는 시민계급의 주장을 모욕적으로 빈정대고 부정하기를 서슴지 않았다. 그러고는 5월 26일 첫 공식 발언을 하는 자리에서 스스로 프로이센 왕실의 엄중한 옹호자로 자처하고, 수십 년 동안 지속되어온 시민계급의 요구에 대해 "라인 지방에서 한낱 포도주를 출장 판매하는 자들의 정치적인 상투어에 지나지 않는 것"으로 일축했다.

그 이후 자신의 처신에 대한 자유주의 의원들의 반발이 그치지 않자, 비스마르크도 정도를 넘어섰다. 급기야 그는 군주제를 적극적으로 지지하는 자로서 시민세력의 기세에 정부가 눌려버릴까 조바심을 냈고, 불리한 결정을 받아들이기 전에 국왕이 아예 통합의회를 즉각 해산하기를 바랐다.

게다가 6월 1일 자유주의 진영의 수장인 백작 빈케(Georg Ernst Friedrich von Vincke, 1811~1875)와 대면하는 자리에서는 과격하리만치 무조건적인 반대로 응수했다.

비스마르크의 의회 활동은 한마디로 과격하고도 독선적인 발언의 연속이었다. 때로는 신랄하고 불손하게 공격하고, 때로는 반자유주의적인 집단을 끌어모아 단체로 대항하는 식으로 자유주의 반대파들과의 정면충돌을 서슴지 않았다. 시종일관 보수주의적 입장에서 벗어나지 않은 그런 태도는 자연 보수주의자들의 수장인 게를라흐의 눈에 뜨일 수밖에 없었다. 게를라흐와는 이미 폼메른 시절에 친구 블랑켄부르크의 주선으로 경건주의자들의 모임에서 면식이 있던 터였기에 그들의 만남은 의미가 더했다.

그러나 보수주의자들의 강력한 반대에도 불구하고 시민계급의 의지 또한 강경했다. 통합의회의 철도 건설 법안과 관련하여 모든 경제적인 부담을 떠맡게 될지도 모르는 상황에서 그들은 정부 측의 술책에 반대하는 청원서와 함께 대정부 질의와 수정법안 등을 비롯해 근대 군주제와 관련된 문제점까지 거론하며 공격의 기세를 멈추지 않았다.

위기상황으로 치달은 대치 정국에서 어떠한 타개책도 없어 보였다. 마침내 6월 말 동부 철도 부설을 위한 차관 문제가 국왕의 기대와는 달리 동부 프로이센의 융커-자유주의자들이 포함된 의원 3분의 2의 반대로 무산되고 말았다. 그 결과는 4일 뒤인 7월 1일 하이델베르크의 〈독일신문(Deutsche Zeitung)〉에 대서특필되었다. 급진적인 사회주의 월간지인 〈베스트팔렌의 증기선(Das Westphälische Dampfboot)〉 역시 통합의회의 실상을 보도했다. 그 지면에는 쇤하우젠의 의원 비스마르크를 언급할 가치조차 없는 인물로 폄하하는 기사까지 실렸다. 첫 정치무대에서 비스마르크는 누구보다 부정적인 보수주의자로 확실한 인상을 남긴 셈이었다.

비스마르크 의원은 헌법 제정에 반대하는 정치적 목적을 달성하기 위해서라면 원래의 상황을 선동적이고도 과격하게 자신의 해석대로 왜곡하면서 어떠한 정치적 대화나 타협도 원치 않는 인물이다.

7월 28일, 결혼식을 올린 후 비스마르크는 프로이센 국왕도 대표적인 신혼여행지로 꼽았던 베네치아로 신혼여행을 떠났다. 그리고 그곳에서 왕자를 수행하던 론(Albrecht von Roon, 1803~1879)의 주선으로 뜻하지 않게 국왕 프리드리히 빌헬름 4세를 만날 수 있었다. 베를린에서도 가져보지 못한 국왕과의 접견이 멀리 이국 땅 베네치아의 한 호텔 방에서 이루어졌으니, 그야말로 정치 초년병인 그에게는 크나 큰 사건이 아닐 수 없었다. 불과 2개월 남짓 통합의회의 활동을 통해 극단적이고 파벌적이며 지나치게 성급한 인물이라는 딱지를 얻은 신참내기로서는 이를 만회할 절호의 기회이기도 했다.

자칭 왕실과 군주제의 옹호자를 눈앞에 둔 국왕의 반응도 충분히 짐작할 만했다. 비스마르크의 보수적인 정치노선은 물론 대담한 기질에 매우 흡족해 했을 국왕에게 그 역시 절대적인 충성으로 보답했을 것이다. 물론 이와 관련한 자세한 얘기는 전해지지 않으나, 형 베른하르트에게 보낸 편지에서 비스마르크는 전혀 새로운 소식을 알려왔다.

오스트리아의 엄청난 군대가 이곳을 뒤덮고 있어 9월의 베네치아 분위기는 아무래도 예사롭지 않은 것 같습니다.

편지에서도 엿볼 수 있지만, 베네치아의 분위기는 프랑스의 2월 혁명

:: 1859년 12월 이후 국방장관 론. 1862년 비스마르크의 정치적 인도자

이 발발하기 6주 전인 1월 초 이탈리아 전국을 강타하게 될 민중봉기의 조짐을 시사하고 있었다. 그 봉기는 뒤이어 1848년 3월 프로이센에서 발발하는 시민혁명의 물꼬를 터주는 전초전이었다. 그러나 비스마르크는 예사롭지 못한 그 움직임이 과연 무엇을 의미하는지 전혀 예상치 못했다. 국왕의 충직한 지지자로서 베네치아에서 바쳤던 충성맹세를 떠

올리며 그는 신혼여행에서 돌아왔을 것이다.

그런데 2월 27일 프랑스의 2월 혁명이라는 외부의 충격이 독일에서도 현실로 다가왔다. 남서부 바덴의 오펜부르크에서 최초로 그 전조가 보였고, 오펜부르크의 민중 시위는 순식간에 바덴과 뷔르템베르크로 퍼져나갔다. 마치 1525년의 농민전쟁과 다를 바 없이 낫과 쇠스랑, 도끼 등을 거머쥔 농민들까지 가세하여 영주들의 문서와 서적들을 삽시간에 잿더미로 만들어버렸다.

결국 16개 조항의 '3월의 요구들(Märzforderungen)'이라는 강령을 통해 언론의 자유, 배심재판, 각국의 합법적인 헌법, 전체 독일의회의 소집 등의 요구사안들이 별다른 저항 없이 수용되었다. 그리고 자유주의자 가게른(Wilhelm Heinrich August von Gagern, 1799~1880)이 자유주의 3월 정부의 국민 대표로 선출되어 연방의회의 개정을 준비하기에 이르렀다.

시대의 변화를 요구하는 그러한 출발지점에서 오스트리아와 프로이센 두 보수적인 강대국의 입장은 그 어느 때보다 주목을 받았다. 뿐만 아니라 이 강대국들과 제3의 독일 두 진영 간의 상호관계, 그리고 제3의 세력 자체 내 권력구조와 정치적 향방 또한 새로운 관심사로 부각되었다.

드디어 3월의 주동자들은 빈과 베를린을 차례로 점거해나갔다. 이른바 혁명이 본궤도로 접어든 것이었다. 1840년대 오스트리아의 경우, 메테르니히의 감시감독 하에 실시된 경찰체제와 검열제도로 지식인들의 반감이 증폭할 대로 증폭되어 있을 때였다. 빈을 중심으로 봉건 잔재가 여전히 남아 있긴 했지만, 다른 한편으로 초기 산업경제체제 하에서 사회적 빈곤에 시달리던 노동자들의 계급의식이나 불만도 예사롭지 않았다. 거기에 오스트리아에 거주하는 체코, 헝가리, 이탈리아 등 비독일계 국민들까지 봉기에 가담하면서 사태의 심각성이 더해졌다. 따라서 민족주의적인 현상으로 첨예화되어 몰아칠 폭풍은 처음부터 자유·민주적이면서도 동시에 민족적인 특성까지 내포하면서 헌법 제정과 국가 통일이라는 이중적 과제를 떠안고 있었다.

마침내 군중들이 의사당으로 집결했다. 특히 빈 주변의 군중들은 사회혁명을 외치면서 공장과 상점을 파괴하는 폭도로 돌변했다. 대학생들도 민주단체나 아카데미 의용군을 결성하여 그들과 합류했다.

이윽고 빈 정부는 사태 진압을 위해서 군대까지 출동시켰다. 그 결과 3월 13일과 14일 이틀에 걸쳐 메테르니히가 실각하고 왕자 알브레히트는 망명해야 했다. 그럼에도 사태는 조금도 진정될 기미를 보이지 않았다. 오히려 더욱 확산되어 5월 중순에 이르러 혁명운동이 과격한 양상을 띠면서 5월 17일 황제마저 수도를 떠나 인스부르크로 피신하기에 이르렀다. 설상가상으로 헝가리마저 독립을 요구했고, 체코의 프라하에서 보헤미안들도 국가위원회를 통해 자신들을 위한 정부를 요구하며 봉기에 가담했다.

7월 22일 황태자 요한(1782~1859)이 부득이 제정의회를 개최하고 섭정체제에 들어갔고, 황제도 수도로 돌아왔다. 그러나 과격한 지식인들과 일부 프롤레타리아트들을 중심으로 결성된 혁명적 민주주의자들은 그 정도의 변화로 만족하지 못했다. 그들은 곧바로 두 번째 혁명 단계에 돌입했다.

마침내 10월 31일 재결성한 혁명군이 빈디슈그레츠(Alfred zu Windischgrätz, 1787~1862)가 지휘하는 정부군과 여러 지역에서 치열한 접전을 벌였다. 혁명군의 연이은 패배로 한동안 상황이 잠잠해지긴 했으나, 메테르니히의 구체제로는 더 이상 버텨낼 수 없다는 분위기가 사회 전반적으로 팽배해졌다. 빈 체제 이후 지난 30년 동안 시대의 상징이었던 메테르니히 정권이 종말을 고하는 순간이 도래했다. 이로써 오스트리아의 존립 여부와 그로 인한 향후 독일과 유럽의 정치질서에도 심각한 문제가 제기되지 않을 수 없었다.

오스트리아의 혁명 사태는 뒤이어 프로이센에도 파급되었다. 3월 3일 쾰른의 라인 지방에서 '공산주의자 동맹(Bund der Kommunisten)'이라는 소규모 단체가 결성되었다. 이 단체는 급진적인 민주주의를 주창하는 가운데 '붉은 공화국'의 기치를 드높이고자 했으나, 심각한 사태로 발전하지는 못했다.

그러나 연일 다른 지역에서 폭력사태와 관련된 소식이 들려왔고, 이에 겁에 질린 국왕 프리드리히 빌헬름 4세는 3월 6일 통합의회를 잠정적으로 해산시키고 말았다. 그러나 상황은 오히려 더욱 급진전되었다.

3월 14일 국왕의 조치에 자극을 받은 베를린의 혁명세력이 격렬한 소요사태로 맞섰다. 정부군과의 치열한 접전이 계속되는 가운데 사상자도 속출했다. 그럴수록 격앙된 군중들까지 가세하여 시가전을 벌였고, 18일에는 무리를 지어 궁궐로 쇄도했다. 이에 국왕은 통합의회를 새로 개최하고 새 내각을 중심으로 입헌군주제 수립과 함께 언론, 출판, 집회, 결사의 자유를 모두 약속하기에 이르렀다.

이어 19일 정오 왕비와 함께 다시 모습을 드러낸 국왕은 혁명투사들에게 경의를 표하도록 강요받는가 하면, 바리게이트를 치울 경우 군대를 스판다우와 포츠담으로 철수하겠다고 약속하기도 했다. 내심 자신의 군대를 신임하고 새로운 국면을 기대하는 면이 없지 않았지만, 그로서도 이미 불붙은 혁명을 완전히 백지로 돌릴 수 없음을 통감해야만 했다.

프로이센 역사상 대중들, 특히 수공업자와 노동자들이 가세하여 조직된 군대가 이렇게 단시일 내에 승리하기는 처음이었다. 국왕은 이미 절반은 항복을 시인이라도 한 듯 절대왕정 체제의 종말을 고했다. 하지만 그 직후 국왕은 돌연 스스로 한 말에 책임지기를 거부하고, 불확실하고도 불분명한 태도로 일변했다. 이로써 혁명 사태는 미궁으로 빠져들었다.

 그런 상황에서 공식적으로 통수권을 발휘하기도 힘들게 되자, 국왕은 19일부터 21일까지 두 차례에 걸쳐 포츠담으로 도주하려 했으나 굴욕감과 함께 두려운 나머지 결국 실행에 옮기지 못했다. 그러고는 다른 국가들의 혁명 사태를 보고받고 결심을 굳힌 듯 3월 21일 흑-적-황의 3색 띠를 두른 기마행렬과 함께 다시 모습을 드러냈다. 대중들을 향해 허리를 굽힌 국왕은 '나의 백성과 독일 국민들에게'라는 호소문을 통해 입헌군주로서, 그리고 전체 독일 국민의 지도자로서 입헌제와 독일의 통일을 선포했다.

 그러나 이후로도 국왕은 여전히 애매한 말과 우유부단한 행동으로 상황을 복잡하게 몰아갔다. 국왕은 혁명에 굴복하느니 혁명의 선두에 서서 프로이센의 혁명을 독일의 혁명으로 밀어붙이고, 독일의 혁명을 통해 프로이센의 혁명을 극복해보려는 속셈도 있었다. 말하자면 독일이 통일국가가 되기 위해서는 프로이센이 더 이상 국가로 존재할 수 없고, 다른 개별 국가들도 전체 독일 속에 흡수된다는 점을 주지시켰다.

 게다가 독일 전역에서 하나둘씩 자유주의의 상층 부르주아들이 정권을 장악한 만큼 그 역시 그에 부응할 만한 방안을 내놓음으로써 사태를 호전시키고자 했다. 그리하여 3월 29일 프로이센에서도 쾰른의 은행가 출신 캄프하우젠(Rudolf Camphausen, 1803~1890)을 수상으로, 무역업을 하는 한제만(David Ludwig J. Hansemann, 1790~1864)과 아르님-죽코프(Heinrich von Arnim-Suckow, 1798~1861)를 각각 재무장관과 외무장관으로 한 자유주의 내각이 들어섰다.

 한편 남부 국가들이 시발점이 되어 오스트리아를 거쳐 프로이센 등지로 확산된 혁명의 기세는 독일 전역으로 급속하게 파급되었다. 그 과정에서 혁명의 중심에 선, 국가 전체의 권력 문제를 둘러싸고 혁명 사태를 주도하려는 세력이 부각되었다.

그 주체는 다름 아닌 1848년 3월 혁명의 가장 소중한 역사적 현장인 파울스 교회에서 5월 18일 개최된 프랑크푸르트 국민의회였다. 처음으로 간접 · 비밀 · 보통 선거로 선출된 각국의 자유주의 중산층이 압도적 다수를 차지한 국민의회는 주로 대학교수나 의사, 성직자, 법률가 등 교양시민계급의 엘리트들로 구성되었기 때문에 일명 '지식인 의회'로도 불렸다.

혁명을 이끌게 된 국민의회는 공동의 국가와 중앙정부, 전체 국가의 의회와 공동의 군대, 그리고 통일된 재판권 등을 요구했고, 이를 발판으로 근본적인 사회개혁까지 추진하고자 했다. 그러나 독일 내의 전반적인 상황은 어두웠다. 우선 전체 국가를 위한 정치체제는 개별국가들을 일제히 전체 속에 하나로 복속시켜야 하는 문제와 직결되었기에 결코 간단치 않았다. 오스트리아와 프로이센 두 강대국을 비롯한 일부 국가들이 이를 원치 않는 상태에서는 더더욱 불가능해 보였다.

게다가 국민의회가 공동의 목표로 삼은 민족국가로서의 통일과 그에 따른 헌법 제정이라는 이중과제 역시 각 국가들이 반발할 경우 실현되기 어려웠다. 특히 전체 독일과의 관계에서 합법적인 헌법 제정의 문제는 비독일계의 민족 문제도 감안해야 했고, 그렇게 될 경우 오스트리아가 부정적으로 나올 것이 뻔했다. 다양한 민족을 포함한 다민족국가로서 오스트리아가 자국의 운명을 뒤바꿔놓을 법안을 받아들일 리 만무했기 때문이다.

그러나 프랑크푸르트 국민의회를 둘러싼 문제는 그뿐만이 아니었다. 혁명이 경과됨에 따라 무엇보다 국민의회 내 압도적으로 다수를 차지하던 자유주의자들 내에서조차 서로 다른 이해와 전략으로 심각하게 대립 양상을 보였기 때문이다.

급진적인 소수의 좌파 민주주의자들과 온건한 다수의 유산·교양시민계급의 자유주의자들로 나뉜 그들은 빈번하게 의견이 대립했다. 전자의 경우 강력한 혁명 하에 공화주의를 주창한 반면, 입헌군주제를 원하는 후자는 각국 보수세력과의 제휴는 물론 그들과 협력하고 스스로 정치에도 참여할 계산이었다.

그러한 상황은 독일이 직면한 다른 어떤 사안들보다 복잡하고 심각한 문제의 소지가 다분했다. 의회 내 자유주의자들 간의 파벌현상은 서로 간의 갈등만 증폭시키고, 결국 국가 통일을 위한 혁명의 추진력인 그들의 힘을 분산시키고 말 것이기 때문이었다. 만약 혁명의 주동세력이 각 제후들과 손을 잡고 내각의 최고자리까지 차지할 경우, 국가의 관료들이나 군주제의 대표들을 제거할 가능성도 배제할 수 없었다.

그러나 자유주의자들의 그런 분열상은 3월 혁명에 반대하는 반혁명 세력들의 힘을 키워주어 당면한 목표를 수행하는 데 결정적인 과오가 될 수 있었다. 그들 스스로 정권 장악에 눈을 돌림으로써 장차 국가 통일과 사회개혁의 실현 문제에 현실적인 힘이 어느 정도 실리게 될지 불투명한 일이었기 때문이다. 예컨대 민족주의 운동에 대한 자유주의 세력의 열정이 기존 영방국가의 느슨한 연합체적인 틀을 극복할 것인지, 또 향후 혁명 초기에 보여준 일치된 민족주의 운동의 역량을 그대로 발휘할 것인지 등 사안들이 애매해진 것이었다.

한편 혁명 사태에 직면한 비스마르크의 태도는 매우 단호했다. 1848년 3월 1일, 형 베른하르트에게서 프랑스 2월 혁명의 소식을 접할 때만 해도 그는 이를 대수롭지 않게 여겼다. 그러나 프랑스의 혁명 기운이 독일 남서부 지역으로 확산되는 가운데 3월 18일 베를린에서도 일시적이지만 혁명세력의 승리를 알리는 환호성이 울려퍼지자, 비스마르크는 비로소 사태의 심각성과 함께 군사적 동원의 불가피함을 인식하게 되었다. 그 다음날 베를린의 여성들이 대거 피신해 있다는 영주 바르텐슬레벤-카로프의 집을 급히 찾은 뒤, 그는 처음으로 베를린의 시가전 소식을 접하면서 혁명 사태에 대한 불길한 마음을 감추지 못했다.

프로이센을 중심으로 하는 세계 속에서 군주제의 옹호자이기를 자처했던 보수적인 융커 귀족인 그가 지금의 사태에서 과연 무엇을 할 수 있을까? 얼마 전 신혼여행지에서 국왕과 독대까지 했던 그가 아니었던가. 그는 곧 독일 전역으로 확산되는 통일의 의지와 자유주의의 물결에 대항하여 전력을 다하는 길만이 자신이 할 일이라고 믿어 의심치 않았다. 자신의 저서 《상념과 회상》에서 40년도 훨씬 더 지난 혁명 당시의 상황을 생생하게 그려냈듯이 그는 누구보다 반혁명의 선봉장이 되고자 했다.

> 거리마다 쓰러져 있는 군인들은 시가전으로 죽은 것이 아니라 살해당했다. ……분개한 나는 순식간에 쇤하우젠에서 50여 명의 농부와 20자루의 소총을 모았다.

물론 비스마르크 스스로는 "내 행동에 농민들이 한결같이 긍정적이고 적극적으로 참여했다"고 주장했지만, 시민군의 손아귀에서 국왕을 구출하고자 출병하는 지주 앞에 반대하고 나설 소작인이 과연 누가 있었겠는가.

마침내 비스마르크는 수도의 상황을 제대로 파악하기 위해 곧바로 포츠담으로 향했다. 프리트비츠(Karl von Prittwitz, 1790~1871) 총사령관을 만난 그는 "농민들의 군사적인 도움까지는 필요치 않다"는 답변을 듣긴 했지만, 국왕에 대한 충정과 혁명세력에 대한 증오만은 누구 못지않다는 인식을 심어주기에 충분했다. 프리트비츠는 국왕을 따르지 않을 인물도 아니었지만, 그렇다고 장군들 사이에서의 알력도 원하지 않았기 때문에 왕실의 명령 없이 스스로 군대를 동원하여 베를린을 포위하고 재탈환할 만한 만용을 부릴 생각은 아예 하지도 않았다. 그런 그에게 비스마르크가 보여준 적극적인 행동은 어쩌면 앞뒤 가리지 않는 모험으로 비칠 수도 있었다.

여하튼 며칠 지나지 않아 활용 가치가 있다고 판단했는지 프리트비츠는 비스마르크에게 두 가지 임무를 맡겼다. 핵심적인 역할은 아니었지만, 비스마르크는 국왕에 대한 충정의 일환으로 자신에게 주어진 임무에 최선을 다했다. 첫 번째 임무는 국왕이 도피할 경우에 대비하여 포츠담에 머물던 두 왕자로부터 군대 출동명령 지시를 받아오는 것이었다. 따라서 동생 프리드리히 카를(1828~1885)과 형 카를을 차례로 찾아가 의사를 타진해야만 했다.

그러나 비스마르크는 왕자들에게서 그런 문제는 국왕을 직접 만나 의논할 사안이라는 내용의 서한만 받았다. 베를린으로 발걸음을 돌린 그는 국왕을 알현할 기회를 얻지 못해 서한에 대한 국왕의 답변도 받지 못했다. 더욱이 왕자 카를이 직접 베를린의 국왕을 찾아옴으로써 비스마르크는 아무것도 이룬 것 없이 혼자 이리저리 바삐 뛰어다닌 것으로 임무를 끝내야만 했다.

그 다음 주어진 임무는 막데부르크의 장군 헤데만(Hedemann)을 비롯하여 몇몇 장교들과 만나 긴밀히 의사를 타진하는 일이었다. 내용인즉슨, 혁명 사태가 심각하게 전개될 경우 프리트비츠의 군사적 반격에 헤데만이 합류할 수 있는지를 탐문하는 것이었지만, 이 역시 헛일이 되었다.

비스마르크가 그런 중요한 내용을 요청한다는 자체가 헤데만의 심기를 건드렸을 뿐만 아니라, 그 자리에서 지나치게 열성적이었던 행동은 오해까지 불러일으켰다. 끝내 체포 위협까지 받은 비스마르크는 쫓겨나다시피 물러나야 했다. 결국 스테틴의 사령관 브랑겔(Friedrich von Wrangel,

1784~1877)에게서 긍정적인 답변을 들은 것만으로 발길을 돌려야 했고, 그 정도 결과로는 프리트비츠의 반격작전이 성사될 가능성은 없었다. 이렇게 두 번째 임무 역시 헛수고로 끝났다.

그럼에도 비스마르크의 반혁명 의지는 수그러들지 않았다. 카를 왕자로부터 융커 모임의 대표자로 인정받은 그는 아우구스타(Augusta von Saxen-Weimar, 1811~1890) 왕녀를 알현하는 자리를 이용하여 영국 도피를 계획하던 그녀의 남편 빌헬름으로부터 국왕 프리드리히 빌헬름 4세가 폐위될 경우에 대비하여 군대 출동명령서를 받아내도록 지시까지 받았다.

그러나 빌헬름은 국왕이 아직까지 베를린 성에서 시민군의 감시를 받고 있긴 하지만 폐위되지 않은 상황에서 자신의 출동명령은 좋은 결정이 아니라고 판단했다. 그리고 무엇보다 아우구스타 왕녀의 경우 비스마르크의 임무를 조카 카를 왕자의 음모로 받아들여, 오히려 비스마르크를 의심하기까지 했다. 더욱이 그녀는 우왕좌왕하던 국왕으로 하여금 흥분한 상태에서 군사적으로 반격하기보다는 혁명세력 가운데 민주주의자들에 대항하고 그 대신 자유주의자들과 제휴하도록 하는 새로운 방안을 설득하는 데 힘썼다. 뜻하지 않은 의혹에 휘말린 비스마르크는 작센-바이마르(Carl August von Sachsen-Weimar) 공의 손녀이자 장차 빌헬름 1세의 왕비가 되는 아우구스타로부터 그 이후로도 수십 년이 지나도록 신뢰를 받지 못하는 신세가 되었다.

포츠담으로 직행한 지 불과 일주일 동안 비스마르크는 매우 분주한 나날을 보냈지만, 제대로 이룬 것 없이 의심이나 사는 처지로 내몰렸지만, 많은 경험을 쌓을 수 있었다. 특히 감금 상황에 처한 국왕을 두고 폐위 문제부터 군대 출동 명령까지 거론되는, 그야말로 본의가 아니게 왕실의 권력과 안녕이 달린 민감한 사안에까지 깊숙이 개입하게 되었다.

그리고 무엇보다 그는 혁명의 분위기가 고조될수록 반혁명 투사로서 강력하게 대응할 태세를 잃지 않았다. 3월 25일 국왕이 끝내 온건한 자유주의자들과 화해하고 호엔촐레른 왕가의 일족들마저 어떠한 공격도 시도하지 않으려는 반응에는 분노를 참지 못했고, 국왕의 무능함에 한탄해마지 않았다. 그로서는 피를 흘리는 시민전쟁을 저지하고 국가의 모든 체제가 붕괴되는 것을 막아냄은 물론, 위기에 처한 왕조를 구하려는 대의에서 벗어나버린 국왕의 소극적인 조치를 현명한 판단으로 인정할 수 없었다. 더욱이 자유주의 시민계급과 연합해버린 국왕의 모습은 누구보다 강력하게 혁명에 대항하던 그에게는 존립이 아닌 후퇴를 의미했다.

돌아가는 정세를 지켜보면서 비스마르크는 자신을 비롯한 보수주의 귀족들이 우롱당했다는 생각을 지우지 못했다.

국왕께서 프로이센 국가가 장차 독일에 통합되어 사라진다고 선포하고는 심지어 흑-적-황 3색의 장식 띠를 어깨에 두르고 베를린 시가지를 말을 타고 돌아다니셨다. 마지막으로 시가전에서 사망한 254명에게 모자를 벗어 경의를 표했을 때, 나는 극도로 타오르는 투쟁의 의지를 주체할 길이 없었다.

권력의 주변부에서 벗어나다

혁명이 전개되는 과정에서 이를 진두지휘하는 국민의회 내 의원들 간의 입장 차이에는 변함이 없었다. 불과 40여 명에 지나지 않는 민주주의 노선의 소수 좌파만이 국민 주권을 철저하게 고수하고 헌법 문제를 왕조와 합의하는 원칙을 완강하게 거부하면서 의회 중심의 정부 형태와 보통 · 평등 · 비밀 · 직접 선거권을 거듭 주장할 뿐이었다. 그에 반해 다수를 차지하던 자유주의자들은 오스트리아를 중심으로 하는 대독일의 연방분립주의가 아닌 프로이센의 소독일 중심으로 프로테스탄트 노선에 힘을 실어주는 새로운 경향까지 보이기 시작했다.

혁명의 주동세력 간에 그런 첨예한 대립 상태는 혁명의 성공 여부를 결정할 새로운 변수로 작용했다. 죽느냐 사느냐 하는 양자택일의 운명에 처한 국왕으로서는 혁명세력에 의해 군사적인 패배를 맛보기는커녕 오히려 의회 내 다수의 온건파와 타협하고 제휴하여 일대 위기를 모면할 절호의 기회였다.

그 틈을 타고 국왕을 중심으로 한 반혁명세력은 자유주의자들을 무력화시키거나 분열시키는 데 주력하기로 했다. 따라서 그들의 갈등을 부추길 수 있는 입헌주의와 관련된 문제에서 벗어나지 않는 것을 최선의 방안으로 삼았다. 기대한 대로 온건파가 프리드리히 빌헬름 4세와 제휴할 경우, 혁명의 본래 목표는 달성되기 어려울 것이 분명했다. 실제로 자유주의 내각은 출범 후 관료주의 체제를 극복하지 못하고 군주제의 대표도 제거하지 못하는 약점을 드러냈다.

상황은 계속해서 국왕에게 유리해졌다. '게를라흐 무리'로 구성된 국왕의 비밀도당인 카마릴라까지 가세하면서 반혁명세력의 행동반경은 더욱 커졌다. 국왕은 자유주의 세력의 분열 조짐에 더해 카마릴라까지 합세함으로써 큰 힘을 얻었다.

1848년 6월부터 반혁명세력의 공세가 두드러졌다. 보수세력은 국왕과 카마릴라의 지원 하에 다양한 방법으로 강경한 공격 태세를 취해 나갔다.

8월 18일과 19일 지주들의 이익과 복지를 촉구하기 위해 결집한 400여 명의 지방귀족들은 베를린의 '융커 의회(Junkerparlament)'를 이용하는가 하면 〈신(新)프로이센(Neue Preußische Zeitung)〉 지(誌)를 자신들의 주요한 언론기구로 활용했다. 특히 당시 자유를 위한 투쟁에서 유래된 철십자

훈장을 상징으로 썼기 때문에 〈십자신문(Kreuz-Zeitung)〉으로 더 알려진 〈신프로이센〉지는 7월 1일 창간된 이후로 보수주의자들을 위한 핵심적인 언론매체로서 반혁명의 역할을 톡톡히 해냈다.

한편 냉혹한 왕권주의자라는 평판 때문에 프랑크푸르트의 독일 국민의회와 베를린의 프로이센 국민의회의 보통선거에서 모두 패배의 쓴잔을 마셔야 했던 비스마르크의 행보는 기대와 달리 전개되었다. 그때까지 그는 극우 신봉자로서 시민계급 자유주의자들의 적수가 되어 논쟁을 벌이거나, 반대파를 겨냥하여 신랄하게 비판하기만 하는 인물로 인식되었다. 게다가 프로이센 의회에서 조세정책과 재정정책을 통해 도시와 산업에 이익을 주려는 새로운 3월 정부를 비난하는 데도 앞장서왔다.

그러나 온건한 자유주의자들이 절대다수를 차지하던 의회에서 소외되는 바람에 그는 정치무대를 떠나야 할 신세가 되었다. 비록 긴 시간은 아니었지만 의욕에 찼던 의회활동과 반혁명 투쟁으로부터 어쩔 수 없이 물러나 있어야 했다. 특히 "왕실 스스로 제 무덤을 판다"고 판단한 그에게는 더 이상의 투쟁도 의미가 없어 보였다.

결국 비스마르크는 정계와 거리를 둔 채 두문불출했다. 그러면서 자유민주주의 혁명과는 거리가 먼, 봉건시대 때부터 시작된 전통인 사냥의 특권이나 지역 재판권 등 예로부터 내려오는 귀족의 권리를 향유하는 쪽으로 눈길을 돌렸다. 이래저래 낙선의 고배를 마신 그가 정계에서 할 수 있는 일이란 실상 아무것도 없었다.

그러나 그 밖에는 발 빠른 행보를 보였다. 토지는 물론 주식에 관심을 쏟는가 하면 정계에 나갈 방도가 없는 상황에서 왕권과 대지주 귀족들의 이익을 대변하는 우익단체에서 활동을 계속해나갔다. 또한 '융커 의회'에 발맞추어 지방에 지주단체를 결성하고 그들의 이익을 위한 활동에까지 적극적이었다. 〈신프로이센〉지의 편집장인 바그너(Hermann Wagner,

:: 운루

1815~1899)에게 보낸 8월 25일자 편지에서 그는 자신을 지방귀족들의 물질적 이익을 보호하는 데 앞장서는 '물질주의자'라고 당당히 밝히기도 했다. 그는 언론계와 친분을 쌓으면서 보수주의 정당 활동에 대한 기사까지 썼다. 마치 귀족의 권리 수호가 자신의 임무인 양 투쟁적인 기질에 걸맞게 격정적이고도 공격적인 표현으로 지배계층을 옹호해나갔다. 그 가운데 대표적인 자유주의자 운루(Hans Victor von Unruh, 1806~1884)를 향해서는 노골적인 비판을 가했다.

딸랑이를 만드는 일은 그들 수공업자의 몫이고, 우리는 융커로서 누릴 이득이란 이득을 모두 챙기면 그만인 것이오.

정치 재계를 꿈꾸던 비스마르크는 지주들의 모임이나 언론을 통해 계속해서 친분을 넓혀나갔다. 보수주의의 대표들은 신분의식에 투철한 젊은 의원 비스마르크를 아주 마음에 들어 했고, 함께하는 자리에 자주 불러들이는 등 관심을 표했다.

그들 가운데 대표적인 인물로는 급진적인 왕당파이자 쉰하우젠 시절부터 자주 만나 얘기를 나누었던 마리의 아버지 타덴을 비롯하여 레오폴트와 루드비히 게를라흐 형제가 있었다. 그들은 비스마르크를 자신들의 '생도'라고 부르기도 했다. 특히 베를린의 육군 소장이자 보수주의자들의 지도자인 동시에 막데부르크 대법관으로서 오랜 시간 프리드리히 빌헬름 4세를 보좌해온 게를라흐의 관심은 대단했고, 훗날 비스마르크의 정치활동을 전격적으로 지원하는 후원자가 될 정도였다.

그리고 비스마르크에게 적잖은 관심을 가진 인물들 가운데 오래전부터 저널리스트 집단의 선구자로서 크니프호프의 옛 이웃 지주인 뷜로-쿰머로프도 있었다. 국민경제학자인 리스트(Friedrich List, 1789~1846)에 의해 "북부 독일 융커 집단의 지도자"로 불렸던 그는 일찍부터 1834년에 결성된 독일 관세동맹(Deutscher Zollverein)을 통해 프로이센이 중심이 되어 독일 전체의 문제를 해결할 수 있다고 보았던 인물이다. 따라서 강력한 산업가 계층과 왕조의 긴밀한 관계를 누누이 강조해마지 않았고, 또 산업가들을 보수주의자와 결탁시키기 위해 물질적인 이익이라는 수단도 이용해야 한다는 구체적인 대안을 내놓기도 했다.

상당한 예지를 지녔던 뷜로-쿰머로프는 당시 프로이센과 보수주의 이외의 다른 독일 문제에는 전혀 관심이 없던 비스마르크에게 사고의 폭을 넓혀주었다. 비스마르크를 봉건적인 특권에만 매달리는 전형적인 보수주의자들과 다른 인물로 판단했기 때문이다. 그러나 그의 기대와는 달리 그 무렵의 비스마르크는 토지귀족들이 누리는 혜택이나 물질적인 이익에 보다 많은 관심을 쏟던 일반 융커에 지나지 않았다.

독일 내 혁명이 절반쯤 진행된 상황에서 자유주의 시민계급은 눈에 띄게 동요했다. 저마다 각 왕조에 대한 민중의 투쟁을 지켜보면서, 그 혁명을 계속 진행시켜야 할지 아니면 완전히 반혁명 분위기로 전환시켜야 할지 정확한 판단을 내리지 못했다. 시민혁명이 흔들리는 징조가 아닐 수 없었다.

그러나 프로이센 왕조로서는 아직까지 안심할 수 없었고, 무엇보다 독일 북부 슐레스비히-홀슈타인의 소유 문제까지 겹치면서 덴마크와의 갈등을 해결하지 않으면 안 되는 이중의 난관에 부딪혔다. 프리드리히 7세(1808~1893)가 덴마크의 왕위에 오른 이후 슐레스비히와 홀슈타인 두 지역의 반환을 요구하면서 양국 간의 갈등이 불가피해진 때문이었다. 프로이센 정부는 4월 12일 이미 연방의회의 승인대로 홀슈타인의 킬에 임시정부를 수립하여 두 지역을 독일연방에 편입시켰고, 덴마크에 병력을 동원하여 대항하는 것으로 일단락지었다.

그런데도 덴마크의 반발이 계속되자 연방의회는 결국 덴마크와의 전쟁을 통해 독일의 가치와 자유는 물론 독일인들의 단결을 회복하겠다는 의지를 굳혀나갔다. 그러나 프로이센 입장에서 사태가 그다지 낙관적이지만은 않았다. 연방국들의 지원이야 있겠지만, 덴마크와 국경을 접한 프로이센이 직접적으로 연루된 문제이고 보면 국왕으로서는 두 국가 간의 분쟁이 계속해서 발생할 경우, 혁명과 맞물려 사태가 복잡해질 가능성을 고려하지 않을 수 없었다. 게다가 영국이나 러시아 등 강대국의 대외적인 압력 또한 완전히 무시할 수 없는 상황이었다.

수개월을 끌어온 덴마크 문제는 예상했던 대로 영국과 러시아의 간섭을 불러왔다. 두 나라가 지켜보는 가운데 8월 26일 말뫼에서 프리드리히 빌헬름 4세는 결국 휴전을 제의해야만 했다. 덴마크 사태는 말뫼 휴전협정으로 일단 종식되긴 했으나, 어느 쪽을 위해서든 분명하게 해결된 것 없이 무의미하게 끝나버림으로써 분쟁의 가능성을 남겨놓았다. 그 결과에 대해 프랑크푸르트 국민의회는 비난을 쏟아냈다. 독일 전역의 농부, 노동자, 소시민, 대학생 할 것 없이 프랑크푸르트로 몰려들어 당장에 과격한 민중봉기라도 일으킬 듯 살벌한 분위기가 팽배했다.

덴마크 문제로 사태가 복잡해지자, 프로이센에서는 자유주의 내각의 교체설이 나돌았다. 9월 11일 국왕은 푸엘(Ernst von Pfuel, 1779~1866) 장군을 중심으로 새 내각을 구성했다. 새 내각의 능력이 그 어느 때보다 절실해졌다. 그러나 수상 겸 국방장관을 겸임한 푸엘은 사실 국민의회와 대결할 만큼의 의욕도 없었고, 대외적으로 강경조치를 취할 만한 인물도 아니었다. 특히 군사적인 문제에서 가급적 타협을 원했고 모든 반동적인 활동을 멀리하는 등 민중들과의 갈등을 회피하려는, 한 마디로 시민계급에 관대한 각료였다.

그동안 대외 사태를 조심스럽게 주시해온 국왕은 푸엘이 덴마크 사태를 해결하길 기대했다. 그러나 푸엘은 군의 모든 반동적인 행위를 억제하고 민간인들과의 갈등을 멀리하려는 기본입장 이외에 특별한 면모는 보여주지 못했다. 장교들에게 일종의 온건한 타협안의 지령을 내리는 정도로 그쳐버리자, 사태 해결에 대한 강력한 지시를 기대하던 군부의 불만이 커져갔다.

군부는 푸엘의 명령에 순응하지만은 않았고 두 달 뒤 덴마크와의 전쟁 문제를 해결할 최고사령부를 새로 조직하는 것으로 맞섰다. 그리고 슐레스비히-홀슈타인에서 다시 소환된 브랑겔 장군을 국경지대의 최고사령관으로 임명했고, 11월 10일에 5만 병력을 베를린 주변에 집결시켰다.

그런 상황에서 푸엘 내각과의 마찰은 불가피했다. 심지어 국민의회가 아직 해산되지 않은 시점에서 푸엘은 자유주의와 민주주의 진영의 다수 의원들을 중심으로 헌법 문제까지 타결하려 나섰다. 그러나 카마릴라의 조언에 따라 국왕은 위험 부담이 큰 헌법 문제를 더 이상 언급하려고 하지 않았다. 카마릴라는 곤란해진 사태의 추이에 대해 푸엘의 새 내각에게 책임을 돌렸고, 더 이상 어떠한 조정도 불가능할 정도로 반감을 표출했다. 그러한 불안한 정국 속에서 잠시 주춤해진 혁명 사태는 반혁명주의자들과 프로이센에 오히려 유리하게 전개되는 형국이었다.

덴마크와의 전운이 감도는 가운데 비스마르크는 4개월에 가까운 침

묵을 깨고 9월부터 카마릴라를 중심으로 활동을 재개했다. 이미 7월 7일
자 편지에서 게를라흐에게 보수주의자들과 그동안 소원했던 관계를 청
산하고 그들을 위한 자신의 강력한 의지를 밝힌 바도 있었다. 말하자면
국왕에 대한 충성과 반혁명 투쟁이라는 차원에서 그들과 다시 함께하
겠다는 뜻이었다.

그리고 그 역시 푸엘 내각의 각료들에 대해 불편한 심기를 드러내며,
형 베른하르트에게 보낸 12월 9일자 편지에서처럼 보수주의자로서 자
신의 입장을 거듭 확고히 했다. 스스로는 아무런 의도 없이 조용한 관찰
자의 입장에서 보았다고 했지만, 푸엘 내각에 대해 허위의 무뢰한들이
며 배신자들로 몰아가는 표현에서 그동안 덴마크 사태에서 보여준 푸
엘의 부족한 통솔력과 무능함에 대한 분노가 잘 드러났다.

비스마르크의 행보가 빨라졌다. 혁명 초반에 보여주었던 무모하고
충동적인 행동과는 달리 혁명이 종반부로 치달으면서 강력한 정치가로
서의 기량과 면모를 유감없이 발휘하기 시작했다. 카마릴라의 수장인
게를라흐는 "핵심으로 활동하는 인물들 가운데 정치적 능력이 가장 탁
월하고 지식이 뛰어난 부관"이라고 평할 정도로 그를 신임했다.

게를라흐 형제의 신뢰를 쌓아감에 따라 그에게는 국왕을 알현하고
왕실 연회에 참석할 기회도 찾아졌다. 그 결과 러시아 대사 메옌도르프
(Peter von Meyendorff, 1796~1863)나 영국 대사와의 접견은 물론 새로운 내
각 후보에 대한 국정 문제에서부터 대외 상황에 이르기까지 다양한 정
보를 접하게 되었다. 그럼에도 게를라흐가 블랑켄부르크에게 말했듯
이, 비스마르크는 아직 완전히 그의 사람은 아니었다.

비스마르크가 이틀 전에 퇴각한 캄프하우젠과 한제만을 비롯하여 아우
에르스발트 내각을 보필할 만한 유력한 후보자로 자청하는 인상을 얼핏

내비쳤소. 그러나 나는 그보다는 클라이스트-레초프를 더 신뢰하오.

혁명 사태는 막바지로 치달았다. 1848년 10월 31일, 한때 귀족세력의 제거를 선포했던 베를린의 국민의회는 분열의 조짐과 함께 그 역량을 상실하고 브란덴부르크 지방도시로 밀려나고 말았다. 그 다음날 곧바로 프리드리히 빌헬름 4세는 두 달도 채우지 못한 푸엘의 자유주의 내각을 축출하고 이리저리 끌려다니던 혁명의 시간을 끝내기로 결심했다. 11월 9일, 혁명의 결과가 보수 반동세력의 승리로 기울어짐에 따라 왕족 출신의 브란덴부르크(Graf Friedrich Wilhelm von Brandenburg, 1792~1850) 백작을 중심으로 새로운 내각이 출범했다.

새로이 교체된 아우어스발트(Rudolf von Auerswald, 1795~1866) 내각을 맡을 만한 적합한 인물을 찾는 과정에서 브란덴부르크를 보좌할 인물을 찾는 작업이 수주일이나 지속되었다. 카마릴라가 의도한 대로 클라이스트-레초프(Hans Hugo von Kleist-Retzow, 1814~1892)가 거명되기도 했으나, 실무 경험이 부족하다는 이유로 그 스스로 나서기를 꺼려했다. 비스마르크 개인적으로는 국민의회에 대항하여 결정적인 순간에 과감한 능력을 발휘할 인물로 자신을 내세우고 싶었다. 그러나 국왕 역시 게를라흐와 마찬가지로 아직 그를 신뢰하지는 못했다. 국왕은 비스마르크를 "총검이 무제한으로 지배할 때만 필요한 인물"로 꼽으면서 그로 하여금 '내각의 관리자'로서 자유주의자들

:: 클라이스트-레초프

과 담판을 짓는 임무를 맡았다. 결국 브란덴부르크의 청탁을 받은 비스마르크는 만토이펠(Otto Manteuffel, 1805~1882)과 장시간 논의한 끝에 내무부 장관직을 받아들이도록 권유함으로써 자신의 임무를 완수했다.

사실 10월부터 11월 초까지 프로이센은 오스트리아와 마찬가지로 혁명세력과의 마지막 투쟁 단계에 돌입해 있었다. 혁명세력으로서는 자유주의 내각이 해체된 결과와 관련

:: 만토이펠

하여 최후의 사투를 벌여야 할 상황이었다. 게를라흐는 내심 이 사태를 '내전'으로 받아들였다.

이제 가증스러운 헌법의회인 국민의회는 막다른 길로 내몰릴 테고, 왕실의 힘은 강화될 것이다.

비스마르크 또한 혁명의 마지막 고비에서 반혁명 보수주의자들의 강경한 통치를 기대했다. 최악의 경우 군대가 수도로 진군하기 직전의 상황까지 계산하면서 9월 23일 아내 요한나에게 비장한 마음을 전했다.

월요일이면 주사위가 던져질 것이오. 내 노력과는 달리 새 내각이 선임자들처럼 나약함을 보여 사태를 회피하든지 아니면 임무를 다하든지 간에 월요일 저녁이나 화요일쯤이면 피를 뿌리는 광경이 펼쳐질 것임을 나는 한 순간도 의심치 않소. 민주주의자들이 과감한 투쟁을 전개하리

라고 보지는 않지만, 전력을 다해 싸우기는 할 것이오. 폴란드인, 프랑
크푸르트의 떠돌이들, 의용병, 그리고 온갖 무뢰한들이 다시 모여들 것
같소.

그러나 보수세력이나 비스마르크가 예상했던 투쟁, 즉 시민전쟁은
일어나지 않았다. 오히려 11월 11일 시민군은 완전히 해산되었다. 자유
주의 혁명세력과의 혈전까지 예상했던 비스마르크는 그저 실소만 나올
뿐이었다.

그들이 수없이 외친 저항이라는 주장도 결국에는 수동적인 행위에 지나
지 않았다. 그러한 행동은 두려움에 대한 그들의 시기적절한 대처일 뿐
이었다.

상대의 약점인 경험 부족과 미약한 결속력에 비해 비스마르크의 대
응은 보수적인 사회를 위협할 수 있는 모든 것에 대한 결사 투쟁이었다.
사실 귀족들이 자신들의 정치적·사회적 생존권 때문에 혁명세력에 대
한 두려움을 완전히 극복하지 못했을 때에도, 그 자신만은 자유주의 시
민계급과의 타협을 거부하는 입장에서 한 치도 물러서지 않았다. 그의
말대로 "구역질나는 노래를 불러대는, 분별력 없이 격렬하게 선동만을
일삼는 1848년 혁명세력"을 향한 그의 분노는 그렇게 식을 줄 몰랐다.

1848~1849년 흑-적-황 삼색기의 혁명을 통해 융커와 관료들의 후손들
은 무산계급의 탐욕을 보았노라. 흑-백의 프로이센 군기에 반대하는 폭
동과 바리케이드의 삼색기에 나는 분노를 터뜨리며 민주주의자들을 가
슴 깊이 증오한다.

바로 그 무렵 비스마르크는 전혀 다른 감성의 감미로운 글을 고향의 아내 요한나에게 보냈다. 혁명이 끝나고 수개월이 지난 1849년 9월 16일에도 부드러운 글을 보내는 가운데 자유주의자들에 대해 여전히 증오심을 드러내는 양극단적인 성향을 보였다.

잘 지냈소? 내 사랑. 내가 당신에게 진실하도록 기도해주시오. 당신이 내 곁에 머물지 않으면, 나는 몹시 화를 낼 것이오. ……어제 나는 말비네와 함께 '자유와 권리'라는 십자훈장의 비문이 곳곳에서 빛나고 있는 프리드리히스하인의 혁명투사 묘지를 둘러보았소. 신과 인간의 웃음거리인 범법자들의 무덤을 우상숭배하는 것에 대한 비통함에 단 한 번이라도 그들을 용서할 수가 없었소. 나는 우리들 모두가 죄를 짓고 있다고 내 자신에게 말했다오. 우리를 시험하는 신만이 이를 알고 계시며, 우리 주 예수 그리스도 또한 모든 폭동자를 위해 돌아가셨지만, 오늘까지 숭배하고 있는 베를린의 무덤과 함께 내 조국을 대수롭지 않게 여긴 살인자들을 보면 그래도 내 마음은 분노로 끓어오르기만 하오. 잘 지내시오. 내가 편지를 쓰는 이유인 나의 사랑스런 천사.

며칠 뒤 비스마르크는 국왕을 알현하는 자리에 다시 섰다. 그에게 곧 새로운 임무가 주어질 모양이었다. 혁명 초기에 도주나 생각하고 우유부단하게 행동하면서 대중들을 향해 허리를 굽히던 때와는 분명 다른 모습의 국왕을 접한 그는 자신의 권리에 대한 국왕의 확고한 의지를 읽을 수 있었다.

그 다음날 비스마르크는 비로소 권력의 주변부를 벗어났다. 고향의 요한나에게 보내는 편지에서 그는 "바라던 대로 혁명 사태가 끝나가고 있으며, 중책까지 맡게 해주신 신께 감사드린다"며 더없이 기뻐했다.

골수 프로이센주의자로 되살아나다

유럽에서 확산되었던 혁명의 물살은 어느새 새로운 흐름을 타고 있었다. 1848년 말, 오스트리아에서는 18세의 프란츠 요제프(Franz Joseph, 1830~ 1916)가 황제에 즉위했고, 프랑스에서는 루이 나폴레옹(Louis Napoleon, 1808~1873: 훗날의 나폴레옹 3세)이 공화국 대통령에 등극했다.

프로이센 또한 혁명의 기운이 사그라지고 예전의 상태를 회복하려는 분위기가 확산되었다. 12월 5일, 프로이센의 국민의회가 해산됨으로써 헌법 문제도 더 이상 논란거리가 되지 못했다. 그럼에도 불구하고 국왕 프리드리히 빌헬름 4세는 의회의 승인 없이 일정한 소득에 기초한 보통·간접 선거권을 주된 내용으로 하는 새로운 헌법을 발표하고자 했다.

뜻하지 않은 국왕의 결정에 카마릴라의 수장 게를라흐는 당혹감을 감추지 못했다. 그는 절차를 밟는 헌법보다 의회의 승인도 없이 국왕의 일방적인 명령으로 개최되는, 더구나 시민계급에게 참정권을 부여하는 기회인 통합의회의 재소집에 반대하며 비상사태 선포를 권했다. 그러나 국왕의 반응은 의외로 단호했다. 심지어 새 내각과 보조를 맞추면서부터 사사건건 모든 일에 개입하는 카마릴라와는 더 이상 논의하지 않으려 했다. 국왕의 행동이 우유부단하고 믿을 수 없다고 판단한 카마릴라는 국왕에 대한 불평불만과 함께 국정에 대한 심각한 우려를 드러냈다.

자유주의 시민계급의 입장에서 볼 때, 새 헌법의 모든 조항은 군대는 물론 전쟁과 평화의 결정권에 있어서 왕권을 더욱 강화시키는 것으로써 장차 자유주의 정치에 위해가 될 가능성도 배제할 수 없었다. 그러나 다른 한편으로 자신들에게 돌아올 산업과 무역상의 이익을 강화시키는 사안이기도 했다. 따라서 그들은 경제 부문을 우선한 나머지 국왕을 의심하기보다 더 이상 그에게 저항하지 않는 편이 낫다고 판단했다. 여하튼 국왕과 자유주의자들이 빚어낸 그런 결과로 인해 반혁명세력이 혁명에서 완전한 승리를 거두었다거나 예전의 상태를 그대로 유지할 것이라고 낙관하기가 쉽지 않아 보였다.

비스마르크는 11월부터 넘쳐나는 에너지와 신중한 정치력을 발휘했다. 황제와 카마릴라의 대립이라는 공교로운 시점에 직면하여 그 어느 때보다 자신이 해야 할 일을 직감하고 있었다. 국민의회가 해산된 지금 그 역시 보수주의자들과 같이 입헌 개혁의 바람을 두려워하지 않을 수 없었다. 그럼에도 입헌군주제든 국왕을 정점으로 한 신분제든 이론적인 토론에서 그 어느 쪽에도 끼어들지 않겠다는 것이 최종적인 결정이었다.

이번이었다. 지금까지 그는 보수세력을 강력하게 지지하고 또 대변해왔다. 그러나 카마릴라를 비롯한 극렬한 보수주의자들이 주장하는 원칙주의의 논쟁만으로는 평화적인 조정이 결코 이루어지지 않을 것이고, 급기야 유럽의 주된 흐름에서도 내몰리고 말 것이라는 생각을 떨칠 수 없었다. 정부든 보수주의자들이든 그 어느 쪽도 자신의 생각과 완전히 일치하지는 않지만, 이미 현실적인 정치 차원에서 의회를 해산하되 헌법을 승인하려는 국왕의 뜻에 동조하려는 변화가 그의 내면에서 일어나고 있었다.

비스마르크에게 정치적 위기가 닥쳤다. 마치 이빨 빠진 늑대처럼 느닷없이 온순해져버린 그에게 후견인 역할을 자임하던 '게를라흐 무리'는 분개해마지 않았다. 극우 보수세력과 의견을 달리하면서 비스마르크는 그들로부터 '믿을 수 없는 자'로 낙인이 찍혔다. 신분과 계급 중심의 보수주의자들과 같이 원리원칙만 따지는 독단적인 근본주의자들의 눈에 그는 기회주의자와 다름없었다.

그러나 그의 주장에는 변함이 없었다. 오히려 그 스스로 그들로부터 거리를 두었다. 궁극적으로는 그 역시 보수주의자였지만, 보수주의자로서 계속해서 존재하기 위한 방법이 한 가지만 존재하는 것은 아니라는 지론 때문이었다.

입에 커다란 작대기를 물고 좁은 숲길을 헤쳐나와야 할 때에는 주어진 상황에 적절하게 대응해서 빠져나와야 한다. 그렇듯이 정치적으로 직접 거래하는 상황에서는 제아무리 신성한 원칙이라 할지라도 스스로 원하는 대로 바꿀 수 있는 법이다.

국왕에 대한 비스마르크의 정치적 반응은 카마릴라 측과 분명 달랐다. 그는 용기나 목표를 잃어버리지 않는 군주로서 오히려 국왕을 적극 지지하는 입장이 되었다. 그리고 카마릴라의 개입에 민감하던 브란덴부르크-만토이펠 내각에 힘을 실어주고, 부르주아들에 의한 자본주의 산업화를 촉진하게 될 상공업과 공적인 일자리를 위한 부서 설치에도 반대하지 않았다.

비스마르크는 보수주의자들처럼 자유주의자들과의 정치적인 동맹관계를 원하지는 않았지만, 시대적인 흐름에 따라 물질적인 이해관계만은 고려해야 한다고 생각했다. 그러므로 지주 계급인 보수주의자들의 관심사를 보호하는 것은 물론 유산 시민계급의 물질적 이익 또한 인정해주어야 했다. 그 때문에 이를 헌법조항에 넣을 수도 있고, 그에 따른 확실한 기관이 필요하다면 설치해야 한다는 주장도 수용했다.

헌법 문제로 국왕을 지지한 비스마르크는 순식간에 '변절자'가 되어 카마릴라로부터 소외당했다. 그렇다고 해서 시민혁명에 반대하는 보수주의자로서의 모습마저 바뀐 것은 아니었다. 그는 처해진 위기상황을 다양한 차원에서 주시하고 해결해나가려는 실용주의자이면서도 여전히 보수주의 집단 속의 한 부류로 머물고자 했다.

그리고 자신의 처지를 이용하여 오히려 국왕과 보수세력 사이에 불협화음을 제거하는 조정자 역할도 마다하지 않았다. 더 나아가 새 내각의 구성에 직접 관여한 만큼 국왕과 정부의 원만한 관계를 유지하는 조력자로서 자신의 위치를 확고히 하는 데도 전력을 기울였다. 그는 베를린, 포츠담, 브란덴부르크 등 이곳저곳을 쉴 새 없이 바쁘게 왔다갔다하며 소신껏 자신의 임무를 수행해나갔다.

한편 3월 혁명의 소산인 프랑크푸르트 국민의회는 여전히 국민의 대표로서 전체 독일을 이끌어나갈 새로운 역할을 기대했다. 지난 10월 9일부터 그는 그러한 독일을 이룩하기 위해 착수한 헌법 작업을 계속하는 가운데 통일된 독일의 정체성 문제를 비롯하여 통일국가의 판도와 국경 문제도 함께 다루며 분주하게 보냈다. 반 년 가까이 끌어온 오랜 논쟁 끝에 1849년 3월 마침내 프랑크푸르트 헌법을 제국헌법으로 공포하고 세습 황제 제도를 통일독일의 정치체제로 결정했다. '위로부터' 규정된 헌법이었지만, 헌법이 중요한 기본법을 보장하고 합법적인 군주를 위해 양원제를 채택하기로 한 것에 그는 이견이 없었다.

다만 문제는 장차 통일독일에 세습될 황제였다. 프랑크푸르트 국민의회의 다수는 프로이센의 국왕 프리드리히 빌헬름 4세를 독일제국의 주권자로 선출하기를 원했으나, 오스트리아가 이를 반대하면서 난항이 예상되었기 때문이다. 역시 오스트리아와 국민의회 사이에 격렬한 투쟁이 전개되었고, 거의 끝난 혁명 사태는 새로운 국면으로 접어들었다.

4월 28일, 국민의회는 끝내 독일 황제로 프리드리히 빌헬름 4세를 지명했다. 그러나 예기치 않게 그 스스로 제관 수여를 거부했고, 프랑크푸르트 파울스 교회가 주창한 헌법 효력마저 중단시켜버렸다. 이로써 국민의회의 희망은 여지없이 무산되고 말았다. 자국 내 의회도 해산시켜버린 국왕은 여러 사태로 인해 독일 남서부에서 예상되는 민중봉기에 대항할 군대를 파견하는 새로운 명령까지 내렸다.

　제국헌법의 원칙에 의하면, 제국의 황제는 단 한 명의 독일 군주에게만 위임되며, 그 왕조는 세습하는 것으로 규정되었다. 따라서 프리드리히 빌헬름 4세가 '독일인의 황제'로 지목된다는 사실은 독일 내 여러 개별국가들의 이념이 이제는 제후국에 지나지 않던 프로이센에 달려 있으며, 그동안 줄곧 연방 의장국 역할을 해온 오스트리아는 그 역할을 박탈당하는 신세가 됨을 의미했다.

　독일 내 프로이센의 영향력은 점차 강화되었다. 그런 만큼 상대적으로 오스트리아의 위상은 추락했고, 특히 그 정체성의 위기까지 불러왔다. 국민의회로서도 힘겨운 싸움이었다. 다수가 주장한 대로 혁명의 지상과제로 삼았던 독일의 영토 문제와 독일 민족을 정확하게 구분하는 독일 국가의 통일 문제에 대해 오스트리아 측의 반대가 확실시되었기 때문이다. 다민족국가인 오스트리아가 자국에 속한 소수민족들의 독립을 인정하지 않는 한 해결할 수 없는 문제였다.

　그렇다고 국민의회가 물러설 분위기는 아니었다. 마침내 오스트리아를 배제한 채 프로이센 중심의 소독일주의 방향으로 밀어붙일 움직임마저 보였다. 끝내 제3의 독일인 남서부 대부분 지역들이 제국헌법을 승인하는 지지세력이 된 반면, 오스트리아는 물론 프로이센까지 중심이 되어 헌법 폐기를 종용함으로써 결국 두 진영 사이에 무력충돌이 빈번해졌다. 6월부터 두 강대국이 소속된 반대세력이 우세한 것으로 드러나면서 프랑크푸르트 국민의회는 강제로 폐쇄될 위기에 처했다. 임시정부마저 해외로 망명함으로써 1년 2개월에 걸쳐 전개된 독일의 시민혁명은 최종적으로 실패를 눈앞에 두었다.

　1849년 4월, 프랑크푸르트 국민의회에서 제의한 황제 즉위를 프로이센 국왕이 거절했다는 사실을 접했을 때 비스마르크는 극도로 흥분한 상태였다. 프로이센의 국왕이 프랑크푸르트 국민의회에 의해 독일 황제로 선출되는 것 자체부터 단호히 반대하던 그였다. 그러나 프리드리히 빌헬름 4세로서는 미련이 있을 수밖에 없었다. 내심으로는 독일황제의 왕관을 제후들에게서 직접 받고 싶어 했지만, 겉으로는 비스마르크의 말대로 "혁명의 썩은 냄새를 풍기는 더러운 왕관"을 거부한 것으로 비쳐졌다.

비스마르크의 흥분은 쉽게 가라앉지 않았다. 오스트리아와 일부 제후들과 마찬가지로 "프랑크푸르트의 작태"를 결코 허용하지 않겠다며 제국헌법을 주장하는 "파울스 교회의 속임수가 사라졌노라!"고 외쳐댔다.

> 프랑크푸르트의 왕관은 아주 빛났으나, 번쩍거리는 실제의 왕관은 프로이센 왕관이 사라진 후에야 얻을 수 있을 뿐이다. 나는 헌법의 형식으로 맑은 우물을 떠낼 것이라고는 믿지 않는다.

비스마르크는 "독일적 환상에 미련을 두기보다 프로이센은 프로이센으로 남아야 한다"는 철저하고도 순수한 프로이센주의를 고집했다. 독일 법을 제정하는 상황이 다른 제후들에 의해 수락되는 일이 없도록 예의 주시하던 그에게 전체 독일 민족이나 모든 독일인들의 국가라는 의미는 결코 존재할 수 없었다.

요한나에게 보내는 편지에서 그는 "독일 문제는 끝내 외교와 전쟁으로 결정될 일이며, 제아무리 사람들이 지껄이고 제멋대로 결정해도 모든 것은 공중누각에 지나지 않는다"고 분명히 했다. 프로이센의 존재가 인정되지 않는 한 그에게 있어서 독일 문제는 무가치한 일로 치부되었다.

독일 문제는 스스로 위대한 사람이라도 될 것인 양 생각하는 감상적인 젊은이가 달빛을 지켜보는 일보다도 더 가치 없는 일이다.

프랑크푸르트 국민의회에서 주창하던 소독일주의의 제국이 비스마르크의 목표가 아니었던 만큼 그에게 민주주의 헌법이란 한낱 '종이뭉치'에 지나지 않았다. "남부독일의 안녕이 썩어 부패하는 속에서도 프로이센 왕조가 사라지는 것은 보고 싶지 않다"고 말할 만큼 그에게는 오로지 프로이센의 힘과 독립만이 최대의 관심사였다.

프로이센 귀족들은 메멜에서부터 돈너스베르크에 이르기까지 능히 그들의 좌우 날개를 보존한 채로 기세 좋게 펼쳐나가기를 바란다. 프로이센의 우위도 그런 가운데 절대적으로 보장되기를 원할 뿐이다.

국민의회의 제위를 거절하는 한편, 헌법 문제를 완전 무효로 하려는 보수세력의 주장에도 불구하고 프리드리히 빌헬름 4세는 단독으로 헌법 개정을 밀고나갔다. 그러고는 새로 선출하는 하원의회가 독일 문제와 관련하여 가능한 프로이센 왕조에 힘을 실어주기를 희망했다.

드디어 5월 30일 하원의원을 선출하는 3급 선거권이 공포되었다. 이미 1849년 1월 22일 하원 예비선거가 실시되어 2월 5일 최종적으로 선거인단이 구성되었다. 그러나 1월 초부터 하원에 다시 출마하기로 결심을 굳힌 비스마르크에게 선거 결과는 유리해 보이지 않았다. 우선 소도시의 조합에 가입한 수공업자와 농촌의 지지율을 타진해본 결과, 자신을 보고 겁에 질려 놀란 그들로부터 철저히 외면당할 것이 확실했다. 특히 혁명 과정에서 프로이센 국왕을 독일 황제로 세습하려는 문제에 반대했기에 자신을 비난하던 온건한 자유주의 후보와 맞붙을 경우 선거에 패할 가능성마저 컸다.

고향 쉰하우젠에서조차 당선 가능성이 없다는 부끄러움을 무릅쓰고 7월 20일 비스마르크는 요한나의 조카딸이 거주하던 브란덴부르크의 텔토우 선거구의 재선 후보자로 출마하기로 결심했다. 내무장관을 역임한 보델스빙흐(Karl von Bodelswingh, 1800~1873)가 그의 간곡한 요청에 따라 지원을 해주는가 하면, 브란덴부르크 내 '프로이센-애국주의 협회'까지 나서서 보수주의 후보자를 한 명이라도 구하기 위한 선거운동에 뛰어들었다. 결국 그는 선거 전략상 보수반동주의자가 아닌 입헌주의자로 둔갑하는 '눈가림'으로 가까스로 과반수를 넘기고 하원의원에 당선되었다.

하원에서 좌파와 우파의 숫자는 거의 같았고, 특히 우파 가운데 보수주의자라고는 클라이스트-레초프와 비스마르크뿐이었기에 카마릴라로서도 융커의 입장을 강력하게 내세워줄 두 사람에게 거는 기대가 클 수밖에 없었다. 훗날 국가주의를 우선시하여 "의회는 국가 아래 존재한다"고 말하던 비스마르크가 의회 연단을 도약판 삼아 가까스로 정치가의 길에 다시 들어섰으니 참으로 아이러니한 일이었다. 34세의 나이에 그야말로 힘겹게 선출된 그는 쉰하우젠을 소작인에게 맡기고 가족의 품을 떠나 베를린행 열차에 몸을 실었다.

좌절된 혁명의 교훈

독일의 시민혁명은 실패로 끝났다. 자유와 국가 통일을 주장했던 혁명세력의 다수가 독자적으로 지배체제를 형성하지 못한 채 '선(先)통일과 후(後)자유'라는 판단하에 실세인 보수세력과 결탁했고, 또 프랑크푸르트 국민의회가 주창한 국가의 통일 문제조차 방법상의 차이로 허사로 끝나버렸다. 그 결과 기존의 보수세력이 재집권하는 가운데 시민혁명을 통해 하나로 통일된 민족국가를 이룩할 기회를 놓쳐버린 채 연방의회 의장국인 오스트리아가 계속해서 지배권을 장악했다.

따라서 대부분의 연구에서도 혁명의 실패로 독일은 자유·민주주의 국가를 건설할 기회를 잃어버렸고, 모든 독일인이 염원했던 통일된 민족국가의 희망마저 접어야 했다고 평가했다. 심지어 오랫동안 혁명은 평가나 해석의 대상에서 제외되거나 시대마다 부분적으로만 다루어졌다. 독일인들은 국가의 정치적 주권을 성취하지 못하고 의회민주주의의 민족국가를 이룩하지 못한 '좌절된' 혁명에 대해서 그리 할 말이 없었던 모양이다. 대부분의 독일인들에게 혁명은 다루고 싶지 않은, 치명적인 오점으로 기억되었다.

그러나 그런 과정을 거치는 가운데 일부 학자들을 중심으로 혁명이 실패한 원인과 배경에 대한 연구가 지속적으로 이루어졌고, 그에 따라 혁명을 바라보는 관점이나 실패에 대한 해석에 다양하고도 새로운 시각이 나타났다.

그러한 연구들은 혁명 실패의 원인을 대체로 세 방향에서 접근해서 파악했다. 먼저 쉬더(Theodor Schieder)의 경우, 기존의 보수적인 지배세력의 반대를 혁명 실패의 결정적인 요인으로 내세웠고, 그 밖에 개별국가마다 혁명운동 내부의 애국주의자들이 서로 다른 정치적 노선으로 갈려져 있었던 점을 지적한다. 이와는 달리 니퍼다이는 자유주의 혁명세력 내 소수 좌파와 다수 온건파 사이의 갈등과 분열을 결정적인 원인으로 지적했고, 그러한 대립 양상이 반혁명세력에게 유리하게 작용하여 시민혁명이 약화되었다고 강조한다. 그리고 단은 두 경우를 총괄하면서, 독일 국민들의 정치적인 주권을 성취하기 위해 '제2의 혁명'을 시도했던 민주주의자들까지 지목함으로써 이들을 반대했던 지배세력인 제후들, 그리고 사회혁명에 대한 심한 두려움으로 지배세력과 합세해버린 자유주의자들 등 세 그룹 간의 상호 알력관계를 실패 요인으로 다루었다.

이상의 연구들은 우선순위에 있어 시각차를 보여주긴 하지만, 혁명 실패의 배경이나 원인을 다각도로 분석했을 뿐만 아니라, 이로써 그동안 꺼려하던 혁명 연구에 대해 새로운 시각과 폭넓은 이해의 계기를 마련했다는 점에서 의미가 크다. 그리고 이러한 연구들에 힘입어 혁명에 대한 종합적인 결론 또한 도출해낼 수 있었다. 즉 혁명의 주동세력인 자유주의 시민계급은 민주세력과의 친화력은 물론 처음부터 사회개혁을 추진해나갈 만큼의 성숙한 시민의식도 없었고, 그런 만큼 국민과 의회가 아닌 정부당국과 군부세력에 의한 반혁명세력이 '위로부터' 지배권을 장악하는 데 용이할 수밖에 없었다는 점이다.

한편 독일 자유주의 역사에 대한 연구가 깊이를 더해가는 가운데 3월 혁명을 실패한 혁명으로 묻어두지 않으려는 관심도 많아졌다. 여기에는 무엇보다 혁명사회를 경험한 자들이 예전 그대로 되돌아갈 수는 없다는 새로운 논리가 역설되었다. 혁명을 경험한 독일사회가 '혁명 이전 (Vormärz)'의 시대로 되돌아갈 수 있었을까? 대답은 '아니다'이다. 비록 혁명이 실패하여 반동적이고 반혁명적인 구세력이 재집권했지만, 혁명이 그저 지나가는 단발적인 에피소드는 아니었다는 결론이다.

그것은 3월 혁명의 분명한 역사적 결실을 말해주는 것이고, 이는 두 가지 사례를 통해 충분히 뒷받침될 수 있다. 첫째는 반혁명세력으로서 누구보다 최고 위치에 있던 프리드리히 빌헬름 4세의 향후 태도다. 보수주의자들 사이에서 헌법 문제를 완전 무효로 하자는 반대 목소리가 적지 않았지만, 국왕은 끝내 자신의 의지를 굽히지 않고 시민계급에게 참정권을 부여하기 위해 통합의회를 재소집하고자 했다.

이로써 국왕은 번번이 무효화시킨 국민과의 헌법 제정 약속을 혁명이 전개되는 과정에서 더 이상 아무것도 아닌 원점으로 간단히 되돌릴 수 없음을 보여주었다. 물론 헌법에 관하여 그의 달라진 태도는 독일 문제를 프로이센 왕조를 위해 해결하려는 반혁명의 처리과정에서 나타난 것으로서, 평화를 위장한 불완전한 절차라는 점에서 한계는 있다. 그럼에도 제한된 헌법일지라도 그로 하여금 프로이센을 입헌국가의 반열에 올려놓도록 하는 시금석을 마련했다는 점에서 자유주의 혁명의 영향력을 간과할 수는 없다. 또한 민중들의 혁명적 분위기를 고려하지 않을 수 없었던 국왕은 민중들과의 약속을 또다시 파기하고 완전 백지로 돌린다는 것이 정치적으로나 도덕적으로 위험한 일이 될 수 있음을 확실하게 인식하고 있었다. 그 모든 의식의 변화는 혁명을 경험했기에 가능한 것이었다.

마침내 국왕이 1849년 5월 15일 프랑크푸르트의 업적인 헌법을 제정하도록 선포한 결과는 곧 후속조치로 이어졌다. 새로운 내각 하에서 헌법 수정이 이루어졌고, 그의 주장에 따라 3급 선거법을 통해 하원의원도 새로이 선출되었다. 물론 직접 납세한 액수의 정도에 따라 계급을 세 등급으로 나눈 3급 선거법이 민주주의자들의 불만을 야기하기는 했다. 이것은 첫 번째 등급에 해당하는 고액 납세자들이 인구수에서 소수임에도 소액을 납세하는 다수의 세 번째 등급과 똑같은 수의 의원들을 선출할 권리를 갖기 때문이었다. 물론 그러한 선거방식에 맞서기 위해 민주주의자들은 언론이나 국민의 법을 수호한다는 각종 협회와 연대를 시도했다. 그 협회들 역시 선거 참여를 곧 선거법의 인정으로 받아들여, 1849년 6월 임시로 중앙위원회를 결성하고 선거 불참을 선동하기도 했다.

그렇지만 결과적으로 3급 선거법의 수용이나 민주주의자들의 행동은 독일제국이 입헌국가로 일보 전진하는, 혁명을 치른 사회의 성과물이 아닐 수 없었다. 비록 3급 선거법이 모순에서 비롯된 프로이센의 불완전한 결과이긴 했지만, 제1차 세계대전이 끝나갈 무렵 킬 항구에서 수

병 반란이 일어난 1918년 11월의 혁명으로 폐지될 때까지 사실 반세기가 넘도록 그 영향력을 계속해서 발휘한 것 또한 부인할 수 없는 사실이었다.

둘째로, 혁명은 실패했어도 혁명의 영향으로 정부는 '위로부터의 억압정책'을 수행하기가 그리 쉽지 않음을 직시해야만 했다. 반혁명에 성공한 이후 군대, 경찰, 국가기구 등에 의한 강압적인 반동체제가 계속되었지만, 혁명 과정을 통해 경험한 다양한 발전상을 완전히 되돌려놓을 수는 없었기 때문이다. 지배계층의 변화나 근대화의 도래 등 새로운 정치적·사회적 변화가 불가피하다는 인식이 그 사이에 더 이상 외면할 수 없는 시대적·사회적 흐름으로 자리했던 것이다.

결론적으로 독일의 혁명사가 늘 어두운 그림자를 길게 드리우고 있을 필요는 없다. 혁명의 결과에 치우쳐 '평가절하'하는 연구, 즉 자유주의 시민국가로서의 성공 여부에만 관심을 둘 경우, 편중된 판단이나 해석 이외에 던져줄 메시지를 기대하기란 어려운 법이다. 예컨대 역사상 유래 없이 수공업자, 노동자, 농민 등 각계각층이 참여한 대규모 대중운동으로서나 개별 국가의 차원을 넘어 독일 전체의 문제로서, 그리고 민족주의적 각성을 드높인 사건으로서의 혁명에 대한 진상이 실패라는 그늘에만 가려질 수는 없기 때문이다.

그런 평가는 3월 혁명 이전 독일 해방전쟁의 역사와 관련해서도 마찬가지다. 1840년 라인 위기와 관련한 민족주의 운동사 역시 그 규모나 응집력에 있어서 상당히 축소되어 평가하는 경향이 있다. 이에 대해서는 3월 혁명의 초석으로 확실한 자리매김도 어려우며, 민족주의적인 의식으로 인정하기도 어렵다는 편파적인 주장이 사실 주류를 이루었다.

그러나 그런 식의 주장은 이미 앞에서도 언급했지만, 원칙적인 비교법에 의존한 나머지 독일의 특수성마저 배제한 연구결과가 아닐 수 없다. 3월 혁명에 이르기까지 해방전쟁들을 통해 동원된 재정적인 요인이나 군사력의 규모, 하나로 통일된 민족의식의 정도 문제 등 여러 면에서 독일 민족이 이미 민족국가를 형성한 서유럽 국가들에 비해 뒤떨어졌던 것은 분명하다. 사실상 통일된 민족국가를 이루지 못한 결과만 놓고 보더라도 하나로 통일된 민족의식이 부재했다는 평가를 뒤집기도 쉽지 않은 문제다.

과연 독일 각 지역의 민족의식이 발전해나가는 '과정의 역사'를 이미 통일을 이루어놓은 서유럽의 결과에 준한 원론적인 고정된 틀에만 국한시켜 평가해야만 할 것인가? 그런 방법이라면 통일국가를 이룩하지 못하는 한 하나의 국가로서 독일 민족의 해방운동사에서는 더 이상의 새로운 결과나 의미를 기대하기 어렵다. 독일적인 특징이 도외시되는 가운데 천편일률적인 평가만이 있을 뿐이라면 독일에서 3월 혁명의 뿌리조차 어디서 찾을 수 있겠는가. 그 정신이 갑작스럽게 생겨난 것은 분명 아니지 않은가.

결국 독일인들에게 3월 혁명은 실패로 끝난 혁명으로 덮어둘 일만은 아니다. 독일은 19세기 초 천 년 이상을 존속했던 과거사를 뒤로하고 느슨한 연방체제와 유럽의 반동체제를 중심으로 새로이 형성되었다. 그런 현실이 분명 자국에만 책임이 있었던 것도 아니다. 거기에는 약체 독일, 특히 두 강대국의 의향도 크게 작용했지만, 강력한 독일을 원하지 않았던 유럽 열강의 영향력 또한 배제할 수 없다.

이처럼 연방체제는 안과 밖의 두 가지 측면의 특수한 상황으로 빚어진 결과물이었다. 따라서 연방의 역사에는 이 두 가지가 모두 포함된 이해가 뒤따라야만 하지 않을까. 달리 말하자면, 통일국가를 이룩하지 못한 채 수십 개로 분리된 연방체제라는 한계에도 불구하고 지역적으로 민족의식이 살아 있었다면, 그리고 점차적으로 이전과 달리 변화한 민족주의적인 의식도 나타났다면 그 나름대로의 민족사적 연구나 인식도 인정받을 가치는 충분하다. '갖춰져 있지 않은' 상황에서 일어난 일련의 성과 역시 독일인들 스스로 통일된 민족을 인식해나가기 위한 추진력인 동시에, 그들 민족만의 특수성과 통일성을 동시에 드러낸 특수한 결정체로서 받아들여져야 한다.

그뿐만 아니라, 혁명은 결과적으로 실패했으나 혁명으로 인한 후속책들이 지속적으로 살아남았기에 적어도 혁명을 실패의 영역에만 국한시켜 덮어둘 수는 없다. 자유와 통일 문제가 하나의 정치적 쟁점이 된 이상 통일의 논의가 전혀 없었던 것도 아니었고, 민주정치가 이루어지지는 않았지만 이를 계기로 민주정치의 토대가 형성될 수 있었으므로, 과거의 실패한 혁명으로만 치부할 수는 없다. 혁명이 깨우쳐준 자유주의와 민주주의는 시대적인 목소리와 인식과 함께 계속해서 사회 전반에 영향을 미쳤다. 그것이 3월 혁명이 안겨준 교훈이자 힘이다. 그러한 의미에서 혁명의 연장선상에서 농업개혁이나 농민해방운동의 전반적인 변화와 발전에 중점을 둔 랑게비셰나 울만(Hans-Peter Ullmann)의 사회경제사적 연구도 큰 의미를 갖는다고 할 수 있겠다.

1848년 3월 혁명은 비스마르크를 정치적으로 부각시키는 계기가 되었다. 시대가 인물을 만든다는 말도 있지만, 그는 혁명이라는 위기상황에서 핵심인물은 아니었지만, 마지막까지 반혁명세력으로서 어떤 보수주의자보다도 과감하고 강력하며 끈질긴 투쟁을 펼쳤다. 그리고 무엇보다 시대 흐름을 놓치지 않고 현실적인 정치감각을 발휘함으로써 원리·원칙 중심의 보수주의 노선으로부터 이탈하는 유연성마저 발휘했다. 한마디로 그는 보수주의자이기 전에 프로이센 국왕의 독일황제 추대를 반대할 정도로 프로이센주의자였고 또 프로이센 국가주의자였다.

그러나 장차 지도자가 될 그의 입장에서 볼 때 3월 혁명은 시대적인 흐름인 자유민주주의와의 타협과 최대의 정치 과제인 독일 통일의 완성이라는 두 가지의 난제를 안겨주었다. 만약 국민의회 내 혁명세력들이 독자적으로 지배체제를 형성하고 혁명의 목표를 잊지 않은 채 일치된 행동을 보였다면, 자유민주주의 세력에 의한 민족국가 건설이나 독일 통일은 그 시기가 앞당겨졌을 것이고, 비스마르크 역시 그런 '부담'으로부터 자유로워졌을 것이다. 하지만 그럴 경우 제국을 창건하는 영웅의 자리 또한 없었을 것이다.

보수주의의 정치적 소신을 지켜내다

독일 내 3월 혁명은 끝이 났지만, 사후 처리 문제는 여전히 남아 있었다. 연방 내 오스트리아의 영향력이 여전한 가운데 무엇보다 프로이센은 프랑크푸르트 파울스 교회의 헌법이 효력을 발휘하지 못하도록 지원했고, 남서부에서 발생한 민중들의 마지막 봉기를 제압하는 데 군대까지 동원했다. 그러나 자유민주주의가 이미 사회에 뿌리 내리기 시작하면서 보수세력에 의한 정국 운영이 더욱 어려워졌고, 누구보다 프리드리히 빌헬름이 그 상황을 잘 알고 있었다.

그런 와중에 브란덴부르크 지역을 중심으로 민주주의적이면서도 독일인들의 민족주의를 자극할 만한 정서가 확산되었다. 이를 주시하던 국왕은 5월 말 새롭게 출범시킨 내각의 지도자

:: 라도비츠

라도비츠(Josef Maria von Radowitz, 1797~1853)와 함께 새로운 작업에 착수했다. 바로 독일연합(Deutsche Union)과 그에 따른 헌법 제정 문제와 관련된 것이었다. 그러나 안팎으로 반대에 부딪히면서 독일 문제는 1849~1850년 제2의 3월 혁명을 예고했다.

좌절된 독일연합

이제 막 혁명을 치러낸 프리드리히 빌헬름 4세는 독일 내에서 프로이센의 위치를 강화할 필요성을 새삼 느꼈고, 그 결과 라도비츠를 중심으로 하는 새로운 체제를 수립하기로 결정했다. 라도비츠 역시 3월 혁명 이전부터 독일연방의 개혁과 독일연합을 구상해왔기 때문에 국왕의 뜻을 충분히 대변할 수 있었다. 그에 따라 연합 헌법에는 황제라는 칭호 대신에 프로이센 국왕을 제국의 원수로 규정하고 상원과 하원으로 구분된 제국의회를 구성한다는 내용이 담겼다.

3월 혁명 이후로 국왕의 총애를 한몸에 받은 라도비츠는 기독교-게르만 출신으로 전문적인 군사교육까지 받았고, 무엇보다 독일 문제와 관련하여 오스트리아와의 외교에도 능통한 인물이었다. 따라서 신교도들뿐만 아니라 가톨릭교도들과도 긴밀한 관계를 갖고자 했던 국왕에게는 아주 긴요한 인물이었다.

헝가리 귀족 가문 출신인 그는 11세에 이미 샤를루아 군사학교를 거쳐 파리에서 여러 분야의 기술을 배웠다. 1813년, 16세 때 베스트팔렌의 포병부대 소위로 참전하는 등 군 경험도 많았고, 쿠어헤센을 거쳐 1823년부터는 프로이센의 관직에 발을 들여놓았다. 이어 1830년 포병부대 총사령관으로 추대되었고 새로운 반동 시기인 1836년 프로이센 육군의 전권을 장악하면서 국왕과 긴밀한 관계를 유지하기 시작했다. 또한 13세 때 아버지의 결정에 따라 가톨릭 신자가 된 이후로 확고한 종교관을 지니게 되면서 타덴-트리그라프와 게를라흐 형제 등 신교-경건주의자들과 대립관계에 놓일 수밖에 없었지만, 1830년 7월 혁명을 계기로 극우세력인 게를라흐 형제와는 일시 제휴한 적도 있었다. 그는 베를린에서 〈정치주보(Politische Wochenblatt)〉 창간에 동참하는 등 오래전부터 보수주의자로 잘 알려진 인물이었다.

라도비츠 내각이 추진하던 연합 정책은 새로 선출된 프로이센 지방의회가 8월에 개최된 이후로 아무런 이의 없이 국왕이 바라는 바를 수용하면서 순탄한 시작을 보였다. 무엇보다 민주적인 권리와 직접적인 권력 행사를 포기한 상층 부르주아가 국왕과 연대함에 따라 별다른 어려움도 없었다. 그들은 프로이센의 새로운 정책을 통해 자신들의 경제적 이해관계를 실현하는 데 주력하는 것을 최선책으로 받아들였기 때문이다.

그러나 프로이센 내 보수세력의 입장은 달랐다. 그들은 새로운 연합헌법이 자유주의 색채가 짙은 의회주의를 너무 많이 허용한다고 판단했다. 특히 그들 가운데 정통 보수세력의 경우, 프랑크푸르트 제국헌법에 비해 훨씬 강화된 군주제 중심의 연합주의가 프로이센의 권력과 영광을 오히려 저해할 수 있다고 보았다. 호엔촐레른의 프로이센 이외의 왕조들마저 프로이센이 헤게모니를 장악하는 것에 두려움을 느끼면서 기존의 노선을 벗어난 독일 연합정책에 대해 보수세력과 함께 제동을 걸고 나왔다.

독일연합을 놓고 찬반으로 두 진영이 극명하게 갈라지자, 라도비츠는 차선책을 택했다. 프로이센의 주도 하에 28개의 독일 제후국들과 함께 독일연합을 결성하기 위한 전 단계로서 에어푸르트 연합의회(1850. 3. 20~4. 29)를 개최하는 것이었다. 그리고 오스트리아의 반대를 감안하여 소독일 중심의 통일방안까지 계획해놓았다. 분위기는 마치 대독일주의와 소독일주의를 두고 고민하던 3월의 혁명세력들의 화신이 되살아난 듯했다.

예상대로 오스트리아는 강력히 반대했다. 혁명 당시 프랑크푸르트 국민의회가 주장했던 소독일주의 통일론이 악몽처럼 되살아난 듯, 슈바르첸베르크(Felix zu Schwarzenberg, 1800~1852)가 이끄는 빈 정부는 강경책으로 일관했다. 훗날 비스마르크가 대적할 만한 오스트리아의 유일한 정치가로 꼽힌 능수능란한 지도자 슈바르첸베르크는 독일의 모든 국가들을 하나의 제국으로 만들기 위한 '7000만의 제국 현안'이라는 방안을 주장한 바 있었다. 그 방안을 바탕으로 그는 프로이센을 중심으로한 연합주의를 강력하게 반대하는 동시에, 독일 내에서 오스트리아의 주도권을 지키는 데 총력을 기울였다. 3월 혁명까지만 해도 자유주의 임시정부에 충성하는 문제를 두고 오스트리아와 프로이센 양국은 공동 보조를 취했지만, 이제 다시 입장을 달리하게 되었다.

빈 정부의 반대가 극심해지자 라도비츠의 정책은 미궁에 빠졌다. 에어푸르트 연합의회마저 아무런 성과 없이 결렬되었다. 라도비츠가 작센, 하노버와 긴밀한 우호관계를 맺기 위한 담판에 들어갔을 때, 두 제후국마저 연합을 실현하기 위해서는 나머지 다른 국가들의 동의가 필요하다는 의견을 제시하면서 뒤로 물러섰기 때문이다. 선거 참여율도 낮았지만, 무엇보다 프로이센과 군소 국가들을 제외하고는 작센, 하노버 이외에 바이에른과 뷔르템베르크 등 대부분의 남부국가들까지 오스트리아와 제휴하기를 원하는 분위기였고, 심지어는 오스트리아와 함께 강력한 독일연방을 복구하려는 입장을 지지하기도 했다.

안팎의 모든 상황이 국왕과 라도비츠에게 불리하게 돌아갔다. 오스트리아와는 전운마저 감돌았다. 그 기세를 몰아 슈바르첸베르크는 새로운 대안까지 제시했다. 5월 16일, 불완전한 상태에도 불구하고 프로이센에 신의를 지키던 국가들을 제외한 채 연방의회 총회를 개최함으로써, 오스트리아는 연방 의장국으로서 예전의 위상을 과시하며 반대 세력을 규합하고자 했다.

한편 이중의 난관에 처한 프로이센은 보수적 왕조체제의 수호자이자 협력자이던 러시아의 차르 니콜라이 1세(Nikolai I, 1796~1855)의 반대에까지 부딪혔다. 오스트리아와 마찬가지로 프로이센의 우위를 우려하던 차르는 군대 파견은 물론 전쟁도 불사하겠다는 의사까지 내비치면서 연합 계획에 적극 간섭했다.

러시아의 그러한 정치적 개입에는 선례도 있었다. 혁명이 중반에 이르렀을 무렵, 덴마크에 맞서 독일 북부 슐레스비히-홀슈타인 두 공국에 대한 소유권과 함께 병합을 주장해온 프로이센에 압력을 가했고, 그에 따라 1848년 8월 26일 프리드리히 빌헬름 4세는 말뫼의 휴전 제의로 후퇴할 수밖에 없었다. 그로 인해 독일의 두 공국을 소유하는 문제는 오히려 덴마크에게 기회를 열어준 격이었고, 심지어는 홀슈타인의 봉기를 진압하거나 두 지방을 다시 회복하는 문제를 독일연방의 집행권을 통해서만 허용하도록 규정하는 바람에 연방의 의장국인 오스트리아의 입지만 강화해주는 계기가 되었다. 그 이후로 두 공국의 문제는 양국의 차원을 넘어서 1850년 8월부터 1852년 5월까지 2년 가까이 런던 협약을 통해 재차 다루어졌고, 그럼에도 타결안을 찾지 못해 결국 차후에 비스마르크 시대로까지 넘어가고 말았다. 따라서 프로이센으로서는 또다시 제3국의 개입이 달가울 리 없는 시점이었다.

그러던 중 러시아의 개입 외에 뜻하지 않게 쿠어헤센의 문제까지 발생하면서 프로이센은 더욱 어려움에 부딪혔다. 당시 심각한 재정난에 시달리던 쿠어헤센의 선제후가 의회의 승인을 받지 않은 채 새로운 조세제도를 요구한 것이 화근이었고, 이를 반대하던 혁명적 민주세력은 선제후의 헌법 위배 사실을 들어 내각의 경질을 요구했다.

위기에 처한 반프로이센 성향의 선제후는 즉각 연방 의장국인 오스트리아의 지원을 요청했고, 오스트리아는 프로이센에 알리지도 않은 채 쿠어헤센의 내란 사태를 저지하기 위한 군대 동원을 약속했다. 민족 차원이 아닌 자국의 실리와 이권을 우선시하는 차원에서 군사적인 문제를 독단적으로 처리해버렸던 것이다. 그러나 민감한 시점에 오스트리아의 그런 행동은 결국 프로이센과의 관계에 새로운 화근덩이가 되었다.

프로이센의 반응은 당연히 오스트리아와 상반될 수밖에 없었다. 오스트리아의 행보를 뒤늦게 안 프로이센 정부는 가만히 두고 보려 하지 않았다. 쿠어헤센의 위치로 인해 영토가 동과 서로 나뉘어져 늘 골머리를 앓고 있었기 때문에 프로이센 역시 전쟁까지 불사하겠다는 입장이었다. 국민들까지 나서서 러시아의 개입에서부터 쿠어헤센을 둘러싼 오스트리아의 일방적인 행동에 이르기까지 전반적인 행태들을 정치적 음모로 받아들였다. 그런 분위기는 끝내 프로이센 중심의 민족국가 건설 의지를 부추기는 결과로 급전환했다.

모두의 시선이 베를린에 집중되었고, 프로이센은 이 기회에 연합 정치나 쿠어헤센 사태에 대한 타개책을 모두 찾아내야만 했다. 그러나 탐색전 끝에 호엔촐레른의 프로이센 왕실은 덴마크와의 갈등관계를 감안하여 두 문제에 모두 관련된 빈 정부에 대해 직접적인 대응을 자제하는 쪽으로 최종적인 결정을 내렸다. 관료나 군대, 귀족들도 같은 생각이었다. 프로이센이 독일과 유럽의 권력정치 한가운데에서 공격 태세를 잠재우지 않는 한 오스트리아와 '국민 전쟁'을 치러야 할 분위기였고, 그로 인해 강대국들이 개입한다면 자국의 상황만 더욱 곤란해질 터였다. 결국 영향력 있는 관료나 장교들도 왕실의 뜻에 부합하여 전쟁 준비에 적극적으로 나서지 않음으로써 프로이센의 위기는 타개 국면으로 접어들었다.

전쟁 위기에서 일단 벗어난 프리드리히 빌헬름 4세는 미해결 상태의 독일연합 문제를 서둘러 매듭짓는 데 주력했다. 그러나 상황은 여전히 뜻대로 돌아가지 않았다. 프로이센은 오스트리아가 10월 28일 바르샤바 협정에서 연합 계획에 반대하기 위해 러시아의 지원까지 약속받아 놓은 상황을 확인하고 심각하게 재검토하지 않을 수 없었다. 역시 오스트리아가 연방 군대를 동원해 진격할 경우 러시아의 중재를 요청해서라도 사태를 진정시켜야 할 형편이었다.

결국 국왕은 한 달 뒤인 11월 29일 라도비츠를 경질했다. 그리고 그 후임으로 만토이펠을 내세워 오스트리아의 수상 슈바르첸베르크와 올뮈츠에서 협정을 체결하도록 했다. 이 '올뮈츠 협정'에서 프로이센은 쿠어헤센에서든 덴마크에서든 독일연방의 기본법을 따름은 물론 연합 계획을 포기하고 독일연방의 존속을 인정하는 데 합의하여 사태를 매듭지었다.

프로이센은 올뮈츠 협정을 통해 오스트리아와의 갈등과 전쟁 위기에서 벗어났다. 그러나 올뮈츠 협정은 러시아의 개입으로부터 자유롭지 못했던 프로이센으로서는 하나도 건질 것이 없었다. 한마디로 오스트리아 우위를 전적으로 인정한 프로이센의 완전한 패배가 아닐 수 없었다.

이 비극적인 참패 이후 프로이센 정치권의 전반적인 분위기는 경직되었다. 라도비츠의 독일연합의 꿈은 펼쳐보기도 전에 사라졌다. 오스트리아를 중심으로 연방이 주도권을 장악한 채 독일의 통일계획은 더 이상 의미가 없는, 중단할 수밖에 없는 꿈 그 이상도 이하도 아니었다.

올뮈츠 참패의 후유증

올뮈츠의 후유증은 쉽사리 가라앉지 않았다. 특히 연합헌법을 계기로 1848년 혁명 때 내세웠던 독일 통일을 다시 한 번 기대했던 자유주의, 민족주의 성향의 과반수 의원들은 좌절했다. 그들은 올뮈츠의 결과를 부인하며 무능한 만토이펠 정부에 강력하게 항의했다. 시간이 흐를수록 당시 왕위 계승예정자의 신분으로 머지않아 프로이센 국왕과 독일 제국의 황제에 오르게 될 빌헬름을 비롯하여 일부 보수세력 사이에서도 이 협정을 '굴욕'으로 받아들이는 분위기가 만연했다.

올뮈츠 협정의 결과에 대한 불만이 증폭됨에 따라 독일 내 국가들이 오스트리아와 프로이센을 중심으로 분열되는 양상마저 뚜렷해졌다. 그럴수록 라도비츠 내각을 임명했던 프리드리히 빌헬름 4세의 아쉬움은 더했다. 협정을 결심한 상태에서도 프로이센 진영에 남아 있던 제후국들과의 연합에 미련을 버리지 못했기 때문이다.

한편 에어푸르트 연합의회의 프로이센 대사로 기용된 비스마르크는 올뮈츠 사건과 관련하여 정계에 발을 들여놓은 뒤 처음으로 오스트리아는 물론 제3국인 러시아를 예의주시해야 할 위치에 있었다. 국왕은 프로이센과 자신에 대한 비스마르크의 충성만은 확고하다고 믿었고, 더욱이 게를라흐 무리의 근본주의와 결별을 감수한 그의 결단력을 높이 샀다.

그러나 비스마르크는 처음부터 국왕과 라도비츠의 독일연합에 대해 부정적인 입장을 견지함으로써 국왕의 기대를 저버렸다. 프로이센을 주축으로 밀고나가려는 국왕의 계획을 정면으로 반대한 그는 오히려 오스트리아와 동행하려는 보수세력과 뜻을 같이했다. 보수주의자들이 혁명을 원치 않듯 그는 연합 정책 또한 혁명과 다를 바 없다고 판단한 때문이었다. 그의 뜻은 3월 혁명 때와 다를 바가 없었다.

궁극적으로 비스마르크에게 프로이센의 경계선을 이탈한 정책은 거론할 가치가 없었다. 보수세력의 충실한 대변자 자리로 돌아온 그는 심지어 국왕이 자유주의적인 통일독일의 최고 위치에 오를 경우, 동부 엘베 귀족의 경제적·사회적 권위도 보장받기 어렵다고 믿었다. 전형적인 융커 보수주의자의 틀을 넘어서지 못한 그에게서 국왕의 수호자와 옹호자를 자처하던 때의 흔적이라고는 찾아보기 어려웠다. 한 자유주의 의원이 그를 '독일의 탕아'라고 비판했을 때, 그는 "내 고향은 프로이센이며, 그 고향 프로이센을 아직 떠나지 않았으며, 또한 앞으로도 떠나지 않을 것"이라며 일축했다.

그 이후로도 비스마르크는 의회 내 위원회를 중심으로 한 연합 계획 반대운동에 적극적이었다. 그에게 연합 계획은 처음부터 의문투성이의 불가능한 계획이었기에 프로이센 헌법을 독일의 연합헌법으로 대치하려는 문제에 대해서도 온갖 비판을 서슴지 않았다. 굳이 오스트리아와 프로이센을 두 축으로 해서 독일을 쪼개기보다는 강력한 프로이센이 오스트리아와 함께 기존의 공동노선을 지켜가자는 것이 그의 주된 입장이었다.

9월 6일, 그는 국왕의 뜻에 반하면서까지 순수한 프로이센주의를 강력하게 주장했다.

나는 프로이센 사람이며 프로이센 사람으로 남을 것이다. 프로이센의 국기는 전체 독일을 상징하는 흑-적-황이 아니라 오직 흑-백뿐이다. 그것은 혁명을 이겨냈던, 비방당한 순수한 프로이센 사람들의 일부였고, 프로이센의 군대이자 보물이었으며, 오랫동안 프로이센의 유능한 행정의 결실이고 프로이센 국왕과 국민 사이에 존재하는 살아 있는 힘이었다. 그것은 타고난 왕조에 대한 프로이센 국민의 충성이었고, 또한 프로이센의 오랜 덕목인 명예, 진실, 복종, 그리고 장교에서부터 최연소의 신병에 이르기까지 군대의 골격을 이루는 용맹이었다.

전형적인 정통보수주의 정치노선에 가세한 비스마르크는 연합 계획을 접하면서 1848년의 3월 혁명 때와 같은 위기상황을 다시 한 번 감지했다. 그는 1848년 혁명의 원칙들을 민족적이기보다는 "가지지 못한 자들이 남의 재산에 탐욕을 드러낸" 사회문제로 보았기 때문에 다시 민족주의를 위해 옛 독일연방을 회복함으로써 프로이센과 오스트리아의 바람직한 관계 개선에 앞장서는 데 주저할 수가 없었다.

결국 의회 연설에서 그는 프로이센이 독일 내 강대국이 되기 위해 오스트리아와 전쟁까지 감행했던 프리드리히 대제의 활약상을 당면한 시대적 선택으로 인정하지 않았다. 그렇기 때문에 연합 정책에 관한 한 프로이센 국왕을 내세우지도 않았다. 오히려 대군주국인 오스트리아와의 연대를 강조하는 한편, 더 나아가 러시아와의 긴밀한 협력관계도 역설했다.

프리드리히 대제는 연합 정치를 위해 전력을 다한 것이 아니었고, 프로이센 국민의 가장 탁월한 기질과 그 내면에 있는 호전적인 요인을 지지했다. 그는 우리 조상들의 시대와 마찬가지로 오늘날에도 군주의 깃발을 향해 불어대는 나팔소리가 프로이센 사람들의 귀에 매력적으로 들리지 않음을 알아야 한다. 그것이 우리 국경을 지켜나가고, 프로이센의 명예와 위상에 문제가 된다 할지라도. 그는 프랑크푸르트와 단절한 후 옛 동지인 오스트리아와 힘을 합쳐, 러시아 황제가 그랬듯이 공동의 적인 혁명을 근절하는 훌륭한 역할을 떠맡아야 했다. 그렇지 않으면 슐레지엔을 정복했던 똑같은 권리로 프랑크푸르트의 제관을 거부한 후 헌법이 존립해야 하는 위험을 무릅쓰고라도 독일인들에게 무력으로 영향력을 행사하도록 명령했어야 했다. 그것이 프로이센 국가의 정치여야 했다. 그 정치가 한편으로는 오스트리아와 공동으로, 그리고 다른 한편으로는 독자적으로 독일이 유럽에서 상응할 만한 권력을 얻도록 하기 위해 프로이센에 올바른 위치를 부여하게 될 것이다.

계속되는 비스마르크의 반발은 언론의 집중 조명을 받았다. 12월 3일의 의회 연설에서 그는 연합 계획에 직격탄을 날림으로써 일약 유명세를 탔다.

독일연합 계획은 새빨간 안감의 가벼운 옷에 불과한, 그야말로 독일적인 속임수에 지나지 않았다.

비스마르크로서는 올뮈츠의 결과가 여간 다행이 아닐 수 없었다. 그렇지만 보수세력에 가세하여 라도비츠의 연합 계획에 반대했다고 해서 그의 입장이 게를라흐 무리와 완전히 일치한다고 보기는 어려웠다. 보수세력은 처음부터 민족주의적인 정책 문제에서 수동적인 자세를 취했을 뿐만 아니라, 오스트리아와의 동행만이 전통적인 도덕적 원칙에서 벗어나지 않는다고 굳게 믿었기 때문이다.

반면 비스마르크의 경우, "강력한 국가의 건실한 토대는 국가의 이기주의이지 낭만주의가 아니며, 자국에 이익이 되지 않는 문제로 싸우는 것은 강한 국가에 어울리지 않는다"는 철칙을 내세우면서 양국 사이의 화친 못지않게 프로이센의 힘에 큰 의미를 부여했다. 따라서 오스트리아와의 우호관계를 강조하는 면에서 보수주의자들과 뜻을 같이하면서도, "군소국들을 희생시키더라도 양국의 완전한 동등권을 견지"하려는 비스마르크는 강한 국가 프로이센주의를 강조하며 동등권까지 주장함으로써 언제든 보수주의자들과 갈라설 가능성이 있었다.

올뮈츠 이후 독일에서 자국의 헤게모니를 재확인한 오스트리아는 드레스덴 회의(1850. 12. 23~1851. 5. 15)를 주최했다. 올뮈츠 협정은 관료, 군대, 가톨릭교회로 이루어진 오스트리아의 구 절대주의가 이룬 또 한 번의 쾌거가 아닐 수 없었고, 연초부터 슈바르첸베르크는 자국의 일방적인 지배권을 여지없이 강조했다. 남부국가들 또한 기존의 연방구조를 고수해온 오스트리아를 아낌없이 지원했다.

그러나 앞에서 지적했듯이 시간이 흐름에 따라 프로이센의 반발이 심상찮았다. 독일연방의 지배구조를 바꾸기 위해 전력을 기울인 프로이센에서는 올뮈츠의 참패를 만회하기 위한 분위기가 새롭게 조성되었다. 호엔촐레른 왕실에서는 합스부르크 제국에 대한 불만이 끊이지 않았고, 게를라흐 형제를 둘러싼 극우세력 내 일부 의원들조차 프로이센이 더 이상 오스트리아의 미숙한 파트너로 남아선 안 된다며 불만을 터뜨렸다. 게다가 독일 북부에서 새롭게 확산되기 시작한 기독교 중심의 근대적 흐름이 가세하면서 프로이센의 새로운 부상을 외치는 목소리가 날로 커져갔다.

마침내 프로이센은 드레스덴에서 개최되는 연방의회의 사안들에 거부권을 행사하기로 했다. 프로이센의 정면도전으로 슈바르첸베르크의 계획이 난관에 부딪히면서 드레스덴 회의는 혼란으로 치달았다. 두 진영 모두 이를 해소하는 문제야말로 독일 정치의 최대 현안인 양 물러서지 않을 기세였다.

상황이 그렇게 돌아가자, 오스트리아와 프로이센에 대해 남부국가들이 새로운 입장 표명을 하면서 정세가 더욱 복잡해졌다. 이제껏 양 축을 중심으로 한 기존의 정치구도에서 벗어나 남부국가들은 제3의 세력으로서 새로운 축을 형성하고자 했다. 독일연방에서 3각 구도를 이루어냄으로써 그들은 스스로 제어장치 역할을 맡을 뿐만 아니라, 독자적인 권리를 행사하여 자신들이 두 지배국에게 종속될 위험도 예방하고자 했다. 그 일환으로 남부국가들은 우선 프로이센의 동등권 투쟁에 반대하기로 하고, 의회와 연방재판소, 관세연합과 상업연합, 그리고 통일된 연방법 등 다양한 방안을 제시하고 나왔다.

그러한 움직임은 남부국가들에 의한 연방 개혁을 의미했다. 특히 프로이센의 동등권 주장을 결사적으로 반대한 바이에른은 연방법이 무너지고 독일이 분열되는 사태까지 감수하겠다는 단호한 입장을 표했다. 그러나 바이에른의 주장이 설득력을 잃을 경우 그들마저 분열하는 위험한 상황으로 발전할 가능성이 높았기 때문에 분권주의가 오히려 공고화될 양상도 배제할 수 없는 실정이었다. 그럼에도 그동안 연방 내 집행권 문제와 함께 연방의 미래에 대해 수동적이기만 했던 남부국가들의 관심과 적극적인 개입은 독일 정치사의 민주화라는 측면에서 바람직한 출발인 것만은 분명했다.

5개월 가까이 지속된 드레스덴 회의는 독일 문제와 관련된 어떠한 해결책도 제시하지 못한 채 끝이 났다. 남부국가들이 새로이 나선 시점에서 다만 독일연방이 혁명적인 움직임을 저지하고 군주제를 보호한다는 기존의 입장만 재확인시켰다. 그러한 결과는 오스트리아와 프로이센은 물론 남부국가들의 노력마저 무산시키는 것으로써 드레스덴 회의의 기능 상실을 초래했다.

게다가 드레스덴 회의는 예기치 않은 문제점을 거듭 야기했다. 먼저 오스트리아가 독일연방에서 일방적인 주도권을 주장했지만, 프로이센의 반대로 뜻을 이루지 못함으로써 두 강대국 간의 상호불신만 재확인했다. 그 대신 오스트리아와 남부국가들의 결속을 공고히하는 계기가 되었지만, 제3의 세력으로서 남부국가들 역시 독자적으로 연방제도의 개혁에 뜻을 모음으로써 그들 간의 결속에도 틈이 보이기 시작했다. 남부국가들의 새로운 행보에 두 강대국, 특히 오스트리아가 얼마나 긍정적으로 호응해줄 것인지에 대한 전망은 그리 밝아 보이지 않았고, 무엇보다 남부국가들 내에서는 바이에른의 '돌출행위'에 대한 거부감까지 형성되었다.

그러나 드레스덴에서 뜻을 이루지 못한 슈바르첸베르크는 남부국가들의 태도 변화보다 프로이센의 반대에 더욱 신경을 쓰는 눈치였다. 그는 프로이센의 반대를 독일의 패권을 장악하려는 행동으로 파악하고, 프로이센의 정치적·경제적 위상을 철저히 억누를 필요가 있음을 절감했다. 고심 끝에 그는 관세 및 상업정책을 통해 대독일은 물론 중유럽까지 포함시키는 통일경제체제를 구축한다는 새로운 대안을 제시했다. 그리고 그 일환으로 다민족국가인 자국을 통일된 관세지역과 상업지역으로 선포하고, 이주 권리에 관한 모든 제한을 철폐하며, 철도 부설에도 최대한 역점을 두기로 했다.

오스트리아의 움직임이 빨라졌다. 그러나 슈베르첸베르크의 대안에 대한 프로이센의 대응은 훨씬 진전된 단계에 있었다. 프로이센은 이미 1834년에 도입한 관세동맹을 발판으로 독일 내에서 가장 강력한 경제력의 구심점으로 도약해 있었기 때문이다.

그때까지만 해도 비스마르크는 슈바르첸베르크의 경제적인 '총공세'와 관련하여 별다른 반응을 보이지 않았다. 1842년에 이미 빌로-쿰머로프가 그에게 소독일 중심의 경제 프로그램을 강조한 바 있었지만, 두 보수주의 국가가 상호 충실한 파트너 관계로서 보조를 맞추는 것을 최대한 중시한 그의 정치적 사고에는 어떠한 변화도 받아들일 준비가 되어 있지 않았다. 정치 신인으로서 자신이 향후 프로이센을 대표하여 최대의 격전지에 뛰어들게 되리라는 것은 전혀 예감하지 못했던 것이다. 한마디로 그는 보수세력과 힘을 합쳐 독일연합을 좌초시킨 성과와 함께 오스트리아와의 화친과 동행에 전념할 뿐이었다. 그리고 그 무렵 그는 3월 혁명을 거쳐 지방의회 하원의원으로 입성한 이후 외교관으로서 최단기간의 승진을 목전에 두고 있었다.

주사위는
던져지다

이원주의를 고집하다

오스트리아와 프로이센의 대립으로 드레스덴 연방의회는 아무런 소득 없이 연일 공전되었다. 양국 간의 신경전만 펼쳐지면서 3월 혁명 이전 시기로 되돌아가는 길밖에 다른 해결책은 없어 보였다.

프로이센은 거부권 행사를 통해 오스트리아의 독주에 일단 제동을 거는 데 성공했지만, 수면 위로 떠오른 오스트리아와의 갈등을 처리하기 위해 프랑크푸르트로 파견할 인물이 필요했다. 여러 후보들이 물망에 올랐지만, 대부분 그 문제에 관심이 없든지 적절하지 못한 것으로 판명이 났다. 1851년 4월 말, 마침내 게를라흐의 추천에 따라 국왕은 한때 자신의 기대를 저버린 비스마르크를 발탁하기로 했다. 게를라흐는 두 강대국 간에 상호 불신만 깊어가는 상황에서 화친과 유화를 위한 방향으로 비스마르크의 활약을 기대하는 눈치였다. 이것은 올뮈츠 협정을 지지했던 보수주의 동지로서 오스트리아와의 연대를 유지해나가는 데 그만한 인물이 없다고 여긴 때문이었다.

운명의 신이 비스마르크의 편에 서 있기라도 했던 것일까. 그 소식을 앞서 접한 비스마르크는 자신이 중요한 직책을 맡는다는 사실에 매우 놀라워했지만, 역시 직분에 따른 경륜 부족으로 웃음거리가 되지 않을까 내심 걱정이 앞섰다. 5월 8일, 비스마르크는 마침내 프리드리히 빌헬름 4세의 명령에 따라 비밀 참사관이란 직책과 함께 연방의회의 대사직을 맡아 일찍부터 품었던 외교관의 꿈을 이루었다.

프랑크푸르트로 찾아온 절친한 동창생 모트리에게 마치 매사추세츠 총독으로 발탁된 사건이라고 스스로도 인정할 만큼 예기치 못한 일이었다. 그렇게 높은 관직에 오르기까지 일반적으로 거쳐야 하는 더디고 힘든 승진 과정을 겪지 않고 급작스럽게 벌어진 일이었다.

하루아침에 급성장한 비스마르크에게 각종 여론의 비난과 함께 세간의 이목이 집중되었다. 갑작스럽게 맡은 외교업무는 사실 그에게 생소한 영역이었다. 국왕은 당분간의 실습 기간이 필요할 것을 고려하여, 당시 70세의 고령으로 러시아 대사로 있던 로코프(Theodor Heinrich Rochus von Rochow, 1784~1854)로 하여금 7월 중순 페테르부르크로 돌아갈 때까지 임시로 대리임무를 맡도록 해 사태를 매듭지었다.

프랑크푸르트의 신임대사가 된 비스마르크는 신혼여행지에서 직접 알현한 이후 두 번째로 국왕 앞에 섰다. 그동안의 심경은 복잡했지만, 대사직의 수락 여부를 묻자 그는 지체 없이 "예!"라고 간단명료하게 답했다. 주변의 비난에도 불구하고 내디딘 첫발이었기에 그저 조심스럽기만 했다. 그렇다고 36세에 정치의 뜻을 펼칠 수 있는 기회를 앞두고 반대의 목소리에 떠밀려 주어진 기회를 마다할 그는 아니었다. 폼메른에서도 멀리 떨어져 있는 시골 변두리에 묻혀서 일생을 마칠 것이 아닐 바에야 이미 발을 들여놓은 정치무대에서 자신의 야망을 펼치기에 그보다 더 이상적인 조건도 없었다.

정치 초년병이 중앙의 그 어떠한 직위보다 국내외 상황의 전모를 파악할 수 있는 기회를 거머쥐며 승승장구하게 될 줄 그 누구도 예상하지 못했다. 겨우 몇 사람만이 틀에 박힌 관료보다 그동안의 교훈을 바탕으로 다소 자유로운 삶을 누려온 그가 대사직에 어울릴 만한 인물임을 인정하는 정도였다.

그러나 정치 경력 40년이 다 되도록 변하지 않을 국가와 왕실에 대한 그의 충정은 이미 그때부터 불타고 있었다. 국왕의 결정을 '신의 부르심'으로까지 받아들이는 무조건적인 자세에는 단호함마저 내비쳤다.

비스마르크 역시 이때까지만 해도 앞으로 펼쳐질 무대에서 자신이 무엇보다 중요하고도 힘든 결정을 내릴 것이며, 그조차 이제 겨우 시작에 불과하다는 사실을 짐작도 하지 못했다. 오스트리아와 대등한 이원주의의 관계를 주장한 프랑크푸르트 연방의회 시절이 무엇보다 독일의 두 강대국 간의 대립관계를 확인시켜주는 결정적 계기가 되었기 때문이다. 오스트리아와의 우호관계를 고려한 직책이었지만, 적대적인 입장을 경험할수록 그에 따른 정치적 목표는 반오스트리아 노선으로 바뀔 수밖에 없었다.

결국 양국 간의 이원주의를 촉구하는 그 순간부터 그의 행보는 순탄치 않았다. 우선 프로이센에 쓰라린 참패를 가져다준 올뮈츠의 '진상'에 대한 인식이 달라졌고, 친오스트리아 보수세력인 게를라흐 무리와의 충돌 또한 불가피했다. 비스마르크는 굳이 기존의 정치노선을 외면해야 했을까? 프랑크푸르트의 그에게 이미 주사위는 던져졌다.

정치 신인의 좌충우돌

비스마르크의 발탁은 말 그대로 뜻밖이었다. 대학 시절부터 얼마나 간절하게 원했던 외교관의 꿈이었던가. 아무런 배경도 가진 것 없는, 후미진 시골 귀족의 자제로서는 성취할 가망이 보이지 않던 그 꿈이 전혀 예상치 못한 방식으로 실현되었다.

그러나 급작스런 그의 임명을 두고 언론이나 왕실을 비롯하여 안팎에서 비난이 끊이지 않았다. 아우구스타 왕녀의 영향도 작용했겠지만 왕위 계승예정자인 빌헬름 역시 형인 국왕이 '예비역 소위'에게 중책을 맡겨다며 비난에 가세했다. 고위관료들은 정규적인 관료 교육도 제대로 받지 못한 그를 인사 규칙에서 벗어나면서까지 책임이 막중한 자리에 임명한 사실 자체를 인정하려 들지 않았다.

비스마르크는 연방의회를 화재가 발생하면 불을 끄는 조직 정도로밖에 보지 않을 것이다. 그런 인물로 인해 프로이센이 독일에서 얻고 있는 공감대마저 놓처버리고 말리라.

그의 전적을 꼬집는 듯 '술고래 학생', '폼메른의 돼지 치는 작자' 등 야유의 목소리들이 정치 애송이에 지나지 않는 비스마르크를 향해 쏟아졌다. 그의 고문 역할을 하던 게를라흐조차 대사 겸 참사관이라는 이중 관직까지는 생각하지 못한 듯 상당히 당혹스러워했다.

정부의 부패한 사법관 시보가 오히려 프로이센 외교의 가장 중요한 신분으로 임명되었다면 올바른 정당주의에 대한 보호로서는 지나친 처사가 아니겠는가?

그런 식의 임명은 1848~1849년 혁명 이전 시기 군주제 중심의 프로이센 관직에서는 거의 불가능하던 일이었다. 프랑스 혁명 때의 나폴레옹이나 1918년 11월 혁명 때의 히틀러처럼 열외에 있다가 혁명을 기회로 역사 무대에 등장하는 결정적인 인물들과는 다소 차이가 있지만, 비스마르크의 등용 역시 시대 상황과 무관하지 않았고, 무엇보다 장차 수상으로 임명되는 상황과 마찬가지로 뜻밖의 결정이었던 것만은 분명했다.

요한나에게 보낸 4월 28일자 편지에서처럼 비스마르크 스스로 주변의 반대 목소리를 이해하지 못할 일도 아니었다.

라인펠트의 한가로운 삶과 연방대사로서 겪는 소란스러움을 차라리 맞바꾸고 싶소. 내 자신이 찾던 일자리는 아니었지만, 국왕이 특별히 원한다면 비록 성과도 없이 고난에 찬 위치라 하더라도 그대로 수락해야만 할 것이오.

프로이센 외교의 막중한 책임을 생각해볼 겨를도 없이 비스마르크는 1851년 7월 중순부터 프랑크푸르트 독일연방 대사로서 본격적인 임무에 들어갔다. 정치가 · 외교가로서 결정적인 출발지점에 선 셈이었다.

외교업무에 뛰어든 이후로 공문서부터 개인적인 편지에 이르기까지 비스마르크의 왕성한 보고 활동은 광범위하고도 끝이 없었다. 프랑크푸르트에서 2주일을 보낸 뒤인 7월 말에 벌써 그곳에 주재하는 동료 외교관들을 상세하게 파악한 보고서들이 레오폴트에게 올려졌다. 거기에는 유일하게 마음에 들어 하던 하노버 측의 대사 셸렌부르크(Eduard von Schele zu Schelenburg, 1805~1875)를 제외한 나머지 인물들에 대해 주로 부정적인 성격 묘사나 정신적 가치까지 놓치지 않고 기록되어 있었다.

또한 비스마르크의 보고서들은 독일연방과 프로이센의 상황을 면밀하게 비교하는가 하면, 독일과 유럽 강대국 간의 관계와 이해관계, 심지어 그 중심인물들에 대한 새로운 내용들까지 하나둘씩 추가되었다. 보고서에 담긴 그의 판단은 대체로 직설적이며 독단적이기까지 했다.

예를 들면, 바덴 출신의 마르샬 폰 비버슈티엔(August Marschall von

Biberstien, 1804~1888)은 유능하고 친프로이센 성향으로 남부나 서부 독일 출신 가운데 괜찮은 인물이긴 하지만, 프로이센을 배반할 수 있는 요주의 인물이라고 지적했다. 셸렌부르크와 오에르첸(Henriette von Oertzen) 두 사람의 경우에는 신사적이고 최선으로 임무를 수행하며 자국의 국왕에게 충성하는 인물들이지만, 정치가들에게 지나치게 깐깐하며 너무 좁은 시야를 지녔다고 평가했다. 그리고 북부독일 대사들 가운데 대상인 출신인 뤼벡의 브레머(Brehmer)는 정치에는 무기력하나 업무상 우호적인 관계를 맺고 있다고 보고했다.

그러나 그렇게 2년 가까이 지나면서 1853년 5월 만토이펠에게 보낸 보고서의 분위기는 확연하게 달라져 있었다. 무엇보다 동료 대사들의 인물 평가에서 예전과는 상반되게 그들의 능력에 대해 극찬을 아끼지 않았고, "지난날의 내 판단이 참으로 경솔하기 짝이 없었다"며 용기 있게 고백하기도 했다. 이는 성급하고 공격적이던 기질이 그동안의 숙련된 실무경험 덕에 여유가 묻어난 결과였다.

여하튼 비스마르크는 직무에 충실하거나 입장 표명에 있어서 시종일관 분명한 자세를 취함에는 변함이 없었다. 따라서 고위급 인사들에 대한 무조건적인 존경심은 일찌감치 포기해버린 그였다. 시간이 흐를수록 외교업무에 능숙해지면서 그들의 허와 실을 간파한 때문이기도 했다. 특히 사교계나 무도회를 즐기는 외교관들과 그들의 호화로운 부르주아적 성향도 몹시 껄끄러워했다.

민주주의자들 가운데 가장 나쁘게 의심하는 사람들조차도 외교관이라는 직업에 대해서만은 일종의 기만이나 점잔빼는 일 따위가 감춰져 있다는 사실을 믿으려 하지 않는다. 그러나 외교관들은 별로 하는 일 없이 사소한 일에만 신경을 쓰고 매달린다. 야바위꾼이고 잘난 체하는 그런 작자들이야말로 건방진 사람들이다.

그런 만큼 비스마르크 역시 주위의 곱지 않은 시선이나 좋지 못한 평판을 감수해야만 했다. 때로는 오스트리아의 외교관들이 올리는 보고서가 그 자신이 전달한 보고서의 어조와 일치하지 않는다는 사실까지 감당하지 않으면 안 되었다.

그는 노골적인 태도로 사태를 직시해서 상대방을 곤혹스럽게 만들기도 했지만, 연방 내에서 누구보다 진지한 자세로 성실하게 직무에 임하는 외교관임에 틀림이 없었다. 언젠가 한 좌담에서 영국 하원의 보수 야당 대표 디즈레일리(Benjamin Disraeli, 1804~1881)가 그를 두고 일침을 가한 적이 있었다.

그는 자신이 말한 그대로를 실제로 행하는 인물이니 각별히 주의를 기울여야 한다.

그랬다. 비스마르크는 여느 외교관들과는 분명 달랐다. 프로이센의 신임 연방대사가 의회 내 각 국가 간의 이해관계를 파악하는 데, 달리 말해 자신의 정치적 기대치와 전혀 다른 오스트리아의 속내를 파악하는 데 더 이상의 긴 시간은 필요치 않았다. 그런 의미에서 프랑크푸르트 연방의회에서 보낸 8여 년이라는 긴 세월은 1862년 프로이센의 수상이 될 그에게 정치 전반에 대한 탐색기인 동시에 향후 정치적 방향을 결정 짓는 밑거름이 되기에 충분한 기간이었다.

비스마르크는 초반부터 자신의 색깔을 분명히 했기 때문에 외교활동이 순탄하지 못했고, 무엇보다 프로이센에 대한 오스트리아의 입장이 일방적이어서 더욱 그랬다. 오스트리아는 올뮈츠에서 참패한 프로이센

:: 툰-호엔슈타인

의 모습 그대로를 기억하고자 했고, 혁명세력으로부터 독일을 공동으로 수호하는 보수주의의 동반자 정도로만 취급하려 들었다. 그러니 머지않아 비스마르크가 제기하는 프로이센의 동등권 문제를 받아들일 만한 분위기는 전혀 아니었다.

프로이센 국가주의자인 비스마르크로서는 끝내 기존의 친오스트리아적인 입장을 바꾸지 않을 수 없었다. 1851년 11월 말, 오스트리아의 고위 귀족 출신으로서 의장 권한 대행이던 툰-호엔슈타인 백작과의 갈등은 그 도화선에 지나지 않았다.

툰-호엔슈타인은 14년의 외교관 경력을 갖추었다는 점에서나 단 한 번도 파벌 싸움에 휘말려본 적이 없는 면에서 비스마르크와는 전혀 차원이 다른 인물이었다. 특히 빈 내각을 주도하는 인물이 강할수록 철저하게 추종하고, 황제의 의중을 대변함으로써 누구보다 성공한 외교관으로 평가받았다.

그러나 프로이센을 무시하는 툰-호엔슈타인의 오만한 눈빛은 늘 비스마르크를 자극했다. 언젠가 그는 프로이센을 "복권에 크게 한 번 당첨된 뒤로 계속해서 그런 행운을 꿈꾸는 사람" 정도로 취급하는 발언도 서슴지 않았다. 비스마르크의 맞대응으로 두 사람은 험담에 가까운 논쟁을 벌였다.

프리드리히 대제의 유산을 단념하기 전에 프로이센은 또다시 복권에 한 번 확실하게 당첨되고 말 것이오.

그 후 부딪힐 때마다 비스마르크는 툰-호엔슈타인을 향해 철저한 프로이센 사람으로서 자신의 의지를 부각시켰다. 그러나 마치 타는 불에 기름이라도 부은 듯, 두 사람의 싸움은 양국의 정치적 관계와 직결되어 진정될 기미를 보이지 않았다. 프로이센을 대하는 오스트리아의 입장이 달라지지 않은 만큼 비스마르크로서도 오스트리아를 항구적인 동반자로 바라보기가 힘들어졌기 때문이다. 이는 오스트리아를 대표하는 툰-호엔슈타인의 행위를 곧 오스트리아의 입장을 대변하는 것으로 받아들임으로써, 오스트리아와의 투쟁에서 거리를 두었던 예전의 공동노선이 지속되기는 더 이상 불가능함을 의미했다.

마침내 비스마르크는 프로이센의 위신 하락과 권력 상실을 초래한 '올뮈츠 현상'으로부터 즉각 돌아섰다. 1848년 3월 혁명 당시 모든 자유·민주주의적인 행동과 거리를 두었을 뿐만 아니라, 소독일주의적 통일 주장이나 그 이듬해 라도비츠가 주창했던 프로이센 중심의 독일연합 계획안 등을 모두 반대했던 그에게 일대 변화가 아닐 수 없었다. 올뮈츠 협정을 전폭적으로 지지하면서 오스트리아와의 타협이 곧 프로이센의 굴복임을 인식하지 못했던 비스마르크였다. 그러나 이제 프랑크푸르트에서 프로이센 국가에 대한 충성이라 판단했던 올뮈츠 협정의 결과에 대해 분노하게 된 그는 연방의회 내에서 프로이센의 동등권을 획득하기 위한 이원주의를 당당하게 외쳐대기 시작했다.

이원주의! 오스트리아 측은 이에 대해 어떠한 대화의 틈도 용납하지 않았고 반대로 일관했다. 비스마르크의 변화를 비난하는 부류들, 특히 그를 탐탁찮게 여겼던 툰-호엔슈타인의 후임자 프로케슈-오스텐이 대표적이었다. 그는 자신보다 20년이나 젊은 경쟁자인 비스마르크를 향해 노골적인 비판을 마다하지 않았다.

:: 안토 폰 프로케슈-오스텐

비스마르크는 법의식도 없고 게으를 뿐만 아니라 확고한 지식도 부족한, 자만과 교만으로 가득 찬 매우 불쾌한 기질의 소유자다. 그는 완전히 사소하고도 부정한 방법을 사용하는 소피스트 궤변론자이고 말을 노련하게 곡해하는 자이며, 오스트리아를 적대시하고 질투와 증오로 가득한, 그래서 의장 권한에 맞서 끊임없이 투쟁을 일삼는 자일 뿐이다. 더욱이 그는 신을 믿지 않으면서 전쟁깃발로써 프로테스탄트를 중시하는 자로 행세하고 있다.

그는 천사가 하늘에서 내려온다 하더라도 프로이센 휘장을 달지 않는 한 맞이하지 않을 것이며, 악마라 할지라도 프로이센에 독일 땅을 선사해준다면 경멸을 무릅쓰고라도 악마에게 덥석 손을 내밀 작자다.

프로케슈-오스텐의 평가가 지나친 감이 없지 않았지만, 근본적으로 비스마르크의 프로이센 국가주의적 의식만은 명확히 간파했다. "올바른 프로이센주의보다 더 독일적인 것도 없다"고 외치는 비스마르크 스스로도 그 점에 대해서 부인하지 않을 만했다.

프로이센만을 앞세우는 그에 대한 비난은 다른 나라에서도 마찬가지였다. 러시아 대사는 "비스마르크가 학생처럼 행동한다"고 꼬집었고, 많은 동료 외교관들 또한 프로이센의 젊은 대사에게 개인적으로 혐오감을 드러내거나, "세련되지 못한 그의 행동은 정식 외교관 교육을 제대로 받지 못한 결과"라고 비하하기도 했다.

프랑크푸르트의 비스마르크는 많은 동료들로부터 존경을 받지 못했지만, 그 개인적으로는 의장국을 맡은 오스트리아와의 충돌이나 회원국 대사들과의 갈등을 굳이 외면하지 않았다. 그 역시 그들 못지않게 상대를 무시하고 경시하는 등의 무례한 태도로 적극적으로 맞섰다.

자신의 이익이 아닌 독일을 위한 헌신이라고 말하는 사람들이야말로 모두 거짓된 조작으로 상대방을 나쁜 길로 내몰아버린다.

첫 시험대에 선 이원주의

1850년대에 접어들면서 프로이센은 정치적으로나 경제적으로 새로운 변화를 맞이했다. 낙후될 조짐마저 보이던 오스트리아와는 달리 프로이센은 1852년에 이미 '봉건주의의 와해'라는 말까지 나돌 만큼 성장세를 보였다. 왕권에 제한되어 근대적이지 못한 입헌주의였지만, 1850년 채택된 3급 선거법을 실시한 이후로 대중들의 의식이 상당히 달라졌는가 하면, 지방의회를 중심으로 한 정당의 참여도도 높아졌다. 무엇보다 급격하게 추진된 산업화로 인해 시민계급의 성장이나 프로테스탄트 계급의 역할도 크게 주목받기 시작했다.

그러한 변화와 발전 속에서 프로이센 국민들의 분위기는 불과 2년 전 혁명 중이던 1849년 초 프랑크푸르트 국민의회에서 독일의 황제로 자국의 국왕을 추대하려던 때의 의지를 새삼 떠올리고도 남았다. 심지어는 전통적인 보수세력 가운데 오스트리아와 거리를 두려는 부류까지 적잖이 생겨났다. 그들은 오스트리아와 보조를 맞추면서 화합하려는 시도에 더 이상의 의미를 부여하지 않았고, 오히려 자국의 독보적인 경제성장에 환호하며 목소리를 드높였다.

영국을 보라! 자유주의 세력의 성장에다 무엇보다 런던 만국박람회를 개최하여 600만 명이나 되는 관람객의 이목을 집중시키며 산업화 시대를 주도하고 있지 않은가.

한편 프랑스 역시 새로운 인물과 새로운 시대를 예고했다. 우선 비스마르크의 적수로 유럽의 정치무대를 누비게 될 루이 나폴레옹이 일찌감치 모습을 드러냈다. 1848년 2월 혁명의 결과로 루이 필립이 쫓겨난 뒤, 프랑스에는 제2공화정이 수립되면서 새 헌법에 따라 12월 10일 대통령 선거가 치러졌다. 그리고 1848년 혁명 시절 망명과 함께 감옥생활을 전전하던 루이 나폴레옹은 나폴레옹 1세의 조카로서 보나파르트 왕조 제1순위의 왕위 후계자를 자칭하고 선거전에 돌입했다. 루이 나폴레옹은 결국 혁명을 주도했던 공화파 지도자들을 제치고 보나파르트 가문의 명예로운 후광에 힘입어 압도적인 승리를 거두며 집권에 성공했다.

그러나 새로운 부르주아적 헌법으로 수립된 제2공화정 하에서 루이 나폴레옹은 보수세력을 이용하여 부르주아 세력을 축출하고, 다시 그들마저 탄압하는 강경노선을 취했다. 그리고는 1851년 12월 쿠데타를 통해 급진적인 민주주의자들의 합법적인 기구와 공산주의 단체를 선동하는 비합법적인 집단을 모두 타도해버렸다. 헌법을 개정해 대통령의 임기도 10년으로 연장한 그는 1852년 11월 국민투표에서 압도적인 지지로 황제에까지 즉위했다. 이로써 1848년 2월 혁명의 결실인 제2공화정이 막을 내리고, 제2제정이 시작되었다.

사실 비스마르크의 집권 기간 내내 프랑스와의 관계는 프로이센이나 독일의 외교정치 가운데 최대의 관심사로서 가장 신중하게 다루어졌다. 자연히 비스마르크는 루이 나폴레옹과 나란히 외교무대를 누비며 신경전을 펼쳤고, 또 전쟁까지 벌일 만큼 루이 나폴레옹과는 민감하면서도 투쟁적인 적대관계에서 벗어나지 못했다.

루이 나폴레옹은 치밀함과 통솔력 면에서 비스마르크보다 한 수 아래였다. 그러나 그는 이제 겨우 실무에 뛰어든 초보 외교관에게 충분히 두려운 존재였고, 또한 혈통을 중시하고 국왕에 충직한 프로이센 사람에게 2월 혁

:: 1850년의 비스마르크

명 이후의 일명 '왕조 찬탈자'라는 부정적인 인상을 벗겨내지 못했다. 하지만 10년 뒤 지도자가 된 이후의 비스마르크는 아이러니하게도 권리나 자유를 경시할 뿐만 아니라, 허위와 날조에 근거한 루이 나폴레옹의 지배체제를 전적으로 부인하지는 않았다. 오히려 루이 나폴레옹의 가르침을 전수받기라도 한 듯, 그의 처세술과 유사한 방법을 동원하기까지 했다. 그리하여 소위 '보나파르트주의'로 알려진 루이 나폴레옹식의 독재체제를 어느새 자신의 통치체제의 한 방식으로 삼기도 했다.

한편 프랑크푸르트의 비스마르크는 프로이센과 호엔촐레른 왕조를 위협하는 혁명세력에 대항하여 오스트리아와 손을 맞잡는 관계를 넘어선, 한 걸음 더 나아간 관계를 요구하기에 이르렀다. 프로이센 정치에 있어서 유럽의 다른 국가들보다 오히려 독일 내 국가들이 더 위험할 수 있다고 판단했기 때문에, 프랑스와의 대외 관계보다 독일 내에서 프로이센의 갈 길이 최우선 과제가 아닐 수 없었다.

그러나 오스트리아에 대한 보수주의자들의 입장은 근본적으로 비스마르크와는 달랐다. 그들은 양국 간의 정치적 마찰 못지않게 '혁명 사태'를 좌시하지 못했고, 오히려 더 중대한 문제로 인식했다. 한마디로

정치 논리가 아닌 이념 논리에서 빠져나오지 못한 그들은 비스마르크의 정치 논리를 이해하지 못했고, 이해하려고 하지도 않았다. 그들에게는 제후들의 절대주의체제든 루이 나폴레옹의 보나파르트 정책노선이든, 아니면 자유주의적인 입헌주의와 민주주의의 어떤 형태든 현 상황에 근본적으로 다른 것을 포함해야만 하는 불확실한 개념들은 곧 혁명일 뿐이었다. 특히 보수세력의 아성이라 할 수 있는 카마릴라 무리에게 민족국가의 통일 문제는 자유주의적이자 급진적이고 민주적인 징후로서 어떠한 타협도 불가능한, 투쟁만을 동반하는 혁명의 화신과도 같은 문제로밖에 비쳐지지 않았다. 따라서 반혁명 보수세력의 최고 파트너인 오스트리아와의 갈등을 부차적인 문제로 취급하는 비스마르크를 신랄하게 비판하지 않을 수 없었다.

마침내 비스마르크는 보수주의자들과의 공동노선에서 이탈할 각오를 했다. 오스트리아와 대등한 이원주의를 주장한다고 해서 프로이센주의자로서 프로이센 정치를 하는 자신이 실상 보수주의자가 아닌 것은 아니었기 때문이다. 그 역시 입헌제도를 비난하고 혁명을 반대하는 보수적인 귀족계급임에 틀림이 없었고, 그런 면에서 오스트리아와의 전통적인 공조체제를 지지하는 것에도 변함이 없었다.

그러나 그는 보수주의의 옹호자인 동시에 골수 프로이센주의자였다. 그 두 가지를 동시에 만족시키기 어려워 어느 한쪽을 택해야 한다면, 오스트리아와 프로이센의 대등한 이원주의가 보수세력과의 결별을 수반하는 이념 문제보다 상위에 있을 뿐이었다. 한마디로 오스트리아와의 공조체제가 양국의 정치적 틀을 뛰어넘지 못할 경우 보수주의의 이념 문제 역시 해결되기 어렵다고 판단했던 것이다. 그들을 이원주의의 지지자로 만들지 않는 한, 멀리 베를린에 있는 그들과 직접 얼굴을 붉힐 기회는 없었지만, 프로이센이 진정으로 복권되고 대등하게 존립할 수 있는 그 길을 위해서라면 창과 방패 어느 것이든 마다하지 않을 기세였다.

그동안 오스트리아야말로 프로이센의 진정한 동반자이고, 또 계속해서 함께 걸어가야 할 파트너라고 여겨온 양국 보수주의의 틀이 흔들리는 것은 이제 시간문제였다. 오스트리아의 심기가 극도로 불편해졌다. 심지어 프랑크푸르트의 동료 외교관들조차 비스마르크의 행보에 비판의 날을 곤두세웠다. 1848년 혁명과 함께 황제 선출 문제로 위기에 직면했던 이후, 빈 정부는 프로이센을 정치적 경쟁자로 계산해오던 상황이었다.

양국 사이에 그 어느 때보다 큰 불협화음의 적신호가 울려퍼졌다. 그러나 국왕은 어떠한 명령도 내리길 원치 않았다. 비스마르크로서는 최악의 사태까지 예측한 만큼 프랑크푸르트 무대에서 어떠한 정치적 대가라도 치를 각오였다. 정면으로 충돌을 하든지 아니면 멀리 둘러가든지 그 어떠한 방법을 동원해서라도 오스트리아에 대한 프로이센의 동등권을 인정받는 일이 최우선 과제였다.

양국 사이에 위기감이 한층 고조되었다. 오스트리아가 프로이센이라는 걸림돌에 채여 넘어지고 말든지 아니면 프로이센 스스로 중도 하차해 버리든지, 양국이 예전의 관계로 되돌아갈 기회는 이미 사라진 듯했다.

오히려 상황을 더 가속화하기라도 하듯, 소위 '위신 투쟁'이라 불리는 사건까지 일어났다. 그것은 연방회의 석상에서 오스트리아 측만 담배를 피던 관례를 비스마르크가 깨버린 때문이었다. 비스마르크가 '왜 담배를 피우면 안 되는가?'라고 반문하면서 의장에게 직접 불을 청해 담배를 피움으로써 불거진 사건이었다. 그의 선임자였던 로코프는 열렬한 애연가였음에도 그런 전통 아닌 전통을 깨트리지 못했고, 그럴 용기조차 내지 못했다.

때마침 군 위원회 회의석상에서 벌어진 예상치 못한 비스마르크의

:: 레히베르크-로텐뢰벤

행동은 연방 내 동료들에게 큰 파장을 일으켰다. 의장은 물론 다른 의원들까지 놀라움과 불쾌감을 금치 못하는 기색이었다. 프로이센까지 담배를 피우는 상황이 벌어지면서 다른 국가 대표들은 서로 눈치를 보았다. 심지어 그 일을 각자 본국에 보고하여 자신의 행동 지침을 청할 만큼 예사롭지 않은 '국사'로 발전되었다. 결국 각국이 그 결과를 심각하게 고려하는 가운데 두 강대국만이 반년 가까이 담배를 피우는 형국이었다.

그 이후 바이에른 대사 슈렌크(Karl von Schrenkh)가 담배를 피움으로써 자신의 존재를 부각시켰다. 작센의 노스티츠(Julius Gottlob von Nostitz) 또한 큰 기대를 걸었으나, 내각의 허락을 받아내지 못해 시도조차 못했다. 그러다 하노버 대사 보트머(Bothmer)가 담배를 피우는 것을 본 노스티츠는 레히베르크-로텐뢰벤(Johann Bernhard von Rechberg-Rothenlöwen, 1806~1899)과 논의한 끝에 자신의 말대로 칼집에서 칼을 빼는 기분으로 그 다음번 회의석상에서 과감하게 실행에 옮겼다.

그 일로 인한 신경전은 이후 시간이 꽤 지나도록 계속되었다. 담배를 전혀 피우지 않는 국가의 대표들과 뷔르템베르크와 헤센-다름슈타트의 대표들만이 남게 되었으나, 이들 국가의 명예와 자존심을 감안한다면 '거행'하지 않을 수 없는 일이었다. 결국 뷔르템베르크 대표는 그 다음번 모임에서 담배 하나를 꺼내 물고 절반 정도를 피움으로써 '조국을 위해 담배를 피우는 희생자'로서의 전력을 남겼다. 비스마르크에 대한 경쟁의식이 그리 강하지 못했던 헤센-다름슈타트 대사만이 끝까지 금연을 지켰다.

이상의 담배 사건은 한낱 일화에 그치고 말 일은 아니었다. 각국을 대표하는 대사들 사이에서조차 한동안의 신경전 끝에 새로운 전례를 만들어낼 정도로 그 결과는 비스마르크가 아니면 누구도 엄두를 내지 못할 일이었고, 그 여파도 상상 외로 컸다. 이 담배 사건은 '위신 투쟁'인 동시에 그 배후에는 이원주의를 향한 비스마르크의 강한 의지가 담겨 있었다.

아니나 다를까, 담배 사건에서 드러난 비스마르크의 주장과 행동은 오스트리아와의 관계 개선에 찬물을 끼얹었다. 두 국가 모두 혁명세력을 저지하는 차원에서 연방의 신성동맹을 인준하기로 의기투합한 지 얼마 되지 않았지만, 심기가 불편해진 오스트리아는 프로이센과의 긴장국면도 불사했다. 그리하여 1852~1853년에 다시 대독일을 중심으로 하는 독일 문제와 관련된 연방법과 함께 관세연합(Zollunion) 안을 강력하게 추진함으로써 프로이센의 관세동맹을 제지하려 했다.

그동안 프로이센은 1834년 관세동맹을 통해 내국세의 철폐는 물론 점차적인 철도 건설을 계획하여 독일 시장의 통합을 주도해왔다. 반면 오스트리아는 그 동맹에서 제외되면서 관세장벽에 부딪힌 상태였다. 따라서 새롭게 제시된 관세연합 안건은 오스트리아의 경제적인 한계와 낙후성을 극복하려는 방안인 동시에 프로이센의 경제적인 우위를 저지하기 위한 묘책이었다.

관세 문제로 인한 양국의 갈등이 심화되면서 남부국가들의 반응이 그 어느 때보다 중요해졌다. 남부국가들은 정치적으로는 오스트리아를 지지하면서도 프로이센의 관세동맹 회원국이었기에 관세와 상업 동맹을 둘러싼 두 강대국 간의 암투 속에서 선택의 기로에 섰다. 그러나 프로이센에 등을 돌리고 오스트리아의 새로운 요구에 동조하는 것이 쉽지만은 않았다. 왜냐하면 프로이센을 중심으로 한 경제체제의 일원이 되기까지 이미 수십 년의 발전사가 있었기 때문이다. 프로이센으로서는 오스트리아의 관세연합에 대항하여 기존의 관세동맹을 중심으로 자국의 영향력을 더욱 강화시킬 필요성이 절실해졌다.

사실 남부국가들은 일찍이 프로이센 주도의 관세동맹을 달갑지 않게 여겨 경제나 상업과 관련된 이해 문제에 있어서만큼은 독자적인 결정권을 고수하고자 했다. 그 결과 바이에른, 뷔르템베르크, 바덴 등의 남부국가들이 중심이 되어 1820년에 프로이센이 시도하려던 관세정책에 공격적인 대응태세를 취했다. 그리고 어느 곳에도 속하지 않는 비오스트리아, 비프로이센 국가만을 중심으로 통일된 관세 영역을 독자적으로 형성하고자 했다. 그러나 1820~1823년의 다름슈타트 회의와 1824~1825년의 슈투트가르트 회의 등에 이르기까지 오랜 교섭에도 불구하고 아무런 성과를 거두지 못했다. 자유무역이냐 보호관세냐를 두고 서로 대립함으로써 그들만의 경제협력 체제가 무산되고 말았기 때문이다.

그 이후 1828년 5월 바이에른과 뷔르템베르크가 중심이 되어 프로이센과의 관세 상업동맹을 수락하기로 결정했다. 그 성과는 다시 1833년 프로이센 관세지역과의 경제 교류를 강화하는 통상조약 체결로 이어졌다. 물론 그러한 움직임을 경계했던 오스트리아는 4개월 뒤인 1828년 9월 프로이센에 적대적인 북부지역의 하노버, 작센, 쿠어헤센과 나머지 남부국가들을 중심으로, 그리고 그 이듬해 6월에는 영국과 프랑스까지 참여시켜 중부독일 통상조약을 체결했다. 그러나 오스트리아가 제시한 일련의 통상조약이 모든 회원국으로 하여금 프로이센의 관세지역에 가입하는 것을 금지하고, 회원국 간의 통상을 완화해야 한다는 등 여러 가지 제한적인 원칙을 제시함으로써 지금까지의 경제관계를 부정해야 하는 참가국들에게는 오히려 역효과로 작용했다. 그 결과 1829년 일부 남부국가들은 다시 프로이센과의 통상조약을 바탕으로 세력을 키워나가기로 결정했고, 오스트리아의 경제정책에 등을 돌렸다.

그리하여 마침내 1834년 1월 1일 프로이센 주도로 독일 관세동맹이 성립되었다. 오스트리아의 관세연합 정책에 비해 프로이센의 관세동맹은 하나로 단일화된 경제권을 형성했고 제3의 국가와 경쟁할 때도 관세 국경을 지닌 통합된 시장과 국내 관세를 없애는 등 규제보다는 여러 가지 이점을 제시해주는 정책이었다. 남부국가들로서는 프로이센이 싫더라도 프로이센의 경제정책이 보장해주는 이득 때문에라도 관세동맹에 가세할 수밖에 없었다.

프로이센이 주도하는 관세동맹은 그 이후로도 지속되었다. 새로 가입하는 국가들과 그로 인한 규모의 확장으로 각 회원국들에게 돌아오는 경제적인 혜택은 그만큼 더 커져갔다. 실제로 작센의 섬유산업의 경우 프로이센은 큰 시장이었고, 바이에른은 원사 공급지가 되어주었다. 바이에른 또한 작센의 석탄 수출국인 동시에 프로이센의 철이나 설탕을 수입했고, 동프로이센도 남서부 산업지역의 식량 공급원 역할을 톡톡히 해냈다.

그렇다 보니 오스트리아의 관세연합에 비해 프로이센의 관세동맹 지지도가 상승세를 탈 수밖에 없었다. 국민경제학자 슘페터(Joseph Alois Schumpeter, 1883~1950)가 지적했듯이, 합스부르크 왕조에서는 경제성장과 산업발전이 불가능해 보였던 반면, 프로이센은 자유무역을 성장시킨 성과에 힘입어 통일된 독일 국가로까지 발전하는 시발점을 눈앞에 둘 정도로 효과는 지대했다.

일부 학자들도 주장하듯이, 관세동맹을 바탕으로 프로이센은 장차 소독일주의에 입각한 통일의 길을 터놓았다. 비록 "관세동맹은 조국이 아니다"는 유행어가 나돌긴 했지만, 프로이센의 재무장관 모츠(Friedrich Christian Adolf von Motz, 1775~1830)의 확신대로 1829년 6월에 시작된 관세 통일이 프로이센 주도 하에 정치적 통일을 이루기 위한 전 단계였음을 부인하기는 어려웠다.

결과적으로 남부국가들은 자체 경제체제를 구축하는 데 실패하긴 했지만, 그 차선책으로 강대국의 틈바구니 속에서 경제활동에 관한 한 프로이센과의 지속적인 교류를 통해 자국의 경제적인 실리를 확보해나갔다. 그들은 오스트리아가 내놓은 경제계획안이 과연 프로이센을 능가하는 이권을 얼마나 제공하느냐에 따라 움직였다. 뿐만 아니라 이를 통해 최소한의 자주권을 잃지 않는 독자적인 행보도 취했다.

따라서 실리를 추구하며 한목소리를 내는 남부국가들은 그 여세를 몰아 두 강대국을 중심으로 한 독일 정치에도 새로운 반향을 일으킬 계기를 부여잡았다. 다만 여전히 양대 축이 주도하는 정치 국면에서 그런 가능성이 얼마나, 그리고 오래도록 발휘될 수 있을지가 문제였다.

그런데 '1834년의 굴복' 이후 1852~1853년 또다시 오스트리아가 프로이센의 관세정책에 대응하는 새로운 관세연합을 주장하고 나왔다. 이번 역시 프로이센과의 동맹을 저버릴 만큼의 이권을 남부국가들에게 제공해주느냐가 관건이었다.

그러나 오스트리아가 제시한 경제정책으로는 여전히 남부국가들의 설자리는 좁아 보였다. 예를 들면, 작센은 기존의 유리한 입지만 놓칠 가능성이 컸다. 프로이센으로부터 이탈할 경우 북부에서 생산하는 원료에 대한 관세 면제의 무역뿐만 아니라, 관세동맹이 체결된 각 시장에서 누렸던 특혜 등을 기대할 수가 없었다. 특히 라이프치히는 박람회의 중심지로서 관세동맹 회원국과 어떠한 알력도 갖지 않는 지역이었다.

그리고 남부국가들에게는 관세에서 얻는 이점보다 북해 방향으로 연결된 교역이 무엇보다 중요했기 때문에 이제 지리적으로 프로이센 영토를 피한 무역은 생각할 수가 없는 처지였다. 그 외에도 프로이센을 관통하는 라인 강 역시 다뉴브 강과 비교하여 교통 면에서 훨씬 유리한 것으로 드러났다.

오스트리아의 실망에도 불구하고 남부국가들은 기존의 노선을 고수해 1834년의 관세동맹을 다시 연장시킬 수밖에 없었다. 오스트리아의 계획안은 제3의 국가들로 하여금 프로이센의 관세동맹을 파기하도록 할 만큼 유리한 경제정책으로 비치지 못했다.

그런데 1852년 4월 관세연합이 실패로 돌아가기도 전에 그 주창자인 슈바르첸베르크가 51세의 나이로 사망하면서 남부국가들은 다소나마 불편한 마음을 덜 수 있었다. 슈바르첸베르크는 올뮈츠에서 승리한 이후 프로이센의 관세동맹을 무너뜨리기 위해 애써온 대표적인 인물이었다. 오스트리아로서는 아주 절박한 시기에 가장 든든한 지도자를 잃은 격이었다.

경제적으로 미약하고 사회적으로 낙후되었으며, 민족적으로도 흩어진 국가의 상황을 단기간에 극복하고자 했지만, 슈바르첸베르크의 경제적 대안은 미비한 내용으로 인해 프로이센의 관세동맹에 견줄 바가 못 되었다. 그는 자국의 우위를 유지하기 위해 중유럽을 포괄하는 전략을 추진했지만, 내부의 불협화음조차 제거하지 못한 셈이었다.

결국 관세연합 정책은 오스트리아의 패배로 귀결되었다. 오스트리아의 노골적인 행보를 완전히 제압한 프로이센으로서는 경제전쟁의 쾌거이기도 했다. 오스트리아에 맞서 자국의 정책을 관철시킴으로써 관세동맹의 존재 이유는 너무도 확고해졌다. 게다가 프로이센은 오스트리아와 남부국가들 간의 정치적 화합까지도 저지할 수 있겠다는 기대감까지 갖게 되었다.

관세동맹에 대한 오스트리아의 강경하고도 공격적인 의도를 모를 리 없었던 비스마르크 역시 관세정책의 이점을 더 이상 외면할 수 없었다. 프리드리히 빌헬름 4세는 그로 하여금 연방 문제에 대해 오스트리아와 보다 나은 협력관계를 이끌어내도록 지시한 가운데, 관세 문제와 관련하여 슈바르첸베르크의 후임자인 부올-샤우엔슈타인(Karl Ferdinand von Buol-Schauenstein, 1797~1865)과 새로운 협상을 벌이도록 주문했다.

1852년 6월, 빈을 방문한 비스마르크는 22세의 젊은 황제 요제프 1세에게 프리드리히 빌헬름 4세의 친서를 전달했다. 그 친서에는 비스마르크를 소개한 대목도 있었다.

> 비스마르크는 충성심과 혁명에 반대하는 비타협성 때문에 많은 사람들의 존경을 받는가 하면, 또한 많은 사람들의 증오의 대상이기도 한 인물이오.

비스마르크에 대한 국왕의 평가가 그보다 더 적절할 수는 없었다. 그런 비스마르크를 요리하는 것이 황제의 손에 달렸다는 것이었을까. 빈의 쇤부르크 궁전의 주인은 우호적인 분위기로 그를 맞이했다.

그러나 정작 부올-샤우엔슈타인은 그렇지 않았다. 비스마르크는 경제 문제에 대한 그의 태도가 국왕의 기대와는 달리 오만하기 짝이 없었고, 심지어 적대감마저 보인다는 것을 감지했다. 한마디로 연방의회에서 경험한 그대로 우월적인 지위를 확고히 다지려는 듯 한 치의 양보도 않을 태세였다. 게다가 독일의 전체적인 이해에 관심을 두기보다는 다민족국가인 자국의 이해에만 치중함으로써 그 외의 독일 문제나 통일 문제 등은 회피하려 했다.

비스마르크는 프로이센에 대한 빈 정부의 노골적인 경시 태도로 인해 심한 불쾌감을 맛보았다. 이로써 자신의 정치 목표만 확고해졌을 뿐 오스트리아와 협력적인 관계를 주문했던 국왕의 기대는 그에게 먼 나라 이야기일 뿐이었다.

진정한 화해가 없는 상호 협력관계란 문제만 낳을 뿐이므로 더 이상 오스트리아의 예우를 기대하지 않는 편이 낫다. 프로이센의 대등한 권력 정치가 수용되지 않는 한 친오스트리아적인 외교 방향은 더 이 상 의미도 없다.

비스마르크는 더없이 비장해졌다. 독일의 전체적인 향방이 오스트리아와의 문제에 달려 있음을 거듭 확인해야 했다. 급기야 그의 입에서 처음으로 전쟁 문제까지 거론되었다. 경제적 대결에서 승리한 분위기를 그대로 이어가려는 그의 심정은 1856년 4월 26일 만토이펠 수상에게 전하는 편지에 그대로 담겼다.

독일의 이원주의는 1000년 이래로 기회가 있을 때마다, 카를 5세 이후 매 세기마다 철저한 내전을 통해 상호관계들을 규칙적으로 조절해왔습니다. 금세기 또한 이것이 아닌 그 어떠한 다른 수단으로도 적시에 발전의 시계를 맞추어놓을 수는 없을 것입니다. 그렇다고 가능한 한 유리한 상황에서 우리가 오스트리아와 결단을 내리는 정치를 해야 한다는 것은 결코 아닙니다. 다만 저는 우리가 그리 오래지 않아 우리의 존재를 위해 오스트리아와 싸울 수밖에 없다는 것을, 또 독일에서 그 일을 처리하는 데 다른 방책이 없기 때문에 오스트리아에 대비하는 것이 우리에게는 힘겨운 일이 될 것임을 확신하고 있을 뿐입니다.

비스마르크의 전쟁 발언에 대해서는 오늘날까지도 이견이 많다. 특히 비스마르크에 대해 부정적으로 평가하는 이들은 이원주의를 확립하려던 그의 의지를 곧 전쟁 정치와 동일시하기도 했다. 심지어는 비스마르크가 오래전부터 오스트리아와의 전쟁을 철저하게 계획했다고 주장하는 이들도 있다.

과연 그랬을까? 실제로 비스마르크 집권기에 양국 간의 전쟁이 벌어졌으므로 그런 주장을 완전히 부정하기는 어렵다. 하지만 분명한 점은 비스마르크가 처음부터 전쟁을 원한 것은 아니었고, 이를 우선시하지도 않았다는 점이다. 다만 부득이할 경우 오스트리아와의 힘겨운 전쟁을 예상했다는 것이다. 따라서 그의 이원주의는 말 그대로 양국의 동등한 자격을 요구하는 것이었지, 결코 오스트리아를 넘어서려는 것이 아니었다. 심지어 그는 오스트리아를 배제한 채 소독일주의를 지향하는 국가들과 협력하여 통일국가를 세우려는 의도를 처음부터 지니고 있지도 않았다. 당시 프로이센 국가주의의 원칙을 최우선으로 여겼던 그의 사고로는 독일 중심의 통일 지향적인 구상 역시 전혀 어울리지 않기 때문이다.

그렇지만 비스마르크가 한 걸음도 물러서지 않는 한 이원주의의 앞날은 암울하기만 했다. 이원주의를 받아들일 자세가 되어 있지 않은 오스트리아에 대한 해결책으로는 그의 예상대로 전쟁 이외의 어떠한 방법도 보이지 않는 것이 현실이었기 때문이다.

패러다임을 전환하다

연방의회 대사에 임명된 이후 비스마르크의 뇌리에는 이원주의와 함께 오스트리아와 프로이센, 독일의 삼각관계가 떠나지 않았다. 그런 속에서도 전체 독일의 통일이라든지 독일 정치의 향방과 관련된 그 어떤 문제도 프로이센의 권력과 독자성이 제한받지 않는 한에서만 해결 가능하다는 기존 입장에는 변함이 없었다. 그런 차원에서라면 멀리 프랑크푸르트에서 프로이센을 대표하는 외교관으로서, 그것도 분명한 목표를 지닌 정치인으로서 역시 최선책은 이원주의였다.

그러나 프랑크푸르트의 연방의회에서 회원국들의 이해관계를 도외시하면서까지 그런 정치를 펼쳐나가기란 쉽지 않았다. 특히 오스트리아가 강력하게 거부하는 만큼 비스마르크는 이를 극복하는 일에 자신의 정치적 생명을 내걸지 않을 수 없었다. 사실 회원국들의 정치적인 방해 작전으로 그의 행보가 프리드리히 빌헬름 4세에게 사실 그대로 전해지리라는 보장도 없을 정도였다. 더욱이 그 스스로 수상이 되겠다는 생각을 한 적도 없었지만, 오스트리아와 최악의 상황을 피해가면서 제아무리 노력을 한다고 하더라도 지금의 국왕 밑에서는 자신이 수상이라 해도 목표를 이루기 힘들 만큼 모든 상황이 어렵게 돌아간다는 사실을 알고 있었다. 그렇게 아무런 기대도 할 수 없는 어려운 상황에서 이원주의를 밀고나가는 그로서는 무언가 획기적인 방안을 모색하지 않으면 안 되었다. 본격적인 패러다임의 전환이었다.

거친 벌판에 홀로 서다

1859년 1월 말까지 프랑크푸르트에서 임기를 끝내는 8년 동안 비스마르크는 프로이센의 동등권, 즉 오스트리아와 프로이센의 이원주의라는 목표에서 한시도 눈을 떼지 않았다. 오히려 오스트리아의 반감에도 불구하고 시간이 흐를수록 그 목표를 향한 남다른 정치적 안목과 함께 국가 권력의 불가피성에 대한 직감까지 터득해나갔다.

마침내 그러한 안목은 두 가지 국제적 위기상황이라는 제3의 길을 통해 입증되었다. 즉 국제적인 정세를 이용하여 오스트리아와의 직접적인 충돌을 피하면서도 당면한 정치 목표를 달성하려는, 우회적인 방법을 추구하는 것이었다.

그 첫 번째 상황은 크림 전쟁의 위기였다. 남하정책의 일환으로 노쇠한 오스만투르크를 압박하여 지중해로 통하는 해협과 발칸 반도를 노리던 러시아의 범슬라브주의에 위협을 느낀 영국과 프랑스가 1855년 1월 오스트리아와 동맹을 맺고 러시아와 대립함으로써 크림 전쟁(1854~1856)이 발발했다.

사태는 오스트리아의 영향력 있는 보수집단들이 발칸 지역에서 확고한 판로와 다뉴브 항해권을 장악하기 위해 러시아를 저버리고 영국과 프랑스와의 동맹을 원하면서부터 가시화되었다. 그동안 러시아와 뜻을 함께한 신성동맹의 회원국들인 오스트리아와 프로이센으로서는 러시아의 발칸 진출이 적잖은 고민거리였다. 게다가 러시아에 대항하여 오스트리아가 연방의회에 군사적 지원을 요청함으로써, 독일 국가들과 특히 프로이센까지 전쟁에 휘말릴 가능성에 직면했다.

프로이센의 입장이 난감해졌다. 크림 전쟁에 직면하여 프로이센은 훗날 빌헬름 1세가 되는 왕위 계승예정자 및 '주간지 정당(Wochenblatt-Partei)'을 중심으로 하는 친서구 세력과 보수주의 집단인 카마릴라를 중심으로 하는 친러시아 세력으로 양분되는 양상을 보였다. 급기야 프로이센 정부는 오스트리아와 러시아 양국과의 관계를 고려한 나머지 중립 입장을 취하기로 결정했다. 따라서 반러시아적인 빈과는 거리를 두는 한편 평화를 선호하는 다수의 군소국들을 끌어들여 전쟁을 반대하는 반오스트리아 평화활동도 함께 펼쳐나갈 계획이었다.

그러나 독일 내 자유주의자들과 민주주의자들은 프로이센의 중립 입장 표명에 반대의사를 굳혔고, 특히 바이에른을 위시한 남서부 지역의 국가들을 중심으로 대독일주의를 고수하며 오스트리아의 반러시아 정책을 지지했다. 마침내 크림 전쟁을 계기로 군소국들을 서로 끌어들이려는 양국의 노력이 가시화되는 가운데 초반의 기세는 일단 오스트리아 쪽으로 기울었다.

크림 전쟁이 시작되면서부터 빈 체제 이후 40년 가까이 유지된 유럽의 세력 균형이 소용돌이에 휩쓸렸다. 강대국들 간에 알력이 생기면서 그들의 결속에도 곧 문제점이 드러났다. 전통의 강대국들은 새로운 방향을 모색하기 위해 자국의 체제를 정비하지 않을 수 없었다. 다국적이고 국제적인 빈 체제 또한 변화의 바람을 거부할 수 없게 되었다.

비스마르크 역시 그러한 흐름이 프로이센에까지 영향을 미칠 상황을 주시하면서 크림 전쟁을 오히려 좋은 기회로 활용하고자 했다. 독일 내 친오스트리아 분위기를 파악한 그로서는 프로이센 정부의 미온적인 태도에 불만을 감추지 못했다. 그는 어떠한 경우에도 러시아에 대항하는 것에 반대했고, 그런 만큼 오스트리아의 전쟁 계획을 위해 연방 군대를 동원하는 지원안도 반대했다. 심지어 오스트리아와 러시아의 적대관계가 첨예화되어 서로 보복전이 펼쳐지기를 기대하는 눈치였다. 그것이 프로이센으로서는 러시아와의 외교관계를 증진함은 물론 큰 힘을 들이지 않고도 오스트리아의 기세를 누를 수 있는 절호의 기회라고 판단한 때문이었다.

마침내 비스마르크는 크림 전쟁이라는 국제적인 위기상황을 중유럽에서 프로이센이 패권을 차지하는 기회로 활용하고자 적극적이면서도 과감한 외교정책을 주장했다. 1854년 2월 15일, 그는 오스트리아의 군대 지원 요청에 대한 반대 의사를 표명하는 보고서를 제출했으나, 정부의 애매모호한 태도에 실망을 금치 못했다.

불어닥칠 폭풍우에 대비한, 깔끔하면서도 항해에 알맞은 우리의 범선이 오스트리아의 구멍 난 오래된 군함에 묶이는 것을 심히 우려합니다.

보고서가 받아들여지지 않자 비스마르크는 국제정세를 재검토했다. 그리고 나폴레옹 3세의 프랑스가 상승세를 타는 동안 프랑스와 프로이센의 연대 가능성을 타진했다. 양국 간에 협력관계가 형성되지 않을 것이라는 강대국들의 고정관념 때문에 지금까지 프로이센의 입지가 약화되어왔다는 판단 때문이었다.

양국의 새로운 관계를 넌지시 탐문하던 그는 1855년 파리 세계박람회를 계기로 파리 대사 하츠펠트(Paul von Hatzfeld, 1831~1901)의 주선으로 영국 빅토리아 여왕과 프랑스의 황제 부부를 차례로 접견했다. 나폴레옹 3세를 처음 대면하는 자리에서 비스마르크는 황제의 재치 있는 용모가 쥐를 닮았다고 여길 정도로 나폴레옹의 요모조모를 탐색했다. 군대와 경찰력을 동원하여 자유를 철저하게 억압하는 독재정치를 펼치는 가운데도 선거를 통해 민주주의적인 면모까지 드러냈던 나폴레옹 3세의 과감하면서도 다각적인 통치방법에 매료되기도 했다. 그러면서도 자신이 생각한 이상으로 강점보다는 약점이 두드러진 인물이라는 결론을 내렸다. 그로서는 무시할 수 없는 새로운 경험이었다.

비스마르크의 파리 방문은 사교계에서나 각료들에게 화제가 되었다. 특히 베를린의 보수단체인 카마릴라는 파리에서 이루어진 두 사람의 만남을 경계의 눈초리로 주시했다. 카마릴라의 입장에서 나폴레옹 3세는 혁명의 상징이었고, 그와 협상하는 것 자체가 악마적 행위였기 때문이다. 오스트리아와 함께 혁명세력에 반대하며 투쟁한 그들은 나폴레옹 3세의 보나파르트식 독재정치를 비판하는 등 기존의 신성동맹을 강경하게 고수하고자 했기 때문에 비스마르크가 보인 뜻밖의 처세가 심히 못마땅하게 여겨졌다.

그러나 비스마르크는 국내의 원칙주의 정치가 외교노선에 어떠한 영향을 미쳐서도 안 된다는 생각에 변함이 없었다. 따라서 프랑스를 자국과 관계하는 경우에 한해서 관심을 갖는 파트너 정도로 판단하여 굳이 보수세력과의 입장 차이를 좁히려 하지도 않았다.

비스마르크는 보수주의자들과 결별을 불사했다. 카마릴라, 특히 절친한 관계인 게를라흐 형제와 결별도 끝내 받아들였다. 1858~1859년 그 유명한 서신 교환을 통해 비스마르크는 게를라흐 형제와 오랫동안 끌어온 치열한 담판을 완전히 끝내버렸다. 서로의 뜻을 굽히지 않았기에 그들의 결별은 불가피했다.

그동안 비스마르크는 여러 번 태도 변화를 보였지만, 이번만큼 보수주의자들의 비난이 거센 적도 없었다. 라이프(Heinz Reif)는 "비스마르크가 갈수록 보수 언론매체인 '십자신문 정당(Kreuzzeitungspartei)'의 외교적인 입장을 무정부적이며 비생산적인 것으로 간주하고 있다"고 질타했고, 자이치크(Robert Saitschick)는 비스마르크를 "프로이센의 보나파르트주의 추종자"로 격하시키기도 했다.

그러나 비스마르크는 그런 비난을 일축했다. 그러면서 "나는 프로이센 사람이며 외교정책에 관한 나의 이상은 선입관에서 자유롭고 외국에 대한 추종이나 편애라는 인상으로부터도 완전히 자유롭다"고 응수했다. 프로이센의 이익을 우선시하는 가운데 "수동적인 정책으로는 아무것도 건질 것이 없다"는 판단에서였다.

그는 누구보다 호엔촐레른 왕조에 충실한 군주제 지지자이고, 융커 출신의 보수주의자이며, 신교의 세계관을 고수한 인물이지만, 그러한 특성들로 인해 편협하고 제한된 외교정책을 정당화시켜야 한다는 주장만은 철저히 배격하고자 했다. 그는 프로이센의 정치 목표를 최우선으

로 했기에 가급적 다각적인 차원에서 유동적으로 현실을 이용하고자
했고, 특히 그런 변화에 능동적으로 대처하는 것을 외교관이 갖추어야
할 필요충분조건이라 믿어 의심치 않았다.

오스트리아는 서구 연합군에 군사 지원을 하여 러시아를 상대로 승
리를 거두었다. 그럼에도 크림 전쟁이 끝난 후의 상황은 오스트리아의
기대와는 달랐다. 오스만투르크를 겨냥한 러시아의 책략을 제압하긴
했으나, 러시아의 위협에서 완전히 벗어나는 데는 실패했기 때문이다.
따라서 함께 승리한 연합군 프랑스에 비해 성과라고 할 만한 것도 없었
다. 지위가 크게 강화된 나폴레옹 3세의 경우, 독일 문제에 큰 관심을 가
지고 마치 심판관처럼 위세를 부리며 독일 남부국가들과 관련된 문제
에서 자국의 이해를 관철시키려 들었다. 결과적으로 오스트리아는 비
스마르크가 원한 대로, 독일에서의 위신뿐만 아니라 강대국으로서의
권력까지 상실하여 전반적으로 지위가 위축되고 말았다.

반면 프로이센은 러시아와 우호를 다지는 가운데 독일과 유럽의 강
대국으로서 활동영역을 확대할 계기를 마련했다. 그로 인해 독일인들
은 오스트리아가 없는 독일에서 프로이센의 우위를 두려워할 정도였
고, 그 밖의 군소국들까지 오스트리아에서 분리될 경우 독일적인 요인
들이 약화될 것을 경계하는 눈치들이었다.

그리고 프로이센 내각에 변화의 바람이 불기 시작했다. 그 무렵 정신
착란증이라는 불치의 병을 앓던 프리드리히 빌헬름 4세를 대신해오던
빌헬름이 1858년 10월 7일부터 섭정체제에 들어갔다. 새로이 개편된 내
각은 기본적인 근간까지 바뀌지는 않았지만, 몇몇 사람들을 축출하여
정치적 변화가 불가피했다.

빌헬름은 자유주의자들의 기대에 호응하는 경향을 내비쳤다. 이미
보수적인 베스트팔렌(Ferdinand von Westphalen, 1799~1876) 대신 플로트벨

(Eduard von Flottwell, 1786~1865)을 내무장관에 기용하는가 하면, 만토이펠 내각을 경질하면서 귀족 출신의 온건한 자유주의자들을 대거 등용했기 때문이다. 새로 기용된 자들의 지도자인 호엔촐레른-지그마링겐(Karl Anton von Hohenzollern-Sigmaringen, 1811~1885)과 그의 대변인인 아우어스발트 역시 1848년 혁명의 자유주의자로서 내각의 중

:: 슐라이니츠

심에 배치했고, '주간지 정당'의 지도자 베트만 홀베크(Moritz August von Bethmann Hollweg, 1795~1877)와 여왕 아우구스타의 신임을 받던 슐라이니츠(Alexander von Schleinitz, 1807~1885)도 각각 문화부와 외무부 장관으로 임명했다.

세간에는 마치 성스러운 동맹도 반동의 시대도 모두 끝난 듯 무성한 말들이 오갔다. 하지만 의회주의로의 개혁과 함께 새롭게 출범한 프로이센의 내각은 전반적으로 온건한 보수주의를 지향한 것도 사실이었다. 따라서 알벤슬레벤(Gustav von Alvensleben, 1803~1881)이 레오폴트를 대신하여 고급부관 직위에 부임한 일은 강력한 발언권을 행사하던 레오폴트를 수장으로 한 카마릴라에게 일대 위기가 아닐 수 없었다. 그리고 창당 당시 비스마르크가 만토이펠에게 귀띔한 대로 1851년 민족적인 보수주의 단체인 '주간지 정당'이 전성기를 맞이했다. 즉 융커가 토지와 군대, 관직에서 멀어지면서 기존 라인 지역의 보수적 반대파보다 훨씬 더 강력해진 셈이었다.

새로 권좌에 오른 빌헬름은 프리드리히 빌헬름 4세와 마찬가지로 비

스마르크에게 그리 우호적이지 않았다. 특히 자유주의 성향의 작센-바이마르의 공주 출신인 그의 부인 아우구스타 왕비는 1848년 3월 자유주의 혁명 이후로 비스마르크를 증오하는 대표적인 인물이었다. 따라서 크림 전쟁으로 '십자신문 정당'이나 카마릴라 등 극우 보수세력과 거리를 두었던 비스마르크로서는 베를린과의 직접적인 연결통로가 모두 끊어진 셈이었다.

1858년 3월 말, 비스마르크는 〈비스마르크의 소책자〉라는 92쪽의 적지 않은 분량이지만 간결하고도 명료한 진정서를 섭정인 빌헬름에게 올렸다. 그 진정서는 연방의회와 독일을 동일시하는 것을 허구로 간주하면서 프로이센의 이익을 위해 오스트리아와 연방에 반대하는 독립된 프로이센의 정치를 강경하게 주장하는 내용이었다. 그러나 주변에서는 그런 견해에 대해 부정적이었고 심지어 그를 비웃기까지 했다. 특히 빌헬름은 국가의 권리보다는 이념을 강조하여 프로이센이 독일에서 도덕적인 우위를 점해야 한다고 굳게 믿고 있어, 프로이센의 정치적 패권을 추구하는 비스마르크와는 확실히 입장이 달랐다. 게다가 과감하고 돌출된 행동 때문에 오스트리아나 군소국들의 미움과 질타를 받는 비스마르크의 존재를 국왕은 심히 못마땅하게 여기는 눈치였다.

1859년 1월 29일, 비스마르크의 프랑크푸르트 대사직 임기가 끝났다. 오스트리아와 좋은 관계를 원하던 섭정 빌헬름 치하에서, 그것도 연방의회에서 매우 다루기 까다로웠던 그를 해임시키려는 빈 측의 외교적 영향력까지 가세하는 바람에 비스마르크의 정치적 입지가 완전히 축소된 결과였다.

2개월가량의 기다림 끝에 비스마르크는 3월 24일 빌헬름의 조카 알렉산드르 2세(1818~1881)가 통치하는 러시아 대사로 발령을 받았다. 그의 가족은 다시 프랑크푸르트를 떠나야 하는 상황에 처했고, 그는 편지로 그 사실을 요한나에게 전한 채 새로운 거처를 구하기 위해 서둘러 부임지로 향했다.

7일간의 여정 끝에 러시아 상트페테르부르크에 도착한 비스마르크는 44번째 생일인 1859년 4월 1일부터 외교업무를 시작했다. 애연가였던 그로서는 혁명적인 분위기의 상징으로 여겨졌던 거리에서의 흡연이 금지된 것이 다소 유감스럽긴 했지만, 황제 가문의 환대를 받는 등 전반적인 인상은 그리 나쁘지 않았다. 그렇지만 베를린에서 멀어진 심경만은 착잡하기 이를 데 없었다. "네바 강에 내버려진 찬밥 신세의 기분"을 떨쳐버리지 못했던 것이다.

그러나 페테르부르크의 대사직은 사실 프로이센 외교에서 가장 중요한 자리 가운데 하나라 할 수 있었다. 크림 전쟁이라는 국제적인 위기를 이용하기 위해 친러시아 노선을 과감하게 주장했던 그가 아니던가. 로마노프 왕조는 호엔촐레른 왕가와 전통적으로 친분이 두터웠기 때문에 외교적인 분위기도 매우 우호적이었다. 다만 모든 서신을 사전에 검열하는 관계로 요한나에게 "어떠한 일에도 질책이나 비난하는 글을 쓰지 마시오!"라고 특별히 당부해야 했다.

하루하루를 보내면서 비스마르크의 위축된 심경만은 역시 쉽게 풀리지 않았다. 떠나오기 전의 프랑크푸르트가 다시금 그의 뇌리를 스쳤다. 자신의 전출 문제와 관련하여 오스트리아 대표가 관여했고, 그 결과까지도 먼저 알고 있었다는 사실에 심기가 몹시 불편했다. 자신의 정치적 경력이 손상되었다는 생각도 지우기 어려웠기 때문에 그는 연방의회의 관례적인 고별사도 생략했다. 결국 프랑크푸르트를 떠나는 역에는 빌로-쿰머로프 단 한 사람만이 배웅을 나왔다.

게다가 빌헬름에게 올린 진정서마저 외면당한 시점에서 프랑크푸르트에서 장기간 추진한 이원주의의 길은 아득하게 멀어져만 갔다. 어느

새 독일 내에서 오스트리아에게 주도권을 영영 빼앗겨버리고 말 것이라는 실망과 좌절감만이 짓누를 뿐이었다. 몸만 베를린을 떠나왔을 뿐그는 여전히 프랑크푸르트의 '교훈'을 떨쳐내지 못하고 있었다.

비스마르크가 재기를 노리는 가운데 프로이센에 호기로 작용할 두번째의 국제적 위기가 발생했다. 크림 전쟁이 끝나고 3년 뒤인 1859년초, 이탈리아에서 오스트리아에 맞선 해방전쟁이 일어났던 것이다.

1815년 이후 여러 나라로 분열된 채 오스트리아의 지배를 받아오던이탈리아는 1848년 프랑스의 2월 혁명을 계기로 자유주의적이고 민족주의적 통일운동인 리소르지멘토(Resorgimento)를 추진했다. 독자적인 힘만으로는 통일이 불가능하며 외세의 지원이 절실함을 깨달은 사르데냐-피에몬테의 지도자 카보우르(Camilie Benso di Cavour, 1810~1861)는 영국과 프랑스의 지원을 요청했다. 크림 전쟁 당시 자신이 군대를 파병한사실을 환기시키며 그는 양국의 지원을 얻어내려 했다.

치밀한 계획 끝에 카보우르는 크림 전쟁 이후의 파리 회의에 참석하여 자국의 통일 문제를 영국과 프랑스에 제안했다. 특히 이탈리아 내에서 오스트리아 세력을 몰아내기 위해 1858년 7월 20일 나폴레옹 3세와비밀 회담까지 추진했다.

그 결과 이탈리아의 상황에 동정하는 한편 자국의 국위를 선양하고자했던 나폴레옹 3세는 12월 10일 동맹을 수락하고 오스트리아에 대항하는 군사적 지원까지 약속했다. 프랑스를 등에 업은 이탈리아는 1859년4월 23일 오스트리아에 선전포고를 했고, 5월 3일 마침내 전쟁에 돌입했다.

그 무렵 페테르부르크에 주재하던 비스마르크는 즉각 베를린으로 통보를 보냈다. "프로이센이 새로운 시대의 신호를 알아차리지 못하면 낙오되어 언젠가는 오스트리아한테 유린당하고 말 것"이라고 강조한 그는

"적절한 시기에 시대적 변화에 적극 편승해야 할 것"임을 상기시켰다.

비스마르크는 가능하면 오스트리아와 프랑스의 전쟁을 최대한 이용하고자 했다. 그는 군사력을 동원해서라도 프로이센의 세력을 남부지역으로까지 확장하기를 원했다. 따라서 나폴레옹 3세와 긴밀한 유대감을 표명하는 동시에 오스트리아에 대한 지원을 막는 데 역점을 두었다. 프로이센이 독일과 유럽에서 오스트리아와 동등한 권한을 행사하기를 염원했던 비스마르크는 이탈리아 전쟁에서 오스트리아를 지원하는 것은 프로이센이 자멸하는 길이라 판단했다. 사실상 이탈리아 해방전쟁은 오스트리아나 독일연방에게는 독일 종주국에 대한 위협으로 비쳤겠지만, 비스마르크 개인적으로는 오스트리아에 설욕하고 더 나아가 연방체제를 해체할 절호의 기회로 보았다.

이탈리아 사태에 직면한 비스마르크의 행보는 거기서 그치지 않았다. 오스트리아와의 이원주의를 위해 밖으로 프랑스에 눈길을 돌렸듯이 이제 안으로의 기회도 주시했다. 즉 오스트리아와 프로이센의 상호관계만이 아니라 제3의 세력인 독일 군소국들의 존재와 역할에 새로이 의미를 부여하고자 했다.

오스트리아를 무력화시키기 위해 제3의 자유주의 세력을 끌어들이는 것이 그의 새로운 대안이었다. 그리하여 비스마르크는 군소국들의 지원을 유도하기 위해 민족주의 운동이라는 혁신적인 방안을 제시했다. 특히 1848년 혁명 당시 베를린 국민의회 의장직을 맡았고 '부르주아 계급의 메테르니히'로 불리던 운루와 서신을 교환하며 그의 공감대를 얻고자 노력했다.

프로이센은 완전히 고립된 처지입니다. 프로이센이 협상해야 할 단 하나의 동맹국은 독일 민족입니다. 독일 민족이야말로 프로이센 최고의 동맹국입니다.

민족을 거론하는 비스마르크의 발언에 룬루는 몹시 당황스러웠다. 그러나 시민계급의 개혁과 민족국가의 통일이라는 두 가지 큰 과제를 눈앞에 둔 룬루 또한 강대국 프로이센을 꿈꾸는 비스마르크의 정치적인 대타협안에 공감하지 않을 수 없었다. 그는 전혀 예상치 못한 비스마르크의 비범한 발상에 놀라움마저 드러냈다.

당신이 프로이센의 위험한 정국을 그렇게 예리하게 간파하고 안전하게 적절한 수단까지 제시한다면, 내가 보기에 프로이센 수상으로는 슐라이니츠보다 당신이 훨씬 낫겠소.

비스마르크의 기대대로 이탈리아와의 전쟁에서 오스트리아는 패배했다. 상대적으로 프로이센의 패권이 강화된 셈이었다. 그러나 그 결과는 예상 밖으로 오스트리아는 물론 독일 내 많은 국가들 사이에 끊이지 않는 분쟁을 일으켰다. 소위 '형제국가'와 독일 문제를 제대로 돕지 않고 방치했다는 이유로 전쟁 패배의 책임을 프로이센에 전가하는 분위기가 형성되었기 때문이다.

사실 오스트리아는 연방 군대의 지원을 받아 라인 강 상류에 제2전선을 형성할 계획이었으나, 프로이센의 지체로 뜻을 이루지 못했다. 그로 인해 오스트리아는 이탈리아 북부 빌라프란카에서 나폴레옹 3세와 휴전 합의를 할 수밖에 없었다.

전쟁 패배의 책임 문제와 관련하여 한동안 독일의 두 강대국 사이에는 법적 이해관계까지 얽혔다. 오스트리아가 빈 의정서 제47항을 주장한 반면, 프로이센은 제46항을 주장했기 때문이다. 제46항의 경우 연방의 영토가 직접적으로 위협받지 않을 때 연방은 전쟁에 관여하지 않는 다는 것을 원칙으로 했고, 제47항은 연방 이외의 영토라 할지라도 공격 을 받을 경우, 연방의회에서 과반수가 찬성하면 도와줘야 한다는 것을 의무로 규정하고 있었다. 따라서 어떤 판단을 내리느냐에 따라 어느 조 항이든 취할 수 있는 모순을 빈 의정서가 안고 있었던 만큼 군대 파견 문제를 놓고 복잡한 법리공방만 계속되었다.

시간이 흐를수록 쌍방의 의견 대립이 증폭되고 연방 회원국들 간의 갈등만 심화될 뿐 해결책은 보이지 않았다. 프랑크푸르트 연방의회에 서 프로이센 외무장관은 이탈리아 북부에서의 전쟁을 독일연방 밖의 문제이며, 독일연방이 오스트리아를 지지할 경우 라인 경계선에서 프 랑스와의 전쟁도 불가피했을 것이라고 강조했다. 게다가 크림 전쟁 때 와는 달리 이탈리아 해방전쟁은 국가나 국왕이 의회의 결정 없이 행하 는 과거와 같은 전쟁 형태가 아니었다는 점도 내세웠는데, 그러자 프로 이센의 일방적인 처사에 반감을 표하는 여론까지 형성되었다. 특히 혁 명적 징후를 띤, 민족적인 차원의 통일전쟁이라는 차원에서 문제를 바 라봤어야 한다는 흐름도 새로이 생겨났다.

의견들이 분분한 가운데 전반적인 분위기는 프로이센에 유리하지 않 았다. 여론으로 보나 정치적인 분위기로 보나 오스트리아를 지지하는 과반수 국가들의 주장에 따라 독일의 안전을 지키는 보루로서 이탈리 아 북부에 연방의 군대를 동원했어야 했다는 의견이 우세했다.

하지만 프로이센은 군사 지원이 이루어지기 전에 오스트리아가 예상 보다 너무 빨리 패배했고, 프로이센의 합류를 두려워한 나폴레옹 3세가 재빠르게 오스트리아 황제에게 강화 제의를 해버렸다고 강조함으로써 수세에서 벗어나려 했다. 민족주의를 주창하며 군소국을 끌어들이고자 했던 비스마르크는 자신의 의도가 빛도 보지 못한 채 그저 책임 공방에 휩싸인 상황을 바라보고만 있어야 했다.

책임 공방이 거세지는 가운데 남부국가들이 목소리를 높이기 시작했다. 프로이센이 방관하듯 소극적 자세를 취했던 것에 비해 남부국가들은 오스트리아를 전폭적으로 지지하며 적극적인 병력 지원을 주창했던 만큼, 오스트리아의 위기 상황에서 자신들은 할 만큼 했다는 이유에서였다. 따라서 남부국가들은 그런 상황을 적절히 활용하여 이제 독자적인 영역을 확보하기 위해 연방법의 수정을 제안하면서 두 강대국과 나란히 강력한 영향력을 행사하기를 기대하는 눈치였다.

남부국가들은 국내 조직을 정비하고 여러 제도들을 독일 전체 차원으로 확대하여 시행하자고 요구했다. 특히 바이에른은 독일 전체를 포괄하는 상법전의 편찬을 제안했다. 그러나 바이에른의 정치적 지원을 받던 오스트리아나 경제정책으로 밀접한 상호관계에 있던 프로이센 모두 바이에른의 제안에 부정적이었고, 심지어는 남부국가들의 계속된 독자 행보에 노골적으로 반감을 드러냈다.

작센의 수상 보이스트(Friedrich Ferdinand von Beust, 1809~1886) 또한 뷔르츠부르크 회담을 이용하여 서둘러 자국의 입장을 표명하고 나왔다. 보이스트는 각국을 대표하는 연방의회의 형태를 통해, 그리고 개별국가들의 지방의회를 통해 새로운 연방개혁안을 제시하려 했다. 그리고 크림 전쟁 이후 헌법·국가·사회정책 면에서 두드러지게 확장된 연방의 활동영역을 재검토하는 대책이 매우 시급하다고 지적했다.

그러나 보이스트의 제안 역시 난관에 부딪혔다. 자국의 헤게모니를 우선으로 하는 두 강대국 모두 동의하지 않았기 때문이다. 사실 하노버, 뷔르템베르크, 바덴 등이 힘을 모아 공동으로 투쟁하려던 작센의 연방개혁은 준비가 너무 부족한 상태였다. 심지어 남부국가들 가운데 주도적인 역할을 하던 바이에른조차 작센을 위협적으로 받아들이는 눈치였다.

결과적으로 오스트리아의 패전과 관련하여 독일연방의 쇄신을 부르짖고 나선 일부 남부국가들의 노력은 아무런 결실을 거두지 못했다. 하지만 여러 문제점에도 불구하고 남부국가들이 중심이 되어 경제적인 통일을 뛰어넘어 연방법까지 수정하려 했던 정치적 시도는 당시 두 강대국만을 중심으로 하는 독일의 정치적 환경에 비추어볼 때 고무적인 출발이 아닐 수 없었다. 그러한 개혁 의지는 프로이센으로 하여금 1858년의 관세동맹을 계속 주도할 수 있도록 자극하는 계기가 되었다. 아니나 다를까, 1858년 섭정 기간에 자유-보수주의의 '새 시대(Neue Ära)'를 주창했던 빌헬름은 그 일환으로 프로이센이 분발하여 자유경제에 입각한 국민경제인, 기업가, 산업가로 구성된 독일경제인회담을 매년 개최하도록 지시했다. 또한 1861년 전독일상법전도 편찬하여 급속한 경제성장은 물론 상업에 대한 시민계급의 관심사를 크게 신장시키는 계기까지 마련했다. 오스트리아까지 지원하는 화폐제도의 단일화에 합의하면서 1860년 초에 이르러 프로이센의 경제는 그야말로 급속한 발전을 거듭하기에 이르렀다.

오스트리아와의 이원주의가 난항을 거듭하자, 비스마르크는 급기야 새로운 패러다임을 과감하게 추진했다. 그는 그 일환으로 오스트리아와의 직접적인 전쟁이 아닌, 크림 전쟁이나 이탈리아 해방전쟁 등 간접적인 기회들을 이용하여 오스트리아를 약화시키는 전략을 모색했다. 그러나 마치 거친 벌판에 홀로 서 있는 듯, 페테르부르크에서는 능동적으로 대처할 수도 없었고 제대로 이룬 것은 하나도 없었다.

그럼에도 국제 위기 속에서 득보다 실이 많았던 오스트리아를 눈앞에 두고 정치적 목표를 향한 그의 기치는 꺾일 줄을 몰랐다. 두 나라 사이의 이원주의 분쟁은 그렇게 무르익어갔다.

입에 쓴 약이 몸에는 좋은 법

빌헬름의 통치 하에서 프로이센의 경제는 눈부신 발전을 이루었다. 경제체제는 전반적으로 산업부르주아 계급의 이익에 부합했는데, '상업 우위'의 정책과 더불어 시민부르주아 계급의 환영 속에서 지속된 경제 성장의 결과였다.

반면 오스트리아의 상황은 그렇지 못했다. 이미 1852~1853년 오스트리아 측에서 제안한 관세연합안이 좌절된 이후 바이에른이 여러 차례 오스트리아를 독일 관세동맹으로 끌어들이고자 했으나, 프로이센의 반대로 뜻을 이루지 못했다. 프로이센은 오스트리아가 관세동맹에 가담할 경우 지금까지 쌓아온 입장이 바뀔 뿐만 아니라, 그로 인해 경제대국으로서 자국의 위상을 유지하기 어려울 수 있다고 판단했다.

이로써 1850년대가 끝나갈 무렵 오스트리아와 프로이센 양국의 입지는 확연히 달라져 있었다. 오스트리아는 프로이센의 뜻에 따라 독일의 관세협정에서 최혜국 대우를 상실했고, 통상무역에서도 사실상 외국으로 간주되었다. 결국 크림 전쟁이나 이탈리아 전쟁에 참전하여 제대로 뜻을 이루지 못한데다가 독일 남부국가들의 잇따른 개혁 시도로 위축되었던 오스트리아는 프로이센이 주도하는 독일 관세동맹의 팽창과 그 동맹 회원국으로 활동하는 남부국가들의 이중적인 압박에 부딪히면서 독일연방의 의장국이라는 위상에 큰 손상을 입었다.

이와 달리 프로이센은 서유럽 국가들까지 자국의 광범위한 경제권에 편입시키면서 시장 확장을 유도해나갔다. 특히 그러한 분위기는 프랑스와의 통상조약에 따라 광범한 자유무역 지대를 형성하는 기반이 되었다. 1862년에 이르러 프로이센은 관세동맹의 다른 회원국들과 계약을 연장하고, 프랑스와의 통상조약을 인정하도록 함으로써 입지가 더욱 강화되었고, 1865년에도 다시 계약을 갱신하면서 상승세를 탔다. 그러한 경제적 성과들은 프로이센이 독일연방 내에서 일종의 '분리파'로서 입지를 강화함은 물론 향후 경제 발전의 기폭제로 작용함으로써 장차 새로운 정치적·사회적 변화까지 예고했다.

1860년대에 접어들면서 프로이센은 관세동맹을 바탕으로 19세기 초반 정치적 반동기의 독일사회 전반을 바꾸어놓을 정도로 기록적인 경제 발전을 이루었다. 산업화를 동반한 고도의 경제성장은 더 이상 이웃나라들만의 이야기가 아니었다. 특히 근대적인 생산기술과 산업자본주의적 생산방식에 힘입어 철강이나 기계 산업 등 전략 산업을 중심으로 한 중공업 분야의 발전이 두드러졌다.

이른바 국가의 영향력까지 가세한 '독일적 산업혁명'은 철과 석탄 생산, 그리고 기계 제작에 이어 산업화에 결정적인 철도 건설로 이어졌다. 그 결과 운수업이 발달했고 그에 따라 생산력 증대의 가속화와 고정자본의 축적을 가져왔다. 프로이센의 철도 공사는 1850년 6000킬로미터에서 1860년 1만 1633킬로미터까지 거의 두 배 가까이 증가하면서 철도의 화물 운송을 일곱 배로 증가시키는 성과를 거두었다. 그러한 성장은 각 국가들의 통합을 촉진시키는 결정적인 계기가 되었을 뿐만 아니라, 나아가서는 중유럽의 전략상 요지로서, 그리고 유럽의 상업상 교차로로서 입지를 굳히기에 전혀 부족함이 없었다.

프로이센의 경제성장에 따라 경제체제나 경제구조도 함께 변해갔다. 1830년까지만 해도 농업에 종사하는 인구가 전체의 5분의 4를 차지했으나, 1850년대 후반에 이르러 상황은 뒤바뀌었다. 루르와 자르를 비롯하여 동부와 북부 슐레지엔을 중심으로 한 공업지역에 공장과 기업이 우후죽순처럼 들어서면서 아주 작은 마을에 불과하던 지역들이 몇 십 년이 되지 않아 인구 과밀지역으로 발돋움했다.

더구나 국가의 지원으로 수많은 은행이 생겨난 점도 괄목할 만했다.

거센크론(Alexander Gerschenkron)이 언급했듯이, 일반적인 예금 기능 이외에 산업화의 전략적 요인인 기업의 자본 축적과 집중을 위한 장기적인 산업금융의 역할이 주류를 이루게 됨으로써 독일 경제의 주요 부문을 조정하고 장악하는 새로운 기류가 정착되었기 때문이다. 그리고 은행 대출은 기계 설비를 근대화하는 중공업 부문으로 투자됨으로써 생산력 증대는 물론 새로운 생산방식과 기술 개발에도 박차를 가할 수 있게 해주었다.

비약적인 경제 발전은 구성원의 인식과 사회구조에도 변화를 초래하기 마련이었다. 우선 경제 발전으로 크게 이윤을 남겨 부와 교양을 함께 갖추게 된 산업부르주아인 자본가계급 외에도 일자리를 찾아 대도시의 공장으로 몰려온 농민들로 구성된 산업프롤레타리아트들인 노동자계급이 꾸준하게 증가했다. 자본가계급은 생산력 증대와 더불어 강력한 경제력을 구축하여 자본주의적 생산체제에 돌입한 산업혁명의 주역으로서 시민사회로의 변화를 촉구했다. 반면 노동자계급은 산업사회에서 대부분 하락하는 임금 수준과 비인간적이며 비위생적인 주거환경 등 갖가지 심화된 빈곤 상황으로 말미암아 최저생활 수준에서 벗어나기 어려운 형편을 인식하기에 이르렀다.

이처럼 현실적으로 자본가와 노동자 사이의 격차가 심해짐에 따라 사회적 문제도 불가피하게 심화되었다. 최악의 상황을 넘기기 위한 해결책으로 소비조합이나 의료보험, 그리고 대부금고 등의 자조기관이 운용되기는 했으나, 노동자들의 생활 개선에 직접적인 효과를 미치기에는 턱없이 부족한 실정이었다. 따라서 산업사회의 출현으로 인해 예전과 비교할 수 없을 정도로 풍요로운 삶이 가능해졌지만, 증폭되어가는 두 계급 간의 격차와 갈등의 폭을 줄이지 않는 한 불행한 사태들로부터 자유롭지 못할 것이라는 인식 또한 피할 수 없는 현실이었다.

한편 프로이센의 경제 발전으로 인한 사회적 인식과 구조변화에 식민주의자들도 가세했다. 대부분 자본가계급에 속했던 그들은 역사가, 언론인, 학자에 이르기까지 보다 폭넓은 지식인으로 확산되는 경향까지 보였다.

사실 전통적인 식민제국들이 17세기 말 이후로 상품과 자본의 배출구로서 식민지를 적극적으로 쟁탈하고 점령하는 각축전을 벌여온 것에 비하면 독일의 식민정책은 미약한 수준이었다. 많은 영방제후국으로 분열되어 있었기 때문에 17, 18세기를 거쳐 19세기 중반에 이르도록 식민활동은 극소수의 사람들에 의해서만 이루어졌다. 그 이후 경제체제와 사회구조의 점진적인 변화로 식민지에 대한 관심이 조금씩 커지는 가운데, 1848년 자유주의 혁명을 계기로 식민 역사는 하나의 전환기를 맞이했다. 말하자면 시민혁명이 좌절된 이후로 독일인들의 식민지 획득에 대한 인식이 새로워지면서 적극적으로 식민지 개척에 나서려는 양상으로 발전했다. 그것은 팽창주의를 경제성장의 기회로서뿐만 아니라, 좌절된 혁명으로 인한 패배감을 보상받을 수 있는 탈출구로 삼으려는 분위기가 역력했기 때문이다. 식민주의들의 대부분은 자유주의자들과 급진주의자들로서, 1848년 혁명을 경험하면서 자국의 즉각적인 식민지 획득을 갈망했던 것이다.

그러나 독일의 식민주의자들은 국가에 의한 패권주의로 빠지는 일은 경계함으로써 이웃국가들, 특히 영국과는 다른 양상을 보였다. 당시 영국은 항해조례와 1850년대부터 추진해온 자유방임주의 경제체제를 거치면서 적극적이고도 적절한 국가의 보호 하에 식민지를 건설한 대표적인 식민강국이었다. 그러나 독일의 1848년 혁명주의자들은 근본적으로 국가를 통한 식민제국 건설이 아닌, 최소한의 국가 개입 하에서 유럽 이외의 시장에서 자유로운 무역경쟁을 원하는 정도였다.

하지만 그들은 자유주의의 저항운동을 예방하려는 국가정책에 곧 수렴되어갔다. 즉 국가는 자본가와 노동자 간의 첨예한 갈등과 혁명적인 프롤레타리아트의 위협을 두려워했고, 그 결과 반혁명적·반민주적 태도를 견지하는 보수주의의 지배세력과 보조를 같이하는 데 주력했다. 그런 양상은 무엇보다 산업혁명이 진전됨에 따라 기능이나 수적인 면에서 큰 비중을 차지함에도 불구하고 주거환경과 노동환경의 악조건에 시달리는 산업프롤레타리아트의 투쟁이 불가피해진 상황에서 비롯된 결과이기도 했다. 따라서 국가와의 상호 협력관계가 불가피했던 시민계급으로서는 1848년 때와 변함없이 근대 시민사회를 확립해야 할 과제를 외면한 채 자신들의 안전과 존립을 우선시하면서 새롭게 식민활동 쪽으로 눈을 돌리고 마는 한계를 또다시 드러내고 말았던 것이다.

경제성장과 그에 따른 각계각층의 사회적인 인식 변화에는 민족주의도 한몫하면서 프로이센의 정치적 변화까지 촉구했다. 특히 1859년의 이탈리아 해방전쟁을 계기로 10여 년 만에 또다시 불어온 민족주의적 흐름은 오스트리아와의 갈등을 악화시키기에 충분했다. 민족주의 운동가들 사이에는 오스트리아의 패배를 계기로 오스트리아와 함께하든지 아니면 결별하든지, 프로이센을 찬성하든지 아니면 반대하든지 양단간의 결단을 내리라는 새로운 움직임마저 보였다.

민족주의의 복잡한 기류가 뿜어져 나오는 가운데 프로이센의 군사적 지원이 제때 이루어졌더라도 이탈리아의 강력한 민족운동에 대항하여 오스트리아가 승리할 수는 없었을 것이라는 말이 나돌았다. 그리고 오스트리아가 이탈리아에 대항하여 단독으로 전쟁을 끝고나갔더라면, 연방 또한 빈 의정서 제46항을 받아들이는 데 아무런 이견도 생기지 않았을 것이라는 주장도 나왔다. 심지어는 프랑스가 이탈리아 편에서 참전하지만 않았더라도, 프로이센이 오스트리아와의 알력관계를 부추기는 연방의 안전 문제를 두고 고심할 필요도 없었을 것이라는 반프랑스적 의견도 제시되었다.

양대 진영의 갈등은 갈수록 첨예화되었다. 한편으로는 보수주의자들과 구자유주의 진영이 친오스트리아 노선을 지지하며 프로이센의 방관자적 태도를 여전히 비난하는 반면, 다른 한편으로는 좌파 자유주의자들을 중심으로 오스트리아와 결별을 고하고, 심지어 전쟁을 해서라도 프랑스에게서 알자스를 되찾아오자는 주장까지 나왔다.

그런 상황에서 극적인 반전의 기회가 프로이센에 찾아들었다. 전쟁 책임 문제로 수세에 몰려 있던 프로이센이 9월 중순 프랑크푸르트에서 비오스트리아 영역권의 자유주의자들과 온건한 민주주의자들의 연합으로 인해 막혔던 숨통이 조금씩 열렸기 때문이다. 그것은 다름 아닌 통일과 자유를 기치로 한 '독일 국민협회(Deutscher Nationalverein)'로서 베니히젠(Rudolf von Bennigsen, 1824~1902)을 의장으로 하여 미쿠엘(Johann von Miquel, 1829~1901)을 위시한 국민자유당의 다수와 함께 좌파 자유주의 성향의 슐체-델리치(Hermann Schulze-Delitzsch, 1808~1874) 등이 그 핵심 인물들이었다.

국민협회의 창설에 힘입어 바덴바덴에서는 섭정 빌헬름을 중심으로 슐라이니츠, 알벤슬레벤, 만토이펠 등이 회합을 가졌고, 그 자리에 비스마르크도 소환되었다. 연방의회 문제와 관련된 논의에서 비스마르크는 의회의 개혁은 고사하고 아예 의회를 없애려는 과격한 주장도 서슴지 않았다. 그러나 빌헬름은 오스트리아가 주도하는 연방의회를 개혁할 생각도 없었고, 의회로 인해 프로이센에 어려움이 생길 것이라고 생각지도 않았다.

그러나 비스마르크의 입지는 자유와 통일이라는 두 가지 시대적 과제를 처리함에 있어 국민협회와는 차이를 보였다. 우선 독일 남부국가

:: 고르차코프

들의 자유주의적 열망을 과연 그 스스로 수용할 수 있는지부터 의문이었다. 그리고 대프로이센주의를 중심으로 민족주의를 추구하는 것을 보수적인 차르 체제의 러시아에 파견된 대사로서 공식적으로 인정할 수 있는지도 고려해야 할 사안이었다. 한마디로 그로서는 국민들의 염원인 자유를 인정해주면서 동시에 프로이센 왕실의 권력이 러시아로부터 간섭받지 않고 축소되지 않은 채 어떻게 독일을 통일하느냐가 문제였다.

페테르부르크의 비스마르크는 정치 · 경제 · 사회적으로 급격하게 변화하는 프로이센으로부터 눈을 떼지 않았다. 무엇보다 오스트리아와의 문제에서 새삼 무력감과 소외감을 느끼긴 했지만, 지금의 전반적인 변화 속에서 그 해법을 찾기 위해 심기일전하고자 했다. 지금의 임기가 얼마 동안 지속될지 모르지만, 그동안 실로 중요한 경험들을 쌓았고, 오히려 폴란드의 비스 강과 태평양 사이의 거대한 제국 러시아를 세밀하게 알게 된 것을 큰 소득으로 생각했다. 예컨대 러시아인들이 지닌 오스트리아에 대한 강한 증오심과 폴란드에 대한 적대감을 알았고, 무엇보다 독일의 통일 문제가 러시아의 손에도 달려 있음을 간과하지 않게 되었다.

그런 의미에서 자신보다 열일곱 살 위인 러시아 외무장관 고르차코프(Aleksandr Mikhailovich Gorchakov, 1798~1883)와의 만남은 대단한 정치적 수확이 아닐 수 없었다. 프랑크푸르트에서는 주로 독일 내 관계에 치중했다면, 대외적으로 전반적인 정황을 파악할 수 있게 해준 페테르부르

:: 1860년 3월의 비스마르크

크에서의 경력은 장차 비스마르크로 하여금 지도자로서 국정 수행을 위한 소중한 경험을 섭렵할 기회가 되었다.

1860년 여름을 보내면서 3월 혁명 당시 자유주의자들에 대항하여 오스트리아와 이해를 함께한 전형적인 보수주의자였던 비스마르크는 프랑크푸르트 시절보다 더욱 오스트리아를 멀리하게 되었다. 정치활동에 있어 두 배로 확대된 그의 시야는 무엇보다 예전과는 달리 프로이센의 이익을 독일의 이익과 동일시했다. 그것은 독일 문제를 자국의 입장에서 보다 구체적으로 파악하고 받아들이려는 폭넓은 정치적 시각을 지녔다는 뜻으로, 그로서는 패러다임의 전환이 아닐 수 없었다.

마침내 그는 오스트리아의 패배와 이탈리아의 통일로 인해 독일 내 민족주의의 열기가 커질수록 깊어가는 양국 간의 갈등을 이용하고자 했다. 오스트리아를 제외한 독일 국가들이 어떠한 형식으로든 모두 합쳐야 한다는 사실을 새로이 인식한 만큼 남부국가들은 물론 자유주의자들과의 공조도 불가피해졌다. 자유-보수주의 내각과의 연합도 거부할 수 없음을 깨닫게 된 시점에서 비스마르크는 자유주의자들을 내각에 대거 등용시킨 빌헬름의 정치노선과 자신이 크게 다르지 않음을 다행으로 여겼다.

그런데 당시 비스마르크는 건강상태가 그다지 좋지 못했는데, 부임한 지 얼마 되지 않은 1859년 6월부터 중병을 앓았다. 하지만 그는 자신의 병을 아내에게 알리지 못하도록 여동생에게 당부했고, 요한나는 남편이 습관성 요통 정도를 앓는 것으로 알았다. 비스마르크는 류머티즘에 신경성 위장병으로 고생하다가 러시아 의사의 처방이 잘못되어 상처가 덧나는 바람에 고국의 의사에게 다시 치료를 받아야 할 지경에 이르렀다.

비스마르크는 중병으로 인해 페테르부르크에서 오래 머물지 못하고 그 이듬해 3월 베를린으로 돌아왔다. 그의 병은 무엇보다 밤을 지새워가며 업무를 처리하면서 종종 앓아눕게 된 후유증 때문이었지만, 아마도 페테르부르크로 전출된 이후로 자신의 처지를 나름대로 삭히지 못한 스트레스도 한몫을 했던 것 같다. 홀로 외딴 곳에서 지난날을 돌아다보니 쉬지 않고 임무에 충실했던 프랑크푸르트에서의 8년이 보람과 감사보다는 흥분과 분노로 점철되었음을 새삼 깨닫게 된 시점에서 삶의 나머지 절반을 훌쩍 보내버린 자신을 발견했던 것이다. 아픈 몸에 회한까지 깊어 시름에 빠졌으니 심신이 쇠약해질 수밖에 없었다. "신이 원하는 대로 모든 것은 시간문제일 뿐이다. 민족과 인간, 어리석음과 현명함, 전쟁과 평화, 그 모든 것은 일시적인 문제이며, 또한 밀려왔다가 밀려나가는 큰 파도와도 같은 것이나, 바다는 늘 그대로다." 비스마르크 자신의 말대로 인생의 무상함이 그의 뇌리를 파고들었다. 그러나 입에 쓴 약이 몸에는 좋다지 않던가. 페테르부르크에서 그는 새로운 도약을 앞두고 숨고르기에 들어가야만 했다.

06 OTTO VON BISMARCK

비스마르크의 시대가
열리다

위기를 불러일으키는 수상?

1850년대의 눈부신 경제성장과는 달리 1860년대를 시작하며 독일에는
정치 전반에 불안한 기운이 감돌았다. 곳곳에서 정치적 자유주의에 박
차를 가하려는 일련의 개혁 의지가 들고일어나는 가운데 프로이센을
중심으로 한 민족국가의 통일 문제를 시대적인 목표로 부각하려는 움
직임도 다시 일어나기 시작했다. 그리고 1861년 1월 2일, 프리드리히 빌
헬름 4세가 사망함에 따라 1858년부터 이미 병환 중이던 국왕을 대신하
여 63세의 고령으로 섭정체제에 들어갔던 빌헬름이 1월 18일 쾨니히스
베르크 교회에서 왕위에 올라 빌헬름 1세가 되었다. 연이어 새 내각을
교체한 국왕은 군제개혁까지 요구하면서 국정운영에마저 순탄치 않는
기류가 감지되는 상황이었다.

　빌헬름의 요구는 의회 내 자유주의자들과 민주주의자들로 구성된 진
보당의 반대에 부딪혔고, 그로 인한 예산안 갈등이 헌법 분쟁으로 악화
될 조짐까지 보였다. 자유주의적 성향의 국왕에 한껏 기대를 걸었던 자
유주의자들은 얘기치 못한 군제개혁 문제로 인해 새 국왕과의 갈등이

불가피하다는 사실을 깨달았다. 그들로부터 충성서약을 받았던 국왕의 기대도 물거품이 되는 순간이었다.

국왕과 진보당 간의 갈등은 정치권의 핵심 이슈로 떠올랐다. 빌헬름 1세는 집권 초기 반동적인 성향의 관료들을 배제하고 자유주의자들을 중심으로 내각을 구성했지만, 그렇다고 자유주의자가 된 것은 아니었다. 보수주의자들처럼 전통적인 친오스트리아 정책노선을 추구하면서도 프로이센의 힘을 강조하고 그것을 증강하는 방법이 군사력에 달려 있다고 보는 전형적인 군국주의자이기도 했다. 이념정치를 강조하되 국력의 원천을 군사력에서 찾는 빌헬름 1세는 스스로 군인정신이 투철한 강력한 절대군주이기를 자처했다. 따라서 군복을 입은 시민 군대가 아닌 어떠한 혁명이나 전쟁에서도 용감히 싸울 수 있고 절대적으로 복종하는 신하들로 구성된 정예부대를 원했고, 군제개혁을 포기할 의사가 전혀 없었다.

1859년 이탈리아의 해방전쟁 당시만 해도 국왕은 프로이센이 중립국으로 머물기를 원했다. 그러나 이탈리아와 연합하여 오스트리아에 대항하던 프랑스의 외교적 전략을 경험한 이후, 군대의 존재와 위력을 새삼 인식했다. 그것은 향후 프랑스와의 전쟁 가능성까지 감안할 때 라인 국경 수비대를 강화해야 한다는 취지에서였다. 이탈리아 전쟁에서 오스트리아와 프랑스의 향방을 주시하면서 무엇보다 프로이센의 군사력 증강 필요성을 절감했던 그로서는 이제 다른 곳으로 눈 돌릴 겨를이 없었다. 민족국가의 통일 문제를 위시한 독일 문제를 해결하려는 움직임은 자연 뒷전으로 밀려날 수밖에 없었고, 그런 조짐은 독일 사회를 더욱 불안한 정국으로 몰아갔다.

군제개혁에 대해 강경한 입장을 고수한 빌헬름 1세는 결국 의회와의 분쟁에 빠지고 말았다. 보수주의자들은 원칙적으로 개혁을 반대하지는 않았지만, 자유주의적인 진보당의 과반수 의원들은 생각이 달랐다. 그들로서는 개혁에 따르는 국가 재정 문제를 제대로 알아보지도 않은 채 국방장관 론과의 합의만으로 군복무 기간을 2년에서 3년으로 늘리는 안건부터 받아들일 수 없었다. 게다가 군대와 관련된 모든 통제권을 장악하여 군대를 국가 안의 국가로 만드는 것으로 받아들인 그들은 충분한 검토와 사전 논의 없이 일방적으로 밀어붙이려는 국왕에 분노해마지 않았다.

군주의 독단적인 집행권에 대한 반대의사를 굳힌 진보당은 예산 승인을 거부하고 책임 있는 예산권과 이에 따른 공동결정권을 강력하게 요구했다. 그리고 1861년 12월 선거에 이어 1862년 3월 선거에서도 의석의 3분의 2 이상을 차지함으로써 그들은 자신들의 의지를 관철시킬 수 있는 토대를 확보해놓았다.

이에 국왕은 의회를 해산시켜버렸고, 새로운 내각을 구성하는 것으로 맞대응했다. 내각의 강력한 수상 후보자로 비스마르크의 이름이 여러 번 거론되긴 했지만, 국왕은 그리 달갑게 여기지 않았다. 부득이할 경우 페테르부르크의 비스마르크를 베를린으로 소환할 수밖에 없겠지만, 자신의 정치무대의 중심에 세울 만한 인물로는 여전히 부족하다고 느끼는 눈치였다. 비스마르크에 대한 왕비의 경계심과 왕실의 유보적인 태도도 그런 분위기에 한몫했다.

그러나 정국이 점점 혼란스러워지는 가운데 국왕은 더 이상 지체할 수만은 없었고, 비스마르크를 불러들이기로 결심했다. 러시아에 이어 프랑스 대사직을 맡고 있던 비스마르크는 1862년 9월 18일 휴가를 끝내고 파리로 돌아가던 도중 기다리고 기다리던 전보를 받아들었다. 그는 비로소 자신의 뜻을 펼치게 될, 평생 몸담을 국정 책임자의 길로 나아가게 될 것을 알리는 그 유명한 글귀 "지체하면 위험하오. 서두르시오!"

를 두 눈으로 확인했다. 비스마르크를 급히 필요로 하는 시국! 이제 그의 시대가 열릴 모양이었다.

그 이전 5월 말, 다소 병에서 회복한 비스마르크는 프랑스 대사로 임명되었다. 당시 그는 군제개혁의 갈등으로 인한 내각 교체설에 대해서 들은 바가 있었기 때문에 가족을 데려가지 않고 자신만 프랑스 제2제정의 수도인 파리로 거처를 옮겼다. 국왕과 의회의 갈등이 전혀 진정될 기미를 보이지 않자 그는 혹시나 하는 마음으로 더욱 갈피를 잡지 못했다. 나폴레옹 3세를 다시 접견하고 런던의 세계박람회를 기회로 영국 수상 파머스턴(Henry John Viscount Palmerston, 1784~1865)과 야당 당수 디즈레일리를 차례로 만나는 등 대외관계를 넓혀나가는 동안에도 마음 한구석에 자리한 기다림은 여전히 떨쳐버리지 못했다.

사실 몇 주 전부터 베를린의 결정이 떨어지는 대로 회신을 주기로 국방장관 론과 약속한 상황이었기에 기다리는 것 자체가 고역이기도 했다. 게다가 페테르부르크 시절부터 악화된 건강상태로 인해 다시 예전의 건강을 회복할 수 없으리라고 자주 하소연할 만큼 파리의 생활 역시 힘든 시간의 연장이었다.

결국 8월에 접어들면서 몸도 추스르고 마음의 안정도 찾을 겸 비스마르크는 프랑스 남부 등지로 여행을 떠났다. 그는 프랑스 남동부 해안의 비스케이 만에 위치한 유명한 휴양지 비아리츠에서 여장을 풀었다. 그리고 그곳에서 퇴역 장교 출신으로 러시아의 브뤼셀 대사인 오를로프(Nikolai Aleksejewitsch Orlov, 1827~1885) 후작과 13세 연하인 그의 부인 카타리나를 알게 되었다. 크림 전쟁 중 한쪽 눈을 잃은 오를로프 대사가 부상병으로 잠시 프랑크푸르트에 체류하던 당시 만난 사이였지만, 카타리나의 재치와 삶의 열정, 뛰어난 음악성에 비스마르크는 첫눈에 반해버리고 말았다.

자신의 마음 한구석에 늘 자리하고 있던 오래전에 죽은 마리를 닮아 서였는지 비스마르크는 오를로프 부인과의 만남을 통해 모처럼 젊음을 되찾았다. 한동안 그는 정치를 까맣게 잊어버릴 만큼 매일 밤 베토벤과 멘델스존을 연주하는 그녀와의 만남에 심취해 지냈다. 마치 모트리와 카이저링과의 베를린 대학 시절로 되돌아간 듯, 또는 마리와 만나던 시절의 연장인 듯 비스마르크는 오랜만에 맛보는 행복한 느낌을 여동생 말비네에게 편지로 전달하기도 했다. 과거 사법관 시보 시절 어여쁜 영국 처녀들과 차례로 휴가를 만끽하던 그때와는 또 다른 기분이었다.

나는 귀여운 공주와 함께 수영하고 함께 산책하면서 하루를 보내고 있다. 우리는 등대지기 아이의 대부모가 되었고, 서로 즐거이 '삼촌', '조카' 하는 사이도 되었다.

그 후로 요한나에게 보내는 진지하고 때로는 교훈적이기까지 한 글과는 달리, 비스마르크는 마치 마술에라도 걸린 듯 한여름 그 몇 주 간의 추억을 곱씹으며 카타리나와 글을 주고받는 사이가 되었다. 훗날 1875년 8월 4일, 자신의 삶에 신선한 활력을 되찾게 해주었던 그녀의 죽음 앞에서 그는 또 한 번 깊은 슬픔에 잠겼다. 그 이듬해 1월 4일 그는 오를로프 대사에게 보낸 편지에서 "신의 은총으로 누리던 햇빛이 사라져버렸음"에 심심한 애도를 표했다.

비스마르크가 원칙을 무시하는 사람이었더라면 오랜 시간이 지난 후 다시 찾아온 사랑의 감정으로 인해 모든 상황이 달라졌을지도 모른다. 그러나 그 무렵 그는 국가로부터 중대한 결정을 기다리던 상황이었고, 또 무엇보다도 믿고 기다리는 요한나에게 가능한 상처를 주지 않으려고 최대한 신경을 썼다.

드디어 스물다섯 시간이나 기차를 타고 9월 20일 토요일 비스마르크
는 베를린에 도착했다. 그러나 그때까지도 국왕은 최종 결정을 남겨둔
상태였다. 베를린과 포츠담 사이의 하벨 강변에 위치한 바벨스베르크
궁전에서 국왕을 알현하기까지 기다리던 이틀이라는 시간은 그에게 참
으로 길게 느껴졌다.

비스마르크는 이미 결심을 굳힌 상태였다. "대사라는 직위가 제아무
리 고되다 할지라도 혹독한 수상 자리에 비하면 훨씬 편하다"는 것을 여
러 번 언급하기도 했지만, "어려운 시기에 책임 있는 자리를 피할 수는
없다"는 생각에 사로잡혀 있었기 때문이다.

9월 22일 국왕은 이틀간의 고심 끝에 비스마르크를 프로이센 수상 겸
내각의 임시의장으로 마음을 굳혔다. 국왕과 대면하는 자리에서 비스
마르크는 의회와 맞서야 하는 국왕의 강력한 조치에 뜻을 같이할 것을
분명히 밝히면서 절대적인 충성을 서약했다.

이로써 1862년 가을 프로이센은 그야말로 일대 전환기에 접어들었
다. 자리가 자리인 만큼 주변의 반응은 11년 전 프랑크푸르트 대사직에
발탁되었던 때보다 더 냉랭했다. 그와 멀어진 보수주의자들의 〈십자신
문〉은 제쳐두더라도 수상 임명을 두고 곳곳에서 터져나온 불만의 소리
에는 최악의 표현들이 난무했다. 비스마르크 내각이 오래 버텨내지 못
할 것이라는 소문이 끊이지 않았고, 왕비 아우구스타의 불만 또한 적지
않았다. 국왕은 자신의 결정을 두고 왕비에게 미안함을 감추지 못했으
나, 진지하게 고심한 끝에 내린 불가피한 결정이었음을 토로했다.

2주 뒤인 10월 8일 최종적으로 국왕의 임명장이 떨어졌다. 난국의 상
황 못지않게 그 두 사람 모두에게 힘든 선출 과정이었다. 머지않아 독일
제국의 창건자로서 비스마르크의 정치를 극찬하게 되는 역사학자 트라
이치케(Heinrich von Treitschke, 1834~1896)도 당시에는 "권력을 장악한 완

:: 1862년의 비스마르크와 요한나

전 무례한"이라며 그를 비난했다. '독일 국민협회' 주간지도 그의 임명에 대해 "가혹하고도 최후의 멍청한 일로서 신의 은총을 막아버린 사태"라고 떠들어댔고, 〈쾰른 신문〉 역시 "동부지방의 융커들 가운데 특이하게도 웅변술과 담력을 지닌 요주의 인물"이라는 경고성 발언을 실었다.

비스마르크의 임명에는 난국을 타개할 최적임자로서 그를 국왕에 직접 천거한 론의 역할이 결정적이었다. 론은 빌헬름이 집권한 후 1859년 12월 국방장관에 임명되었고, 곧바로 군제개혁을 주장함으로써 어떻게 보면 현재의 정치적 위기상황을 촉발시킨 장본인이기도 했다. 콜베르크 근교의 프레우스하겐 출신인 그는 이미 1849년 바덴 봉기를 진압하던 때부터 줄곧 프로이센 군대의 부족한 편제에 대해 지적해왔다.

론은 주변의 다른 정치 지도자들은 믿지 않으면서도 비스마르크를 매우 신임했다. 당시 그처럼 비스마르크를 신뢰하는 인물도 찾기 어려울 정도였다. 론은 1879년 죽음 직전까지 비스마르크 수상과의 긴밀한 관계 속에서 독일의 통일을 비롯한 정치적 행보 전반에 적극적으로 동참했다.

사실 빌헬름 1세가 어려운 상황에 처하지 않았더라면 정치 중심부에서 밀려나 있던 비스마르크가 그처럼 막강한 권력을 장악하기는 불가능했을 것이다. 그러나 투쟁적인 기질로써 정치에 천부적인 능력을 발휘하게 될 그를 만나지 못했다면 빌헬름 1세 또한 어려운 상황에서 아들인 프리드리히 빌헬름(Friedrich Wilhelm, 1831~1888)에게 왕위를 넘겨야 했을지도 모른다. 물론 황태자가 아버지의 조기 퇴위를 받아들이지는 않았겠지만 말이다. 황태자는 1888년 3월 9일 빌헬름 1세가 죽고 나서 왕위에 올라 프리드리히 3세가 되지만, 불치병을 앓아 겨우 재임 99일 만에 생을 마쳤다. 자신의 병을 예감했기 때문이든 아니면 인간적인 배려 때문이든, 적어도 그는 부왕의 지위를 그렇게 물려받을 위인은 아니었다.

반대 분위기 속에서도 비스마르크의 시대는 기정사실로 굳어졌다. 비스마르크는 빌헬름 1세의 집권시기인 1888년까지 약 26년이란 긴 시간 동안 그와 연합체제를 이끌어나갔다. 두 사람 모두 서로의 신경을 건드릴 정도로 만만찮은 상대자였으나, 그 어느 쪽도 서로를 거부할 수 없는 정치적 동반자이기도 했다.

10월 중순, 비스마르크는 곧바로 가족들과 함께 빌헬름 가로 거처를 옮겼다. 이곳은 제2차 세계대전이 끝나는 1945년까지 베를린의 권력 중심지였던 곳이다.

만만찮은 정치무대의 첫선

비스마르크는 이제 국가라는 커다란 배의 새로운 항해사가 되었다. 활동영역을 넓혀나갈 조종 키를 거머쥔 그에게는 사실 군제개혁 외에도 주변국들과의 관계 등 어느 것 하나 쉬운 현안은 없었다. 대외적으로 폴란드 민족의 봉기, 그리고 이를 진압하려는 러시아를 지원하는 문제와 그로 인한 독일 내 반프로이센 분위기를 비롯하여 슐레스비히-홀슈타인을 둘러싼 덴마크와의 갈등 등 그의 결정을 기다리는 사안들이 쌓여 있었다.

그리고 무엇보다 자신의 최고 정치 목표인 오스트리아와의 동등한 이원주의도 놓칠 수 없었다. 1851년 이후 프랑크푸르트 대사 시절부터 주장해온 만큼 기존의 정치노선만을 고수하는 오스트리아와 프로이센 최고의 새로운 정치 권력자와의 갈등은 불을 보듯 뻔했다. 독일 내 두 강대국의 상황에 따라 양국의 차원을 넘어 독일 전체의 문제로 비화될 소지가 충분했다.

그러나 우선 군제개혁과 관련된 의회와의 위기국면을 타개하는 것만큼 시급한 문제가 없었다. 비스마르크는 9월 30일 처음으로 의회 예산위원회에 모습을 드러냈다. 수상으로 임명된 궁극적인 이유를 모를 리 없었기에 예견된 등장이었다. 그로서는 어떠한 경우에도 군제개혁을 성사시켜야 했겠지만, 무엇보다 군제개혁으로 인해 갈등이 첨예화된 상황을 헌법 분쟁으로까지 확산시키지 않으려는 의지를 알려야 했다.

정적들로 둘러싸인 의회에서 그는 의원들을 향해 평화의 상징인 올리브 가지를 들어올려 보이며 화친의 제스처를 취했다. 그 가지는 연인 카타리나가 아비뇽에서 자신들의 이별을 기념하기 위해 주었던 것이다.

독일은 프로이센의 자유주의가 아닌 프로이센의 힘을 중시하고 있습니다. ……프로이센은 힘을 한데 모아 여러 번 놓쳐버린 기회들을 적절한 시기에 다시 일치단결해 이용해야만 합니다. 빈 의정서에 따른 프로이센의 경계선은 견실한 정치생활에는 적절치 못했습니다. 시대의 중요한

:: 1851년 쿠데타를 통해 국민의회를 해산하고 프랑스 제2제정 시대를 연 나폴레옹 3세. 그가 프로이센의 새 수상에 오르는 비스마르크에게 '2월 혁명'에서 배운 그 무언가 유익한 것을 보여주라는 지침을 하달. 1862년 10월 18일 〈클라데라다치〉 지에 실린 숄츠(Wilhelm Scholz)의 풍자화

문제들은 1848~1849년의 큰 실수처럼 연설이나 다수결에 의한 것이 아닌 철과 피로써만 결정될 것입니다.

오늘날까지 수도 없이 인용되는 '철혈 정책'이 그의 입에서 발설되는 순간이었다. 그러나 그 발언은 의회 내 다수를 차지한 자유주의자들과의 대립 정국에 화근이 되고 말았다.

의원들은 화친의 제스처를 보이면서 강력한 프로이센을 촉구했던 비스마르크의 의도와는 달리 호전적인 도전의 의미로 받아들였고, 나아가 독일 전역에서도 즉각적인 반감을 불러일으켰다. 그 스스로 언급했듯이 "합법적인 각료이기보다는 국왕의 개인적인 신하로서 입장을 내세운 것"뿐이었지만, 사태는 걷잡을 수 없이 확산되었다. 일개 정치가나 대사가 아닌 프로이센을 대표하는 지도자가 된 지금, 사태의 심각성은 사뭇 달랐다.

위험에 처한 봉건군주를 만난 내 자신은 마치 브란덴부르크 선제후를 주군으로 모시는 봉신과도 같았다.

"당면한 상황에서 내가 할 수 있는 최대한은 국왕의 뜻을 그대로 따르는 것"이라고 서둘러 해명할 만큼 재상으로서 비스마르크의 입지는 확고하되 또 제한적이었다. 독재적인 방법을 동원하는 것이 불가피하다고 역설할 정도로 '위기상황'에서 국왕을 구출해야 하는 것을 자신의 임무로 생각한 때문이기도 했다.

그러나 그의 의도와는 달리 이미 직접적인 투쟁 선언으로 받아들인 의회 내 자유주의자들의 반응은 한마디로 냉소적이었다. 연일 의회 안팎에서 철과 피로써 펼쳐지는 '힘의 정치' 발언에 비난의 목소리가 가실 줄 몰랐다. 한층 고조된 위기상황 속에서 반대파들로서는 독일 정치의 목표와 방법뿐만 아니라 프로이센의 미래에 대해서도 신임 수상이 자신들과 생각을 달리한다는 것을 예견하고도 남았다.

프로이센은 물론 독일 곳곳에서 타협의 가능성이라고는 없는 위협감이 표출되었다. 남부독일의 자유주의자들의 경우, "난장판을 만들고 있는 융커"에 대한 반발이 극에 달했다. 10월 3일, 바덴 출신의 자유주의자 로겐바흐(Franz von Roggenbach, 1825~1907)는 3월 혁명 당시 법무장관이던 몰(Robert von Mohl, 1799~1875)에게 "비스마르크 수상과 내각을 가차 없이 쓸

:: 피르코프

어버려야 한다"고 말했다. 그는 이미 1860년 8월 25일 둥커(Max Duncker, 1811~1886)에게 보낸 편지에서 "무례함으로써 정치 경력을 쌓으려는 원칙 없는 융커"라고 비스마르크를 공격한 적이 있었다. 그리고 베를린 대학의 유명한 병리학 교수이자 진보당의 대변인인 피르코프(Rudolf Virchow, 1821~1902)도 그런 비난 대열에 가세했다.

비스마르크는 국내 정치에서처럼 장차 외교정치 부문에서도 강력한 힘의 정치를 펼치려 들 것이다.

트라이치케 또한 바덴에 거주하던 처남이자 친구인 노크(Wilhelm Nokk, 1832~1903)에게 비스마르크를 폄하하며 격분의 글을 써 보냈다.

철과 피를 떠벌리며 독일을 예속시키려는 가소로운 짓거리를 하는 그 경박한 융커는 비열하기 이를 데 없다.

비스마르크는 본래 의도와는 달리 자신의 발언을 둘러싸고 독일 전체로 확산된 반발 분위기에 난감했다. 심기가 편할 리 없는 빌헬름 1세와의 관계마저 원만해 보이지 않을 정도였다. 자유주의자들에게 불만을 품고 있던 국왕으로서는 비스마르크가 예산위원회에 등원한 사실조차 불만스러웠다.

10월 13일, 마침내 국왕은 의회를 해산하고 예산위원회가 없는 체제를 선포해버렸다. "누가 프로이센의 국왕인지를 보여주겠다"며 강력하게 맞선 것이다. 2년이 넘도록 지속된 의회와의 갈등이 노골화되어 예산안 승인이 불가능해진 상태에서 국왕이 할 수 있는 마지막 방법이었다.

그러나 시간이 흐름에 따라 상황은 비스마르크에게 나쁘지 않게 돌아갔다. 국왕이 원하는 대로 헌법 갈등을 해결하고 군제를 개편하기 위해서는 다수결로든 철혈 정책으로든 국왕에 대한 수상의 충성을 전달하기에 그보다 더 나은 기회도 없어 보였다. 국왕은 어떠한 방법을 동원해서라도 자신의 뜻을 받들겠다는 수상의 의지를 믿을 수밖에 없는 처지였다.

의회와의 갈등이 심화되자 불안감을 떨쳐버리지 못하던 국왕은 "수상과 함께 오페라 광장에서 차례로 교수형을 당하고 말 것"이라며 안절부절못했다. 그러나 비스마르크는 국왕의 그런 염려에 거침없는 답변으로 안심시켰다. "신의 자비에 의한 왕권을 피로써 증명"해 보이려는, 그야말로 "제 자신을 기꺼이 바칠 각오로 영원히 투쟁"할 것을 확언하는 신하의 충정에 어느 왕인들 신임하지 않았겠는가.

물론 폐하와 제가 죽을 수도 있겠지만, 먼저든 나중이든 죽어야 한다면 어디 그보다 더 품위 있게 죽을 수가 있겠습니까!

의회를 비롯하여 독일 내 전반적인 적대 분위기에도 불구하고 비스마르크는 불에다 기름을 들이붓듯 연이어 "왕권이 의회에 우선한다"는 발언을 내놓았다. 자신과는 정반대되는 입장을 고수한 자유주의자들에게 그 어떠한 방식으로든 협조하지 않겠다는 철칙을 천명한 셈이었다. 그리고 의회 내 적대적인 관료들에게는 물론 심지어 영국의 빅토리아 여왕의 딸과 결혼하고 자유주의적 성향을 지닌 황태자 프리드리히에게까지 행동 자제를 요구하고 나섰다.

그의 태도는 매우 엄중하고도 과감했다. 군대 개혁 문제에 직면하여 오로지 국왕 한 사람에게 절대적으로 충성했고, 더 나아가서는 프로이센의 위상을 강화하려는 그의 의지를 당해낼 자가 없어 보였다. 무엇에도 굴하지 않는 그의 기세에 의회나 언론 모두 압도당한 듯했다.

압박의 고삐를 늦추지 않으려는 듯 비스마르크는 취임 이후 4개월가량 지난 1863년 1월 말에 다시 열린 의회에서 돌연 국왕, 상원, 의회의 동등권을 주장하며, 소위 '결점 이론(Lückentheorie)'을 들고 나왔다. 결점 이론이란 국왕, 호엔촐레른 왕실, 의회 사이에 의견일치가 불가능해져 예산이 없는 상황이 발발할 경우, 전년도 예산에 준하는 징세의 권리와 함께 정부가 국영기업과 간접세의 세입 증가라는 부득이한 긴급조처를 강구할 수 있다는 비상대책이었다. 한마디로 국정 상황의 허점을 이용하여 국가의 개입을 불가피하게 만드는 궁여지책으로 제3의 방법을 거침없이 이용하려 든 것이었다. 그에게서 더 이상 주저하는 모습은 찾아보기 어려웠다.

국가의 생존이란 한시도 멈출 수가 없는 일이기에 권력을 장악한 사람으로서 나는 의지대로 대처해나갈 것이다.

그 누구도 비스마르크의 대안을 예상치 못했다. 여기저기서 또다시 분노가 들끓었다. 특히 슈베린-푸차르(Maximilian von Schwerin-Putzar, 1804~1872) 의원은 1월 27일의 의회 발언에서 "권력이 결코 법에 앞설 수는 없다"며 강력하게 맞섰다.

그러나 비스마르크는 의회가 아닌 국왕에만 책임을 지는 정부 입장만을 거듭 고수했다. 마치 프로이센 왕실의 사절단인 양 화친의 제스처나 다수결을 따르려는 움직임은 전혀 보이지 않았다. 카마릴라와 결별하면서까지 프리드리히 빌헬름 4세의 헌법 제정을 극구 변호했던 1851년 당시 자신의 모습조차 완전히 잊어버린 듯 의회 앞에서 그는 전혀 다른 모습이었다. 심지어 프로이센 의회가 "헌법 문제를 논의할 만큼 성숙하지 못하다"고 비난할 정도였다.

그러나 비스마르크의 결점 이론은 기각되었다. 정부와는 어떠한 타협도 불가능하다고 판단한 의원들이 일치단결하여 맞대응한 결과였다. 의원들은 총 239표 중 찬성 178표로써 수상과 현 체제를 바꾸지 않고서는 현재의 위기를 극복할 수 없다는 청원서까지 국왕에게 제출했다. 의회는 다시 마비 상태에 빠졌다.

극도로 첨예화된 위기의 한가운데로 내몰린 비스마르크의 정치가 첫 단추부터 흔들리고 있었다. 민영은행가 블라이히뢰더(Gerson Bleichröder, 1822~1893)가 파리에 있는 로트실트(James Baron de Rothschild) 백작에게 보낸 편지에서 보듯, 비스마르크는 "프로이센에서 드물게 인기 없이 미움만 받는 내각의 주인공"이 되어 있었다.

비스마르크는 자신이 추구하는 정책에 별다른 성과가 보이지 않을 경우 정치적 투쟁에서 생존하기 위해서라면 비합리적이며 위헌적인 독재정치의 책략이라도 스스럼없이 이용할, 끊임없이 의회와 갈등을 조장할 인물이다.

비스마르크는 세간에 '위기를 불러일으키는 수상'이라는 낙인이 찍혔다. 그런 평판은 대외 분야에서도 마찬가지였다. 때마침 1863년 1월 러시아의 지배하에 있던 폴란드 국민들이 러시아 수비대의 탄압에 맞서 독립을 요구하는 사태가 벌어졌다.

사태가 순식간에 확산되는 바람에 그로서는 잠시 국외로 눈을 돌리지 않을 수 없었다. 비록 정치적으로 온건파와 급진파가 뒤섞인 봉기였지만, 장기적으로 보아 폴란드 영토의 일부를 장악하고 있던 프로이센의 지배권에도 영향을 미칠 수 있는 사안이었기에 비스마르크는 국왕의 고급부관인 알벤슬레벤을 러시아로 급파했다. 공동의 적인 폴란드의 위협에 대해 러시아와 군사적인 공조체제를 확인하고, 수상에 오른 뒤 첫 외교무대에서 차르 정부의 노선을 탐색하기 위한 의도까지 담고 있었다.

그런데 페테르부르크와 공조체제를 주장한 수상의 결정이 국내에 알려지면서 상황이 악화되었다. 러시아와의 기존 관계를 그대로 유지하려는 측에서는 별 문제없이 반폴란드 입장을 고수하여 수상을 지지했고, 심지어 범슬라브주의자들로서 영향력 있는 자들은 폴란드에 대한 러시아의 자치권을 인정하고 러시아-프랑스와의 동맹까지 지지하는 형국이었다.

그러나 자유주의자들의 경우 폴란드의 민족주의에 열광하고 찬양하며 비스마르크의 비도덕적인 대외조치에 노골적으로 불만을 드러냈다. 특히 훗날 비스마르크 예찬자로 돌아서는 지벨(Heinrich von Sybel, 1817~1895)은 "절대왕정 러시아의 앞잡이"라며 비스마르크를 규탄했다.

> 비스마르크는 도덕적 기운이 팽배하는 전 유럽에서 엄청난 인간사냥으로 간주되는 러시아의 폴란드 지배를 돕는 공범자다.

그러나 비스마르크는 자유주의자들의 비판에 한 치의 흔들림도 없었다. 오히려 유일한 동맹국인 차르 제국 러시아와 보조를 맞추는 데 전념함으로써 페테르부르크와의 공동노선에서 일체의 양보조차 허용치 않았다. 어떻게 보면 멀리 이원주의를 목표로 삼은 그였기에 오스트리아와 원만하지 않을 관계를 고려하여 프랑스는 물론 이탈리아, 영국을 포함한 주변국들이 개입할지도 모를 국제적인 정치 상황에서 러시아와의 동행은 절대적이었을 것이다. 반드시 회유해야 할 러시아는 중유럽에서 그의 정치적 목표를 수행해나가기 위한 가장 안전한 보호망인 셈이었다.

반면 폴란드에 대해서 비스마르크는 상당히 억압적이었다. 폴란드는 1772년, 1793년, 그리고 1795년 세 차례에 걸쳐 러시아, 오스트리아, 프로이센에 의해 분할 지배되었고, 이 상태가 19세기까지 계속 이어져왔다.

그렇다고 폴란드의 상황이 그리 간단치는 않았다. 만약 세 강대국의 연합전선이 붕괴될 경우 폴란드에서 독립을 원하는 목소리가 터져나올 것은 당연했다. 특히 프로이센이 오스트리아와 긴장관계에 놓일 경우를 대비한다면, 러시아와 폴란드의 불협화음은 묵과할 일이 아니었고, 더구나 폴란드가 독립할 경우 프로이센을 영구적으로 위협하는 프랑스의 우방국이 될 가능성 또한 간과할 수 없었다. 따라서 비스마르크로서는 세 나라에 의한 폴란드의 분할 통치 문제에 누구보다 확고한 입장을 견지할 수밖에 없었다.

한편 그가 폴란드에 대해 억압정책을 편 이유는 또 있었다. 자신의 조국과 계급 그리고 그 땅의 지주로서 모든 것을 소유한 프로이센 사람으로서 그는 폴란드의 일부인 동부 프로이센 지역의 상실에 대해 원초적인 불안감을 감추지 못했다. 그에게 독립된 폴란드는 상상할 수 없는 일이었다.

따라서 100년이 넘는 폴란드의 지배에도 불구하고 사라지지 않는 폴란드의 민족주의를 두려워하는 입장을 버리지 못한 것이 그의 현실이었다. 집권 초반부터 1886년에 이르기까지 소위 게르만화 정책을 통해 폴란드의 독립을 저지하고 폴란드인의 자주독립의식을 약화시키는 데 모든 수단과 방법을 동원한 이유도 바로 그 때문이었다. 1861년 4월 14일, 그가 개인적으로 여동생에게 한 말이었지만 폴란드에 대한 그의 폭언은 이미 오만불손의 경지를 넘어서 있었다.

우리가 존속하려면 폴란드인은 뿌리채 뽑아버려야만 한다.

러시아와의 공조체제를 내세운 비스마르크의 교묘한 조치는 페테르
부르크의 한판 승부로 힘을 얻었다. 폴란드의 독립의 염원은 1863년의
마지막 봉기에서 좌절되고 말았다. 2월 8일 알벤슬레벤 협정을 체결한
러시아와 프로이센은 폴란드의 봉기에 맞서서 앞으로도 계속 공동으로
대처하기로 합의했다.

그리고 1863년 6월 1일 비스마르크는 강제칙령을 발표하고 폴란드인
에 대한 강경한 대응책을 감행했다. 대표적으로 비우호적인 모든 언론
매체의 전반적인 활동을 금지시키고 언론의 자유로운 표현도 저지했
다. 당시 〈프로이센 연보(Preußische Jahrbücher)〉와 교류조차 못한 트라이
치케는 라이프치히에서 발행하는 〈국경 전령(Grenzboten)〉지를 이용해
비스마르크 정부의 강제칙령을 대대적으로 비난했다.

비스마르크 정부의 강압조치에도 불구하고 효과는 그리 좋지 못했
다. 언론 탄압은 효력이 제한적이었고, 프로이센 대신 이웃 독일 국가들
에서 각종 인쇄물이 발표되면서 사태만 더 복잡해졌다. 뿐만 아니라, 그
일로 인해 독일 내 프로이센의 위신도 전반적으로 실추되면서 비스마
르크의 입지까지 상당히 축소되었다.

심지어 비스마르크의 횡포에 반대하던 프리드리히 빌헬름 황태자가
단치히를 방문하여 부친의 조력자인 비스마르크의 정치를 공식적으로
비판하는 연설을 감행하는 사상 초유의 일도 벌어졌다. 그 밖에 지금까
지 프로이센 중심의 독일 통일을 지지하던 '국민협회'마저 강제칙령에
반대하는 입장을 표명함으로써 머지않아 비스마르크 정치와의 결별을
예고했다. 1859년 9월, 프랑크푸르트에서 베니히젠을 의장으로 출범한
국민협회는 1863년에 이르러 회원이 2만 5000명에 달한 자유주의 단체

였지만, 비스마르크의 독주 정치가 성공해감에 따라 점차 설자리를 잃어 1867년 해체 위기에 처했다.

다선의 정책

비스마르크 집권 초반의 국정 운영은 대내외적으로 반대와 불만의 목소리에 휩싸이면서 거의 마비 상태에 빠질 조짐을 보였다. 이를 지켜보던 오스트리아 정치가들이 반격의 호기로 이용함에 따라 향후 그의 체제는 한없이 깊은 수렁으로 빨려 들어갈 형국이었다.

여기에 오스트리아는 지체 없이 자국을 지지하는 군소국들을 부추겨 비스마르크에게 8월 14일자로 독일연방의 대표단 회의를 소집하자는 안건을 냈다. 프로이센을 제외한 국가들의 그와 같은 돌출행위는 비스마르크의 전임자인 외무장관 베른스토프(Albrecht von Bernstoff, 1809~1873)도 거부했던 사안으로서 독일의 사법을 전적으로 개혁하는, 국가 생존과 관련된 문제였다. 만약 사법개혁을 위한 기관이 설치되고 오스트리아와 군소국들이 다수결로 법안을 확정할 경우, 독일 내에서 프로이센의 입지는 그만큼 약해지기 때문이었다.

오스트리아의 강경한 반응에 확실한 대안이 필요해진 비스마르크는 새해에 접어들면서 오스트리아와의 관계에 대해 본격적으로 재검토에 들어갔다. 그동안 "국내의 분쟁으로 프로이센이 약해지는 일은 없을 것"임을 수차례 항변해온 입장도 다시 한 번 확고히 할 심사였다. 비스마르크는 1856년 프랑크푸르트 대사 시절 이후 1862년 11월 말 베른스토프에게 형제 전쟁을 언급한 데 이어, 12월 4일 헝가리 귀족 출신으로 오스트리아 대사인 카롤리(Alois von Károlyi, 1825~1889)와의 좌담에서도 내비쳤듯이 양국 간의 관계가 개선되지 않는 한 전쟁이 불가피하다는 의사를 재확인시켰다.

:: 1861년의 오스트리아 황제 프란츠 요제프

메테르니히 체제 당시 독일에서 프로이센의 행동은 대단히 자유로웠던 것에 비해 빈 정부, 특히 슈바르첸베르크 내각에 이르러서는 이를 포기했다. 우리의 영향권인 북부독일의 하노버나 쿠어헤센까지 침범당하는 것은 더 이상 참을 수 없는 일이다. 프로이센은 독일에서 숨 쉴 공기가 필요하다.

오스트리아와의 첫 공식 대면에서 비스마르크의 노골적인 전쟁 발언에 카롤리 또한 재빠르게 상황판단을 했다. 독일을 두 개의 영향권으로 분리하여 독일 북부에서 우위를 차지하려는 프로이센 수상의 의지는 자칫 그 세력권을 남부로까지 확대시키려 할지 모른다는 의구심마저 들게 했다. 심지어는 "하노버나 쿠어헤센과 비교가 되지 않는 프로이센이야말로 오스트리아에게 최대의 파트너가 될 것"이라는 그의 직언에는 사뭇 위협감마저 느꼈다.

계속되는 비스마르크의 발언에는 거침이 없었다. 그는 빈 정부로 하여금 지난 시절 시도했던 남부국가들과의 관세정치에 간섭하지 말 것과 그것을 빌미로 한 군소국들과의 동맹도 경고했다. 그러면서 오스트리아가 아예 독일이 아닌 이탈리아와 근동 문제에 관심을 가질 경우, 최고의 동맹국을 얻을 것이라고 역설했다.

오스트리아가 중요한 문제를 독일에서 찾는 대신 부다페스트 쪽으로 눈길을 돌린다면, 당신네 나라의 복잡한 문제들 가운데 가장 중요하고도 결정적인 문제가 즉각 해결될 것이오.

오스트리아 문제에 관한 한 비스마르크의 의중은 흔들리지 않았다. 그는 1863년 1월 초 러시아로 여행하기 위해 베를린에 잠시 체류 중이던 오스트리아의 대사 툰-호엔슈타인에게 급히 특별면담을 요청했다. 양국이 서로에게 칼날을 세우고 있던 상황이라 사전에 그 동태를 확인할 작정이었다. 또한 장차 최악의 경우 오스트리아와 전쟁에 돌입할 경우 프랑스가 잠잠할 리 없을 것이고, 그렇다고 해서 중유럽에 어떠한 변화가 일어난들 특별한 관심도 없는 러시아로부터 확실한 군사적 원조를 보장받기도 쉽지 않음을 감안한다면 빈 정부와의 관계를 굳이 어렵게 몰고 갈 필요는 없다고 여긴 때문이기도 했다.

비스마르크는 프랑크푸르트 시절부터 툰-호엔슈타인을 알았지만, 프로이센을 무시하는 그의 오만한 태도로 인해 꽤 껄끄러운 사이였다. 그러나 그를 만나는 자리에서 비스마르크는 오스트리아와의 공조체제에 지대한 관심을 표시하며, 양국의 불화를 피하려는 의지를 확고하게 전달했다. 그리고 오스트리아의 외무장관 레히베르크-로텐뢰벤과의 만남을 제안하면서 그동안 양국 간의 불화를 일으켜온 요인들이 한순간에 제거라도 된 양 행동했다. 비스마르크가 알기로 신중하지도 예리하지도 못한 툰-호엔슈타인을 완전히 세뇌시키기란 그리 어렵지 않은 일이었다.

그러나 오스트리아 정부는 비스마르크에 대한 경계심을 늦추지 않았고 프로이센의 혼란한 틈을 타서 독일 내의 반프로이센 분위기를 강화했다. 진정한 의미의 대독일주의적 의도와는 무관하지만, 1862년 10월 결성된 '독일개혁협회(Deutscher Reformverein)'와 뷔르츠부르크 회합의 절차에 따라 개최된 협회 등을 중심으로 그러한 행동반경을 계속해서 넓혀나갔다. 독일 내 군소국들을 선동하여 자국을 중심으로 독일의 사법개혁안의 취지를 알리고 종국에는 지지부진한 독일연방의 대표단 회의까지 재빠르게 진전시키려는 의도였다.

오스트리아의 역공으로 상황이 뜻대로 돌아가지 않자, 비스마르크는 예상치 못한 대안으로 맞섰다. 그 이듬해 1월 22일 프로이센은 연방에서 즉각 탈퇴함으로써 오스트리아에 대한 외교적 압력을 행사했던 것이다. 이어 직접선거로 선출된 국민대표만이 연방의 사법개혁을 효과적으로 실행할 수 있다는 새로운 전략을 거듭 제시했다. 군소국들을 끌어들여 상황을 복잡하게 만들기 전에 국민적인 차원의 더 큰 전략을 내세워 오스트리아의 행보를 저지하려는 심사였다.

그러한 '원칙적 선포'는 비스마르크의 프로이센 중심의 정책 기조로는 참으로 믿기 어려운 전략이자 상대를 제압하는 일격이 아닐 수 없었다. 러시아의 크림 전쟁과 그 후 이탈리아의 해방전쟁을 계기로 언급했듯이 "프로이센의 이익을 독일의 이익과 동일시하고 프로이센의 발전을 가장 독일적인 것"으로 받아들였던 그가 이를 바탕으로 한 걸음 더 나아가 직접선거를 이용하여 범독일적인 차원에서 오스트리아에 반대하고 동시에 프로이센 정치를 보다 구체화하려는 것이었기 때문이다.

사실 비스마르크는 오래전부터 오스트리아가 일방적으로 주도하는 독일연방 틀 안에서의 개혁정치에 관심을 갖지 않았고, 군소국들까지 새로이 관여하는 개혁안을 진지하게 처리할 의향은 더더욱 없었다. 따라서 "양국이 상호 간에 공격할 수는 없다"는 뜻을 견지해온 그였지만, 프로이센의 동등권을 인정받고 공동으로 대외정책을 수행해나간다는 목표에 어긋나는 상황이라면 그 어떠한 험악한 정치적 조치라도 촉구하고 최후엔 동족 간 전쟁이라도 불사하겠다는 의지는 확고했다.

프로이센은 독일연방에 대한 오스트리아의 관심사에 공감하지 않을 뿐만 아니라, 오스트리아를 위한 제1의 도구에 불과한 연방과는 공동의 미래도 없다.

수상에 취임한 후 비스마르크는 의회와의 갈등과 그로 인한 헌법 분쟁을 해결하지 못한 채 결점 이론까지 제시했으나 결실을 보지 못했고, 오스트리아와의 관계에서도 성과가 없기는 마찬가지였다. 1863년 여름, 동등권의 획득이 아니라면 전쟁까지 불사하겠다는 의지로 연방 탈퇴와 직접선거제를 제시하며 빈의 정면도전에 과감하게 맞섰으나, 오스트리아 역시 그의 제안을 무시한 채 연방 개혁을 단행하는 쪽으로 방향을 굳혔다. 군소국들을 부추겨 독일 내 모든 군주들을 프랑크푸르트 의회로 소집한 오스트리아는 자국의 주도 하에 대독일 중심의 연방국가를 꿈꾸며 군주회의 의장직과 함께 권한을 장악하려 들었다. 그리고 독일 전역에 공감대를 확대해나가면서 개혁에 불참하는 프로이센을 아예 독일연방에서 배제할 심산이었다.

이로써 비스마르크는 프로이센의 난국을 타개할 해결사라기보다는 독일 전체에까지 갈등만 부추기는 분쟁자로서 논란의 한가운데에 서게 되었다. 특히 전쟁이라는 최악의 가능성까지 열어놓은 신임 수상의 이미지는 전투기에 '핵폭탄'까지 적재한 위험인물 그 자체로 비쳐졌다.

드디어 프로이센의 빌헬름 1세에게도 군주회의에 초청하는 사신이 달려왔다. 그러나 이를 그대로 받아들일 비스마르크가 아니었다. 오스트리아의 행동을 예전 그대로 변함없이 주도권을 요구하는 신호로 판단한 비스마르크는 국왕에게 참석 거부 의사를 밝히도록 강력하게 건의했다. 때마침 8월 초부터 바트 가슈타인 온천지에 요양 중이던 국왕은 수상의 뜻대로 하겠다고 알려왔다.

빌헬름 1세의 불참에도 불구하고 군주회의는 절차대로 진행되었다. 빌헬름 1세에 동조할 국가는 어디에도 보이지 않았다. 대독일주의를 촉구하는 염원과 희망의 행렬이 황제 선거와 황제 대관식을 상징하는 옛 도시 프랑크푸르트로 화려하게 이어질 뿐이었다.

8월 17일 정상회담이 개최되던 첫날 오스트리아 황제 요제프는 개회사에서 프로이센 국왕의 불참에 대해 유감을 표했고, 독일의 미래 문제가 견실하게 처리되기를 천명했다. 그런데 메클렌부르크-슈베린 공국 측에서 프로이센 국왕을 다시 한 번 초청하자고 제안함으로써 오스트리아는 찬물 세례를 받은 듯 예기치 않은 상황에 처하게 되었다.

본회의가 막 시작되는 상황에서 프로이센의 참가 여부가 문제시된 이상, 의장국인 오스트리아가 무조건 거절할 입장은 아니었다. 의장국으로서의 위신만이 아니라 자국의 목표를 수행하는 과정에서 터져나올 만한 불만의 목소리는 사전에 잠재워야 했기 때문이다. 게다가 군소국들 가운데 어느 한 나라도 프로이센이 또다시 군주회의를 거절하리라고는 생각지 못했지만, 오스트리아만은 차후에도 비스마르크가 결코 받아들이지 않을 것임을 내심 계산하고 있었기 때문이다. 결국 오스트리아는 자국이 초안한 연방개혁안을 군주회의의 기초로 삼을 것과 빌헬름 1세가 두 번째 요청에도 불참할 경우 모든 일정을 계획한 대로 시행한다는 두 가지 조건 하에 빌헬름 1세를 다시 초청하기로 했다.

이윽고 황제 요제프의 명령에 따라 총대를 메기로 한 작센의 왕 요한(Johann, 1801~1873)이 비스마르크와 함께 다음 휴양지인 바덴바덴으로 옮겨온 빌헬름 1세를 찾아 다시 한 번 군주회의에 정중히 초대했다. 불참한 한 명의 왕을 위해 19일 밤늦게 도착한 30명의 사절단에 감명을 받은 듯 빌헬름 1세는 초청을 수락하려는 눈치였다. 그러나 오스트리아의 짐작대로 비스마르크는 눈길 하나 주지 않았다. 일방적으로 밀어붙인 군주회의와 그 회의에서 추진하는 개혁안이야말로 프로이센의 정당한 권한과 국가적 이해를 무시하는 처사로 간주했기에 역시 국왕의 수락 의사를 극구 만류할 뿐이었다.

24일 딸 마리에게 보낸 비스마르크의 편지를 보면, 그와 빌헬름 1세

사이에 얼마나 격렬한 설전이 오갔는지 짐작할 수 있다. 조금도 굽히지 않는 수상의 반응에 국왕은 한발 물러서지 않을 수 없었다.

바덴바덴에서는 설상가상이었다. 가장 영악한 작센 왕이 우리 국왕의 목에다 오스트리아의 올가미를 덮어씌우려고 했다. ……가련한 국왕께 서는 신경성 발작 증세까지 일으키셨고 초죽음이 된 내게 20일은 정말 이지 힘든 하루였단다. 프랑크푸르트의 30명 국왕에게 보내는 편지를 작센 국왕에게 넘겨주고 새벽 1시에야 비로소 잠자리에 들었고 신에게 감사를 드렸다.

사실 비스마르크는 어떠한 경우에도 오스트리아와의 갈등을 원치 않 았지만, 그렇다고 오스트리아가 하는 대로 쫓아가려고도 하지 않았기 에 작센 왕을 대동한 수상 보이스트를 그대로 돌려보낼 수밖에 없었다. 적어도 프로이센 국왕이 참석하지 않은 군주회의가 실효를 거두기 어 려울 것임을 감안했던 그로서도 나름대로 오스트리아에 정면으로 도전 장을 보낸 셈이었다.

당신은 우리를 파멸시키기 위해 오셨지만, 뜻대로 되지는 않을 것입니 다. ……연방이나 평화의 붕괴가 내게는 전혀 관심사가 되지 못합니다. 우리 국왕의 건강이 더 소중하기 때문에 내가 수상으로 있는 한 목숨을 걸고 국왕의 안녕을 지킬 뿐입니다.

군주회의를 통해 영향력을 강화하려는 오스트리아의 움직임에 도전 하여 불참을 선언한 비스마르크는 뒤이어 연방의회를 중심으로 한 오 스트리아의 일방적인 개혁안에 본격적으로 맞서기로 하고 보통선거권에 의거한 국민대표제 의회주의를 본격적으로 추진하기로 했다. 비스마르크가 내놓은 국민의 직접선거에 의한 민주주의 카드는 기막힌 전략이었다.

그러나 오스트리아로서는 난감하기 이를 데 없었다. 전형적인 보수주의 군주국가로서 직접선거에 의한 의회주의를 주장하는 비스마르크의 제안을 수락할 수도 없었고, 앞장서서 군주회의를 밀고나간 만큼 군소국들의 기대를 저버릴 경우 권위를 상실할 수밖에 없었다. 게다가 국제적으로 강대국들이 반대하는 입장을 무시하고 진행시킬 수도 없었다. 자칫 잘못하다간 독일에 대한 자신들의 감독권 강화가 의미를 상실할 가능성마저 있다고 판단한 프랑스, 러시아, 영국 등이 군주회의에 대한 프로이센의 거부반응에 동조하는 시점에서는 원성이 고조되어 고립을 면하기 어려울 것이었기 때문이다.

우왕좌왕하는 사이에 독일 정치의 주도권 싸움에서 그 누구도 예상치 못한 비스마르크의 반전 카드로 인해 오스트리아는 비스마르크에게 밀려났다. 군주의회에 불참함과 동시에 의회주의의 새로운 대안까지 제시함으로써 지금까지와는 전혀 다른 입지를 표명한 그는 일차적인 목적 달성은 물론 독일 정치에 대한 자신의 대의적인 의중을 알리고도 남았다.

그러한 변화는 곧 다선의 정치노선을 예고했다. 지금까지 프로이센 사람을 자처하면서 철저하게 프로이센을 조국으로 여겼던 비스마르크였다. 그러나 프로이센만을 고집하던 그가 이제 독일인들의 공동의 조국, 공동의 독일과 공동의 조국을 내세워 연방 개혁과 관련하여 성인 남자의 보통·직접 선거에 의한 국민대표제를 제안하고 있었다. 주변국들 역시 이를 지지하는 분위기였다. 심지어 군제개혁과 관련된 헌법 문제에 직면했을 때처럼 군사 쿠데타로 해결하려 드는 빌헬름 1세의 주변 지지자들도 없지 않았지만, 비스마르크의 입장은 달랐다. 제아무리 보수·반동의 지배계층이라 하더라도 단순히 시계방향을 되돌려놓는 그런 방식으로는 더 이상의 정치를 할 수 없다는 판단을 이미 내렸던 것이다.

그렇다면 비스마르크가 원하는 프로이센이나 독일의 모습은 진정 어떤 것이었을까? 가슈타인 온천에서 국왕으로 하여금 군주회의 불참을 종용했던 그가 한 걸음 더 나아가 직접선거제를 제안하리라고는 누구도 생각지 못했다. 그러나 그보다 합리적이고 근대적이면서 또 합법적인 방안은 어디에서도 찾을 수 없는 묘책이었다.

이제 그는 18세기의 계몽절대군주와 19세기 초 슈타인-하르덴베르크의 자유주의 개혁의 영향을 많이 받은 프로이센 국가에 근대적인 안목과 시대적 전망이 절실하다는 인식을 외면하지 않으려 했다. 1814년 융커의 대변인이던 마르비츠(Friedrich August Ludwig von der Marwitz, 1777~1837)가 당시 수상인 하르덴베르크에게 보낸 편지에서 "독일인의 공동 조국에 대한 이념은 불변의 원칙"이라고 언급했듯이, "그러한 사고를 지배하는 자가 독일을 지배할 것"이라는 논리가 그의 심중에도 자리하게 되었다. 비스마르크의 프로이센 국가관에는 공동의 조국이라는 새로운 개념이 추가되었고, 또 지금의 지도자로서 그런 사고의 전환은 불가피했다. 비스마르크의 프로이센 정치에 있어서 일대 전환을 예고하는 순간이 아닐 수 없었다.

오스트리아에 대응하여 비스마르크가 내놓은 직접선거에 의한 의회주의는 묘안 중의 묘안으로서 다선의 정책적 효력을 그대로 드러냈다. 특히 2년이 넘도록 해결하지 못한 채 겉돌던 국내의 군제개혁과 그와 관련된 헌법 분쟁으로 시끄러운 상황에서 의회 내 자유주의자들과 맞설 힘이 되어주었다.

먼저 1863년 초와 여름 두 차례에 걸쳐 비스마르크는 의도적으로 전

독일노동자당(Allgemeiner Deutscher Arbeiterpartei)의 창립자 라살레(Ferdinand Lassalle, 1825~1864)와 회담을 가졌다. 보수주의 융커 출신의 정치가지만 파격적으로 보통·직접 선거제를 주장하는 비스마르크와 수적으로는 열세지만 첫 노동자당의 대표로서 독일 사회주의 노동운동가인 라살레의 만남이었다.

첫 만남에서 두 사람은 모두 자유주의자들을 겨냥했고, 보통선거권을 통해 국가의 사회정책 면에서 상호 합일점을 찾아냈다. 전독일노동자당이 창립 당시 노동자계급에 대한 시민계급의 영향력을 차단하려고 했던 점은 의회 내 자유주의자들과 헌법 갈등에 처한 비스마르크로서 상당히 구미가 당기는 부분이었다. 이와는 무관하지만, 일부 다른 나라에서도 보수주의자들 사이에서 자유주의 시민계급과는 반대로 하층계급이던 노동자들과 접촉하는 경향이 있었다. 시민계급의 영향력은 유복한 계층을 비호해주던 선거권에 기인했으므로, 그 선거권의 확대 문제는 보수주의자들의 이해관계와도 맞물려 있기 마련이었다.

결국 비스마르크는 사회주의 선동가인 라살레와의 만남을 무심하게 받아들이지 않았고, 보통선거권을 얻으려는 그의 제안을 환영해마지 않았다. 그가 주장하는 '선거권의 민주화 계획'은 도시는 물론 시골 지역으로까지 선거권을 확대함으로써 유산·교양 시민계급에 대항하는 방안인 동시에 제3계급의 선거권으로 이득을 누려온 그들에게 크나큰 두려움으로 다가올 수밖에 없는 문제였다.

시민계급에게 문제는 그뿐만이 아니었다. 사회정책 차원에서도 라살레와 비스마르크 두 사람이 뜻을 같이하기로 결정했기 때문이다. 이로써 고용자와 피고용자 간의 관계에 국가가 개입하는 권리를 주장하는 비스마르크와 국가가 그럴 수 없다는 자유주의 출신들의 관료적 사고가 부딪히는 것은 시간문제였다.

국가에 의한 사회정책을 거부한 자유주의자들의 태도에 맞서 라살레
와의 만남으로 인해 비스마르크는 어느 정도 프로이센 정부의 사회정
책적인 입장을 밝혀야만 했다. 물론 그 때문에 비스마르크가 훗날 사회
주의정책을 펼치는 것은 아니지만, 그로서는 사회문제 또한 '위로부터'
개입할 수 있다는 새로운 가능성을 일구어낸 셈이었다.

그럼에도 1863년 10월 선거에서 비스마르크 내각은 성과를 거두지
못했다. 진보당이 133석에서 141석, 자유주의 중도파가 96석에서 106석
으로 의석이 각각 늘어나면서 자유주의자들의 강세를 물리치기에는 역
부족이었다. 그의 의도만은 획기적이었지만, 그 정도로는 군제개혁과
그로 인한 헌법 분쟁을 처리하는 것이 여전히 힘겨워 보였다.

빌헬름 1세는 1865년 1월까지 의회를 소집하지 않는 것으로 선거 결
과에 대한 불만을 표출했다. 그동안 정치적으로 여러 차례 위기를 경험
한 비스마르크도 참신한 계획에도 불구하고 반대당의 일치단결된 저항
을 이겨낼 수 없음을 받아들여야만 했다. 그로서는 뭔가 새로운 돌파구
가 필요했다.

두 마리의 토끼를 붙잡다

1864년 무렵 뜻하지 않게 프로이센은 덴마크와 갈등에 휩싸였다. 덴마
크 왕실과 인척관계에 있던 독일 북부의 슐레스비히와 홀슈타인 두 공
국을 둘러싸고 양국 간의 갈등이 다시 불거진 때문이었다. 이미 1815년
나폴레옹의 침략 전쟁을 계기로 민족주의 열기가 고조되면서 절대다수
의 독일인이 거주하던 홀슈타인이 독일연방으로 복속하는 사태가 벌어
졌었다. 그 후 1848년 3월 혁명을 계기로 홀슈타인과 함께하려던 슐레
스비히의 독일인들이 분노를 터트리면서 두 지역의 합병을 요구하고
나섰다. 이로써 덴마크로부터 두 공국의 이탈을 공표하고 슐레스비히

마저 독일연방으로 복속하려는 조짐도 일어났었다.

그 결과 1848~1850년에 양국 간 첫 분쟁이 발발했다. 그러나 프로이센은 1849년 4월과 7월 두 차례에 걸쳐 런던 협약을 강요하는 강대국들의 압력과 함께 국내 자유주의의 혁명적 분위기로 인한 민중봉기 가능성을 두려워한 나머지 그 일에서 손을 떼지 않을 수 없었다. 따라서 1850년 11월 양국의 사태는 덴마크에 유리하게 끝나버렸다. 그리고 1852년 오스트리아와 프로이센 군대가 홀슈타인에서 철수함에 따라 홀슈타인의 자치권에 대한 법적 권리도 덴마크의 프리드리히 7세에게로 넘어가고 말았다.

그런데 1863년 두 공국의 문제가 재차 거론되기 시작했다. 오스트리아와 프로이센은 이미 1852년의 결과에 승복한 상태였으나, 덴마크의 새로운 국왕 크리스티안 9세(1818~1906)가 런던 협약의 조항에 반대하여 슐레스비히 지역마저 복속시키려 하면서 사태가 걷잡을 수 없이 확산되었던 것이다. 그런데 양국이 서로 대립하는 상황에서, 엄밀한 의미에서 런던 협약에서 제외된 독일연방이 장차 두 공국의 특별지휘권과 관련하여 민족법의 효력에 문제를 제기할 경우, 크리스티안 국왕이 통일적이고도 군주국인 덴마크 전체에 속한 영토라고 공포한 주장에 슐레스비히가 맞물려서 분쟁의 소지로 발전할 수 있었다.

그런 시점에서 강대국들은 여전히 현상유지 정책을 앞세웠다. 더 이상 분쟁을 일으키지 않는 가운데 자국의 이해관계에 따라 덴마크 왕국과 두 공국 간의 불가분리성, 두 지역에 대한 그뤽스부르크 혈통의 왕위계승권, 그리고 아우구스텐부르크 방계혈통의 계승권 포기 조항을 내세웠던 1852년의 런던 협약을 그대로 고수하고자 했다. 심지어 영국의 수상 파머스턴은 "그 분야에 대해 겨우 이해하고 있는 사람은 세 명으로서, 한 사람은 이미 죽었고, 다른 한 사람은 그 일로 미쳐버렸으며, 나머지 한 사람인 바로 자신은 이미 그와 관련된 모든 일을 잊어버렸다"고 조소를 던질 정도로 방관자적 자세를 취했다. 두 공국을 둘러싸고 모두가 서로 다른 행동을 취함에 따라 타협안마저 미궁에 빠진 상태였다.

그러나 당사자들의 입장은 그렇지 못했다. 상황이 그쯤 되자, 1864년 두 공국에 대한 덴마크 국왕의 지배권 주장에 대해 프로이센도 오스트리아도 아닌, 독일연방이 이의를 제기하고 나서면서 연방 집행권을 강조하는 기회를 놓치지 않았다. 1859년 이탈리아의 민족해방운동 이후 민족감정으로 한층 고무된 연방 측은 덴마크의 두 공국에 대한 완전한 할양은 물론 두 공국에 대한 특별왕위계승권을 없애버린 것에 맞서 아우구스텐부르크 혈통을 회복할 것까지 요구하며 나섰다. 민족주의자들의 경우 두 공국이 영원히 분리되지 않은 채 존립해야 한다는 1460년의 역사적인 조약까지 내세워 거세게 저항하며 가세했다.

원래 독일 내 통일의 열망을 회의적인 눈으로 바라보며 런던 협약을 이루어냈던 강대국들은 독일의 민족주의 운동이 덴마크 왕실에까지 개입하는 상황을 몹시 꺼려하는 눈치였다. 그러나 독일인들의 움직임이 예전과는 사뭇 다르다는 것 또한 의식하지 않을 수 없었다. 이를테면 두 공국의 해방 문제를 중요한 대외정치의 목표로 삼았던 3월 혁명의 경험에 힘입어 1848~1850년에 대두되었던 양국 간의 첫 분쟁 이후로 다시 부딪히게 된 현 시점에서 그들의 행동은 실로 과감하기 이를 데 없어 보였기 때문이다. 따라서 그들로서도 기존의 입장을 고수할 필요가 있는지에 대해 새로운 의문이 제기되는 시점이었다.

한편 슐레스비히-홀슈타인 두 공국의 제후권을 둘러싸고 독일연방과 덴마크 간의 오랜 분쟁이 다시 들끓기 시작하면서 덴마크 왕족인 존더부르크-그뤽스부르크(Christian von Sonderburg-Glücksburg)와 그 방계혈통인 존더부르크-아우구스텐부르크(Friedrich von Sonderburg-Augustenburg)

간의 알력도 본격화되었다.

사태의 추이를 지켜보던 독일 제후들은 독일 측의 민족자유주의 운동에 관여한 바 있던 존더부르크-아우구스텐부르크를 지지했다. 그들은 존더부르크-아우구스텐부르크를 이상적인 파트너로 추대했을 뿐만 아니라, 오스트리아와 프로이센의 개입에 힘입어 아예 두 공국의 제후로서 정권을 넘길 생각까지 품었다. 연방의회까지 뜻을 같이하여 두 공국의 사태가 심각해질 경우, 그에 맞추어 강제집행권을 결의하도록 합의에 나설 작정이었다.

그러나 비스마르크는 두 공국을 처음부터 존더부르크-아우구스텐부르크의 지배하에 두기보다는 아예 프로이센에 합병시켜 자국의 세력을 확장하는 데 더 관심이 컸다. 1848년 당시 오스트리아의 주도하에 독일연방과 민족주의 운동을 지지한 아우구스텐부르크 일가가 자국 이외에 독일 북부에 새로운 군소국으로 수립되는 것이 탐탁찮았기 때문이다. 그로서는 오히려 아우구스텐부르크 가문에 적대적이기까지 했기 때문에 프로이센의 검을 아우구스텐부르크에게 빌려주겠다는 결정을 쉽게 내리려 하지 않았다.

그렇다면 문제는 아우구스텐부르크에 대한 독일연방의 지지도를 꺾을 방법이겠으나, 그렇다고 또 프로이센이 그런 애국적인 민족주의 움직임에 선봉으로 나서야 한다는 것도 선뜻 수용할 형편이 아니었다. 빌헬름 1세까지 그것을 옹호하는 마당에 자신의 입장만 내세울 수 없었기 때문이다. 따라서 일단 반감을 접어두고 사태의 추이를 지켜보는 소극적인 자세를 취하기로 했다.

1863년 12월 20일, 비스마르크는 파리 대사 골츠(Robert Heinrich von der Goltz, 1817~1869)에게 보내는 칙령에서도 시사했듯이 적절한 시기에 덴마크와의 전쟁을 각오했다. 그리고 독일 내 동등권 문제를 두고 오스트리아와 신경전을 벌이던 상황이라 새로이 덴마크 사태에 직면하여 이웃 강대국들, 특히 러시아의 반응을 주시하는 치밀함까지 보였다.

그는 당시 독일 내의 민족주의적 변화 또한 놓치지 않았다. 체조협회나 합창단, 사격클럽 등 각종 단체를 중심으로 독일 전역에서 일어나는 민족주의 운동을 유심히 지켜볼 필요가 있었다. 한편으로는 '맥주집의 열광'과 같은 소동 따위로 돌려버리거나 단체들을 중심으로 벌어지는 그런 움직임을 '민주주의라는 덫에 걸려버린 군소국들의 행보'로 치부해버리는 등 이상의 조짐들이 자유주의 세력의 운동으로 지나치게 확산되지 않도록 저지하려는 의도 외에도 다른 한편으로 그러한 민족주의적 분위기를 최대한 이용하려는 기대도 컸기 때문이다.

비스마르크의 예상은 적중했다. 오래전부터 매듭짓지 못한 덴마크와의 갈등이 폭발하는 시점에서 국내의 소요사태가 불가피한 민족주의적 운동이고 시대적 목소리임을 국제적인 인식 속에서 호응을 도출해내는 데 그리 힘이 들지 않았다.

민족주의에 각성된 각종 시민단체들이 중심이 되어 수많은 집회를 열었지만 그러한 상황에 누구도 의심의 눈초리를 보내지 않을 정도로 독일인들의 관심은 한데 몰려 있었다. 오히려 비스마르크 정부는 그런 자국민들에게 강력하게 압력행사를 벌이는 것을 러시아에 내비침으로써 마치 국가적 비상사태가 발생한 양 부각시키고자 했다. 영국 대사에게도 슐레스비히 공격과 독일 내 혁명이라는 양자택일에 처한 독일의 '국난'을 토로하면서 덴마크의 정당성을 교묘하게 저지하는 전술을 펼쳐나갔다.

사실 비스마르크는 처음부터 덴마크 사태를 전체 독일의 문제로 다루되 최종 해결책은 프로이센을 중심으로 처리하기를 원했다. 그러기 위해서는 전격적으로 국가주의 전략을 내세우고, 국제법상으로도 그런 관점에서 엄격하게 논쟁을 주도해나갈 의향이었다. 게다가 덴마크 문제와 관련하여 아우구스텐부르크를 두고 이견을 보이는 오스트리아를 자연스럽게 같은 편으로 끌어들여야 했고, 또 누가 보더라도 독일연방을 거쳐 민족 문제에 대한 독일인들 전체의 공동 관심사라는 차원에서 다루어야 했다.

따라서 전쟁을 감행할 경우, 오스트리아와의 신경전은 잠시 뒤로 미뤄두어야 했다. 그러한 관계가 오스트리아의 영향력이 우세한 독일연방은 물론 군소국들에게까지 영향을 미칠 것은 분명했다. 그리고 그런 국면에서라면 사실상 독일연방은 더 이상 의미도 없었다. 적국이 아닌 동맹국으로서 연방 집행권을 함께 수행할 경우, 독일연방을 제외한 채 오스트리아와 더불어 처음으로 갈등이 아닌 상호협력 관계까지 맺을 수 있는 기회였다.

그러나 오스트리아와 프로이센 양국의 협력관계는 근본적으로 비스마르크의 이원주의가 극복된 상태에서 선택된 조치가 아닌 만큼 언제든 갈등을 표출시키는 도화선으로 작용될 가능성이 농후했다. 말하자면 두 공국을 합병하는 문제는 독일과 덴마크 간의 문제 해결로만 그치는 것이 아니라, 프로이센과 오스트리아 간의 문제로 확산되어 갈등의 골이 깊어지게 할 문제였기 때문이다. 그의 본심은 두 공국을 아예 프로이센에 합병함으로써 자국의 세력권을 확장하려는 것이 아니었던가. 특히 프로이센이 전쟁에서 승리할 경우, 오스트리아가 과연 비스마르크의 의도대로 따라줄 것인지도 두고볼 일이었다. 따라서 전후 처리에 있어 양국의 이해관계가 상충한다면 덴마크와의 전쟁보다 더한 일을 치러야 할지도 몰랐다.

오스트리아가 비스마르크의 교묘한 의도를 전혀 예측하지 못한 상태여서 그런 전망은 더욱 암울했다. 특히 빈의 외무장관 레히베르크-로텐뢰벤은 연방의 입장은 물론 연방법이나 군소국들의 상황 등 그 어떤 것도 고려하지 않고 비스마르크만을 바라보며 지지하고 있었기 때문에 더욱 그랬다. 오히려 그는 예전의 보수적이고 강력한 파트너와의 새로운 '협공의 시대'를 흡족히 받아들여 지난 군주회담에서 껄끄러웠던 양국 관계를 만회하는 기회로 삼는 데만 신경을 썼을 뿐 장차 자국에 치명적일 영향을 미칠 것까지는 전혀 감지하지 못했다. 믿는 도끼에 발등을 찍힐 경우 그 배신감은 배가 될 것이 분명했다.

비스마르크의 입장은 분명 레히베르크-로텐뢰벤과 달랐다. 전쟁에서 승리한 이후의 상황까지 계산하던 그로서는 시종일관 덴마크와의 전쟁을 프로이센에 일거양득이 되어줄, 비밀스런 '전초전'으로까지 생각했다.

그는 골츠에게 "베를린이 빈의 정치를 큰 것에서 사소한 것까지 주도하는 상황은 아직까지 도래하지 않았다"고 말하면서 변함없이 오스트리아의 행방을 예의주시하도록 했다. 그의 말대로 "최종 목표는 덴마크가 아닌 오스트리아가 될 수도 있다"고 하여 근본적으로는 오스트리아와의 문제에 결정적인 의미를 부여하고 있음을 시사했다. 알렉산더 대왕이 단칼에 두 줄로 끊어버렸다는 고르디우스의 매듭에 얽힌 이야기대로, 그 역시 어렵고 복잡한 문제들을 한꺼번에 해결하기를 고대하고 있었다.

마침내 오스트리아와 프로이센은 1863년 말 독일연방의 요구를 고려하지 않고 슐레스비히-홀슈타인의 계승권 폐지와 관련된 헌법을 포기할 것을 거부한 크리스티안 9세에게 최후통첩을 보냈다. 이로써 1864년 2월 1일 슐레스비히와 홀슈타인의 국경지대인 아이더에 독일군이 진격하여 8월까지 지속되는 전쟁이 눈앞의 현실로 다가왔다. 현상유지책을 고수하던 강대국들의 소극적인 태도로 보거나 연방국들이 일제히 단결

:: 1864년 4월 18일 덴마크 요새 뒤펠을 공격하여 대승을 거둔 프로이센 군대

한 상황에서 보거나, 외국의 지지까지 받기 어렵게 된 덴마크는 승산이 없는 전쟁을 치러야 할 형편이었다.

비스마르크는 민족주의 움직임을 혁명적 사태로 규정하고 "덴마크와의 전쟁으로 인해 독일에 혁명의 덫이 던져졌다"고 외쳐댔다. "기필코 독일의 위신을 세울 만한 승리를 원한다"고 목소리를 드높이긴 했지만, 그 길만이 그의 정치가 꺾이지 않고 회생할 수 있는 숨통이기도 했다.

유틀란트까지 진군한 프로이센과 오스트리아 군대는 알젠 섬까지 손쉽게 장악했고, 4월 18일 프로이센 군대의 많은 피해에도 불구하고 뒤펠 성채를 공략해나갔다. 급기야 일주일 뒤인 4월 25일부터 6월까지 런던에서 덴마크와 독일 양국 간의 타협을 시도하기 위한 국제회의가 개최되기에 이르렀다.

그러나 오스트리아와 프로이센이 런던 협약에 대한 수정까지 요구함에 따라 난항이 계속되었다. 더구나 아우구스텐부르크 문제와 관련하여 주도권을 장악하려는 연방의 대표 오스트리아에 프로이센이 반발하고 나옴으로써 회의는 아무런 성과를 거두지 못한 채 결렬되고 말았다. 영국의 개입조차 소용없는 가운데 전시 상태만 지속될 뿐이었다.

오스트리아와 프로이센 사이에 벌어져 있던 틈이 점차 그 실체를 드러냈다. 사태는 비스마르크가 예상한 대로 돌아갔다. 오스트리아 역시 군사적인 성과와 국제적으로 유리한 법적 지위를 두고 프로이센에 한 치도 양보하지 않을 태세였다. 독일의 전세가 유리해지면서 8월에 가협정이 체결되는 바람에 두 공국의 양도가 확실시된 마당이었다. 덴마크 문제의 해결이 바로 코앞에 다가왔지만 그뿐이었다. 프로이센과 오스트리아의 갈등으로 상황은 더 이상의 진전 없이 거기서 멈춰버렸다.

비스마르크는 곧바로 빈의 쉰브룬 궁전을 찾아 레히베르크-로텐뢰벤과 전후 보상을 협상하고 하루빨리 사태를 매듭짓고자 했다. 레히베르크-로텐뢰벤은 독일 북부의 '전리품'을 기대한 반면, 비스마르크는 이탈리아의 롬바르디아 회복과 토스카나의 지배권 복구에 지원할 것을 제시함으로써 덴마크 전쟁에서 획득한 두 공국의 포기를 요구하는 본격적인 교환 작전에 들어갔다. 양국의 본심이 확연히 드러난 시점이었다.

막상막하의 협상이 진행되는 가운데 빈 정부가 또 다른 사안인 독일 관세정책에서 크게 실책한 이유로 레히베르크-로텐뢰벤를 해임하고 멘스도르프-포우일리(Alexander Mensdorff-Pouilly, 1813~1871)를 새 외무장관으로 임명하는 바람에 사태에 변화가 생겨났다. 멘스도르프-포우일리는 두 공국 문제와 관련하여 프로이센과 긴밀한 관계를 가진 이후 자국의 대독일주의 운동이 피해를 보았다고 판단하면서 반프로이센 입장을 늦추지 않았다. 그는 두 공국에 대한 프로이센의 개입을 적극 차단하고자 했고, 끝내 아우구스텐부르크의 통치권을 강력하게 인정하여 독일연방의 회원국으로 가입시키는 것으로 선수를 치고자 했다.

그런데 뜻하지 않게 멘스도르프-포우일리는 새로운 공격에 직면한 관계로 사태 수습에 들어가야만 했다. 다름 아닌 제3의 독일인 군소국들이 독일연방의 실체를 고려하지 않고 프로이센과 일방적으로 덴마크 문제를 처리한 오스트리아의 무원칙한 정책을 비판하고, 함께 주도한 연방개혁안마저 실패로 받아들이고 나왔기 때문이다. 군소국들은 뻔뻔스럽기 짝이 없는 프로이센과 비겁하기 이를 데 없는 오스트리아를 모두 비판하며 공격했다. 오스트리아로서는 자국이 그토록 고수하던 체제인 독일연방이 덴마크와의 사태에서 아무런 위력을 발휘하지 못했던 점과 아울러 군소국들의 반감과 불신을 감안하여 이 문제를 서둘러 처리하지 않으면 안 되었다. 비스마르크로서도 자신들의 '동반자'인 오스트리아와 결탁하여 프로이센의 권력정치에만 관심을 쏟으면서 독일에 큰 과오를 저질렀다는 비난을 면치 못했으나, 무엇보다 자신이 의도한 대로 강화조약에서 제외된 독일연방의 무력한 실체를 드러내 보인 것만은 분명했다.

악화된 상황에도 불구하고 전후 처리에 있어 빈과 베를린 그 어느 쪽도 물러설 기미를 보이지 않았다. 멘스도르프-포우일리의 의지도 강력했지만, 비스마르크 또한 덴마크 문제에 관한 한 전혀 주도권을 빼앗기지 않을 태세였다. 그들의 화합이 일시적인 화해의 제스처에 지나지 않았음을 입증이라도 하듯 양국의 공방전은 1864년 10월 30일 빈에서의 강화조약 때 다시 벌어졌다. 그 결과 덴마크가 모든 권한을 포기하고 양도한 두 공국의 문제는 아예 아우구스텐부르크에게 상속권을 승인하지 않고 오스트리아와 프로이센이 공동 관리하는 것으로 일단락되었다.

그러나 사실 비스마르크로서는 나쁠 것도 없는 결과였다. 무엇보다 오랫동안 신경 써왔던 독일 북부를 덴마크로부터 완전히 해방시켰고 또 아우구스텐부르크의 상속을 저지시켰으니 일단 발등의 불을 끈 상태였다. 오스트리아가 두 공국을 포기하지 않으려는 상황에서 다시 수면 위로 떠오른 적대관계도 예상했던 바였다. 오히려 오스트리아에 대한 군소국들의 반감과 불신으로 연방개혁안의 틀이 깨질 조짐마저 보였기 때문에 비스마르크로서는 이래저래 쾌거가 아닐 수 없었다. 무엇보다 전후 양국의 행보로 보아 새로이 화합을 기대하기 어려워진 만큼 최대의 정치적 목표를 꿈꾸는 그로서는 덴마크 전쟁과 같은 전철을 밟을 수도 있다는 교훈을 새삼 생각지 않을 수 없었다.

비스마르크에게 유리한 결과는 그뿐만이 아니었다. 그동안 덴마크에 대항하여 오스트리아를 끌어들여 민족 간의 협조체제를 이루어내고 전쟁을 승리로 이끌었으므로 그의 위치는 보다 강화되었다. 그동안 국내 정치에서 분쟁만 일으킨다고 비난하고 반대하던 여론도 변화의 조짐이 보였다. 한꺼번에 두 마리의 토끼를 낚아챈 것이나 다름없었다.

자유주의자들의 절대다수는 비스마르크 내각에 한 푼의 예산도 승인하지 않겠다는 입장에 변함이 없었지만, 그들 가운데 민족주의 운동이 와해되고 통일을 성취하려는 이상마저 경시했던 지난날을 되돌아보고 비교하는 움직임이 일어나기 시작했다. 그들은 '비스마르크에 대한 신랄한 비판이 정당했던가?' 하는 의구심마저 갖게 되었고, 그중 일부는 '탁월한 정치가가 아닐까?' 하고 반문하기까지 했다. 끝내 덴마크의 저항을 물리치고 거둔 압도적 승리는 독일 민족주의 운동의 크나큰 성과이자 비스마르크의 정치적 업적으로 부각되었다.

이처럼 한 번의 결정적인 성공으로 인해 정치세계에서는 많은 변화가 생겨났다. 정치가들의 눈에 '경박한 시골 융커'로만 여겨지던 비스마르크가 유능한 국가원수로 비치기 시작했고, 프로이센의 지배 하에서 그리도 갈망하던 민족국가의 수립도 그리 멀지 않았다는 말들이 오갔다.

비스마르크 정치를 근본적으로 이해하지 못했던 국왕 또한 그에게 친밀감을 드러냈다. 국왕은 비스마르크의 공적을 기려 백작의 작위도 수여했다. 훗날 후작의 작위를 받을 때와 마찬가지로 비스마르크는 거기에 대해 그리 중요하게 여기는 눈치는 아니었고 무덤덤하기까지 했다. 〈북독일 알게마이네(Norddeutsche Allgemeine Zeitung)〉지가 승전 소식을 대대적으로 보도하자, 비스마르크는 재빠르게 자제할 것을 당부했다. 그리고 승리자로서 적에게 분노를 품는다거나 분노를 표출할 만한 어떠한 이유도 더 이상 없음을 밝혔다.

비스마르크에 대한 긍정적인 여론의 반응은 그칠 줄 몰랐다. 1865년 베를린 출신의 역사가이면서 의원이었던 몸젠(Theodor Mommsen, 1817~1903)이 비스마르크를 향한 '열광'이 날로 퍼져나가 그 한 사람만을 응시하고 집착하는 상황을 염려할 정도였다.

그 누구도 무엇이 옳고 무엇이 프로이센적인지 말하지 않고 더 이상 숙고하려 들지도 않는다. 사람들은 오로지 비스마르크를 찬성할 것인지 아니면 반대할 것인지에만 매달려 있다.

비스마르크 개인적으로 볼 때, 1864년 덴마크 전쟁에서 승리한 것은 1871년 독일제국을 통일하기까지 치러내는 세 차례의 전쟁 가운데 첫 번째의 결실이자 시금석이 된 것만은 분명했다. 《상념과 회상》에서 슐레스비히-홀슈타인의 결과를 가장 자랑스럽게 여기는 외교적인 업적으로 언급했던 것으로 보아 그의 정치의 시발점으로서 그 의미는 특별했다.

사실상 어려운 정치적 여건 속에서 수상에 취임하고 처음으로 감행한 대외전쟁인데다가, 의회와 왕실, 그리고 불안해하는 국왕 등 모든 반대와 위험을 무릅쓴 대가였기에 그로서는 감회가 남다를 수밖에 없었다. 무엇보다 두 공국 문제의 원활한 해결을 위해 대외적으로 러시아와 유대관계를 다져놓는 한편, 친덴마크적인 영국의 입장을 겨냥하여 자국의 혁명적인 상황까지 주지시키고, 라인 좌안지대의 할양을 기대하는 프랑스의 긴급사태까지 계산했던 치밀함은 그의 말대로 자랑스러운 업적으로서 그의 외교적 역량을 유감없이 드러낸 성과가 아닐 수 없었다.

그러나 그보다는 역시 현실적으로 두 공국에 대한 소유권을 장악하는 문제가 걸린 만큼 지금부터가 중요했다. 그동안 서로 대립하던 오스트리아와 프로이센 두 강대국이 연합하여 얻은 승전의 결과로 인한 새로운 상황이 다시 향후 독일의 정치상황을 완전히 곤란한 지경으로 몰고 갈 수도 있기 때문이었다. 더욱이 비스마르크의 동등한 이원주의의 실체가 그 뒤에 버티고 있었기 때문에 그 여파란 걷잡을 수 없는 것이었다.

그런 의미에서 덴마크 문제는 독일 북부 주변의 부차적인 문제만은 아닌, 오히려 국가법과 민족주의 정책 등의 문제들이 한데 얽혀 있는 현안으로서 비스마르크의 프로이센 정치를 실현하는 새로운 지름길인 동시에 향후 독일 정치의 물꼬를 터주는 배수로이기도 했다. 따라서 덴마크 전쟁은 장차 오스트리아와 벌이는 형제 전쟁의 실마리가 되는 진원지로서 이미 작동한 셈이었다.

덴마크 전쟁의 승리를 계기로 비스마르크는 위기를 불러일으키는 수상이라는 꼬리표를 떼어내는 데 상당히 성공했다. 그러나 위기란 여기저기에 존재했고, 또 예상치 않게 불쑥불쑥 터지는 법이었다. 전쟁의 승리가 확실해지고 몇 개월이 지난 뒤 요한나에게 보낸 편지에서 승리를 감지하던 중에도 정치의 위험성과 예측불허를 절감하지 않을 수 없었던 그는 인간적인 심정을 심히 토로했다.

인간이란 이 세상의 현자들처럼 그렇게 현명할 수도 있지만, 또한 언제든 그 다음 순간에는 어둠 속을 걸어가는 어린아이와도 같을 수 있는 그런 존재일 뿐이오.

이원주의를 던져버리다

덴마크 전쟁에서 승리한 것을 계기로 비스마르크에 대한 국내 여론은 상당히 긍정적으로 돌아섰다. 그로서는 이원주의를 내세워 오스트리아를 향한 투쟁에 박차를 가할 만한 배경이 어느 정도 마련된 셈이었다.

그러나 문제는 지금부터였다. 덴마크와의 전후 처리 과정에서 오스트리아 또한 자국의 영향권을 확대하려는 패권 다툼에서 한 치도 양보할 기색을 보이지 않았기 때문이다. 그런 상황에서 최종적인 해결책인 슐레스비히-홀슈타인 두 공국에 대한 공동 관리는 오히려 향후 대치 국면의 촉진제로 작용할 가능성이 컸다.

마침내 현실적으로 양국의 정치적 화합이 어려워지자, 이원주의마저 수정이 불가피해졌다. 이원주의의 정치 목표를 실현하는 길이 오스트리아의 정치적 행보와 직결된 만큼 오스트리아와의 전쟁은 곧 이원주의의 사망선고와도 같았다. 비스마르크는 일생 최대의 전환점을 눈앞에 두었다.

오스트리아와의 문제를 해결하는 것이야말로 나의 첫 번째 정치적 과제이고, 그것을 해결해야만 그 다음 중요한 정치적 사안들도 처리할 수 있을 것이다.

전쟁의 진원지를 불사하다

1865년 여름, 뜻하지 않게 오스트리아에서 보수-연방주의를 중심으로
한 내각 변동이 생겼다. 두 강대국을 중심으로 이루어진 전후 처리 과정
에서 소외된 군소국들의 원성을 고려한 결과이기도 했다. 이에 비스마
르크는 보수주의 원칙이라는 차원에서 다시 한 번 오스트리아와의 불
화를 해소하는 쪽으로 노력을 기울이기로 했다. 양국 간의 직접적인 충
돌만은 피할 의향이었고, 두 공국을 공동으로 관리하면서 생길 수 있는
갈등 방지를 위한 구체적인 정책이 필요하다고 생각한 때문이었다.

그의 끈질긴 노력으로 잘츠부르크의 가슈타인 휴양지에서 교섭이 재
개되었다. 8월 14일 가슈타인에서 오스트리아 측의 외교관 블로메(Otto
Blome, 1829~1906)와의 협상 끝에 차선책으로 슐레스비히와 홀슈타인을
프로이센과 오스트리아의 관할 하에 제각각 나누어 관리하는 것으로
합의를 보았다. 그 밖에 킬 항구를 연방의 항구로 두되 슐레스비히로 가
기 위해 홀슈타인을 거쳐 가는 군용도로를 프로이센의 해군기지로 삼
는 데도 동의를 얻어냈다.

가슈타인의 협정 체결로 그동안 양국 간의 공공연한 대결 양상은 다
소 완화된 듯 보였다. 그날 비스마르크는 아내 요한나에게 오랜만에 펜
을 들었다.

며칠 동안 틈이 나지 않아 당신에게 소식도 전하지 못했구려. 블로메 백
작과 나는 평화를 유지하고 갈등을 해소하기 위해 진력을 다하고 있소.
우리 측에서 서두르는 모습을 보이지 않기 위해 그제는 사냥으로 하루
를 그냥 보내기도 했소.

그랬다. 비스마르크는 상대방에게 세심한 배려와 주의를 잃지 않으

면서 철저하게 자신의 정치 목표를 향해 한 걸음씩 다가갔다. 애초부터 두 공국의 소유 문제는 아우구스텐부르크의 통치 하에 하나의 독립된 군소국으로 존립시킬 것인지 아니면 프로이센의 한 지방으로 예속시킬 것인지의 난제였다. 결국 이도저도 아닌 공동 관리로 넘어갔는데, 고심 끝에 제3의 방법으로 각자 나누어 지배하는 쪽으로 종결지은 셈이었다.

그러나 새로운 결과에 그 어느 쪽도 흡족할 수는 없었다. 그렇다고 비스마르크에게 딱히 나쁜 것도 아니었다. 아우구스텐부르크의 집권을 다시 한 번 막았으니 성과라면 성과였다. 처음부터 두 공국 모두 프로이센에 합병하는 것이 목적이긴 했지만, 슐레스비히만이라도 확보함으로써 외교상 절반의 성과를 거두었다고 할 수 있었다. 더욱이 두 공국이 나누어져 한쪽이 오스트리아의 영향권에 들어갔지만, 오스트리아는 지리적으로 멀리 떨어져 있다는 점에서 행정적으로든 재정적으로든 언제든 업무의 비효율성 문제가 발생할 수 있었으니 상대적으로 비스마르크에게 유리할 수 있는 문제였다. 따라서 지리적으로 나머지 지역의 소유 문제를 언제고 다시 쟁점화할 경우, 최남단에 위치한 오스트리아에게는 불리한 처지였다.

결과적으로 가슈타인 협정은 비스마르크에게 나쁘지 않았다. 게다가 자연스럽게 새로운 기회도 찾아왔다. 가슈타인 협정이 체결되고 얼마 되지 않아 오스트리아령인 홀슈타인의 남부에 위치한 라우엔부르크가 재정 손실을 입어 프로이센에 지원을 요청했기 때문이다. 비스마르크는 그 기회를 놓치지 않고 즉각 250만 탈러를 지원해주었고, 그 대가로 그 지역에서 프로이센이 실권을 장악할 수 있었다.

더욱이 이 사실에 분노한 오스트리아가 아우구스텐부르크를 신뢰하지 못하고 스스로 등을 돌려버림으로써 두 국가의 관계가 악화되었다. 오스트리아의 그런 태도는 화해 국면을 모색할 기회마저 차단시켜버린 서투른 외교의 한계를 드러낸 것이었고, 상대적으로 비스마르크와 아우구스텐부르크의 관계를 더욱 공고히 해주는 계기만 되었다.

한편 가슈타인 협정 이후 가을 무렵부터 프로이센은 정치적 발전을 이루어나갔다. 그러나 그에 따라 각계각층에서 쏟아져나오는 새로운 불만 또한 적지 않았다. 정당은 위기상황을 이야기했고, 무엇보다 소시민층과 프롤레타리아트 계급은 보다 강력한 조직의 결성을 주장했다.

그 영향이 확산되는 바람에 가톨릭을 중심으로 중산층의 영향력이 지배적이던 바이에른을 제외한 대부분의 남부국가에까지 소시민층과 소농들이 지배하는 민주적인 정당들이 대거 만들어지기 시작했다. 특히 소시민층도 경제적으로 영업과 거주 이전의 자유 등 민주적인 강령들을 내세우며, 정치적으로 언론, 출판, 집회, 결사의 자유와 보통선거권 및 지방자치까지 요구했다. 1865년 9월 초, 노동자들과 소시민층이 슈투트가르트에 집결하기에 이르렀고, 노동운동을 하는 노동자 단체들은 보통선거권을 주장하면서 자유민주주의 독일을 강화하는 데 한층 목소리를 드높였다.

그뿐만 아니라 소시민층의 정치적 변화 가운데 민족국가를 염원하는 방법을 둘러싸고도 의견이 분분했다. 급기야 급진적인 좌파 민주주의자들까지 가세하여 오스트리아도 프로이센도 아닌 제3의 방법인 독일 전체에 의한 연방제를 주장하며 기존의 자유주의자들이나 보수주의자들과의 대립도 불사했다.

더욱이 프로이센을 중심으로 소독일주의를 지지하던 자유주의 부르주아 시민계급으로부터 소시민층의 민주주의자들로 이행되는 그런 현실 속에서 국가민주주의까지 급물살을 탔다. 사회개혁적인 민주주의자이자 언론가인 랑게(Friedrich Albert Lange, 1828~1875)가 말한 대로 "갈등을 불러일으키는 수상의 위기 시대는 사라지고 민중의 위기 시대가 도래"

한 듯, 사회 전체는 새로운 변화와 혼란의 격동기를 맞이하고 있었다.

비스마르크 역시 그런 시대 흐름을 외면하지 않았다. 오스트리아와의 최악의 사태에서부터 덴마크 전쟁의 승전보를 거쳐 민족국가의 통일에 대한 염원에 이르기까지 그는 여론의 확산을 누구보다 잘 알고 있었다. 특히 "오스트리아와 프로이센 양국에게 독일은 너무도 작다"는 것을 새삼 깨달았기에 북부독일에서의 지배권을 고수하려는 독일의 이원주의 문제를 하루 속히 처리해야 할 필요성을 절감하던 터였다.

비스마르크는 부득이한 경우 최악의 수단인 전쟁까지 감안하면서 이를 위해 냉정한 힘의 논리를 적극적으로 고려했다. 지리적으로든 정치적으로든 장차 독일 내 경계선을 확정짓게 될 최종적인 순간이 다가오고 있었다. 일방적으로 주도권을 행사하던 오스트리아에게 당한 '올뮈츠의 굴욕', 그리고 더 거슬러 올라가서 프랑크푸르트 대사 시절의 경험을 되새겨볼 때 "프로이센의 정책적인 안전장치야말로 프로이센 스스로 취하지 않으면 안 된다"는 교훈을 거듭 확인해야 했다.

과연 독일의 강국으로서 프로이센의 안전장치는 무엇일까? 비스마르크는 그 답을 최고의 동맹국에서 찾았다. 자신이 주장하는 이원주의를 이루기 위해 오스트리아에 일방적으로 매달리지 않고, 그 대신 독일 내 상황의 상호 역학적인 관계로 눈을 돌려 그에 못지않은 '동지'와의 관계를 개선하는 쪽으로 눈을 돌렸다. 그것은 남부국가들이든 시민세력이든 오스트리아를 배제한 모든 세력과의 연합을 의미했다.

그러나 비스마르크의 그런 정치적 행보에 정통 보수주의자들의 반대가 극심했다. 그의 의지에 부응해줄 만한 지지세력이 아쉬운 상황에서 그들의 반응은 곤혹스럽지 않을 수 없었다. 한 예로 보수세력의 수장인 게를라흐의 경우, 비스마르크가 수상이 된 이후로 자신의 개인적인 영향력이 더 이상 그에게 미치지 못한다는 점을 의식했다. 그럼에도 클라이스트-레초프나 블랑켄부르크 등을 중개자로 내세워 철저한 기독교-경건주의적 종교관과 함께 정치적인 종교철학의 입장을 전달하곤 했다. 때로는 비스마르크에게 가서 교리문답서에 대해 설교해주라는 엄명까지 내리는가 하면, 1865년 10월 클라이스트-레초프의 한 편지에서 말해주듯 빈 정부와 계속해서 화해의 길을 모색하기를 간절히 바라기도 했다.

그러나 '프로이센의 정치'를 포기할 비스마르크는 아니었다. 이미 슐레스비히-홀슈타인 위기가 시작되던 무렵인 1863년 11월 6일 구약의 문체로 이교도들에 대해 한없이 저주와 분노를 쏟아낸 게를라흐의 편지에 그는 식상함을 금치 못했다.

1865년 12월 26일, 비스마르크는 기독교와 도덕적인 관점에서 자신의 정치를 반대하는 대지주 앙드레-로만(Alexander Andrae-Roman, 1821~1903)에게 보내는 크리스마스 인사에서 자신의 정치활동과 개인적인 신앙심에 대한 심경을 밝혔다.

국가원수로서 나는 단 한 번도 무분별하게 행동하지 않았소. 그럼에도 나와 관련된 문제에서는 신앙심을 자라도록 하는 명료함을 항상 얻기란 쉽지 않았기 때문에 내 감정적으로는 오히려 비겁하기까지 했소.

공인이자 정치인으로서, 그리고 한 개인 신앙인으로서 지니는 차이점에 대해 비스마르크는 많은 고뇌의 흔적을 내비쳤다. "신앙이라는 것이 정치적 명료함을 만들어주는 것이 아니라 정치적 명료함이 신앙을 이루어내는 것이고, 또 먼저 매우 합리적으로 자신의 능력을 이용하지 않고서는 신에게 의지하지 않을 것"임을 강조해마지 않았다. 정치인이자 신앙인이었던 그에게서 스스로 자신의 길을 가려는 의지만은 누구도 막기 어려워 보였다.

　그의 말대로 "내 자신에게 주어진 여러 문제들을 신에 대한 신뢰를 바탕으로 해서 명확하게 처리하는 방법이 늘 쉽지 않은 괴로운 작업"임을 너무 잘 알고 있었지만, 그렇다고 해서 자신의 결정에 두려워하지는 않았다.

삼고초려의 심정으로

막다른 길에 들어선 자의 진퇴는 자유롭지 않은 법이다. 그런 시점에서 정적을 상대로 다선의 전략을 쓸 줄 아는 비스마르크는 '프로이센의 키잡이'다운 면모를 여지없이 발휘했다. 전략가이고 수완가인 그가 "역사적 · 정치적 발전을 아무런 막힘없이 순탄하게 이루어내기란 어렵다"는 것을 너무나 잘 알고 있었던 때문일까. 이제 프로이센의 운명은 물론 자신의 정치적 생명까지도 달린 이원주의 문제를 근본적으로 극복하지 않고서는 그 다음 단계로 나아갈 수 없음을 확신하고 있던 비스마르크로서는 오스트리아와의 '담판 짓기'를 굳이 마다할 이유가 없어졌다.

　사실 프로이센의 수상이 된 이후로 그는 자신의 마음속에서 들려오는 두 영혼의 소리로 인해 자주 혼란에 빠져들곤 했다. 그렇다고 자신 안에서 싸우는 내면의 분열상을 다른 사람들에게 일일이 보여줄 수도 없었고, 자신의 수많은 계획을 어느 누구에게도 털어놓지 못했다. 결국 시시각각으로 더해가는 혼란과 갈등, 절박함과 두려움 모두 자기 혼자만의 몫일 수밖에 없었다.

　국가원수는 역사에서 기껏해야 신의 외투자락이나마 붙잡게 된다.

1865년 11월, 비스마르크는 마음을 추스르고 다시 일어섰다. "오스트리아가 프로이센을 거부한다면, 프로이센을 일개 영방국가 정도로 취급한다면, 비록 더 좋은 다른 길이 있을지라도 오스트리아를 제외하고 오스트리아에 대항하여 독자적인 힘의 정치로써 전쟁을 감행하지 않을 수 없을 것"이라는 강경한 입장을 펴면서 이원주의에 최후의 박차를 가했다.

한 노선은 오스트리아와의 동맹체제에서 혁명적인 경향에 맞서 투쟁하고 독일 제후국들의 신뢰를 고취시키면서 독일 문제를 두 강대국이 공동으로 주도해나가는 것이다. 그러나 이 길은 우리와 마찬가지로 황제의 내각 역시 두 나라가 함께하는 행동에 있어서 프랑크푸르트에서 보여준 쓸 데 없는 그런 불확실한 정치를 그만둘 때만이 좋을 것이다. 거기에는 서로 간의 솔직한 신뢰야말로 절대적이다. 나머지 다른 한 노선은 프로이센이 자국의 세력권 내에 있는 이웃국가들과 마찬가지로 연방에서도 독자적으로 자국의 영향력과 이해관계를 힘으로 획득해나가는 길이다.

역시 오스트리아의 대응도 만만찮았다. 1866년 2월, 오스트리아는 슐레스비히-홀슈타인 두 공국의 상황을 가만두지 않겠다고 맞불을 지폈다. 두 지역을 프로이센과 분담하지 않고 아우구스텐부르크의 통치권을 요구하면서 프로이센의 반격에 역공을 취했다.

비스마르크는 즉각 베를린에 주재하는 오스트리아 대사 카롤리와 회담을 가졌다. 그 자리에서 비스마르크는 두 지역의 합병이야말로 프로이센의 정치적 사활이 걸린 문제임을 강조하고 아우구스텐부르크의 통치권에 강력한 반대 의사를 표명했다. 두 공국에 대한 비스마르크의 '본심'을 벌써부터 예상했던 카롤리 역시 좀체 물러서지 않았다. 그는 "규칙을 어기는 뻔뻔한 처사"라고 비스마르크를 비판하면서 "대담한 공명심을 지닌" 노골적인 작태에 내심 경악해마지 않았다.

결국 프로이센의 각료회의에서는 전쟁이냐 평화냐 하는 문제를 화두로 삼았고, 빌헬름 1세도 극단적인 정책을 불사할 것처럼 흥분했다. 당시 황태자의 일기를 보면 그 문제가 얼마나 뜨거운 감자였는지를 알 수 있다. 그는 일기에서 "각료들 사이에 큰 의견충돌이 있었고, 비스마르크는 어떠한 희생을 치르더라도 전쟁을 감행할 태세였다"고 밝혔다.

국왕이 참석하신 가운데 각료회의가 열렸다. 비스마르크 수상은 현재의 내각을 자유주의자들로 교체하든지 국가 비상사태를 발동하든지, 아니면 전쟁을 수행하든지 하는 세 가지 안을 제시했다. 국왕은 첫 번째와 두 번째 안에는 강력하게 거부하거나 듣는 것조차 싫어하는 눈치셨지만, 마지막 안에 대해서는 어떤 반응도 보이지 않으셨다.

사태는 최악으로 전개되었다. 마치 전쟁 이외에 다른 방도가 없는 듯했다. 그럼에도 비스마르크의 생각은 그렇게 간단치만은 않았다. 한편으로는 이원주의 못지않게 오스트리아와의 동맹의 중요성과 필요성을 진지하게 생각해왔고, 무엇보다 양국 모두에게 전쟁만이 유일한 해결책이라고는 생각지 않았기 때문이다. 그러나 다른 한편으로 부득이하게 전쟁을 치러야 할 경우를 대비하여 안팎의 상황에 대한 사전점검 또한 긴요하다고 판단했다.

비스마르크는 우선 이탈리아와 프랑스 등 주변국들의 행보를 주시했다. 1866년 2월 28일, 추밀원에서는 서둘러 전쟁 준비를 위한 외교적인 조처를 감행하기로 결정한 보고서까지 나돌았다. 만일을 대비하여 이탈리아와 동맹을 맺기 위해 비스마르크가 비밀리에 피렌체로 특사를 파견할 것을 권유하는 과정에서 비롯된 결과였다. 이탈리아 수상 마르모라(Alfonso Ferrero La Marmora, 1804~1878)의 대리인 고보네(Guiseppe Govone, 1825~1872)와 프로이센 특사의 회담에서 이탈리아는 오스트리아와의 전쟁에서 승리할 경우 베네치아를 양도받는 대가로 군사 지원을 하기로 합의했다.

이탈리아와 동맹을 맺은 다음날인 4월 9일 비스마르크는 바이에른도 끌어들이기로 했다. 그리하여 바이에른과 연방군대의 최고 통수권을 나누어갖겠다는 사안을 추가시켜서 예전에 언급했던 개혁안을 다시 제시했다. 덴마크 전쟁으로 인해 불붙은 통일에 대한 염원을 기억하여 올린 그 개혁안은 오스트리아가 주장한 연방 개혁 문제에 반대하기 위해 전 국민들에 의한 보통·직접 선거로 구성된 독일 의회에 힘을 실어 각 정부들과 타협할 것을 제안하여 오스트리아를 진퇴양난으로 빠트린 적이 있었던 만큼 이번 역시 예외가 아니기를 기도한 것이었다.

그뿐만 아니라 새로 추가된 안건은 바이에른을 오스트리아 못지않은 동지로 여김으로써, 북부에서 프로이센의 군사적인 주도권을 인정해주는 대가로 남부에서는 바이에른의 주도권을 역시 인정해주겠다는 조건을 제시하고 있었다. 전쟁 문제를 외면할 수 없는 현실에서 비스마르크로서는 독일 내에서 그 적법성과 정당성을 확보하는 것이 절대적으로 중요했기 때문이다.

그럼에도 불구하고 바이에른은 남부국가들과 함께 최종적으로 오스트리아의 손을 들어주는 쪽으로 결정을 내렸다. 전쟁이 발발할 경우 오스트리아를 지지하기로 한 남부국가들은 연방 군대를 동원하는 데도 의견을 같이했다. 오스트리아가 맹위를 떨치는 연방의회 역시 프로이센의 제안을 받아들이지 않았다. 대부분의 민주주의 진영도 합스부르크 왕가에 그리 우호적인 편은 아니었지만 오스트리아를 지지하는 분위기로 돌아섰다. 다만 전쟁 후 보다 강력한 영향력을 누릴 기회를 노린 군소국들 사이에서만 민주적인 의회주의에 대해 의견이 분분할 뿐 실질적인 변화는 없었다.

불리한 상황에 처한 비스마르크는 칼자루를 다시 쥐는 심정으로 오스트리아 영내의 체코와 헝가리 등지에서 민족 봉기라도 일어나기를 은근히 기대했다.

두 국가 간에 팽팽한 신경전만이 오갔다. 오스트리아와 남부국가들의 반대에 부딪힌 비스마르크는 그럼에도 불구하고 국민대표제에 의한 의회주의 문제를 끝까지 내세우고 이를 지지하는 자들과 한 배를 타고자 했다. 그렇기 때문에 아이러니하게도 군제개혁과 헌법 분쟁의 위기와 관련하여 그가 사사건건 맞서온 자유주의자들과의 관계에 일대 변화가 생겼다. 그것이 바로 비스마르크의 현실이고 또한 정치적 전략이기도 했다.

상황은 여전히 불리했지만, "독일 국민이야말로 그 어느 때보다 프로이센 정치의 최고 동맹"이라는 비스마르크의 부르짖음에 합스부르크 왕가 못지않게 자유주의자들도 동요와 불안에 휩싸이기 시작했다. 민족주의 정서까지 들춰내어 1848년 혁명의 정신을 계승한 자유주의자들에게 다가서려는, 전략상 그들의 집산지인 의회와 민족주의 운동 집단과 더 나은 관계를 촉구하는 외침에 그들 내부에서 변화의 조짐이 엿보인 것이다.

그러나 내부의 적은 의외로 강했다. 그의 의견에 동의하며 흔들리는 자유주의자들도 적지 않았지만, 대부분은 자신들이 원하던 민족국가의 염원을 성취하려는 비스마르크가 현실적으로 전쟁을 못하도록 매달릴 수도 없었고 또 그러지도 않았다. 다만 헌법 문제로 지금까지 갈등관계에 있었기 때문에 비공개라는 조건 하에서 표결만 제안했을 뿐 자신들을 반대해온 민중들까지 선동할 의사에는 여전히 비관적이었다. 오스트리아와의 전쟁에서 승리할 경우 권력 문제와 관련하여 비스마르크와 대화가 가능하겠지만, 실패하면 프로이센 정부에 대한 혁명 사태로 자신들이 위협받게 될지도 모를 상황을 우려한 때문이기도 했다.

특히 독일에서 가장 강력한 자유주의 정당이라 할 수 있는 프로이센의 진보당 소속 의원들의 경우 입장 차이는 확연히 달랐다. 일부는 여전히 군소국들이 전쟁을 저지하도록 유도하는가 하면, 또 다른 일부는 전쟁을 지지하면서도 민중들이 전쟁 준비의 중심에 서기를 원했다. 그럼에도 그들 사이에 더 이상의 실력 행사는 없었다. 그들의 중앙위원회마저 이미 1865년부터 비스마르크의 처신에 대해 아무런 의견을 내놓지 못한 채 침묵만 지켰다. 오랜 고민 끝에 차라리 양국의 전쟁에 군소국들이 오스트리아에 대한 지원을 중단하고 중립을 지켜주기만을 고대하면서 간접적으로나마 프로이센을 지원하는 방향으로 뜻을 모으는 것이 고작이었다.

막막하기 그지없는 상황에서 비스마르크는 다시 노동자계급의 라살레와의 회동을 통해 탈출구를 찾고자 했다. 자유주의자들로서는 비스마르크와 라살레와의 두 번째의 만남을 계기로 노동자계급과의 동맹관계가 체결될 경우, 자신들의 처지가 그 어느 때보다 불리해질 것임을 계산하여 매우 불편한 심경이었다. 사회적·국가적·경제적 위기상황에 직면하여 자유주의 부르주아들의 정치적 의지는 노동자계급의 지도자들의 입장과는 확연히 대립할 수밖에 없었기 때문이다.

게다가 자유주의 부르주아들의 경우 민중들에 의한 민주적인 혁명을 더 이상 원치 않는 반면, 노동자계급은 그렇지 않았다. 비스마르크에게는 여전히 사회주의를 주창하는 노동자계급이 부르주아계급의 이상과 일치하지 않으면서 부르주아계급의 견제세력으로서 충분히 역할을 해줄 수 있는 조력자인 셈이었다.

부르주아 시민계급과 노동자계급의 중간에서 양쪽을 모두 파악하고 있던 비스마르크에게 노동자들과의 동맹은 효과적인 대안이었다. 보수 세력과 노동자계급 간의 만남은 1848년 혁명의 지지자들과 라살레의 마음을 돌려놓았다. 비스마르크의 경쟁자로 불리는 브란덴부르크의 시장 치글러(Franz Ziegler, 1803~1876)까지 "민주주의의 심장은 프로이센의 깃발이 나부끼는 바로 그곳"이라고 외치면서 지지하는 분위기로 돌아섰다.

그 이후 1866년 초 라살레를 중심으로 하는 노동자 기관인 '사회-민주주의자'의 재정난 소식을 접한 비스마르크는 자신의 정치적 견해를 수용해주는 대가로 재정적 도움도 아끼지 않았다. 실제로 그 기관의 창건자이자 공동 소유자였던 호프스테텐(Johann Baptist von Hofstetten, ?~1887)이 2500탈러를 무이자로 대출받은 사실이 나중에 알려졌다.

비스마르크는 오스트리아와의 대등한 이원주의가 불가능해지는 가운데 북부독일에서 합스부르크의 영향력을 완전히 차단하기 위한 차원에서 여러 방안을 모색했다. 밖으로는 이탈리아를, 안으로는 바이에른을 비롯하여 자유주의자들과 사회주의자들을 차례로 끌어들이는 등 다선의 정책을 시도했으나 그 결과는 미흡했다. 오스트리아를 덴마크 전쟁에 끌어들여 함께 손을 맞잡은 정책의 결과가 일시적인 현상에 그침에 따라 그로서는 오스트리아가 프로이센의 정치적 핵심과제에 더 이상 우호적인 파트너가 될 수 없는 최대의 적이라는 확신을 굳혔다. 그동안 그가 했던 전쟁 발언은 이원주의를 실현하기 위한 '협박용'에 가까운 수사이자 최선의 방비책으로 이용되었으나, 이제 이원주의와는 거리가 먼, 프로이센의 힘의 정치를 향한 그의 새로운 모습이 서서히 두각을 드러낼 시점이었다.

이제는 힘의 논리다

이탈리아와 동맹을 맺은 비스마르크는 선전포고를 미루며 정치적으로 얼마간의 여유를 갖고자 했다. 이탈리아와의 동맹은 전쟁을 수행하지 않고도 오스트리아를 위협하는 압력수단으로 작용하고 무엇보다 오스트리아에게 두 전선에서 싸워야 한다는 부담감을 안겨주는 일이었기에, 두 공국의 소유 문제를 비롯하여 전쟁과 관련된 사태의 추이를 파악할 심산이었다.

그러나 뜻하지 않게 이탈리아와의 담판 사실이 사전에 누설되는 바람에 상황이 급진전되었다. 비스마르크가 뒤늦게 사태 파악에 들어갔지만, 이탈리아가 무장을 시작하기 전에 프로이센과 비밀리에 협상한 사실에 분개한 오스트리아는 3월부터 전쟁 준비에 돌입했다. 뿐만 아니라 비밀 누설로 인해 오스트리아와 프로이센의 문제가 당사국의 차원을 벗어나 제2, 제3의 국가에까지 확산되는 바람에 양국의 전쟁 상황이 국제적인 갈등으로 전개될 조짐마저 보였다.

오스트리아와 프로이센 모두 새로운 국면을 받아들이지 않을 수 없었다. 대체 비밀이 어떻게 새어나갔을까? 피렌체로 특파된 프로이센 대사 골츠로부터 비스마르크에게로 전달되기까지 모든 절차를 철저하게 비밀에 부쳤건만 저 멀리 파리의 황제 궁에서도 내막의 전모를 알고 있었다. 양국의 협상 소식은 베를린에 주재한 오스트리아 대사 카롤리를 통해 벌써 프랑스 대사에게 전달된 상태였고, 특히 나폴레옹 3세는 자국의 대사는 물론 이미 이탈리아를 통해서도 사태를 인지한 상황이었다. 심지어 그는 3월 23일 프로이센과의 동맹관계를 망설이던 이탈리아 측의 대사 니그라(Graf Nigra, 1827~1907) 백작을 불러들여 오히려 프로이센과 일이 성사되도록 친절하게 격려하고 주선한 것으로 밝혀졌다.

프랑스는 '눈치 외교'에 빨랐다. 독일연방의 두 강대국이 서로 물러서지 않고 전쟁을 하도록 부추긴 나폴레옹 3세는 중간에서 심판관으로서 최대한의 이익을 챙길 기회만 노렸다. 프랑스의 외교관들 또한 오스트리아로 하여금 자국과 함께 반프로이센 연합을 이루도록 하기 위해 베를린에 주재한 오스트리아 대사에게 그 비밀을 폭로하고 감정을 자극한 것으로 알려졌다.

비스마르크의 의도와는 달리 4월 말에 남쪽에 배치된 오스트리아 병력이 북쪽으로 진군하면서 양국 간의 전쟁 기운이 완연해졌다. 나폴레옹 3세는 자국의 전쟁 지원과 관련된 협상 문제를 부각시키며 이곳저곳을 타진하기 시작했다. 그리고 스스로 심판관의 위치를 차지하려는 나머지 오스트리아와 동맹 절차가 진행되던 와중에 뜬금없이 비스마르크에게 접근하여 라인란트 영토 문제를 협상조건으로 제시하고 나왔다. 독일 북부의 두 공국 이외에 다른 영토가 다른 국가에 의해 '거래' 대상으로 새로이 떠오르는 순간이었다. 누구보다 독일 내 두 강대국의 전쟁을 찬성하면서도 내심 그 전쟁이 오래 지속되기만을 바라는 눈치였다.

예기치 않은 프랑스의 개입에 비스마르크는 나폴레옹 3세의 이중적인 태도를 간파하고 역시 이중적이면서도 소극적인 자세로 임하기로 결정했다. 그리하여 나폴레옹 3세의 영토 요구에 상응하는 확답을 뒤로 미룬 채 1866년 4월 말 자르브뤼켄의 광산 이용권을 국유에서 개인 소유로 변경할 가능성을 넌지시 시사했다. 결과적으로는 그 정도만으로도 나폴레옹 3세의 흥미를 자극하기에 충분했다.

나폴레옹 3세의 이중 플레이는 계속되었다. 프로이센과 이탈리아의 협약에 맞서 6월 12일 오스트리아에 대한 자국의 중립을 표명했다. 그 비밀조약의 대가로 오스트리아가 베네치아만 양도할 생각이었던 것에 반해 나폴레옹은 그 수준을 넘어 작센, 뷔르템베르크, 바이에른에 이르는 남부의 광범위한 영역까지 계산했다. 프로이센에 접근하여 라인 지역을 아예 독립국가로 수립할 계획까지 세웠던 것을 보면 그의 또 다른 협상은 사실 시작에서부터 모순이었다.

나폴레옹 3세의 행보는 국제적인 평화 유지에 대한 책임감은 고사하고 동맹 체결 상대국에 대한 기본적인 신뢰감마저 저버린 처사였다. 전쟁이라는 절박한 상황을 이용하여 국익을 챙기고 자신의 입지를 높이는 데만 급급한 나머지, 오스트리아와 프로이센을 오가며 저울질하는 그런 저속한 전술의 대가가 무엇일지 그는 생각조차 하지 못했다. 자신이 제시한 조건 모두 일방적인 허상에 지나지 않았으나, 나폴레옹 3세는 자신을 과대평가했던 것 같다.

나폴레옹 3세와 비스마르크는 전쟁이라는 같은 사건을 두고 뜻하는 바는 달랐으나 그 처리방식에서는 다를 게 없었다. 나폴레옹 3세의 경우 협상 파트너와 주고받기로 한 약속을 지키기는커녕 전쟁 당사국들을 오가며 자국의 이익을 위한 '주판알 튕기기'에만 골몰했다. 특히 오스트리아가 프로이센에 빼앗겼던 슐레지엔을 다시 회복할 생각이었지만, 그 점에 대해서는 어떠한 확고한 답변도 해주지 않는 비굴함까지 보였다.

비스마르크 역시 예외는 아니었다. 전쟁에 돌입할 경우 나폴레옹 3세의 변덕을 예측하기 쉽지 않은 데다가 그와의 타협에는 상당한 대가도 따를 것임을 간파하고, 심지어는 영국과 러시아 두 세력의 상황까지 탐문하여 포섭해놓을 정도로 전쟁 준비에 만전을 기했다. 나폴레옹 3세가 비스마르크를 너무 믿었든지, 비스마르크를 너무 몰랐든지 간에 비스마르크는 오스트리아 황제 요제프와 나폴레옹 3세의 공조를 헛일로 만들었고, 급기야는 나폴레옹 3세의 중립을 얻어내는 성과까지 거두었다.

그러나 그 역시 책임감과 신뢰감 없이 상황을 교묘하게 이용하기로는 나폴레옹 3세와 다를 바가 없었다. 오스트리아와 프랑스의 공조를 깨트리기 위해 되지도 않을 일에 미끼를 던져 사태를 조장한 이중적 처신은 분명치 못했고 교활하기까지 했다. 훗날 그는 자신의 그런 행동이 옳지 못했고, 나폴레옹 3세와의 약속을 애초부터 이행하지 않을 속셈이었음을 시인했다. 결국 프랑스로 하여금 머지않아 보복전을 꾀하도록 만드는 외교전의 실책이었고 이로 인해 그는 값비싼 대가를 치러야 했다.

전쟁이 가시화되는 가운데 오래전부터 전쟁 준비에 돌입한 오스트리아로부터 다른 반응을 기대하기란 사실 무리였다. 우선 가슈타인에 앞서 1865년 6월 30일 벨크레디(Richard Belcredi, 1823~1902), 에스테르하지(Moritz von Esterházy, 1807~1890), 멘스도르프-포우일리 등 세 명의 백작으로 새로이 구성되었던 오스트리아의 내각은 그동안 1년이 되도록 비스마르크의 연방개혁안에 대처할 어떠한 적극적인 조치도 내놓지 못할 정도로 무기력했고, 그런 소극적인 태도 앞에서 강력한 대안을 기대하기란 무리였다.

대책이라고 해봐야 봉건적인 연방체제를 그대로 유지하고 헝가리의 고위관료들과 화해하며, 프로이센의 정치 공세를 방어하면서 연방의회에서 기존의 황제 의장권을 보호하려는 수준이 고작이었다. 다만 전쟁에 임하여 귀족 출신에 성직자로서 학식과 활동력을 겸비한 수장 벨크레디와 에스테르하지는 가급적이면 프로이센과의 유혈사태를 방지하고자 했다. 그들은 프로이센의 정계에서 더 이상 실력행사를 할 수 없게 된 융커의 정통보수파들과 단짝인 인물들이었다. 특히 외무장관 멘스도르프-포우일리의 경우, 군소국들보다는 프로이센과의 화친에 비중을 두는 쪽을 택하여 빈의 황제가 베를린의 국왕을 만나 비스마르크를 해임시키는 데 뜻을 모아주기를 기대하는 눈치였다.

반면 프랑크푸르트 시절의 오랜 적수인 프로케슈-오스텐을 비롯하여 슈투트가르트의 멘스도르프와 베를린의 카롤리 등 오스트리아 측

고위외교관들은 모두 전쟁을 현실로 받아들인 상태였다. 불과 몇 달 전까지만 해도 가슈타인에서 비스마르크의 파트너였던 블로메 역시 앞장서서 비스마르크의 개혁안을 불명예스럽고도 무례한 것으로 치부했고, 국민대표제에 의한 의회주의 발언을 '의회를 이용한 위험한 혁명'이라고 비난하고 나왔다. 그는 4월 7일 친구이자 추밀원 참사관으로서 빈 외무부의 막후 실력자인 비게레벤(Ludwig Biegeleben, 1812~1872)과의 대화에서 비스마르크의 의회주의 개혁안이 불러일으킬 민주주의 바람을 심히 우려했다. 또한 양국의 갈등을 두 공국의 소유 문제 때문이 아닌 시민계급을 전복하려는 핵심적인 문제로 받아들이고, 이를 통해 독일 문제까지 해결하려는 비스마르크의 책략이라고 호언장담했다.

게다가 작센의 보이스트까지 나서서 오스트리아로 하여금 프로이센에 대응할 만한 새로운 조치를 신속하게 취하도록 가세했다. 작센과 하노버, 그리고 독일 남부국가들을 포함한 12개국이 오스트리아 편에 가담한 이상 연방 군대가 다시 동원되었고 상징적인 흑-적-황의 완장을 중심으로 뭉쳤다.

그러나 사실 전쟁이 가시화되기 이전부터 오스트리아로서는 프로이센의 위로부터의 혁명인 급진적인 연방 개혁이든 독일 전체의 아래로부터의 혁명인 시민계급에 의한 민족국가든, 자국의 기존 체제를 유지하지 못하는 한 어느 쪽도 수락할 수 없다는 것이 더 큰 문제였다. 그 무렵 재정적·정치적·도덕적으로 거의 파탄 지경에 이르렀음에도 다민족국가로서, 또 연방의 의장국으로서 전쟁 준비에 전념할 수밖에 없었던 것이 빈 정부의 현실이었다.

오스트리아가 북쪽에 병력을 주둔시키고, 또 독일 내 지지세력까지 확실하게 양분된 이상 비스마르크도 머뭇거릴 이유가 없었다. 오스트리아든 프로이센이든 양측 모두에게 전쟁을 막기 위한 최선책은 더 이

:: 1866년 코엔-블린트의 비스마르크 암살 시도. 룅링(Carl Röhling)의 스케치

상 없었고, 전쟁이 기정사실화되면서 그들 사이에 신경전만 오갔다.

비스마르크는 순식간에 남부독일에서 가장 증오하는 대상이 되어버렸다. 프로이센 내에서도 '내전'만은 피하자는 것이 일반적인 여론이었고, "비스마르크 때문에 좋은 일이 생길 리가 없다"는 불만의 목소리도 높았다. 5월 7일에는 튀빙겐 대학의 학생인 코엔-블린트(Ferdinand Cohen-Blind)가 베를린의 운터 덴 린덴 거리에서 비스마르크를 암살하려는 시도도 있었다. 다행히 비스마르크는 크게 다친 곳 없이 위기를 모면했다. 뷔르템베르크 민주주의자들의 신문인 〈베오바흐터(Der Beobachter)〉는 이 일에 대해 "한 젊은이가 조국을 악마로부터 구해내기 위해 어느 누구도 감히 하지 못한 일을 자신의 목숨을 걸고 감행한 사건이었다"고 논평했다.

전 국민이 동조한 그 암살 기도는 전혀 놀랄 일도 못 되며, 실패에 그치고 말아 그저 유감스러울 뿐이다.

그 밖에 젊은 사회민주주의자 베벨(August Bebel, 1840~1913)도 5월 20일 오스트리아와의 전쟁으로 프로이센이 독일에서 얻으려고 하는 것이 과연 무엇인지에 대해 프랑크푸르트 국민의회에 문제를 제기하며 규탄 대열에 동참했다.

독일 국민 어느 누구도 국가의 권리와 법을 오용하는 프로이센의 지배자 비스마르크를 신뢰하지 않을 것이다. 독일의 선두를 노리는 프로이센은 결코 자유주의 국가도 아니었지만 앞으로도 결단코 그렇게 되지 않을 것이다.

전쟁이 임박한 5월 한 달은 비스마르크에게 그 어느 때보다 신중하고도 힘든 시기였다. 여론에 흔들리는 국왕을 바라보며 차라리 전쟁 전에 오스트리아 스스로 이탈리아에 대한 지배적인 역할과 독일연방에서의 일방적인 우월권을 포기해주기를 바라는 심정이었다. 그러나 중순이 되면서 잠정적인 대치상태는 전시체제로 바뀌었고, 어느새 '형제 전쟁' 뉴스가 곳곳에서 들려왔다. 쌍방 간의 불화가 공식적으로 폭발 직전이었다.

긴박한 상황에서 비스마르크는 오스트리아령 홀슈타인에 군대를 주둔시켰다. 하지만 25년 뒤 오스트리아의 역사학자 프리드융(Heinrich Friedjung, 1851~1920)과의 대화에서 "단조로운 협상방식은 내 취향이 아니다"고 말한 그대로 비스마르크는 다시 한 번 다선의 외교를 통해 전쟁을 재고하도록 독려하는 진중한 면모를 보였다.

마침내 비스마르크는 전쟁 임박 직전에 두 가지 방책을 제시했다. 이는 부득이한 경우 나름대로 전쟁의 불가피함과 정당성을 안팎에 확실히 인식시켜줄 후속조처이기도 했다. 그중 하나가 프랑크푸르트 마인 강변의 선을 따라 양국이 독일에 대한 군사적인 최고지휘권을 나누자는 가블렌츠(Anton Gablentz, 1810~1878)의 제안을 끝까지 이용하는 것이었다. 전쟁을 피할 주된 방편이기는 했으나 그러한 분할은 사실 프로이센이 남부로 세력권을 확장하여 지배권을 장악하기 위한 최적의 출발지가 될 수도 있는 문제였다. 물론 오스트리아는 그 제안에 동의하지 않았다. 비스마르크는 오스트리아의 그런 부정적인 태도를 전쟁 의도로 받아들였고, 여론에 떠밀려 최종적으로 결정을 내리지 못했던 국왕을 설득할 수 있었다.

또 하나의 방책은 나폴레옹 3세가 제안한 대로 국제회의를 이용하는 방법이었다. 그러나 그것 역시 오스트리아의 동의를 받아내기 어려웠다. 나폴레옹 3세가 뜻을 같이하더라도 국제회의 소집을 구실로 다시 영토 양도 문제를 거론해올 경우, 이를 받아들이기 힘든 오스트리아가 궁지에 몰릴 수 있는 상황이었기 때문이다.

결과가 기대에 미치지 못하자 비스마르크는 6월 10일 바이에른과의 관계 개선을 위해 재차 협상을 시도했다. 남부독일에서 가장 강한 나라인 바이에른을 확실한 동지로 인정하는 한편, 독일에서 자국이 독주하지 않겠다는 입장을 밝혔다. 그리고 전쟁이 발발하기 전까지 바이에른의 뜻을 최대한 기다리고 받아들일 준비가 되어 있음을 주지시켰다. 게다가 4월 초에 발표했던 것에 덧붙여 독일에서 오스트리아를 배제하고 대규모의 국민경제 문제를 다루는 공동체를 결성하여 독일을 해상강국으로 키우겠다고 역설했다.

이 일련의 제안은 전쟁 시에 바이에른 측이 최소한 중립이라도 지키게 하기 위해서였다. 실제로 바이에른은 이 제안에 매우 동요하는 분위기가 감돌았지만, 역시 상황을 뒤엎지는 못했다.

작센을 비롯하여 다른 남부국가들의 반응도 비슷했다. 독일 북부의 17개 군소국들만이 프로이센을 지지할 뿐, 하노버와 쿠어헤센의 반대 입장도 마찬가지였다. 특히 이 두 나라에 대해서는 구태여 공격하지 않기 위해 비무장의 중립까지 요구해보았지만 허사였다. 오스트리아와 전쟁이 벌어질 경우 이들 국가의 배후 공격이라도 피해보려는 의도였지만, 이마저도 모두 거절당했다.

결국 '동맹국 찾기'에 실패한 상황에서 프로이센에 반대하는 여론이 독일 전역으로 확산되어갔고, 이에 따라 프로이센 왕실도 마음을 굳히지 못했다. 오락가락하는 국왕의 입장까지 더해지면서 비스마르크로서는 난감하기 이를 데 없었다.

1866년 6월 14일, 연방의회는 4개 군단을 동원한다는 바이에른의 제안을 수락했다. 이로써 오스트리아를 위시한 남부국가들의 전의가 더없이 확고해졌다. 이에 비스마르크는 프로이센 대사로 하여금 연방협약이 무효임을 즉각 선포하도록 명령했다. 오래전부터 전쟁 준비에 착수한 오스트리아의 움직임에 이어 연방 군대까지 공식적으로 반프로이센 전시동원 조약을 체결한 것에 대항하는 마지막 반대 의사였다.

오스트리아군의 전쟁 준비 완료와 독일연방군의 일방적인 오스트리아 지지로 비스마르크는 '형제 전쟁'의 불가피함을 새삼 절감했다. 이제 독일 내에서 절대적인 동등권을 주장했던 베를린과 이를 거부한 빈 사이에 어떤 다른 대안이나 절충안은 있을 수 없었다.

연방 군대의 집결 소식을 접한 빌헬름 1세도 이틀 뒤에 비로소 전쟁을 수용하기로 최종 결정을 내렸다. 마침내 프로이센은 최후통첩과 함께 21일 작센, 하노버, 쿠어헤센을 상대로 먼저 공격을 감행했다.

그동안 국왕은 비스마르크의 전쟁 결정에 대해 우유부단한 입장을 취했지만, 그렇다고 해서 자신의 '추종자'인 비스마르크를 교체할 만한 처지도 아니었다. 벌써부터 헌법 문제로 불편한 관계에 있던 자유주의 내각이든 소원해진 정통 보수주의의 카마릴라든 그 어떤 쪽도 자신의 편으로 내세울 수 없는 지금 오스트리아가 만반의 준비를 끝낸 마당에 좋든 싫든 전쟁 계획을 그대로 받아들일 수밖에 없었다.

랑게는 6월 24일자 〈니더라인 전령(Boten vom Niederrhein)〉지에 각계각층의 민중이 국왕과 전쟁을 지지하는 쪽으로 선회한 기사를 대서특필했다. 이런 흐름은 7월 3일 프로이센의 의회 선거 결과에 그대로 나타났다. 1865년 가을의 선거와 비교해볼 때, 보수주의자들은 불과 38석에서 123석으로 의석이 급증한 반면, 진보당은 143석에서 83석으로 대폭 감소했다.

진정한 동등권을 획득하고자 내디뎠던 투쟁의 첫걸음이 결국 전쟁에 이르고 말았다. 비스마르크가 10년 넘도록 주창한 평화적 이원주의의 꿈이 무산되는 순간이었다.

프로이센의
헤게모니를 향하여

오스트리아를 제압하다

1866년 6월 7일, 프로이센 군대가 오스트리아령 홀슈타인으로 진군했을 때만 해도 대대적인 교전은 이루어지지 않았다. 그러나 일주일 뒤 오스트리아가 연방의회에서 프로이센에 대항하는 전시동원령으로 맞서면서 상황은 급격하게 진척되었다. 프로이센군은 이틀 후인 16일 작센, 하노버, 쿠어헤센을 시작으로 진격에 나섰다. 비스마르크는 탁월한 군사 전략가인 몰트케(Helmuth von Moltke, 1800~1891)를 참모총장으로 기용했다.

이제 전쟁은 유일무이한 최종적인 해결책일 수밖에 없었다. 전쟁에 임한 비스마르크의 심정은 비장했다.

프로이센이 패배할 수도 있지만 그럴 경우 최후의 전투에서 전사할 것이며, 누구든 오직 한 번 죽을 뿐이고, 패배할 것이라면 차라리 죽는 편이 더 낫다.

:: 1857년 이후 참모총장 몰트케. 비스마르크와는 정치적 견해가 달랐지만, 특히 1870~1871년 프랑스와의 전쟁에서 그의 절묘한 전략은 비스마르크의 탁월한 지도력과 함께 승전에 결정적으로 이바지함.

그동안 양국의 초긴장 사태를 지켜본 유럽의 강대국들은 1866년 초부터 불붙기 시작한 전쟁을 기정사실로 받아들였지만, 적극적으로 개입할 의향은 보이지 않았다. 전쟁 당사국들 중 어느 쪽도 상호 간의 정치적 이해관계를 좁힐 의향을 보이지 않았기 때문에 선뜻 나서기보다는 신중한 접근이 필요하다는 인식에서였다. 프로이센과 오스트리아 모두 국운을 건 전쟁이 시작되었다.

'형제 전쟁'에서 승리하다

오스트리아와의 전쟁은 참모총장으로 임명된 몰트케가 전담했다. 몰트케는 오스트리아와의 전쟁을 낙관했다.

반면 오스트리아의 베네데크(Ludwig August Ritter von Benedek, 1804~1881) 장군은 공격이나 방어에 대해 사전에 철저하게 숙고하거나 예측하기보다는 그때그때 상황에 따라 전략을 쓰는 유형이었다. 그는 몰트케와 달리 전쟁 결과에 대해서도 부정적이었다.

초반의 전세는 백중세였다. 오스트리아는 최고지휘관인 대공 알브레히트(Erzherzog Albrecht, 1817~1863)가 쿠스토차에서 이탈리아군에 승리했고, 테게트호프(Wilhelm von Tegetthoff, 1827~1871) 함대사령관이 리사 해전에서 승리를 거두었다. 그러는 동안 북부독일에서는 프로이센군이 하노버와 쿠어헤센을 점령했다.

치열한 전투가 계속되는 가운데 양 진영은 승패를 거듭했다. 승리의 여신이 누구의 편에 서게 될지 판세는 오리무중이었다. 그러나 오래지 않아 전세는 주요 접전지인 보헤미아 지역에서 판가름이 날 모양이었다. 작센과 연합한 오스트리아군이 먼저 쾨니히그레츠에 포진했는데, 이에 굴하지 않고 몰트케의 병력이 그곳으로 진군해 들어갔다.

전쟁이 시작된 지 한 달이 채 되지 않은 7월 2일부터 쾨니히그레츠의 오스트리아군이 수세에 몰리기 시작했다. 최종적으로 베네치아까지 양도할 결심으로 오스트리아는 급히 프랑스에 중재를 요청했다. 이에 프랑스는 마치 자국의 정책이 승리라도 한 양 들뜬 분위기를 감추지 못했다.

그러나 바로 그 다음날 프랑스의 지원군이 도착하기도 전에 몰트케

:: 1866년 7월 3일 오스트리아와의 쾨니히그레츠 전투를 앞둔 프로이센의 군 지도부. 앞줄 왼쪽부터 왕자 카를, 메클렌부르크-슈베린 대공, 비스마르크, 론, 몰트케, 그리고 황제 빌헬름 1세

는 신속하고도 과감한 공격을 감행했다. "흩어져서 진군하고, 한데 모여 무찌르라!"는 가히 천재적이라 부를 만한 작전이 이루어졌다. 때 이른 오후에 슐레지엔에서 달려온 군대와 황태자가 이끄는 군대 등이 몰트케의 병력과 합류하여 양 측면에서 공격을 가했다. 3개 부대로 나누어졌던 프로이센 군대가 몰트케의 명령에 따라 다시 한 군데로 집결했을 때, 그 위세는 가공할 만했다. 피 튀기는 전쟁터를 찾은 비스마르크도 수많은 전사자와 부상자를 바라보며 남은 병사들을 향해 평화를 쟁취하기 위한 마지막 순간까지 전력을 다할 것을 독려했다.

프로이센-오스트리아의 '형제 전쟁'은 예상 밖의 짧은 기간에 프로이센군의 압도적인 승리로 끝났다. 오스트리아의 참패였다. 7월 3일, 46만 명의 프로이센 군대가 오스트리아인들의 군복을 피로 물들였다. 전사자 2000여 명과 부상자 7000여 명이 발생한 프로이센에 비해 1만 명이 넘는 전사자에 7500명의 부상자와 2만 2000명이 포로로 잡힌 오스트리아 측의 전황은 참혹하기 이를 데 없었다.

오스트리아의 요청에 출병했으나 힘 한번 써보지 못한 나폴레옹 3세는 즉각 사태의 진상을 파악하고는 자신감을 상실해버렸다. 심판관의 위치에서 프랑스의 영토를 확장하려던 그의 과욕이 무산되는 순간이었다.

전쟁은 결과를 떠나 전쟁 당사국들은 물론 지원국들에게 여러 가지 교훈과 시사하는 바를 남겼다. 먼저 프로이센 승리의 근원에는 앞서 언급한 군사적인 작전뿐만 아니라, 월등한 기술 우위가 작용했다. 프로이센은 최초로 근대적인 기술인 전신과 열차를 이용하여 뛰어난 정보력과 기동력을 보유했고, 또 새로 개발한 후장식 소총으로 무장하여 전투력도 압도적이었다. 튀링겐을 비롯하여 북부의 몇몇 나라만이 프로이센을 지지했던 반면 나머지 국가들 모두 오스트리아의 편을 든 상황이었지만, 뛰어난 기동력에 정보력까지 갖춘 프로이센의 우세한 전력을 막을 길이 없었다.

그에 비해 오스트리아의 패배에는 그럴 만한 이유가 충분했다. 사실 전쟁 직전에 헤센-다름슈타트와 나사우 공국만이 군대를 출병할 수준이었을 뿐 다른 대부분의 우방국들은 프로이센 군대에 대항하려는 의지조차 갖추지 못한 상태였다. 그뿐만 아니라 그들 가운데 최강국인 바이에른의 경우, 비스마르크의 감언이설이 작용한 탓도 있었겠지만, 정치적·군사적 주도권 문제를 비롯하여 친오스트리아도 친프로이센도 아닌 자국의 여론 탓에 최종적으로 오스트리아 편에 서기까지 비교적 많은 시간을 소진했다. 따라서 지식인들을 중심으로 군의관을 징집하는 문제조차 힘들 지경이었다.

수세에 몰린 동맹국에 아무런 도움이 되지 못한 프랑스의 신중하지 못한 처신도 패배에 한몫을 했다. 사실 쾨니히그레츠의 승리가 프로이센의 최종적인 승리를 의미하기에는 이른 감이 없지 않았다. 천재적인 작전이었다고는 하지만 전체적인 전세는 프로이센에게 유리한 것만도 아니었다. 예컨대 최후의 승전보가 울리기까지 가장 치열했던 쾨니히 그레츠 전투의 위급한 상황에서 황태자 프리드리히 빌헬름이 지휘하는 군대가 나머지 두 군대와 합류하는 것이 조금만 지체되었어도 프로이 센의 승리를 예측하기란 어려운 현실이었다. 또한 프로이센 진영의 식 량이나 군수물품의 보유량이 점점 줄어들었는가 하면, 콜레라까지 창 궐하여 병사들의 사기도 떨어지기 시작하던 터였다.

따라서 프랑스 측에서 신속하게 지원군을 보냈더라면 전세를 얼마든 지 바꿔놓을 수도 있었고, 아니면 적어도 재빠른 중재를 통해 양국의 피 해를 줄일 수도 있었다. 그러나 나폴레옹 3세에게 그런 기회는 주어지 지 않았다. 이로써 그는 오스트리아와 약속한 부분적인 전시동원령을 제대로 발휘해보지도 못함으로써 오스트리아의 패전을 지켜보는 치명 적인 오점을 남길 수밖에 없었다.

비스마르크를 향한 환호성이 곳곳에서 쉴 새 없이 울려퍼졌다. 승전 소식에 애국의 분위기는 고양되었고, 여론은 감동의 물결 그 자체였다. 프로테스탄트의 〈할레 민중(Hallesche Volksblatt)〉지는 쾨니히그레츠의 성 과를 대서특필하며 프로이센의 도덕적·정신적 우월성을 찬양해마지 않았다. 쾨니히그레츠에서의 승전일인 1866년 7월 3일 의회에서도 자 유주의자들이 거의 100석에 가까운 의석을 보수주의자들에게 잃어야 했다. 전쟁이 완전히 끝나기 전부터 들려온 쾌거에 의회 분위기가 싹 달 라졌던 것이다.

비스마르크의 대승 소식은 전 유럽에 빠르게 전해졌다. 특히 가톨릭 의 중심국가인 오스트리아의 패전 소식은 로마 교황청에 찬물을 끼얹 었다. 그 소식을 전해듣고 경악한 교황청의 국무장관 안토넬리(Giacomo Antonelli, 1806~1876) 추기경은 "세상이 무너졌다, 세상이 무너졌어!"라고 외쳤다. 영국의 〈스펙테이터(The Spectator)〉지도 프로이센이 일순간에 유럽의 최대강국으로 부상했음을 부인하지 않았다.

어려운 시기에 프로이센의 수상이 된 비스마르크는 거의 '최악의 전쟁'에서 대승을 거두었다. 승리하기 전까지만 해도 죽음의 무덤과 국민적 영웅이라는 갈림길에 서 있던 그였다. 그러나 이제는 그 스스로 "적군 모두를 이겼노라!"고 외칠 수 있을 정도로 정상의 위치에 올라섰다.

비스마르크의 영광이 빛나던 곳에 참모총장 몰트케의 공훈도 함께 칭송되었다. 몰트케와 비스마르크 두 사람은 서로 화합할 만한 사이는 아니었으나, 몰트케의 절묘한 전략은 비스마르크의 탁월한 지도력과 함께 승리에 결정적으로 이바지했다. 몰트케가 없었더라면, 그리고 그 몰트케의 능력을 인정하고 그를 발탁하지 못했더라면 이후 비스마르크의 영광은 지속되기 어려웠을 것이고, 독일제국의 창건에 성큼 다가서지 못했을 것이다.

프로이센 최고의 위대한 영웅! 그것도 군 경력이라고는 초라하기 짝이 없던 비스마르크가 전쟁의 승리로 영예의 관을 썼다. 식을 줄 모르고 가열된 승리의 목소리가 그의 귓가로 쉴 새 없이 들려왔고, 그 역시 승리의 분위기에 취해 더없는 희열을 누렸다.

그런 가운데 그 개인적으로는 전쟁터에서 경험한 갖가지 처참한 기억을 쉽게 잊지 못했다. 전투에 참가한 큰아들 헤르베르트의 생사를 알 수 없게 되는 바람에 말을 타고 행방불명된 자식을 찾아 헤매야만 했던 아버지의 심정은 이루 말로 다할 수 없었다. 들판에 드러누운 수많은 사상자들이 남달리 다가왔을 것이다. 더구나 자신을 위한 진영이 준비되어 있지 않아 잠잘 곳을 찾아다니던 중 미끄러져 오물웅덩이에 빠지는 일까지 있었다.

그뿐만이 아니었다. 중갑기병의 헬멧에 긴 회색 망토로 몸을 휘감고 전투지를 찾던 어느 날, 말에서 굴러 떨어지는 바람에 극도의 공포감에 사로잡히기도 했다. 그런 모습들 어디에도 위대한 영웅은 자리하지 않았다.

그러나 무엇보다 일찍부터 군대에 대해 부정적인 편견을 갖고 있던 그에게 전쟁이라는 것은 더없는 고통과 희생을 낳는 일일 뿐이었다. 그러니 그의 눈앞에 펼쳐진 승리의 대가는 더욱 소중하고 값지지 않았을까.

> 그때의 두려움이란 마치 내 자신이 가지고 있지도 않는 수백만의 화폐를 걸고 도박을 하는 기분과도 같았다.

전쟁을 시작하기 직전까지만 해도 비스마르크는 오스트리아의 반응에 따라 몇 번씩 개전을 늦추면서 협상을 시도했다. 또한 최종적으로 전쟁 승인이 나기까지 안팎에서 들려오는 반대의 목소리도 감수해야만 했다. 목을 옥죄는 듯 초긴장의 상태에서 치른 이번 전쟁은 사실 끝내기보다 시작하기가 훨씬 더 어려웠다.

그러나 당시 "비스마르크로 인해 독일이 통일의 시점에 도달했다"는 말이 나올 만큼 비스마르크는 "하루아침에 프로이센에서 가장 인기를 누리는 제일인자"가 되었다. 한 부관의 말대로 "최악의 접전지인 쾨니히그레츠에 황태자가 조금만 늦게 도착했더라도 비스마르크의 운명은 달라졌을 것이고, 그랬다면 독일 내 최고의 악인이라는 오명을 덮어썼을지도 모를 일"인데 말이다.

패전국을 끌어안다

승리의 기쁨도 잠시, 비스마르크는 줄곧 외부의 반응을 놓치지 않았다. 전쟁과 관련된 모든 적대세력을 잊지 않았고, 특히 자국의 승리로 인해 중부유럽의 세력판도가 곧 뒤바뀌리라는 것을 의심치 않았기 때문이다.

주변 강대국들은 재빠르게 새로운 변화를 받아들여야만 했다. 그동안 빈 체제가 1848~1849년의 혁명으로 방해를 받고 1854~1856년 크림 전쟁으로 조정이 있기도 했지만, 기존의 맥락에서 크게 달라지지 않았던 점을 감안한다면 유럽 대륙의 인식에 그야말로 새롭고도 커다란 변화가 예고되었다.

비스마르크는 전쟁 이후 급히 처리할 현안을 머릿속에 떠올렸다. 모두가 감격해하는 순간에도 "모두가 나 자신으로부터 등을 돌려버린 듯 아무런 보람도 없는 임무만 잔뜩 떠맡은 느낌"이라고 토로할 정도로 다시 제자리에 돌아와 있었다. "마치 벽에다 자기 머리를 박듯이 어렵게 이루어놓은 일을 무모하게 앞뒤 생각 없이 함부로 마무리지을 수는 없다"는 조심스런 생각으로 머릿속이 꽉 채워져 있었기 때문이다.

7월 9일, 아내 요한나에게 보내는 편지에서도 "나폴레옹 3세와의 문제가 석연치는 않지만 다 잘될 것"이라며 애써 낙관했지만, 근심은 역력했다.

> 우리가 과도하게 요구하지만 않는다면 그리고 세계를 정복했다고 믿지만 않는다면, 충분히 가치가 있는 평화를 얻겠지만, 지금은 턱없는 자만에 쉽게 도취된 상황이오. 마치 발효 중인 포도주에 물을 들이부은 듯 지금의 나는 아무런 보람도 없는 그런 임무와 함께하는 것 같소. 프로이센 혼자만 유럽에 존재하는 것도 아니고 더욱이 프로이센을 증오하고 시기하는 3대 강국들이 같이하고 있음을 주장해야 할 임무까지 띠고 있는데 말이오.

비스마르크의 걱정대로 당장 전후 처리 문제부터 복잡했다. 특히 국왕과의 충돌이 예상 밖으로 심각했다. 비스마르크는 오스트리아 영내에 설치했던 프로이센군 사령부를 니콜스부르크 성으로 옮기려는 국왕을 만류했다. 빌헬름 1세는 의장대를 앞세워 니콜스부르크를 당당하게 통과하여 빈에서 프로이센군에게 영예의 관을 씌우고 대대적으로 승리의 기쁨을 만끽하고 싶어 했다.

그러나 팽팽한 대립 속에서 비스마르크는 좀체 물러서지 않았다. 승리의 기쁨을 누리고자 한 국왕의 뜻과는 달리 가급적이면 전후 사태를 간단하고 빠르게 마무리지을 계획이었기 때문이다.

국왕과 수상 두 사람 사이에 극단적인 언쟁이 오가면서 틈이 벌어졌다. 심지어 국왕은 오스트리아로부터 보상금과 영토까지 요구할 심산이었다. 그러나 비스마르크는 패전국에게 어떠한 형벌도 가하기를 원치 않았고, 다만 북부에 위치한 하노버, 쿠어헤센, 나사우만 합병하는 쪽으로 조정하기를 원했다.

사실 비스마르크는 1848년 자유주의 혁명조차 저지하지 못했던 합법적인 군주국 오스트리아를 독일에서 축출할 경우 야기될 최악의 사태를 이미 감안하고 있었다. 따라서 자신의 방식대로 서둘러 처리하는 것이 낫다고 확신했다. 그리고 무엇보다 주변 강대국들, 특히 프랑스나 러시아의 반응도 무시할 수 없는데다가 유럽의 정황에서 그들이 장차 오스트리아와 제휴할 가능성까지 계산한다면 오스트리아의 존재를 결코 무시해서는 안 되었다. 그러나 프로이센이 처한 대외적인 정치적 위험까지 간파하지 못한 국왕으로서는 비스마르크의 전후 처리가 못마땅하기 짝이 없었다.

그 무렵 비스마르크가 걱정한 대로 오스트리아의 패전 소식으로 인해 유럽 강대국들, 특히 나폴레옹 3세의 행보가 빨라졌다. 그는 쾨니히그레츠 전투 뒤인 7월 4일 오스트리아가 베네치아를 프랑스에 넘겨줄 의향이 있었던 사실을 이용할 작정이었다. 나폴레옹 3세는 다음날 파리에서 프로이센 대사 골츠와 전후 처리 문제를 협상하는가 하면, 자국의 대사 베네데티(Vincent Graf von Benedetti, 1817~1900)로 하여금 같은 날 비스마르크와 회담을 갖도록 지시했다.

결국 비스마르크는 7월 14일 독일연방의 해체와 오스트리아를 배제한 독일 내 새로운 질서체제의 수립, 그리고 남부국가들의 연방 형성 등 여러 문제들을 두고 프랑스와 본격적인 협상에 들어갔다. 그 과정에서 그동안 유보된 사안인 슐레스비히 북부를 덴마크에 합병하는 문제를 주민투표에 따라 프로이센이 주도하는 북독일 연방의 수중으로 넘기도록 승인하는 합의가 이루어졌다. 나폴레옹 3세 스스로도 적극적으로 협상에 임해줌으로써 비스마르크는 큰 힘을 들이지 않고 독일 북부의 영토 문제를 합법적으로 해결할 수 있었다.

그런 가운데 비스마르크는 국왕과의 여전한 의견 다툼에도 역시 오스트리아로부터 눈을 떼지 않았다. 오스트리아의 황제 요제프로서는 불운한 전쟁을 더 이상 수행할 수 없는 상황에 이르면서부터 평화협정 제의를 고심해야 했다. 그리고 7월 26일 내각과 장군들이 함께하는 자리에서 휴전 문제를 거론하며 더 이상 시간을 끌 문제가 아니라고 최종적인 결정을 내렸다. 혼란스런 상황 속에서 대도시의 시민계급들 사이에서는 이미 기각된 헌법 문제를 다시 들고나올 조짐을 보였던 만큼 황제로서도 서둘러 황실의 안위를 우선 고려할 필요가 있었기 때문이다.

같은 날 비스마르크는 오스트리아 측의 대표 카롤리 백작과 브렌너(Brenner) 남작을 만났다. 그들과 니콜스부르크에서 잠정 협약을 체결하기까지 난항을 거듭해야만 했다. 빌헬름 1세의 고집이 여전히 골칫거리였지만, 나폴레옹 3세가 깊이 개입하기 전에 자신의 의도대로 오스트리아 사태를 신속하고 깨끗하게 매듭짓겠다는 생각에는 변함이 없었다.

서둘러 휴전을 거론하는 자리에서 비스마르크는 최대한 오스트리아 요제프 황제의 신경을 자극하지 않고자 심혈을 기울였다. 결국 전후 처리 문제는 황태자의 도움까지 얻어가면서 그의 의지대로 수습했다. 비스마르크로서는 군사적인 점령 없이 독일 내에서 오스트리아의 헤게모니 약화와 유럽에서 강대국이 된 프로이센의 위상을 조용히 지켜봐야 하는 것만으로도 오스트리아에 대한 처리는 충분하다고 판단했다. 그것으로 오스트리아는 패전국임이 명백해지지 않겠는가.

그러나 모든 상황을 보고받은 빌헬름 1세의 심기는 몹시 불편해졌다. "미래의 이름으로 말하라!"고 일침을 가할 정도로 수상의 의도에 협력한 아들에게까지 극도의 불만을 드러냈다. 전쟁 당사국인 오스트리아에게도 사죄를 요구하고, 자신을 일개 제후 다루듯 한 나폴레옹 3세의 처사까지 비난하며 견책을 고집했다. 그러나 자신의 '가신'이 뜻을 굽히지 않고 매듭을 지어버리는 한, 그 정도에서 사태를 받아들이지 않을 수도 없는 것이 또한 그의 처지였다. 끓어오르는 분노를 삭여야만 했기에 승리한 국가의 국왕임에도 불구하고 '적들 앞에서의 굴욕감'을 떠안은 듯 불편한 기분을 끝내 떨쳐내지 못했다.

눈앞의 결과에 집착하는 국왕과는 달리 내일을 내다보는 비스마르크의 패전국에 대한 대응은 실로 묘책이라 할 만했다. 우선 그는 오스트리아로 하여금 가급적 굴욕감을 갖지 않도록 하는 데 최선을 기울임으로써 영원한 적으로 만들지 않고 미래의 동지로 남겨두고자 했다. 중유럽에서 프로이센의 힘의 논리에 반대하는 적대국으로서는 오스트리아가 가장 강력한 나라이기 때문이기도 했다. 대패한 적을 동지로 바꾸어놓을 수는 있지만, 아차 하는 순간에 영원한 적이 될 수도 있는 만큼 그런 유동적인 상황 또한 철저하게 방지하기 위한 속셈이었다. 계속해서 적으로 머물지 않게 함으로써 오스트리아를 지지했던 남부국가들의 반프로이센 정서 또한 잠재울 수 있는 전략임은 두말할 필요도 없었다.

비스마르크의 그러한 전략적 취지는 장차 프랑스나 러시아의 새로운 움직임에 대비하여 충분히 그 효력을 발휘하게 되었다. 장차 독일 내 국가들이 합심하여 대항하는 데 오스트리아만큼 중요하고도 자연스런 동맹국은 없었기 때문이다. 오스트리아를 독일의 미래를 위한 동지로 남겨둠으로써, 한편으로 러시아의 범슬라브주의 팽창정책을 견제해주는 일종의 둑과도 같은 존재로 삼고, 다른 한편으로 프랑스의 간섭에도 함께 대처할 가능성까지 모두 열어놓은 묘책이었다. 실제로 쾨니히그레츠 전투 가운데 특히 사도바 마을에서 치른 몇 차례의 전투가 남긴 깊은 상흔은 대패한 오스트리아보다도 오히려 프랑스에 큰 후유증을 안겨주었다. 그로 인해 프로이센에 대한 프랑스의 적대감은 '사도바를 위한 보복전'을 치르자는 말이 나돌 정도였지만, 훗날 1870~1871년 프로이센-프랑스 전쟁에서 오스트리아는 정작 프로이센의 든든한 동맹국이 되어 비스마르크의 기대를 저버리지 않았다.

1866년의 역사적 의미

1866년 프로이센의 승리에 대한 당대의 평가는 칭송과 극찬 일색이었다. 특히 프로이센을 지지하는 소독일주의 경향의 역사가들에게 그때의 변혁에 대해 일말의 침통함이나 실망감은 찾아보기 어렵다. 그러한 경향은 그 후 독일제국의 통일이라는 영예로운 틀의 연장선상에서 오랫동안 벗어나지 않았다.

게다가 반비스마르크 성향의 학자들 중 트라이치케는 이탈리아의 피에몬테와 프로이센이 당시 근대적인 국가 형성의 핵심이자 출발점을 강력한 군사력에 두었다고 규정하고, 거기에 프로이센 국가론의 승리와 특징이 있다고 강조했다. 바젤 출신의 역사학자 부르크하르트(Jacob

Burckhardt, 1818~1897) 역시 1866년의 승리를 프로이센 정부와 군대에 의한 '독일의 위대한 혁명'으로 간주했다. 그리고 아래로부터의 민족주의 운동 없이 융커와 시민계급 출신의 애국주의와 자유주의가 맺은, 특이한 상호 동맹 없이는 그러한 성공을 쟁취하지 못했을 것이라고 피력했다. 결과적으로 1866년의 성공은 이탈리아 부흥운동처럼 국가와 민족주의적인 시민계급 간의 상호협력이 절대적으로 작용했다는 주장이었다.

그 이후 1866년에 대한 평가 작업은 오늘에 이르기까지 계속해서 전개되고 있다. 특히 1871년의 제국 통일 못지않게 관심을 모으는 주제로 자리 잡았고, 크게 두 가지의 연구성과를 도출해냄으로써 1866년의 역사에 대한 이해의 폭도 한층 넓혀놓았다.

그 첫 번째는 비스마르크의 정치와 관련하여 가장 치열한 공방전을 벌이는 논쟁거리 가운데 하나인 그의 '전쟁 정치'다. 그리고 두 번째는 1866년의 업적에 대해 기존의 틀을 벗어난 새로운 인식 전환을 가져다준 역사적인 해석이다.

먼저 전쟁 정치의 경우 독일 내에서 오스트리아에 대한 프로이센의 동등권 투쟁이었다는 시각에서부터 실상 독일의 패권을 차지하기 위한 수단이었다는 견해까지 다양한 연구가 이루어졌다. 비스마르크를 연구한 대표적인 역사가들로는 프리드융, 마르크스, 마이어를 비롯해서 베커(Otto Becker), 스르빅(Heinrich Ritter Srbik)을 거쳐 슈나벨(Franz Schnabel)과 콜프(Eberhard Kolb)를 꼽을 수 있다.

마르크스나 프리드융 등을 기점으로 한 정통 역사가들은 비스마르크의 전쟁 정치를 프로이센의 동등권을 위한 투쟁으로 보고, 따라서 불가피한 수단이었다는 입장이다. 그에 반해 슈나벨이나 콜프는 오스트리아를 제압하여 독일에서 의도적으로 축출하기 위한 예정된 정책이었다고 주장했다.

특히 슈나벨과 콜프에서 한 걸음 더 나아간 새로운 연구들은 1866년에 대한 이해에 한층 깊이를 더했다. 이런 연구들은 비스마르크의 전쟁 정치를 그의 수상직 취임 이전부터 굳어진 확고한 계획이었다고 피력한 마르틴(Alfred von Martin)의 주장을 근간으로 한다. 마르틴은 비스마르크가 적절한 시기까지는 형제 전쟁의 전모를 심지어 국왕에게까지 비밀에 부쳤고, 프랑스와의 전쟁 직전인 1870년 11월에야 그 진상을 밝혔음에 주목했다. 그에 이어 슈나벨은 비스마르크에게 전쟁은 정치 목표를 위한 방패로서 전쟁 이외의 다른 어떤 수단이나 방법도 없었다고 지적했다. 뿐만 아니라 오스트리아와의 전쟁을 의도적인 전쟁 정치로 판단하여 그 전쟁 전후에 있었던 덴마크, 프랑스와의 전쟁까지 세 차례의 전쟁 모두 비스마르크가 주도면밀하게 계획했다고 주장했다. 1862년 이후 비스마르크의 독일 정치를 집중적으로 연구한 콜프도 비스마르크의 진정한 정치 목표는 소독일 중심의 민족국가를 최대한 빨리 창건하는 것이었다고 주장한다. 따라서 전쟁 정치를 독일에서 패권을 차지하기 위한 결정적인 소득으로 역설함으로써, 1866년에 그치지 않고 1871년 제국 창건의 시기에까지 연결된 장대한 정치적 목표를 강조했다.

최근까지도 학계에서는 전쟁 정치가 불가피했다는 견해와 이에 반대하는 '전쟁 계획설'이 팽팽하게 맞섰다. 특히 후자의 경우 전쟁을 진두지휘했던 몰트케의 발언을 인용하면서 프로이센의 패권을 위한 의도된 계획이었음을 강조한다.

몰트케는 훗날 오스트리아와의 전쟁에 대해 "자국의 생존 위협에 맞서고자 정당방위에서 비롯된 것도 아니었고, 그렇다고 여론에 의해 조장된 것도 아닌, 프로이센 정부가 불가피하게 인식하여 오래전부터 계획하고 조용히 준비한 결과였다"고 진술했다. 그리고 "땅을 차지하거나 물질적인 것을 획득하기 위한 것이 아닌, 프로이센의 힘의 위상과 같은 관념적 자산 때문에 감행했다"고 부언했다.

그럼에도 필자는 전쟁 계획설을 전적으로 수용하기 어렵다. 비스마르크가 전쟁 정치를 처음부터 계획적으로 의도했다는 주장이 일부 설득력을 얻고 있음에도 불구하고 따로 주목해야 할 부분들이 분명 있기 때문이다. 특히 몰트케의 발언이 1870~1871년 프랑스와의 전쟁 당시 정부는 물론 군 참모부까지 이끄는 수장인 비스마르크와의 의견 대립과 갈등이 최고조에 달한 시점에서 나왔음을 감안할 필요가 있다.

오히려 전쟁 직후까지 비스마르크가 여러 번 남긴 발언을 보면 계획설보다 불가피론에 무게를 둘 수밖에 없다. 그는 오스트리아와 전쟁을 결심하기 전까지 분명한 정치노선을 걸었다. 민주주의와 군주제 간의 원칙적인 투쟁과 관련하여 의회에서 자주 연설하는 가운데에도 프로이센이 여전히 쇠퇴하지 않았고, 국민정신이 철저하게 친군주적임을 표방함으로써 프로이센 국가주의를 고수했다. 그리고 무엇보다 군주제 중심의 두 강대국이 건실하고 보수적인 정치를 통해 혁명세력에 대항하여 같은 노선을 걸고 있음을 역설함으로써 두 강대국의 화합과 공존에 최대한의 가치를 부여하는 데도 전력을 기울였다.

오스트리아에 대한 프로이센주의의 존재와 향방을 분명히 제시한 그러한 노선은 곧 오스트리아와의 진정한 동등권을 주장하는 이원주의를 의미했다. 그 이원주의의 발언 어디에도 전쟁을 우선으로 계획하는 의도는 찾아볼 수 없다. 특히 평화적으로 독일의 기존 틀을 유지하고자 한 그의 말대로 프로이센의 지배력은 북부독일에만 치중되었지 전체 독일에 해당되는 것도 아니었다.

프로이센과 오스트리아가 일치하면 그것이 독일이다. 전쟁 시기에 두 국가를 제외한 다른 독일을 주장한다면 이는 독일 문제를 배반하는 것과 같다.

프로이센과 오스트리아가 화합하지 못하면 독일은 정치적으로 결코 살아남지 못할 것이다. 그러나 화합이 이루어진다면 두 나라가 주도권을 쥘 것이다.

결국 비스마르크는 이원주의에 대한 빈의 부정적인 의도를 거듭 확인하고 나서야 양국 간에 제대로 작용할 수 없는 이원주의의 현실을 기정사실로 받아들였고, 그 이후로 전쟁 생각을 굳혔다. 다만 이원주의를 버리고 프로이센의 헤게모니로 선회하는 그 다음의 결정에는 그다지 긴 시간을 필요로 하지 않았다. 이미 10여 년이 넘도록 빈 정부에 대해 충분히 경험한 그였기 때문이다. 따라서 이원주의가 곧 전쟁 정치를 의미한다고 보기는 어렵다.

따라서 오랫동안 이원주의를 포기하지 않은 대가를 전쟁 정치를 주도한 것으로 몰아 처음부터 계획적이었고, 그래서 그 책임 또한 일방적으로 전가시킨다면 그에 대한 지나친 평가가 아닐 수 없다. 전쟁은 오스트리아가 프로이센을 거부하고 프로이센이 그 결과를 스스로 피하려 하지 않은, 쌍방의 대립관계에서 파생된 결과였다. 이를테면 오스트리아는 서로 마주보고 함께 호흡하려는 동등한 이원주의를 받아들이지 않은 채 연방의 일인자이기를 고수했고, 더 나아가 그런 자국의 영향권에 대한 확실한 경계선을 굳히기 위한 일환으로 선전포고까지 마다하지 않았다. 그러므로 비스마르크의 말 그대로 양측 모두 다른 한쪽에 의해서만 피해질 수밖에 없는, 궁극적으로 싸워야만 하는 상황이었다면 오스트리아 또한 전쟁 정치에 대한 일부 책임을 면할 수는 없다.

서로 마주보는 상황에서 함께 호흡하지 않으려면 어느 한쪽이 스스로 피하거나 아니면 다른 한쪽에 의해 피해져야 한다.

전쟁은 비스마르크에게 매 순간 힘들고 회피하고 싶은 결정임에 틀림없었다. 전쟁 정치는 기존의 독일 국가체제를 존속시키는 가운데 프로이센의 진정한 동등권을 위해 협상을 모색해오던 과정에서 발생한 결과이자 정책을 달성하기 위한 불가피한 수단이었지 결코 목표는 아니었다. 최악의 사태까지 염두에 둔 그로서는 거기에 대비한 최종적인 조치로서 전쟁이라는 극단적인 방법을 강구해놓았던 것이다.

따라서 전쟁 정치를 처음부터 계획된 사안으로서 일관되게 주장한다면, 발발한 전쟁 자체에 지나치게 비중을 둔 결과다. 그런 경우 그 이전에 양국의 동등권을 목표로 했던 비스마르크의 정치적 노선이나 쌍방 간의 전쟁 책임 문제 등은 상대적으로 퇴색되거나 외면되어버린다. 그리고 무엇보다 10년 전에 언급한 전쟁을 계획대로 추진시켜왔다는 논리를 폄으로써, 비스마르크의 판단력과 통치력에 있어서 일관성과 추진력을 지나치게 과대평가하여 영웅시하는 경향마저 초래할 수도 있다.

결론적으로 프로이센 국가주의자인 비스마르크 정치의 본래 핵심은 이원주의 하에서 양국의 진정한 동등권의 확보였지, 처음부터 독일에서 오스트리아를 축출하고 프로이센의 독보적인 패권을 쟁취하는 것은 아니었다. 논쟁의 빌미가 되는 전쟁 발언 이후 실제로 전쟁이 발발하기까지 걸린 10년이라는 세월은 결코 짧은 시간이 아니었다. 그 기간 동안 보여준 그의 행동은 전쟁을 적극적으로 수행하기 위해 일관되게 전쟁 준비에 주력했다기보다는, 전쟁 직전의 마지막 상황까지도 선전포고를 유보하며 빈 정부의 반응에 따라 최후의 결정을 조절할 만큼 신중하고 유동적으로 상대의 성향을 늘 전제하고 있었음을 부인할 수 없다. 그런 만큼 처음부터 오스트리아와의 결별을 원했던 것도 아니었고, 처음부터 독일에서 오스트리아를 배제하려고 했던 것은 더더욱 아니었다. 다시 말해 처음부터 철저하게 전쟁을 준비했던 것도 아니었으며, 또 오스트리아 측에서 타협의 조짐이나 전쟁에 반대하는 행동을 보였다면 굳이 밀고나갈 이유도 없었던 것이다.

만약 비스마르크가 프로이센의 이원주의가 아닌 패권을 목표로 전쟁을 계획하며 국정을 운영했다면, 수상이 된 이후 실제로 전쟁이 발발하는 1866년까지 4년이란 시간을 군이 기다릴 필요도 없이 바로 전쟁 분위기로 몰아갔을 것이고, 전쟁 직전까지 오스트리아의 행동반경을 매번 고려할 필요는 더욱 없었다. 과감하고 투쟁적인 기질의 그로서는 매사에 신중하고 진지하게 대화로만 풀어나가기도 쉽지 않았을 것이고, 무엇보다 당시 프로이센에 비해 경제적으로나 군사적으로 뒤떨어진 오스트리아의 눈치를 그렇게 살필 필요도 없었을 것이기 때문이다. 오히려 전쟁 직전까지 이원주의의 기회를 유동적으로 모색하는 능숙함과 신중함을 잃지 않으며 주변국들까지 주시했던 통찰력은 분명 인정할 부분이기도 하다.

비스마르크가 독일연방을 해체하지 않았더라면, 그리고 연방에서 오스트리아의 기존 우월권을 그대로 인정해주었더라면, 아니 오스트리아와 프로이센 두 강대국을 제쳐두고 제3의 독일국가들끼리 강력하게 통합할 능력이라도 있었더라면, 전쟁이라는 최악의 상황은 분명 없었을 것이다. 대신 오스트리아가 주도하는 독일연방이 계속해서 존립했거나, 국가 통일에 더 많은 시간이 지체되었을 테지만 말이다.

그러나 현실적으로 비스마르크는 프로이센이 오스트리아의 아류국가로서 머무는, 소위 '체념과 포기의 정책'을 추구하지는 않았다. 오스트리아와 나란히 독일의 선두를 차지하고자 한 목표가 어긋났을 때, 전권을 장악한 수장으로서 자국의 이해를 따지는 데 무엇인들 마다했겠는가. 그는 오스트리아를 이기고, 심지어는 독일 내에서 축출할 수 있는 전쟁 정치까지 감행하기에 이르렀다. 그의 말대로 "프로이센의 말이 앞으로 끌면 오스트리아의 말은 뒤로 끄는 식"과도 같아서 양국의 이해 차이가 커지면 커질수록 선택의 폭은 그만큼 줄어들 수밖에 없었다. 그런 상황에서는 오스트리아가 주도하는 독일연방 체제도 프로이센의 힘을 제어하는 도구에 지나지 않았다. 다른 '연병장'을 갖고 있지 않던 프로이센으로서는 진정한 동등권을 확보하기 위해서라면 죽음을 무릅쓰고 전쟁이라는 막다른 길을 달려야만 했다.

1866년에 대한 두 번째의 연구성과는 새로운 역사적인 평가로서 슐체가 그 장을 열어놓았다. 슐체는 1866년의 역사를 쾨니히그레츠에서의 정치적·군사적 승리로 평가하던 기존의 틀에서 벗어나 경제정책의 승리로 재평가하는 새로운 패러다임을 제시했다.

1866년의 승리 원인을 독일 관세정책의 성과에서 찾는 슐체는 정치적 승리에 앞선 1834년의 관세정책을 바탕으로 한 경제적 쾌거에 주목하면서 '경제정책의 쾨니히그레츠'라고까지 표현했다. 따라서 1866년에 오스트리아는 물론 이를 전폭적으로 지지했던 남부국가들마저 프로이센의 패권을 꺾지 못한 원인도 경제적 요인에서 찾았다. 이를테면 정치적으로는 반프로이센 색채가 짙었던 남부국가들은 미흡한 전쟁 준비로 패전의 빌미를 제공하기도 했지만, 무엇보다 프로이센의 경제성장과 스스로 함께했고 그 이후로도 이탈하지 않을 정도로 프로이센의 경제적인 역량을 인정하고 성장에 일조했는데, 이는 모두 관세정책의 성과였다는 것이다.

아울러 슐체는 1866년의 성과를 정치력과 군사력의 관점에서 평가한 기존의 틀에서 벗어나 프로이센의 정치발전사를 다루는 가운데 독일제국의 창건에까지 지속적으로 접맥시켜놓았다. 그런 의미에서 '철과 피'에 의한 1871년의 제국 창건의 결실도 '철과 석탄'에 의한 경제적 통합으로 인한 1866년 경제정책의 쾨니히그레츠 승리와 그 연장선상에서 언급했다. 그 결과 승전의 보이지 않는 밑거름이 된 쾨니히그레츠의 경제정책을 외면하지 않음으로써, 1871년 제국 창건 또한 한층 다양한 모습으로 평가받게 되었다.

슐체의 그런 논리에 부응하듯 하프너(Sebastian Haffner)를 비롯한 일부 역사가들은 제국 통일의 시기마저 앞당기는 경향을 보였다. 즉 제국의 통일 시기를 1871년으로 평가하는 것과는 달리 그들은 1866년을 '제국 통일의 해'로, 그리고 그때의 전쟁을 '제국 통일 전쟁'으로 보았다. 그들의 시각에는 오스트리아와 프로이센 간의 전쟁을 기점으로 두 강대국에 의한 독일 정치판의 구도가 결정된 면에서나 민족국가의 이념이 실현된 면에서 이미 1866년이 사실상 통일의 결정적인 해였다.

근대 독일 역사에 있어서 1866년은 오스트리아가 아닌 프로이센에게 결정적인 해로서 50여 년 만에 도래한 '일탈의 해'인 동시에 독일은 물론 유럽에 '운명적인 해'이기도 했다. 프로이센이 승리한 그 해가 독일 통일을 향한 출발점인 동시에 유럽 내 힘의 구도에 프로이센이 '위협'을 가하기 시작한 시점이라는 점에서는 그 누구도 이의를 달지 않는다.

비스마르크의 정치는 독일에서 오스트리아를 축출하고 프로이센의 독보적인 패권을 쟁취하는 것이 아닌, 기존의 독일 국가체제를 존속시키는 가운데 프로이센의 진정한 동등권을 인정받는 이원주의를 목표로 했다. 그러나 '형제 전쟁'으로 인한 목표의 무산은 그의 정치력의 한계였고 정치세계의 현주소를 의미하는 동시에 이원주의의 꿈을 극복하는 새로운 대안이기도 했다. 사실상 국가와 국가 간의 전쟁이 남겨준 현실은 더 이상 동등한 이원주의로 귀결될 수 없었다. 그것은 더 이상 독일 내에서 오스트리아와의 대등한 이원주의가 아닌, 오스트리아를 배제한 채 프로이센이 절대적인 헤게모니를 갖는 새로운 장을 의미했다.

안팎으로 '혁명'을 일으키다

커다란 물의를 일으키지 않는 가운데 오스트리아와 전후 협상을 서둘러 매끄럽게 처리한 비스마르크는 프로이센의 국제적인 위상 변화를 감지했다. 그러나 그가 고민하던 대로 안팎의 반감과 질시가 많았던 만큼 다시 모든 정치적인 역량을 동원해서라도 주변의 재정비가 시급해졌다. 프로이센의 대세에 불만을 품은 세력들을 끌어안거나 근절하기 위해 무엇보다 동맹군을 분명하게 구분 짓는, 이른바 제2의 '독일 혁명'이라 부를 만한 정치적 '구조조정'이 불가피해졌던 것이다.

내치를 위한 '울타리 만들기'

제2의 혁명 단계라는 차원에서 내치에 주력한 비스마르크는 제일 먼저 남부국가들과의 협약을 추진하는 데 심혈을 기울였다. 지금까지 친오스트리아 성향이던 남부국가들을 포섭할 필요도 있었지만, 사실 전후 처리 문제에 개입하려는 프랑스의 야심을 꺾으려면 그들의 협력이 있어야 했기 때문이다. 그들이야말로 프로이센 편으로 끌어들여야만 할 더 없이 확실한 동맹군이었다.

마침내 프로이센은 1866년 8월 13일 뷔르템베르크를 시작으로 17일 바덴, 22일 바이에른에 이르기까지 비밀리에 보호방어동맹(Schutz- und Trutzbündnisse)을 체결했다. 그 동맹관계는 서로의 영토에 대해 상호불가침 원칙을 존중할 뿐만 아니라, 전쟁이 발발할 경우 프로이센 국왕의 지휘권을 보장받는 가운데 서로에게 완전한 보호국이 되어주겠다는 합의였다. 보호방어동맹은 마인 강을 북부독일의 경계선으로 삼음으로써 일단 이남에 대해 상당히 사려 깊은 조치로 비쳐지긴 했지만, 군사적인 주도권이 프로이센에게 넘어갔음을 인정하는 방안임에 틀림없었다. 전쟁 이후의 변화에 있어서 승전국을 위한 철저한 예방책의 의미가 보다 짙었던 그런 동맹관계는 장차 민족국가로서 독일제국의 창건에도 결정적인 원동력이 되어줄 중대한 결실이었다.

남부국가들과의 군사동맹관계가 차례로 수립되자, 바이에른 측은 그 후속조치로 빈과 베를린 간의 긴밀한 공동노선을 형성하기 위한 협상을 중재하고자 했다. 그러나 패전국으로서 최소한의 자존심이라도 지키려고 했던 빈의 단호한 거절로 무산되었다.

비스마르크 개인적으로는 군사동맹으로 인해 남부국가들과의 관계를 개선하게 되었음은 물론 그로 인해 프랑스의 계속적인 정치 개입에 대비한 안전대책도 마련한 만큼 빈의 부정적인 태도에 민감하게 반응할 이유가 없었다. 오히려 오스트리아를 더 이상 끌어들이지 않음으로써 패전국의 신경을 건드리지 않으면서, 8월 18일 북부의 17개 군소국들과 맺은 '8월 동맹'의 군건한 관계를 유지하는 것이 더 중요했다.

8월 23일, 마침내 오스트리아와의 프라하 강화조약이 체결되었다. 오스트리아의 분위기는 한마디로 초상집이었다. 빈의 〈신자유(Neue Freie Presse)〉지는 "독일 권력의 가장 확실한 근원지가 사라져버렸으며, 소수민족들의 불화로 말미암아 독일이 가차 없이 희생되고 말 것"이라는 혹평을 실어 보냈다. 민주주의와 사회주의 세력도 비스마르크의 '전쟁 정치'를 빗대 '위로부터의 혁명'이라고 비판의 목소리를 높였다.

프로이센 내에서도 그런 분위기가 그리 낯설지는 않았다. 그 대열에 전통적인 보수세력의 수장인 게를라흐도 포함되었다. 그는 일찍부터 독일연방의 의장국인 오스트리아와의 전쟁을 배신행위로 간주하고 프로이센이 승리할 경우 혁명 사태가 일어날 수 있음을 경고했다. 스위스 출신의 온건한 자유주의자로서 법률가이자 정치가인 블룬칠리(Johann Caspar Bluntschli, 1808~1881)도 전쟁 상황을 아래로부터가 아닌 군주제의 성향에 알맞도록 위로부터 수행된, 전쟁의 형식을 빌린 독일의 혁명과 전혀 다를 바 없다고 비판했다. 그러한 발언에 대해 머지않아 비스마르크의 적대자에서 예찬자로 탈바꿈하는 트라이치케나 지벨, 그리고 자유주의자인 운루 모두 공감하는 입장이었다.

이처럼 전쟁 결과에 대한 비판의 목소리에도 불구하고 오스트리아는 지금까지 존속된 독일연방의 해체와 프로이센 주도의 '새로운' 독일에서 자국이 배제된 사실을 인정하고 받아들이지 않을 수 없었다. 프로이센의 헤게모니 앞에 아무런 대책도 내놓을 수 없게 된 패전국으로서는 프로이센에 통합된 슐레스비히-홀슈타인 두 공국에서 자국의 권리를 포기한 이후 프로이센에 의한 독일의 새로운 질서체제까지 모두 수용할 뿐이었다.

프라하 강화조약 4항에 따르면, 오스트리아는 2000만 탈러의 전쟁배상금을 지불하고 베네치아를 이탈리아에 넘겨주며, 거의 천 년 동안 지속된 독일민족의 결속으로부터 배제된다는 사실을 수락해야 했다. 게다가 프로이센의 중간지역에 위치하여 늘 지역적 분할을 야기해온 쿠어헤센과 나사우를 비롯하여 하노버 공국까지 프로이센이 전면 합병하도록 수락했다. 비스마르크는 이로써 분할된 지역에 대한 프로이센의 영토 확정 작업까지 모두 끝마쳤다. 그 결과 자르와 메멜에 이르기까지 프로이센 영토의 5분의 1을 확장시킴으로써 새로운 프로이센을 건설하게 되었다.

패배한 적이지만 계속해서 적으로 두지 않기 위해 전쟁 처리 문제에서 누구보다 신중하게 다가섰던 비스마르크는 남부국가들과의 군사동

:: 1866년 9월 21일 베를린 성 앞에서의 승리 퍼레이드

맹에 이어 평화조약을 체결함으로써 비로소 전체 독일의 지도자로서 최고의 순간을 맞이하는 기쁨을 누렸다. 남부세력과 동맹을 체결하고 오스트리아가 완전히 무기력해진 지금 프로이센의 헤게모니가 독일 전역에 대세로 굳어지는 분위기를 그 누구도 부인할 수는 없었다.

당대를 비롯하여 그 이후로도 비스마르크의 그러한 업적을 '독일의 혁명'이라 부를 만큼, 실제로 독일제국의 창건으로 이어지는 사회적 ·

정치적 · 경제적으로 일어난 총체적인 변화와 성과는 가히 혁명적이었다. 비스마르크 스스로 예측하지 않았을 리도 없겠지만, 전쟁 정치 이후로 국제적으로 독일이나 프로이센의 지배권은 크게 팽창되었고, 상대적으로 독일에서 축출된 오스트리아 세력은 약화되었으니, 유럽 강대국들의 관심도 자연 프로이센의 행보에 집중될 수밖에 없었다.

비스마르크의 행보가 바빠졌다. 독일 내 남부국가들과 교섭을 시작할 때부터 이미 다른 문제까지 주시하고 있었기 때문이다. 그것은 다름 아닌 4년이 가깝도록 미해결 상태에 놓인 군제개혁과 헌법 분쟁으로, 적대관계에 있던 자유주의자들과 풀어야 할 문제였다.

그는 예전의 일방적이고 적대적인 조처보다는 근대적인 시대 흐름 속에서 시민계급 출신의 자유주의자들과 타협할 기회를 모색하는 다소 여유로운 자세까지 취했다. 따라서 일찍이 1863년 1월 재임 초기에 언급했던 방법 그대로 '서로 양보하고 인정하는 길', 바로 국내의 갈등을 다소 완화할 수 있는 최선책으로서 평화적인 타협안을 제시했다. 반대 입장을 견지하는 보수주의자들에게 단언한 대로 그 개인적으로는 그런 제안으로 모든 사안이 해결될 리도 없고 또 모든 권리에 합당하지도 않을 것임을 인정했으나, 현재의 상황에서 그보다 나은 해결책은 없다고 믿었다.

평화적으로 급선회한 비스마르크의 정책 성향을 두고 의회 내 자유주의자들 사이에서 논쟁이 불가피해졌다. 쾨니히그레츠 전투가 있던 지난 7월 3일 의원 선거에서 35석에 지나지 않던 보수주의자들이 101석을 추가하여 총 136석을 차지했던 상상 밖의 결과로 충격에 빠졌던 기억이 아직까지 생생하게 남아 있던 자유주의자들로서도 회생이 시급한 때였다. 보수세력이 계속해서 확대되는 사태를 막을 묘안이 절실했기에 일부에서는 벌써부터 수상과의 제휴를 새로운 이슈로 제기했다. 좌파 자유주의자들과 대립하는 상황마저 감수한 그들은 지난날 비스마르크의 발언을 떠올리며 새삼 그의 정치적 역량에 기대감마저 갖는 눈치였다.

우리가 전쟁에서 승리한다면 여러분은 단연코 헌법을 충분히 누리게 될 것입니다.

안팎으로 프로이센 중심의 새로운 정치구도 하에서 자유주의 정당은 일련의 위기사태에 직면했고, 그것은 비스마르크가 의도한 그대로였다. 수상이 내비친 제안은 국왕의 권력을 침해해서는 안 된다는 것을 전제로 했기 때문이다. 결국 자유주의자들의 과반수가 차지하는 온건파가 이를 받아들이고 친비스마르크 체제로 선회하기로 결정함으로써 당내 갈등은 곧 수습국면으로 접어들었다.

비스마르크 정치가 꽃피우는 순간이 다가왔다. 8월 5일, 새로 선출된 의원들 앞에서 수상의 요청에 따라 개원식 인사를 하는 국왕의 입에서는 군제개혁과 관련된 예산 지출과 그 사후 승인을 요구하는 문제가 당당히 흘러나왔다.

일치단결하는 화합 속에서 정부와 의회는 열매의 결실을 맺을 것이오. 국가의 피로 생겨난 그 열매는 헛되이 흩어져서는 안 됩니다.

그야말로 정적들을 겨냥한 집권자의 마키아벨리즘적 절정을 보여주는 단면이 아닐 수 없었다. 군주를 중심으로 국가 권력을 강화하기 위해서는 부득이할 경우 1849년의 제국헌법까지 수정하고자 했던 왕실과 수상이 이루어낸 성과였다.

피르코프, 슐체-델리치(Hermann Schulze-Delitzsch, 1808~1883)를 비롯하여 발덱(Benedikt Waldeck, 1802~1870)과 야코비(Johann Jacoby, 1805~1877) 등 좌파 자유주의자들의 단호한 반대가 있었으나, 다수 온건파가 지지한 상황에서 반향을 얻어내기란 무리였다. 국왕이 발언한 지 1개월 뒤인 9월 3일 온건파가 가세한 가운데 230 대 75의 표결로 마침내 군대 증강에 대한 예산 지출의 사후 승인 문제가 일괄 처리되었다.

자유주의자들 내 좌파의 입지가 좁아졌다. 그들의 목소리는 다수에 의해 완전히 제압되었다. 1861년 피르코프와 몸젠을 비롯한 자유주의자들과 민주주의자들로 구성된 진보당은 이로써 불과 5년도 못 되어 해체의 위기를 맞았다.

진보당은 무엇보다 쾨니히그레츠에서 거둔 승리의 분위기를 국내정치 문제에 끌어들여 이용한 비스마르크 정부에 대항할 상대가 되지 못했다. 이로써 비스마르크는 4년 가까이 끌어온 의회 내 자유주의자들과의 헌법 분쟁을 끝냈다.

참으로 길고도 긴 시간이었다. 그러나 새로운 궤도에 들어선 지금 사태 수습은 재빠르게 돌아갔다. 그동안 군제개혁으로 인한 의회와의 갈등 과정에서 정부가 행한 일련의 '위헌성과 불법성'은 그 책임을 묻지 않기로 했다. 뿐만 아니라 국가의 존립 문제와 관련하여 군대와 국가기구를 유지하기 위한 정부의 재정 지출을 승인한다는 조건의 타협안도 함께 보장되었다. 이로써 육군과 해군병력의 증강에 필요한 6000탈러 이상의 차관과 관련된 사안에 있어서도 정부는 의회가 승인한 그대로 얼마 동안 재정적 여유를 갖게 되었다.

그동안 의회의 가결권이 문제시되긴 했지만, 비스마르크로서는 도덕적으로든 정치적으로든 군제개혁과 관련하여 어떻게 하든 의원들을 계속해서 제압할 속셈이었다. 실제로 의회 발언 석상에서 그는 자신의 성공적인 외교정책에 대한 확신을 강조하고 심지어는 대외적으로 생겨날 수 있는 군사적 위기상황에 대한 두려움까지 이용하려 들었다. 그런데 이제 프로이센군은 자연스레 감탄의 대상이 되었고, 비스마르크 '독재체제의 전과'는 당당히 용서받을 만한 것으로 간주되었다.

결과적으로 끈질긴 저항으로 국왕과 수상을 곤경에 빠트렸던 시민계급 출신의 자유주의자들은 온건파들이 친비스마르크주의로 전향하면서 분열사태를 맞이할 수밖에 없었다. 온건파는 국민자유당(Nationalliberale Partei)이라는 새로운 정당까지 창당했다.

새로운 창당에는 많은 논란이 뒤따랐다. 자유주의자들의 '변심'을 자유주의의 취지를 저버린 것으로 인식했기에 더욱 그랬다. 그들은 자신들의 이해관계와 밀접하게 연관된 자유무역의 열망에도 불구하고 오랫동안 염원한 민족국가 건설의 희망 또한 버리지 못했다. 그러나 "국가의 통일을 통해서 자유도 얻을 수 있다"는 '자기만족'의 틀 속에서 정부와의 대결구도를 공조체제로 바꾸어버렸고, 자유주의 목표보다는 오히려 민족주의적인 사고를 우선시하며 내부 분열을 자초하고 말았다. 직접적으로 권력을 획득하는 길은 포기했으나, 자유주의세력의 팽창만은 포기할 수 없다는 의도에서 자유로운 경제, 교육, 그리고 자치제도 등을 펼칠 기회를 노림으로써 국민자유당의 창당은 당연한 대가로 받아들여졌다.

'자유주의자들의 대변신'을 일컬어 국민협회의 유명인사 중 한 사람으로서 변호사이자 은행가인 미쿠엘은 "이상의 시대는 끝났다"고 간단명료하게 표현했다. 그리고 "오늘날의 정치가들은 무엇이 바람직한지보다는 무엇을 얻을지에 대해 더 많은 관심을 갖고 있다"고 토로했다.

성공과 권력을 향한 현실주의적 믿음이 많은 위기를 평가절하하는 경향도 있지만, 강력한 국가를 향한 민중들의 자유로운 열망에 일침을 가하는 단면이기도 했다. 거기에 대해 괴팅겐의 역사학 교수이자 정치가인 달만은 1848년 국민의회 발언에서 "힘을 향한 길이야말로 유일한 것으로서 지금껏 스스로 깨닫지 못한 그런 끓어오르는 자유주의의 추진력을 충족시키고 만족시킨다"고 예견한 바 있었다. "독일 자체도 유럽 대륙에서 정치적 강대국의 서열에 진입해야 한다"고 했던 그의 말대로 20년이 흐른 뒤 프로이센은 힘 있는 국가를 향해가면서 자유주의에도 문을 열어놓았다.

베니히젠의 지도하에 가장 강력한 정치세력을 형성한 국민자유당은 좌파 자유주의자들로 구성된 진보당의 분열을 기정사실화시켰다. 그리고 보수주의의 지배체제와 타협함으로써 무엇보다 한동안 힘의 체제에 강요받지 않을 수 없었다. 그럼에도 비스마르크의 정적에서 정치적 동반자로 거듭나면서 비스마르크 시대에 정치생명의 불씨를 되살려내는 절호의 기회를 잡았다.

국민자유당은 비스마르크 수상의 확실한 지원을 계산하고 있었고, 비스마르크 또한 정치적으로 확고한 버팀목으로서 그들을 필요로 했다. 아니나 다를까, 국민자유당은 비스마르크 정치를 지지하는 대표 정당으로 승승장구하면서 1860년대 말부터 활기를 띠었고 1878년까지 비스마르크의 최고의 정치적 동지로 군림했다. 그러한 분위기에 힘입은 의원들은 시대적 현실에 대한 자의식과 함께 그 누구도 국가의 권력을 자신들로부터 오랫동안 분리시킬 수 없으리라는 낙관주의에 한껏 빠져들었다.

한편 자유주의자들이 분열하는 양상은 마치 연쇄반응을 보이기라도 하듯 보수진영에서도 마찬가지로 일어났다. 주로 엘베 동부의 지주들로 구성된 정통보수주의자들의 경우, 비스마르크의 전향에 전혀 부합하지 않는 세력이었다. 그동안 극우파인 그들에게 비스마르크는 기존의 질서를 전복하고 민족주의 운동으로 시민계급과 합류함으로써 국가 체제를 무너뜨리는 혁명가이자 지나치게 근대적인 인물로만 비쳐졌다. 따라서 그들은 비스마르크 정치와는 시대정신을 달리하여 계속해서 거리를 두고자 했다.

그런데 이제 그들 가운데 '진보적인' 보수세력으로의 이탈현상이 속출했다. 대표적으로 슐레지엔 출신의 융커이자 1862년부터 의원으로 활동하던 베투시-훅(Eduard Georg von Bethusy-Huc, 1829~1893)을 중심으로 통합된 자유보수당(Freikonservativen)이 그 결정체였다. 자유보수당의 경우, 슐레지엔과 라인 지역의 귀족이나 관료, 기업인까지 끌어모아 일명 '비스마르크 정당'이라는 이름까지 얻어가면서 비스마르크를 적극 후원하는 집단으로 거듭났다.

보수세력 내 분열양상으로 인해 게를라흐 진영은 침통한 분위기에 휩싸였다. 특히 게를라흐는 "예전에 우리의 모범생이 국가의 최고 자리를 빼앗고 마침내는 국체를 속이고 있다"고 비난했다. 그의 눈에 비스마르크야말로 "독일을 갈라놓고 신성한 동맹을 파괴" 시켜버린 장본인이 아닐 수 없었다. 오스트리아와 전쟁이 발발하기 전인 5월 8일 〈십자신문〉을 통해 비스마르크에게 "오스트리아와 프로이센 양국이 손을 맞잡아야 하며, 그렇지 못할 경우 독일은 정도에서 벗어나 자제하기 어려운 처지가 될 것"이라고 경고한 바 있었으나 어떠한 반향도 없었다.

보수진영의 상황이 돌이킬 수 없는 지경에 이르자, 비스마르크로서도 게를라흐와의 결별을 또다시 받아들였다. 8월 초 그는 "친구와는 그럴 수 없지만, 적이라면 절교할 수밖에 없다"면서 게를라흐 무리와 분명한 선을 그었다.

그는 편견에 사로잡혀 현실을 직시하지 못한 채 세상의 한 부분만을 바라보고 있다.

그 밖에 자유주의자들이나 보수주의자들의 분열이나 이탈 현상과 마찬가지로 비스마르크의 변화에 끝내 불복하여 반대파를 형성하는 부류도 있었다. 좌파 자유주의자들과 민주주의자들로 구성된 그들은 일련의 변화를 자유주의의 타락으로 인식함과 동시에 힘의 정치를 거부하면서 왕실과 의회 간의 충돌까지 불사했다. 그들에게 프로이센 군주국의 의회 건물은 장식에 불과했고 의회를 권력의 도구로 이용하는 온건파의 모습은 미성숙 그 자체로 비쳐졌다. 그리고 법치주의 국가에 의한 새로운 사회질서 창출을 위해 끊임없는 투쟁만을 예고할 뿐이었다.

결과적으로 정당을 중심으로 비스마르크의 반대세력도 선명하게 드러났다. 좌파 자유주의자들이나 민주주의자들은 물론 극우파 가운데 다수의 지주들까지 가세하여 반역자로 공격했지만, 그에게 흔들리는 기색이라고는 없었다. 그럴수록 국민자유당이나 자유보수당과의 상호 유대만 돈독해져갔다.

다만 그로서는 빌헬름 1세와의 관계 개선이 필요했다. 그동안 전후 처리 과정에서 국왕의 의중과 엇갈리는 바람에 무척 힘든 시간을 보내야만 했기 때문이다. 전쟁의 주된 책임을 진 오스트리아와 작센의 경우 영토 손실 정도는 당연히 수용해야 한다는 입장에다가 오스트리아를 지원한 남부국가들의 권력까지 축소할 것을 기대해 마지않았던 국왕이 비스마르크의 반대로 일련의 주장을 철회하게 됨으로써 불쾌감을 감추지 못하던 상황이었기 때문이다.

내치를 위한 '울타리 만들기'에 주력한 비스마르크는 남부국가들과 동맹관계를 유지하고 오스트리아와 평화협정을 체결하는 한편, 자유주의자들과의 '화해' 분위기 속에서 군제개편과 함께 헌법 분쟁까지 일소하기에 이르렀다. 한마디로 소리 없는 '혁명'을 치르는 과정에서 자유주의자들과의 동행은 향후 정치적 노선의 안정을 위한 절묘한 절차로서, 게를라흐 진영이 주장하듯 그 스스로 군주적이고 보수적인 전통에 따른 신념을 포기했음을 의미하지는 않았다. 오히려 그런 정치로 인해 군주체제와 군사력, 그리고 귀족계급의 세력을 한층 강화시킴으로써 독일 내 프로이센주의의 전통을 더욱 뿌리내릴 수 있는 기틀을 마련했다. 친비스마르크 세력을 확보한 상황에서 국왕과의 관계에도 해빙의 기류가 생기면서 비스마르크의 내정은 비로소 취임 이후 큰 틀에서 안정을 맛보게 되었다.

주변국들을 재정리하다

내정의 '혁명'을 치르는 가운데 비스마르크는 주변국들과의 외교 문제 또한 일단락짓고자 했다. 그 첫 상대국은 프랑스였다. 사실 프랑스는 전통이나 역사, 이해관계 면에서 다른 어느 강대국보다도 독일 문제에 큰 관심을 가져온 나라였고, 특히 인구수와 경제력, 군사력에서 우위였기 때문에 상대적으로 열세인 프로이센을 비교적 다루기 쉬운 상대로 여겼다.

게다가 나폴레옹 3세는 1859년 이탈리아 해방운동 이후 독일 문제의 중재를 빌미로 동맹국을 찾아다녔고, 1866년 오스트리아와 프로이센의 '형제 전쟁'을 장기전으로 계산하여 적극적으로 개입하기까지 했다. 여기저기 기웃거리면서 유럽을 자국 중심 체제로 만들고자 심판관을 자처하던 나폴레옹 3세는 비스마르크에게 충분히 불편한 인물이었다.

프로이센이 전쟁의 승리와 함께 독일과 유럽의 지배권을 장악하자, 위협을 느낀 나폴레옹 3세는 전후 처리 문제를 다루는 과정에서도 프로이센의 승리에 중립을 지킨 대가로 라인 강 좌안지대의 영토 보상을 요구하고 나왔다. 물론 나폴레옹 3세의 개입을 예상하여 서둘러 오스트리아와 잠정적인 평화협정을 체결함으로써 전쟁 당사국들 간의 위기를 어느 정도 해소해놓은 상태였지만, 비스마르크로서도 나폴레옹 3세의 행보에 따라 구체적 대책이 절실하지 않을 수 없었다. 프로이센이 북부 독일을 통일한다고 해서 나폴레옹 3세가 당장 전쟁을 시도할 리는 없었고, 또 프로이센으로부터 보상을 기대하는 시점에서 전쟁을 유도하지는 않으리라 판단했지만, 비스마르크 입장에서는 프랑스를 중심으로 한 주변국들과 새로운 관계 정리가 필요한 시점이었다.

마침내 일전에 자르브뤼켄의 광산 지역을 두고 농간을 부렸던 비스마르크로서는 이웃국가와의 갈등에 대응하기 위해 다름 아닌 자국민들의 민족주의적 감정을 끌어들이기로 작정했다. 그는 먼저 국민자유당을 동원할 속셈이었기에 가급적 그들과 유대를 다져둘 필요가 있었다.

그리고 1866년 7월 중순 파리에 주재한 프로이센 대사에게 보내는 전보에서도 나타나듯이, 프랑스가 계속해서 간섭해올 경우를 대비해 바이에른이나 바덴의 지원군까지 대기시켰다. 그러자 심지어 좌파 자유주의자들까지 함께 나서서 프랑스에 대항하는 민족주의적 투혼을 발휘할 각오를 비쳤다. 그들은 지금까지 적이나 다름없던 자들로서 비록 국왕과 비스마르크 정부에 완전히 항복하지 않았고 자신들의 영향력도 포기하지 않았지만, 프랑스의 공격에 대한 공포감을 자극하고 민족 감정을 부추기는 비스마르크의 지원군으로서 적극 가담하고자 했던 것이다. 결국 비스마르크의 민족주의적 호소는 이곳저곳에서 호응을 불러일으켰다.

군대의 빛나는 성과들은 우리의 전력만 어느 정도 높여놓은 셈이오. 예전보다 우리는 잃을 것이 더 많아졌을 뿐 이기는 게임은 시작조차 하지 않았습니다. 우리가 안으로 함께 뭉치면 뭉칠수록 승리는 분명해집니다.

주변국 프랑스에 대비하여 일차적으로 만반의 준비를 끝낸 비스마르크는 러시아와 영국으로 눈을 돌렸다. 먼저 러시아의 경우 그동안 전후 처리 문제로 프로이센의 주도 하에 오스트리아와의 니콜스부르크 평화 협정이 체결되는 것을 지켜보면서 비스마르크를 지지하는 혁명적 분위기에 제동을 걸었다. 그리고 7월 30일에는 1815년 빈 의회에서 조인한 독일연방의 약관을 내세우며 세 강대국의 승인이 있어야만 바꿀 수 있는 연방헌법으로 이의를 제기하면서 곧바로 새로운 회담까지 제안해왔다. 결국 러시아는 프로이센의 독주에 제동을 걸어 상황을 복잡하게 만듦으로써 자국의 합법적인 권리를 내세우고자 했기에 비스마르크로서도 이를 무시할 수 없는 처지였다.

그러나 러시아가 연방의 헌법 문제에 간섭하려 들 경우, 오히려 독일 국민들이 가만히 있지 않으리라 기대하던 비스마르크는 러시아가 주선한 회담을 수락하지 않았고, 8월 3일 영국과 프랑스 측까지 회담을 거절함에 따라 소신대로 밀고나갈 수 있었다. 자국의 의도가 아무런 빛도 보지 못하고 무산됨에 따라 러시아의 차르는 8월 12일 빌헬름 1세에게 보내는 서한을 통해 폴란드의 지속적인 분할과 다다넬스에 대한 자국의 관심을 재차 언급하면서, 프로이센에 결코 등을 돌리는 일이 없을 것이고 함께 쌍방의 보수주의-군주제 원칙을 다시 한 번 각인시키며 체면을 유지하는 데 급급했다. 비스마르크는 무응답의 2차 대응으로 제대로 효과를 거두면서 러시아에 대한 우려 또한 접어둘 수 있었다.

마지막으로 영국은 오래전부터 상인들의 자유무역을 중심으로 프로이센과 경제적으로 상호 의존관계에 있었고, 또 독일 제후국들과 다양한 왕조 관계를 유지한 국가였다. 영국은 오히려 지중해에서 발트 해에 이르는 지대한 관심과 막강한 해군력으로 프로이센의 부러움을 샀고, 또한 입헌군주제로서 민주주의세력에게는 이상적인 국가로 비쳐지는 대상이었다.

1848~1850년 덴마크-독일 전쟁에서 슐레스비히-홀슈타인 문제를
해결함에 있어 프로이센은 영국을 비롯한 강대국들이 제시한 런던 협
약을 그대로 수용했다. 20세기 후반 빌헬름 2세 치하에서 식민지 쟁탈
전이나 해군력의 확장 등으로 인해 마찰이 일어나기 전까지 프로이센
과 영국의 관계는 비교적 순탄하게 유지되는 편이었다.

비스마르크는 유럽의 정치에 강력한 영향력을 행사하는 영국을 적보
다는 제3의 공격을 대비하여 이용할 수 있는 우호세력으로 삼고자 했
다. 영국으로서도 프로이센과의 관계를 굳이 부정적으로 이끌어갈 필요
는 없었다. 1860년대 영국의 글래드스턴(William Ewart Gladstone, 1809~1898)
내각은 노동자들의 차티스트 운동과 크림 전쟁, 그리고 자유무역의 이행
등 여러 혼란 등으로 자국 내 사태 개선에 주력하는 것을 최우선 과제로
두었기 때문에 사실 프로이센을 위험국가로 간주할 여유도 없었다.

전쟁의 승리로 비스마르크는 프리드리히 대제 이후 처음으로 오스트
리아에 정면도전한 프로이센 최고의 '실력자'로 올라섰다. "오스트리
아와의 전쟁에서 승리하기 전까지 프로이센은 진정한 강대국이 아니었
다"고 토로했던 대로 프로이센 정치 최대의 순간을 일구어낸 그는 기쁨
의 순간도 잠시 접어두어야 했다.

비스마르크는 이제 프로이센의 주도 하에 오스트리아의 독일연방을
대신하는 북부독일 연방국의 건설을 꿈꾸었고, 이것이 향후 독일 정치
에 직결될 것임은 부인할 수 없는 사실이었다. 1815년 빈 회의의 프로이
센 측 대사였던 훔볼트(Wilhelm von Humboldt, 1767~1835)가 '독일인들의
새로운 집단에 의한 국가 건설'을 예고한 바 있듯, 그 국가 건설이 비스
마르크에 의해 점점 움트고 있었던 것이다. 더 이상 그 무엇에 흔들릴
상황은 지나갔다.

시대적 흐름의 '조정자'

독일 북부를 평정하다

안팎으로 복잡하고 어려운 상황 속에서 '혁명'을 감행하기에 바빴던 비스마르크는 정신적·육체적으로 괴로운 나날을 보내야만 했다. 그의 말대로 밤낮 없이 흥분과 긴장의 연속이던 지난 수개월 동안 체력 소모와 과도한 신경쇠약까지 겹치는 바람에 또다시 건강에 이상이 생겼다. 그후유증으로 대화중에 감정을 억제하지 못해 공격적인 언사가 빈번해지면서 국왕이나 주변 사람들까지 힘들게 만들었다. 러시아 대사 오우브릴(Paul von Oubril)이나 오스트리아의 대리공사 쇼테크(Boguslav von Chotek, 1829~1896)는 이미 1863년 가을부터 그런 증세가 있었음을 시사했다.

그리고 보면, 비스마르크가 수상에 오르면서부터 군제개혁과 헌법분쟁을 시작으로 해서 두 차례에 걸친 전쟁과 '제2의 혁명'에 이르기까지 정치적으로 어려움의 연속이었다. 정적들에 휩싸여 단 한순간도 마음을 놓지 못했으니 신경쇠약 증세도 어쩌면 당연했다.

건강의 한계를 느낀 비스마르크는 결국 1862년 러시아 대사 시절의 여름휴가 때와 같이 재충전이 필요했다. 그리하여 사촌 프리드리히가

:: 1866년 11월 푸트부스의 비스마르크

거주하는 칼스부르크 저택으로 향하는 마차에 끝내 몸을 실었다.

1866년 늦가을, 칼스부르크에서 휴양을 시작한 그는 다시 푸트부스 (Wilhelm von Putbus, 1833~1907) 후작의 초대를 받고 뤼겐을 찾았다. 한가롭고 조용한 섬에서 보내기로 했던 며칠이 몇 주가 되면서 요한나와 함께 10월 6일부터 12월 1일까지 두 달 가까이 그 저택에서 보내게 되었다. 그러나 때가 때였던 만큼 휴가지에서도 편하게 휴식을 취할 수는 없었다. 안팎의 과제들을 처리하여 국정이 다소 안정된 국면에 접어들긴 했지만, 앞으로 갈 길이 순탄치만은 않았다. 오스트리아가 없어진 독일과 독일연방에 본격적으로 손을 대는, 한마디로 국가를 새로이 바꾸는 작업이 그를 기다리고 있었기 때문이다.

북독일연방과 그 헌법의 위력

그동안 프로이센과 독일의 관계를 고심해온 비스마르크는 휴양지에서도 업무에서 손을 떼지 못했다. 마침내 휴가를 연장하고 쉼 없는 정치적 구상 끝에 그는 10월 30일과 11월 19일 두 차례에 걸쳐 푸트부스 조약을 발표했다.

푸트부스의 첫 번째 조약은 독일연방이 유명무실해진 시점에서 북독일연방(Norddeutscher Bund)을 중심으로 내세워 남부국가들을 가입시키고, 내각이 아닌 북독일 연방의회가 중앙관청 역할을 한다는 내용이었다.

두 번째 조약은 연방의회가 보통·직접·비밀·평등 선거에 기초한 제국의회로 균형을 이루도록 명시했다. 이는 의회기구를 동원함으로써 동맹국들을 조정하기 위해 일종의 합법적인 수단을 이용하려 했을 뿐만 아니라, 이로써 프로이센 국왕의 총지휘권을 인정하여 프로이센의 우월한 지위를 다시 한 번 보장하려는 의도도 내포하고 있었다. 즉 남부국가들의 연방 가입을 계산한 비스마르크가 국체는 물론 북독일연방의회 내에서의 합법적인 최고 지위까지 염두에 두었음을 의미했다.

조약의 전문은 1901년에야 완전히 밝혀지지만, 비스마르크의 친구이자 베를린의 유일한 소식통인 코이델에게 일부 전달되었다. 특히 비스마르크 개인의 업적이기도 한 초안은, 비록 낭설로 밝혀지긴 했지만 불과 몇 시간 만에 이루어졌다는 소문까지 나돌 정도로 그의 비범함과 함께 세간의 이목을 집중시켰다. 형식적인 면에서 연방 동료들의 감정을 고려하기도 했지만, 무엇보다 프로이센의 헤게모니를 보장하는 지침서로서 훗날 1871년 통일되는 독일의 제국헌법에 그대로 인용되었다.

한편 비스마르크가 베를린을 비운 사이 빌헬름 1세의 부름을 받은 사비니 또한 벌써부터 연방헌법의 계획안을 작성하는 작업에 들어갔다. 11월 초에야 비스마르크는 자신과 껄끄러운 관계에 있던 왕비의 특별추천에 따라 사비니가 연방헌법을 완성하도록 위임받았다는 사실을 전해 들었다. 멀리 휴양지에 있던 그로서는 제동을 걸 수 있는 상황도 아니었지만, 친구 사비니에 대한 거리감을 확연하게 느끼지 않을 수 없었다.

1849년 이후로 당시 왕위 계승예정자였던 현 국왕과 인연을 맺어 두터운 신뢰를 쌓았던 사비니는 아헨의 사법관 시보 시절 연애 사건으로 여러 차례 일방적으로 업무에서 이탈했던 비스마르크에게 도움을 줌으로써 오랜 친분을 유지해온 관계였다. 그러나 사비니의 '작업'으로 인해 비스마르크는 인간적으로나 정치적으로 그로부터 멀어질 수밖에 없음을 예감했다.

비스마르크는 서둘러 1867년 2월 1일 무렵에 제국의회를 구성하기 위한 선거일정을 1월 중순 이후로 계획하고 있음을 알려왔다. 그리고 곧바로 휴양지로부터 베를린으로 돌아왔다.

프로이센 수상의 권한을 침해하려 든다는 불쾌감을 감추지 못한 듯 베를린에서 사비니에 대한 그의 반응은 냉랭했다. 예컨대 자신과는 자주 의견충돌이 있었던 국왕이 사비니의 공적을 기려 호엔촐레른 왕실의 십자훈장을 수여했다는 사실까지 전해 들었지만, 일체 언급하지 않고 무시해버렸다. 그리고 그의 작업 성과를 살펴보던 중 군대 문제를 개별국가들의 군비 분담을 고려하지 않은 채 획일적으로 다룬 점과 연방

:: 한 손에는 채찍을, 다른 한 손에는 사탕을 쥐고 북독일연방의회를 길들이는 비스마르크. 1870년 3월 5일 빈의 〈피가로〉 지에 실린 풍자화

의 동맹국들에게 지나친 독립권을 부여한 사안 등을 놓치지 않고 지적했다. 사비그와 비스마르크 두 사람 사이에 그 어떠한 타협도 어려운 듯했다.

비스마르크는 사비니의 작업 결과와 관계없이 자신이 계획한 그대로 연방헌법 문제를 밀고 나갈 결심이었다. 이로써 북부독일을 중심으로 새로운 질서를 위한 헌법 초안을 토대로 한 새로운 선거법이 도입되었고, 기존의 프로이센 의회와 북부독일의 새로운 제국의회가 동시에 존립하게 되었다. 그러한 성과는 프로이센은 물론 독일로서도 민주주의를 향한 첫 도약이 아닐 수 없었다.

그러나 비스마르크의 의도에 대한 각 정당들의 반응이 호의적이지만은 않았다. 진보적 자유주의자들까지 가세하여 베를린에 두 개의 의회가 나란히 구성되는 것을 거부하며 프로이센 헌법에 따라 연방의 정무를 함께 처리할 것을 주장했다. 자신이 일구어낸 새로운 북부독일 구상이 그들의 전폭적인 신뢰를 받기는 이른 것 같았다. 의회 내 우파 자유주의자들이나 보수주의자들, 그리고 가톨릭의 중앙당 의원들의 경우 역시 선거법에 대해 유보적인 입장을 취하며 동등한 선거원칙에 반대 의사로 일관했다.

계획에 차질이 빚어지자 비스마르크로서는 북독일연방의 헌법 제정을 큰 문제 없이 통과시키기 위한 대안으로서 법안을 세부적으로 바꾸거나 수정할 필요가 있었다. 그 결과 북독일연방의 헌법을 마련하는 과정에서 두드러진 정부나 정당 간의 상호갈등을 최대한 줄이는 쪽으로 수정이 이루어졌다. 북부의 헌법만 수용되고 나면 무엇보다 독일 북부, 곧 독일의 절반이 평정될 날도 머지않았다고 판단했기 때문이다.

2월 12일, 마침내 비스마르크의 의지대로 북독일연방의 첫 제헌의회가 가결되었고, 4월 16일 선거에서 푸트부스 헌법 초안이 230 대 53이라는 압도적인 표차로 승인되었다. 이로써 연방의 정부들과 각국 의회의 승인 하에 7월 1일부터 법안이 효력을 발휘했다.

이 법안에 따르면 프로이센 국왕은 북독일연방의 의장권과 아울러 전 군대의 최고통수권을 장악했고, 연방내각제가 채택된 가운데 연방 수상은 국왕을 제외한 제국의회에 어떠한 책임도 지지 않았다. 특히 군주제 하의 헌법은 제국의회의 권한을 제한하는 것으로, 무엇보다 내각 구성에 영향력을 행사하지 못했기 때문에 보통·직접·비밀·평등 선거권은 상당히 취약한 면을 띠었다. 게다가 의회의 권한까지 축소되어 예산안 심의권이 제한되었을 뿐만 아니라, 군사조직에 대한 영향권도 가능한 배제되었다.

비스마르크로서는 매우 흡족한 결과였다. 프로이센의 수상에서 연방의 수상으로 승격된 그는 곧바로 델브뤼크(Rudolf Delbrück, 1817~1903)를 내각 책임자로 임명했다. 그리고 바라던 대로 프로이센은 북부의 슐레스비히-홀슈타인을 비롯하여 하노버는 물론 프로이센을 두 지역으로 나누던 쿠어헤센과 나사우의 합병을 공식화함으로써 북부와 중부 국가들 모두를 포함한 연방 지역의 약 5분의 4를 북독일연방의 휘하에 두었다.

그뿐만이 아니었다. 전체 3000만 명의 주민 가운데 2500명이 프로이센 시민이었으므로 500만 명 이상의 주민이 새로 증가한 셈이었고, 베를린은 프로이센의 수도이자 새로운 북독일 연방의회의 본부로 승격되었다. 그에 반해 오랜 전통을 지닌 자유제국도시로서 지금까지 독일연방의 본부였던 프랑크푸르트는 프로이센의 일개 지방도시로 전락했다. 특히 새로 임명된 지도자들까지 가세하면서 의회를 프랑크푸르트에 두자는 의견은 거부되었다. 그때까지 반프로이센 성향의 언론 중심지로서, 또 민주주의자들을 위한 '전염병의 소굴'로서 알려진 프랑크푸르트는 하루아침에 비판의 대상으로 전락해버렸다.

독일 북부 경계선의 의미

북독일연방의 헌법이 효력을 발휘하기까지는 몇 개월의 기간이 소요되었다. 그러나 그 기간 동안 새로이 경색된 정국 때문에 비스마르크는 어둡고도 긴 터널 속을 헤매야만 했다. 이미 1867년 2월 북부독일의 제국의회 선거에서 자신을 지지한 국민자유당이 압도적인 다수를 차지하긴 했으나, 의원들이 마인 경계선을 극복하기를 요구하고 나섰기 때문이다. 독일 내 지방분권적인 세력들에 반대하며 단호한 통합조치를 요구하던 그들은 비스마르크를 향해 프로이센의 승리를 제대로 이용할 줄 모른다는 힐책과 함께 마인 경계선 정책을 거부하고 나왔다.

그렇지만 비스마르크는 그 경계선을 넘어서서 독일 전체를 지향하는 국민자유당의 요구를 받아들이지 않았다. 사실 당시의 그로서는 독일 통일을 위한 구체적이고 적극적인 의지를 갖고 있지 못했다. 오히려 독일의 통일 문제를 빠른 시일 내에 해결하기보다는 오스트리아가 제외된 가운데 북독일연방에 공식적으로 가입할 남부국가들의 동향을 우선적으로 고려하는 데 주력했다. 통일 문제는 프로이센의 주도하에 북부독일을 중심으로 중앙집권적 체제를 확고히 다진 이후 자연스럽게 다음 단계로 나아가야 하는 문제로 판단한 때문이었다.

> 사람들은 가능하고 이룰 수 있는 것만을 추구해야 한다. 마인 경계선이란 국가를 구분하는 장벽이 아니고 국가의 흐름이 제 길을 찾도록 해주는 하나의 울타리와도 같다. 그리고 남부국가들은 30년이라는 시간이 걸리더라도 자유로운 결정에 따라 북부로 와야 한다.

비스마르크는 전후 처리 과정에서 남부국가들과의 동맹관계나 강대국들의 정서를 충분히 경험했기 때문에 그들 모두를 자극하는 노선으로 굳이 갈아탈 생각을 하지 않았다. 우선 자신의 독일 정책에 대한 남부국가들의 적대감이 완전히 청산된 상황도 아니었기에 북부 자유주의자들의 불만의 목소리만 따를 수 없는 노릇이었다. 그로서는 보호방어조약을 체결한 이후에도 불안해하는 남부국가들을 확실하게 회유하는 것이야말로 최우선 과제였다. 이를테면 기존의 노선에서 크게 벗어나지 않는 것이 최선책이고, 자유주의자들이 주장하는 통일 문제는 서서히 해결할 사안이었다.

그뿐만 아니라 프로이센의 세력권이 마인 강을 넘어 확대되고 나아가서는 독일의 통일을 완성시키려 한다는 빌미를 제공함으로써 프랑스정부의 여전한 거부감을 자극할 필요도 없었다. 기본적으로 프랑스에 관한 한 직접적으로 충돌하기보다는 최대한의 방어적 태도를 고수하는 것이 상책이었다. 나폴레옹 3세의 입장에서 프로이센의 세력 확장은 전통적인 권력체계와 평화체제를 붕괴시키고 정치적 분열을 초래하여 중 유럽에까지 영향력을 미치는 위협 요소로 받아들일 가능성이 컸기 때 문이다. 따라서 프로이센을 향해 촉각을 곤두세우고 있는 나폴레옹 3세 와의 사소한 논쟁으로 눈앞의 큰 위업을 좌절시킬 수는 없었다.

이처럼 마인 경계선에 대한 비스마르크의 의지는 확고했다. 자신의 뜻을 정당화하기 위해 프로이센-북부독일과 독일을 동일하게 다루면서 독일이 처한 대외적인 어려움을 강조할 필요가 있었다. 따라서 1867년 3월 11일 그는 제국의회에서 독일인들에게 독일이 중부유럽의 강력한 국가임을 일깨우고, 국가와 민족의 위대함을 다시 한 번 이룩할 것을 강 력하게 호소할 뿐이었다.

비스마르크는 남부국가들을 인정해주는 한편 북독일연방의 경계선 을 철저하게 지켜낼 것을 우선으로 하며 고비를 버텨냈다. 달리 말하면, '다국적 구조'를 향한 민족국가의 구상을 실현하는 데 주저하지 않았 다. 독일인들 또한 공동의 국가를 정당한 권리인 동시에 경제적으로도 필수적인 요인으로 받아들이려는 분위기로 점차 바뀌어갔다.

그럼에도 다른 한편으로 여전히 그의 마음에 걸리는 것은 오스트리 아였다. 독일 문제에 관한 자국의 결정권이 더 이상 인정되지 않는 상태 에서 오스트리아가 프로이센을 중심으로 한 전후 사태를 전적으로 응 해줄 것인지 의문스러웠기 때문이다.

수세기에 걸쳐 지속된 합스부르크 왕조로서는 1866년의 패전과 이로 인한 북독일연방의 결성과 팽창, 그리고 그 헌법이 미치는 영향력으로 위기에 직면했음을 받아들이지 않을 수 없었다. 독일 문제에 더 이상 참 여하지 못하는 지금 연쇄적인 붕괴를 막아낼 방도는 더 이상 없었다.

이미 내부의 안정을 상실해버린 상태에서 헝가리와의 협력이 절실해 졌기 때문에 오스트리아는 헝가리의 자치까지 허용할 수밖에 없었다.

오스트리아-헝가리의 오랜 이중 군주국마저 해체의 위기에 놓이면서 다른 소수민족의 문제까지 불거지는 바람에 그들의 자유주의적 권리도 인정해야만 할 위기에 처했다. 물론 제대로 해결되지 못한 소수민족의 문제는 제1차 세계대전으로 말미암아 1918년 해체되기까지 거의 반세기 가까이 존속했다. 특히 유럽의 '화약고'로 불리는 발칸 지역을 중심으로 여러 국가들이 일으켜온 마찰은 오늘날까지도 많은 갈등을 야기하고 있다.

그런데 역시 비스마르크가 우려한 대로 오스트리아는 여러 악조건에도 불구하고 독일연방의 부활을 단념하지 않는 눈치였다. 그것은 향후 오스트리아를 배제하고 주도권을 장악하려는 비스마르크의 독일 정치에 걸림돌로 남을 소지가 다분했다. 독일연방을 강제로 해체시킨 비스마르크가 오스트리아의 그런 행동까지 예상하지 않았을 리는 없었겠지만, 전후 처리가 끝났다고 해서 그로 인한 양국 간의 정치적 상황까지 깨끗하게 처리된 것은 아니었다.

비스마르크로서도 결정적 대안이 절실해졌다. 마침내 관계를 개선하고 내치를 위한 울타리를 만드는 차원에서 보호와 방어의 군사적 동맹을 체결했던 남부국가들과의 관세동맹을 보다 새롭게 제시하는 것으로써 재차 위기관리에 나서기로 했다. 그들과의 지속적이고도 긴밀한 관계를 보다 확고하게 유지함으로써 언제든 오스트리아의 '반란'과 같은 불안한 정국에서도 확고한 지원세력으로 남겨둘 속셈이었다.

비스마르크의 새로운 제안에 대해 오랫동안 독일 관세동맹에 몸담아온 남부국가들 또한 전혀 머뭇거릴 이유가 없었다. 프로이센이 보호해주고, 또 영국의 자유무역 시스템과 계약된 조건이 독일의 국내시장에서 투자하고 수출하면서 얻게 될 경제성장에 구미를 당기게 하고도 남을 일이었기 때문이다.

:: 독일 군소국들을 위해 쥐덫을 놓는 불독 비스마르크. 1867년 4월 7일 〈라 랑테른〉 지에 실린 길(Gill)의 풍자화

　마침내 라인 지역이나 남부의 기업가들, 그리고 교양·유산 시민계급은 일제히 프로이센과의 새로운 무역관계를 개선하는 데 주력했다. 그들 모두에게 국민경제를 살려 독일을 공업대국으로 향하도록 길을 열어주는 주역인 동맹을 마다할 이유가 없었던 것이다. 회원국들에게 민족주의적인 정서나 군사적인 결정도 중요했으나, 중유럽에서 산업경제가 팽창할 기회보다 더 중요한 것은 없었기 때문이다.

　결국 비스마르크의 부단한 노력의 결실로 관세연방청(Zollbundesrat)과 관세의회(Zollparlament)가 차례로 만들어졌다. 그런 가운데 북부독일의 결속을 견고하게 유지하는 동시에 무엇보다 강요나 압박보다는 상호 공존하는 외교적인 방법으로 설립된 두 기관에 대한 의중을 1867년 5월

6일 뮌헨 내각에 제대로 알리도록 지시했다. 그리고 6월 3일 베를린에서 프로이센의 실무자들과 남부국가들의 대표가 만나는 자리에서 그런 의중을 다시 한 번 강조했다.

북부와 함께하는 의회제도 없이는 공동의 관세동맹은 불가능하다.

관세의회 없이는 계속적인 관세동맹도 불가능하다.

7월 8일 관세연방청과 관세의회라는 새로운 기구들을 발판으로 독일 전역에 관세동맹을 확대시키려는 비스마르크의 염원이 이루어졌다. 바이에른이나 바덴이 결성하려는 남독일연방과 의회의 결성 또한 저지할 수 있는 대안을 마련해놓았으니 일석이조의 효과까지 얻어냈다.

그뿐만이 아니었다. 관세연방청의 경우, 프로이센에 반대해서는 어떠한 처리도 불가능한 것이 현실이었다. 게다가 관세의회는 보통·평등에 의거한 제국선거법으로 인해 인구수가 많은 북쪽이 남쪽에 비해 유리했기 때문에 비스마르크가 뜻한 대로 실현될 수밖에 없었다. 의회는 제국의회와 마찬가지로 3년을 임기로 하며, 무역법은 물론 관세율이나 상업과 항해 문제 등을 일괄 처리할 수 있는 권한도 가졌다. 1888년에야 가담하게 되는 함부르크와 브레멘을 제외한 독일 남부와 북부 사이에서 이 두 기구는 상호 간의 공통성을 상징하는 대표적인 징표로서 완전한 경제통합 정책을 위한 방패막인 동시에 프로이센의 실세를 굳건히 해주는 디딤돌이었다.

결국 새로 체결한 관세동맹과 공동의 입법기관의 설립으로 북독일연방과 남부국가들 사이에는 경제적인 공동운명체로서 다시 한 번 상호 공통점의 긴밀한 작용을 기대할 수 있게 되었다. 그러나 1868년 초 남부국가들의 관세의회 첫 선거에서 비 스마르크는 다시 좌절을 겪어야 했다. 프로이센에 비판적인 정당들이 바이에른, 뷔르템베르크, 바덴 등 남부지역에서 대거 압도적인 승리를 거두었기 때문이다.

:: 빈트호르스트

선거에서 압승을 거둔 남부의 세 지역은 여전히 반군국주의적, 반프 로이센적 연방분립주의 경향을 지지하는 세력으로서 로마 가톨릭 교회와 급진적인 민주주의자들이 대거 포진해 있었다. 무엇보다 가톨릭 집단은 반프로이센 선거운동을 위해 대중을 선동하는 정치세력으로 조직화되어 있었고, 비스마르크를 "프로이센의 돼지"로 부를 정도로 노골적인 반감을 드러냈다. 특히 남부의 선거 결과에 고무된 북부 하노버의 옛 수상이자 중앙당, 즉 가톨릭당의 당수인 빈트호르스트(Ludwig Windthorst, 1812~1891)는 비스마르크에 강력하게 맞서는 대표적인 인물로 반프로이센 분위기를 고조시키는 데 열을 올렸다.

"아내가 사랑의 대상이라면 빈트호르스트는 증오의 대상"이라고 거침없이 내뱉을 정도로 비스마르크가 가장 경계했던 빈트호르스트의 반비스마르크 기세를 꺾기란 쉽지 않았다. 그동안 남부국가들이 자유의지로 북독일연방에 가입해야 한다고 했던 만큼 그들에 대한 통제 또한 별 무리 없다고 판단했던 그로서는 큰 타격이 아닐 수 없었다.

시간이 흐를수록 보수적인 연방분립주의자들과 같이 대독일주의를 지향하는 민주주의자들이나 가톨릭주의자들이 "납세하고 군복무하면서도 입은 다물 것"을 요구하는 프로이센의 세 가지 명령을 비판하면서 강력한 반프로이센 운동을 수행해나갈 것을 결의함에 따라 사태는 더욱 심각해졌다. 특히 함부르크의 강력한 반대와 더불어 바이에른, 뷔르템베르크, 헤센-다름슈타트가 자국의 자율성을 끊임없이 주장하고 나왔다. 다만 자유주의 정부 바덴만은 베를린과의 연계를 고수했지만, 비스마르크는 남부의 전체적인 분위기를 고려하여 개별적인 수용을 자제키로 했다.

비스마르크는 경제적인 공동화가 곧 정치적 공통성을 의미하는 것은 아님을 절감해야만 했다. 북독일연방의 헌법이 외형적으로는 남부국가들의 자유의지를 존중하고 있었지만, 거의 독재적인 방법과 조건으로 협상이 체결되었음을 그들도 모르지 않았기 때문이다. 따라서 비스마르크로서도 프로이센의 일방적인 지배에 대한 남부독일 제후들의 저항이나 민중의 분노를 감안하지 못할 것도 없었다. 그저 그 수습책이 시급할 뿐이었다.

비스마르크는 오랜 고민에 빠졌다. 오스트리아 없이도 북독일연방과 관세동맹을 통해 프로이센을 정치적·군사적·경제적으로 독일 내 최강대국으로서의 입지를 다지기 위한 고삐를 늦출 일이 아니었기 때문이다. 민주주의자들이나 로마 가톨릭 교회, 연방분립주의자 등 남부국가들의 반프로이센 세력에 의한 끊이지 않는 선동으로 전망이 그리 밝지만은 않았지만, 우선 스스로를 독려하면서 가급적 정치적인 정면충돌을 자제하고 지지세력을 확보해나가기로 했다.

그리하여 그는 무엇보다 각자 자국을 중심으로 생활할 수 있도록 허용해주는, 즉 독일 정치를 조종할 끈을 느슨하게 풀어둘 필요가 있음을 놓치지 않았다. 프로이센이 독일의 발전을 주도하는 핵심적인 세력으로 존재하게 된 지금, 자국의 영향력을 약화시키지 않는 한도 내에서라면 얼마든지 용인할 수 있다는 확신에서 비롯된 결과였다. 다만 다음 목표를 향해 서둘러야 할 사안이라 할지라도 때로는 시간적 여유를 두는 것도 필요하다고 생각했다.

마침내 그는 이 기회를 빌려 자신이 주도했던 헌법 초안에 대해 프로이센 내각조차 그다지 좋아하지 않을 상황도 함께 고려하기로 했다. 헌법을 통과시키던 당시 거의 일방적으로 처리했던 자신의 속내를 지금에야 들켜버린 듯 자신의 결정에 대해 "비스마르크가 프로이센 국가를 망치고 있다"며 즉각적인 중단을 요구하는가 하면, "프로이센의 관료조직의 특성이 파괴될 수도 있다"는 우려를 표시한 반대의 목소리들에 다시 한 번 귀를 기울인 것이다.

그리고 무엇보다 뮌헨을 중심으로 한 남부국가들과의 관계를 더욱 우호적으로 만들고자 했다. 1868년 5월 동맹세력의 지원 없이는 어떠한 중요한 일도 추진하기 쉽지 않았기에 프로이센-독일 운동에 희망을 걸고 자유주의자들부터 달래기로 결심했다.

> 우리는 온 마음을 다해 국가의 통일을 수행해나가야 하겠지만, 계산적인 정치가에게는 절박한 것이 우선이고, 그러고 나서 희망하는 것들이 뒤따르는 법이다. 따라서 집을 짓는 것이 우선이고 그 집을 확장하는 것은 그 다음이다. 독일이 19세기에 국가의 목표를 달성하게 된다면 그것이야말로 내게는 위대한 일이다. 10년 또는 심지어 5년 내에 이루어진다면, 무언가 특별한 일로서 기대하지도 않은 신의 은총일 것이다.

당면한 현안에 반대하는 목소리를 추격하고 끊임없이 그 해결책을 모색하는 가운데 주변의 정세까지 놓치지 않은 비스마르크는 능수능란하고 철저한 정치가임에 틀림없었다. 예전에도 그랬고 앞으로도 그렇듯이, 의회주의에 반대하는 삶을 살면서도 지금의 그는 의회주의에 아낌없는 찬사를 보내고, 보수주의자로 생을 마감할 것이면서도 지금의 그는 원칙만을 고수하고 반혁명주의를 외치는 보수주의자들로부터 벗어나려 했다. 이처럼 어떤 상황의 어떤 문제든 '밀고 당기기'와 '나서고 물러서기'의 다양한 방법을 동원한, 가히 상호 모순적이면서도 현실적인 다선의 정치적 특성은 독일 북부를 평정하는 과정에서도 그대로 드러났다.

그런 의미에서 독일 북부를 평정한 지금, 비스마르크의 판단은 적중한 듯 보였다. 사태가 오히려 악화될 경우, 남부국가들에 의해 프로이센의 위신이 추락하거나 아니면 프로이센의 헤게모니를 비판하는 프랑스로부터 선전포고를 받을 위험이 언제든 있었다. 그런 경색된 정국 하에서라면 1848~1849년과 같은 '민중 정치'는 더 이상 실효를 거두지 못하며, 프로이센을 중심으로 한 '민족 정치' 역시 한동안 포기해야만 했다.

대표적인 예로서, 1869년 2월 비스마르크는 뮌헨에 파견된 대사 베르테른(Georg von Werthern, 1816~1895)에게 위압적인 방법들을 통해 사람들이 원하는 독일 통일을 진척시킬 가능성은 커질 수도 있겠지만, 대참사까지 일으키면서 행할 일은 아님을 다시 한 번 주지시켰다. "사람들이 시계를 빠르게 돌려놓을 수는 있지만, 그 때문에 시간이 더 빨리 가는 것은 아니다"는 말대로 독일의 통일 문제는 결코 익지 않은 과일처럼 미성숙의 단계에 그치고 말 일은 아니었다.

나를 있게 한 사건들의 효력이 상당히 과대평가되긴 했지만, 나로서는 그 누구도 역사를 만든다고 기대하지 않았다는 것을 확신합니다. 여러분, 내 자신이 당신들과 공동으로 역사를 만들 수는 없는 일이오. ……우리는 역사를 만들 수 없으며, 역사가 이루어질 때까지 기다릴 뿐입니다. 우리가 등불 아래 둔다고 해서 그 과일을 빨리 익도록 재촉할 수는 없는 법. 만약 익지도 않은 과일을 따버린다면 단지 그 과일의 성장을 방해하고 썩게 만들 뿐입니다.

나폴레옹 3세를 주저앉히다

1866년 늦여름부터 그 이듬해 초까지 수개월 동안 비스마르크는 전쟁과 전후 처리 문제로 인해 가장 힘든 시기를 맞이했다. 오스트리아와의 강화조약에 이어 내치를 위한 동맹세력을 확보하는 한편 주변국들과 긴밀한 협력관계를 만들어나가는 막바지에 뜻하지 않게 터져버린 새로운 사태로 인해 그 그늘로부터 여전히 벗어나기 어려웠다. 당사자들 사이에 이미 끝나버린 독일 전쟁의 보상 문제를 빌미로 나폴레옹 3세가 또다시 시비를 걸어옴으로써 아직까지 끝나지 않은 전쟁으로 만들어버렸기 때문이다. 사실상 영토 보상의 요구를 거절당한 나폴레옹 3세로서는 자국의 제국주의 정책의 실패로 행동반경까지 제한받는 시점에서 조용히 있을 수는 없었던 모양이다.

노골적으로 자국에 걸림돌이 된 상대를 마주하며 비스마르크는 이번만큼은 어떠한 형식을 빌어서든 매듭짓지 않으면 안 된다고 판단했다. 그러나 안팎의 문제로부터 완전히 벗어난 상태가 아니었기에 대외 문제로 이중삼중의 고충에 빠지기를 원치는 않았다.

그동안 이행하지도 않을 자르브뤼켄 광산의 이용권을 약속하여 불신을 조장한 터라 개운치 못했던 그는 나폴레옹 3세와의 직접적인 '거래'보다는 독일인들의 민족주의 감정을 다시 동원하여 지원세력을 확보해놓음으로써 만약을 대비해 우회적으로 상대방을 제압하려 했다. 소위 룩셈부르크 사태를 야기한 나폴레옹 3세의 계산에 비스마르크의 술책이 맞물리면서 양국관계는 걷잡을 수 없는 미궁으로 빠져들 수밖에 없었다.

룩셈부르크 사태를 역이용하다

전후 처리 과정에서 지지부진했던 나폴레옹 3세의 반격이 급물살을 탔다. 1867년 2월 12일, 북독일연방의 선거가 있던 날 그는 자국의 대사 베네데티로 하여금 영토 보상 문제와 관련하여 느닷없이 벨기에와 룩셈부르크 영토 문제를 거론하도록 지시했다. 국내적으로는 물론 대외적으로도 룩셈부르크와 어려움에 처하게 될 비스마르크의 처지를 모를리 없던 그로서는 언론매체까지 동원하여 전쟁 당시 자국의 중립에 부합하는 대가를 요구하면서 압박을 가해왔다.

나폴레옹 3세의 그와 같은 일방적인 요구는 사실 자국의 예기치 않은 정황과 맞물려 더욱 부추겨진 결과이기도 했다. 그동안 파리의 영광만으로는 살 수 없다는 취지에서 '보나파르트 체제' 하에 프랑스 제국주의의 승리를 꿈꾸던 나폴레옹 3세는 자국의 영광을 위해 막시밀리안(Joseph Ferdinand Maximilian)이라는 인물을 적극 후원해왔다. 그러나 1867년 막시밀리안이 사살되고 멕시코 제국이 붕괴됨으로써 지금까지 그의 노력과 모험은 하루아침에 수포로 돌아갔다. 뜻하지 않게 신망을 잃은 그로서는 이를 만회하기 위한 묘안이 시급해졌다. 독일 전쟁에서의 심판관 역할도 사라졌고, 제국주의의 영광마저 포기해야 하는 시점에서 결국 승전국이 된 프로이센으로부터 보상을 받을 수밖에 없다고 여겼던 것이다.

염려하던 대로 나폴레옹 3세의 요구가 벨기에와 룩셈부르크로 바뀐 상황에서 비스마르크의 입장은 난처하기 이를 데 없었다. 그러나 전쟁 전부터 그의 개입과 요구를 계산했기에 전쟁 후 서둘러 남부국가들과 보호방어동맹도 체결하고 나름대로 민족주의까지 동원하는 등 대응책으로 맞서면서 이번 역시 그의 계산에 응해줄 의향은 없었다.

그러나 두 지역의 분위기가 예전과 달리 민감한 때여서 단독으로 처리할 문제가 아니었다. 프로이센의 경우 역사적으로나 언어적으로나 룩셈부르크를 독일의 일부로 간주하려는 움직임이 있었을 뿐만 아니라, 무엇보다 독일연방에 속했던 벨기에와 룩셈부르크가 이제 북독일연방에서 제외되는 바람에 룩셈부르크 시민들도 더 이상 예전으로 돌아가기를 원치 않는 분위기였다. 따라서 프랑스와 부딪히며 서로 다른 목소리를 낼 경우, 이중삼중으로 뜻하지 않은 위기를 자초하는 격이었다.

비스마르크는 순조로운 마무리를 위해 파리의 황제 정부에게 희망을 안겨주고 싶은 심정도 없지 않았다. 그러나 북독일연방 하에 마인 경계선의 확정으로 국민자유당의 불만은 물론 지방분권에 대해 목소리를 높이는 남부국가들과의 갈등으로 국내 위기가 중첩된 상황에서 나폴레옹 3세의 요구대로 움직이다가는 내부적으로 어떤 공격을 당할지 모를 일이었다. 독일 국가들끼리 경제적으로 오랜 유대감을 지녔다고 해서 정치적으로도 공동보조를 유지할 것이라고 장담할 수 없었기 때문이다.

결론적으로 그동안의 집요한 보상 요구에 재차 확답을 하지 않음으로써 프랑스와 최악의 사태를 감안해야 했지만, 국내의 동향도 그에 못지않았다. 하지만 최악의 경우 프랑스가 전쟁 가능성을 거론한다고 하더라도 군사동맹을 체결한 '울타리'가 있으니 비스마르크로서는 국내에 치중하는 것이 보다 효과적이었다. 이를테면 북독일연방이 헌법을 공포하지도 않은 상황에서는 자유주의자들이나 민주주의자들의 추진력을 기대할 수도 없고, 남부국가들의 북독일연방 가입 없이 대외 전쟁을 수행하기도 불가능했기 때문이다. 따라서 그로서는 헌법 체제를 갖춘 북독일연방이 제대로 그 효력을 발휘할 수 있도록 재촉함으로써 외부의 위기는 물론 자연스럽게 내부를 하나로 만드는 기회로도 이용할 수 있다고 확신했다. 그것은 곧 비스마르크의 소극적인 공세전략이었다.

비스마르크의 무심한 태도에 시간이 흐를수록 프랑스의 적대감은 고조되었다. 나폴레옹 3세는 물론 프랑스 전역에서 '사도바를 위한 복수'

의 목소리가 나돌았다. 프랑스인들은 1867년 때마침 파리 세계박람회를 방문 중이던 비스마르크를 거부감과 매혹이라는 이중적인 감정으로 유심히 주시했다. 심지어 파리의 재단사들은 비스마르크의 복장을 빗대어 여름철에 유행하는 색상으로는 어울리지 않는 "비스마르크 갈색"이라 비하하기도 했다.

마침내 굳게 입을 다문 비스마르크를 향해 나폴레옹 3세가 일격을 가했다. 오스트리아-헝가리 제국을 부추겨 동맹을 형성하는 한편, 양국을 공동으로 보호하는 장치로써 남부국가들의 국제적인 주권을 보장하는 방안을 제안했던 것이다. 한마디로 남부를 부추겨 독일 내에서 프로이센의 일방적인 주도권을 제한하려는 심사였다. 나폴레옹 3세의 그런 조치가 얼마나 성공할지 여부는 비스마르크의 독일 정치에 대한 남부국가들의 지원 정도에 달린 셈이었다. 결과적으로는 1867년부터 프로이센-프랑스 전쟁이 발발하는 1870~1871년 시기에 남부국가들과 프로이센의 협력체제는 나폴레옹 3세의 의도와는 다르게 진행되었다.

한편 급진전된 프랑스의 변화와 나폴레옹 3세의 추이를 지켜보던 비스마르크도 더 이상 손을 놓고 있을 수만은 없었다. 그는 프랑스의 요구에 시간을 끌면서 두 가지 대응책으로 맞섰다.

먼저 비스마르크는 프랑스 황제와 네덜란드 국왕을 상대로 제각각 외교적인 혼란과 속임수를 사용했다. 비스마르크는 룩셈부르크를 원하는 프랑스의 요구에 대해 프로이센이 룩셈부르크 점령을 확실하게 중단하겠다는 기대감을 심어주었다. 이로써 나폴레옹 3세의 희망사항이 언젠가는 실현될 것이라는 기대감에 젖도록 부추김으로써 당장의 불편한 심기를 잠재웠던 것이다. 그러면서 다른 한편으로 나폴레옹에게 넘겨주려고 하지도 않으면서 기회만 있으면 "룩셈부르크 사람들이 무례하면 암스테르담의 유대인에게나 팔아버리겠다"고 빈정대던 네덜란드의 빌헬름 3세를 이용했다. 결과적으로 네덜란드 국왕이 그렇게 말한 진의를 전혀 모르는 척하면서 비스마르크는 서로 속셈이 다른 두 나라로 하여금 영토 교섭에 들어가도록 사기극을 벌였던 것이다.

비스마르크의 술책은 그것으로 그치지 않았다. 비밀리에 국민자유당 의원인 베니히젠으로 하여금 북독일 제국의회에서 룩셈부르크 매각에 대해 조사해보도록 주문했다. 룩셈부르크를 자국에 넘기도록 네덜란드 국왕과 직접 협상에 나선 나폴레옹 3세가 룩셈부르크 내에 친프랑스 분위기를 조성하는 데 온갖 노력을 기울이는 동안, 비스마르크는 의회에서 남부국가들과 맺은 군사동맹관계를 널리 알리는 가운데 독일 전역에 민족주의적인 의지를 더욱 선동하도록 종용했던 것이다.

다행스럽게도 룩셈부르크 매각 사태와 관련하여 의회 분위기는 비스마르크가 기대한 대로 움직여주었다. 의회는 순식간에 독일인들의 민족의식을 고양시켜주는 장이 되었다. 베니히젠의 질의와 애국적인 연설에 박수갈채가 쏟아지면서 나폴레옹 3세의 팽창주의를 경고하는 분위기가 절정을 이루었다. 특히 독일연방의 성채가 있던 도시 룩셈부르크의 양도에 대해 비교적 겸손하게 대응하면서도 독일 영토의 훼손만큼은 한 치도 허용치 않을 것임을 강력하게 시사했다.

룩셈부르크를 단지 독일 땅의 일부로만 보고 지키려는 것이 아닙니다. 그 땅이 프랑스에 넘어간다면 벨기에는 물론 라인 지역까지 끊임없이 위협을 받을 것입니다. 그러므로 그 땅은 우리의 중요한 군사요충지로서 보호해야 할 것입니다.

비스마르크는 의회 분위기에 흡족해마지 않았다. 그러나 자신이 주도했던 의회 연설이 있기 직전에조차 프랑스 측 대사에게는 최대한의 예의를 갖추어 회담을 주최했다. 그런 행동은 한낱 겉치레에 지나지 않은, 프랑스를 조롱한 행동이나 다름없었다.

끝내 비스마르크는 제국의회의 발언과 독일의 분위기를 구실 삼아 룩셈부르크를 '얻겠다'는 프랑스 황제나 '팔겠다'는 네덜란드 국왕을 이중으로 조종했다. 그러면서 다른 한편으로 프랑스에 대한 독일인들의 분노를 언론매체를 통해 강력하게 부각시키는가 하면, 4월 3일에 이르러 네덜란드에게는 화친의 메시지를 전달하도록 지시했다.

> 만약에 전쟁이 터진다면 우리의 여론은 네덜란드를 보호하는 것을 최우선으로 생각하고 있습니다.

결국 의회의 목소리를 앞세운 비스마르크의 심중을 파악한 네덜란드의 국왕은 룩셈부르크 양도를 철회할 것을 결심하기에 이르렀다. 빌헬름 3세로부터 그런 내용을 전달받은 나폴레옹 3세는 그동안 진행되어 온 협상이 아무런 성과 없이 무산되었음을 인정해야만 했다. 특히 룩셈부르크를 획득함에 있어 비스마르크의 도움을 전혀 기대할 수 없다는 것도 비로소 깨달았다. 룩셈부르크나 네덜란드는 아무런 손실도 보지 않은 데 반해, 자신의 입지만 우습게 된 셈이었다. 프로이센의 이중 플레이를 뒤늦게 파악한 프랑스는 분노로 들썩거리며 끝내 전쟁 위기론을 확산시켰다.

전쟁까지 거론하는 프랑스의 여론에 비스마르크의 심경은 다시 복잡해졌다. 1864년 덴마크에 이어 1866년 오스트리아와의 전쟁에서 승리했지만, 그렇다고 룩셈부르크 문제를 놓고 또다시 큰 전쟁을 벌일 생각은 전혀 없었기 때문이다. 전쟁에서 이긴다는 보장도 없을 뿐만 아니라, 그로 인해 자국민이 겪는 피해는 물론 안팎의 따가운 시선도 도외시하기 어려웠다.

프랑스의 전쟁 기세에 몰트케가 이미 방어전 태세에 들어갔지만, 비스마르크는 결코 선제공격은 원치 않았다. 비록 국가원수라 하더라도 자신의 주관적인 재량에 따라 전쟁을 수행할 권리는 없다고 생각했기에 어떠한 희생을 치르더라도 먼저 전쟁을 시작하지 않겠다는 것이 그의 기본 방침이었다. 그리고 무엇보다 원하지 않는 전쟁으로 인해 정국을 불안하게 몰고 가고 싶지도 않았다. 조그마한 국가 때문에 또다시 군사적으로 대치 상태에 들어간다는 것은 현명한 판단이 아니라고 믿었기 때문이기도 했다.

양국 간에 전쟁 조짐이 만연해지자, 비스마르크는 1867년 5월 7일부터 11일까지 개최된 런던 국제회의를 통해 자신의 의지를 관철하고자 했다. 네덜란드의 빌헬름 3세는 원치 않았지만, 룩셈부르크를 강대국들의 보호 아래 중립국으로 독립시킨다는 합의가 이루어졌다.

국제회의의 결과 앞에서 나폴레옹 3세도 다른 방도가 없었다. 이로써 프랑스가 룩셈부르크를 손에 넣을 길은 막혀버렸다. 솔직히 프로이센으로서는 북독일연방에 속하지도 않는 룩셈부르크에서 군대를 철수시키고 물러나면 그만이었다. 그러나 나폴레옹 3세는 한껏 기대했던 국민 앞에서 할 말이 없게 됨으로써 그 후유증이 적지 않았다.

나폴레옹 3세는 분노할 수밖에 없었다. 그는 "국제회의를 통해 프로이센의 힘의 정치를 자제시키는 데 확실한 성과를 거둠으로써 쾨니히그레츠에서의 실패를 만회하고 위신을 세웠노라"며 자화자찬에 급급했다. 그러나 내심으로는 자신의 영토적 야심이 국제 협상을 통해 좌절됨으로써, 비스마르크의 외교적 역량에 자신이 다시 한 번 밀렸음을 부인하기 어려웠다. 실질적으로 아무런 손해도 입지 않은 비스마르크로부터 대외적으로 기만당한 셈이었다.

훗날 베네데티는 "프랑스와의 긴밀한 동맹을 위해 독일의 영토를 희생하겠다고 약조한 비스마르크를 믿었다"면서 위선적인 그에게 비난의 화살을 날렸다. 베네데티에 대해 최대한 정중함을 잃지 않으며 달콤한 말로 구슬리기까지 했던 비스마르크는 장시간 동안 베를린을 비움으로써 그와의 곤란한 접견을 피했다.

1866년의 전쟁 이후 비스마르크는 안으로 프로이센을 중심으로 한 북독일연방을 결성하는 한편, 남부국가들과의 관계 개선에 주력했다. 그러나 나폴레옹 3세가 깊숙이 관여한 룩셈부르크 사태에 발목이 잡힘으로써 전쟁 문제가 완전히 끝나지 않았음을 받아들여야만 했다. 결국 자랑할 처지는 못 되지만 자국민의 민족주의까지 이용함으로써 런던 국제회의를 통해 위기국면을 종결시켰다.

그 과정에서 비스마르크는 바이에른을 위시한 남부국가들과 긴밀한 유대감을 형성한데다 북독일연방의 헌법을 제정하는 성과와 오스트리아와의 관계 개선 가능성까지 기대하게 되었다. 특히 민족주의의 강화라는 측면에서 장차 전쟁에서 또 한 번의 승리까지 예견할 수 있을 정도로 비스마르크식의 민족국가에 한 걸음 성큼 다가선 셈이었다. 그러나 갖은 술책을 동원했던 만큼 나폴레옹 3세로 하여금 정치적 보복전을 꾀하도록 자극하는 크나큰 우를 범하고 말았다.

제국의 창건이
바로 눈앞에

또다시 전쟁터로

베를린의 수상 관저에서만 머물던 비스마르크는 휴가철마다 고향을 즐겨 찾았다. 특히 1870년 연초와 초여름에는 바친에서 일주일씩 지내는 데 맛을 들였다. 1866년 12월, 의회는 오스트리아와의 전쟁에서 승리한 공적으로 수상을 비롯한 군 수뇌부에 150만 탈러를 하사했고, 그중 40만 탈러를 기부금으로 받아 그 이듬해 4월 23일 사들인 곳이 바로 바친이었다.

숲의 거의 절반에 해당하는 5500헥타르에 일곱 개의 마을로 이루어진 거대한 규모의 바친은 폼메른의 후방에 위치한 지대로서, 비스마르크 가족의 최고 별장지이자 개인 소유의 제국과도 같은 곳이었다. 비스마르크는 바친을 구입한 이후에도 주변에 인접한 약 2500헥타르의 땅을 추가로 매입했다. 한밤중이라도 관심 있는 토지가 생각나면 바로 그 다음날 아침부터 그곳을 관찰할 정도로 땅에 대한 비스마르크의 관심은 유별났다.

그러나 그가 바친을 자주 찾았던 또 하나의 이유는 휴식이 절실할 만큼 매우 지쳐 있었기 때문이다. 업무의 다양성이나 중요성으로 그동안 북독일연방의 결성과 헌법 제정에 이어 관세동맹의 체결에 이르기까지 하루도 쉴 새 없이 큰 고비를 넘겨야만 했다. 특히 룩셈부르크 문제와 관련하여 프랑스의 반프로이센 세력이 보복을 선동하고 있어 안심할 수 없는 긴장의 연속이었다.

그런데 2월 18일 뮌헨 출신의 친비스마르크 인사로 바이에른 수상인 호엔로에-실링스퓌르스트(Chlodwig Fürst zu Hohenlohe-Schillingsfürst, 1819~ 1901)가 퇴임하면서 독일 내에 이상기류가 감돌기 시작했고, 비스마르크 는 다시 힘든 상황으로 내몰렸다. 베를린의 바람과는 달리 남부국가들 사이에서 반프로이센 분위기가 고조되어 북독일연방 체제를 반대하는 바람에 그동안 체결해온 동맹관계가 흔들렸던 것이다.

사실 1867년 북독일연방이 결성된 이후 헌법 제정이 이루어지자, 비 스마르크의 의지대로 프로이센은 헌법에 따라 북부독일에서의 지배권 을 확실하게 보장받았다. 그 결과 독일인이라면 누구나 다음 문제인 국 가의 통일을 생각하기 마련이었다. 특히 민족국가의 통일을 옹호하는 자들의 경우, 북독일연방을 전체 독일의 문제를 해결하기 위한 전 단계 로서 일시적인 미봉책에 지나지 않는다며 특단의 조치를 주장하는 분 위기였다.

그렇지만 비스마르크는 1866년 9월 12일 이미 의회에서 "북독일연방 이 그 효력을 발휘하기까지는 프로이센이 목표를 달성한 것이 아니고, 그 시작의 기로에 서 있을 뿐"이라고 발표했듯이 북독일연방의 성립 자 체로 프로이센 정치의 목표를 달성한 것으로 간주했다. 프로이센의 헤 게모니를 정책의 정점으로 여긴 그로서는 "프로이센이 오랜 시간 가톨 릭 중심이던 남부독일을 자발적으로 통치할 수는 없으리라"는 판단 하 에 국가의 통일 문제에서 물러나 신중한 입장을 취했던 것이다. 1868년에도 그런 입장에는 변함이 없었다.

우리가 필요로 하는 것은 북부독일이고, 그곳에서 우리는 세력을 확장
하고자 한다.

사실 "독일의 통일은 시기적으로 무르익지 않았다"고 수차례 밝히면
서 마인 강을 북부의 경계선으로 계산해온 비스마르크였지만 그 역시
여러 요인들로 인해 통일의 염원으로부터 계속해서 벗어날 수는 없었
다. 우선 국가 통일을 향한 목소리는 물론 프랑스의 간섭과 반프로이센
분위기가 1870년의 그를 가만히 놔두지 않았기 때문이다.

그런데 대프로이센-북부독일의 해결책을 원하지 않던 남부가 새로
이 갈등의 조짐을 보임에 따라 통일의 문제는 한층 현실로 다가왔다. 그
로 인해 자신의 지지세력인 국민자유당마저 예민하게 반응하여 자칫
잘못하다가는 그들의 지원마저 잃을 형편이었다. 그동안 북독일연방의
헌법을 수용하는 문제로 불편한 관계에 처한 국가들과의 원만한 융합
을 앞세우던 그였지만, 이미 북독일연방 하에서 마인 경계선의 확정으
로 불만에 싸였던 국민자유당의 반발이 심상찮아 보였던 것이다. 상황
이 악화될 경우, 국가 예산의 막대한 군비에 대한 그들의 지원이 중단될
것이고, 그러면 의회와의 갈등도 불을 보듯 뻔했다. 프로이센의 군국주
의 왕조체제가 결국 국방장관 론의 말대로 "의회주의 통치로 진흙구덩
이에 빠질지도 모를 일"이었다.

설상가상으로 1866년 당시 점령한 영토 문제로 왕실 측근을 비롯해
자주 논쟁에 휩쓸렸던 보수주의자들이 중심이 된 반비스마르크 세력의
공격까지 가세하면서 사태는 심각해졌다. 극단적인 기질의 비스마르크
로서는 자신을 향해 쏟아지는 비난의 화살을 참아내기가 여간 힘든 일

이 아니었다. 보수주의자들과의 논쟁에서는 버럭 화를 내거나 자제력을 잃어버릴 때가 빈번했고, 심각한 분열 증세를 보이기도 했다.

그 가운데 국왕과의 잦아진 불화가 그에게는 가장 힘들었다. 그렇지만 그는 "입헌주의의 장관으로서가 아닌, 기독교를 믿는 귀족의 권리로써 국왕을 섬긴다"는 점을 항시 강조하고 충성심만은 결코 잃지 않았다. 다만 자신의 의사가 관철되지 않는 것을 한탄하여 1869년 2월 처음으로 사임 의사를 표함으로써 국왕을 당황케 만들었다. 다소 비겁하기까지 했던 그런 방법은 차후 위기상황에 내몰릴 경우, 자신의 불가피한 입장을 내보이기 위한 수단으로 재차 사용되었고, 그럴 때마다 빌헬름 1세는 그의 공적을 기리며 사퇴를 극구 만류했다.

> 그대의 이름은 프로이센 역사상 그 어떤 국가원수보다 우위에 있소. 그런 사람을 내가 해고해야만 되겠소? 절대로 못할 일이오! 모든 일이 휴식과 기도로써 조정될 것이오. ······그대와 함께 살고 있다는 것, 그리고 항상 확고하게 지지해준다는 것이 내게는 최고의 행운이오!

피할 수만 있다면 피하고 싶은 난국의 연속이었지만, 매순간 최상의 선택을 했던 만큼 지금의 비스마르크로서도 더 이상의 방도는 없어 보였다. 그런 가운데 예기치 않게 스페인 왕좌와 관련하여 프랑스와의 신경전이 가열됨에 따라 장차 보복전을 외치는 프랑스에 맞서 원치 않는 전쟁을 치러야 할 분위기였다. 프로이센 국왕의 충직한 신하로서, 또한 독일의 통일을 지향하는 민족주의자들의 통치자로서 자리를 지켜나가는 힘겨운 시점에서 중대하고도 결정적인 사건이 터진 것이다.

1866년 오스트리아와의 전쟁을 통해 독일 통일을 향해 한 발을 내디뎠던 그는 이제 새로운 전쟁으로 나머지 한 발마저 내디디기로 결심했다. 그리고 프랑스를 제압함으로써 독일의 미래까지 떠안게 될 시대적 운명을 더 이상 거부하지 않기로 했다. 그의 말대로 독일 국민들의 감정을 자극한 프랑스가 오히려 그 모든 갈등에 새로운 돌파구를 안겨준 셈이었다.

스페인 왕좌를 둘러싼 전쟁의 서곡

그동안 프로이센과 프랑스 양국의 관계는 살얼음판을 걷듯 긴장의 연속이었다. 특히 나폴레옹 3세는 1866년 오스트리아와의 전쟁에서 승리한 프로이센으로부터 아무런 보상을 받지 못한 데 이어 룩셈부르크 사태에서도 고배를 마셨기 때문에 오스트리아, 이탈리아와의 동맹을 통해 자국의 입지를 강화하려 했다. 그러나 그런 계획을 성사시키기도 전인 1870년 7월 뜻하지 않은 스페인의 왕위 문제를 계기로 반프로이센 감정이 폭발 직전에까지 이르렀다. 양국 모두 이사벨 2세(Isabel II, 1830~1904)의 폐위로 비어 있던 왕위를 선출하려는 스페인 정부에 개입한 것이 그 발단이었다. 특히 유럽 언론들까지 가세하여 비스마르크가 일찍부터 관심을 기울여온 호엔촐레른-지그마링겐 가문의 레오폴트 왕자가 다음 왕으로 유력하다고 일제히 기사화하면서 양국의 긴장관계는 더욱 격화되었다.

레오폴트는 남부독일 출신으로 가톨릭 계열의 수장이었고, 라인란트와 베스트팔렌의 군사령관인 호엔촐레른-지그마링겐의 아들이었다. 1866년 오스트리아와의 전쟁에서 장교로 참전했던 그는 프로이센 왕족의 일원이기도 했다. 따라서 프로이센의 국왕인 빌헬름 1세의 허락 없이는 어떠한 왕관도 받을 수 없다는 왕실의 법도를 따라야만 하는 입장에 있었다.

이에 나폴레옹 3세는 호엔촐레른 출신이 마드리드에서 왕위에 오르는 것을 자국의 이해관계에 반하는 것으로 받아들여 경계태세를 강화했다. 19세기 후반기에는 그런 식으로 왕조 관계를 형성하는 것을 자국의 이해관계와 연루된 것으로 판단했기에, 관련 국가들 어느 쪽에서든 그 일에 지나치게 의미를 두기 마련이었으니 프랑스의 반응도 예외는 아니었다. 더구나 1866년 이후로 동부 경계선 지역에서 강력해진 이웃 국가의 결속을 두려워하면서 자국의 입지를 지켜내기가 불안한 상황에서는 더욱 그랬다.

나폴레옹 3세의 명령에 따라 급히 베를린으로 특파된 베네데티는 1869년 5월 8일 비스마르크로부터 왕자가 왕위 제의를 받기는 했으나 이를 거절했다는 사실을 접했다. 하지만 그 설명이 미덥지 못했던지, 베네데티는 그 결과가 빌헬름 1세의 반대 때문이었는지 구체적인 답변을 요구했다. 그러나 비스마르크는 시종일관 확실한 응답을 회피하면서 가벼운 얘깃거리 정도로 대응했다.

1870년 2월 무렵 레오폴트가 스페인의 새로운 왕위 계승자로 확정되는 분위기였다. 이에 따라 비스마르크의 활동도 활발해졌고, 심지어는 호엔촐레른-지그마링겐 왕자를 못마땅하게 여기던 빌헬름 1세에게는 알리지도 않은 채 비밀리에 일을 진행시키기까지 했다. 프로이센 왕가의 먼 친척이 스페인의 왕좌에 오를 경우 무엇보다 프로이센-독일 정치에 확실한 버팀목이 되리라고 확신했기 때문이다.

그렇지만 프랑스의 반발이 예상외로 강력했다. 프로이센의 호엔촐레른 가문의 왕위 후보와 관련된 문제가 끝내 프랑스와 독일 간 전쟁의 점화장치 구실을 하는 양상이었다. 비스마르크도 끊이지 않는 나폴레옹 3세의 개입에 대해 전쟁 가능성을 배제하지 않았다.

지금껏 첨예하게 대립하는 관계로 말미암아 프랑스와 독일 양국은 실제로 자국의 정치적 문제와 직접적으로 관련되지 않았음에도 스페인의 왕위 계승 문제로 1년이 넘도록 관계가 악화일로로 치달았다. 그해 12월의 양상은 프랑스 측의 얘기치 않은 공격이 독일 민족의 감정을 자극시켜 독일 문제로까지 발전할 정도였다.

결국 외부와의 긴장국면이 심각해짐에 따라 독일 전역은 그동안 비스마르크를 둘러싼 국내의 긴장관계나 반감이 사그라질 정도로 전쟁 의지가 높아져갔다. 프랑스가 독일을 자극함으로써 독일인들의 결속력을 강화시켰으니 스페인 왕위 계승 문제가 비스마르크에게는 국내적으로 '평화'를 찾는 탈출구나 마찬가지였다. 국내의 갈등을 잠재울 수 있는 대안으로 전쟁만한 선택도 없었고, 그 길은 급기야 독일인들이 요구하는 국가 통일의 지름길이기도 했다.

3월 들어 비스마르크는 작센의 수상 프리젠(Richard von Friesen, 1808~1884)과 담화를 나누는 중에 프랑스와의 전쟁 임박설을 부인하지 않았다. 양국 간의 전쟁 이야기가 무르익어가자 독일 내에서는 그런 분위기로 몰아간 것에 대한 책임 공방전이 벌어지기도 했다. 역사가들조차 어느 쪽에서 먼저 전쟁을 도발했는지에 대해 의견이 엇갈릴 정도였다. 그들 가운데 일부는 비스마르크가 스페인 왕위 문제를 이용하여 언제부터 위기상황을 조성하고 전쟁을 유도했는지를 공통의 관심사로 부각시키기도 했다. 이와 달리 지식인들의 경우 비스마르크보다는 프랑스에 책임을 전가하는 편이었고, 심지어는 독일의 통일을 원치 않는 프랑스가 자국의 위태로운 정치현실을 타개하기 위해 먼저 전쟁을 시작한 것으로 주장했다.

프랑스 내 전쟁 분위기 역시 좀처럼 가라앉지 않았다. 프랑스는 5월 15일 그라몽(Antoine Alfred Agénor Herzog von Gramont, 1819~1880)의 외무장관 취임과 더불어 무력 충돌에 대비하여 군사력까지 크게 증강시킴으로써 전시체제에 돌입했다. 명문 출신으로 다년간 외국에서 지내면서 화려한 외교경력을 쌓은 그라몽은 통신원 역할은 뛰어났지만, 지도자로서는 종종 무분별한 행동을 보였다. 한마디로 정치적인 전략 부문에서 전혀 경험이 없었기 때문에 입헌국의 장관으로 적합한 인물은 아니었다. 특히 오랫동안 빈에 체류하면서 사도바의 패전으로 프로이센에 복수를 꿈꾸던 열렬한 애국주의자였기에 전쟁 이외의 다른 방안으로 눈을 돌릴 생각조차 하지 않았다.

프랑스 내각의 반응이 그 정도로 국수주의적이라면 비스마르크로서도 일방적으로 전쟁을 감행했다는 비난에서 다소 자유로울 수 있는 문제였다. 그런 의미에서 비스마르크가 1864년 덴마크와 1866년 오스트리아에 이어 세 번째로 독일 국민을 전쟁 상황으로 몰고 나가기는 한결 수월해진 셈이었다.

상황은 비스마르크가 뜻한 대로 흘러갔다. 훗날 밝힌 사실이지만, 그런 와중에도 그는 이중 플레이를 멈추지 않았다. 프로이센 혈통의 스페인 왕위 계승을 탐내면서도 한편으로는 마치 호엔촐레른 가문의 순수한 가족 문제인 양 자신은 공식적으로 전혀 관계치 않는 것처럼 행동했던 것이다. 따라서 그의 지시를 받은 베를린의 외무부도 그 일에 관한 한 북독일연방이나 프로이센과는 아무런 상관이 없는, 전적으로 호엔촐레른 가문의 어른인 빌헬름 1세의 개인 문제로 발표했다.

그렇지만 다른 한편으로 레오폴트 왕자 측에서 조금이라도 왕위 후보를 사양할 조짐이라도 보일라치면 즉각 압력을 가했다. 빌헬름 1세의 사위이자 머지않아 독일 통일에 결정적인 역할을 하는 바덴의 프리드리히 대공(Grossherzog von Baden Friedrich, 1852~1907)은 벌써부터 비스마르크가 비밀리에 사태를 전쟁으로 몰고 가고 있음을 확신하고 있었다.

스페인의 왕위 후보가 공포된 이후 7월 2일 호엔촐레른-지그마링겐의 왕자에게 공식적으로 왕위가 제안되었다. 그러자 그동안 언론 전쟁으로 몰고 나간 프랑스는 장전되어 있던 '스페인 폭탄'을 끝내 터뜨렸다. 이미 상황이 프로이센의 손아귀에 넘어갔다고 판단한 이상, 비상사태 선포에 머뭇거릴 여유가 없었다.

24시간 뒤에 프랑스 정부는 휴가 중인 베네데티 대신에 르 수르드(Le Sourd)를 파견하여 사건 전반에 개입한 프로이센 정부의 의중을 알아내도록 지시했다. 그리고 6일 의회 연설에서 그라몽은 노골적인 전쟁 발언으로 위협적인 분위기를 한껏 조성했다.

> 우리가 이웃 국민들의 권리에 참아야 한다고 믿지 않습니다. 또 상관없는 국가가 자국의 왕자들 중 한 명을 카를 5세의 왕위에 앉히려 함으로써 유럽의 균형 및 프랑스의 이익과 영광에 해를 끼칠 것이라고 믿지도 않습니다. 우리 프랑스 정부는 여전히 독일 국민들이 현명하기를, 그래서 스페인 국민들과 우호적인 관계를 이어가기를 희망하고 있습니다. 그러나 만약 상황이 달리 전개된다면 주저함이나 나약함 없이 우리의 임무를 강력하게 감행해나갈 것입니다.

7월 8일, 비스마르크는 바친에서 아침식사 중에 그라몽의 연설문을 받아들었다. 전쟁이 현실화된 지금 그로서는 어떻게 하든 국왕으로 하여금 이를 인정토록 하고, 유럽의 여론으로부터 벗어날 수 없다면 프랑스가 그저 침략자로 비쳐지기를 바랄 뿐이었다. 그 역시도 자국의 언론을 동원할 길밖에 다른 길이 없었다.

> 이건 바로 전쟁과도 같다. 전쟁을 결정한 것이 아니라면 그라몽이 이런 무분별한 발언을 했을 수가 없다. 지금 바로 전 군대를 동원하여 프랑스인들을 공격해야 한다. 그러면 승리한다. 그러나 유감스럽게도 여러 가

지 이유에서 그러지를 못한다.

그러나 비스마르크의 그러한 아쉬움이 쉬이 바뀔 것 같지는 않았다. 10일 파리로부터 전쟁 분위기가 만연함을 알리는 그라몽의 소식이 빌헬름 1세가 요양 중이던 휴양지 바트엠스에도 날아든 가운데, 국왕은 여전히 평화를 지킬 수 있는 길을 고심하고 있었기 때문이다. 가문의 어른으로서 그는 불안정한 스페인에서 외국의 왕실이 오랫동안 견뎌낼 수 있을지, 또 그곳에서 행여 가문 전체의 명망을 심하게 훼손시키지는 않을지 불안스러운 한편, 왕위 후보가 공표된 지금에 와서 포기하라는 명령도 내리지 못하는 처지여서 곤혹스럽기도 했다.

며칠이 지나도록 무엇을 어떻게 해야 할지 결정을 내리지 못한 빌헬름 1세는 이미 전쟁 분위기에 휩싸인 프랑스에 새로이 전할 말도 없었다. 국왕의 결정을 기다리던 프랑스의 황제나 각료들의 인내가 한계에 달했지만, 그들 역시 전쟁 상황을 다소 주저했고, 또 그동안의 외교적인 굴욕으로 자국민의 분노를 샀던 상황이라 조심스럽게 추이를 지켜보기로 했다.

결국 얼마간의 망설임 끝에 빌헬름 1세는 호엔촐레른 가문의 수장으로서 스페인의 왕위를 포기시키는 쪽으로 의사를 굳혔다. 12일 아침 이미 프랑스의 대대적인 위협에 놀란 레오폴트 왕자의 아버지 카를 안톤으로부터 양국 간의 전쟁을 피하기 위해 아들이 왕위 후보를 포기하겠다는 소식을 전달받은 뒤였다. 빌헬름 1세는 "가슴을 짓누르던 무거운 돌을 이제야 내려놓았다"는 편지를 왕비에게 보내고서야 그야말로 한시름을 놓았다. 최종적으로 프랑스 대사 베네데티에게도 그 사실을 알리도록 명령했다.

그러나 그 사실을 모르는 비스마르크는 국왕이 그 문제로 베네데티와 계속 접견하지 못하도록 하고, 가급적 직접 처리할 생각으로 바트엠스로 향했다. 그러나 베를린의 빌헬름 가를 막 통과하던 오후 무렵 카를 안톤의 왕위 포기 소식과 함께 그에 대한 왕의 개입 사실을 전달받았다. 그리고 다른 소식통을 통해 국수주의적인 프랑스 언론의 대대적인 위협에 대해서도 전해 들었다.

프랑스의 분위기는 이미 전시 사태를 방불케 했지만, 자신의 조언을 무시하고 일방적으로 일을 처리한 국왕의 태도를 대하며 비스마르크는 자국의 현실을 새삼 직시해야 했다. 그동안 자신의 입으로 스페인의 왕위 문제를 호엔촐레른 왕가의 문제라고 누누이 언급해온 탓에 국왕을 만날 필요가 있을지, 어떻게 대처해야 할지 난감하기 이를 데 없었다. 스페인의 왕위 문제를 배후에서 조종하면서 표면상으로는 호엔촐레른 가문의 가족 문제로 다루었던 자신의 전략 실패를 그저 지켜보는 길밖에 없어 보였다.

비스마르크는 국왕의 스페인 왕위 포기 선언을 프랑스에 대한 프로이센의 패배로 받아들이며 침울해마지 않았다. 프랑스의 기세가 등등해진 만큼 유럽에서 프로이센의 입지 또한 약화될 수밖에 없다고 확신했다. 이 모든 결과로 인해 무엇보다 국민들이 느끼게 될 민족적인 굴욕감에 허탈한 기분마저 들었다.

강요된 양보를 독일의 굴욕으로 보기 때문에 나는 공적으로 책임지고 싶지는 않다. ……프랑스에 이렇게 굴복해버린 것은 올뮈츠의 굴욕보다 더 치명적이라고 생각한다.

이미 벌어진 사태를 받아들이며 비스마르크는 다시 퇴임을 생각할 정도로 낙심에 빠졌다. 그러나 상황은 완전한 실패로 끝날 것 같지 않았다. 나폴레옹 3세가 승인한 그라몽의 새 전보가 13일 베네데티의 손을 거쳐 빌헬름 1세에게 전달되면서 예기치 못한 문제가 터져버렸기 때문이다. 전문의 내용은 요양 중인 빌헬름 1세에게 스페인 왕위 포기 약속을 엄수하겠다는 확실한 보장을 요구하는 것이었고, 그렇지 못할 경우 프랑스 국민의 분노를 잠재울 길이 없다는 것이었다. 그라몽의 동료들마저 자국 국왕의 조치를 못마땅하게 여길 정도였으니 독일의 빌헬름 1세나 비스마르크의 심경은 짐작하고도 남았다.

아니나 다를까, 프랑스 정부의 뜻하지 않은 요구에 빌헬름 1세는 불쾌감을 감추지 못했다. 그동안 양국의 타협이나 화해를 강조해온 그는 베네데티의 새로운 면담 요청에 더 이상 전할 말이 없다며 거부하고 자신의 불편한 심중을 정중하고도 단호하게 밝혔다.

7월 13일은 베를린의 비스마르크에게 큰 한숨을 돌릴 수 있는 절호의 기회이자 운명의 날이었다. 국왕의 명령에 따라 아베켄(Heinrich Abeken, 1809~1872)이 바트엠스에서 들고온 전보를 통해 사태의 전말을 접한 비스마르크는 때마침 그 전날 바친의 별장에서 돌아와 몰트케, 론 등과 함께 저녁식사 중에 역시 언짢은 기분을 감추지 못했다. 참모회의를 개최하고 당면한 상황을 공식적으로 알릴 책임을 위임받은 그는 몰트케에게 군대의 준비 여부를 물어보고 곧바로 새로운 상황 전개를 암시했다.

마침내 비스마르크의 지시에 따라 다시 정리한 '엠스 전보'의 전문이 각 언론에 발표되었다. 통치자의 의향에 따라 '비스마르크의 펜'으로 불린 타고난 문장가 아베켄에 의해 장황하게 쓰인 그 전문은 다름 아닌 프랑스 대사의 태도가 마치 독일 황제의 뺨이라도 갈기는 듯 재구성되어 있었다.

그 다음날 아침 뉴스를 통해 새로이 작성된 전문을 접한 그라몽의 얼굴은 그야말로 백지장처럼 하얗게 질려버렸다. 그는 그 상황에서 비스마르크의 공식적인 도발행위를 눈치 채지 못할 멍청이는 아니었다.

"그런 종류의 글은 단 한 번도 써보지 않았다"고 말할 정도로 아베켄 스스로도 새로 편집된 전문에 당황한 기색이 역력했고, 몰트케나 론 또한 강한 인상을 받았다. 몰트케는 "예전에는 항복을 알리는 북소리처럼 울리더니, 이제는 승리의 나팔소리같이 울리는구나"라고 말할 정도였다. 빌헬름 1세 역시 굴욕적인 전문에 놀라기는 마찬가지였다. 자기 신하의 '무도한' 성향을 감지하지 못했던 것일까. 가급적 베네데티에게 모욕감을 주지 않으려 했던 그였고, 베네데티 역시 그랬기 때문에 그들 두 사람에게 기사의 어투는 그저 놀랍고 새로울 뿐이었다.

그러나 사태는 이미 터지고 말았다. 새 소식을 접한 프랑스인들은 "베를린으로!", "프로이센을 타도하라!"라고 외쳐댔다. 그런 가운데 프랑스 황실이나 각료들은 확실한 입장을 취하지 못했고, 특히 나폴레옹 3세마저 격앙된 여론의 폭풍에 놀라움을 금치 못했다.

비스마르크가 노렸던 효과는 단숨에 확산되었다. 국내 언론은 물론 독일과 유럽에 파견된 프로이센 대사들에게도 일제히 그 소식을 전달하도록 지시한 때문이었다. 특히 이탈리아와 러시아 대사와의 면담에서는 마치 독일이 수세에 몰린 듯 프랑스와의 위기 사태를 설명하고 곧바로 바친으로 물러나고 싶다는 뜻을 내비쳤다. 실상 지금의 위기를 어떻게든 역전시키려는 것이 그의 본심이었다.

독일의 각 국가들은 한결같이 격앙된 반응을 보였다. 빈에 주재한 대사 슈바이니츠(Hans Lothar von Schweinitz, 1822~1901)로부터는 프랑스의 끈질긴 요청에도 불구하고 전쟁이 발발할 경우 오스트리아는 중립을 지키겠다는 소식이 들려왔다. 바이에른, 바덴, 뷔르템베르크 모두 기꺼이 지원을 약속했다.

러시아도 프로이센의 입장에 공감을 표했고, 영국은 중립을 보장했다. 반면 프랑스의 각료들에게서는 사태 파악을 위한 영민함이나 확고한 의지가 보이지 않았기 때문에 그보다 더 유리한 기회는 없었다. 모든 상황이 프로이센에 유리하게 급진전되는 가운데 비스마르크는 전쟁을 찬성하는 분위기 속에서 승리를 기도할 일만 남겨두게 되었다.

엠스 전보 한 통으로 사태는 완전히 뒤바뀌었다. 오늘날에도 정치 성명을 발표함에 있어 정치적 목적에 따라 고치고 줄임으로써 뜻을 강화시키는 것이 일반적인 관례이긴 하지만, 엠스 전보의 경우 그 정도를 넘어서 위조되었다는 역사가들의 주장마저 나올 정도였으니, 그 파장은 짐작할 만했다. 그만큼 위조와 요약의 경계를 뚜렷하게 구분하기가 쉽지 않고, 또 위험 사태까지 수반할 수 있는 문제였다. 비스마르크 스스로도 그러한 특성을 지닌 전문이 언론에 넘어감으로써 '갈리아의 황소'가 흥분하고, 그리하여 전쟁이 부추겨졌다는 것을 너무도 잘 알던 터였다.

따라서 그가 전쟁 사태를 조장하기 위해 전문을 위조했다는 주장도 무리는 아니었다. 물론 전보 사건이 일어나지 않았다 하더라도 프로이센에 대한 프랑스의 분노는 오래전부터 존재해왔기 때문에 언제든 전쟁은 일어날 수 있었다. 덴마크 및 오스트리아와의 전쟁 시기에 사사건건 프로이센의 팽창과 독일 통일의 향방에 개입한 프랑스의 정황으로 볼 때 스페인의 왕위 문제는 양국 모두에게 전쟁의 도화선에 지나지 않았다. 사실 프랑스의 전문이 정도를 넘어서서 빌헬름 1세를 모욕하고 독일을 협박한 것으로 비쳐짐으로써 프랑스를 제외한 나머지 세계도 독일 국민들의 격분에 공감하는 분위기였다.

비스마르크는 새로운 위기로 인해 지금까지의 위기로부터 벗어날 날이 멀지 않았다. 자유주의자들과 남부국가들이 개입되어 골머리를 앓았던 마인 강 경계선 문제가 대외 전쟁이라는 대안으로 대치되는 만큼 프로이센의 확고한 위상에는 흔들림이 없었다. 그러나 자신이 행한 정치적 결과에 대한 국내의 불만과 갈등을 직접적으로 해결하기보다는 외부로 눈을 돌림으로써 그 역시 나폴레옹의 보나파르트 정책과 다를 바 없는 면모를 보여주었다. 나폴레옹 3세와는 달리 주어진 기회를 놓치지 않고 위기를 기회로 만드는 기량을 보이긴 했지만, 술책을 동원한 그러한 방법이 곧 그의 외교력의 한 단면이자 한계임을 부인할 수는 없었다.

퇴임한 후 얼마간의 시간이 흐른 뒤인 1894년 비스마르크는 자신이 신뢰했던 역사학자 지벨에게 보낸 편지에서 "엠스 이야기를 이용했던 것이 조국의 이해관계를 위한 것은 아니었다"고 피력했다. 그러한 회고는 프랑스와의 불화보다는 내정 문제의 해결을 원했음을 의미하는 결정적인 발언이 아닐 수 없었다. 이를 바탕으로 일설에는 비스마르크의 정치를 '내정 우위'라고들 평가하지만, 그렇다고 해서 그의 정치 전반이 내정 우위의 노선으로 일관하지는 않았다. 다만 1867년 이후 프랑스와의 긴장 국면을 이용할 정도로 국내의 평정을 우선시했을 뿐, 30년에 가까운 정치활동에서 내정과 외정은 때로 그 우위를 달리했고, 또 그 어느 것을 우선으로 했든 다선 체제를 활용한 기술만은 비스마르크 정치의 대표적인 특징으로 꼽을 수 있다.

결과적으로 비스마르크는 독일 내정의 정치적 책략을 위해 외교적 갈등을 끌어들여 이중의 효과를 거둠으로써 위기를 기회로 만드는 데 성공했다. 그러나 그 결과는 국민 전쟁이라는 커다란 위험을 감수하지 않으면 안 되었다. 그가 집권하고 벌써 세 번째 전쟁이었다.

프랑스여, 무릎을 꿇어라

1870년 7월 19일, 독일과 프랑스는 끝내 전쟁에 돌입했다. 기다렸다는 듯 프로이센에 선전포고를 한 프랑스는 세계 여론 앞에서 프로이센의 부당함을 지적했다. 그러나 비스마르크는 '선제공격'에 요지부동이었다. 심지어 러시아가 사태를 묵인하는가 하면, 비스마르크로부터 "프랑스가 벨기에를 요구한다"는 베네데티의 편지를 슬쩍 건네받아 폭로한 런던의 〈타임〉지도 나폴레옹 3세를 오히려 평화 파괴범으로 규탄하면서 부당하고 계획적인 전쟁에 책임져야 한다고 비난하며 비스마르크를 지지했다.

국제적인 지지에 힘입은 비스마르크는 자연스럽게 이웃국가들의 개입을 막을 수 있었다. 상황이 그쯤 되고 보니 "프랑스가 한 민족을 피폐하게 만들고 분열시키기 위한 전쟁을 감행하고 있다"는 것을 빌미로 전쟁에 박차를 가하기에 거리낄 것이 없어졌다. 뿐만 아니라 그는 "전쟁이란 낯선 자들의 공격과 자만에 대항하는 것으로 매우 도덕적이고도 민족적인 저항"이라며 이 전쟁을 미화하기까지 했다.

비스마르크에게 전쟁은 불편한 관계에 있던 프랑스를 국제적으로 고립시키고 독일 북부를 중심으로 하는 체제 하에서 평화를 지켜내 독일통일을 지향하며, 자신의 권력을 공고히 해주는 최선책이었다. 그렇기에 무엇보다 중요한 것은 전쟁을 승리로 이끄는 것이고, 그러기 위해서는 남부국가들의 호응이 절대적이었다. 따라서 과거 나폴레옹 1세에 대항했던 해방전쟁 때를 되살려 '숙적' 프랑스에 반대하는 방어전임을 내세워 독일 전체의 민족감정을 자극하는 데 전력을 다해야만 했다.

수상은 물론 국왕까지 나서서 민족감정을 부추기며 호소할 지경이었다. 다행히 1870년의 독일인들에게 1812년 해방전쟁의 기억을 되살리기란 그리 어렵지 않았다. 독일에서 프랑스에 대한 불신은 마치 같은 시대 미국이 영국에 대해 지닌 적대감과 비슷했다.

독일 남부국가들 모두 하나같이 민족적 정서에 충천해 있었고, 그들의 군대도 프로이센 국왕의 통수권에 따라 일제히 움직이기로 맹세했다. 프로이센과의 동맹관계에 매우 충실했던 바덴의 경우 주저없이 앞장섰고, 반프로이센 국가지만 프랑스의 요구와 그라몽의 뻔뻔스러움을 전해들은 뷔르템베르크도 깊은 분노를 드러내며 적에 대항하여 독일 전체가 하나로 합칠 것을 강력하게 주장했다.

하지만 남부의 중심세력인 바이에른의 참전이 무엇보다 중요했는데, 7월 20일 바이에른이 최종적으로 군사 동원을 약속하기까지 비스마르크는 긴 시간을 기다렸다. "우리가 독일의 바이에른으로 머물고자 한다면 전쟁에 동참해야 한다. 상황이 어떻게 되어가든 결코 다른 국가들로부터 떨어져나갈 수는 없다"며 바이에른은 어려운 결정을 내렸다. 이로써 프로이센 문제가 곧 독일 전체의 민족적 차원의 관심사로 확정되기에 이르렀다.

한편 프랑스의 나폴레옹 3세 역시 비스마르크 못지않게 전쟁을 통해 얻고자 한 것이 많았다. 프로이센에 맞서 오스트리아와 이탈리아가 지원군으로 참전할 것을 계산했던 만큼 그는 두 나라와 '물밑 교섭'을 벌였다. 특히 쿠스토차 전투에서 승리했던 오스트리아의 알브레히트 대공과 3월 파리에서 밀담을 가져 독일과의 전쟁에서 군사적 협력을 거론했고, 또 5월 프랑스 장군 르브룅(Barthelemy Lebrun)으로 하여금 빈에서 그 문제를 재차 언급하도록 지시했다.

그러나 6월 14일 오스트리아 황제 요제프는 그라몽에게 프랑스가 프로이센과 함께한 남부독일을 독일의 적으로가 아닌 해방자로 받아들일 경우, 양국 간의 언급이 유효할 것이라며 조건부로 답변했다. 그런데도 그라몽은 양국이 약속을 맺은 것으로 받아들였고, 7월 8일 각료회의에서 오스트리아가 경계지대에 부대를 주둔시켜 프로이센의 병력 일부를 그곳에 잡아둘 것처럼 발표해버렸다. 역시 프랑스 외교부의 경솔한 부주의가 아닐 수 없었다.

이로써 빈 정부, 특히 보이스트는 프랑스와의 밀담으로 인해 전쟁을 수행하는 당사국이 아님에도 불구하고 비스마르크나 나폴레옹 3세 못지않은 고민에 빠졌다. 그라몽의 발표가 있은 그 다음날 나폴레옹 3세의 질의에 대하여 보이스트는 러시아가 프로이센과 함께할 경우에만 프랑스 편에 가담하겠다는 구체적이면서도 제한적인 뜻을 새로이 전달하며 어느 정도 거리를 유지한 채 사태를 주시했다.

그러나 게르만 군대의 근절을 목표로 했던 나폴레옹 3세는 보이스트의 조건부 발언에 아무런 의문조차 제기하지 않았다. 프로이센의 움직임에 당연히 러시아가 동참할 것으로 예상했기 때문이었는지 그는 자국에 대한 오스트리아의 지원을 확신하고 있었다. 나폴레옹 3세의 예측대로라고 해야 할지, 실제로 7월 18일 베를린의 질문에 러시아는 오스트리아가 참전할 경우 300만 명을 갈리아에 주둔시킬 것이라고 했던 지난해의 약조를 재확인했다.

그렇지만 문제는 오스트리아의 최종 결정이었다. 프로이센에 대한 정확한 정보가 없었던 보이스트는 프랑스와의 동맹을 여전히 조심스러워하는 한편, 전쟁을 수행하기 직전까지 자국의 행보에 매우 신중을 기했다. 거기에는 러시아의 참전이라는 위협을 감안해 황실 회의에서 자국이 '수동적인 정치'를 고수해야 할지에 대해 의문을 제기해온 때문이기도 했다.

결국 황제가 오스트리아의 중립을 결정한 상태였지만, 보이스트는 여전히 최종적인 결정을 내리지 못했다. 오히려 그는 자국이 중립을 지키는 가운데 프랑스가 승리할 경우 아무것도 얻어내지 못할 상황을 우려했다. 따라서 그는 황제의 중립적인 입장 표명에 대해 그라몽에게는 조용히 무장을 끝내기 위한 당분간의 행동임을 애써 주지시키며 시간을 끌기도 했다. 더구나 로마를 포기하고 이탈리아와도 타협할 것까지 권유해가면서 동맹국들의 참전도 확실히 해두도록 요청했다.

보이스트의 권유를 참고로 나폴레옹 3세는 이탈리아 국왕 에마누엘레 2세(Emanuele II, 1820~1878)와의 대화를 추진했다. 그리고 자국의 대사를 통해 이탈리아가 프랑스와 동맹한다는 지난해의 약속을 엄수할 것임을 전달받고, 그에 따라 프랑스 수비대를 로마에서 철수한다고 발표했다. 이에 에마누엘레 2세 또한 로마교황령의 독립을 약속했다.

그런데 나폴레옹 3세는 에마누엘레 2세가 자신의 발언을 실행에 옮기도록 내각을 종용할 수 없다는 사실을 알고는 실망하지 않을 수 없었다. 전쟁을 앞두고 국가들 사이에서 외교적인 협상이 오가는 마지막 단계에서 그동안 유럽의 평화를 유지하기 위해 노력을 기울인 이탈리아 외무장관 비스콘티-베노스타(Emilio Visconti-Venosta, 1829~1914)가 중립을 주장하고 나섰기 때문이다.

설상가상으로 보이스트의 최종 결정까지 달라짐에 따라 프랑스는 난항에 부딪혔다. 전쟁 직전 비스마르크 역시 강대국들을 상대로 탐색전을 펼치면서 그들이 가급적이면 전쟁에 개입하지 않기를, 부득이한 경우 최소한 중립만 취해주기를 요청했다. 자국이 러시아와 교류하듯 오스트리아와 프랑스 간의 교섭을 예상한 비스마르크는 오스트리아의 중립이 무엇보다 중요했던 만큼 이를 위해 애쓰지 않을 수 없었다. 심지어 러시아를 부추겨서 오스트리아의 중립에 대한 대가로 오스트리아 영토에 대한 불가침을 보장해주겠다는 제의까지 하도록 했다.

따라서 마지막 순간 보이스트는 황제 요제프의 뜻도 그렇거니와 독일 남부국가들이 대거 참여하는 상황에서 자국이 프랑스와 동맹할 처지는 아니라는 판단을 내리면서, 결국 중립으로 마음을 굳히고 말았다. 같은 독일 민족으로서 반대편에 서서 프로이센에 보복한다는 것은 오스트리아나 그 자신에게 무리한 일일 수밖에 없었던 것이다. 보이스트

:: 보이스트와 서로 껴안은 비스마르크. '최근의 우정'을 주시하는 오스트리아 빈의 한 사람

의 최종적인 변화는 비스마르크 외교 전략의 쾌거이자 나폴레옹 3세에게는 치명적인 결과였다.

오스트리아와 이탈리아에 대한 나폴레옹 3세의 외교 전략이 프로이센에 유리한 결과로 끝난 가운데 독일과 프랑스 간의 격전의 날이 밝았다. 독일군은 남북으로 군대를 나누는 작전을 세워둔 상태였다. 나폴레옹 3세의 지휘 아래 동원령이 서서히 발효되는 동안 몰트케가 이끄는 프로이센군은 프랑스의 동부에 인접한 팔츠까지 진격해 들어갔다. 프로이센과 바이에른이 합세한 군대가 프랑스를 상대로 8월 4일 바이센부르크에서, 그리고 6일과 8일 베르트와 스피헤른에서 연승을 거두었다. 남북이 힘을 합쳐 승리를 거두면서 마인 강 이남에서 들고 일어난 애국주의 물결은 최고조에 달했다. 뒤이어 8월 16일과 18일 마르스라투르에서 바젠(François Achille Bazaine, 1811~1888)이 지휘하는 프랑스의 주력부대가 메츠까지 후퇴하면서 승리의 소식이 또다시 독일 전역을 뒤덮었다.

그리고 9월 1일 막 마혼(Patrice Maurice von Mac Mahon, 1808~1893)의 지원부대가 투입되면서 마스 강의 세당에서 결정적인 전투가 벌어졌다. 아침부터 피비린내 나는 접전이 벌어진 끝에 25만 명의 독일군에 포위된 13만 명의 프랑스군이 오후 늦게야 백기를 들었다. 프랑스의 패배는 치명적이었다. 나폴레옹 3세마저 10만 명이 넘는 주력부대와 함께 포로로 잡혔다. 그날 비스마르크는 요한나에게 편지를 보내 "강력한 신의 손길로 내쳐진 자"인 나폴레옹 3세와 맞닥뜨린 기분을 함께 나누었다.

나는 씻지도 않고 아침도 먹지 않은 채 세당을 향해 말을 달렸소. 그곳에서 세 마리 말이 끄는 열린 마차에 황제가 세 명의 부관과 함께 타고 있는 것을 발견했소.

그 다음날 두 사람은 한 직공의 조그마한 집 방 안에서 서로를 마주했다. 의자에 45분가량 나란히 앉은 그들은 항복 조건에 대한 협상에 들어갔다.

:: 1870년 9월 21일 세당 전투 후 나폴레옹 3세와의 회동. 1878년 캄프하우젠(Wilhelm Camphausen)의 작품

세당 전투가 있던 날, 메츠에서도 프랑스 군대는 패배를 인정해야만 했다. 결국 9월 4일 황제 체제가 붕괴되면서 프랑스의 새 정부는 파리에서 공화국을 선포했고, 9월 19일 파리마저 완전 함락되는 불운을 겪었다. 프랑스 국방장관 감베타(Léon Gambetta, 1838~1882)는 마지막 순간까지 저항세력을 조직하기 위해 파리를 탈출하기도 했지만, 10월에 이르러 프랑스의 저항은 거의 소멸되었다.

프랑스와의 대접전은 독일의 승리로 끝났다. 독일과 프랑스, 이웃한 두 나라의 역사는 전쟁 결과에 따라 상반되게 펼쳐졌다. 전사자 수는 독일 측이 4만 1000명인 반면, 프랑스의 경우 그 세 배가 넘는 13만 9000명에 달했고, 또 그 세 배인 38만 4000명이 포로로 붙잡혔다. 프랑스의 패배는 1866년 오스트리아 때와는 달리 단순한 패배를 넘어서 혁명과 저항의 분위기로 뒤덮인 초죽음의 상태였다.

반면 독일에서는 세당에서 거둔 압도적인 승리와 함께 온 민족이 감동의 물결로 어우러졌다. 북독일연방과 나누어진 독일의 상황이 그리 오래가지 않을 것이라는 인식마저 확산되면서 '2등 제국'의 시대를 끝내려는 듯 승전의 분위기를 타고 '제2 독일제국'을 향한 통일의 바람이 곳곳에서 불어대기 시작했다.

무엇보다 비스마르크는 승전 덕분에 유럽 최고의 정복자로 발돋움했다. 프로이센 수상이 되기 위해 파리 대사직에서 물러난 지 9년 뒤 그는 유럽 최고의 정치가로 우뚝 서 있었다.

덴마크와 오스트리아에 이어 프랑스와 치른 세 번째 전쟁은 비스마르크에게 가장 힘든 전투였다. 큰아들 헤르베르트와 막내 빌까지 참전한 것이 우선적인 이유 중의 하나였다. 마르스라투르 전투가 시작되고 한 시간쯤 지나 헤르베르트가 부상당했고 빌의 말이 총에 맞았다는 소식에 불안감이 가중되었다. 두 아들에 대한 걱정에다가 그들을 염려하는 요한나까지 안심시키기 위해 거의 매일같이 전보를 띄우지 않으면 안 될 정도였다.

> 너희 중 한 사람이라도 부상을 당했거든 어머니에게 알리기 전에 본부에 있는 내게 최대한 빨리 전보를 보내거라.

또 군 사령관인 몰트케와의 치열한 신경전 탓에 비스마르크에게는 더욱 힘들었던 전쟁이었다. 비스마르크 못지않게 영웅적인 인물이 된 몰트케가 프랑스와의 전쟁을 수행하는 동안 군사적인 주도권을 두고 맞붙었기 때문이다. 종종 격렬하게 충돌하며 악화일로에 접어들었던 두 사람의 관계는 그야말로 최악이었다.

예를 들어, 나폴레옹 3세의 재집권 가능성을 열어두고 강대국들이 간섭할 가능성에 최대한 주의를 기울이던 비스마르크는 체포된 나폴레옹 3세의 처리 문제와 관련해 군부와 의견이 충돌했다. 프랑스를 증오하고 나폴레옹 체제 자체를 경멸하던 몰트케는 "적을 완전히 섬멸하지 않는 평화는 있을 수 없다"고 굳게 믿었다. 그를 둘러싼 참모부의 입장 또한 몰트케 편이었다. 군부로서는 "전쟁을 수행하는 것은 정치적 목적을 위한 수단에 지나지 않는다"는 클라우제비츠(Karl von Clausewitz, 1780~1831)의 오랜 교훈을 어떠한 경우에도 받아들이지 않으려는 입장이었다.

상황이 그렇다 보니 종전을 앞두고 민감한 사안들이 제때에 수상에게 전달되지 않는 경우도 생겨났다. 비스마르크로서는 정치적으로 책임을 지고 있는 지도자로서 군 수뇌부로부터 작전 보고를 직접 들어보지도 못하고, 그것도 언론을 통해 심지어 5일이 지나서야 전해 들었다는 사실에 불쾌감이 극에 달했다.

심지어 11월과 12월에 파리의 최고국방회의에서 최절정에 달한 몰트케의 반감으로 비스마르크는 곤혹을 치러야만 했다. 몰트케의 지시에 따라 참모부는 소위 "배고픈 자가 스스로 항복하게 만드는 것이 훨씬 간단하다"고 판단하고 파리를 포위한 뒤 공격하기를 원했다. 하지만 그럴 경우 독일 전력 역시 더 강화되어야 하며, 또한 감베타에게 프랑스 남부와 서부에서 새로운 군대를 모집할 기회를 주는 것이라고 판단하여 즉각적인 군사적 대응을 요구하는 비스마르크의 주장을 수락하지 않았다.

의견 대립이 팽팽한 가운데 참모총장 몰트케는 자신의 재량대로 군 작전을 결정해버렸다. 마침내 비스마르크는 240만 주민들에게 식량 공급을 중단시키는 대신 파리를 공격하고 프랑스 의용병을 신속하게 진압할 것을 종용했다. 그의 의도는 전쟁터에서 포로는 가급적 적게 만들되 더 많은 적을 섬멸하려는 것이었다. 여기에는 다른 강대국들의 간섭을 염려하여 신속하게 평화협정을 체결하려는 의도도 있었고, 또 프랑스 편에서 어떠한 우호세력도 찾아내지 못하도록 하기 위한 조치이기도 했다. 말하자면 누구의 개입이 있기 전에 독일의 조건에 맞게 평화협정을 체결하기 위해서는 프랑스의 항복을 신속히 받아내야 하고, 그러기 위해서는 포위 작전으로 소요되는 시간 손실을 막아야만 한다는 것이 그의 주장이었다.

그러나 비스마르크의 조언은 여전히 받아들여지지 않았다. 강력하게 공격하되 사태를 빨리 마무리짓고 평화적인 상황을 이끌어내고자 했던 그와는 달리 몰트케는 이 기회에 오랜 앙숙을 두고 철저하게 '근절'시키는 전쟁을 고집했다. 그런 상황에서는 눈앞의 승리로 인해 커질 대로 커진 명망과 자존심을 내세운 참모본부의 위대한 영웅들에게 "중기병 제복의 민간인"은 그저 우스워 보일 뿐이었다.

비스마르크는 몰트케의 그러한 행동을 명백한 권한 침해로 받아들였다. 정치는 군대보다 확실하게 우위에 있으며, 전쟁 시에는 더욱 그러해야 한다는 것을 신념으로 삼던 그였다. 급기야 분노와 신경과민으로 병이 난 상태에서 예전에 다쳤던 다리의 통증까지 재발하는 바람에 하루 종일 침대 신세를 지게 된 비스마르크는 그렇다고 자신의 처지를 누구에게 속 시원히 말하지도 못한 채 하루도 마음 편히 누워 있기 힘든 지경이었다.

그러나 역시 패전국의 기분을 고려하여 지나친 민족적 승리와 우월감을 자제하고, 특히 주변 강대국의 개입을 막기 위해 신속하게 평화협정을 체결하려는 입장만은 변함이 없었다. 크림 전쟁 당시 러시아가 파리강화조약을 자국에 유리하게 수정하고 흑해의 중립을 무효화하려 했을 때, 영국과 합세한 프랑스가 국가의 위신과 명성을 얻어내지 않았던가. 12월 2일 비스마르크는 베르사유에서 식사를 하던 중 군부의 돌아가는 상황에 난색을 금치 못했다.

> 내게는 최대의 두려움이 도사리고 있다. 상황이 어떻게 돌아가는지 사
> 람들은 도무지 감지하지 못하고 있다. 우리는 피뢰침의 꼭대기에서 균
> 형을 잡아야 할 뿐, 내가 노력해서 이룬 그 균형을 잃게 된다면 저 밑바
> 닥에 처박히고 말 것이다.

군부와의 갈등이 지속되면서 비스마르크는 그 어느 때보다 강력한
지도력을 내세울 필요가 있었다. 황태자 프리드리히 빌헬름 측은 양쪽
을 화해시키는 시도가 아무런 소용이 없자, 몰트케를 중심으로 한 독일
군이 프랑스를 완전히 지배하기를 지지하는 쪽으로 기울었다. 그러나
최종적으로 국왕 빌헬름 1세는 두 사람 가운데 어느 쪽의 의견을 선택
해야 할지에 대해 전혀 다른 판단을 내렸다.
1871년 1월 25일, 마침내 국왕의 지원을 얻어낸 비스마르크는 다른
강대국들의 간섭을 받지 않은 채 지체하지 않고 프랑스 외무장관 파브
르(Jules Favre, 1809~1880)와 휴전협정을 처리함으로써 사태를 마무리했
다. 분노를 금치 못하는 군부에게 물어보지도 않은 채 파리 사람들에게
보루를 넘겨주어야 한다는 결정을 내린 것이다. 그러고는 프랑스의 새
정부가 보르도에서 휴전을 연장하기를 간청하자, 몰트케의 강력한 반
대를 무시하고 끝내 이를 받아들였다.
군부의 불만에도 불구하고 밀어붙인 비스마르크의 행보는 스토슈
(Albrecht von Stosch, 1818~1896) 장군이 기록한 대로 결정적인 최후의 강화
조건에 이르기까지 주로 독단적인 강행으로 일관되었다.

> 나는 자신의 의지를 관철시키기 위해 당면한 모든 사안을 극단적으로

몰아가는 비스마르크에 대해 지금 느끼는 것처럼 한 인간에게 그런 적대적인 분노를 가져본 적이 없다.

비스마르크는 10월 20일자 편지에서 요한나에게 전했듯이, 승전 이후 제일 먼저 새로운 제국을 협의하기 위해 남부국가 대표들과 나란히 함께했던 자리의 의미를 곱씹었다. 이미 9월 2일 바덴의 졸리(Julius Jolly, 1823~1891)가 작성해서 그에게 건넨 건의서에서도 언급되었듯이 그에게는 독일 제국의 창건 문제가 주된 관심사였다.

그러나 북독일연방의 가입 문제로 남부국가들의 반감을 경험했던 그로서는 더없이 신중할 때였다. 어떻게 하든 그 문제에 대해 그들 스스로 발의하도록, 그리고 프로이센에 대한 불신이나 적대감을 야기하지 않도록 각별히 유의해야 했다. 심지어 남부국가들이 반대하는 상황에 대비하여 베를린은 어떠한 압력도 행사하지 않을 것이라는 확신까지 심어주는 것이 순서상 먼저이고 또 주된 임무라고 생각했다.

프랑스의 무릎을 꿇게 만든 독일 역사의 결정적 순간에 비스마르크는 군부세력까지 완전히 제압했다. 논란을 야기했던 정치권과 군부 사이의 이원적인 결정구조마저 그의 재량권을 막지는 못했다. 다만 그가 죽고 오랜 시간이 흐른 뒤, 새로이 불거진 그러한 갈등은 끝내 후손들로 하여금 더 큰 규모의 전쟁으로 빠져들도록 만들었다. 그것은 두 세력 간의 충돌에 직면하여 책임 있는 정치지도자의 뜻에 따라 처리하도록 판결했던 빌헬름 1세와는 달리 1914년 이전이나 제1차 세계대전 당시 그의 손자인 빌헬름 2세가 취한 전혀 다른 입장의 대가이기도 했다.

여하튼 당면한 위험 요소를 신속하게 척결하고 전쟁을 마무리한 비스마르크는 개선행진곡을 울리며 독일 역사의 새 주인공으로 다시 서게 되었다. 독일제국의 재상으로서!

제국의 길로 들어서다

승리의 영광에도 불구하고 비스마르크는 궁극적으로 전쟁이라는 최악의 사태를 유발한 책임에서 벗어날 수 없었다. 프랑스의 간섭을 일소함은 물론 무엇보다 프로이센에 대한 남부국가들의 반발과 분립주의를 극복하기 위해 나폴레옹 3세의 전략을 역이용하고 독일의 민족감정을 조종하여 감행한 전쟁이라는 모험의 대가가 작지 않았기 때문이다.

결국 프랑스와의 전쟁이 채 끝나기도 전에 비스마르크는 남부국가들과의 만남을 적극 주도하지 않을 수 없었다. 전시상황이 독일에 유리하게 전개됨에 따른 전후 처리 문제 때문이기도 했지만, 무엇보다 독일의 통일 문제와 관련하여 승리의 분위기를 이용해 북독일연방 가입에 대한 향후 그들의 자발적인 의사를 기대한 때문이었다.

이제 그의 최대 관심사는 남부국가들이 아무런 유보조항 없이 자신의 의사를 그대로 받아들이는 것이었다. 그런 의미에서 전쟁의 가장 중요한 목표는 프랑스의 영토를 정복하는 것보다 북독일연방 헌법 하에 독일 국가들의 화합이고 융합이었다. "정치가로서 역사를 만들 수는 없고 단지 그 역사가 이루어지는 것을 기다릴 뿐"이라며 시기가 무르익지 않았다고 주장했던 그 역시 제국의 통일 문제가 프로이센을 중심으로 본격적으로 구체화되는 시점에서 독일제국의 창건이라는 거대한 역사적인 과업을 더 이상 거부할 수 없음을 절감하고 있었다.

이로써 북독일연방은 프랑스와의 전쟁에서 승리하기 전까지 3년 동안 대내외 상황에서 비롯된 비스마르크의 프로이센과 독일 정치의 방패막이로서 자리매김한 셈이었다. 1871년 프로이센 중심으로 제국의 창건이 그 연장선상에서 이루어졌으니, 북독일연방은 통일을 향한 전체 독일제국의 초석으로서 그 의미를 지니게 되었다.

고지가 바로 저기인데

전쟁의 승리가 가시화되어감에 따라 비스마르크는 남부국가들과의 화합을 기대했으나, 정치적 흐름은 순탄치 않아 보였다. 전쟁에서 함께 고군분투한 그들이었지만, 새로 마주한 자리에서 그들 각자 서로 다른 목적에다 적대감마저 지녔기 때문이었다. 한층 강력해진 독일에서 남부의 대표 격인 바이에른은 그들의 단결력과 조직력을 바탕으로 북독일연방을 해체하고 예전의 독일연방으로 대체하여 회원국들이 보다 강한 독립성을 보장받기를 원하는 기존의 입장을 고수했다. 의견이 분분해짐에 따라 결국 남부국가들의 북독일연방 가입과 관련된 협상 문제는 베르사유에서 개최되는 군주회의로 연기될 수밖에 없었다.

그러나 새로운 항목의 추가나 수정 정도는 용납하되 그 누구도 북독일연방의 기본구조 자체를 흔들 수 없다는 기본방침을 내세웠던 비스마르크로서는 더 이상 지켜볼 상황이 아니었기에 바이에른과 직접 담판에 들어가기로 결정했다. 알프스로 피해 있던 루드비히를 끌어내는 데 실패하자, 그 후속책으로 북독일연방의 제국의회를 신속히 소집함으로써 바이에른으로 하여금 소외감을 느끼도록 자극했다. 결국 빈손으로 돌아가지 않으려던 바이에른의 외무장관 브라이-슈타인부르크(Otto Camillus Hugo von Bray-Steinburg, 1807~1899)가 독일연방에 대한 이상을 버리고 최선의 조건으로 가입하기로 마음을 바꿈에 따라 1870년 11월 23일 바이에른과의 조약이 체결되기에 이르렀다.

비스마르크는 독일과 유럽에 자신들이 노력한 결실을 알리는 기쁨에 들떴다. 그리고 모든 수단을 동원해서 바이에른 측의 자발성을 강조하는 데 주력했다. 그러나 그 직전에 뷔르템베르크의 미트나흐트(Hermann Freiherr von Mittnacht, 1825~1909)가 거부반응을 보임으로써 다시 예상치 못한 걸림돌에 부딪혀야만 했다.

뷔르템베르크의 제후 카를과의 협상 또한 불가피해졌다. 뷔르템베르크는 어떠한 경우에도 바이에른보다 큰 양도를 바라지는 않는다는 조건하에 북독일연방에 가입하기로 하면서 가까스로 사태가 해결되었다. 뮌헨과 슈투트가르트 간의 경쟁심을 끝으로 비스마르크 전략은 그 결실을 다시 눈앞에 두었다.

프로이센이 중심이 되는 북독일연방 하에 독일제국의 창건 또한 머지않은 만큼 남부국가들과의 협약에 마지막까지 신중을 기하는 비스마르크의 태도에는 그 어떠한 것에도 양보하지 않을 비장함까지 엿보였다. 바이에른의 한 역사학자의 눈에도 비쳤듯이, 그런 모습은 만약 남부의 두 군주국으로 인해 사태가 틀어질 경우 당장이라도 민중들에 의한 소요사태 등 어떠한 폭력행위라도 끌어들일 태세였다. 그러나 남부국가들 간의 상호 경쟁과 불협화음이 말해주듯 바덴과 헤센과의 사태까지 벌어졌다.

마침내 11월 15일 바덴과 헤센, 23일 바이에른, 그리고 25일 뷔르템베르크와 차례로 조약을 성사시킴으로써 비스마르크는 모든 협상을 타결했다. 그 결과 회원국들의 권한은 증대되었다. 연방 내 국가들 모두가 동등하다는 기본원칙이 적용됨은 물론 바덴, 바이에른, 뷔르템베르크에게는 특별권이 주어졌다. 특히 북독일의 연방의회 권한이 강화되어 외부세력의 공격을 제외한 선전포고 시에는 의회의 동의가 필수적이었고, 더욱이 반대하는 국가에 대항하여 최고사령관이 집행권을 수행할 때에도 의회 승인이 불가피해졌다. 또 황제의 감독권이 제한되어 제국법을 적용할 경우 의회의 승인이 반드시 요구되었다.

그리고 법을 수정할 경우 연방의회 의원 3분의 2의 동의가 필요했던 예전의 규칙과는 달리 14표의 반대로도 수정 요구를 저지할 수 있도록 했다. 이것은 바이에른-뷔르템베르크-작센, 또는 바이에른-뷔르템베르크-바덴-헤센, 또는 다른 여러 군소국들의 결합 등 어떤 경우의 거부권도 예방하려는 방책이기도 했다.

그러나 그러한 변경된 결과에는 문제점 또한 공존했다. 연방의 활성화에 있어서 그동안 힘겨웠던 일부 남부국가들, 특히 바이에른이나 바덴, 뷔르템베르크에게 부여한 특별권이 회원국들 모두가 동등하다는 기본원칙과 얼마나 조화를 이룰지가 과제였기 때문이다.

예를 들면, 우편과 철도 관리, 바티칸으로의 대사 파견, 수익성 높은 포도주와 화주 관세 등 많은 특권을 누리게 된 바이에른의 경우만 하더라도 비스마르크의 재량에 따라 연방의회의 의장직을 차지할 수 있었다. 게다가 군사적인 문제를 위한 연방의회 위원회의 발언권과 함께 작센이나 뷔르템베르크가 소유하고자 했던 새로운 외교위원회의 의장직까지 맡을 정도로 특별대우까지 받았다.

외교위원회의 경우도 마찬가지였다. 비스마르크가 주도하는 외교 문제와 관련하여 어떠한 국가도 주요한 역할을 수행하지는 않았기 때문이다. 제국의 외교 업무가 제국을 대표하는 비스마르크의 손을 거쳐 일괄 처리되었기 때문에 사실상 바이에른으로서도 권한을 발휘할 기회조차 가져보기 어려웠다. 처음부터 그 위원회를 거칠 생각이 없었기 때문에 바이에른의 특별권으로 인해 어려움이 있을 수 없었고, 따라서 그런 위원회는 일종의 장식에 불과한 기구인 셈이었다.

당시 바이에른의 수상으로서 훗날 1890~1894년 제국 수상을 역임하는 호엔로에-실링스퓌르스트가 자국에 부여된 그러한 특권의 가치에 의혹을 제기하기도 했다. 그러나 그 자신도 "북독일연방제의 원칙에 따르는 독일 내 전반적인 분위기에 바이에른 또한 동참하지 않을 수 없었다"고 회고했듯이, 그에 대한 어떠한 대비책도 내놓지 못한 것이 대부분 남부국가들의 한계였다.

군사조약의 경우에도 뷔르템베르크나 바이에른에게 특별권이 주어지긴 했으나 크게 다르지 않았다. 뷔르템베르크의 수장에게는 군복과 계급장을 결정하는 권한과 자국의 경계에 다른 나라 군대가 주둔할 경우 승인 여부를 결정할 자격이 부여되었다. 더 큰 자격이 주어진 바이에른에는 자국 국왕의 명령하에 독일 군대 내에서 독자적인 부대를 형성할 수 있는 권한이 주어졌다.

그러나 문제는 전쟁 상황에서 두 국가의 군대 통수권이 제국의 황제인 빌헬름 1세에게 주어진다는 점이었다. 이처럼 바이에른 등 몇 나라에 특별한 권리가 주어지긴 했지만, 명목상에 그칠 뿐 실제 권한에 있어서는 별다른 의미가 없었다. 여러 가지 모순과 한계에도 불구하고 남부국가들이 명분을 얻었다면, 비스마르크는 실리를 챙긴 셈이었다.

비스마르크는 순탄치 않은 과정에도 불구하고 결국에는 뜻대로 모든 상황을 돌려놓았다. 물론 진정한 의미의 자율성과는 거리가 있지만, 북부독일을 위해 구상해온 통치체제가 시간을 두고 큰 수정이나 강압적인 조치 없이 남부국가들에 의해 수용된 것은 대단한 성과가 아닐 수 없었다. 협상에서 보여준 대로 그들을 정복이나 극복의 대상으로 여기지 않고, 그들과의 공존을 위한 끈질기게 노력한 대가이기도 했다. 황태자나 국왕은 온건하게 비쳐진 그의 태도를 염려했지만, 연방의 미래 발전을 위해서도 자유의사로 남부를 가입시키려던 큰 흐름에는 전혀 흔들림이 없었다. 이로써 의회주의와 제도적으로 균형을 갖추려는 남부국가들과 함께 프로이센을 중심으로 한 중앙집권체제가 확립되었고, 더 나아가 독일제국의 토대 또한 확실히 마련되었다.

곳곳에서 "독일 통일이 이루어지고 제국이 되었다"는 말이 터져나왔다. 고지를 바로 눈앞에 두고 남부국가들과 지루한 협상이 이루어지던 그 마지막 순간, 비스마르크에게 또 하나의 난관이 닥쳤다. 즉 새로이

건국되는 독일연방의 의장으로서 빌헬름 1세가 황제라는 칭호를 받아들여야 한다는 사안을 채택하는 과정에서 심기가 불편해짐에 따라 비스마르크와의 미묘한 감정 싸움이 발생했기 때문이다.

빌헬름 1세는 정당성이라는 차원에서 다른 제후들 가운데 우두머리에게 주어지는 황제라는 칭호를 매우 기쁘게 받아들였다. 그러나 북독일연방의 프로이센 헤게모니가 '독일제국'으로 팽창되고 연방의장이 '독일황제'라는 칭호로 대치됨으로써 전통적인 프로이센주의에 손상이 될 것을 우려한 나머지 이내 불쾌감을 자아냈다. 더욱이 12월 9일 명칭 문제에 깊이 개입한 북독일의 제국의회가 심손(Martin Eduard von Simson, 1810~1899)을 단장으로 한 대표단을 베르사유로 파견했다는 소식에 몹시 분노해마지 않았다. 심손은 1848년 혁명 후 소독일 중심의 민족국가를 염원하여 국민의회의 이름으로 프리드리히 빌헬름 4세가 황제에 오르기를 간청했던 인물이다.

그러나 전 세계에 호엔촐레른 가문의 권력 신장을 분명히 하기 위해 독일 황제라는 명칭을 대대적으로 알리기를 고집했던 빌헬름 1세로서는 북독일이 앞장서는 등 지금까지의 정황들로 보아 황제가 특별한 권리나 영향력을 발휘하는 직책이라기보다는 단순한 명칭에 불과한 것으로 비쳐지는 것이 심히 못마땅했다. 끝내 그는 독일 제후들로부터 직접 받지 않는 한 수상이든 대표단이든 들여보내지 않을 것이라며 고집을 피웠다.

그러나 비스마르크의 생각은 달랐다. 그는 헌법에 이미 황제와 제국이 규정되어 있듯 연방의 대표에게 당연히 황제의 칭호가 부여되는 것으로 받아들였고, 제국이라는 개념에도 특별한 의미를 두지 않았다. 역사적인 비교를 중요시하는 중세적인 전통 따위는 생각지도 않은 그로서는 형식적인 면도 그다지 중요시 여기지 않아 칭호를 상징의 일종으로서 관심 밖의 문제로 여길 뿐이었다. 따라서 황제라는 칭호는 다른 제후국들에 대해 연방 의장을 구별하는 정도의 상징으로만 인식했다.

게다가 그는 황제 칭호를 프로이센의 팽창이 아닌, 독일 통일과 중앙 집권체제를 강화하기 위한 역사적인 표상 정도의 역할로 기대했다. 특히 강대국을 일컫는 '제국'이라는 표현이 1849년 이후로 이미 선택되어 온 상황에 동의한 그로서는 연방 문제와 관련하여 더 이상 어떤 새로운 사태로 확산되지 않았으면 하는 의중이 더 컸다.

그러한 사고는 황제의 칭호 문제처럼 국기(國旗)의 문제에서도 예외가 아니었다. 새로운 기장은 1848~1849년의 흑-적-황 깃발처럼 거리에서 더럽혀져서는 안 된다는 빌헬름 1세의 철칙에 따라 비스마르크도 흑-백-적을 제국의 색깔로 결정하긴 했다. 자유-민주주의를 상징하는 색보다는 눈부시게 밝은 빛을 선호하여 받아들이긴 했으나, 실상 그로서는 국기의 색상이 그 어떠한 색이라도 상관은 없었다. 명칭 문제로 복잡한 상황에서 국기에 관한 한 국왕에게 결정권을 줄 필요가 있다고 판단했을 뿐이었다.

나로서는 녹색도 황색도 모두 좋고 무도회나 메클렌부르크-스트레리츠의 깃발이라도 좋다. 다만 프로이센의 고참병만이 흑-적-황에 대해 아무것도 알려고 하지 않을 뿐이다.

국왕과의 신경전으로 극도로 예민해져 있었지만, 비스마르크는 끝내 기본적인 원칙을 굽히지 않았다. 다만 빌헬름 1세 한 사람만 받아들이면 문제없이 끝날 일이었기에 그의 분노를 무마시키기 위한 최후의 방법을 강구하도록 신경을 썼다. 마침내 13세기경 바이에른 왕족들이 자신의 선조인 클라우스로부터 물심양면으로 지원과 후원을 받았던 과거사를 들춰내어, 바이에른 국왕 루드비히 2세로 하여금 호엔촐레른 왕가의 프로이센 국왕이 원하는 대로 독일 제후들의 이름으로 황제의 관을 제의하는 글을 올리도록 주청하는 방안을 내놓았다. 이에 루드비히 2세의 신하들과 바덴의 대공 프리드리히까지 나서서 그 제안을 수락하도록 바람을 넣었다.

사실상 빌헬름에게 올리는 편지를 직접 작성한 사람은 루드비히 2세가 아닌 비스마르크였다. 그는 독일 황제 역시 같은 독일인인 동시에 이웃 프로이센의 국왕임을 강조하면서 독일이라는 칭호만으로 독일 제후들이나 민족들과 결합하는 권리를 주장할 수 있다는 내용을 전달하도록 루드비히 국왕의 현명한 처사를 간청했다. 때마침 바이에른은 특별법을 거론하는 시기였던 만큼 황제 제위와 관련된 청탁편지에 서명해주는 대가로 '특정 지역'에 대한 요구와 함께 약 400만 마르크에 해당하는 비자금까지 제시했다. 루드비히로서는 그런 조건에 구미가 당기지 않을 수 없었다.

1870년 11월, 기마대장 홀른슈타인(Max Graf von Holnstein, 1835~1895)이 협상차 두 차례나 베르사유를 다녀갔다. 비스마르크가 작성한 편지에 서명하기를 망설이던 루드비히 2세는 사태의 마무리를 신하에게 모두 일임해버리고 자취를 감추었다. 그 후 바이에른의 영토 요구는 거절당했으나, 금액 문제와 관련된 거래가 성립되면서 일종의 연금 지급 형태로 1886년까지 매년 30만 마르크에 해당하는 수입이 비밀스런 '벨펜 기금'으로부터 루드비히 2세에게 지불되었다. 홀른슈타인 또한 그 금액의 10퍼센트를 챙겼다.

그와 관련된 이야기는 1886년 루드비히 2세의 비극적인 자살 사건과 함께 비스마르크가 해임되고 4년이 지나서야 공개적으로 밝혀지긴 했으나, 상세한 내용은 끝내 알려지지 않았다. 다만 바이에른 국왕의 편지를 받고 놀랐던 유일한 사람이 빌헬름 1세였다는 이야기는 어처구니없다. 북독일연방을 반대하고 독일연방의 부활을 꿈꾸며 지방분권주의를 주장하던 바이에른이 독일제국의 창건을 저지한다고 확신했던 만큼 그로서는 의미가 컸을 뿐이겠다. 따라서 비스마르크가 그 유명한 황제 서한을 스스로 작성했고, 또 벨프 가의 기금으로 당시 성을 짓고 있던 바이에른 국왕을 매수했음을 알았더라면 얼마나 당혹스러웠을지 짐작하고도 남을 일이다.

마지막 순간의 신경전에도 불구하고 비스마르크는 자신의 의지를 관철시키며 독일제국의 창건을 이룩했다. 결과적으로 빌헬름 1세는 독일 황제라는 명칭 문제와 관련하여 자신의 의향을 관철시키기보다는 외형적인 겉치레에 치우친 인물로 비쳐졌다. 게다가 비스마르크와의 매끄럽지 못한 관계뿐만 아니라, 일의 추이에 대해서도 전혀 예측하지 못하는 등 갖가지 우둔함을 드러냈다. 제국의 파견단을 대면한 후 비스마르크에게 철십자 훈장까지 하사하며 흡족해마지 않으면서도, 정작 베르사유 궁전에서 황제 선언을 하던 날 최고 연장자인 바덴 대공이 독일 황제라는 칭호 대신에 빌헬름 황제라고 부른 것에 온종일 불만이 가득한 채 심지어 비스마르크에게는 눈길 한 번 주지 않았다.

벌써 다음의 상황으로 눈을 돌리고 있던 비스마르크는 황제에게 분명 까다롭고 버거운 상대임에 틀림없었다. 제아무리 거부감을 드러내고 화를 내더라도 황제의 발걸음은 이미 자기 가신의 발걸음을 뒤쫓는 격으로 오히려 그의 뜻을 받아들이는 데 점점 익숙해지기만 했다.

빛과 그림자 사이에서

1871년 1월 1일부터 새 헌법이 시행되었다. 다른 한편으로 전쟁은 아직까지 진행 중이었지만, 18일 독일제국이 건국하는 순간은 어김없이 다가왔다. 그날은 예전에 1701년 브란덴부르크의 선제후가 프로이센의 왕위에 즉위한 날이자 프로이센의 건국일이기도 한 뜻 깊은 날이었다. 그것도 프랑스의 심장부인 베르사유 궁전 거울의 방에서 거행된 독일제국의 황제 즉위식이었다. 최고의 날에 최상으로 장식된 그 자리에 참석한 바이에른의 왕자 오토(Otto, 1848~1916)는 그 순간을 다음과 같이 묘사했다.

모든 것이 너무도 냉엄하고 너무도 당당하며 너무도 빛나고 너무 화려하다. 허나 허풍을 떨고 무정하며 또한 덧없도다.

프로이센 국왕에서 독일제국의 황제 제복을 입은 빌헬름의 모습은 그 어느 때보다 위풍당당해 보였다. 마침내 축하연에서 최고 연장자인 바덴의 프리드리히 대공의 축배 제의를 시작으로 빌헬름 1세의 황제 선포와 함께 대관식이 거행되었다. 오후의 분위기는 달라졌지만, 독일황제가 아닌 '황제 빌헬름'이라는 호칭에 심기가 불편해진 그는 축하연에서 자신을 그런 황제로 만들어버린 결정적 인물인 비스마르크에게 악수나 한마디 인사는커녕 단 한 차례의 눈길조차 보내지 않는 것으로 마음을 달랬다.

전날 밤에도 그 두 사람은 황제에게 붙여질 새로운 칭호 문제 때문에 언쟁을 벌였던 것으로 알려졌다. 내일이면 독일의 황제가 될 73세의 빌헬름은 깊은 한숨을 내쉬면서 오히려 예전의 프로이센과 이별해야 한다는 사실에 못내 슬퍼하며 눈물을 쏟아내기까지 했다. 프로이센과의 이별이 남다르기도 했겠지만, 무엇보다 의식과 절차를 통해 독일 전체의 황제로서 대대적으로 자신을 내세우려던 기대가 채워지지 않음에 따라 자존심이 크게 상한 듯했다. 그러나 독일제국의 창건이라는 대업을 앞두고 그 밖의 모든 것을 뒤로하고 앞을 바라보아야만 했던 비스마르크는 "모든 프로이센 사람들의 정신에 그러한 성향의 감수성이란 없다"는 믿음에 흔들림이 없었다.

베르사유 궁전의 제관식 장면은 베르너(Anton von Werner, 1843~1915)의 그림으로 재현되었다. 황제 빌헬름을 중심으로 훗날 프리드리히 3세가 되는 황태자와 바덴의 대공이 각각 그의 오른편과 왼편에 자리했고, 비스마르크가 황제 선언을 낭독하는 연단 앞에 자리 잡았다. 그리고 비스마르크의 좌우에는 참모총장 몰트케와 국방장관 론이 위치했다.

1885년 4월 1일, 비스마르크의 70주년 생일을 기념하여 기증된 그 그림 속의 비스마르크는 예전에 수상을 돋보이게 하라는 황제의 요청에 따라 그림 중앙에, 그것도 홀로 흰색의 중기병 군복을 멋들어지게 입은 모습으로 거듭났다. 베가스(Reinhold Begas, 1831~1911)가 황동으로 제조한 그림틀에는 황족의 이름과 문장까지 함께 새겨짐으로써 그 의미와 가치를 드높였다.

황제 선포식은 독일인들에게 사실상 독일제국의 창건을 의미하는 의식과 다름없었다. 그들의 다수는 이미 그러한 의례를 통해 민족적 소원을 성취한 것으로 인식했다.

그날은 물론 비스마르크에게도 영광스런 기쁜 날이었다. 그러나 그동안 얼마나 신경을 썼든지 그의 건강은 호전될 기미를 보이지 않았다. 며칠 뒤 아내 요한나 앞으로 편지 한 통이 도착했다.

이번 황제의 탄생은 힘들었소. 그러한 때 제후들은 지닐 수도 없는 것을 세상에 넘겨주기 전의 여인들처럼 별스런 욕망을 지니고 있었소. 나는 산파로서 건물 전체가 붕괴되고 말지도 모를 폭탄이 되어 폭발하고픈 절절한 욕구를 여러 번이나 느꼈다오. 필요한 일들이 나를 그리 해치는

:: 1871년 1월 18일 베르사유 궁전 거울의 방에서 진행된 황제 선포식. 황제의 왼쪽은 바덴의 프리드리히 대공, 오른쪽은 황태자 프리드리히 빌헬름, 그리고 연단 앞의 비스마르크와 몰트케. 베르너의 작품

편은 아니나, 불필요한 일들이 나를 불쾌하게 하는구려.

2월 28일 마침내 베르사유에서 휴전이 성립되었다. 3월 1일 군대 선두에 서서 파리에 입성한 비스마르크는 4월 16일에 새로 열린 제국의회에서 남부국가들과 체결한 조약들이 효력을 발휘하도록 제국헌법을 공표했다. 2월 26일의 가협정에 이어 모든 외교적 전략과 기량을 발휘한 끝에 5월 10일 프랑스와 프랑크푸르트 평화협정까지 모두 마무리했다.

전후 처리에 있어서 오스트리아 때와는 달리 비스마르크의 태도는 강경했다. 쓰라린 패배를 인정한 프랑스인들은 3년 이내에 50억 프랑의 전쟁 배상금을 지불하고 알자스와 로렌의 일부를 독일에게 할양해야만 했다. 다른 강대국들의 간섭을 받지 않은 채 프랑스의 새 정부와 평화협상을 수행해나갈 수 있었던 것은 비스마르크에게 참으로 다행스런 일이 아닐 수 없었다.

한편 평화협정을 체결하는 과정에서 독일 방언을 말하는 다른 경계

지역까지 병합하라는 목소리도 나왔다. 그러나 전략적인 이유에서 군부와 뜻을 같이한 비스마르크는 이를 수용치 않았다.

가령 국경지대의 스트라스부르와 메츠의 경우, 제국의 영토로 획득하려면 그 어느 때보다 격렬한 전쟁을 감수해야 할 뿐만 아니라 유럽 내의 분위기도 다시 프로이센에 유리하도록 조종해야만 했기 때문에 여간 부담스런 사안이 아닐 수 없었다. 그리고 무엇보다 '시기하고 질투하는 민족'인 프랑스인들이 패배를 참지 못하고 또다시 보복전을 시도할 것까지 염두에 두어야 했기 때문에 그 정도로 끝내는 것이 현명하다고 판단했다. 이미 신성로마제국에 속했던 알자스와 로렌 두 지역의 획득만으로도 프랑스인들은 크게 반발할 것이 뻔했다.

비스마르크의 그런 염려와 계산은 점차 현실로 드러났다. 독일제국에 귀속되던 그때부터 사실상 제국의 영토로서 동등한 지위를 보장받지 못한 알자스와 로렌 두 지역을 두고 그 후로도 오랫동안 양국 간에 갈등이 고조됨으로써 그 고통과 시련의 피해는 모두 주민들의 몫으로 돌아갔다. 게다가 고립된 '서부의 국경지대' 또는 '통일을 위한 담보물'이라는 오명 아래 독일제국에 제대로 통합되지도 못한 채 이질감이나 불안감만 떠안게 된 그 지역 주민들이 갈수록 비스마르크와 독일제국에 대한 불만과 적대감을 키워나갈 가능성도 컸다.

그리하여 알자스와 로렌 문제는 보복의식에 사로잡힌 프랑스인들에게 촉매제로 작용하여 양국의 적대관계를 지속시키고, 더 나아가 베를린의 외교적 자유를 제한하게 만들었다. 어떠한 화합의 기회도 부여받지 못하고 하나의 점령지대에 지나지 않았던 알자스와 로렌은 결국 비스마르크 자신에게도 끊임없이 부담이 되었고, 더 나아가 다음 세기 들어 제1·2차 세계대전이라는 새로운 전쟁과 국제적 대립의 근원지로 자리하게 되었다.

마침내 독일제국을 창건한 비스마르크는 흩어진 독일 국가들을 하나의 새로운 독일제국 하에 통합함으로써 독일과 독일인 전체의 운명을 좌우하는 역사적인 과업을 이루었다. 오랫동안 갖은 술책과 기교를 한껏 부린 결실이기도 했지만, 그 누구도 해내지 못할 인내와 노력의 대가인 것만은 분명했다.

이제 프로이센 국왕이 독일 황제가 되었고, 프로이센 왕실이 독일 전체를 지배하는 왕조가 되었다. 제국헌법으로는 1867년 프로이센이 중심이 되어 작성한 북독일연방의 헌법이 채택되었다. 또한 프로이센의 정치적·군사적 제도도 독일제국의 핵심이 되었고, 프로이센의 역사적 전통까지 독일 국민 전체의 것으로 자리하게 되었다. 그러한 의미에서 독일제국의 창건은 프로이센의 국력 팽창이자 북독일연방의 권력 신장이 아닐 수 없었다.

1866년 8월 18일 북부의 17개 국가가 모여 결성한 북독일연방, 일명 '8월 동맹'은 그동안 오스트리아를 배제하고 남부국가들을 끌어들이기 위한 최고의 기구로서의 역할에 충실했다.

사실 1866년 전후 오스트리아를 중심으로 남부국가들에 의한 남독일연방 계획이 새롭게 부상하면서 북독일연방이 위협을 받기도 했다. 어떻게 보면, 프라하 강화조약에 따라 마인 강 이남에 위치한 남부국가들이 북독일연방의 결성을 인정해준 만큼 그들도 독자적인 국가연합을 이룰 수 있는 기회 또한 부여받은 셈이었다. 따라서 마인 강 이남에서 프로이센의 권력 장악을 거부하고, 또 프로이센이 주도하는 새로운 질서체제의 대상에서 벗어난 남독일연방의 성립은 시간문제이기도 했다.

만약 남부국가들이 비스마르크의 각종 제의에도 불구하고 북독일연방에 견줄 만한 강력한 남독일연방을 결성했더라면, 그리고 프로이센 중심의 중앙집권적이고 강압적인 성향의 헌법을 대폭적으로 수정하고

:: 1871년 7월 31일의 비스마르크

자 했더라면 또 한 차례의 사투는 불가피했을까? 그렇다면 북독일연방의 팽창이나 제국의 상황 등은 달리 전개되었을지도 모른다.

그러나 남독일연방은 끝까지 현실화되지 못했다. 일찍이 남부국가들은 1866년 전쟁 당시 오스트리아에 가담하여 프로이센에 더없는 곤혹거리이기도 했지만, 그런 열의에 비해 군사적인 협력에 있어서는 전쟁을 감당할 만한 재정적인 준비조차 갖추지 못했을 정도로 허술했다. 자유주의적 민족국가의 발전을 위해 선구자적인 역할을 수행해왔음에도 통일된 민족국가의 건설을 스스로 책임지고 수행해나갈 지도력과 응집력은 없었던 남부국가들은 끝내 비스마르크의 주도면밀한 전략에 휩쓸려버리고 말았다. 정신없이 쏟아지는 보호동맹이나 새로운 관세동맹을 비롯하여 특별법의 승인 등으로 프로이센 정치에 합류해버린 그들의 최종선택은 1871년 프랑스와의 전쟁 중에 북독일연방의 가입이었다. 이로써 대프로이센-소독일주의의 민족국가 창건에 일조한 셈이 되어버린 그들은 더 이상 제3의 독일이 아닌 프로이센의 파트너로서 그들 나름대로 제국 창건의 일익을 담당했다.

이 시점에서 그동안 강대국만을 집중적으로 다루었던 일반적인 역사서술에서 도외시되어온 남부국가들을 집중적으로 다룬 그루너(Wolf D. Gruner)의 연구는 남부국가들은 물론 제국 창건의 역사에 대한 이해의 폭을 넓혀놓았다. 특히 그루너는 남부국가들이 '이원적인 거래의 특수성'을 통해 독자성과 영향력을 지닌 제3의 세력으로서 존재했음을 역설했다.

먼저 그루너는 친프로이센적 경제사를 근거로 해서 남부국가들의 독자성을 강조했다. 이를테면, 의회차원이든 비의회 차원이든, 그리고 민주주의자이든 가톨릭이든 서로 다른 성향이 모인 집단들임에도 불구하고, 자신들만의 힘으로는 경제 통합을 추진할 능력이 없다는 점을 인식하고 프로이센의 관세 통합에 자발적으로 동참했던 점과 친오스트리아 세력으로 1866년 전쟁을 치르고도 프로이센과의 제휴를 지속적으로 유지했다는 점을 지적했다. 그리고 이와 달리 반프로이센적 정차사와 관련하여 1866년 이전의 태도와 마찬가지로 그 이후에도 프로이센의 원칙에 따른 개혁이 아닌 그들만의 독자적인 개혁을 수행하고자 시도했던 면에도 역점을 두었다. 즉 "병영국가이자 융커 국가"인 프로이센이 주도하는 북부와의 국가 통일을 거부하여 반프로이센적 행동에 일치단결했던 점과 아울러 북독일연방에 가입하는 마지막 순간까지 나름대로 이해득실을 고려했다는 사실에 주목했던 것이다.

독일 통일과 함께 제국 창건은 당대 독일인이라면 누구나 생각하고 염원하는 핵심 과제였고, 오늘에 이르기까지 학계에서도 독일 역사의 최대 위업 중 하나로 꼽히는 주제다. 그러나 비스마르크의 지휘하에 세 차례의 전쟁을 거쳐 이루어진 만큼 어디에서 어떻게 바라보는가에 따라 그 평가는 제각각이다. 특히 그 논란의 중심에는 프로이센과 오스트리아의 서로 다른 통일 방식과 통일의 장본인인 비스마르크의 업적이 놓여 있다.

먼저 독일제국의 통일 방식의 경우, 프로이센을 중심으로 한 비스마르크식 소독일주의의 민족국가 건설을 비판하는 오스트리아 중심의 대독일주의자들의 주장이 논란의 대표적인 사례다. 대독일주의자들은 1815년 결성된 빈 체제 하에서 독일의 구심체이자 연방의 의장국으로서 수십 년간 버텨온 오스트리아의 막강한 존재와 영향력을 인정하며 기존의 체제를 중심으로 한 제국 통일을 지지하는 입장이었다.

그러나 그들의 바람과 달리 오스트리아는 통일을 주도할 힘이 부족했다. 비스마르크가 이원주의의 소신을 굽히지 않기도 했지만, 무엇보다 이를 거부한 오스트리아 자체가 민족국가로서 제국 통일을 선택하기엔 어려움이 있었기 때문이다. 다민족국가인 오스트리아 입장에서 소독일주의란 900만 명의 독일인을 제외하고 자국 내에 살고 있는 3000만 명의 비독일인을 모두 포기해야 하는, 그야말로 국운이 달린 문제였다. 게다가 혼합된 민족들과 함께 거주하는 영토에서 분명하고도 합법적인 경계선의 의미가 미치게 될 파장이란 것이 범게르만주의의 불합리성과 함께 독일 북부의 프로테스탄트 우위의 종교적인 문제와 관련될 경우, 가톨릭 중심인 오스트리아의 붕괴는 시간문제였다. 이는 곧 오스트리아가 독일 내 주도세력으로서뿐만 아니라, 강대국으로서의 위상까지 모두 포기하고 2류 국가로 전락한다는 것을 의미했다.

이미 국가라는 틀 안에 살고 있는 서로 다른 민족들을 자유롭게 놓아 줄 준비도 못한 채 자체 내 민족 정치의 재정립에서부터 난관에 부딪힌 오스트리아는 결국 기존 체제만을 고수함으로써 독일인들을 중심으로 제국 통일을 지향하는 소독일주의의 새로운 시대적 변화에 맞서서 주도권을 쥐지 못했다.

시간이 흐를수록 격앙되는 제국 창건에 대한 독일인들의 민족주의와 프로이센의 이원주의를 어떻게 제압할 것인지, 그 모든 것은 더 이상 오스트리아만의 문제도 아니며, 오스트리아를 중심으로 해결될 문제는 더욱 아니었다. 슐레스비히와 홀슈타인 등 덴마크인과 독일인이 혼재된 프로이센 지역의 경우만 보더라도 역시 그 후유증이라는 것이 지금껏 독일연방 내에 거주한 다른 모든 소수민족의 민족적인 각성과 충돌을 야기할 잠재력까지 보여주지 않았던가.

그런 의미에서 본다면 누구보다 통일된 민족국가를 갈구했던 자유주의자들의 배경 또한 오스트리아와 크게 다르지 않았다. 일찍이 그들은 유럽의 다른 강대국들에 비해 근대적인 민족국가를 형성하지 못한 만큼 통일국가에 대한 염원이 절실했다. 그들은 머지않아 비스마르크가 이룩할 통일 방식을 이미 1848년 3월 혁명을 통해 추구한 적이 있었다.

그리고 오스트리아가 주도하는 독일연방을 통일국가의 적대자인 동시에 시대착오적인 결정체로 받아들인 그런 차원에서 비스마르크와 맥을 같이했다고 할 수 있다. 비스마르크의 지배하에 다시 그런 통일방식에 합류하게 된 그들은 처음에는 보수주의 지배세력이 자유주의를 억압하는 현실에 맞서 투쟁전선으로 나섰지만, 자신들만의 힘으로 자유를 지켜내면서 통일이라는 이중의 과제를 떠맡기에 부족함을 통감했다. 목표의식의 상실과 심지어 분열이라는 자체 내의 한계마저 드러냄으로써 그들 역시 국가의 통일을 외치기는 하되 역사의 주동자가 될 수는 없었다. 결국 하나의 목표를 지향한 비스마르크의 '위로부터의 혁명'에 오스트리아나 자유주의자들의 한계나 약점은 더없는 가능성과 기회로 작용될 수밖에 없었다.

국가 통일과 제국 창건에 대한 또 하나의 엇갈린 평가는 비스마르크와 그의 업적에서 찾을 수 있다. 이미 그의 정치 입문 초기부터 시작된 비판적 시각은 특히 1866년과 1871년을 기점으로 정점에 달했다. 소위 반비스마르크주의자로 구분되는 자들 중에는 황태자 프리드리히 빌헬름도 있었으며, 그는 제국 창건이라는 비스마르크의 최대 업적에 대해 부정적인 입장을 감추지 않았다.

> 비스마르크로 인해 프로이센이 크고 강력한 국가가 되었다. 그러나 친구도, 세계의 호의도, 그리고 각자의 선한 양심의 공감대도 모두 빼앗기고 말았다.

황태자는 오래전부터 반비스마르크주의자였다. 독일제국이 창건되는 그 직전까지도 그는 "독일은 올바른 권리로만 도덕적인 정복을 이루어 통일해야 하고, 그래야만 자유롭고 강력해질 것"이라는 확신을 버리지 않았던 인물이다. "독일의 문화, 독일의 학문, 그리고 독일의 정서가 존경과 사랑과 명예를 얻어야 한다"고 굳게 믿던 그로서는 "독일제국이 무력에 의해서가 아닌 완전히 다른 차원의 우위에서 건국되어야 했다"고도 토로했다. 그리고 자신의 뜻과는 달리 "대담하고 무법적인 융커"의 뜻에 따라 제국이 이루어진 것에 끝내 실망감을 감추지 못했다.

반비스마르크주의자들은 오늘날에 이르기까지 비스마르크에 의한 제국 창건의 업적을 무리한 승부수와 악마적인 성향 같은 것으로 빚어낸 비운의 역사로 인식하고 있다. 그 때문에 그들 내에서는 비스마르크의 결정적인 공헌으로 기리는 '비스마르크 제국'의 제2 독일제국을 비스마르크의 독선적인 업적으로 받아들이는 데 주저하지 않는다.

그런 가운데 당대인으로서 세계 정책의 일념으로 독일의 제국주의 정책을 표방한 빌헬름 2세의 절친한 친구인 오이렌부르크 운트 헤르테펠트(Philipp Graf zu Eulenburg und Hertefeld, 1847~1921) 백작의 경우, 그런 비운의 역사 평가에 반전을 시도하기도 했다. 그 스스로 반비스마르크주의자이면서도 제1차 세계대전의 발발을 앞둔 1914년의 한 비망록에서 그는 전쟁의 당위성을 언급하는 가운데 프리드리히 대제나 비스마르크에 의한 프로이센의 전통적인 노선을 적절하게 끌어들였다.

오이렌부르크 운트 헤르테펠트는 국제적인 경쟁관계 속에서 '힘'의 정신이 작용함에 따라 국가와 지도적인 세력이 그야말로 운명적인 상황에 빠져버리는 것을 인정했다. 특히 비스마르크의 경우에도 "1870년에 칼을 뽑아들지 않기에는 프랑스로 인해 받은 모욕이 너무도 컸다"고 지적하고, "그것을 독일 국민들에게 확신시키는 데 성공했다"고 역설했다. 20세기의 대혼란이 발발하기 직전인 1914년 7월 육군원수 막켄젠(August von Mackensen, 1849~1945) 또한 애국주의에 휩싸인 전쟁 분위기에 직면하여 "비스마르크 같은 인물이라면 지금의 상황도 이용했을 것"이라고 추켜세우기까지 했다.

비스마르크는 정말 하지 않아도 될, 그렇게 해서는 안 될 일을 그것도 무력으로써 저질렀던 것일까? 제1차 세계대전의 주동자들인 헤르테펠트나 막켄젠 같은 이들에게나 칭송받고, 심지어 과대망상으로 국가를 파국으로 이끈 히틀러에 의해 "새로운 제3제국의 개척자"로 추앙되는 인물에 그치고 말 것인가? 비스마르크 스스로도 그랬지만, 분단기의 독일인들에게 국가의 통일은 자신들의 당연한 권리로 인식되었고, 심지어는 '통일과 건국이 너무 늦지 않았던가?'하는 시각이 만연할 정도로 역사적인 의무이자 과제로서 받아들여졌다. 그래서 서·남·북 경계선에서의 연승으로 인한 피 흘리는 정복의 역사로 비하되든, 아니면 분열된 민족을 통합한 영광의 역사로 추앙되든 비스마르크의 제국 창건은 그런 철저한 이분법적 평가로 그쳐도 될 것인가?

1871년 베르사유 궁전의 황제 대관식 장면은 후세인들은 물론 당시 함께 생활하며 투쟁했던 사람들에게조차 그리 조화로운 모습으로 비치지 않을 수 있다. 실제로 황제를 비롯한 모든 각료가 역사적인 위업에 어울리도록 최대한 당당한 위용을 드러내며 화려한 출발을 선포하는 그 역사적인 순간의 이면에는 황제의 불만이나 재상과의 신경전 등으로 인해 묘한 어색함이 자리했었다. 두 사람 사이에 드리워진 그림자를 도외시해서도 안 되지만, 그렇다고 정치인생 26년 동안 최상의 동반자로 함께했던 역사 전반을 온전히 가릴 수는 없는 법이다. 훗날 비스마르크의 '후계자'가 제국주의 정치에 실패했다고 해서 독일제국에 대한 인식이 약화될 일이 아니듯, 비스마르크의 독일제국 통일 문제 또한 양극단의 평가로부터 벗어나 다양하고도 총괄적인 시각으로 접근해야 할 일이다.

:: 1873년의 요한나

　비스마르크의 지위는 새로운 제국에서도 변함이 없었다. 국가와 군
대에서 주도적인 역할을 도맡은 그에게 새로이 창건된 독일제국은 프
로이센의 연장에 지나지 않았다. 역시 독일제국의 재상이 되었음에도
프로이센의 정치지도자로서의 위치를 그가 최우선으로 여겼던 만큼 제

국 내에서 프로이센의 영향력 또한 당연시되었다. 프로이센의 지배권 장악과 프로이센 중심의 신교와 군주제를 토대로 이루어진 제국이었던 만큼 독일제국은 '프로이센적'이라 하지 않을 수 없었다. 다만 그 색채가 장차 제국 내에서 얼마나 조화롭게 오래 어우러질지는 그의 지도력에 달려 있었다.

1877년 비스마르크는 빌헬름 황제로부터 1871년의 승리를 기념하여 제후 작위를 받았고, 함부르크 근교에 위치한 라우엔부르크 공국의 작센발트와 함께 약 5만 에이커에 해당하는 거대한 산림지역도 하사받았다. 따라서 그는 1867년에 받았던 40만 탈러의 기부금으로 구입한 바친까지 포함하여 엄청난 대토지의 소유주가 되었다.

그러나 그런 재력은 폭발적인 경제성장 덕분이기도 했다. 특히 경제 호황기에 로트실트(Meyer Carl von Rothschild, 1820~1886)와 블라이히뢰더라는 두 명의 은행가가 발휘한 탁월한 자산운용 덕분이었지, 비밀스럽다거나 의심스러운 배경의 재산 축적은 결코 아니었다.

제국의 재상이 되면서 비스마르크의 개인적인 일상생활에도 약간의 변화가 찾아왔다. 우선 프로이센의 수상으로 재임하던 때부터 16년 가까이 살던 빌헬름 76번가를 떠나 1878년 건너편의 77번가로 거주지를 옮겼다. 18세기 초기에 건립된 76번가의 경우 그 거리에서 가장 단순한 건물로 알려져 있었으나, 집 뒤쪽으로 정원을 끼고 있어 산책까지 즐기며 가족과 지내기에 무난한 곳이었다. 그리고 모든 정치적 업무를 처리해낸 그곳에는 복장을 갖춰 입은 문지기 하나 없이 방문객들이 들락거렸다. 그에 비해 새로운 거처인 77번가는 예전보다 규모가 커졌고 더욱 비싼 가구들을 갖추었다. 그러나 슈피첸베르크 백작부인의 말대로 "전체적으로 식상하고 감각이 떨어지는 분위기"로 본다면 그의 주거공간은 예전에 비해 크게 달라진 것은 없었다. 특히 직위나 명예로 우쭐거리

:: 애견 티라스와 레베카와의 한때

는 법이 없이 아내 요한나와 함께 늘 검소한 생활을 즐기던 비스마르크는 훗날 1890년 빌헬름 2세에 의해 해임되면서 수여받은 라우엔부르크 제후 작위를 거절하기도 했다.

다만 세월이 흐르는 동안 쉰하우젠은 그에게 너무 작은 공간이 되어 버렸고, 바친은 또 너무 먼 곳이어서 1879년에 그는 함부르크 근교의 작센발트 내 프리드리히스루에 새로운 별장을 마련했다. 역시 유년기의 기억을 충분히 더듬을 수 있는 장소로서 가족들과 함께 살며 마지막 생을 마칠 수 있었던 그곳은 너도밤나무와 떡갈나무가 숲을 이루고 있어 자연을 사랑한 그에게는 더할 나위 없는 곳이었다.

비스마르크 정치 전반에 대한 평가가 부정적이든 긍정적이든, 그로 인해 독일은 통일된 제국으로서 국제질서 체제의 중심국가로서 우뚝 섰다. 위기 속에 반세기 이상 2인자로 머물던 프로이센의 운명이 그의 과감한 선택으로 뒤바뀐 셈이었다. 비스마르크는 자신이 시도한 세 번의 전쟁을 "당시 갈등을 해결하는 하나의 합법적이면서도 일반적으로 용인된 수단으로서 그 이외의 다른 수단이란 있을 수 없었다"고 토로했지만, 그런 발언을 어디까지 수용할 것인지는 여전히 과제로 남아 있다.

사람들은 "비스마르크가 없었더라면 모든 것이 달라졌을 것"이라고 말한다. 다만 그 모든 것이 어떻게 달라졌을지는 아무도 모른다. 세 차례에 걸친 전쟁으로 출범한 제국과 뒤이은 빌헬름 2세의 세계대전의 결과로 인한 제국의 종말 속에서도, 그리고 나아가 독일 역사 전체 속에서도 어떤 위치를 제자리로 삼게 될 것인지, 그는 빛과 그림자 사이에서 그저 떠돌고만 있었다.

내가 없었더라면 세 번의 전쟁은 일어나지도 않았을 것이고 8만 명이나 되는 생명이 목숨을 잃지도 않았을 것이며, 수많은 부모와 형제, 누이들이 슬퍼하지도 않았을 것이다. 그럼에도 불구하고 나는 그와 같은 일을 신과 함께 처리했다.

'내전'을 치러내다

좌절의 덫, 문화투쟁

1871년 6월 16일, 빌헬름 황제는 베를린으로 입성했다. 승리의 노래를 부르는 4만 명의 수비대에 둘러싸여 말을 타고 브란덴부르크 관문을 통과하는 그 모습은 어느 때보다 위엄이 있었다.

당시 프로이센 왕실에 주재하던 미국 대사 밴크로프트(George Bancroft, 1800~1891)는 "브로드웨이만큼 넓고 때로는 그 세 배가 넘기도 한 개선 행렬이 5킬로미터나 계속되었다"고 놀라워하며, "독일이 난생 처음으로 안정감에 기뻐했다"는 인상을 전했다.

개선행렬의 가장자리에는 무성한 떡갈나무나 푸른 소나무줄기로 만든 깃발들 사이로 프랑스에서 노획한 대포들이 즐비하게 늘어서 있었다. 그리고 햇볕이 쏟아지는 거리에 떼지어 몰려든 100만 명이 넘는 시민들의 축제 분위기가 밤늦도록 계속되어 도시 건물들을 내내 밝혔다. 특히 오페라하우스에서는 왕족, 고위관료, 군 장성들 앞에서 두 가지의 축제 공연까지 벌어졌다.

그러나 제국 창건의 영광은 '순간'에 지나지 않은 듯, 1871년 '위로부터의 혁명'의 결과가 안정을 보장해준다고 보기에는 제국이 안팎으로 처한 상황이 그리 만족스럽지 않았다. 기나긴 여정을 앞두고 첫 출항을 시작한 '독일제국 호'는 마치 폭풍이 불어오는 망망대해의 한가운데 홀로 떠 있는 듯했다. 안팎으로 감지되는 여러 불안과 불만 요인들로 인해 선장 비스마르크를 앞세운 '제국 호'는 지금까지의 항해를 중단하고 방향을 돌려야 했다.

우선 대외적으로 비스마르크는 이제 막 탄생한 독일제국에 대한 유럽의 비우호적인 분위기를 실감하지 않을 수 없었다. 전쟁을 생각하면서부터 이웃국가들의 개입을 예측하긴 했지만, 유럽의 새로운 패권국가로 부상하게 된 1871년 독일제국의 우호국으로 당당히 나서는 국가는 찾아보기 힘들 정도였다.

주변국들의 부정적인 반응이 예상 수준을 넘어섰고, 그들의 태도도 프랑스인들이 가지는 적대감과 다를 것이 없었다. 프로이센의 존재에 일침을 가한 영국 보수당의 지도자 디즈레일리는 전쟁 중에 "이미 유럽 국가들 간의 균형이 완전히 깨져버렸다"고 경고한 바 있었다. 그러고는 프랑스와의 전쟁을 독일의 혁명이자 지난 세기의 프랑스 대혁명보다 더 큰 정치적 사건으로 보았다. 독일제국이 성립하기까지 적잖은 영향을 미쳤던 러시아 또한 자국의 접경에 새로운 강대국이 생겼다는 사실에 마냥 기뻐하지만은 않는 눈치였다.

그 누구든 새로운 '결정체'가 독일은 물론 유럽의 정치질서에까지 지대한 영향을 미칠 것임을 믿어 의심치 않았다. 알자스와 로렌을 두고 영국 수상 글래드스턴이 "그 두 지역의 합병이 독일과 프랑스 간의 지속적이고 진정한 자유를 불가능케 할 것"이라고 예언했듯 독일과 프랑스의 관계는 다른 국가들에까지 영향을 미쳤다.

프랑스 정부에 대한 반감이 동정으로 변해버린 국제적인 분위기 앞에서 비스마르크는 군사적인 승리와 외교적인 조치로써 이루어놓은 현실을 공고히 해나갈 필요성을 새삼 절감했다. 우선 자국을 경계하는 외부로 눈을 돌려 독일제국이 현 상황에 매우 만족하고 있음을 널리 알릴 필요가 있었다. 이른바 "더 이상의 영토 팽창은 없을 것"이라는 현상유지 정책을 강력하게 내비침으로써 유럽의 비우호적인 분위기를 잠재우고자 했던 것이다. 종전을 앞둔 독일 내에서 알자스와 로렌의 합병 주장이 한창 대두되었을 때 전쟁의 정당성을 인정받는 것 못지않게 합병 의도를 드러내지 않으려는 심리가 작용했던 것도 그 때문이었다.

대외적으로 현상유지 정책을 표방하여 한숨을 돌리는 가운데 비스마르크는 다른 한편으로 국내의 정치적인 움직임과 '대중'들의 경제적인 삶 등에서 새로운 바람을 주시해야만 했다. 무엇보다 가톨릭주의자들을 중심으로 한 중앙당(Zentrumspartei)과 노동자계급의 사회민주당 등 각 정당들의 심상찮은 분위기 때문에 그들을 새로운 제국에 어떻게 접목시킬 것인지 그 어느 때보다 선장의 항해술이 중요한 때였다.

마침내 비스마르크는 국내 문제들을 함께 아우르는 통치 체제의 전반적인 특징인 다선구조의 전략을 또다시 내세우기로 했다. 이로써 새로운 제국을 불안하게 만드는 요인들을 제거하는 한편 아울러 자신의 집권 이후 '위로부터의 혁명'으로 이루어진 민족국가의 통일과 군국주의적 '독재체제'가 성립하는 동안 흔들렸던 독일제국의 정통성 문제까지 확실히 해둘 심산이었다. 지배와 피지배, 보수와 자유, 시민과 노동자 등으로 얽혀 있는 계급사회를 겨냥하는 동시에 제국을 이루었던 남부국가들과의 화합까지 조속히 이끌어낼 방법으로서 자유주의 시민세력을 끌어들여 새로운 정당정치를 강구하는 것으로 그 첫 과제를 해결하고자 했다. 말하자면 남부와의 지역적·문화적·사회적 결속이 더 이상의 문제를 확산시키지 않는 가운데 각 계급이 속한 정당 문제를 처리하려는 것이었다. 이로써 취할 것은 취하고 버릴 것은 버리는, 소위 '제국의 적'을 물리치기 위한 '내전'이 개시되었다. 그러나 해마다 제국의 축제일인 세당 승전기념일조차 잊어갈 정도로 힘든 시간들이 그를 기다리고 있었다.

카노사 행은 면하다

국내의 불안 요인들을 해소하기 위한 제국 정치에서 비스마르크는 그 첫 번째 대상으로 중앙당을 지목했다. 자신이 반대하는 정치적인 가톨릭주의자들로 구성된 중앙당이 남부국가들은 물론 노동자 중심의 사회주의 세력과도 우호적인 분위기를 조성하여 위협적으로 비쳐졌기 때문이다. 이로써 그동안 정당정치에 있어서 적대적인 자세를 취해온 그로서는 반대파가 의회 내 다수가 될 경우, 새로운 위기에 처할지도 모를 일이었기에 정당 정치부터 제압하는 동시에 계급사회까지 척결하는 이중의 효과를 노린 것이었다.

일명 가톨릭 당으로 불린 중앙당은 그동안 프로테스탄트 중심의 제국에서 자유주의자들이나 보수주의자들에 의해 소외되어왔다. 특히 신앙과 도덕의 수호자로서, 그리고 국가적으로 촉진하는 세속화에 반대하는 보증인으로서 제국과는 불편한 관계에 있었다. 신교를 내세우고 빌헬름 1세를 교회 최고의 수장으로 하는 독일제국의 정통성 앞에서 중앙당은 결코 우호적인 정당이 되기 힘들었다.

그뿐만 아니라 중앙당은 제국의 통일 문제를 앞두고 비스마르크의 신경을 건드린 집단이기도 했다. 예컨대 남부국가들과 마찬가지로 연방분립주의의 원칙을 주장함으로써 강력한 제국을 중심으로 하는 비스마르크의 국가관에도 위배되었다. 게다가 독일 내에서 피해를 받고 있는 국민 3분의 1의 변호인을 자처함으로써 그야말로 '헌법 정당'이라 부를 만한 다루기 힘든 정당이기도 했다.

비스마르크는 지금이야말로 중앙당을 제압할 시점이라고 판단했다. 그렇지 않으면 또 다른 적과 동맹관계를 맺을 것이고, 그렇게 힘을 합친 그들이 자신의 업적은 물론 향후 독일 정치까지 허물어버리는 것은 시간문제라고 확신했기 때문이다.

마침내 그는 중앙당을 상대로 이른바 문화투쟁(Kulturkampf)이라는 종교탄압정책을 단행키로 했다. 일반적으로 알프스 산맥을 경계로 하여 남부지역의 주민이라는 의미에서 표현된 중앙당원들은 비스마르크에 의해 비독일적인 '로마 교황의 당원'으로서 정적으로 간주되었다. 특히 중앙당과 뜻을 함께하는 동부 지역 출신의 폴란드 의원들, 하노버 왕가 출신으로 반프로이센주의적인 벨프 가 사람들, 남부독일의 연방분립주의자들, 그리고 알자스와 로렌의 주민들 모두 비스마르크가 벌이려는 '내전'의 정적 리스트에 올라 있었다.

비스마르크는 일련의 법과 규정에 따라 가톨릭교회에 정치적 영향력을 행사하기 시작했다. 문화투쟁의 첫 단계로서 1871년 7월 8일 로마 교황의 전위부대로 간주된 교육부 내 가톨릭부서를 폐쇄하고 언론의 자유마저 제한시켰다. 그리고 12월 10일 신부들에게 국가 업무에 대한 비판적인 설교를 금지토록 했다.

그뿐만 아니라 바티칸 측에서 받아들일 수 없는 인사를 바티칸 대사로 지명함으로써 의도적으로 로마 교황청과의 결별 분위기를 조성했다. 또 프로이센 출신으로서 해박한 법률 지식으로 가톨릭교회와 대립해온 팔크(Paul Ludwig Adalbert Falk, 1827~1900)를 교육부 장관에 임명했다. 팔크를 등용시켜 법률과 경찰력으로 가톨릭교회를 마음껏 탄압할 작정이었던 것이다.

:: 라스커와 리히터

　급속하게 진행된 문화투쟁은 1872년 3월 11일 성직자들의 학교 감독
권마저 박탈하기에 이르렀다. 특히 프로이센의 동부지역 가운데 폴란
드의 포젠 지역을 중심으로 철저한 탄압이 가해졌다. 포젠에 대한 학교
감독법은 수업과 교육을 통해 정신적으로나 민족 정책적 차원에서 성
직자들이 폴란드 민족주의를 확산시키지 못하도록 하는 데 그 목표를
두었다.

　그런 조치는 우선적으로 폴란드의 말과 문화를 탄압하는 정책에서
시작되었고, 나아가서는 국가와 교회의 임무에 대한 엄격한 구분을 강
요했다. 이는 탈폴란드화 및 게르만화 정책을 위한 것으로서, 1870년대
에 비스마르크의 주요한 문화정책으로 자리 잡았다. 소독일 중심의 프
로테스탄트교를 근간으로 독일을 통일한 비스마르크에게 슬라브족이
자 가톨릭교인 폴란드인들을 제국의 적으로 간주하는 것은 전혀 문제
될 것이 없었다.

　중앙당에 대한 탄압이 끊이지 않는 가운데 4월 7일 예수회 수도사들

의 활동을 금지하는 법령까지 발효되었다. 체류하는 권리마저 제한받게 된 그들은 마치 가출옥된 죄수와도 같은 취급을 받았다. 그러나 그러한 조치에 대해 사회주의자들인 베벨과 리프크네히트(Wilhelm Liebknecht, 1826~1900)를 비롯하여 유대인 라스커(Eduard Lasker, 1829~1884)와 같은 국민자유당의 극소수, 그리고 리히터(Eugen Richter, 1838~1906) 등 자유로운 사고를 지닌 몇몇 사람들만이 완강하게 저항할 뿐, 대다수의 시민계급 의원들은 자신들의 권리의 일부인 종교의 자유마저 기꺼이 포기하는 눈치였다.

중앙당의 투쟁이 확산되는데도 비스마르크는 탄압의 고삐를 늦추지 않았다. 로마 교황의 전권에 따른 가톨릭적이면서 민족적인 분리와 이탈에 대한 일체의 행위에 관한 한 무력을 동원해서라도 프로이센적인 국가 이념에 맞도록 뜯어고치고자 했다.

가톨릭주의와 불가분의 관계에 있던 중앙당은 그런 가운데도 성장을 계속했고, 그 결과 비스마르크의 제국 정치에 방해가 되지 않을 수 없었다. 분노를 참지 못한 비스마르크는 "반국가 정당"이니 "정치세계에서 가장 얼토당토 않는 현상 중의 하나"라는 등 중앙당에 대해 갖은 비난을 퍼부었다.

이런 끈질긴 탄압에 중앙당 또한 위협을 느끼지 않을 수 없었다. 당 총수인 빈트호르스트는 "수상이 자신의 적을 제국의 적으로 혼돈하고 있다"고 강력하게 응수하며 한 치도 물러나지 않았다. 비스마르크처럼 괴팅겐 법대 출신인 빈트호르스트는 오스나브뤼크 출신의 젊은 변호사 시절이던 1851년 하노버 제후 게오르크 5세(Georg V, 1819~1878)에 의해 가톨릭주의자로서 첫 번째 각료에 임명되면서 정계에 발을 들여놓았다. 그러나 1853년 '지독한 로마 교황 당원'이라는 비스마르크의 평가에 따라 해임되면서 비스마르크와는 불편한 관계가 되었다.

게다가 1866년 빈트호르스트는 프로이센에 의해 하노버가 합병되고 난 이후 폐위당한 게오르크 5세를 위해 하노버 왕가의 벨프 자금이 지원되도록 노력하기도 했다. 그러나 그 기금은 비스마르크가 정치적 목적으로 비밀리에 써버림으로써 결국 뜻을 이루지 못했고, 이래저래 비스마르크와는 좋은 관계일 수 없었다.

비스마르크와 정반대의 길을 걸었던 만큼 빈트호르스트의 반발은 여전히 거셌다. 그를 지지하는 유권자들 사이에서는 비스마르크에 대적할 '메펜의 진주'로 불렸고, 좌파의 베벨과 같이 시민계급 출신 가운데 비스마르크 최대의 적으로 여겨졌다.

빈트호르스트는 150센티미터라는 아주 작은 키에다 거의 실명에 가까울 정도의 나쁜 시력과 보잘 것 없는 외모를 지녔다. 그러나 날카로운 판단력과 탁월한 논쟁술을 갖춘 그는 190센티미터의 거구로 제복에 긴 장화를 신은 위엄 있는 재상 비스마르크의 적수로 전혀 손색이 없었다. 침착하고 근면한 성품을 지닌 빈트호르스트는 가톨릭주의자들은 물론이고 프로테스탄트든 유대인이든 가리지 않고 관용을 베풀 줄 아는 위인이었다. 특히 법 앞에서의 평등을 실천함으로써 '반항적인 재상' 비스마르크에게는 두려운 존재임에 틀림없었다.

강력한 탄압정책에도 불구하고 줄어들지 않는 중앙당의 위세에 직면하여 비스마르크는 재빠르게 자유주의 부르주아 시민세력을 주시했다. 국내의 위기 요인이자 제국의 적을 제거하기 위해서는 제국의회 내 다수를 차지하는 그들을 끌어모으지 않으면 안 되었기 때문이다.

그 무렵의 부르주아 시민세력을 살펴보면, 보수적인 융커 중심의 전통적인 농업사회와 산업사회가 혼재된 이중적인 사회체제 속에서 자구책으로 근대적인 사회경제를 통해 새로운 해결방안을 모색하기에 한창이었다. 근대화와 산업화의 주역인 부르주아 시민세력은 그동안 사회적 · 정치적 해방을 지향해왔으나, 자신들의 불분명한 계급의식에서 비롯된 사회적 불안감을 여전히 극복하지 못한 상태였다.

그런 부르주아 시민세력 가운데는 독일에서 정치적 영향력을 발휘하는 융커 출신의 보수주의자들에 강력하게 맞서거나 노동자계급과 원만한 관계를 이루지 못하는 자들도 생겨났다. 특히 1850년대 이후 산업화 과정을 거치면서 형성된 노동자계급과의 갈등관계는 1873년에 발생한 '대불황'으로 더욱 가속화되었고 그 바람에 새로운 사회적 위기상황으로 표출될 정도였다. 말하자면 과잉생산과 자본축적 등으로 인한 경제성장의 불균형이 시민계급 간의 불만을 넘어 노동자들과의 충돌까지 야기한 상황이었다. 물론 그들에 대한 노동자계급의 불만 또한 심상찮았다. 대불황에 직면하여 어느 세력보다 심한 타격을 받은 노동자들로서는 노동운동을 강화하고 사회혁명의 가능성까지 내비치는 단계에 이르렀다.

결국 계급 간의 갈등이 가시화됨에 따라 정치 · 경제 · 사회 전반의 불안요인으로 확산될 조짐마저 보이는 시점에서 자유주의 부르주아들은 군국주의를 의회민주주의로 발전시켜 나가는 대신, 문화투쟁의 반가톨릭적인 열정과 정서 그대로를 수용하기로 했다. 사회주의자들은 물론 보수주의자들과도 대립관계에 있던 그들의 친정부적인 대응은 비스마르크에게 큰 힘이 되지 않을 수 없었다. 한마디로 자신들의 자유민주주의 원칙을 어기면서까지 제국의회와 정당들을 약화시키려는 재상을 추종하는 데 주저하지 않을 정도로 그들 자체 내의 두려움이 컸던 것이 문제였다.

"걱정하지 마시오. 우리가 카노사에 갈 일은 없을 것이오." 5월 12일에 비스마르크는 이렇게 단호히 밝히며 그들을 안심시켰다. 카노사와 얽힌 사건은 이미 오래전인 1077년 성직임명권 문제를 계기로 불거진 교황 그레고리우스 7세(Gregorius VII, 1021~1085)와 신성로마제국의 황제 하인리히 4세(Heinrich IV, 1050~1106) 사이에 벌어진 가톨릭교회의 주도권 싸움이었다. 성(聖)과 속(俗)의 이 싸움에서 교황이 황제를 파문하는 사태가 일어났고, 카노사에서 휴식을 취하던 그레고리 7세를 찾아 눈 덮인 알프스를 넘어가야 했던 하인리히 4세가 결국 교회에 복종할 것을 약속하여 파문이 취하되었다. 이 사건은 중세시대 교황의 막강한 권위를 상징해주는 대표적인 사례였다. 문화투쟁을 실시하기 1년 전에 이미 비스마르크는 그 사건을 언급한 바 있었다. 그리고 이제 앞서처럼 '카노사에 갈 일은 없다'고 외치면서 자유주의 진영의 강력한 호응을 얻어내는 데 성공했다.

그러한 분위기에 힘입어 비스마르크는 1873년 교회를 국가에 귀속시키기 위해 '5월 법령(Maigesetz)'을 선포했다. 당시의 제국은 관료주의와 재판권 행사를 통해 재상의 개입을 적극적으로 옹호하는 입장이었다. 이로써 프로이센 성직자들의 교육과 임용은 모두 국가의 통제하에 이루어졌다. 그리고 병자의 간호를 직무로 하는 가톨릭의 수녀들을 제외한 모든 수도회 활동도 금지되었다. 심지어 수도원 재산도 압수되었고, 약 4000명의 수녀와 수도사가 자신들의 공동체나 고향을 떠나야 했다. 예수회의 해산에 이어 종교재판소의 사법권에 대한 규제도 뒤따라 교회의 제반 권리를 대폭 축소하는 등 대대적인 탄압정책이 이루어졌다.

게다가 비스마르크는 현 교황을 친프로이센적이거나 독일제국에 우호적인 인물로 바꿀 수 있는지 검토하도록 지시했다. 그러한 조치는 당시 교황인 피우스 9세(Pius IX, 1792~1878)의 존재를 위협하는 민감한 사안이 되어 가톨릭교회와의 정면충돌을 예고했다. 이는 이미 1870년 9월 이탈리아 군대가 로마 교황령의 대부분을 점령하여 교황의 세속적인 지배가 끝나던 시점에서 제기되었던 문제이기도 했다. 마침내 로마 교

:: 교황 피우스 9세와 장기를 두는 비스마르크. 1875년 〈클라데라다치〉 지에 실린 숄츠의 풍자화

회의 신앙과 도덕적인 차원에서 피우스 9세가 발표한 교황의 무오류성에 관한 도그마와 근대적인 것을 거부하는 교황의 존재와 루터교를 믿는 자유로운 프로테스탄트 엘리트의 진보적인 신앙과의 충돌이 확실시되었다.

넘쳐나는 법령들이 교회 내부의 문제에까지 깊숙이 개입되었고, 이에 양심의 자유와 그 근간을 이루는 프로이센 헌법의 원칙들이 훼손되기 일쑤였다. 교회 재산이 몰수되는 사태에 이르러 특권계층들은 국가와 교회의 종속으로부터 벗어나려는 계산 속에 재빠르게 움직였다. 결국에는 교회세력을 약화시키는 조처들에 대한 그들의 동조만 늘어가는 추세였다.

이에 여세를 몰아 제국 정부는 1874～1875년 결혼까지 강제적으로 법률로 규정하기에 이르렀다. 법률혼은 보수주의자들에 비해 자유주의자들의 주요 관심사이기도 했다. 오히려 옛 보수주의의 수장인 게를라흐의 경우, "프로이센의 프로테스탄트가 어느새 중앙당을 쫓아가고 있다"

고 냉소적인 반응을 보일 정도였다. 게를라흐는 1849년 당시 자신의 '생도'였던 비스마르크가 1494년 인문주의자이자 시인인 브란트(Sebastian Brant, 1457/58~1521)며 풍자적인 작품《바보의 배(Das Narrenschiff)》를 인용하여 "나는 이 시대 바보의 배가 가톨릭교회의 암초에 부딪혀 난파했음을 경험하기를 여전히 희망한다"면서 법률상의 결혼에 열렬히 반대했던 연설을 떠올리며 그 이중성을 대대적으로 비난해마지 않았다.

시간이 흐름에 따라 비스마르크의 탄압정책과 그에 반대한 교회의 저항운동으로 위기국면이 가속화되었다. 정부는 끝내 최저생계비를 제한하는 조치마저 끌어들였다. 결국 당국에 무릎을 꿇겠다는 약속을 하지 않는 한 어떠한 성직자도 생계를 유지하기 위한 최소의 생활비를 보장받기 어렵도록 만들어놓았고, 국가의 보조금까지 빼앗는 실정에 이르렀다.

그러나 그런 조치가 성직자들을 굴복시킬 것으로 예상한 그의 생각은 완전히 빗나갔다. 가톨릭주의자들은 라인 지역에서부터 슐레지엔 북부에 이르기까지 철저한 탄압정책에 끊임없는 저항운동으로 맞섰다. 교황까지 나서서 무력과 권위에 저항할 것을 호소했다.

이에 비스마르크는 반항적인 교회 지도자들을 폭력으로 제압하고 강제로 면직시켜버렸다. 그 결과 가톨릭 공동체의 4분의 1인 1000개가 넘는 본당과 주교구가 본당 신부와 주교를 포기하는 사태가 벌어졌다. 대주교들도 지명수배되어 추방당하거나 구금되었다. 심지어 '불법화된' 미사곡을 부르거나 죽은 자들을 위해 종부성사를 해주었다는 이유만으로도 체포와 감금의 대상이 되었다.

중앙당과의 정치적 갈등으로 시작되어 주교와 성직자에 대한 종교적 탄압으로 이어진 '내전'은 피르코프의 말 그대로 투쟁이었다. 게다가 계몽적이고 인문주의적인 국가가 성직자들의 광신주의에 의해 위협을 받고 있다고 판단한 자유주의자들과 진보주의자들까지 적극적으로 비스마르크를 지지하는 쪽으로 돌아섰다.

가톨릭주의자들은 분노로 들끓었다. 일련의 탄압사태는 신교의 보수주의자들마저 그리스도교의 가치의식과 일반적인 법의식에 시달리게 만들어 불안을 느낄 지경이었고, 작은 마을의 평화를 깨트릴 정도로 심각했다. 결국 1874년 여름 휴양차 키싱겐 온천에 머물던 비스마르크가 한 젊은 가톨릭 노동자 쿨만(Eduard Franz Ludwig Kullmann, 1853~1892)에게 저격을 당하는 사태까지 발생했다. 다행히 오른손에 총알이 스쳐 위기를 모면하긴 했지만, 비스마르크는 "휴양지에서 어울리는 사건은 아니지만, 용무는 그대로 수행하겠다"는 냉담한 한 마디를 던지고 곧바로 다음 행선지로 향했다.

그 후에도 교회를 탄압하는 새로운 법안은 계속해서 발표되었고, 비스마르크는 저격범과는 아무런 관련도 없는 중앙당에 그 책임을 전가시키면서 한층 박차를 가했다. 그러나 시간이 흐름에 따라 상황은 점차 가톨릭주의자들에게 유리한 방향으로 흘러갔다. 성직자들은 복종을 거부하고 주교들도 감옥행을 자처했으며, 신도들은 중앙당에 대한 지지를 멈추지 않았다. 이는 정당의 근절은 물론 비스마르크의 정치적·종교적 목적조차 완전히 빗나가는 징조였다. 그 어떤 무력으로도 제거할 수 없는 신앙심 앞에서 그도 이제 지치지 않을 수 없었다.

중앙당의 위력은 1874년의 선거에서 더욱 확실해졌다. 27.9퍼센트의 득표율로 397개 의석 가운데 100석 가까이 획득하여 강력한 정당으로 부상했기 때문이다. 사실상 1878년 이후로 가장 강력한 정당이 될 중앙당을 가톨릭계 유권자들의 80퍼센트 이상이 지지해준 결과였다.

비스마르크로서는 중앙당과의 '내전'에서 패배했음을 인정하지 않을 수 없었다. 유권자들의 단결력을 간과했던 그에게는 중앙당을 무너뜨릴

:: 협조 방식: 주저하지 말라는 교황 레오 13세와 마찬가지라고 응수하는 비스마르크. 그리고 커튼 사이로 조심스레 엿보는 빈트호르스트. 1878년 〈클라데라다치〉 지에 실린 숄츠의 풍자화

여력도 더 이상 남아 있지 않았다. 마침내 비스마르크는 1878년 독일제국과 화해할 의향을 갖고 있던 새 교황 레오 13세(Leo XIII, 1810~1903)와 지금까지의 대립관계를 허물기로 결심했다. 교육부 장관 팔크가 희생당하고 빈트호르스트를 거칠 필요 없이 곧바로 바티칸과의 합의절차가

뒤따랐다.

비스마르크는 문화투쟁을 중단하고 화해의 제스처를 취함으로써 스스로 장담했던 '카노사 행'만은 피할 수 있었다. 수십 년 동안 독일 정치에서 중요한 역할을 맡아온 중앙당과의 대립이 득보다는 실이 많았음을 체험하고 인정한 대가였다.

그러나 비스마르크의 방향 전환은 비단 그 때문만이 아니었다. 그동안 문화투쟁이 진행되는 가운데 자유주의의 시대가 점차 그 영향력을 상실해버린 것도 중요한 동인이었다. 자유주의의 기운이 쇠퇴해짐에 따라 전체적인 흐름까지 결정적으로 바뀌어가는 추세였고, 특히 그런 변화 속에서 무엇보다 또 하나의 불안한 조짐이 새로이 움트고 있어 중앙당의 도움마저 불가피해졌기 때문이다. 결국 그로서도 교황 레오 13세 측의 화해 의사를 받아들이지 않을 수 없었다.

그러나 이것으로써 모든 상황이 종료된 것은 아니었다. 비스마르크와의 화해정책에도 불구하고 가톨릭주의자들은 그 후로도 상당 기간 동안 정당 분위기뿐만 아니라, 선거정책상 지역적으로 차단된 문제 등으로 호엔촐레른의 프로테스탄트 국가와는 지속적으로 거리를 두었다.

중앙당과의 대립은 비스마르크 스스로도 인정하듯 내정에서의 완전한 패배를 의미했다. 제국을 창건한 직후 국내의 불안요인을 제거하고 통합하는 과정에서 최우선으로 선택한 정책이었던 만큼 첫 정책의 실패에 대한 후유증은 적지 않았다.

비스마르크는 자신의 회고록 《상념과 회상》에서 "프로이센의 동부지역에 거주하는 가톨릭주의의 소수민족인 폴란드인과의 갈등 때문에 문화투쟁을 시작했다"고 언급했으나, 창건 직후 제국의 전반적인 어려운 상황을 고려하면 이는 수용하기 어려운 발언이다. 여하튼 폴란드인에 대한 문화투쟁에서도 실패를 경험했지만, 그럼에도 불구하고 그들에 대한 탄압정책만은 멈추지 않았다. 오히려 폴란드 지역에 한해서 종교보다는 인구와 토지정책으로 방향을 선회하면서까지 추방이나 이민을 강요하고 독일인들의 토지 매입을 장려하는 등 그야말로 약탈적이고 강압적인 게르만화 정책을 거침없이 시행해나갔다. 따라서 그러한 정책은 알자스-로렌의 주민들이 그랬듯이 폴란드인들 사이에서 독일에 대한 반감을 키우는 요인이 되었다.

결과적으로 이민족에 대한 정리가 우선이었든, 정적인 중앙당에 대한 승리가 목표였든 간에 비스마르크의 억압적인 통치방법의 과오는 그의 통치 시대에 일어난 대표적인 희생과 비운의 역사로서 그 무엇으로도 희석될 수 없었다. 다만 긴 안목으로 바라볼 때, 오늘날까지 이어지는 교회에 대한 국가의 감독권이나 법률상의 결혼 등의 문제는 합리적이고 현실적인 산물로 인정받고 있다.

'채찍과 당근', 사회주의자 탄압법

문화투쟁의 참담한 실패를 바로 눈앞에 두고 있던 비스마르크는 다른 한편으로 국내의 또 다른 불안요인에 직면해야 했다. '제4신분'으로 불리는 노동자계급의 정치적 동향이 심상찮았기 때문이다.

그 무렵 노동자계급은 부당하게 노출된 사회 발전상에 대한 불만과 함께 지속되는 경기침체로 말미암아 힘든 생활고에서 벗어나기 어려운 처지였다. 특히 1873년 가을부터 심화되기 시작한 경제 불황으로 그들의 고통은 더했다. 국가의 구제책 외에는 어떠한 대안도 기대할 수 없었기 때문에 노동자계급은 급기야 노동운동으로 맞설 수밖에 없는 지경에 이르렀고, 결국 사회 전반에 혁명적인 분위기가 감지되기 시작했다.

그동안 산업화의 일원으로 편입되는 과정에서 노동자들의 빈곤 현상이나 혁명적 봉기로 인해 노동환경에 변화가 야기되자, 비스마르크는 정부체제가 위협받는 상황을 차단할 필요성을 느꼈다. 그리고 무엇보다 노동자계급의 발전 추세로 볼 때 제국 정부는 물론 여타의 시민정당들에게까지 불안한 심리를 가중시킬 소지가 충분함에 따라 구체적인 대책이 불가피하다고 판단했다. 이미 1863년 라이프치히에서 라살레를 중심으로 정치적인 노동자조직 '전독일노동자당'이 결성되었고 동시에 자유민주주의의 독일노동조합 기념일도 정해짐에 따라 노동자들의 이목을 끌었다. 그 영향으로 1869년 베벨과 리프크네히트의 주도하에 아이제나흐에서 '독일사회민주노동당'이 창당되었고, 1875년에는 라살레의 '전독일노동자당'과 결합하여 고타에서 '사회주의노동당'(1890년 '독일사회민주당'으로 개칭)으로 거듭 태어났다. 비스마르크는 사회주의노동당이 노동운동의 확산을 주도하면서 계속해서 노동자계급의 발전을 꾀하게 될 그런 실상을 벌써부터 감지하고 이를 간과하지 않았던 셈이다.

비스마르크로서는 교황과의 화해를 서둘러 모색하고 승산이 없는 중앙당과의 투쟁을 더 이상 끌고나갈 필요가 없었다. 특히 중앙당이 사회주의자들과 합류하여 사태가 걷잡을 수 없이 확산되는 사태를 사전에 막아야 했다. 마침내 비스마르크는 자신의 앞을 가로막고 선 산업프롤레타리아트 노동자들과의 두 번째 '내전'을 선포했다.

위기에 발목 잡히다

1850~1860년대의 산업화로 독일 경제는 눈부시게 발전했다. 군수산업, 중공업, 화학공업을 비롯하여 광산업, 제철업, 기계공업, 운수업에 이르기까지 다양한 산업에서 그 생산 규모가 엄청나게 증가했다. 예컨대, 석탄 생산량은 1860년부터 1870년까지 약 114퍼센트 증가한 2600만 톤으로 프랑스의 두 배를 기록했다. 철도 부설도 1860년대에 약 1만 9500킬

로미터이던 것이 1870년에서 1875년까지 2만 8000킬로미터로 대폭 늘어났다. 특히 1850년부터 1870년까지 철도 화물 운송량은 톤-킬로미터당 약 21배에 이르는 놀라운 증가를 보였다.

교통수단의 획기적인 발전은 다른 산업부문의 성장을 동반하면서 가장 중요하고 주도적인 성과로 인정할 만했다. 그 결과 루르 지역의 크루프, 마네스만, 베를린의 보르시아와 같은 대기업들이 세계적인 명성을 얻었고, 이들 기업들의 재정적 부담을 덜어주기 위해 주식회사의 형태를 띤 금융회사와 큰 은행들도 마구 생겨났다.

산업 부문 외에 농업 분야에서의 발달도 두드러졌다. 이미 1860년대부터 농학과 농기구의 발달은 물론 재배기술의 도입 등으로 단위 면적당 수확량이 크게 증가했다. 특히 화학 분야에서의 연구와 발명으로 농업의 근대화가 촉진된 가운데 인조비료의 이용은 생산량 증가를 더욱 촉진하여 급격한 인구 증가에 대처할 수 있게 했다. 1850~1870년에 밀과 사탕수수의 수확량은 약 25퍼센트 증가했고, 가공업의 발전으로 설탕 제조업이라든가 곡물과 감자를 이용한 전통적인 화주의 생산량 또한 크게 증가하는 추세였다.

이처럼 1850년대 이후 20여 년간 급속한 산업화를 바탕으로 세계시장의 권력구조에까지 큰 변화를 일으킨 독일은 민족국가로서의 통일 이후 엄청난 추진력을 바탕으로 더욱 경제력을 키워나갔다. 비스마르크는 당시 자신의 대변인인 델브뤼크(Martin Friedrich Rudolf von Delbrück, 1817~1903)로 하여금 시민계급 출신들이 자유롭게 무역활동을 할 수 있도록 지시했다. 자유주의 성향의 델브뤼크는 재상청에 기용될 정도로 경제와 재정 문제에서 놀랄 만한 성과와 뛰어난 능력을 보여주었고, 비스마르크는 근대적인 세계를 향한 중심 창구로서의 역할에 매진하도록 그에 대한 지원을 아끼지 않았다.

그 결과 새로운 공동화폐인 마르크와 지폐를 발행하는 중앙은행의 설립과 영업의 자유화, 미터와 리터, 킬로그램 등 도량형의 통일이 이루어졌다. 산업, 교통, 국가, 행정 등 사회 전 분야에 걸쳐 새로운 변화로 인해 경제가 활기를 띠었고 1873년 세계공황을 맞이하기 전까지 경제호황이 이어졌다. 그로 인해 회사 설립 붐도 일어 1871~1872년에 무려 780개의 기업이 새로 설립될 만큼 산업시대가 활짝 열렸다.

그러나 1873년부터 독일 경제는 전 분야에 걸쳐 위기국면에 접어들면서 급기야는 사회 불안까지 초래했다. 크게 성장 중이던 철강과 석탄의 생산량이 크게 감소했고, 건축 부문에서도 지속적인 가격 인플레이션이 초래되었다. 그리고 1876년 이후 농업 부문에서도 비슷한 사태가 속출했다. 많은 비용이 투입된 독일의 농산물이 국제적으로 가격경쟁력을 갖지 못했고, 심지어 주요 시장이던 영국을 미국에 빼앗김으로써 상황이 심각해졌다. 자유무역에 가세한 미국이 곡물 생산을 늘리고 저렴한 가격으로 해외시장을 일거에 점령함으로써 독일을 비롯한 유럽 각국에 미치는 타격이 심각하기 이를 데 없었다. 게다가 급격한 인구성장과 이농현상, 도시와 산업 지역의 높은 인구밀집도, 그리고 농촌지역의 저조한 기계화 등의 결과로 인해 프로이센의 전통적인 대지주들이 결속하며 농업보호정책을 요구하면서 사태는 그야말로 악화일로에 처했다.

과잉생산으로 비롯된 판로 부족, 가격 하락, 낮은 임금 등의 여러 문제들을 해결하기 위한 새로운 탈출구가 절실한 시점이었다. 상품을 수출할 새로운 판로를 개척하고 새로운 원료 공급지를 찾고 지켜나가기 위한 일환으로 결국 해외 식민무역이 유력한 대안으로 떠오르기도 했다. 심지어는 증가하는 인구를 분산시킬 만한 거주 식민지의 의미까지 거론되었다. 경제 불황은 독일뿐만 아니라 전 유럽에서 나타나는 일반적인 현상이었고, 따라서 기존의 무역 파트너인 유럽 시장만을 고수할 수 없는 상황이기에 더욱 그러했다.

사실 1896년까지 20년 이상을 침체와 회복을 반복하는 국제적인 대불황 속에서 독일 경제는 1879년 가을까지 침체기에서 벗어나지 못했다. 그러한 침체기를 일컬어 경제학자 로젠베르크(Hans Rosenberg)는 예전에 비해 전반적으로 성장률이 낮아졌다는 차원에서 비교적 완화된, 견딜 만한 냉각기로 해석하기도 했다. 여하튼 그동안 급격하고도 획기적인 경제성장이라는 긍정적 성과가 낳은 산업화의 후속타로서 극심한 빈곤이나 실업이라는 부작용이 동반됨에 따라 새로운 사회문제의 대두가 피할 수 없는 현실이 되었다.

수공업이 퇴보하면서 수천 명의 실업자가 생겨났고, 소농이나 빈농들까지 공장지대나 산업도시로 유입됨으로써 형성된 산업프롤레타리아트들은 새로운 위협세력으로 비쳐졌다. 인구 팽창과 농촌 이탈 현상으로 인해 산업 부문의 노동력은 급증했으나, 그로 인한 임금 하락과 보장되지 않는 최저생활이 부녀자와 어린이의 값싼 노동력 착취로까지 연결되는 악순환을 빚어냈다. 여러 사람이 일을 해야만 한 가족이 최소한의 생계를 꾸려나갈 수 있는 너무나 힘든 현실이었다. 여기에 자본가계급이 외국, 특히 영국의 경쟁 압력에 대항하기 위해 임금을 억제함으로써 자신들의 기업을 지켜나가고자 했기 때문에 12~14시간의 작업시간마저 초과되기 일쑤였다. 작업장의 안전대책도 너무 부실하여 사고 빈도도 높았기 때문에 노동자들은 빈곤에 이어 육체적·심리적 손상의 악순환도 겪어야 했다. 게다가 군인 막사와도 같은 주거지는 비위생적이고 비인간적이어서 노동자들의 평균수명 또한 낮아질 수밖에 없었다.

그러한 환경에 직면하여 몇 명의 개인이나 교회가 주동이 되어 교회 조직과 보조기관들을 설립하여 일련의 문제들을 효과적으로 해결하고

자 했다. 또 일부 기업가들이 앞장서서 자신들의 공장에 노동자들의 가족을 고용하는 방법을 대책으로 내놓기도 했다. 그러나 그 실효성과 기회가 부족했기 때문에 노동자들의 열악한 상황을 개선하기란 턱없이 부족했다.

이에 산업노동자들 스스로가 중심이 되어 힘을 모으려는 움직임이 나타났고, 지역별로 생활과 노동의 질을 개선하려는 동맹을 결성하기에 이르렀다. 절망적인 최저생계의 한계선에서 연명해가던 그들은 자신들의 상황을 더 이상 신의 뜻으로 받아들이려고 하지 않았다. 이미 1844년에 발생했던 슐레지엔의 직조공들을 중심으로 한 단식투쟁은 그러한 노동운동의 서막이었다. 그리하여 1865년 산업화로 인한 사회적인 재편성 과정에서 비참한 상황에 처한, 소위 임금노동자들 스스로가 자신들의 환경을 변화시키고 개선하는 것을 목적으로 한 '총독일노동전매청'이 결성되기에 이르렀다.

비스마르크는 전반적인 경제 위기 속에서 새로운 변화를 요구하는 노동자계급의 움직임을 막을 수 없었다. 따라서 자유무역의 시대가 점차 그 영향력을 상실해감은 물론 무엇보다 점점 다가오는 사회주의혁명의 위험을 감지하는 상황에서 무언가 적극적인 방안을 강구하지 않으면 안 되었다.

마침내 그러한 혼란스런 국면을 타개하기 위해 그는 지금까지의 자유무역주의를 청산하고, 우선 중공업과 농업 부문의 보호관세를 도입하기로 했다. 1876년 10월, 황제의 의회 연설에서 이미 보호관세의 도입이 예고된 바 있었다. 미국이나 러시아에서 들어오는 값싼 곡물과 영국의 철의 압력을 당해낼 수 없게 되자, 이익단체들과 다수 의원들 역시 더 이상 다른 방도를 제시할 처지가 아니었다. 관세 수입을 통해 재정을 개혁하기 위한 자금을 충분히 마련해야 하는 시점에서 제국이 더 이상

하수인과 같은 상황에 처할 수는 없다고 판단한 결과였다.

경제체제의 변경이 시급해지면서 정치적인 변화도 불가피했다. 그 일환으로 비스마르크는 자유무역의 옹호자인 델브뤼크를 대신하여 국민자유당의 당수인 베니히젠을 중심으로 새로운 내각을 출범시켰다.

그러나 베니히젠 내각에서 보호관세를 수용하려던 비스마르크의 계획은 무산 위기에 처했다. 그동안 문화투쟁에서 그와 노선을 함께한 국민자유당이 자유무역을 주장하는 밤베르거(Ludwig Bamberger, 1823~1899)와 라스커를 비롯한 28명의 지지자들과 함께 그의 발목을 붙잡았기 때문이다. 밤베르거는 향후 1881년 국민자유당에서 나와 '분리주의자'로서 제국의회에서 47석을 확보하고, 1884년에는 진보당과 결합하여 독일자유당(Deutsche Freisinnige Partei)을 창당했다.

위기를 위기로써 다스리다

보호관세 정책이 무산되자, 비스마르크는 1877년 말부터 10개월의 기나긴 휴가를 보내는 동안 자신에게 생소했던 경제와 조세 영역에 대한 공부를 시작했다. 자유주의적 경제정책을 포기하기로 결심을 굳힌 이후 여러 차례 자유주의자들과 격렬한 논쟁을 벌이기도 했지만, 결론은 역시 자신의 생각을 굽히지 않는 쪽이었기에 철저한 준비가 필요했다.

경제 불황과 그에 따른 노동자계급의 혁명적 위기에 직면한 그로서는 국민자유당과의 연합이 이루어지지 않더라도 보호무역을 감행해야만 하는 처지였다. 그러기 위해서는 어떻게 하든 묘책이 필요했고, 정당위에 군림하는 통치방법이라도 강구하지 않으면 안 되었다. 결국 각 정당과의 관계를 처음부터 면밀하게 재검토한 그는 국민자유당과의 문제를 제쳐두고 당면한 사회민주당 문제를 해결하고자 했다. 무엇보다 사회혁명에 대한 악몽을 몰아내고 제국의회의 다수를 차지하지 못하도록 하기 위해서는 혁명적 정당에 대한 국가의 '긴급 방어책' 권리를 내세우는 것이 급선무였다.

사실 비스마르크와 사회민주당과의 관계가 처음부터 나쁘지는 않았다. 이미 수상 초기 시절 군제개혁과 관련하여 헌법 문제에 시달리던 무렵, 의회 내 자유주의세력을 저지하기 위한 책략으로 1863년 전독일노동자당을 창당한 라살레에게 접근하여 1863~1864년에 걸쳐 노동 문제에 대해 여러 차례 긍정적인 대화를 추진할 정도로 유연성을 보였다. 그때 보수주의자는 물론 자유주의자 등 유산계급에게 노동자들의 조직이 위협적으로 보이기 시작했고, 따라서 그들과 비스마르크의 연합은 충분한 효과를 노릴 수 있었다.

당시 비스마르크는 노동자들의 세력을 자신의 통제권 하에 두었다고 판단했다. 실제로 1871년 파리에 설립된 공산주의 혁명정부인 코뮌의 봉기를 접하고는 국내의 사회주의운동을 경고한 바도 있었다. 비스마르크는 노동자들의 폭동 뒤에 감춰진 어떤 혁명적 계획을 진압하기 위해 즉각적으로 군대를 동원하는 것을 최선이라 생각하여 금지령과 형법을 통해 국가를 위협하는 그들의 선동을 저지하는 방법을 강구하기도 했지만, 그 외에도 입법과 행정조치를 통해 노동자계급의 요구를 수용할 수 있는 기회도 찾는 이중적인 전략을 동원하는 여유를 보이기도 했다.

그러나 그런 판단은 착오였다. 그는 사회주의 세력을 과소평가했을 뿐만 아니라, 무엇보다 그들에 대한 근본적인 편견을 바꾸지 않았기 때문이다. 그들이 대중정당을 결성하거나 하나로 결집한다면 국가로서도 그 위협을 당해낼 수 없다고 보았던 그는 사회주의 세력이라는 '붉은 유령'에 대해 시민계급이 오랫동안 지녀온 두려움을 공감하고 있었다. 결국 그동안 아무런 성과도 내지 못했던 문화투쟁을 청산하는 대신 그는 새롭게 등장한 '제국의 적'인 사회민주당과의 본격적인 내전에 돌입함으로써 사태 해결의 물꼬를 트고자 했다.

그런 시점에서 비스마르크로서는 사회주의노동당과 노동조합의 결성에 대항할 만한 법적 근거가 새로이 필요했다. 이미 북독일연방에 의해 시행된 경제정책과 사회정책의 통일이 1871년 독일제국의 영업조례로 수용된 상황에서 모든 동맹 국가들이 영업의 자유를 부여받았고, 모든 남녀는 법률상의 예외나 제한이 없는 한 영업을 할 권리와 함께 동업조합에 가입할 수 있는 상황이었기 때문이다. 따라서 사회주의자들의 혁명에 대한 극도의 두려움과 그들에 대한 증오심이 부른, 한마디로 비상계엄령에 준하는 정책 마련이 시급했다.

한편 사회주의자들을 제국의 적으로 몰아가기 위한 비스마르크의 의도가 구체화됨에 따라 사회 전반적으로 공포감이 확산되었다. 그러다 1878년 5월 11일 철물공인 회델(Max Hödel, 1857~1878)의 빌헬름 1세 저격 미수 사건이 벌어졌다. 두 번째 내전을 치를 만한 구실이 절실하던 상황에서 적절한 이유가 마련된 셈이었다.

비스마르크는 주저 없이 황제 저격 사건에 대한 책임을 사회민주주의자들에게 전가시켰다. 그리고 사회민주당의 폭력행위를 저지하는 법안을 곧바로 내놓았다. 그러나 문화투쟁의 피해자인 중앙당과 보호무역에 반대하고 자유무역을 주장하는 국민자유당의 반대로 결실을 이루지는 못했다.

역시 정당에서부터 제동이 걸렸다. 그러나 6월 2일 81세의 빌헬름 1세가 정신착란자로 알려진 노빌링(Karl Nobiling, 1848~1878) 박사에 의해 또다시 저격을 당해 중상을 입는 사건이 벌어지면서 사태는 비스마르크에게 유리하게 전개되었다. 당시 상황에 대해 제대로 알아보기도 선에 그는 그 사건을 자신의 계획을 밀어붙이기 위한 빌미로 삼아 제국의회

:: 사회민주당원을 향해 화살을 조준한 비스마르크. 그러나 빗나간다면? 1878년 〈클라데라다치〉 지에 실린 숄츠의 풍자화

의 해산까지 주장하고 나섰다.

　유권자들을 향한 그의 호소는 국민자유당의 반대에도 1876년 보수주의자들이 창당한 독일보수당(Deutsch konservative Partei)에 의해 수용됨에 따라 의회는 끝내 해산 위기에 처했다. 심지어는 민주주의화한 좌파 진영의 이탈 현상으로 비롯된 국민자유당 내 위기상황까지 겹치는 바람에 비스마르크에게는 기대 이상의 행운이 따랐다. 그러한 결과는 장차 왕권이 교체될 경우, 자유주의에 입각한 새로운 황태자-내각에 대처할 수 있는 또 하나의 정치적인 토대를 마련하는 셈이기도 했다. 먼 미래까지 낙관해볼 수 있는 계산하에 그로서는 이래저래 만족스러운 상황이 아닐 수 없었다.

　드디어 중앙당, 진보당, 사회민주당의 반대에도 221 대 149의 표결 결과로 1878년 10월 21일 '사회주의자 탄압법(Sozialistengesetz)'이 통과되었다. 그 법안은 테러를 중심으로 공동의 위험이 되는 사회민주주의자들을 소탕한다는 취지를 담고 있었다.

탄압법에 따라 사회민주주의자들의 집회와 시위는 물론 일상적인 축제 모임까지 군대에 의해 진압되거나 해산되었다. 언론활동도 금지되었으며, 모든 출판물은 압수당할 수 있었다. 그리고 소규모의 계엄 사태라 할지라도 경찰들은 조금의 의심만 들면 누구든지 아무런 소송절차 없이 그대로 추방할 수 있었다. 결국 몇몇 노동단체들은 아예 스위스나 파리, 런던 등지로 망명할 수밖에 없었고, 그곳을 터전으로 삼아 계속해서 단체들을 조직했다. 그중 하나가 런던에 주재하던 공산주의자들의 동맹이 되었고, 거기서 마르크스와 엥겔스의 공산당 선언문도 작성되었다.

탄압법의 효력은 대단했다. 삽시간에 수많은 사회주의 지도자들이 체포되고 망명을 강요당했다. 그러한 일방적이고 독재적인 조치는 사회민주주의자들에게 심각한 타격을 안겨주었을 뿐만 아니라, 일시적이나마 정당 선거에도 손실을 가져다주었다.

그럼에도 불구하고 '사회주의자 탄압법'은 가톨릭주의자들에 대한 문화투쟁에서 보여준 바와 같이 오히려 심리적으로나 정치적으로 정부에 대항하는 사회주의자들의 힘을 강화시켜주는 계기로 작용했다. 사회주의자들은 비밀리에 군사조직까지 결성하면서 거세게 저항했다.

비스마르크는 중대한 실수를 거듭 범하지 않기 위해 사회주의자들에 대한 철저한 규제와 탄압을 더욱 강화하는 수밖에 없었다. 그 여세를 몰아 그는 사회주의자들에게 마찬가지로 위협을 느끼고 있던 자유주의의 부르주아를 끌어들일 방법도 강구했다. 그것이 바로 보호관세 정책이었다. 이는 적에 대한 공세를 정당화할 우호세력을 내세움으로써 사회적 긴장을 완화시키고 자신의 기존 정치체제도 유지하면서 국민자유당까지 완전히 제압할 수 있는 최선책이었다.

그러나 이미 그 정책에 반대하여 멀어진 자유주의자들을 다시 끌어들이는 작업이 쉽지만은 않았다. 비스마르크는 1879년에도 여전히 지속되었던 경제 불황과 농업 위기를 타개하고 무역을 활성화할 방안으로 새로운 경제정책의 개혁을 부르짖었다. 그리하여 그는 본격적으로 5월 의회 연설을 통해 자국과 경쟁관계에 있는 외국에 대항하는 정책으로 국내 기업들의 보호를 주장하고, 특히 철강산업과 농업을 보호하기 위한 관세법 제정을 강력하게 요구하고 나섰다.

자유무역에서 보호관세로의 정책 전환은 국내 정치, 특히 정당정치의 대립을 격화시키기에 충분했다. 하지만 비스마르크는 국가가 드러내놓고 간섭할 수 있고, 무엇보다 자신의 체제를 위협하는 정치적, 사회, 경제적 위기 전반을 타개할 최고의 대안으로 꼽은 관세정책을 포기할 생각이 전혀 없었다.

마침내 그는 아울러 이미 활성화되기 시작한 해외 식민무역을 그 보완책으로 동원할 작정이었다. 사실 그동안 독일은 해외 식민무역에서 전통적인 강대국들에 크게 밀려 있었다. 판로나 원료공급지로서의 의미는 거의 없었고, 일부 품목에 국한된 식민무역의 비중 또한 전체 무역의 0.2퍼센트에 불과한 탓에 식민지 자체를 중요한 무역 파트너로 평가하기에는 턱없이 어려웠다. 게다가 수출과 수입, 증기선 운항 등 여러 측면에서도 경제적 효과가 나타나지 않았고, 식민지 전체가 관세 적용 대상국도 아니었기 때문에 식민지로 수출되는 품목도 대부분 다른 나라의 수출품과 마찬가지로 취급되는 경우가 많아 그야말로 실효를 거두기가 쉽지 않았다. 그런 시점에서 식민무역의 개발은 비스마르크에게 경제 불황을 타개하기 위한 개선책 못지않게 불황으로 심화된 내부의 갈등과 저항을 외부로, 즉 해외시장으로 돌림으로써 자신의 정치체제를 보호·유지하기 위한 유인책인 셈이었다.

1879년 많은 난관에도 불구하고 결국 보호관세 정책이 도입되었다.

이를 보수주의자들에 의한 '두 번째 제국 통일'이라 부를 만큼 비스마르크의 기대치는 컸다. 보호관세 정책은 농업 위기에 직면한 융커 지주들을 구해줄 뿐만 아니라, 팽창주의에 호응하는 시민계급을 이용하여 자유무역주의의 최대 정당인 국민자유당 내 좌파 자유주의자들의 분열을 유도함으로써 반정부적인 열기도 해소할 수 있는 기회라고 그는 확신했다. 그리고 무엇보다 그들과 힘을 모아 전통적인 보수체제를 바꾸려는 사회주의 세력의 혁명의 불씨까지 사전에 꺼버릴 수 있다고 기대했다.

그뿐만이 아니었다. 보호무역을 앞세우고 식민무역까지 개발함으로써 식민지 문제로 부딪히기 시작한 영국과의 신경전에서도 새로운 '충격요법'을 꾀할 수 있는 문제였다. 제국을 창건한 이후로 1870년대에는 유럽 열강들의 눈을 의식하여 식민정책에 줄곧 부정적인 입장을 견지해온 그였으나, 1880년 초에 접어들면서 생각을 달리할 수밖에 없는 실정이었다. 거기에는 대외적 배경이 버티고 있었다.

팽창주의적 식민무역에 대한 비스마르크의 입장은 분명 달라졌다. 때마침 그는 남태평양의 사모아를 소유하는 문제를 둘러싸고 영국과 분쟁 중이던 식민무역가들의 청탁을 받았고, 그들을 재정적으로 지원하는 사모아 의안을 통과시키기 위해 식민정책을 적극적으로 승인해주었다. 그로서는 그런 변화가 식민무역에 따른 경제 활성화는 물론 식민지 사업에 있어서 영국 못지않은 자국의 관심과 존재를 알릴 수 있는 기회라고도 판단했다.

이로써 그동안 현상유지 정책을 외치던 그는 '야누스의 얼굴'이라는 표현에 걸맞게 상황에 따른 이중적인 모습을 펼치면서 통치의 기술을 최대한 발휘하고자 했다. 그러한 식민정책은 사회학자인 벨러가 주창하는 사회제국주의(Sozialimperialismus)의 전형적 모형이기도 했다. 벨러는 대외적이며 외교적인 정치사에 치중하여 내정을 부차적으로 다룬 기존 역사 서술의 틀을 무너뜨림으로써 비스마르크 정치, 특히 식민정치에 대해 보다 새롭고 다양한 이해와 평가의 장을 열어놓았다. 전반적으로 정당정치와 맞물린 국내 정치사는 물론 산업화를 통한 경제사와 그로 인해 초래된 제반 문제를 사회사에 접목시킴으로써 비스마르크 시대를 국내의 여러 차원에 역점을 둔 케어(Eckard Kehr)의 '내정 우위'라는 방법론을 전개시키면서 폭넓은 연구 성과를 거두었다.

그러나 앞에서 누누이 언급했듯이, 비스마르크의 정치를 어느 한 영역에 우위를 두어 살펴보는 것은 비스마르크와 그의 정치세계를 단편적으로 바라보는 일이다. 비스마르크 시대와 정치를 제대로 이해하기 위해서는 대내외 각 분야는 물론 상호 복합적인 시대적 정황 등을 함께 비교·검토하지 않으면 안 된다. 왜냐하면 비스마르크는 개인적으로도 결코 단순한 기질의 소유자가 아니었을 뿐만 아니라, 무엇보다 그의 정치 전반이 국내와 국외로 철저하게 이등분된 것이 아닌, 두 영역의 틀을 극복한 다선의 통치기술로써 이루어졌기 때문이다.

비스마르크는 때로 내정을 위해 외정을, 또는 외정을 위해 내정을 이용했고, 이 두 가지가 겹쳐진 경우 양쪽을 저울질해서 결정하는 다선의 정치노선을 적극 활용했다. 따라서 특정 정책을 두고 어느 한 영역의 우위라고 이해할 수는 있겠으나, 그의 정치 전반에 관하여 어느 한쪽의 일방적인 우위를 주장하는 것은 분명 무리가 아닐 수 없다.

한편 의외로 보호무역과 식민무역을 병행하면서 정국을 주도하기 시작한 비스마르크는 사회주의자들에게 감행했던 탄압법 이외에 새로운 변화로 급선회했다. 국내의 복잡한 정황과 제국의회의 강력한 반대에도 불구하고, 그는 1881년 11월 17일 황제교서를 통해 사회정책에 대한 새로운 계획안을 추진했다. 지금까지 노동자들을 강력하게 제압해온 노선으로부터 복지를 촉구하는 전혀 다른 방향으로 눈을 돌린, 채찍 대신 당근을 손에 든 획기적인 변화가 아닐 수 없었다.

> 국가가 도움을 필요로 하는 자를 지금보다 더 잘 돌봐주는 것이야말로
> 인간에의 의무이자 국가조직에 깃든 그리스도교의 의무다. 또한 국가가
> 가장 많은 수를 차지하면서 가장 교육을 받지 못한 무산계급에게도 필
> 요한 존재이며 자선적 기구라는 인상을 심어주는 것이 국가를 유지하는
> 정책적 과제이기도 하다.

비스마르크의 전혀 새로운 정책은 연방분립주의의 전통과도 연결되
고 '실용적인 기독교'의 의미로도 이해되지만, 실상 그 핵심 의도는 사
회민주당을 무너뜨리는 데 있었다. 국가가 나서서 사회정책을 추구하
긴 하지만 그 국가가 사회민주주의자들을 위한 국가는 아니었기 때문
이다. 오히려 사회민주당으로부터 노동자들을 끌어내기 위한 차원에서
사회정책의 변화를 꾀하는 정도의 국가면 충분했다.

따라서 그런 속셈에서 노동자들의 불만을 막고 혁명 사태를 예방하
기 위해서는 탄압하는 것 못지않게 보호하고 옹호하고 항변해주는 정
책도 불가피하다는 것이 그의 판단이었다. "노동자들이 건강한 이상 그
들에게 노동의 권리를 부여하고 일자리를 주라. 만약 그들이 병이 나면
간호해주고 나이가 들면 생계를 보장하라"고 외치면서 겉으로는 너무
나 합리적이고 민주적인 논리를 내세우는 획기적인 정책이었지만, 그
이면에 비스마르크 정치의 손익 계산이 없었을 리 없다.

마침내 노동자 부양을 주요 내용으로 하는 각종 사회보험 계획안이
차례로 발표되었다. 그 결과 1883년 노동자와 고용주가 각각 절반을 지
불하는 노동자 의료보험이 최초로 실시되었다. 뒤이어 1884년 재해보
험법이 실현됨으로써 노동자가 산업재해를 입을 경우 치료비 전액을

받았고, 사망할 경우 유가족에게는 연금까지 지불되었다.

그리고 1889년 노동자들에게 연간소득 2000마르크까지 보장해주는 노후보험과 폐질보험도 채택되었다. 실현되는 경우가 드물긴 했지만, 70세에 이르면 노동자들이 국가의 보조금으로 연금혜택까지 누릴 수 있는 제도였다.

그 후 노동자계급에 대한 국가 사회정책의 필요성을 강조한 비스마르크의 정책은 많은 반대에 부딪혔다. 그러나 그는 '정도를 벗어난 박애'라는 자유주의자들의 비난을 물리쳤고, 심지어는 빌헬름 2세의 압력도 외면했다. 이미 연로한 나이였던 비스마르크는 많은 반대에도 불구하고 예리한 통찰력으로 새로운 문제의 해결책을 찾아내어 과감한 추진력으로 사회정책을 획기적으로 관철시켰다는 점에서 그 의미는 결코 작지 않다. 실제로 1880년대에 시행된 사회보장제도들이 노동자계층에게는 처음으로 연령이나 질병, 사고로 인한 갖가지 어려움으로부터 법적 보호조치를 받도록 했다는 점에서 분명 대단한 업적이 아닐 수 없다.

19세기에 사회보장법의 제정 덕분에 독일은 다른 국가들보다 앞서 당시 미개척 분야인 사회복지국가로의 길에 들어섰다. 이로써 본래의 취지에도 불구하고 비스마르크가 사회정책의 긍정적인 발전에 이바지했다는 사실은 부인할 수 없다.

> 내가 죽으면 우리의 정치는 한 번에 파멸할 가능성이 있다. 그러나 국가 사회주의만은 끝까지 관철될 것이다. 누구든 이러한 사고를 받아들이는 자가 지배권을 장악할 것이다.

그러나 한편으로 노동자계급의 사회적 지위를 개선·향상시키고, 다른 한편으로 이를 통해 그들을 국가의 편으로 끌어들여 노동자들을 '순화'시키기 위한 비스마르크의 사회정책은 더 이상 그 속셈을 감추기가 어려워졌다. 그의 예상과는 달리 사회민주당이 당과 노동조합의 조직 면에서 파괴할 수 없을 만큼 강력한 정당으로 성장했기 때문이다. 그 결과 30여 년이 지나 1912년에 이르러 사회민주당은 110명의 대의원을 가진 제국의회의 가장 강력한 정당으로 변모하게 되었다.

따라서 비스마르크의 '당근과 채찍' 정책은 오히려 노동자들에 의해 거부되었다고 할 수 있다. 비스마르크로서는 노동자들이 왜 여전히 사회민주당을 지지하고 자신에게 반대하는지 이해하기 어려웠다. 그렇지만 노동자들은 이미 탄압법에 대항하면서 서로 더욱 단결하는 법을 터득했고, 사회법을 일종의 자선용으로 받아들였다. 이는 무엇보다 노동자들이 사회정책 차원에서 자신들을 위한 정책들을 만들어내고는 있으나 어떠한 경우에도 정치적 동등권을 인정해주지 않는, 즉 근본적으로 자신들에 대한 벽을 허물지 못하는 비스마르크 정부의 실체를 파악한 때문이기도 했다.

그런데 3년이나 지나 가결된 사회정책 법안은 여러 차례 갱신·실행되긴 했으나, 1890년 비스마르크의 퇴임 이후 곧바로 중단되고 말았다. 이는 어떻게든 비스마르크를 물러나게 하려고 했던 젊은 황제 빌헬름 2세가 비스마르크와의 차별성을 드러내기 위해 일시적으로 노동자들에 대한 유화정책을 활용한 때문이기도 했다. 실제로 '가난한 자들의 왕'을 자처했던 빌헬름 2세는 비스마르크가 실각하고 얼마 지나지 않아 "사회민주당을 일소해야 하며, 부득이한 경우 대량학살이라도 감행해야 한다"며 태도를 바꾸었다.

독일제국을 통일한 비스마르크는 자국을 의심스럽게 바라보는 강대국들의 반감을 약화시키기 위해 밖으로는 현상유지 정책을 썼고, 안으로는 국가체제에 대항하며 계급사회의 불안을 조성하는 '제국의 적'을 소탕하는 작업에 착수했다. 이는 가톨릭주의, 사회주의, 자유주의에 대한 일련의 탄압과 회유 정책을 과감하게 시행하는 이른바 '부정적 통합(Negative Integration)'의 정책으로 나타났다.

그러나 비스마르크는 그런 대부분의 정책에서 실패를 거듭했다. 중앙당과의 투쟁에서 중도 하차했을 뿐만 아니라, 각 정당들을 약화시키는 과정에서 무력과 탄압을 제1의 무기로 내세우는 치명적인 한계도 드러냈다. 게다가 자유주의 시민계급을 포섭하기 위해 민족주의는 물론 식민주의까지 끌어들이는 무차별적인 성향까지 보였다.

특히 세당의 영광스런 퍼레이드와 애국주의의 열광 속에 새로이 탄생한 독일제국의 입지와 위상을 무기로 한 독일은 새로운 식민주의의 장을 열어놓게 되었다. 그 어떠한 단체들도 민족주의적 조처에 맞서지 못하도록 경계했고, 예전에 미흡했던 민족주의 저술활동은 언론계의 적극적인 지원에 힘입어 붐을 일으켰다. 민족주의로 넘쳐난 그러한 정서는 병적인 쾌감이나 히스테리와 함께 '흉내내기(Nachahmung)'로 이어져 급기야는 태양이 내리쬐는 영토의 한 귀퉁이(Platz an der Sonne)라도 차지하려는 제국주의의 시대적 흐름에 합류했다. 결국 독일 또한 인종주의와 국수주의라는 역사의 한 장을 장식하지 않을 수 없게 되었다.

결과적으로 비스마르크는 독일을 민족국가로 통일한 이후 독일제국의 안전과 정체성을 유지하고 강화하기 위해 국가 권력을 마음대로 휘두르면서 전형적인 독재 통치의 면모를 보였다. 국가주의를 외치는 그에게 정당정치는 아무런 의미가 없었다. 의회는 그의 정책을 위한 전략적인 기구에 지나지 않았다. 따라서 진정한 의회주의에서 출발하지 못한 그는 스스로 언급한 대로 의회의 기능을 마비시키고 정치적 목적을 위한 수단으로 이용한, 말 그대로 사이비 의회주의자에 지나지 않았다. 뿐만 아니라 정적들을 제국의 적으로 삼고, 그들의 저항을 비민족적·

반국가적 행위로 간주한 이기적인 당파주의자이며 극단주의자이기도 했다.

언젠가 바덴의 정치가이자 법학자인 몰에게 법치국가를 '날조된 전문어' 정도로 설명하기도 했지만, 무력으로 일관된 탄압정책을 통한 '내전'을 주도한 비스마르크는 민족국가로 통일을 이룬 독일제국을 하나로 통합하고 성장시키는 데는 크게 부족했다. 그런 의미에서 역사가 슈바르츠뮐러(Theo Schwarzmüller)의 다음과 같은 비유는 시사하는 바가 크다. "히틀러의 제3제국과 비교할 때 비스마르크의 독일제국은 폭력적인 전체주의로 변질되지는 않은, 그러나 어린이 장난에 지나지 않은 국가였다."

권력자의
빛과 그림자

유럽의 중재자, 그칠 것이 없어라

신생 독일제국의 급격한 부상은 유럽의 강대국들에게는 충격 그 자체였다. 제국의 근간을 이루게 된 프로이센의 경우 1866년 이전까지만 해도 그다지 놀랍지 않은 존재였다. 그러나 5년이 지나지 않아 세 차례의 전쟁에서 모두 승리하고, 특히 강대국 오스트리아와 프랑스를 제압하자 독일은 단번에 유럽에서 위압과 두려움의 대상이 되었다.

잘 훈련된 군인들과 유능한 참모진으로 구성된 군대의 파괴력과 함께 영토 팽창을 발판으로 독일이 향후 유럽에서 권력의 중심으로 부상하는 것은 시간문제였다. 산업과 금융 부문의 발달과 더불어 인구성장의 가능성도 커 보였다. 더구나 그동안 정치적으로 독일을 약세로만 치부했던 탓에 강대국들 대부분은 새로운 국제질서 변화에 대응할 준비조차 제대로 갖추지 못한 상태였다.

그런 가운데 강대국들에게 무엇보다 위협적인 존재는 바로 비스마르크였다. 1862년만 해도 보잘 것 없던 그가 새로운 제국의 총지휘자로 거듭났고, 이제 유럽의 중심부까지 진입한 상황에서 그 어느 나라도 마음을 놓을 수 없었다.

프로이센을 중심으로 민족국가를 탄생시킨 비스마르크가 향후 독일 문제를 어떻게 원만하게 풀어나갈까? 독일인들의 통일과 화합을 위해 독일어를 말하는 소수민족 가운데 어떤 민족을 또 다른 희생양으로 삼으려 하지는 않을까? 유럽의 평화적 질서체제를 끝내 교란시키지는 않을까? 그 '철혈 재상'이 어떤 새로운 의도를 숨겨두지는 않았을까? 신흥 제국의 재상을 둘러싼 의문들이 꼬리에 꼬리를 물었다.

독일을 향한 국제사회의 끊이지 않는 의문과 불신 속에서도 독일 사회는 1871년 이후 국가의 난제를 해결했다는 당당한 자부심을 감추지 않았다. 독일인들은 통일 제국을 이루면서 자국이 세계 강국으로 발돋움한 사실에 아무런 의문을 제기하지 않았고, 비스마르크 또한 이제 유럽의 정치가 독일을 중심으로 새롭게 전개되리라고 확신했다. 그러나 영광스런 환상에만 빠져 지내는 많은 독일인들과 같을 수 없는 것이 또한 비스마르크의 정치적 현실이었다.

마침내 비스마르크는 독일의 안정과 유럽 내 새로운 힘의 균형을 지속적으로 지켜내기 위한 보다 항구적인 처방으로서 일련의 동맹관계를 선택했고, 마지막 순간까지 적극적이고도 능동적으로 이를 감행해나갔다. 그는 "갓 태어난 독일제국이 더 이상의 전쟁이나 식민지 등 영토적 요구는 하지 않을 것"이라는 현상유지 정책을 대외적으로 천명하고, 더 나아가 "유럽의 현 상황과 안전을 최대한 보장하기 위해 앞장설 것"이라는 평화유지 정책까지 표명함으로써 유럽 강대국들에게 바짝 다가섰지만, 그것이 그의 대외정책의 전부가 될 수는 없었다.

자구책의 그 이름은 동맹

독일제국을 창건한 이후 비스마르크는 주변 강대국들을 예의 주시했고, 실제로 전쟁 이전부터 자국에 대한 그들의 개입이나 간섭을 내심 두려워했다. 이미 프랑스와 한창 전쟁 중이던 1870년 12월 24일 전쟁배상금과 관련하여 프랑스 정부가 베트남 식민지 문제를 거론했을 때도 비스마르크는 주변 강대국들의 눈치를 살폈다. 그는 "독일인에게는 너무도 기름진 땅덩어리로서 우리는 식민지라는 사치를 누릴 만큼 풍족한 위치에 있지 못하다"는 답변으로 식민지 양도 발언을 일언지하에 거절했다.

사실 그 무렵 식민지 경영에 특별히 관심을 갖지도 않았던 그였지만, 당시로서는 주변국들을 의식하여 식민주의정책에 대해 더욱 부정적인 태도로 일관함으로써 현실에 안주하려는 자신의 방어전략 의도를 충분히 부각시킬 필요가 있었다. 새로운 작업에 착수하기보다 주어진 결과에 만족하고 더 이상의 욕심을 부리지 않는 것이 현명하다고 판단했던 그는 신생제국의 안전을 위해서 이웃국가들을 안심시키고 그들로부터 인정받는 것이 대외정책의 급선무라고 보았던 것이다.

비스마르크는 만만찮은 상대국인 프랑스와의 대립을 완화시킬 수 있는 가능성을 고려하여 우선 가급적 불필요한 독설을 삼가했고, 다른 한편으로 정체를 선택하는 문제에 있어서 공통점을 없애는 것이 적대적인 관계를 유지하기에 유리하고 위험성이 적다고 판단하여 프랑스가 독일과 같은 군주국보다는 오히려 공화국으로 부활하는 것을 지지했다.

그리고 전쟁 이후 대립관계에 있던 프랑스가 보복전을 노리고 동맹국을 찾을 가능성이 크다고 판단한 비스마르크는 그런 가능성을 미연에 방지할 수 있는 전략을 마련했다. 강대국들이 서로 연합할 가능성은 언제든 열려 있었기에 프랑스가 동맹관계를 형성하기에 앞서 독일이 먼저 연대할 세력을 찾아 대응하려 했던 것이다. 이는 프랑스를 국제적으로 고립시키는 효과도 있었기 때문에 독일로서는 동맹국이 많으면 많을수록 유리한 상황이었다.

동맹 정책을 구상하던 무렵 비스마르크의 외교노선은 크림 전쟁 이후 다시 불거진 발칸 문제와 겹치는 바람에 바삐 돌아갔다. 발칸 문제는 강대국들의 이해관계가 얽혀 있어 유럽 내 힘의 정치에 결정적인 변화를 야기할지도 모를 일이었기 때문이다. 그런데 발칸에서 오스트리아와 러시아의 이해가 맞물리면서 상황은 생각보다 복잡하게 돌아갔다. 두 나라 모두 독일의 동맹국으로 염두에 두고 있던 비스마르크는 양국이 심하게 대립할 경우 자신이 구상한 동맹관계도 끝이라고 보았다.

그동안 비스마르크는 크림 전쟁 이후 첨예해진 오스트리아와 러시아의 대립관계에 대해 거리를 두고 있었다. 사실 이탈리아와 독일에서 힘의 기반을 상실한 이후로 오스트리아는 발칸으로 관심을 돌렸고, 그로 인해 1871년 제국 창건 이전까지 비스마르크의 정치는 상당히 안정된 효과를 누려왔다.

그러나 이제 상황이 달라진 시점에서 본격적으로 동맹국을 찾아 나선 비스마르크는 러시아에 먼저 접근했다. 황실끼리 인척관계인데다가 전통적인 우호관계에 있던 러시아 차르의 반응은 매우 긍정적이었다. 그 다음으로 비스마르크는 독일-러시아의 우호관계에 영국을 끌어들이고자 했다. 그러나 오스트리아의 오랜 적으로서 식민제국으로 성장하던 영국은 러시아의 적극적인 호의와는 달리 비협조적이었다. 결국 영국은 일단 제쳐놓을 수밖에 없었다.

마지막으로 비스마르크는 오스트리아에 접근했다. 그에게는 가장 만만하면서도 안전한 파트너가 오스트리아였다. 제국의 통일로 인해 독일에서 완전히 밀려남으로써 프로이센에 앙금이 남아 있는 상태였지만, 발칸 진출과 관련하여 범슬라브주의와 충돌하고 있던 오스트리아는 독일의 도움을 거부할 처지가 아니었다.

비스마르크도 그런 오스트리아의 심중을 잘 알고 있었기 때문에 국가의 통일이 마무리된 시점에서 따로 자극할 필요까지 없었다. 따라서 오스트리아-헝가리의 독일계 주민들과의 합병 문제보다는 오히려 그곳의 안정 문제에 관심을 갖는 정도로 그쳤다. 그렇다고 해서 프로이센-프로테스탄트 중심의 비스마르크가 남부의 가톨릭, 자유주의, 민주주의의 요소를 인정함에 있어 두려움이 없었던 것은 아니다. 당시 제국의회에서 가톨릭 중심의 중앙당이 반대 정당으로 활동하고 있었고, 또한 그들에 대한 문화투쟁을 막 감행하던 중이었기 때문이다.

프랑스를 제외한 주변 강대국들의 동태를 모두 파악한 비스마르크는 영국을 제외하고 러시아와 오스트리아를 동맹국으로 끌어들이는 데 성공했다. 마침내 1872년 9월 6~11일 빌헬름 1세와 요제프, 알렉산드르 2세의 합의로 세 황제의 회동이 성사되었다.

이 회동의 결실로 그 이듬해인 1873년 러시아, 오스트리아, 프로이센 3국은 적법한 군주국끼리의 화합이라는 대의명분 하에 3제협정(Dreikaiser-abkommen)을 체결했다. 3국은 어느 한 나라에서 일어날 수 있는 모든 소요사태에 대항하여 평화질서를 보장하기 위해 서로 공동보조를 취하기로 약속했다. 또한 1871년 공산주의적 혁명정부인 파리 코뮌과 같은 사회혁명적인 위험에도 함께 대처하기로 했다. 그 때문에 비스마르크는 "세 군주국의 보수적 협조체제가 마치 반동 시기에 비롯된 1815년의 불운한 신성동맹의 개정판이라는 인상을 주지는 않을까?" 하고 내심 고민하기도 했다.

많은 어려움이 있었고, 또 1887년에 이르러 더 이상 지속되지 못했지만, 3제협정은 독일 대외정치의 기본적이고도 실질적인 토대였다. 그러나 이 세 나라의 동맹은 누가 봐도 문제가 있었다. 우선 그들 사이에 발칸에서의 대립 관계가 완전히 해결되지 못한 상태에서 동맹이 이루어졌기 때문이다.

그리고 그러한 정황을 알고도 끝내 성사시킨 비스마르크 자신에게 더 큰 문제가 있었다. 오스트리아와 러시아 사이의 발칸 문제에는 개입하지 않으려는 속셈과 함께 추진했기에 자국에 대한 오스트리아와 러시아의 진정한 의도가 무엇인지 정확하게 파악하지 못했기 때문이다. 자국을 정점으로 한 동맹관계에서 남부 유럽, 즉 발칸 반도에 관심이 없다고 선을 긋는 그런 정략은 나머지 두 국가에 대한 중립적인 입장을 견지한다기보다는 오히려 스스로 불완전한 처지를 수습하려는 조치에 치우칠 수 있었던 것이다.

그러한 상황에서는 3제협정은 그 출발부터 삐걱댈 소지가 있었다. 그럼에도 서둘러 동맹을 성사시키는 데 급급했던 비스마르크는 쉽게 깨질 수도 있는 동맹의 허술한 모습을 애써 외면할 수밖에 없었다.

우리에게 발칸 지역은 폼메른 지방의 건장한 근위기병 한 명의 가치만도 못한 곳이다.

1873년을 기점으로 안으로는 중앙당에 대항하여 문화투쟁을 벌이는 동안 비스마르크는 대외적으로는 프랑스와의 지속적인 적대관계에 대비하여 오스트리아, 러시아와 3제협정을 체결하는 등 매우 발 빠른 움직임을 보였다. 그러나 그 동맹관계가 프랑스를 겨냥한 노선이었던 만큼 마치 아킬레스의 발꿈치와도 같이 프랑스의 동태에 따라 움직일 수밖에 없는 약점을 항시 안고 있었다.

아니나 다를까 프랑스는 패전의 충격을 예상보다 빨리 회복했다. 재정난이나 경제난 없이 평화조약에서 제시한 50억 프랑의 전쟁배상금을 앞당겨 지불하기까지 했다. 이에 따라 독일 주둔군도 프랑스 영토에서 철수해야 했고, 심지어는 독일에서 군마까지 사들이기 시작하여 1875년 3월 즈음에는 군대를 재정비하는 단계에 도달했다.

프랑스의 빠른 복구를 복수전을 위한 전쟁 준비로 받아들일 만큼 비스마르크는 3제협정을 맺었음에도 쉬이 불안감을 감추지 못했다. 프랑스가 전쟁의 폐허를 딛고 다시 일어서는 바람에 모든 가능성이 열린 지금, 예방 전쟁의 불가피성을 언급하는 추측들까지 난무하는 지경이었다. 1872년에 이미 황제 빌헬름 1세에게 보내는 편지에서 프랑스의 존재를 경고했던 비스마르크의 발언이 현실로 다가온 듯했다.

> 장차 독일의 주된 위험은 프랑스가 유럽의 군주국과 다시 동맹을 체결할 수 있게 되는 그 순간부터 시작될 것입니다.

그런 와중에 예기치 않은 일까지 터지면서 비스마르크는 곤란한 상황에 빠져들었다. 파리 주재 독일 대사 아르님(Harry Graf von Arnim, 1824~1881)이 프랑스의 공화국 체제를 지지하는 자신의 뜻과는 달리 프랑스의 왕정복고를 지원하는 활동에 가담했다는 소식을 전달받은 것이다. "자국의 외교관들은 군인처럼 복종해야 한다"는 그의 주장에 따라 1874년 아르님을 전격 해임하는 것으로 사태는 일단락되었다.

그러나 아르님이 조용히 물러나지 않으면서 문제가 불거졌다. 그가 언론에 공문서를 슬쩍 건네면서 이른바 '아르님 사건'이 터지고 말았던 것이다. 그 사건은 아르님을 상대로 한 비스마르크의 고소에 이어 스위스로 피신한 아르님의 항의서한이 발표되는 등 복잡하게 전개되었으나, 1881년 망명 중에 아르님이 사망하면서 마무리되었다. 궐석재판에서 아르님은 대역죄에 모반죄로 5년형을 선고받았지만, 비스마르크는 상관의 뜻을 거스르는 일개 부관의 행동으로 자신의 대프랑스 정책의 속내가 드러나고 체면이 손상되는 것을 오래도록 감수할 수밖에 없었다.

비스마르크는 프랑스의 복수전을 대비해 또 다른 새로운 방안을 모색해야 했다. 결국 1875년 초부터 비스마르크는 독일의 진정한 우방은 어느 나라이고, 적국은 어느 나라인지 정확하게 구분하는 언론 캠페인을 전개했다. 특히 4월 5일 그의 권유에 따라 〈쾰른 차이퉁(Kölnische Zeitung)〉 지가 '새로운 동맹국들'이라는 제목의 기사를 대서특필했고, 3일 뒤 친정부 성향의 자유보수주의적인 〈포스트(Post)〉 지도 '전쟁이 눈앞에?(Ist der Krieg in Sicht?)'라는 연속기사를 내보냈다. 그야말로 도발적이고도 위협적인 이 기사는 즉각 효과를 발휘했다.

언론을 이용한 비스마르크의 일련의 작업은 마치 프랑스 측이 보복전을 꾀하기라도 하는 듯한 효과를 노렸고, 일촉즉발의 전쟁 위기가 임박한 것 같은 분위기를 확산시켰다. 그로 말미암아 냉철한 독자들마저 최악의 상황을 예측했고, 독일로 하여금 불가피하게 프랑스에 맞서 대비태세를 갖추도록 요구하는 목소리가 높아졌다. 그러는 한편으로 비스마르크는 상대적으로 자신의 평화적인 정치노선을 부각시키는 데 주력했다. 그러한 게임에 참모총장 몰트케의 독일인들의 감성을 자극하는 적극적인 '전쟁외교'의 발언도 한몫을 더했다.

그러나 주변 상황은 비스마르크의 뜻대로 돌아가지 않았다. 무엇보다 이번에는 그가 던진 미끼를 프랑스가 덥석 물지 않았다. 독일의 분위기에 직접적으로 반응하기보다는 오히려 유럽의 평화를 유지하겠다는 명분을 앞세워 영국과 러시아 측의 원조를 요청하는 신중한 자세를 취했기 때문이다. 프랑스의 제의에 영국은 즉각 동의했고, 3제협정을 체결한 동맹국 러시아마저 합류했다. 예상 밖으로 프랑스에 유리하게 상황이 급진전되는 가운데 영국에 이어 러시아까지 '독일제국의 헤게모니적 태도'를 경고하는 듯한 냉담한 반응을 나타냈다.

특히 러시아의 뜻하지 않은 행보에 비스마르크는 적이 놀라지 않을 수 없었다. 5월 초 알렉산드르 2세와 함께 베를린으로 급히 달려온 고르차코프는 마치 평화의 구원자인 양 행동했다. 심지어는 자신들의 개입으로 양국 간의 위기국면이 완화된 것처럼 거들먹거리며 돌아갔다. 비스마르크 자신도 전쟁만은 원하지 않았지만, 러시아의 동료 고르차코프의 그런 이중적이고도 일방적인 행동 앞에서는 분노를 금치 못했다. 믿는 도끼에 발등 찍힌다고 했듯이 자신이 준비한 덫에 스스로 걸려든 격이었다.

이웃 강대국들의 입장은 확실히 예전과 달라져 있었다. 그들이 모두 독일을 향해 일제히 비난의 목소리를 높이는 이상, 계속해서 프랑스를 고립시킬 방법은 없었다. 비스마르크는 오스트리아, 러시아와 맺은 3국동맹의 이중성과 한계를 절감하지 않을 수 없었다.

자신의 외교적 패배였던 만큼 비스마르크에게는 새로운 전략이 절실했다. 대외적인 반목 속에서 프랑스에 대한 영국의 반응을 탐색해보았지만, 자신이 기대하는 영국과의 화친관계는 여전히 불가능해 보였다. 더구나 의외의 행동을 보인 러시아와는 한동안 일정한 거리를 유지할 필요도 있었다. 결국 다른 길이 보이지 않는 상황에서 비스마르크는 장차 오스트리아와의 2국동맹(Zweibund)에 중점을 두지 않을 수 없었다.

그런 와중에 새로이 신경 쓰이는 소식이 비스마르크에게 날아들었다. 남태평양 지역에서 펼쳐지는 해외무역으로 인해 1874년부터 포르투갈과 영국 사이에서 갈등을 겪던 식민주의자들이 국가 차원의 지원을 요청하는 내용이었다. 마침 독일 식민주의자들 역시 영국과 포르투갈 못지않게 영토 확장의 필요성을 절감하던 때였다. 하지만 남태평양 인접지역 대부분을 관할하던 두 국가로서는 제3의 국가의 출현을 탐탁찮게 여겼기에 상호 간의 마찰이 불가피했다.

비스마르크는 독일의 식민주의자들이 피지 섬에서 영국인과 소요사
태에 휘말린 광경을 떠올렸다. 그동안 그들은 독일 정부로부터 최소한
의 보호나 지원도 없이 나름대로 활동해왔다. 그러나 식민정책을 모르
던 비스마르크로서는 당장 어디서부터 손을 대야 할지도 몰랐다.

그에 반해 영국의 반응은 전혀 달랐다. 해외 식민정책을 적극 지원하
는 수상 디즈레일리는 독일과의 긴장감을 부추기는 쪽으로 여론을 몰
아갔다. 일찍이 독일-프랑스 전쟁을 프랑스 혁명보다 더욱 심각한 정치
적 사건으로 간주하면서 독일제국의 통일로 인해 유럽 내 힘의 균형이
깨질 것을 우려했던 디즈레일리는 독일에 대해 한 치도 양보하지 않으
려는 강경 입장을 고수했다.

비스마르크는 영국의 강경노선에 놀라움을 금치 못하면서도 특히 프
랑스에 대한 이중적 태도에는 몹시 당황스러워했다. 사실 영국은 1873년
부터 시작된 경제 위기로 인해 프랑스와는 무역경쟁을 펼치던 관계였
다. 그런데도 영국은 프랑스에 보다 우호적인 입장을 드러냄으로써 상
대적으로 독일을 더 적대시하는 듯한 입장을 취했던 것이다.

그러나 비스마르크는 애써 감정을 접어둔 채 다시 영국에 가까이 다
가서고자 시도했다. 독일이 영국처럼 자국의 상인들을 적극 지원해줄
처지도 아니었지만, 무엇보다 프랑스와의 긴장관계를 우선시한 그로서
는 영국과 같은 강대국과의 관계를 긍정적으로 풀어나가면서 최소한
화근을 만들 필요는 없다고 판단했다. 따라서 비스마르크는 "독일이 식
민지를 얻기 위해 어떠한 노력도 하지 않을 것"이라는 유화적인 기본원
칙 하에 체면을 유지하는 정도의 서신을 곧바로 영국 정부에 전달했다.

해외의 모든 지역에서 무역과 통상의 자유만은 모든 국가가 절대적으로
동등하게 보장받아야 합니다.

그러나 영국은 그동안 해외에서 각국의 동등한 권리에 동의하면서도 실제 행동에서는 전혀 그렇지 않았다. 예컨대 독일 식민주의자들의 입장은 아랑곳하지 않은 채 자국의 이권만을 고려하여 1876년 피지 섬을 일방적으로 합병했고, 이런 사실을 뒤늦게 독일에 알려왔던 것이다. 비스마르크에게는 일체의 해명조차 없었다.

영국은 헤게모니 전쟁에서 연승한 독일을 내심 두려워하고 있었다. 독일에 더 이상의 틈을 허용하지 않으려고 했든지, 아니면 식민지 경영에서 위협적이지도 않는 신출내기로 여겼든지 간에 피지 섬을 자국의 식민지로 확보하는 문제를 두고 영국은 독일과 사전에 논의할 필요조차 없다고 판단한 셈이었다.

얼마 전 보복전의 양상으로 프랑스와 전쟁의 문턱에까지 갔을 때 프랑스를 지지했던 영국이 또 한 번 독일을 외면하고 돌아선 것이었다. 피지 섬에 대한 그런 일방적인 조치는 독일제국의 식민정책 기조를 무시한 것일 뿐만 아니라, 정치 전반에 있어 독일을 신뢰할 만한 동반자로 삼지 않겠다는 의지를 표출한 것과 다름없었다.

영국에 대해 남달리 유화책을 펼쳤던 비스마르크에게는 상처가 아닐 수 없었다. 결국 1876년 비스마르크는 "7~8년이 지나면 독일도 식민정책을 수행하게 될 것"이라고 천명했다. 그가 정확하게 계산하고 언급했다고 보기는 어렵지만, 실제로 8년이 지난 1884년 독일은 자타가 공인하는 식민제국으로 변신하게 되었다.

베를린의 중재자

프랑스와의 새로운 전쟁 위기라든가 영국과의 피지 섬 문제 등을 겪으면서 독일에 대한 러시아와 영국의 부정적 입장을 확인한 비스마르크는 더 이상 대외정책상의 '실험'을 하지 않기로 결심했다. 다만 일련의 위기를 완화하고 유럽의 중부에 위치한 제국의 지리적 위치를 고려하는 차원에서, 승산도 크지 않고 자칫 모든 것을 잃고 말지도 모를 큰 전쟁만은 피하는 데 전력을 기울이기로 했다. 따라서 프랑스의 고립이라는 대외목표는 잠시 접어둔 채 비스마르크는 한걸음 뒤로 물러섰다.

그러나 유럽의 상황이 그를 가만히 두지 않았다. 1815년부터 1914년에 이르기까지 한 세기 동안 가장 치열한 국제 분쟁의 요인이었던 '동방(東方) 문제'가 또다시 불거졌기 때문이다. 이미 1875년 7월 오스만투르크 제국의 통치에 대항하여 보스니아와 헤르체고비나에서 봉기가 일어났고, 이를 지원하는 세르비아와 몬테네그로에도 전운이 감돌았다.

주변 상황이 심상치 않게 돌아가자 비스마르크도 조용히 뒷짐만 지고 있을 수는 없었다. 처음에는 자신의 외교적인 실패, 특히 프랑스와의 문제에 대한 국내 여론이나 언론, 그리고 의회의 관심을 발칸 사태로 돌릴 수 있다고 판단했기 때문에 내심 싫지도 않았다. 그러나 시간이 흐를수록 이 문제가 독일에도 상당히 부담스러운 사안임을 감지했다. 오스만투르크의 붕괴와 함께 그 상속을 둘러싸고 발칸 분쟁이 일파만파 확산되고, 영국과 오스트리아, 러시아 같은 강대국들의 갈등으로 비화하면서 유럽 내 힘의 균형에 또다시 균열이 생겼기 때문이다.

물론 발칸 분쟁은 독일의 이해와는 직접 관계가 없었지만, 다른 강대국들에게 어떤 영향을 미치느냐에 따라 독일이 엮일 수도 있는 사안이었다. 특히 프랑스의 고립을 외교의 최고 목표로 두었던 비스마르크로서는 발칸 문제로 인해 오스트리아와 러시아 간에 전쟁이 일어날 때 어느 한쪽 편을 들 경우 나머지 한쪽이 프랑스에 지원을 요청할 가능성이 높기 때문에 결국 어느 쪽도 쉽게 선택할 처지가 아니었다.

비스마르크는 그동안 3제협정의 두 동맹국인 오스트리아와 러시아가 지나치게 친밀해지는 것을 우려했지만, 또 지나친 대립관계도 적절히 조정해왔다. 그런데 이번처럼 오스트리아와 러시아 사이에서 난감해진 상황에서 비스마르크는 우선 제3의 국가인 영국의 동태를 살피고자 했다.

1876년 1월 2일, 비스마르크는 영국 대사인 러셀(Odo Russell, 1829~1884)을 통해 디즈레일리 정부와 전적으로 뜻을 함께하겠다고 밝혔다. 그때만 해도 피지 섬 문제가 아직 정리되지 않았다고 판단했고, 무엇보다 양국의 우호관계를 원했기 때문이다. 하지만 의외로 영국이 냉랭한 반응을 보이자 비스마르크는 3일 뒤 방향을 돌려 오스트리아와 러시아의 의사를 타진했다. 비스마르크는 수에즈를 차지하려는 영국에게는 사소한 사안일 것이라는 판단 하에, 러시아 대사 오우브릴을 만나 러시아는 루마니아의 베사라비아를 차지하고, 오스트리아는 보스니아를 차지하는 것으로 발칸의 위기를 하루빨리 수습하자고 권유했다. 그러나 어느 쪽에서도 비스마르크의 중재안을 받아들이려 하지 않았다.

2월 19일, 비스마르크는 다시 한 번 영국에 강대국들 간의 상호 협력 관계를 강력하게 촉구했다. 독일을 제외한 대부분의 강대국들이 동방 문제에 직접적으로 연루된 상황에서 상대국의 의중을 떠보기에 자신만한 객관적인 인물도 없었겠지만, 그 나름대로 타당한 이유도 있었다. 말하자면 충분한 영토를 확보한 독일로서는 유럽의 평화 이외에 다른 어떠한 것에도 관심이 없음을 밝히면서 평화 유지의 명분을 내세워 강대국들 간의 발칸 전쟁을 회피하고, 무엇보다 자국 영토의 현상유지를 위한 최선책이라 판단했던 것이다.

그러나 영국의 반응은 여전히 냉담하기만 했다. 그런 정황을 뒤늦게 알게 된 러시아의 고르차코프는 영국을 바라보는 비스마르크의 행보를 못마땅하게 여기는 눈치였다.

이곳저곳을 타진하던 비스마르크는 모든 국가들로부터 부정적인 의사만 재확인하고 아무것도 이루지 못했다. 그러다 1876년 초 불가리아에서 오스만투르크에 맞서는 봉기가 일어났다. 또 6월 말에는 세르비아와 몬테네그로도 남부 슬라브족을 하나의 왕국으로 통일하려는 목적하에 보스니아를 지원하며 오스만투르크에 선전포고했다.

도처에서 벌어지는 이러한 범슬라브주의 움직임에 대해 러시아는 극찬을 아끼지 않았다. 공공연히 다른 강대국들의 불개입을 요구했던 러시아 측은 전쟁에서 어느 쪽이 이기든 상관없다는 듯 자국의 이해를 보호하기 위한 차원에서 오스트리아와 비밀협상까지 추진할 수 있다는 식의 분위기를 조성했다.

그러나 7월과 8월 오스만투르크가 세르비아에 연승을 거두면서 각국 사이에 변화의 조짐이 보이기 시작했다. 러시아로서는 범슬라브주의를 외치며 군사적인 개입을 시도할 이유가 뚜렷해졌다. 오스만투르크의 무자비한 탄압정책이 영국 측의 지지를 얻지 못한 것도 러시아에는 유리한 요인이었다. 영국은 전통적으로 러시아의 남하를 저지하고 오스만투르크에 대한 불가침 입장을 견지했으나, 시간이 흐를수록 이런 주장만 고집하기에는 외무장만 더비(Derby, 1826~1893)의 용기와 결단력이 부족했고, 디즈레일리도 너무 노쇠해 있었다.

이런 상황에서 비스마르크도 러시아와 오스만투르크 간의 전쟁이 불가피함을 예견했으나 별다른 방도는 없었다. 다만 그는 오스트리아와 뜻을 같이할 경우 그나마 바람직한 결과를 얻어낼 수 있다고 판단했다. 전쟁 분위기가 무르익자, 9월 13일 비스마르크가 권유한 바 있던 오스만투르크 제국을 분할하는 상호 보상책을 두고 오스트리아와 러시아가 회담을 가졌다. 그러나 역시 러시아는 만족하는 눈치가 아니었다. 오히려 고르차코프는 발칸 문제를 다룰 유럽 회의를 소집하자고 제안하면서 그동안 이 문제에 관여해온 비스마르크를 압박하여 러시아에 유리한 상황으로 이끌려 했다.

비스마르크는 공개적으로 국제적인 차원의 회의를 제안한 러시아의 일방적인 태도에 곤혹감을 감추지 못했다. 예상한 대로 러시아는 발칸 지역 슬라브 민족들의 주장을 옹호하고 나서면서 자국과 오스트리아와의 동행에 독일이 적극적으로 나서줄 것을 재차 요구했다. 그러나 비스마르크는 독일의 외교정책이 러시아의 목표를 위해 이용될 수는 없다고 판단한 나머지 고르차코프의 제안을 곧바로 거절했다.

러시아에 대한 비스마르크의 입장은 크게 달라지지 않았다. 고심한 끝에 그는 9월 21일 오스트리아령의 알프스로 사냥 휴가를 떠나는 것으로 일단 자리를 피했다. 그리고 슈바이니츠를 대신하여 육군 원수 만토이펠(Edwin Freiherr von Manteuffel, 1809~1885)로 하여금 빌헬름 1세의 친서를 러시아 황제에게 전달하도록 지시했다. 이는 일종의 형식적인 절차에 지나지 않는 조치였다.

1864년부터 1870~1871년까지 나와 내 나라에 대한 러시아의 우호적인 태도를 잊지 않는 방향에서 정치를 주도해나갈 것입니다.

하지만 비스마르크는 바르샤바에서 돌아온 만토이펠을 통해 껄끄러운 소식을 접해야만 했다. 국제회의 소집에 반대하는 자신에 대해 러시아 측이 큰 불만을 나타냈다는 점과 러시아가 전쟁을 할 경우 최소한 빌헬름 1세의 확실한 중립을 요망한다는 내용이었다. 게다가 알렉산드르 2세는 자신의 외삼촌인 빌헬름 1세에게 따로 편지를 보내 동방 문제에 대한 독일의 공감대를 기대하면서 확실한 지원을 해줄 것을 은근히 압박했다.

마침내 러시아는 발칸 서남부에 자국의 군대 일부를 동원하며 위협적 행동을 가시화했다. 동시에 주마로코프-엘스톤(Felix Sumarokow-Elston)

특사를 빈에 파견하여 러시아가 불가리아를 점령하는 대신 오스트리아가 보스니아를 차지하고, 또 오스만투르크에 맞서 양국이 보스포루스 해협에 함대를 주둔시키자고 제안했다. 이에 오스트리아는 분명한 거절 의사를 전달하고 러시아에 대한 영국의 적대적인 입장에 동참하기로 결정했다.

이 시점에서 비스마르크는 3제협정의 파트너인 오스트리아와 러시아가 과연 서로에 대한 약속을 성실히 지킬지 의문이 들었다. 오스트리아보다 러시아를 더 믿기 어려워진 상황에서 비스마르크는 어떤 확실한 입장 표명도 하지 않는 편이 가장 현명한 대처라고 여길 뿐이었다.

비스마르크와 고르차코프 사이에 신경전이 계속되었다.

> 고르차코프는 우리가 "아니요"라고 대답하면 차르를 몹시 닦달할 것이고, 우리가 "예"라고 대답하면 그것을 빈에 이용할 것이다.

러시아 황제는 독일과의 모호한 관계에다 오스트리아가 영국에 합세한 상황에서도 자국의 주장을 끝내 철회하지 않았다. 그리고 1877년 4월 24일 오스만투르크에 선전포고를 했다. 결코 전쟁을 원치 않았던 유럽 강대국들은 러시아의 최종적인 결정에 놀라움을 금치 못했다. 디즈레일리 역시 자국의 경고를 무시한 채 콘스탄티노플을 장기 점령할 경우 러시아와의 전쟁도 불사하겠다는 입장까지 표명했지만, 그 외에는 아무런 구체적인 대응책을 내놓지 못했다.

개전 초기 러시아는 오스만투르크의 강한 저항에 고전을 면치 못했으나, 가을 무렵부터 승승장구하여 10개월 뒤 최후의 승리를 거두었다. 그리고 영국과 오스트리아의 중재에도 불구하고 콘스탄티노플의 산스테파노에서 강화조약을 체결했다. 이에 그치지 않고 1878년까지 몬테네그로, 세르비아, 루마니아 등 여러 국가들의 군사력을 장악하여 영토까지 확장하고 오스만투르크 세력을 완전히 축출했다. 특히 다뉴브에서 에게 해에 이르는 불가리아 제후국을 러시아의 위성국으로 편입함으로써 오스트리아와 영국의 반대를 무릅쓰고 에게 해까지 세력을 확장했다.

러시아의 '강행군'으로 강대국들 사이에 긴장이 높아졌다. 러시아가 오스만투르크와 맺은 산스테파노 조약은 범게르만주의를 내세운 오스트리아의 이해는 물론 영국의 동방정책에도 위배되었던 만큼 이들 나라의 반발이 불가피해졌다. 영국은 발칸에서 러시아의 일방적인 지배권에 반대하는 오스트리아와 즉각 힘을 합쳤고, 1878년 2월 13일 마르마라 해협에 함대를 파견하면서 전쟁 분위기를 조성했다. 영국과 오스트리아가 연합해 전쟁을 시작할 경우 이제 막 전쟁을 끝낸 러시아로서는 군사적으로나 재정적으로도 맞대응하기 어려운 실정이었다. 따라서 러시아는 산스테파노 조약을 수정하라는 강대국들의 요구를 들어주지 않을 수 없는 상황이었다.

그렇지만 당장은 어느 진영에서도 뜻을 굽히지 않았기에 사태는 전혀 진전을 보이지 않았다. 유럽의 평화가 첨예하게 위협받는 가운데 국제회의만이 유일한 해결책으로 떠올랐다.

3월 6일, 오스트리아의 외무장관 안드라시(Graf Julius Andrássy, 1823~1890)는 베를린에서 강대국들 간의 회합을 열자고 제안했다. 1856년 크림 전쟁을 종결할 당시에는 나폴레옹 3세가 수립한 정부를 높이 평가하여 파리에서 국제회의가 열렸지만, 22년이 지난 시점에서 국제정세는 달라져 있었다. 비록 영국과 러시아의 전적인 신뢰를 받지는 못했지만, 당시 발칸의 위기를 해결하고 유럽의 평화를 지킬 수 있는 유일한 지도자로 물망에 오른 인물은 바로 오스트리아와 프랑스를 연이어 격파했던 비스마르크였다.

참으로 오랜 망설임 끝에 비스마르크는 그 중재자로서의 역할을 수락했다. 그러나 그의 심기는 여전히 불편하기 이를 데 없었다. 곤혹스러운 대외정치 상황도 문제였지만, 무엇보다 독일 정부의 재정비와 세제 개혁 및 보호관세 정책 등 긴박한 국내 문제가 산적해 있었기 때문이다. 게다가 1877년 4월부터 1878년 2월까지 기나긴 휴가를 보냈음에도 불구하고 여전히 수면장애와 류머티즘, 신경통과 대상포진에 시달려온 건강 문제도 한몫을 했다.

비스마르크의 건강에는 벌써부터 빨간불이 켜져 있었다. 그는 오래 서 있기 힘들 만큼 매우 허약해져 있었다. 그런 상태에서 국제회의를 주관하기란 사실 힘에 부쳤다.

회담의 중요성을 차치하고, 제아무리 외국어에 능통해도, 거리낌 없이 기록에 남길 수 있도록 외국어로 정확하게 표현한다는 것은 극도로 힘을 소진하는 일이다. 나는 6시 전에는 거의 잠자리에 들지 못했고, 종종 아침 8시에야 겨우 몇 시간 눈을 붙였으며, 12시까지는 누구에게도 말을 건네지 않았다. 그러니 어떤 컨디션으로 회의에 참석했는지는 쉽게 짐작할 수 있을 것이다. 내 두뇌는 아교 성분처럼 서로 응집되어 있지도 않은 덩어리에 불과했다. 내 몸의 피가 충분히 회복되기 위해서는 회의에 참석하기 전에 맥주잔 두세 컵의 가장 강한 포트 포도주가 필요했다. 그렇지 않으면 나는 아무런 일도 처리할 수가 없었다.

그런 비스마르크의 주재하에 1878년 6월 13일부터 7월 13일까지 한 달 동안 베를린 회의가 열렸다. 회의에 참석한 각국 대표들은 영토 문제에서 자국의 이익을 추구하는 데만 열을 올렸다. 베를린 회의를 시작하기 전부터 그런 상황을 파악하고 있었던 비스마르크는 시종일관 엄중한 중립국의 위치에서 회의를 원활하게 진행하고자 했다.

나는 심판관으로서의 역할이 아닌, 사태를 진정으로 회복하고자 하는 보다 '성실한 중재자'로서 임무를 수행하고자 한다.

하지만 최종적으로 어느 한쪽을 선택해야만 하는 순간이 다가왔다. 발칸 문제를 놓고 모든 참가국의 이해가 첨예하게 엇갈린 만큼 비스마르크는 자신의 결정에 따라 새로운 대외적인 어려움이 생길 수도 있음을 감안해야 했기에 선택은 더욱 어려웠다. 사실 비스마르크로서는 자국을 못마땅하게 여기던 영국과 러시아가 양 진영에 버티고 있었기 때문에 어느 쪽도 지지하고 싶지 않았을 것이고, 굳이 한쪽을 정해야 한다면 오스트리아가 속한 영국 편을 드는 것이 유리했을 것이다.

그렇지만 그는 유럽의 평화에 최대의 위협이 될 국가가 어디인지에 주안점을 두기로 했다. 특히 '신생제국'의 곤란한 처지를 감안한다면 어떠한 위험을 무릅쓰고라도 군비경쟁 대신 평화를 추구하는 외교정책을 선택하는 것이 현명한 처사라고 여겼다. 따라서 발칸 소국가들의 민족적인 독립보다는 오히려 평화를 강조하는 자국의 입장을 관철하고 강대국들의 영향력에 대한 상호 제한이 우선적이었다.

마침내 베를린 회의 결과 영국이 사이프러스를 편입하고, 오스트리아가 보스니아–헤르체고비나를 점령하게 되었다. 그리고 불가리아는 제후국으로 러시아 황제의 조카 바텐베르크(Alexander von Battenberg, 1857~1893)에게로 넘어갔다.

반면 오스만투르크에 동부 루멜리아를 되돌려주게 된 러시아는 산스테파노 조약에서 실현하고자 한 목표들을 그대로 이룰 수 없게 되었다.

이로써 해협을 차지하여 지중해로 나아가려던 러시아의 목표는 수포로 돌아가고 말았다.

베를린 회의가 끝난 이후의 상황은 역시 비스마르크가 예상한 그대로였다. 무엇보다 러시아는 독일제국과 비스마르크에 대해 노골적인 적대감을 드러냈다. 비스마르크로 인해 승리의 결실을 강탈당했다고 판단한 러시아는 그 책임을 독일제국에게 돌렸고, 비스마르크의 반러시아적인 태도를 강력하게 비난했다. 회의가 끝나고 4주 뒤인 8월 15일 여전히 분노를 삭이지 못한 알렉산드르 2세는 자신의 외삼촌인 빌헬름 1세에게 심상찮은 편지까지 보냈다. 이 편지에서 알렉산드르 2세는 독일제국에 대한 맹렬한 비난과 함께 빈과 런던에 대해 반대의사를 분명히 해줄 것을 요구했다.

상당히 위협적이라 할 이 편지로 인해 양국 사이에는 심각한 위기의 조짐마저 감돌았다. 그러나 매우 당황한 듯한 빌헬름 1세와 달리 비스마르크는 어떠한 동요도 보이지 않았다. 거기에는 유럽의 평화를 수호하는 것 못지않게 동방 문제에 직면하여 힘의 균형을 유지하기 위한 향후 외교정책 방침이라 할 수 있는 그 유명한 '키싱겐 교서'가 결정적으로 뒷받침하고 있었기 때문이다. 1877년 6월 15일, 아들 헤르베르트를 동원해서 작성했던 그 교서에는 프랑스를 제외한 모든 강대국을 필요로 하고, 또 그들과의 관계를 통해 자국에 적대적인 연합의 가능성을 저지하고자 하는 비스마르크의 이상이 제시되어 있었다. 결과적으로 프랑스의 고립을 최우선으로 한 그의 외교노선에서 러시아에 대한 결정은 최선책이 없는 상황에서 이루어진 차선책이었던 것이다.

러시아와의 관계가 급속도로 냉각되기는 했지만, 사실 비스마르크는 러시아에 끝까지 신중한 태도를 잃지 않았다. 러시아와 오스만투르크의 불화를 지켜보면서 그는 1878년 2월 전쟁이 발발하자 중립을 선포했고, 계속되는 러시아의 군사적 행동에 강경하게 반대하면서도 오스트리아의 방어동맹 제안을 거절할 정도로 중재자로서 중립적 위치를 망각하지 않았다.

다만 베를린 회의를 통해 비스마르크는 강대국들 간의 화해 국면이나 발칸 소국가들의 주권 회복 등의 문제에서 근본적인 해결책을 이끌어내지는 못했다. 유럽의 종양과도 같던 동방 문제가 곪아터지면서 그동안 부르짖었던 화합도 일시에 무효로 돌아갔지만, 강대국들 간의 전쟁 위기를 가라앉히는 정도로 사태는 일단 진정되었다. 따라서 그는 중재자로서 유럽의 평화를 유지하려는 기본적인 의지를 관철시키긴 했지만, 그 평화라는 것이 형식적이고 잠정적인 차원에 그쳤을 뿐 새로운 문제를 잉태할 여지를 남겨두었음을 부인할 수 없는 사실이었다.

결과적으로 비스마르크는 런던, 파리, 빈의 힘의 균형에 대한 독일의 '미성숙한 헤게모니'로부터 한동안 벗어나게 되었다. 동부에서 막강해진 거대한 '신생제국'에 대한 주변국들의 인식은 달라질 수밖에 없었다. 특히 새로운 독일제국에 대한 불신을 상당히 불식시키게 된 디즈레일리는 1878년 비스마르크를 평가함에 있어 전혀 인색함이 없었다.

비스마르크는 모든 것을 극복했다. 190센티미터의 큰 키와 그에 걸맞은 건장한 체격, 품격 있고 듣기 좋은 목소리, 거기에 그 자신이 말하듯 공명정대함과 예리함을 요하는 지독한 문제에 대해 특이하면서도 드물게 대응할 줄 아는 교양 있는 표현력까지 두루 갖췄다. 그는 완전한 독재자이며, 머리에서 발끝까지 프로이센 사람이다. 외국의 상임외교관들 모두를 그의 찌푸린 얼굴에 떨게 만들고, 또 최대한 민첩하게 그의 웃음을 얻어내기 위해 애를 쓰도록 하고 있다.

베를린 회의를 통해 비스마르크는 유럽의 정치무대에서 독일의 위상과 자신의 지도력을 인정받는 크나큰 외교적 성과를 거두었다. 정치적인 융통성과 강력한 추진력을 지닌 중재자로서 그는 무엇보다 19세기 후반의 20년 가까이 유럽이 평화를 유지할 수 있도록 기여한 점에서 전쟁이 아닌 평화의 대변자로서도 전혀 어색치 않았다. 그런 의미에서 1864년, 1866년, 그리고 1870~1871년 세 차례 전쟁의 주동자에서 평화의 수호자로 이미지를 탈바꿈하는 데 어느 정도 성공했다고 볼 수 있다.

　그런 과정에서 그는 자국의 동맹관계 또한 강대국들이 외쳤던 평화처럼 순식간에 물거품이 될 수도 있다는 교훈과 함께 무엇보다 자국의 평화를 안전하게 지켜나가는 것이야말로 당면한 최대의 정치적 과제임을 거듭 확인했다. 또한 베를린 회의를 진행하는 동안 상호 불편한 관계에도 불구하고 프랑스 외교관들이 보여준 매우 협조적인 태도에 깊은 감화를 받기도 했다. 공화국에다가 반교회 중심의 프랑스 정부와도 긴장을 완화할 수 있겠다는 가능성까지 엿볼 수 있었으니 말이다. 그렇다고 해서 지금까지 적국으로 간주하던 프랑스를 하루아침에 우호적으로 대할 수는 없는 일이었다. 독일의 평화로운 정국을 위해서는 반프랑스 노선과 함께 언제든 새로운 변수로 등장할지 모르는 러시아와의 관계를 신중하게 관리하지 않으면 안 되었다. 따라서 베를린 회의 결과에 만족하지 않는 러시아와의 관계 개선에 그 어느 때보다 신중을 기해야만 하는 시점에서 독일의 동맹관계에 대한 재검토가 불가피해졌다.

동맹의 중독자, 고전을 자처한 격

한동안 베를린 회의의 결과에 대한 러시아의 불만은 해소될 기미가 보이지 않았다. 예전에는 러시아와 갈등이 있다면 화해를 우선으로 여겼지만, 이번만큼은 비스마르크도 러시아에 의지하거나 접근할 생각을 일단 접어두지 않을 수 없었다. 러시아와 단절할 경우 고령의 빌헬름 1세와 심각한 갈등을 일으킬 수 있다는 점을 고려하여 오스트리아 측의 방어동맹 제의는 받아들이지 않았지만, 러시아와 일정한 거리를 두어야 하는 시점에서 비스마르크는 오스트리아, 러시아와의 3제협정의 수정이 필요해졌음도 부인하지 않았다.

1890년 5월 20일, 퇴임한 노재상의 발언이 얼마나 설득력을 가질지 의문이지만, 브렘자(Nowoje Wremja)와의 인터뷰에서 비스마르크는 "베를린 회의에서 독일은 최대한 친러시아적인 태도를 취했다"고 단언했다. 물론 러시아의 불만이 한때 최고조에 달하기도 했지만, 비스마르크의 대외정책, 특히 러시아와의 전반적인 관계를 고려할 때 그런 발언이 전혀 터무니없지는 않았다. 비스마르크의 뒤를 이어 독일 재상이 된 카프리비(Leo von Caprivi, 1831~1899)가 빌헬름 2세의 의향대로 러시아와의 동맹관계를 부정적으로 전망하고 완전히 파기시켜버림으로써 그의 진의를 일언지하에 무색케 해버린 사례로 충분히 입증되기 때문이다. 그리고 그 결과는 머지않아 제1차 세계대전에서 독일이 오스트리아, 이탈리아와 맺은 '3국동맹'에 맞서 러시아가 영국, 프랑스와 힘을 합쳐 '3국협상' 체제를 결성하는 것으로 이어졌다.

발칸의 위기와 베를린 회의 등으로 급변한 정세 속에서 비스마르크는 3제협정 이후의 두 번째 동맹이 절실해졌다. 프랑스에 이어 러시아와도 매끄럽지 못한 대외관계를 유지할 경우 자국의 지속적인 평화가 위협받을 수밖에 없다고 판단한 때문이었다. 결국 3제협정의 파트너인 러시아를 배제한 채 오스트리아와의 보다 긴밀한 동맹을 구상한 비스마르크는 일차적으로 헝가리의 귀족 출신으로 베를린 회의에서 나름대로 역할을 해낸 오스트리아 외무장관 안드라시와의 교섭을 성사시켰다.

우리는 러시아보다 오스트리아와 더 많은 공통점을 지니고 있소. 민족 문제와 역사적인 기억, 언어, 그리고 헝가리와의 관계 등에서 러시아보 다는 오스트리아와의 동맹이 독일에서 더 관심을 끌고 더 오래 지속되 도록 할 것이오.

이로써 비스마르크 정치에서 항상 따라다니게 될 '동맹관계의 악몽' 이 본격적인 궤도에 올랐다. 악몽이라는 수식어가 말해주듯, 마치 중독 된 듯 동맹국을 찾고 또 찾는 그의 정책은 나머지 재임 기간 내내 계속 되었다. 이런 동맹 정책이 궁극적으로 평화를 담보하기보다는 자신의 발목을 잡는 걸림돌이 되리라는 점을 그는 미처 생각지 못했다.

반비스마르크 세력이나 민족주의자들은 그러한 정책노선을 소극적 이면서도 비겁한 대응이라고 비판하며, 젊은 황제 빌헬름 2세가 추진하 는 거침없는 '세계정치' 노선에 합세했다. 빌헬름 2세 역시 눈엣가시 같 은 '늙은이'를 스스럼없이 해고할 수 있는 빌미를 놓칠 리 없었다. 황제 와의 대립은 곧 비스마르크 정치의 마비를 의미했고, 급기야 그의 퇴진 으로 이어질 수밖에 없었다.

연쇄적인 동맹의 고리

3제협정이 여전히 유효하던 1876~1878년, 베를린 회의 결과로 인해 독 일과 러시아의 관계는 매우 불투명해졌다. 러시아의 알렉산드르 2세는 비스마르크의 주도하에 유럽이 연합하여 자국에 대항한 것으로 받아들 였다.

1879년 10월 7일, 비스마르크는 끝내 3제협정의 한 파트너인 오스트 리아와 새로이 2국동맹을 성사시킴으로써 대외노선에 새로운 물꼬를 터야 했다. 러시아의 향후 동태에 역시 불안함을 느끼던 오스트리아의 안드라시로서도 주저할 이유가 없었다.

2국동맹은 러시아의 공격에 대비하여 양국이 상호 원조를 약속하는 방어적 성격의 연합체였다. 이 동맹을 통해 독일과 영국의 관계 개선에 오스트리아가 중재 역할을 해줄 수 있었고, 프랑스가 독일을 침략하거나 이탈리아가 오스트리아를 침략할 경우에는 서로 중립을 보장하기로 했다. 다만 프랑스에 대한 오스트리아의 중립적 태도는 독일의 알자스-로렌이 오스트리아의 이해와는 관련이 없기 때문으로, 오스트리아로서는 러시아가 간섭할 경우에 한해서 동맹국으로 행동할 수 있다는 전제 조건이 뒤따랐다.

오스트리아의 합스부르크 왕조는 1000년의 역사를 독일과 공유해왔기 때문에 비스마르크에게는 가장 자연스러우면서도 이상적인 동맹국으로 여겨졌다. 이렇게 양자 동맹이 이루어지면서 1866년 전쟁으로 인한 불편한 관계도 모두 해소될 수 있었다. 또한 비스마르크는 오스트리아와의 동맹이 자신에게 적대적인 가톨릭주의자들과 남부독일을 통합하는 과정에서도 상당한 도움이 되리라고 기대했다.

한편 호엔촐레른 왕가의 수장인 빌헬름 1세는 베를린 회의 이후 러시아의 적대적인 태도에 매우 당혹스러웠지만 애써 마음에 담아두지 않았다. 그러나 러시아와의 혈연관계는 물론 오랜 우호관계를 과대평가한 그로서는 비스마르크의 2국동맹이 마음에 들 리 없었다. 심지어 2국동맹을 "러시아의 등 뒤에서 이루어진 비열한 행위"라며 못마땅하게 여길 정도였다.

이 일을 계기로 황제와 재상은 서로 불편한 관계가 되었다. 2국동맹에 반대하는 황제의 동의를 얻어내기 위해 비스마르크는 과거 독일연방 시절 오스트리아와의 상호 협조체제를 상기시키는가 하면 대독일주의적 동기를 암시하는 등 가능한 모든 수단과 방법을 동원했다. 물론 오

:: 1880년 무렵의 빌헬름 1세와 황비 아우구스타

스트리아와의 동맹체제는 국가 간의 동맹으로서 결코 대독일주의나 중유럽적인 관점과 관련된 사안은 아니었지만, 그것을 구실로 삼아야 할 정도로 비스마르크에게는 2국동맹이 절실했다.

황제의 반감이 지속되자, 비스마르크는 모든 관료들의 지지를 뒤로하고 또다시 퇴임 문제를 내세웠다. 상황이 위급하게 전개되자 노쇠한 빌헬름 1세는 체념밖에 별다른 도리가 없었다. 그는 비스마르크야말로 "국가를 위해 자신보다 더 필요한 인물"임을 공표하고 상황에 순응하기로 했다.

그러나 황제는 2국동맹 사실을 러시아 황제에게 전달하는 것만은 끝까지 완강하게 거부했다. 이 점은 비스마르크도 공감하는 바였기에 오스트리아의 동의를 얻은 다음 약 10년이 지난 1888년까지 2국동맹을 비밀에 부쳤다. 이렇게 해서까지 2국동맹을 성사시킬 만큼 비스마르크에게 러시아 문제는 중요했다.

그렇다고 해서 비스마르크의 궁극적인 목표가 러시아와의 화친이나 동맹에 있었던 것은 아니다. 그는 양국이 서로에게 총부리를 겨눌 일은 없다고 믿고 있었다. 다만 프랑스의 보복전이나 러시아와 프랑스의 제휴 가능성이 열린 지금, 오스트리아의 지원을 빌어서라도 거기에 대비하는 것을 당연시했을 뿐이었다.

그런 의미에서 2국동맹은 오스트리아와의 역사적인 친밀감과 민족적인 친화성을 보여준 좋은 성과임에도 불구하고, 비스마르크의 집권시기인 1880년대 후반까지 이루어진 연이은 동맹 가운에 하나에 지나지 않았다. 그 스스로도 "단지 전략상의 보조수단"이라고 언급했듯이, 3제협정 못지않게 2국동맹도 한계를 안고 있었다. 말 그대로 '보조수단'이었기에 그것만으로 완전할 수 없었고, 따라서 그 허점을 메우기 위해서는 또 다른 수단이 필요했다. 그 때문에 '악몽'과도 같은 '동맹 찾기' 작업은 계속될 수밖에 없었다. 어떤 의미에서 2국동맹은 궁극적인 목표인 프랑스의 고립을 위한 '보완작전'이었다. 그런 만큼 프랑스를 근본적으

:: 1882년 한자리에 모인 빌헬름 1세와 황태자 프리드리히 빌헬름, 그리고 훗날의 빌헬름 2세와 그의 큰아들.

로 고립시키기 위해서는 장차 러시아와의 우호적인 협력관계를 복구할 필요가 있었고, 그 산물이 1881년의 3제동맹이나 1887년의 비밀재보장 조약이었다.

마침내 비스마르크의 동맹정책에 시동이 걸렸다. 2국동맹을 체결했음에도 궁극적인 목표를 한시도 잊지 않은 그는 예전의 3제협정과 같은 삼각관계를 외교노선의 기본적인 틀로 간주한 만큼 어떻게 하든 반드시 러시아를 다시 포함시키고자 했다. 말하자면 빈과 페테르부르크 가운데 굳이 한쪽을 선택해야 한다면 언제든 연대가 가능한 빈보다는 페테르부르크 쪽에 더 비중을 두었던 것이다.

그러다 때마침 러시아와 관계를 복원할 기회가 찾아왔다. 1881년 3월, 63세의 알렉산드르 2세가 혁명파가 던진 폭탄에 암살당하는 사건이 발생했던 것이다. 그 이후 조직적인 테러와 함께 무정부 상태로 빠져드는 사회 분위기 속에서 러시아 정부는 독일에 의지할 필요성을 절감하게 되었다. 심지어 산스테파노에서 드러낸 야심으로 인한 국제적 고립상태에서도 벗어날 때가 되었다고 판단할 정도였다.

러시아는 우선 독일과의 협력관계를 복구하는 데 적극 나섰다. 비스마르크는 친독일 성향의 러시아 외무장관 기어스(Nikolai von Giers, 1820~1895)와의 오랜 담판 끝에 1881년 6월 18일 새로이 3제동맹(Dreikaiserbündnis)을 맺어 과거 3제협정의 세 파트너들이 다시 뭉치도록 주도했다. 이로써 독일과 러시아의 갈등은 물밑으로 가라앉았다. 군주제를 원칙으로 하며 혁명을 방지하려는 보수체제인 3제동맹은 3제협정을 갱신했다는 의미에서 제2차 3제협정으로도 불렸다. 3제동맹에서는 동맹 파트너 중 어느 한쪽이 제4국과 전쟁을 치를 경우 호의적인 중립을 의무화했다.

독일제국이 이루어낸 이런 3각 정치가 유럽의 평화를 최대한 보장해 주는 유일한 체제라고 비스마르크는 판단했다. 불안한 국제정세에서

:: 오스트리아 대사 칼노키(Gustav Siegmund Kálnoky, 1832~1898)에게 차라리 러시아의 곰을 속여서 생포한 다음 사살할 것을 충고하는 비스마르크. 1883년 9월 23일 〈플로〉 지에 실린 풍자화

어느 한쪽에만 의지하는 '해바라기' 식의 외교를 종식하고 다방면에서 지원해주는 대외관계를 보장받는 것이야말로 그에게는 최고의 안전판이었다. 그러나 3제동맹은 오스트리아와 러시아 간에 불미스런 관계가 재발하면서 1887년 더 이상의 진전을 이뤄내지 못했다. 결국 독일과 러

시아가 비밀리에 체결한 재보장조약이 3제동맹을 대신하게 되었는데, 이는 비스마르크 정치에서 러시아가 차지하는 비중을 말해주는 것은 물론이고 프랑스를 고립시키려는 그의 의지를 다시 한 번 각인시키는 사례였다.

3제동맹을 체결한 그 이듬해인 1882년 5월 20일 비스마르크는 오스트리아와의 2국동맹에 이탈리아를 가입시켜 3국동맹(Dreibund)으로 확장시킴으로써 또 하나의 3각 정치를 이루어놓았다. 자국의 안정과 유럽의 현 상황을 유지함에 있어 프랑스의 보복전을 계속 우려하던 그에게는 프랑스와 멀리 떨어진 오스트리아와 러시아만으로는 만족할 수 없었기 때문이다. 때마침 아프리카 북부의 튀니지를 장악한 프랑스와의 식민지 투쟁에서 밀려난 이탈리아를 재빠르게 끌어안음으로써 비스마르크는 안전지대를 보다 넓혀놓으려는 심산이었다.

오스트리아로서도 프랑스에 반감을 지닌 배후의 또 다른 동맹세력을 마다할 이유가 없었다. 이탈리아의 외무장관 만치니(Mancini) 역시 남부 티롤과 트리에스트 영토 문제로 불거진 합스부르크 왕가와의 불화를 일단 잠재우고 독일-오스트리아와 블록을 형성하기로 했다. 세 나라는 러시아와 프랑스의 연대를 막기 위해 동맹 결과를 비밀에 부치기로 합의했고, 프랑스의 공격시 서로를 지원하고 러시아의 공격에는 중립을 지키기로 약속했다.

새로 부활한 3제동맹과 3국동맹이라는 두 동맹 체제를 통해 비스마르크는 중유럽에서 프랑스를 계속 고립시키고, 나머지 강대국들과 결속을 다짐으로써 독일의 정치적 난관을 이겨내어 헤게모니를 지속시키고자 했다. 이로써 그는 적어도 1885~1886년 발칸 사태의 재발로 동맹 체제의 재정비가 필요하기 전까지 그 나름대로 주도적인 정치를 수행해나갈 수 있는 기반을 마련한 셈이었다. 또한 전쟁 위험에 대비한 일종의 안전망을 구축해놓음으로써 힘의 균형 하에 유럽의 평화와 안정을 유지하는 데도 기여할 수 있게 되었다. 사실 그런 안정적인 상황 덕분에 강대국들도 기존의 식민정책을 계속해서 강행해나갈 수 있었다.

식민정치의 실체

집권 초반부터 독일을 주축으로 여러 동맹 체제를 조율해온 비스마르크는 1880년대 중반까지 비교적 안정된 국면을 맞이하면서 지금까지와는 전혀 다른 분야로 눈을 돌릴 수 있었다. 그것은 바로 식민정책이었다. 특히 영국과의 피지 섬 사태를 겪은 이후로 비스마르크는 해외영토 획득에 나서 대내외적 입지를 강화할 의향을 갖게 되었다.

사실 독일의 식민정책은 다른 나라에 비해 시기적으로 늦었을 뿐만 아니라, 본격적으로 추진하게 된 배경이나 동인도 미약하기 이를 데 없었다. 그러나 1880년 초 식민주의자들이 잊혀졌던 사모아 문제를 재차 거론하자, 이에 적극적으로 나서 '사모아 의안'을 의회에 상정하면서 비스마르크의 식민정책은 시작되었다. 비록 재정적 위기에 처하긴 했지만, 1860년경까지만 해도 남태평양 무역의 약 70퍼센트를 독일인이 장악했던 점을 감안한다면 고데프로이(Godeffroy) 가문이 경영해온 사모아 지역의 경제적 중요성을 새로이 인식한 결과였다고 할 수 있다. 게다가 그 지역의 소유 문제와 관련하여 영국에게 두 번 다시 주도권을 빼앗기지 않으려는 비스마르크의 정치적인 속셈도 작용했다. 그런 만큼 그에게 사모아의 획득은 수익이 큰 상업기지를 확보하는 동시에 독일 국민에게 정치적 영광을 안겨주는 방책으로 간주되었다.

비스마르크는 사모아 의안을 상정함으로써 공식적으로 독일의 식민 무역을 지지했고, 또 이 의안을 통과시키기 위한 지지세력을 모으도록 지시했다. 이에 따라 고데프로이 가문 출신인 구스타프(Gustav Godeffroy,

1817~1893)를 비롯하여 그의 절친한 친구이자 후견인이며, 또한 비스마르크의 재산을 관리했던 은행가 블라이히뢰더, 할인주식회사의 대표 한제만(Adolph von Hansemann, 1826~1903), 외무부의 식민청 관료로서 한제만의 매형이자 쾰른 은행장인 오펜하임(Salomon Oppenheim, 1722~1828)의 손자 쿠세로프(Heinrich von Kusserow, 1836~1900), 자유보수진영의 수장 호엔로에-랑엔부르크(Hermann Fürst zu Hohenlohe-Langenburg, 1832~913) 등 막강한 재력가들과 정치가들이 합류했다.

그러나 사모아 의안은 좌파 자유당과 중앙당의 반대에 부딪혀 128 대 112의 표결 결과로 부결되었다. 해외 영토 사업을 통한 경제적 · 정치적 목표를 펼쳐보지도 못한 채 비스마르크는 식민지에 대한 부정적인 시각에 밀려나고 말았다.

아무런 성과도 얻어내지 못한 비스마르크는 한동안 식민정책에 대한 의욕을 상실한 듯 보였다. 그리고 식민지와 관련된 안건이 거론될 때마다 의결 실패의 경험에서 벗어나지 못했다. 얼마 전까지 치밀하게 밀어붙이던 모습이라고는 온데간데없이 비관적인 태도를 보이기까지 했다.

내가 제국 수상으로 있는 한 식민정치를 수행하지는 않을 것이다. ……
달리지도 못하는 함대를 가진 독일이 식민지 경영을 시작하자마자 프랑스의 희생물이 되어 곧장 사라지고 말, 상처받기 쉬운 그런 먼 세계의 영토를 소유해서는 안 된다.

재상의 지원을 계산했던 식민주의 선동가들은 그의 중도 하차에 실망감을 감추지 못했다. 뜻하지 않은 식민정책을 두고 정치권 내에서도 말들이 많았다. 특히 고령인 빌헬름 1세의 왕위이양 시기가 얼마 남지 않은 시점에서 친영국 성향의 자유주의적이고 반식민주의적인 황태자 프리드리히를 곤경에 빠뜨리기 위한 비스마르크의 정략적인 의도라는 지적도 나돌았다. 헤르베르트가 부친 비스마르크의 퇴임 직후 러시아 주재 대사인 슈바이니츠에게 건넨 말을 통해 그러한 소문의 진상은 상당히 입증되기도 했다.

황태자의 오랜 통치기간 동안 영국의 영향력이 지배적일 것이라는 계산 하에서 식민정책이 추진되었습니다. 민족적이면서도 그 언제든 영국을 곤경에 빠뜨리게 할 수 있는 식민정책이 그 예방책으로 필요하기도 했습니다.

비록 사모아 의안을 통과시키지 못했고 갖가지 소문에 휩싸이며 의기소침해지긴 했지만, 비스마르크는 식민정책을 추진하는 과정에서 얻은 것도 많았다. 우선 해외 자유무역이나 영토 문제에 깊숙이 개입하면서부터 독일 내부에서 떠오르는 식민주의적 분위기를 확인할 수 있었다. 유럽 강대국들 사이에 유행하는 세계정치가 국가 간의 첨예한 대립 관계를 만들어내고 국제질서에 미묘한 영향을 미친다는 사실도 직접 경험했다. 그리고 무엇보다 '내전'의 막바지를 거치는 상황에서 국민자유당을 해체하는 실질적인 성과도 거두었다. 그동안 보호무역정책을 표방해온 그로서는 자국의 해외무역을 지원한다는 취지를 내세워 제국의회 내 다수를 차지하던 국민자유당 의원들의 지지를 끌어내는 데 역점을 둘 수 있었기 때문이다. 그 과정에서 밤베르거를 중심으로 보호무역정책에 맞서는 의원들이 끝내 분리됨으로써 1880년 국민자유당의 해체와 함께 그들의 다수를 정치적 동반자로 끌어들일 수 있었다.

그런 의미에서 식민정책의 시작은 실패했지만, 결과적으로 비스마르크의 정치에는 손해될 것이 없었다. 오히려 자국의 식민지 건설은 물론 자유주의자들을 견제하기 위한 충분한 사전작업이 되었다. 독일 식민 역사에서 사모아 문제를 식민정치의 분수령으로 언급하는 이유도 그 때문이다. 식민주의자들의 경우 여전히 불만스러운 단계에 그쳤겠지만, 비스마르크가 첫걸음을 떼어줌으로써 식민지의 경제적 의미와 가능성을 열어놓게 된 것만은 분명했다.

식민정책의 실패를 등에 업고 비스마르크는 식민지 전선에 다시 빠져들었다. 정부의 지원을 요청한 후로 아무런 회답을 받지 못한 채 2년이라는 긴 시간을 보낸 1883년 1월 22일, 뤼데리츠(Franz Adolf Lüderitz, 1834~1886)가 또다시 정부의 보호를 요청하면서 그 계기가 마련되었기 때문이다. 브레멘 출신인 뤼데리츠가 올린 보고서는 1873년 3월 이래로 영국이 소유해온 서남아프리카 나미비아의 월비스베이(일명 고래 만) 남쪽 해안지대인 앙그라페케나(일명 뤼데리츠 만)와 그 일대 주변지역의 구입 문제에 관한 안건이었다.

뤼데리츠는 이미 1881년 11월 그 일대를 중심으로 영국의 방해를 저지하기 위해 전함을 지원해달라는 청원서와 함께, 장차 그 지역을 소유할 경우 함대에 쓰이는 석탄을 저장할 창고를 무료로 설치해달라는 요청을 외무부에 올린 바 있었다. 뤼데리츠의 요청서는 그해 12월 임시로 외무부 대사를 역임했던 헤르베르트를 통해 비스마르크에게 전달되었다. 그러나 그때만 해도 사모아 의안의 실패를 경험했던 비스마르크는 남아프리카에서 영국과 경쟁할 의향이 없었다.

그러다 뒤늦게 뤼데리츠의 요청서를 세심하게 재검토한 비스마르크는 즉각 사태 파악에 들어갔다. 그리고 뤼데리츠가 구입한 그 지역의 경계선이 영국과 포르투갈, 그리고 최근에는 프랑스의 영향력까지 맞물려 있다는 사실을 알게 되었다. 가능성이 희박해 보이긴 했지만, 비스마르크는 그 다음 단계로 1883년 2월 4일 그 지역에서 영국이 어느 정도 주권을 행사하는지 여부를 조심스럽게 영국 정부에 타진해보도록 했다.

즉각적인 조치 대신에 소극적이면서도 관망하는 듯한 비스마르크의 태도에 뤼데리츠는 아주 불만스러워했지만, 비스마르크로서는 여러 나라의 이해관계가 얽혀 있었기 때문에 사전에 면밀히 검토하지 않을 수도 없었다. 사실 상황이 뜻대로 되지 않을 경우 영국 정부에 독일 이주민을 보호해달라고 부탁하는 정도로 그칠 생각도 있었고, 아울러 식민정책에 관심이 없는 자국의 기존 입장을 다시 한 번 확인시킴으로써 대외정책에 신중을 기할 계산이었다. 다행히 영국 쪽에서 앙그라페케나에 거주하는 독일인들을 보호해주기만 한다면, 이를 받아들이는 조건으로 영국과 보다 나은 대외관계를 구축하는 것으로 만족하려 했던 것이다.

그러나 영국 정부는 수개월이 지나도록 아무런 반응도 보이지 않았다. 그것은 비스마르크 심경에 큰 변화를 일으키는 계기가 되었다. 또 마침 월비스베이를 경계로 북쪽의 헤레로와 남쪽의 호텐토텐 원주민 간의 싸움이 일어나는 바람에 영국은 사태 수습에 골몰해야만 하는 처지가 되었다. 게다가 영국 외무장관 그랜빌(George Leveson-Gower Granville, 1815~1891)과 식민청 장관 더비 두 사람의 이름으로 뒤늦게 날아온 답변은 그의 기대에 한참 못 미쳤다.

월비스베이 이외의 지역에서도 우리는 주권을 공포할 것입니다. 또한 케이프 내 우리 식민정부와 포르투갈령 앙고라 이외에 다른 제3의 세력이 그 사이에 끼어들 경우, 주권 침해로 간주하고 우리의 권리를 행사할 것입니다.

때마침 비스마르크는 새로운 소식을 접했다. 영국의 응답이 지체되는 동안 가만히 지켜보고만 있을 수 없었던 뤼데리츠가 포겔장(Heinrich Vogelsang, 1862~1914)을 내세워 앙그라페케나 인근지역을 매입토록 하여 1883년 5월 12일 독일제국의 국기를 게양했다는 소식이었다. 그리고 8월 함부르크 주정부와 대담을 갖던 중 아프리카 해안지대에서 자국의 식민무역의 안전한 경영을 위한 조건으로 보호령, 함대 정박지, 영사관 등과 관련된 권리가 보장되어야 한다는 정보를 얻어냈다는 소식까지 전해들었다.

이에 비스마르크는 주저하지 않고 다시 영국 정부에 정중한 전문을 발송했다. 새로이 입수한 정보를 바탕으로 영국이 언급한 그곳의 독일인에 대한 주장이 어떤 명목상의 권리에 해당되는 것이며, 그곳에서 어떤 기관과 제도들을 갖추고 있는지에 대한 문의였다. "독일 상인들 역시 영국인과 마찬가지로 동등하게 식민지 사업을 할 수밖에 없다"는 반문의 성격이 짙은 그의 서신은 사실상 간접적인 통고와 다름없었다.

비스마르크의 거듭된 질문에 영국은 또다시 묵묵부답이었다. 11월 21일에야 겨우 "위도 18도에 위치한 포르투갈령 경계선의 이남과 자국의 합법적인 권리가 인정되고 있는 케이프 식민지 경계선 이북 사이에 끼어 있는 지역에서는 다른 어떠한 국가의 주권 요구나 재판 관할권도 모두 제한받게 될 것"이라는 그랜빌의 답변이 날아들었다. 한마디로 독일이 일을 벌이지 않는 것이 좋겠다는 경고였다.

영국의 주권이 아프리카 전 해안에 걸쳐 행사되는 것은 아니지만, 월비스베이와 앙그라페케나 같은 지역에서는 분명히 우리의 주권이 효력을 미칩니다.

비스마르크는 앙그라페케나 문제를 두고 그동안 1년여에 걸쳐 영국 측의 무성의와 무례를 경험했다. 1876년 피지 섬에서 영국이 보여준 일방적인 태도와 1880년 영국과 경쟁이 예상되었던 사모아의 식민무역을 포함해서 지금의 상황에 이르기까지 상대국의 그런 태도는 비스마르크의 심기를 불편하게 만들고도 남았다. 그랜빌이나 더비 중 그 누구도 그 문제에 대해 진지하게 생각하지 않는 눈치였기 때문이다. 더욱이 그들 모두 비스마르크가 식민지를 원하는 경우는 없을 것이라고 확신했다.

비스마르크는 영국의 무례한 반응을 기다렸다는 듯이 즉각적인 조치로써 맞대응했다. 식민청의 쿠세로프에게 "이제부터 시작해볼까!"라고 매우 시사적이고도 의미심장하게 발언했듯이 1884년 4월 4일 비스마르크는 외무부 비서인 하츠펠트(Paul Graf von Hatzfeldt, 1831~1901)를 통해 영국 주재 대사 뮌스터(Georg Herbert zu Münster, 1820~1902)에게 다음과 같은 전문을 발송토록 했다.

독일은 항상 영국과의 우호관계를 가장 중요하게 생각해왔고, 영국의 식민지 이권 때문에 우리의 식민지를 기꺼이 포기하기도 했습니다. 그러나 이제 해외에서 곤혹을 치르는 독일 국민들의 불만과 아프리카에서의 해외무역이라는 우리의 당면 과제를 더 이상 간과할 수만은 없게 되었습니다. 따라서 이로 인해 영국 측의 비우호적이며 부당한 조처가 발생할 경우 우리는 이에 과감히 맞설 수밖에 없습니다.

마침내 4월 24일 비스마르크는 "모든 독일 무역상사와 그 거주민들은 독일제국의 보호를 받는다"는 내용의 전문을 뤼데리츠에게 발송했다. 이로써 독일은 명실공히 식민국가로서 첫발을 내딛게 되었다. 다만 식민지 획득에 대해서는 영국 정부는 물론 뮌스트에게도 아무런 언급을 하지 않도록 특별히 지시를 내렸다. 특히 식민지 대신에 '보호령'이라는 용어를 쓰라고 주문하기도 했다.

식민지에 대한 비스마르크의 정책 변화는 예상치 못한 상황으로 전개되었다. 대표적으로 1883년부터 독일은 프랑스의 식민지 정책을 지원하는 대신 영국으로부터 확실히 등을 돌렸다. 이로써 독일은 자국의 경제적 이권을 위한 식민지 경영을 수행하면서 영국을 견제하고 프랑스와의 관계를 다소 완화시키는 삼중의 효과를 노릴 수 있었다.

비스마르크의 변화는 유럽의 힘의 균형에 즉각적인 반향을 불러일으켰다. 특히 식민지와 관련하여 콩고 문제에서 그 효력이 제대로 발휘되었다. 베를린에 상주한 프랑스 대사가 급히 소환되는 등 런던에 등을 돌린 베를린과 파리의 긴밀한 협공도 시작되었다.

유럽 내 힘의 균형은 해협의 균형에 의해 보상될 것이다. 런던은 이제 프랑스와 독일의 연합이 전혀 불가능한 일이 아니라는 점을 인식해야 한다.

베를린에서 개최된 콩고 회의(1884. 11. 15~1885. 2. 26)를 맞이하여 비스마르크의 돌출행동은 프랑스와의 협력으로 절정에 이르렀다. 미국을 비롯하여 유럽 14개국이 참석한 이 회의는 개회식에서 폐회식까지 모두 비스마르크의 주관하에 이루어졌다.

영국은 "우리와 프랑스가 타협할 수 있는 영역은 아프리카 기니에서부터 벨기에까지 뻗쳐 있다"며 프랑스와 공동전선을 편 독일의 뜻하지 않은 태도에 상당히 위축된 분위기였다. 회의 결과마저 포르투갈과의 조약에 반대하는 벨기에에 힘을 실어줌으로써 콩고에 대한 벨기에의 소유권을 인정하는 것으로 결정했다. 그 밖에도 노예무역과 유럽의 전쟁터에 유색인 군대 투입이 금지되었고, 특히 영국은 콩고와 나이지리아에서 항해의 자유를 받아들이고 관세를 면제하는 무역을 인정하며, 서아프리카에서 자국의 독점권을 포기해야만 했다. 영국으로서는 이래 저래 불만스러운 회의 결과가 아닐 수 없었다.

비스마르크의 의도에 따라 독일과 프랑스는 협력관계를 더욱 강화했다. 그러나 클레망소(Georges Clemenceau, 1841~1929)를 비롯한 프랑스의 좌파들은 연일 부정적인 반응을 내비쳤다. 그들은 "독일 정부가 식민정치로써 국민을 현혹시키려 한다"며 공격했고, 급기야는 국무장관 페리(Jules Ferry, 1832~1893)까지 비난하고 나섰다.

그런 분위기에서 양국 간의 협력이 무산될 조짐을 보였다. 1885년 3월 30일, 페리 내각이 실각하는 상황에서 프랑스의 반독일주의 물결이 거세게 일어났고 특히 새로 임명된 국방장관 불랑제(Georges Boulanger, 1837~1891)의 호전적인 국수주의 기치 아래 그런 움직임은 절정을 이루었다. 독일제국에 대한 복수를 노리던 불랑제는 오래지 않아 1887년 5월 물러나지만, 그때까지도 프랑스인들의 오랜 반독일 감정은 사라지지 않았음을 잘 보여주었다. 오히려 프랑스인들은 해외로부터 눈을 돌려 동부 국경지대를 향해 다시 경계의 시선을 늦추지 않음으로써 독일에 대한 전면공격도 불사하려 했다.

독일과 프랑스의 공동노선은 반년을 넘기지 못했다. 콩고, 즉 멀리 해외로 관심을 돌림으로써 서부 국경에서 언제든 닥칠지 모를 위험을 회피하고자 했던 비스마르크의 시도는 이웃국가들에게 더 이상 먹혀들지 않았고, 또 그것은 유럽의 평화정책에도 어긋나는 것이었다. 비록 철저한 계산하에 이루어졌던 시도가 무산되고 말았지만 그 원인이 프랑스였기 때문에 비스마르크는 그리 충격을 받지는 않았다.

비록 짧은 기간이었으나 비스마르크 한 사람의 정책 변화로 유럽의 강대국들, 특히 영국과 프랑스 사이에 갑작스러운 전운까지 감돌 수 있고, 심지어 영국은 식민무역에서 곤혹을 면치 못할 수도 있다는 사실을 알게 된 것은 소득이기도 했다. 비스마르크는 서둘러 프랑스를 고립시키는 작전 카드를 다시 꺼내들었고, 영국과의 갈등을 봉합하는 전략으로 돌아서야 했다. 그것은 곧 독일의 식민지 경영 포기를 의미하는 것이기도 했다.

1884년 독일제국은 신생 식민국가로 발돋움했다. 그리고 이미 1882년 설립된 '독일식민협회(Deutscher Kolonialverein)'를 중심으로 독일은 호엔로에-랑엔부르크의 주도하에 서남아프리카와 태평양 곳곳에 해외 식민지를 건설했으며, 그곳에서 독일인들의 경제적·문화적 관계를 수행하는 등 식민 활동의 명맥을 유지해나갔다.

그러나 채 3년을 넘기지 못하고 식민정책을 포기한 비스마르크는 빌헬름 2세 치하에서 식민주의가 활성화되면서 점차 정치적 영향권을 잃기 시작했다. 1888년 6월, 제국주의적 정치 기조를 앞세워 유럽 열강의 세계화 경쟁의 대열에 동참하려는 혈기왕성한 황제가 집권하면서 비스마르크의 탈식민 정책은 벽에 부딪힐 수밖에 없었던 것이다.

비스마르크는 독일 제국주의 세계정치의 서막을 알리며 식민제국을 세우려는 황제의 환상에 끝내 동의하지 않았다. 그로 말미암아 '식민협회'를 비롯한 식민 활동가들이 한때 위기를 겪기도 했으나, 1887년 '독일식민회사(Deutsche Kolonialgesellschaft)'로 통합한 이후 독일인들의 계속적인 해외이민과 식민무역을 장려한 빌헬름 2세의 전폭적인 지지 속에 곧바로 그 위세를 회복했다.

마침내 독일도 다른 식민제국들의 대열에 합류함으로써 식민 역사에 새로운 전환기를 맞이했다. 독일인들은 "우리의 존재로 인해 세계가 더 나아지도록 하겠다"는 민족주의적 선동가들이 내세운 기치 아래 과거 비스마르크의 정치 방식을 시대에 맞지 않다고 판단하여 거들떠보려하지도 않았다. 그러면서 뜨거운 태양 아래 한 귀퉁이의 땅이라도 차지하기 위해 다른 식민 강국들은 관심도 두지 않던 세계의 구석구석까지 비집고 돌아다녔다. 독일인들 역시 백인들이 지배하는 세상을 꿈꾸는 다른 식민주의자들과 똑같이 변해가고 있었다.

1888년 말에 비스마르크는 "나는 반식민주의자로서 천성적으로 '식민지형 인간'은 아니다"라고 밝혔고 "식민지에 싫증났다"는 말도 했다. 그런 그를 두고 독일 식민사를 연구하는 학자들 사이에서는 많은 논쟁이 오갔다.

결론부터 말하자면, 비스마르크는 식민주의자가 아니었다. 제국의 이름을 내걸고 식민지 경영을 옹호하는 지도자로서는 적격자도 아니었다. 또 개인적으로도 약육강식의 사회다원주의적인 영향을 받은 식민주의자들의 철저한 소명의식과도 거리가 먼 인물이었다. 따라서 독일의 식민단체들이 식민주의의 세계적인 흐름에 편승하지 못해 안달할 때도 그는 거기에 공감하지 않았다.

사실 식민지 사업은 비스마르크 집권 초기부터 거론되었지만, 그로부터 긍정적인 반응을 기대하기란 어려웠다. 1862년 수상으로 임명된 결정적 요인인 군비 확장과 관련하여 예산안 승인 문제로 의회와 순탄치 못한 관계에 처했던 무렵, 그는 식민지를 개척하는 데 소요되는 재정적인 부담과 책임을 떠맡을 여유조차 없었다. 제국 창건 이후에도 현상유지 정책의 일환으로 강대국들의 적대적인 시선을 감안해야만 했기 때문에 의도적으로 식민정책을 고려의 대상으로 삼지도 않았다.

그러다 뒤늦게 1880년대 중반에 접어들어서야 식민 역사의 새로운 장에 뛰어들었지만, 그마저도 식민지 그 자체의 경제적 필요성 때문만은 아니었다. 그보다는 영국을 자극하기 위한 불가피한 수단이자 사회주의자들과 자유주의자들을 추방하거나 분열시키기 위한 정책적 대안일 뿐이었다. 게다가 동아프리카의 킬리만자로를 독일의 최고봉으로 삼아 식민주의적 열기를 여론에 확산시킴으로써 황태자를 옹호하는 자유주의자들과의 선거에서 승리하기 위한 효과도 없지 않아 노렸다.

식민 무역가들이나 모험가들이 획득한 몇몇 거점에서 독일 국기가 내걸렸을 때도 비스마르크는 '독일 식민지'라고 하지 않고 '보호령'이라는 이름을 붙임으로써, 식민주의 대열에서 열강들과의 대등한 지위를 스스로 포기한 느낌마저 자아낼 정도로 식민지 자체에 큰 의미를 부여하지는 않았다.

사회사가 벨러는 그러한 식민지 경영 방식에 대해 국가의 책임과 비용이 뒤따르지 않는 범위 내에서 이루어진, 비스마르크의 '비공식적인 식민정치'로 규정했다. 벨러는 비스마르크가 지향하는 식민지 운영방식이 독일제국의 식민정책의 한 특징이면서 또한 영국과의 정치적 관계를 유지하기 위해 공식적이면서도 직접적인 정치적 책임으로부터 벗어나려는 법적 마키아벨리즘의 특징을 보인다고 지적했다.

이처럼 비스마르크에게 식민정책은 식민지에 대한 일차적인 관심이나 필요보다는 국내외적인 여러 정황에 따른 부차적인 대안으로서의 의미가 적지 않았다. 다른 식민제국과는 비교조차 할 수 없을 만큼 늦은 시기인 1884~1885년에 단기적이고 집중적으로 추진한 식민정책 실적이 그의 식민정치의 전부였다. 그 이후로 흐지부지되면서 불과 3년여 만에 난관에 봉착하게 된 것 또한 그의 식민정치의 현주소였다. 그런 식으로는 오히려 독일 식민정치의 발전에 방해만 될 뿐이었다. 비스마르크에 의해 비로소 공식화되고, 또한 비스마르크에 의해 중단되어버린 그런 식민정치로는 한계를 가질 수밖에 없었던 것이다.

따라서 비스마르크를 식민주의자로 간주하는 시각에는 다소 무리가 뒤따르며, 무엇보다 식민주의자들 입장에서 볼 때 그의 식민정책의 성과는 미미한 수준에 지나지 않았다. 반식민주의에서 친식민주의로, 그리고 다시 반식민주의로 선회하는 불안정한 정책 시도로 볼 때 비스마르크에게는 식민주의에 대한 확고하고 일관된 의식이 부족했음을 알수 있다.

그런 의미에서 비스마르크의 식민정치는 단편적인 에피소드에 지나지 않았다. 굳이 덧붙여 이야기하자면, 전체적인 식민사에서 비스마르크는 독일 식민정치의 방해자인 동시에 희생양이었다. 식민정책에 대한 독단적이고도 소극적인 견해로 말미암아 오히려 비스마르크는 식민 강국을 향해 끊임없이 열성적으로 달려온 식민주의자들의 불만과 적대감의 표적이 되었고, 빌헬름 2세가 주장한 세계정책과 대립하게 됨으로써 머지않아 재상에서 불명예 퇴진하는 비운을 맞았다.

그렇다고 해서 1884년에서 1886년까지 이어지는 그의 식민 역사 전부를 정치적인 대용물 내지 속임수로만 치부할 일은 아니다. 그 의도가 무엇이었든 비스마르크 시대에 시작된 식민주의 역사가 빌헬름 2세에 의해 계승되고 발전되었을 뿐만 아니라, 무엇보다 그의 식민정치로 인해 직간접적으로 영향을 받았던 피식민지 국가들과 그들의 얼룩진 식민사가 엄연히 존재하기 때문이다.

결국 비스마르크는 유럽을 벗어난 식민지보다 유럽 자체에 중점을 두는 정치세계로 돌아왔다. 식민주의에 열광하는 한 지지자가 그에게 다양한 식민계획안을 제시했지만, 1886년 이후 그는 더 이상의 흥미를 갖지 못했다. 식민정책은 그의 정치 전반에 있어서 분명 주된 관심의 대상은 아니었다.

당신의 아프리카 지도는 그래 몹시도 좋군. 하지만 내 아프리카 지도는 유럽에 있소. 여기에 러시아가 있고, 여기에 프랑스, 그리고 그 가운데 우리가 있소. 이것이 바로 내 아프리카 지도요.

동맹에 웃고 울다

1885~1886년, 여기저기에서 위기상황이 터지면서 비스마르크는 식민
정책을 포기하고 프랑스로부터 다시 영국으로 선회할 수밖에 없었다.
1886년 1월, 프랑스의 프레이시네(Charles Louis de Saulces de Freycinet, 1828~
1923) 내각에서 보복전을 꿈꾸던 반독일 성향의 불랑제가 국방장관으로
등용된 것도 주된 요인이긴 했지만, 발칸 문제도 빼놓을 수 없었다.

1885년 9월 18일, 오스만투르크의 통치에 반대하는 동부 루멜리아가
봉기 끝에 불가리아에 통합되었고, 독립의 기치를 내건 불가리아 또한
차르 체제를 거부하면서 발칸 사태가 또다시 확산되었다. 러시아가 즉
각 베를린 회의 참가국들에게 단호한 조치를 취하도록 호소했으나, 몇
주가 지나도록 아무런 답변을 얻어내지 못했다. 러시아 정부의 불만이
독일에까지 확산됨에 따라 회담의 의장이던 비스마르크도 간접적인 영
향권에 휘말렸다. 게다가 11월 14일 세르비아가 불가리아와 전쟁에 돌
입하면서 비스마르크는 더욱 곤란한 처지가 되었다. 오스트리아가 세
르비아를 지원하면서 오스트리아의 불가리아 점령을 우려한 러시아가
오스트리아에 반감을 품음으로써 양국 간의 갈등이 예상 밖으로 증폭
되었기 때문이다.

베를린 회의 이후 재발된 발칸 사태가 마침내 오스트리아와 러시아
사이의 전쟁으로 비화될 조짐마저 보였다. 강대국들의 오랜 논의와 압
력 끝에 1886년 3월 3일 부카레스트에서 세르비아–불가리아 평화조약
이, 그리고 4월에는 오스만투르크–불가리아 조약이 체결되면서 사태는
일단 마무리되었다.

그러나 이번 발칸 분쟁은 베를린 회의를 통해 발의되어 시행되었던

:: 1886년 12월 27일 프리드리히스루의 서재에서

규정들이 한낱 미봉책에 지나지 않았음을 보여주는 사건으로서 새로운 국제 위기의 재발 가능성을 시사하고 있었다. 뿐만 아니라 그런 상황을 우려해온 비스마르크 입장에서는 3제동맹에까지 치명적인 타격을 가할 것으로 비쳐져 여간 곤혹스럽지가 않았다. 1884년 바친에 잠시 머물던 비스마르크는 함께 있던 뷜로-쿰머로프에게 마치 앞을 내다보듯 "독일과 오스트리아, 러시아 세 군주국들 간에 전쟁이 발발할 경우, 이들 국가 모두 그 책임을 떠맡게 될 것"이라며 세 나라 간 동맹의 필요성과 중요성을 강조한 적이 있었다. 그날 뷜로-쿰머로프 역시 비스마르크의 의중에 전적으로 공감했다. 그런데 지금 바로 그런 상황이 벌어진 것이었다.

1886년은 비스마르크 정치 인생에서 심각한 한 해였다. 그는 프랑스의 내각 교체로 인해 더 이상 식민지 문제로 영국의 심기를 긁을 필요도 없었고, 어떻게 하든 발칸 분쟁으로 인한 오스트리아와 러시아 간의 전쟁도 방지해야만 했다. 그러나 3제동맹국들에 대한 그의 노력에도 불구하고 동맹은 더 이상 연장되지 못하고 중단 위기에 처했다. 게다가 독일 내 좌파 자유주의 성향의 간행물이나 중앙당 계열의 신문들까지 일제히 비스마르크의 대외정치를 비판했다. 그중 엥겔스는 불가리아 문제와 관련하여 비스마르크의 친러시아적 외교에 대해 매우 냉소적이었다.

지난 수개월 동안 독일의 헤게모니는 파산이다. 사람들은 다시 러시아에 유순한 종이 되었다. 유럽의 중재자라는 그런 국수주의적인 만족만을 겨우 붙들고 있을 뿐이다.

여기저기 얽혀 있는 복잡한 관계 속에서 3제동맹마저 중단된 만큼 비스마르크는 자국과 직접적으로 연루된 프랑스의 반감을 잠재우는 데

:: 피아노를 연주하듯 독일 언론을 좌지우지하는 비스마르크. 1887년 2월 6일 〈그레로〉 지 풍자화

최대의 관심을 쏟았다. 다각도의 방안을 구상하는 가운데 그는 프랑스가 독일을 침공하지는 않을 것이라 계산하면서도 빈과 런던에 특사를 보내 프랑스의 반독일 움직임과 전쟁 가능성에 대한 우려를 전달하는 데 치중했다.

그러면서 내부적으로는 프랑스의 움직임에 대비하여 제국의회에 새로운 '육군 의안'을 제시했다. 육군을 증강하려는 그의 의도에 따라 전쟁의 공포감에 사로잡힌 부르주아계급이 새로이 국수주의적으로 돌아서면서 국민자유당의 과반수 의석이 그의 지지세력으로 들어왔다. 그리고 밖으로는 러시아의 동향을 살피며 놓쳐버린 동맹관계를 복구하는 데도 심혈을 기울였다. 과거와 같이 프랑스를 고립시키기 위해 러시아를 끌어들이려는 각고의 노력이었다. 그러나 차르의 뜻에 부응하는 것이 얼마나 힘든지를 실감하지 않으면 안 되었다. 오스트리아와 러시아 사이에 전쟁이 불가피할 경우 상호 중립 약속을 지켜야 할지조차 의문스러울 정도였다.

1886~1887년 겨울 동안 비스마르크는 발 빠른 행보를 보였다. 강대국 대표들과의 접견에도 불구하고 프랑스와 러시아의 동태에 대한 불안감은 여전했다. 결국 그는 발칸 문제에서부터 동맹 문제에 이르기까지 최근의 정세를 하나씩 풀어나가기 위해 본격적인 협상체제에 들어가기로 하고 다시 한 번 유럽 외교무대의 중심에 서기로 결심했다.

그 첫 번째 성과가 1887년 2월 20일 오스트리아, 이탈리아와 3국동맹을 연장한 것이었다. 발칸 분쟁으로 러시아의 전쟁 개입이 가시화되면서 3제동맹의 의미가 퇴색된 시점에서 3국동맹의 중요성은 더욱 커졌다. 1882년 협상 당시 프랑스의 북아프리카 식민지인 트리폴리 문제로 갈등관계에 있던 이탈리아를 설득했던 비스마르크는 다시 그 지역으로 인해 프랑스와 이탈리아가 전쟁을 벌일 경우 적극 협력하겠다고 약속했다. 그리고 이탈리아와 프랑스의 분쟁에 휘말릴 것을 몹시 꺼려한 오스트리아의 입장까지 고려하여 발칸에서 러시아와 충돌할 경우 이탈리아의 지원까지 장담하며 불신을 잠재웠다.

그리고 두 번째 협상으로 비스마르크는 지중해 협정(Mittelmeerabkommen)을 체결했다. 독일을 중심으로 2월 12일 영국과 이탈리아, 3월 23일 오스트리아, 그리고 5월 4일 스페인이 이 협정에 가담했다. 참가국들은 지중해로 쇄도하는 러시아를 막고 현상유지를 주된 요구사항으로 꼽았지만, 비스마르크 개인적으로는 3국동맹을 강화하고 프랑스를 계속 고립시키는 데 주된 목적이 있었다. 특히 러시아의 남하정책을 반대하는 영국과의 동맹이 러시아는 물론 프랑스까지 견제할 수 있다고 믿었던 것이 그의 속내였다.

그러나 헤르베르트가 의회주의 모범국가로 생각했던 대영제국의 생각은 전혀 달랐다. 영국은 실상 유럽대륙에 메이기를 원치 않았고, 무엇보다 독일을 필요로 하지도 않았다. 1887년 2월 초, 비스마르크는 하츠펠트 대사를 통해 "이탈리아와 협정을 체결하지 않을 경우 독일의 안전을 위해 콘스탄티노플과 이집트 문제에서 영국을 버리고 러시아와 프랑스를 지원하는 상황이 도래할지도 모른다"는 협박 아닌 협박으로 겨우 영국을 지중해 협정에 끌어들였다. 따라서 마지못해 양국의 외무장관 솔즈베리(Robert Grascoyne-Cecil Salisbury, 1830~1903)와 로빌란트(Carlo Felice Nicolis, Conte di Robilant, 1826~1888)의 만남이 성사되기는 했지만, 그런 협정은 효력이 오래가지 못할 가능성이 컸다. 아니나 다를까, 2년 뒤 협정 연장 제의에 영국 측은 정중히 거절했다.

뜻하지 않은 발칸 사태가 발발함에 따라 비스마르크는 3제동맹이 무참히 끝나버린 자리를 매우기 위해 2차 3국동맹과 지중해 협정을 서둘러 체결했다. 그런데도 여전히 안정을 찾지 못하자, 마침내는 러시아와의 단독 동맹관계 구축 방안을 모색했다. 스스로 해결하기 힘든 상황이라 판단한 이상, 어떠한 공격에서도 자국의 안전을 굳건히 지키고 유럽의 균형 또한 유지하기 위한 최종적인 상대가 절실했기 때문이다.

사실 지중해 협정을 추진해나가는 과정에서도 그가 얼마나 러시아와의 관계 복원에 심혈을 기울여왔는지 알 수 있다. 외교노선에 있어 페테르부르크와 단절하는 것이야말로 가장 큰 실책으로 생각해온 그로서는

:: 1887년 위기 속에서 비스마르크의 역할—독일의 관점: 유럽의 중심—유럽의 평화를 위해 자유로운 운항을 제공하는 전철기 조작원, 비스마르크. 1887년 숄츠의 〈클라데라다치〉 지 풍자화

3제동맹을 대체하기 위한 긴급대책으로 최소한 양국 간의 특별협정이라도 성사시키려 했다. 무엇보다 가만히 놔둘 경우 독일에 적대적인 프랑스와 러시아의 동서 연합이 시간문제였기에 그럴 빌미를 주지 않기 위해서라도 러시아를 끌어들이지 않으면 안 되었다.

그러나 베를린 회의 이후 러시아의 로마노프 왕가와 독일의 호엔촐레른 왕가 사이의 전통적인 우호관계가 막을 내린 시점에서 동맹체제 복원은 그 어느 때보다 힘든 일이었다. 마침내 1887년 1월 6일 친독일 성향의 러시아 대사 슈발로프(Pawel Andrejewitsch Graf Schwalow, 1830~1908)와 그의 동생(Pjotr Schwalow)이 베를린을 방문했다. 다행히 양국의 관계 회복에 대한 상호 공감대를 형성할 수 있었지만, 러시아 정부로부터 최후의 확답을 이끌어내기란 쉽지 않았다.

이미 독일로부터 돌아선 러시아는 프랑스의 계속적인 군사적 패배를 수용하지 않으려는 입장과 함께 벌써부터 프랑스의 존재에 지대한 관

:: 1887년 위기 속에서 비스마르크의 역할—프랑스의 관점: 프랑스와 러시아의 화합을 방해하려는 라인의 '괴물' 비스마르크. 당대 프랑스의 팸플릿

심을 갖고 있던 터였다. 1월 28일 모스크바 지사인 골리친(Fürst Golizyn) 의 일기에는 라인 지역의 긴장상황과 관련하여 군대 수송을 위한 화물

차량까지 준비되어 있을 정도로 프랑스와의 긴밀한 관계에 대한 언급
도 있었다.

비스마르크의 끈질긴 협상이 계속되었다. 러시아의 외무장관 기어스
를 만난 자리에서 비스마르크는 양국의 우호관계를 강조하면서도 "우
리의 지원이 없다면 러시아는 확실한 어려움에 처할 것"이라며 노골적
인 위협도 서슴지 않았다. 그리고 2월 중순 콘스탄티노플에 주재한 독
일 대사 라도비츠를 통해 새로운 신경전을 펼치도록 지시했다.

> 러시아와 영국 간의 모든 논쟁거리에서 러시아를 적극적으로 옹호하지
> 도 말고 영국에 맞서지도 마시오. 다만 계속해서 철저하게 신중한 태도
> 로 중립을 지키며 지켜봐야 할 것이오.

4월과 5월, 슈발로프와 협상을 이어오던 끝에 6월 18일 비스마르크는
마침내 러시아와 3년을 기한으로 비밀리에 재보장조약(Rückversicherungs-
vertrag)을 성사시켰다. 독일과 러시아 간의 재보장조약은 각각 프랑스와
오스트리아의 침입을 받을 경우 서로의 중립을 보장하고 그 밖에 발칸
지역, 무엇보다 불가리아에서 러시아의 권리를 인정해주는 것을 골자
로 했다.

그러나 오스트리아를 배제한 채 러시아와 재보장조약을 체결했기에
독일의 입장이 자유로울 수는 없었다. 완전히 비밀에 붙여졌던 추가 문
서에 의하면, 심지어 러시아에게 발칸과 그 해협의 출입을 자유롭게 허
용한다는 내용도 있었다. 결국 러시아와의 재보장조약은 독일이 기존
에 체결했던 다른 동맹조약에 위배된다는 치명적인 약점을 안고 있었
다. 게다가 그 진정성에 있어서도 체결 전부터 이미 많은 문제점을 내재
하고 있었다. 우선 빌헬름 1세가 원치 않은데다가 조약상 러시아의 영

:: 옛 궁궐 서재에서 황제에게 업무 보고를 하는 비스마르크. 1887년 지멘로트(Konrad von Siemenroth)의 작품

향력이 동유럽이나 남유럽을 넘어서지 않도록 보장하는 것이어서 발칸 사태가 마무리되지 않은 시점에서 얼마나 지속될 것인지 조건의 실효성에 문제도 있었기 때문이다. 당시 외무부의 비서관으로 활동 중이던

헤르베르트도 "처음부터 러시아와 프랑스를 떼어놓기 위한, 적어도 없는 것보다는 나은 일시적인 조치"였다고 언급하며 그 한계와 문제점을 내비쳤다.

비스마르크는 가까스로 이뤄낸 재보장조약으로 양국 간의 마찰을 간신히 잠재워놓았다. 그럼에도 감춰진 불씨는 언제든 되살아나기 마련인 법, 머지않아 빌헬름 2세가 갈등의 불씨를 키워놓고 말았기 때문이다.

비스마르크 추종자들은 그가 퇴임한 이후에도 독일제국을 안전하게 존속시키기 위해 프랑스와 러시아의 연합 전선을 막고자 했던 그의 노력을 강력하게 지지했다. 그러면서 1890년 이후 재보장조약의 갱신을 철저하게 외면해버린 빌헬름 2세의 어리석은 정책에 대해 가차 없이 비난의 화살을 날렸다. 이를테면, 프랑스와의 대립 노선을 무시하고 러시아나 영국과의 갈등까지 초래한 서투른 권력정치가 독일 외교정책의 평화노선을 한순간에 무너뜨렸다는 것이다. 실제로 비스마르크가 염려한 대로 훗날 러시아와 프랑스는 서로 손을 맞잡았고, 더 나아가 제1차 세계대전에서는 연합국의 일원으로 독일에 맞서 싸웠다. 그렇기에 러시아와 프랑스가 힘을 합치는 계기를 마련해준 황제의 크나큰 실책에 대한 비스마르크주의자들의 질타는 당연하다고 하겠다.

1871년 제국 창건 이후 5대 강대국의 틈바구니 속에서 비스마르크는 자국의 안전보장과 유럽의 평화 유지를 최고의 정치 목표로 삼았다. 따라서 국제무대에서 프랑스의 고립을 최우선의 과제로 삼는 가운데 강대국 간의 힘의 균형을 중시했던 만큼 러시아와 오스트리아를 포함한 3국 내지 2국 동맹을 반드시 유지했다. 그런 의미에서 그에게 동맹관계는 제국 창건 이전의 전쟁 정치와 마찬가지로 정치적 목표를 위한 최선의 수단이었다.

재상으로 집권한 20년 동안 비스마르크는 일련의 동맹관계를 통해 독일의 안전 유지와 위상 강화는 물론 유럽의 평화질서 확립에 기여했다. 그럼에도 비스마르크는 동맹체제의 한계로부터 자유롭지는 못했다. 그는 모든 협약에서 프랑스의 고립을 일차적으로 고려함으로써 동맹국들을 보다 긍정적이고 생산적인 파트너로 여기기보다는 적대국을 고립시키거나 적대국과의 전쟁을 대비하기 위한 안전장치로 삼았다. 그러나 끝까지 프랑스에 대한 편견을 극복하지 못한 그는 바로 옆의 이웃나라를 내치기 위해 속절없이 먼 이웃의 다른 나라들과 너무도 많은 에너지를 소진하고 말았다.

사실 그에게 가장 이상적인 관계라고 한다면 영국이 동맹국이 되어 러시아와 프랑스 사이에서 균형을 유지해주는 것이었다. 그러나 식민지 문제에서 독일에 비협조적인 행동을 보였고 지중해 협정에도 마지못해 가담했던 영국은 결코 이상적인 동맹의 파트너가 되지는 못했다. 따라서 비스마르크는 러시아와의 동맹이 그 차선책이 될 수밖에 없다고 판단했다. 영국이 독일에 적극적이지 않은 '불완전한' 상황에서 '동'과 '서'를 서로 떼어놓기 위해서는 보수세력의 결집·강화라는 명분을 내세워 러시아를 끌어들이는 것만한 보완책이 없었던 것이다.

비스마르크의 동맹체제! 여기저기 엮어놓은 그물망도 어느 한 곳에 구멍이 날 경우 즉각 메워놓기 전까지는 제 구실을 하기 어렵다. 던져놓은 그물이 언제까지 구멍이 나지 않을 것이라 믿고 방치해두기도 어렵고, 동맹국들 스스로 그 그물을 찢어버릴 수도 있다. 또 그물 속으로 새 동맹국들을 끌어들일수록 그만큼 찢어지고 틀어진 부분을 제대로 메우고 이어야만 한다. 그런 의미에서 비스마르크는 동맹의 중독자였고, 그에 따라 움직여진 동맹체제는 늘 불완전했다.

역사가 슈바르츠뮐러의 표현대로 "비스마르크는 5대 강대국이라는 공을 가지고 누구의 중재에도 의존하지 않고 스스로 묘기를 부렸고, 동시에 그 무게의 균형을 이루기 위해 점점 더한 곡예를 부려나갔다." 곡예의 난이도가 높아지는 데 대해 개인적인 부담감도 있었겠지만, 무엇보다 그동안 연이은 동맹으로 공들여 엮어온 평화적인 대외정책의 그물망이 더 이상의 방어력과 지속성을 상실한 것은 그의 정치생명에 타격이 아닐 수 없었다. 무엇보다 29세의 젊은 황제가 더 이상의 동맹을 거부하는 상황에서는 더욱 그랬다. 젊은 황제의 눈에는 '늙은이'의 신중함조차 비위에 거슬릴 뿐 권력자로서 비스마르크의 그림자는 어느새 길게 드리워지고 있었다.

해임만이
기다리다

젊은 황제의 눈엣가시

비스마르크는 자신이 정계에서 물러날 때의 모습을 어떻게 그렸을까?
서글프고도 처량한 신세로 떠나게 될 줄을 상상이나 했을까? 그러나 시
간이 흐름에 따라 그런 모습이 바로 자신의 현실임을 인정해야 했다. 독
일제국을 창건한 1870년대와는 달리 1880년대 중반에 접어들면서 독일
과 유럽의 정치 상황은 비스마르크의 뜻대로 돌아가지 않았고, 무엇보
다 그 한가운데 황제가 가로막고 있었다.

1890년 3월, 비스마르크는 국가라는 '배'에서 내려야 했다. 이후로 그
배는 기나긴 항로를 앞두고 바다 한가운데에서 좌우로 마구 흔들리기
시작했다. 비스마르크의 흔적이 사라진 그곳에서 계속해서 거세게 배
를 몰아갈 것을 명령하는 새로운 선주의 목소리만 들려올 뿐이었다.

독일의 젊은 세대들은 그 선주의 호령에 발맞추어 국민들이 새로운
목표를 지향하게 되었음을 환호하며, 전 세계에 대대적으로 공표했다.
그중에는 경제학자이자 사회학자인 베버(Max Weber, 1864~1920)도 있었
다. 그는 1895년 그 어느 때보다 독일의 역동적이고도 광범위한 영향력

:: 황제 빌헬름 1세의 관 옆에 선 '햄릿', 비스마르크. "사느냐 죽느냐……." 1888년 3월 17일 〈돈키호테〉지 풍자화

을 찬양해마지 않았다.

독일의 통일을 독일의 대국주의 정치의 시발점이 아니라 종착지로 인식
해야 한다면, 그 통일은 민족이 예전에 저질렀고 비용이 많이 들어 차라
리 중단하고 말아야 했을, 젊은 혈기가 빚어낸 우행으로 받아들여야 했

을 일이다.

    1888년 한 해 동안 비스마르크는 세 명의 황제를 차례로 모셨다. 그러나 3세대에 걸쳐 길게 뻗쳤던 정치생명의 줄이 좋은 것만은 아닌 듯 2년 가량의 마지막 시간이 지난 20년의 세월보다 더 힘들게만 느껴졌다.

    일찍이 비스마르크와 그의 업적에 경탄해마지 않았던 젊은 황제 빌헬름 2세는 제위에 오르고 몇 개월 뒤 프리드리히스루를 찾아 '늙은 영웅'에 대한 예의를 갖추었다. 그러나 불과 얼마 지나지 않아 제국 창건자의 그림자는 그에게 부담스러운 존재로 다가왔다. 젊은 통치자는 정치 전반에서 거의 혼자 칼자루를 거머쥐고 독단적으로 휘두르기 시작했다. 벌써부터 늙은 재상의 정책과는 상반되는 주장을 펼쳐나가면서 자신의 노선에 반대하는 자들을 결코 용납하지 않는 그의 기세에는 거칠 것이 없어 보였다. 할아버지나 아버지의 방식대로 정치의 자유를 허용할 생각이 없어진 젊은 황제에게 재상은 그저 거추장스러운 존재일 뿐이었다.

    내가 명령을 내리면 그 자는 화를 입고 말리라!

엇갈리는 두 운명

1888년 3월 9일, 황제 빌헬름 1세가 향년 91세의 나이로 세상을 떠났다. 빌헬름 1세는 "비스마르크 밑에서 황제 노릇 하기도 쉽지 않다"고 여러 차례 당혹감을 표출하기도 했지만, '황제 빌헬름 1세의 충직한 신하'라고 적힌 비스마르크의 묘비명에서 엿보이듯이 두 사람의 깊고도 절묘한 인연은 실로 시사하는 바가 많았다.

    빌헬름 1세는 자신의 제1의 종복이던 비스마르크에게 섬뜩함을 느끼면서도 그에게 기꺼이 의존했다. 거기에는 탁월한 정치적 역량과 뛰어난 지도력에 대한 경탄과 항구적인 충정심은 물론 '내각의 권총'이라 할 만큼 결정적인 순간에 여러 번 사용했던 사임 의사의 폭탄선언이 제대로 작용했기 때문이기도 했다.

1797년 3월 22일, 프리드리히 빌헬름 3세와 전설적인 왕비 루이제(Luise Auguste Wilhelmine Amalie, 1776~1810)의 둘째 아들로 태어난 빌헬름 1세는 1814~1815년의 해방전쟁을 경험했고, 1849년 팔츠-바덴의 봉기에 참전한 후로 '이리저리 총을 쏘아대는 왕자'라는 별명으로 알려질 만큼 군과의 관계가 밀접했던 인물이다. 그 때문에 통치자가 아닌 군인이나 장교가 되길 희망했지만, 형인 프리드리히 빌헬름 4세가 중병으로 세상을 떠나는 바람에 1858년 섭정을 시작했고, 결국 1861년 프로이센 왕위에 올랐다.

그러나 강력한 프로이센의 두 번째 군인 국왕이 되기를 염원하여 군대 개혁을 주장한 그는 예산안 문제로 의회의 자유주의자들과 갈등을 빚자, 1862년 어렵게 비스마르크를 수상으로 등용했다. 그 후 1864년 덴마크와의 전쟁 승리로 슐레스비히-홀슈타인을 차지했고, 1866년 오스트리아와의 전쟁에서 승리함으로써 프로이센을 주축으로 하는 소독일 중심의 국가 체제를 구축할 수 있었다. 그리고 1870~1871년 프랑스를 물리친 이후 제2독일제국의 황제에 등극했고, 70대로 접어들면서 무뎌진 사고능력에도 불구하고 많은 인기를 누릴 정도로 사교성과 인간미를 지니고 있었다. 최후의 순간까지 국가의 수장으로서 의무를 다한 그는 '독일제국 황제로서의 권위와 국민의 아버지'라는 영광스런 평판 속에 눈을 감았다. 그의 죽음은 깊은 애도 속에 독일인들을 다시 하나로 묶어놓기에 충분했다.

빌헬름 1세와 비스마르크의 관계는 실과 바늘과 같았다. 1862년 수상

임명 문제를 두고 몹시 망설였
던 그 순간처럼 두 사람은 좀처
럼 조화를 이루기 어려울 듯 보
였다. 그러나 이후의 두 황제와
비교해볼 때 상황은 전혀 그렇
지 않았다. 우둔하면서도 사려
가 깊은 성품에 젠틀한 기품의
황제와 지도자로서 천재적인 기
량에 불화산과 같은 기질을 소
유한 비스마르크. 이 두 사람의
특이한 조합이 이룩해온 30년에

:: 프리드리히 3세

가까운 정치적 성공의 비밀과 비결은 오늘날까지 회자될 정도이니 말
이다.

황제는 무엇보다 의회민주주의 체제에서는 수행할 수 없었던 많은
결정들을 비스마르크가 신속하게 처리할 수 있도록 특유의 영향력을
발휘하여 지원을 아끼지 않았다. 제국의회에서 낭독된 추모사에서 황
제와의 긴밀한 내적 유대관계를 토로할 정도로 비스마르크에게 빌헬름
1세는 그야말로 정치 인생 최고의 동반자였고, 또 비스마르크가 절대적
인 충성을 바친 주군이었다.

빌헬름 1세의 뒤를 이어 황태자 프리드리히 빌헬름이 황제로 등극하
여 프리드리히 3세가 되었다. 그는 1831년 10월 18일 포츠담에서 태어
났고, 1858년 영국의 빅토리아 공주(1840~1901)와 결혼했다. 프리드리히
3세는 고질적인 질병으로 인해 고통에 시달리다가 황제에 오른 지 겨우
99일 만인 1888년 6월 15일 운명을 달리함으로써 '99일의 황제'로도 불렸
다. 프리드리히 3세는 자신의 시대를 그렇게 일순간에 허무하게 끝내고

만 비운의 황제였다.

근대 입헌주의 사고에 입각한 프리드리히 3세는 자유주의적 성향이 강했다. 군 지휘에도 뛰어난 재능을 보인 그는 오스트리아와의 전쟁에서 직접 인솔한 제2부대의 승리에 결정적인 역할을 했고, 강화조약을 앞두고 프로이센의 참모본부가 있던 니콜스부르크에서 아버지 빌헬름 1세와 비스마르크 사이의 갈등을 중재할 정도로 상황 판단 또한 빨랐다. 1870~1871년에도 그는 프랑스와의 전쟁에서 뵈르트와 바이센부르크에서 3군단을 이끌며 세당의 승전보를 울리기까지 공훈을 세웠다. 게다가 1878년 노빌링의 저격 사건으로 부상을 당한 아버지를 대신하여 대리 통치를 하던 반년 동안 국정을 잘 운영했고 예술과 학문적인 분야에 대한 식견도 높이 평가할 만했다.

그러나 지병으로 인해 재임 이전부터 그리 오래가지 못할 것이 확실시되었기 때문에 여론의 시선은 일찌감치 '새로운 태양'인 그의 아들 빌헬름 왕자에게 쏠렸고, 그 때문에도 더더욱 정책적인 변화를 꿈꾸기란 쉽지 않았다. 무엇보다 '독일의 글래드스톤 내각'이라 불릴 만큼 자유주의적인 그의 성향을 우려한 정치적 계산에서 나온 발언이긴 했지만, 비스마르크 또한 황태자 시절의 프리드리히가 건강에 큰 문제가 없어 보였던 1882년에 이미 그의 통치기간이 그리 오래가지 않으리라고 언급한 적도 있었다. 황태자의 아들인 빌헬름이 곧바로 뒤를 이었으니, 그의 계산이 적중했다고도 할 수 있다.

프리드리히 3세는 제위에 올랐을 때 이미 심각한 후두암 증세로 인해 목소리를 잃어버린 '벙어리 황제'여서 종이와 연필에 기대 통치할 수밖에 없는 처지였다. 그는 스코틀랜드 출신으로 후두암의 최고 권위자인 맥켄지(Sir Morell Mackenzi, 1837~1892)의 시술에 대한 실망과 좌절을 겪으며 끝내 수술까지 거부하며 생명마저 포기해버렸다. 그럼에도 죽기 직전까지 나름대로 국정을 운영하는 데 최선을 다했던 황제였다.

비스마르크와 프리드리히 3세는 서로를 '정치적으로 우둔한 황제', '독단적이고 무례한 융커'라는 식으로 평가했다. 그만큼 그들은 서로 원만한 관계를 이루어내지 못했다. 일명 '바텐베르크 결혼사건'으로 두 사람의 신경전이 표면화되기도 했다. 독일 황실이 오래전부터 생각해오던 공주 빅토리아(1860~1929)와 바텐베르크의 대공 알렉산더와의 결혼 문제가 1888년에 다시 거론되자, 그 혼인 결과로 러시아와의 관계 악화를 우려한 비스마르크가 퇴임을 불사하며 반대했기 때문이다. 바텐베르크의 알렉산더는 오스만투르크와의 전쟁에서 승리한 후 서남부에 안전한 중립지대를 마련하려던 러시아의 숙부 알렉산드르 2세의 추대로 불가리아의 제후로 임명되었으나, 이후 알렉산드르 3세의 반감을 사면서 해임된 인물이었다.

비스마르크는 알렉산드르 3세의 입장을 고려하여 결혼에 대한 반대 의사를 굽히지 않으면서 독일 황실의 눈 밖에 났다. 러시아보다 더한 눈엣가시가 되어버린 비스마르크는 프리드리히 3세에게는 물론이고 정치적인 여성에 대한 자신의 혐오증을 입증이라도 하듯, 이전의 왕비 아우구스타 못지않게 빅토리아로부터도 미움을 받게 되었다. 그러나 다행이라 해야 할지 그 후에 가수와 결혼하고 일선에서 물러난 바텐베르크의 알렉산더는 그로부터 5년이 채 안 되어 1893년 11월 17일 사망하고 말았으니, 황실이 오히려 그에게 상을 내려야 하지 않았을까.

비스마르크와 프리드리히 3세의 신경전은 마지막 순간에 한 차례 더 있었다. 당시 제국의회를 모델 삼아 지방의회 의원의 임기를 3년에서 5년으로 연장하는 법안이 의결되었다. 프리드리히 3세는 국왕으로서 거부권을 행사할 수 있었다. 그런데 법안의 책임자인 푸트카머(Robert Viktor von Puttkamer, 1828~1900)가 몇 주 동안이나 황제의 서명을 처리하는 일을 지체한 데 격노한 나머지 황제 역시 서명을 거부했고, 이로써 사태가 심각해졌다.

프리드리히 3세는 더 나아가 새로운 법안이 의회를 약화시킬 수 있다고 판단하여 강력한 반대의사를 표시했다. 그리고 국무위원 가운데 비스마르크 사람으로 분류되던 푸트카머를 내무장관직에서 해임시켰다. 비스마르크는 회고록《상념과 회상》에서 "프리드리히 3세에 대한 자신의 기대가 얼마나 허무하게 끝나고 말았는지 모른다"고 기록했지만, 그 일이 훗날 그를 해임한 빌헬름 2세를 자극하는 이유 중 하나가 될 줄은 또한 몰랐다.

이처럼 자유주의 성향의 프리드리히 3세를 의회주의자로 파악하는 많은 학자들은 그가 오랫동안 제위에 있었더라면 독일에서 의회민주주의의 길이 열렸을 것이라고 추측한다. 이는 비스마르크가 근대국가로의 진입에 '지각한' 독일 민족에게 통일을 안겨주긴 했으나, 자유를 가져다주지는 못했기 때문에 나온 견해이기도 했다.

위와 같이 주장하는 학자들에 의하면, 신생 독일제국은 오래된 헌법체제에 갇혀 있었고 빌헬름 1세 또한 그러한 상황에서 벗어나지 못했다. 비스마르크에게 하나의 악몽이기도 한 의회민주주의에 대한 희망 사항은 건강하지 못한 프리드리히로 인해 그의 아들에게로 넘어가게 되었다. 결국 너무나 짧았던 재위기간으로 인해 프리드리히는 아무것도 할 수 없었고, 이는 독일의 자유주의에 비극이 되었다.

그런데 과연 이렇게밖에 볼 수 없을까? 여기에 대해 일부에서는 프리드리히 3세가 오래 집권했더라면 비스마르크가 초기에 해임되고 의회 중심 체제로 바뀌었을 가능성도 있다고 주장한다. 그러나 비록 황제가 자유주의적 사고를 지녔고 황비 또한 비스마르크와 상극이었음에도 불구하고, 그리고 설령 황제가 건강한 상태에서 제위에 올랐다고 하더라도 의회민주주의 도입이 앞당겨졌을 것으로 보기는 어렵다.

우선 황제의 자유주의적 사고는 시민계급 출신의 자유주의자들의 사고와는 분명 차이가 있었기 때문이다. 황제의 자유주의적 견해는 자유주의자들마저 동의하지 않을 정도였기에 설령 그의 건강에 문제가 없었다고 하더라도 제대로 뜻을 이루기는 어려웠다. 게다가 그리 강인하지도 않고 목적의식도 뚜렷하지 못했던 황제의 인물됨도 한 요인으로 작용할 수 있다. 재임기간이 짧지 않았다고 하더라도 그 정도 의지로는 보수주의자들을 꺾고 자신의 자유주의 세계관을 관철시키기란 쉽지 않았을 것이기 때문이다.

그런 의미에서 비스마르크에 대한 해임 여부도 의문으로 남는다. 실제로 재임하는 동안 프리드리히 3세는 국내 문제에서 비스마르크와 대립적인 입장에 있긴 했으나, 그 밖의 많은 부분에서는 오히려 서로 협력하는 사이였다. 예컨대 오스트리아와의 전쟁 후 니콜스부르크 강화조약의 전후 처리 문제와 프랑스와의 전쟁 이후 황제 칭호 사용 등 결정적인 문제에서 보여주었듯 아버지 빌헬름 1세와 비스마르크 사이의 갈등을 중재하는 몫을 떠맡았을 때 결과적으로는 늘 비스마르크를 지지해준 그였다.

따라서 사실상 99일의 짧은 기간 동안 프리드리히의 정치적 이념의 변화를 기대하기 어려운 것과 마찬가지로 비스마르크의 해임 문제 역시 크게 다르지 않았을 가능성이 크다.

황태자 시절에 프리드리히의 병이 위중하다는 사실이 베를린에 널리 퍼지자, 비스마르크는 1887년 11월 17일 "내 자신이 능력을 발휘하지 못할 경우 아들이 아닌 손자에게 전권을 위임하겠다"고 작성한 빌헬름 1세의 성명서를 새삼 떠올렸다. 그와 같은 사실은 이미 황제와 재상 사이에서 황태자의 계승권 포기 쪽으로 합의가 이루어졌음을 의미하는 것이기도 했다.

프리드리히 3세 또한 자신의 업무 중 몇 가지에 대한 권한을 아들에게 벌써 위임할 것을 요구하기도 했다. 하지만 왕자 빌헬름은 "내가 대리인으로서 권력을 위임받으면 아버지의 정치가 아닌 나의 정치를 하게 될 것"이라며 거절의 뜻을 전했다. 이미 그때부터 미래의 빌헬름 2세는 자신이 정부를 직접 주도할 것이며, 언제까지나 73세 재상의 그늘에 있지는 않겠다는 생각을 품고 있었던 듯하다. 그랬다. 프리드리히 3세가 일찍 세상을 떠나지 않았더라면 빌헬름 2세와 재상 비스마르크의 미래는 물론 독일과 유럽의 역사가 달라졌을 것이며, 특히 세계정치를 기치로 내건 빌헬름 2세의 의지와는 달리 제1차 세계대전 또한 일어나지 않았을지도 모를 일이다.

비스마르크는 "새로운 주군을 모시기에는 나이가 많이 들었고 힘이 든다"는 이유로, "빌헬름 1세 사후에는 관직에 머무르지 않겠다"고 공공연히 말했다. 그리고 빌헬름 1세가 죽기 몇 달 전 "장차 새 황제가 될 빌헬름 2세의 치하에서 관직에 몸담는 것이 그리 쉽지는 않을 것"이라고 추측하기도 했다. 그 나름대로 예견한 부분이 있었기 때문일까?

그러나 비스마르크의 복잡한 심경과는 달리 제위를 바로 눈앞에 둔 무렵, 빌헬름 2세의 결정은 너무나 간단했다. 우선 할아버지와 아버지를 모두 떠나보내고 비스마르크만 남아 있는 상태에서 25년 이상 프로이센과 독일을 통치해온 비스마르크를 당장 해임할 생각도 없었고, 또 그가 국가 지도자 자리를 바로 포기할 수도 없을 것이라고 믿었다.

마침내 비스마르크는 1888년 두 명의 황제를 앞서 보내고 독일제국의 마지막 황제를 맞이했다. 그 주인공이 얼마 지나지 않아 자신의 정치시대를, 그것도 비참하게 끝나게 만들 인물일 줄은 상상하지도 못한 채였다. 비스마르크는 빌헬름 2세를 아버지 프리드리히 3세에 비해 몇 배

나 강인한 인물로 보았고, 또 빌
헬름 2세도 부친 앞에서 제국의
창건자인 자신에 대해 찬사를 아
끼지 않았기 때문에 세 번째 황
제를 모시게 된 것을 싫어할 이
유가 없었다.

새 황제 빌헬름 2세의 집권으
로 프리드리히 3세로 인해 일어
났을지 모를 국정의 위험은 완
전히 사라진 듯 보였다. 그에 따
라 재상으로서 비스마르크의 위

:: 빌헬름 2세

상도 변함없이 탄탄한 듯했다. 비스마르크에게는 친자유주의적인 프리
드리히 3세의 재임기간이 짧았던 것이 내심 다행으로 여겨질 판이었다.

빌헬름 1세와 프리드리히 3세 모두를 떠나보낸 빌헬름 2세와 비스마
르크, 비로소 마주하게 된 두 사람은 서로에게 필요한 존재였다. 그동안
빌헬름 2세는 비스마르크가 자신의 할아버지 못지않게 유럽에서 '독일
우위의 화신'으로서 굳게 자리를 지켜왔음을 인정했고, '철과 피의 국
가원수'로 공경하기도 했다. 그리고 새로이 황제로 즉위한 시점에서 자
신의 아버지와 마찬가지로 경험이 없는 다른 파트너와 국정을 수행할
자신감도 없었지만, 무엇보다 그 후계자로 꼽을 만한 능력 있는 실력자
를 찾기도 현실적으로 어려웠다.

연로한 재상 비스마르크 역시 세대 간의 격차 등 여러 가지 불안요인
을 감지하면서도 젊은 황제에 대한 기대와 희망을 버리지 않았다. 그는
한편으로 "29세의 젊은 황제가 최고의 신하를 저버릴 수는 없을 것"이
고, 다른 한편으로는 "경험이 많지 않아 아직 배울 것이 많을 것"이라며

스스로 과신하기까지 했다.

그러나 젊은 황제에 대한 환상이 깨지는 데는 그다지 긴 시간이 필요치 않았다. 그 아버지보다 낫다고 여겼던 자신의 판단이 얼마나 잘못된 것이었는지 깨닫게 된 비스마르크는 황제의 부족한 정치적 소양과 인격적 장애에 대해 탄식을 금치 못했다.

일찍이 비스마르크가 훗날 국가의 통치자로서의 통찰력을 갖추도록 하기 위해 왕자를 포츠담 정부의 영향권에서 벗어나 당분간 외무부에서 경험을 쌓도록 자리를 만들고자 애쓴 적이 있었다. 그러나 당시 황태자이던 프리드리히 3세는 오히려 때가 이르고 맞지도 않다고 생각했는지 그러한 권유를 받아들이지 않았다. 혹자들은 그때부터 벌써 아들 빌헬름의 미성숙하고 불손한 기질을 파악하고 있었던 것으로 지적하기도 했다.

"사람을 볼 줄 아는 천재적인 비스마르크가 어떻게 그런 착오를 할 수 있었을까?" 하는 얘기들이 흘러나올 만했다. 절제와 안정감이 부족하여 친구들 사이에서도 "그의 연령에 비해 지나치게 유치하다"는 평을 들은 빌헬름에게는 학생을 가르치는 것처럼 자신을 대하는 재상을 인내하며 받아들일 자세가 되어 있지 않았다. 그의 입에서 나오는 재상에 대한 공경의 일색은 떠들썩한 황제 예찬이 펼쳐질 때에나 겨우 들어봄 직했다.

머지않아 비스마르크는 독자적으로 통치권을 행사하려는 "순진한 근위장교"의 충동을 평가절하해버렸고, 빌헬름 2세 역시 이에 뒤질 새라 "6개월 동안 그 노인을 잠이나 자도록 하라. 내 스스로 통치를 하리라"는 독단적인 마음을 품고 있었다. 두 사람의 대립은 불가피해 보였고, 무엇보다 황제가 그를 성가시게 여기기 시작한 것이 큰 문제였다.

빌헬름 2세는 태어날 때부터 신체적 약점을 안고 있었다. 왼쪽 팔의 생장이 멈추는 바람에 팔이 약간 짧았던 것이다. 그래서 자신의 손을 좀처럼 바지주머니에서 빼려 하지 않았던 그는 그렇게 평생 자신의 장애를 감추기에 급급했고 이따금씩 배우처럼 과장된 행동으로 그런 콤플렉스를 상쇄하려고 했다. 그 때문에 그를 연구한 많은 전기 작가들은 "불구의 신체로 인한 성격장애나 지적인 부족함이 난산으로 인한 뇌 손상과 관련 있지 않을까?" 하는 의문을 품기도 했다.

그런 분석들은 검증된 것이라기보다 잘못된 정책 추진이나 불미스런 언행이 잦아지면서 자연스럽게 제기된 결과였다. 따라서 1890년 비스마르크의 해임 사건 역시 빌헬름이 갖고 있던 여러 가지의 결핍에서 비롯된, 충분히 벌이고도 남을 조치로 받아들여지기까지 했다.

실제로 빌헬름 2세는 1888년 4월 1일 비스마르크의 일흔세 번째 생일에 건강을 위해 축배를 들었지만, 자신에게 올리는 충고나 부탁을 수용할 만큼의 참을성이나 자제력은 없는 상태였다. 자신의 조상 프리드리히 대제를 계속해서 자랑하는 빌헬름 2세에게 비스마르크가 "프로이센의 위대한 국왕이 될 분은 군 최고 지휘관으로서뿐만 아니라, 국가원수로서의 역량 또한 본받아야 할 것"이라고 조언했지만, 황제는 그런 조언에 불쾌감만 드러낼 뿐이었다.

재상에게 어려움이나 불쾌감을 겪게 하기보다 그의 수족을 하나씩 천천히 제거해나가겠다. 나는 선조 프리드리히 대제를 자랑으로 여기며, 지금보다 세 배나 더 투쟁하게 될 대장부의 손과 칼을 지니고 있다.

프리드리히 대제가 그렇게 강력한 재상을 참고 견뎠더라면 결코 위대한 인물이 되지는 못했을 것이다.

두 사람의 엇갈린 관계는 매번 틀어지는 정책노선에서 더욱 확실해졌다. "28년이 지난 지금의 전반적인 국정체제를 마비시켜놓았다"며 황제가 나름대로의 명분을 분명히 해놓은 한, 눈엣가시 같은 그를 축출하지 못할 이유는 없었다. 다만 시기가 문제였을 뿐이다.

비스마르크 역시 황제와의 갈등을 모를 리 없었지만 이를 인정하고 싶어 하지는 않았다. 그러나 그 누구보다 프로이센 왕실을 강력하게 만들었고, 그 어떤 강대국 못지않게 독일제국의 위상을 반석 위에 올려놓았던 재상의 지혜와 경륜이 한 젊은 황제로 인해 그 의미를 잃어가는 것이 현실이었다. 두 달 뒤에 있을 자신의 해임을 아는지 모르는지 1889년 12월 비스마르크는 홀로 생각에 젖어 있었다.

> 내가 조금만 더 젊었더라면, 그리고 예전 황제처럼 매일 함께할 수 있었더라면 그를 내 의지대로 움직일 수 있었을 텐데. 그러나 지금 황제는 거의 독자적으로, 또는 자신의 부관들과 군대에 의해서만 영향을 받을 뿐이다.

러시아, 걸림돌이 되고 말다

풋내기 황제 빌헬름 2세가 집권한 이후 노련한 재상 비스마르크와의 갈등으로 독일제국의 현실과 미래는 암울해 보이기만 했다. 가을로 접어들면서 무엇보다 대외 노선에서 중추적인 틀로 삼아온 러시아와의 관계가 동맹국이라 보기 어려울 만큼 악화됨에 따라 비스마르크의 입지는 더욱 좁아졌다. 친러시아적 동맹관계를 굽히지 않는 비스마르크를 향해 황제는 거침없이 반감을 드러냈고, 애초부터 재보장조약에 반대했던 정적들까지 가세하여 그의 해임을 거론하기 시작했다. 러시아로 인해 발목이 잡힌 비스마르크는 정계생활의 마지막을 그렇게 보내고 있었다.

황제를 비롯한 독일의 반러시아 분위기는 사실상 재보장조약을 체결하기 이전부터 러시아가 조장한 결과로도 볼 수 있었다. 발칸 사태로 입지가 좁아진 이후 러시아는 자구책으로 1886년 철과 석탄의 관세를 높이고 저가의 농산물을 대량 수출하는 등 방어태세를 취해나갔다. 그러한 조치가 독일의 동부 엘베 지역의 융커들과의 경쟁을 불가피하게 만듦에 따라 베를린 정부로서도 곡물 생산의 주역인 융커들의 이익을 보호하기 위한 특단의 조치로 관세를 몇 배 인상시키지 않을 수 없었다.

마치 먹고 먹히는 먹이사슬처럼 양국은 불미스런 충돌에 휩싸이게 되었다. 결국 재보장조약을 처리하던 막바지인 5월 24일 러시아는 포고령을 내리고 말았다. 다름 아닌 모든 외국인들, 주로 독일인들 가운데 프로이센의 융커와 대지주들이 서부 지역의 정부 토지를 소유하고 이용하는 것을 금지하는 정책이었다.

양국 간에 경제적인 대립이 격화되는 가운데 러시아는 각종 언론매체들을 부추겨 반독일 운동을 벌였고, 심지어 비스마르크가 그토록 염려했던 프랑스와의 연합을 추진하는 움직임까지 보였다. 지식인들을 중심으로 게르만족에 대항하는 슬라브족과 로만족의 전쟁 가능성마저 거론될 지경이었다. 이렇게 러시아는 독일과 비밀리에 동맹을 타진하면서도 대대적으로 독일에 반대하는 언론 공세를 강화하면서 보복전을 꾀하는 프랑스와의 접촉을 늘리고 있었다.

게다가 프랑스 측 역시 호전적인 블랑제가 4월 초 라인 경계를 점령하기 위해 식민지에 파견했던 군대를 소환해 국경에 배치하는가 하면, 군비 증강에도 진력하고 있었다. 그러면서 비스마르크에게 최후통첩성 협박도 서슴지 않곤 했다. 당시 프랑스 '애국자동맹'의 대표이자 블랑제 지지자였던 데룰레드(Déroulède, 1846~1914)가 범슬라브주의의 주동자인 러시아 황제를 접견하여 긴장감이 더욱 고조된 상황에서 비스마르크로서는 위기가 아닐 수 없었다.

양국의 동태에 불안감을 감추지 못하던 비스마르크는 러시아와의 동맹 필요성을 새삼 절감하는 한편, 군대를 증강하고 군비를 늘리고자 의회에 제출해놓았던 의안을 서둘러 처리하려 했다. 예산을 책정하는 기간으로 7년을 주장하는 의안이 중앙당과 사회민주당 등의 반대에 부딪히자, 비스마르크는 제국의회의 해산까지 감행하면서 프랑스와 러시아의 연대 가능성으로 인한 불안한 상황을 부추기기까지 했다. 그 결과 1887년 2월 새로 구성된 연합정당의 지원으로 4월 1일 군 예산을 승인받기에 이르렀다.

그리고 여기에 그치지 않고 그 역시 러시아의 포고령으로 인해 독일인들의 토지가 하루아침에 징발되어버린 상황을 좌시하지 않았다. 언론을 총지휘하여 반러시아 감정을 자극하면서 연일 언론에서 떠드는 러시아의 신용과 국채 전반에 관한 문제에 반대운동을 펼쳐나갔다. 러시아를 놓치지 않기 위해 재보장조약을 성사시키는 데 혈안이 된 그도 러시아와 함께 동맹을 얘기하면서도 다른 한편으로 총을 들이대는 러시아를 향해 총을 겨누었던 것이다.

1887년 6월 18일, 각고의 노력 끝에 러시아와의 재보장조약을 성사시키긴 했지만, 비스마르크는 여전히 언론을 동원한 대응을 중단하지 않았고, 러시아의 국채를 더 이상 담보로 하지 않도록 제국은행에 촉구했다. 심지어는 이른바 11월 10일 일명 '롬바르디 금지령'으로 불린 새로운 조치까지 실시하여 러시아를 독일의 자본시장으로부터 차단시키는 데도 주력했다. 그 나름대로 러시아에 대한 독일 정부의 불만과 불신을 충분히 표출함과 동시에 동등한 입장에서 동맹국으로서의 관계를 재확인시키려는 의도였다.

그러나 러시아의 5월 포고령에 대한 비스마르크의 계속적인 대응은 경제적인 요인의 폭발력을 잘못 판단한 것으로 드러났다. 롬바르디 금지령이 부메랑 효과가 되어 독일 경제에 타격을 미쳤기 때문이다. 차르 제국에 대한 경제적인 보복조치로 인해 오히려 독일 자본의 수출이 마비되었고, 무엇보다 그 틈새를 이용해 프랑스가 차관이 필요한 러시아를 적극 지원하기 시작했기 때문이다. 러시아가 프랑스의 자본에 의지하게 됨으로써 두 나라는 은행은 물론 산업 분야와 군사 부문까지 교류할 기회를 갖게 되었다.

이는 비스마르크의 크나큰 실책이 아닐 수 없었다. 늘 두려워하던 프랑스의 고립상태가 무너지는 상황이 바로 눈앞에서 펼쳐짐에 따라 러시아와 맺은 재보장조약의 정치적 의미도 곧장 퇴색되어버릴 기세였다. 비스마르크는 국방장관 셸렌도르프(Walter Bronsart von Schellendorf, 1833~1914)에게 쉽게 깨져버린 평화에 대해 토로하지 않을 수 없었다. 서둘러 상황을 처리하지 못할 경우, 머지않아 프랑스와 러시아를 상대로 양쪽에서 동시에 전쟁을 치를지도 모를 일이었다.

설상가상으로 친러시아 정책에 대한 군부의 불만까지 쏟아졌다. 반비스마르크 세력이라 할 수 있는 군부에는 그들의 수장격인 발더제(Alfred Graf von Waldersee, 1832~1904)를 비롯해 몰트케, 국방장관을 지낸 셸렌도르프와 베르노이(Verdy du Vernois, 1832~1910), 군사 참의원의 대장 알베딜(Albedyll), 군단장 로에(Walter Freiherr von Loë, 1828~1908), 골츠(Colmer Freiherr von der Goltz, 1843~1916) 등 막강한 영향력을 행사하는 인물들이 모두 모여 있었다.

그들은 모두 근본적으로 군부가 정치에 영향력을 행사하는 것을 강력하게 반대해온 비스마르크에 대항해 1886년 발칸 위기 이후로 노골적으로 러시아에 대한 예방 전쟁을 주장해왔다. 그들 중 일부는 이미 1870~1871년 프로이센-프랑스 전쟁 때부터 비스마르크에게 등을 돌렸는가

하면, 나머지 역시 비스마르크의 전반적인 외교노선에 반기를 들었다. 그럼에도 비스마르크는 육군 증강을 강력하게 주장하긴 했지만, 1887년 제국의회에서 단호하게 밝혔듯이 "언젠가 있을지 모를 전쟁 때문에 전쟁을 수행하는 일은 결코 하지 않겠다"는 입장을 고수하며 러시아와의 전쟁에 강력하게 반대했다. 철과 피에 의한 공격성을 우선시하기보다는 러시아와의 외교적인 동맹에 비중을 두었던 만큼 그 나름대로 동맹국에 대한 신의를 지키려고 했던 것이다.

이로써 비스마르크와 군부 사이의 대치국면은 노골화되었다. 그러나 독일제국의 평화적인 입장과 동시에 자국이 처한 대외적인 힘의 균형에 치중한 비스마르크는 동맹관계를 중시하며 특히 러시아의 신의를 믿고자 했다.

> 내가 통치하는 한 독일이 러시아에 대해 엄중히 지켜온 중립 입장은 결코 철회되지 않을진대, 러시아가 이를 신뢰하지 않는다면 매우 부당한 일이다.

마침내 1888년 2월 6일의 의회 발언에서 비스마르크는 독일인들에게 전쟁을 자제하며 평화를 바라는 '호소'와 함께 오스트리아와의 동맹 중요성을 함께 피력했다. 러시아와의 잘못된 상황에 대해 실망을 토로하긴 했으나, 그는 기존의 외교노선만은 확고히 지키고자 안간힘을 썼다. 그러나 "'독일을 공략할 의도가 없다'는 러시아 알렉산드르 2세의 말을 신뢰하며, 그의 평화 의지에 대해 전혀 의심하지 않는다"는 비스마르크의 발언은 의원들의 공감대를 얻기 어려웠다.

그런데 별다른 호응이라고는 없던 의회는 비스마르크의 기나긴 발언 중 유독 특정 부분에 이르자 일부 의원들을 중심으로 민족주의의 장으로 돌변해버렸다. 민족주의적 환상에 도취된 양 그들은 두 번째의 결정적인 문장은 안중에도 두지 않은 채 "무엇도 두려워하지 않는다"는 첫 문장에만 사로잡혀 호들갑을 떨어댔다. 헤르베르트에 의하면, "마치 전쟁을 선포하기라도 한 것처럼 환호하는 군중을 헤치며 빠져나오느라 힘이 들었을" 정도로 그 발언의 영향으로 의회 주변까지 삽시간에 흥분의 도가니가 되었다. 독일과 유럽의 언론 역시 일제히 첫 문장만을 대서특필했다.

우리 독일인들은 신을 두려워하나 그 밖에는 세상의 무엇도 두려워하지 않는다. 신을 공경하는 것이 곧 우리가 평화를 사랑하고 가꾸도록 하는 것이다.

돌변한 상황은 비스마르크에게 부정적이었다. 그런 상황에서 1888년 6월 빌헬름 2세가 제위에 오른 뒤에도 그는 연초부터 불가리아 문제를 둘러싸고 불거진 전쟁 위기에 대해 여전히 평화와 동맹의 중요성을 강조했다. 그는 동부 발칸에 대한 자국의 지배권을 확보하려는 러시아를 지지함으로써 러시아의 신의를 얻어내고 프랑스와의 관계를 단절하도록 유도할 작정이었다.

그러면서 제위에 오르고 얼마 되지 않은 황제에게 헤르베르트를 동반하여 해외순방의 첫 국가로 러시아 방문을 제의했다. 물론 황제가 마음에 들어 하지 않는 국가임을 알았기에 어떤 정치적 목적을 띤 것이 아닌 의례적인 방문이라는 점을 재차 부각시킬 필요가 있었다. 러시아 황제와의 특별한 정치적 회담은 없을 것이라는 조언을 곁들이긴 했으나, 그는 내심 러시아와의 관계 개선을 기대했다.

이어 비스마르크는 프랑스에 대적해줄 만한 또 하나의 상대로 영국에 다시 눈을 돌렸다. 이미 지중해 협정을 함께 체결했던 영국을 중심으로 하여 평화를 원하는 오스트리아와 이탈리아 등 4개국이 함께 러시아와 프랑스의 전쟁 준비를 억제하기 위한 방어체계 강화를 촉구할 의향이었다. 마침내 8월 런던에 있는 하츠펠트 대사를 통해 비스마르크는 영국 수상 솔즈베리에게 한정된 시기 동안이나마 양국의 방어협정을 강력하게 제의했다.

> 영국이 독일에 의해 프랑스의 공격을 방어하고 독일 또한 영국에 의해 프랑스의 공격을 방어할 수 있다는 확신만 선다면, 양국의 공식적인 동맹이 지속되는 동안 유럽의 평화가 보장된다고 믿습니다.

한편 발칸에서 오스트리아와 신경전을 펼치던 러시아로서도 자국을 방문한 독일 황제의 이해를 어떻게 하든 끌어낼 심산이었다. 러시아의 알렉산드르 3세는 헤르베르트를 사심 없이 접대했을 뿐만 아니라, 무엇보다 빌헬름 2세의 즉위에 흡족해 했고 최고의 예우를 아끼지 않았다. 외무장관 기어스는 시종일관 헤르베르트의 의중을 탐색하면서 발칸 지역에서 오스트리아의 음모를 고발하고, 굽히지 않는 불가리아 국왕 페르디난트 1세(Ferdinand I, 1861~1948)의 태도를 경고하는 등 일반적인 정치 문제까지 거론했다. 뒤이어 러시아에 대한 독일의 관세정책의 실책을 지적하고 그로 인한 경제 전쟁이 두 민족의 정치적 이해에 크나큰 부정적 영향을 미친 현실을 다시 한 번 강력하게 항의하기도 했다.

기어스의 끈질긴 시도에도 불구하고 헤르베르트는 비스마르크의 지시대로만 움직였다. 독일 측의 원론적인 답변만으로는 부족하다고 판단한 기어스는 끝내 유감을 표했지만, 헤르베르트는 더 이상의 구체적인 언급을 회피했다. 다만 "독일이 러시아를 위해 행동할 생각은 없으나, 불가리아 문제에 관한 한 러시아의 모든 주도권을 지원하겠다"는 약속과 함께 양국에게 경제와 정치 문제는 별개라는 견해를 밝히며 동맹 유지의 중요성을 강조했다.

한편 러시아 방문에서 얻어낸 것과 같은 효과를 영국으로부터 기대하기란 쉽지 않았다. 영국은 여전히 묵묵부답이었다. 1889년 1월, 보복 전쟁을 꿈꾸는 불랑제의 시도가 절정에 달하자, 다급해진 비스마르크는 거듭 영국에 협조를 촉구했다. 그러나 솔즈베리는 양국이 비밀협정을 체결할 경우, 러시아가 프랑스와 공모하여 위기상황을 확산시킬 것을 우려하는 눈치였다. 독일과의 공조보다는 오히려 프랑스와의 대립이 자국에 이익이 되지 않는다는 계산하에 "프랑스는 우리 영국에게 보다 큰 위험요소이고, 또 늘 그럴 것이다. 내각의원들과 협의하겠다"는 간단한 답변만으로 결정을 보류했다.

비스마르크는 영국의 결정을 기다리는 수개월 동안 막막했지만, 새 황제에 대한 영국의 시각을 개선하고 양국 사이에 야기될 수 있는 모든 알력을 제거하는 데 안간힘을 썼다. 그 일환으로 3월에는 헤르베르트를 런던으로 파견하여 사모아 식민지 문제에 대한 합일점을 찾아내도록 촉구했다. 상황이 그쯤에 이르자, 6월 14일 영국은 베를린에서 미국과 함께 3자회의를 개최한 끝에 공동의 통치권을 행사하는 것으로 사모아 협약을 체결했다. 그런데 뜻하지 않게 체임벌린(Joseph Chamberlain, 1836~1914) 측에서 영국과 독일이 각각 점유하던 식민지 헬골란트 섬과 서남아프리카를 맞바꾸자는 제의를 해왔다. 사실 비스마르크는 식민지를 교환하는 문제에 관심이 없었기 때문에 "그 문제를 구체적으로 협상하기에는 때가 이르다"고 화답하도록 지시했다.

결국 영국과의 협정에 대한 실질적인 효과를 거두지 못한 채 시간만 지체하던 중 비스마르크는 아무런 대가도 없는 답변만 접하게 되었다.

지중해 협정의 동맹국들끼리 방어체계를 강화하기 위한 협상에 끝내 영국이 반대의사를 표했던 것이다.

> 양국의 동맹이 두 나라와 유럽의 평화를 위해 최선책이기는 하지만, 내 각의원들과 심의한 끝에 과반수 의원들이 현 시점에서는 적절치 않다는 결론을 내린 것에 대해 유감을 전합니다.

한편 비스마르크는 젊은 황제의 러시아 여행을 계기로 양국에 무언가 바람직한 변화가 일어나기를 기대했다. 그러나 자신이 의도한 대로 돌아가지 않는 상황을 지켜보면서 독일이 심각한 고비에 처하게 될 것을 예감했다. 먼저 철저한 계산하에 추진된 첫 번째 방문이었음에도 빌헬름 2세의 러시아 혐오증은 전혀 나아지지 않았기 때문이다. 식민지에 대해 달라진 주변 정세의 영향 때문이기도 했지만, 황제는 오히려 비스마르크의 기대와는 달리 세계정치를 향한 노선을 꿈꾸고 있었다. 심지어는 그해가 끝나기 전에 프랑스가 아니면 러시아와 전쟁까지 시도할 눈치였다.

따라서 황제로부터 어떤 귀띔을 받은 것도 없었고, 또 프랑스가 전쟁 준비에 엄청나게 투자하고 있으며, 영국이 자국의 노선에 동참을 거부한 시점에서 비스마르크로서는 러시아의 행보를 주시하는 길밖에 없었다. 다만 발칸 지역을 놓고 러시아와 오스트리아가 대립하는 상황에서 한편으로는 오스트리아와 삼국동맹을, 다른 한편으로는 러시아와 재보장조약을 체결하여 두 조약 모두 의무를 이행해야 하는 난감한 처지에서 비스마르크는 발칸 문제로 양국이 전쟁 사태에 휘말리지 않기만을 바랄 뿐이었다.

그럼에도 돌아가는 상황은 여전히 비스마르크에게 불리했다. 무엇보다 국내 언론들까지 그의 일관된 친러시아적 태도에 강력하게 반대의사를 표명하며 궁지로 몰아넣었기 때문이다. 예컨대 좌파 자유주의자들의 대표적인 언론인 〈베를린일보(Berliner Tagesblatt)〉는 "깊게 병들어버린 평화보다는 유익한 전쟁을 선호한다"는 기사를 발표했다. 게다가 1876년 비스마르크의 총애를 받으며 외교부에서 일했던 홀슈타인(Friedrich von Holstein, 1837~1907)마저 비판의 대열에 가세했다.

> 평화를 수호하기 위해 거의 혼자이다시피 극도의 노력을 아끼지 않는 재상 한 사람을 제외하고는 사실상 온 세상이 전쟁을 위해 여기에 있다.

비스마르크는 전쟁을 옹호하는 세력들에게 "비양심적인 모험을 서두르고 있다"고 경고했다. 러시아의 알렉산드르 3세가 빌헬름 2세는 불신해도 자신만큼은 신뢰하고 있음을 알고 있던 비스마르크는 쌍방에게 관계를 개선하고 유지할 여지가 남아 있다는 판단하에 여전히 미련을 버리지 못했다.

비록 빌헬름 2세가 거부했지만, 실제로 러시아 측에서는 1890년 2월 재보장조약의 갱신을 요구해왔다. 마지막까지 비스마르크는 반대세력을 향하여 "거의 정복할 수 없는 러시아 대제국에 대항하는 전쟁에서 얻을 것은 아무것도 없다"면서 전쟁만은 피하려고 진력을 다했다. 황제를 비롯하여 자신과 뜻을 달리하는 언론과 군부세력을 견제하면서 비스마르크는 세계정치에 관한 한 다른 곳 어디든 한 눈 팔지 않고 폴란드 하나만을 지배하는 것으로 대리만족시키고자 했다. 그러나 언제까지 모든 반대세력을 외면한 채 러시아만을 바라볼 수만은 없는 노릇이었다. 반러시아 성향의 황제와 정부 내에서 그의 입지는 하루하루 좁아졌고 그것은 어쩔 수 없는 현실이었다.

절망의 나락으로 떨어지다

정계 은퇴를 2년 가까이 둔 무렵부터 비스마르크의 건강은 다시 극도로 나빠졌다. 그동안 업무의 중압감과 책임감이 과도한 스트레스를 안겨주었고, 불규칙한 생활리듬으로 인한 과식과 수면장애가 만성화된 데다가, 황제와의 끊이지 않는 신경전으로 건강이 최악이었다. 수면을 제대로 취하지 못하던 어느날 아침, 재상청장인 티데만(Christoph von Tiedemann, 1835~1907)에게 "밤새도록 시간을 증오하며 보냈다"고 털어놓았듯이, 철의 재상에게 그런 때는 비일비재했다. 그러나 사실 그의 나이 이미 70세를 훌쩍 넘어선 때였다.

악화된 건강으로 비스마르크는 정치 말년 대부분을 곳곳에서 수개월씩 체류하며 긴 휴식기를 갖곤 했다. 1889~1890년에만 그는 세 차례(6월 8일~8월 10일, 8월 20일~10월 9일, 10월 16일~1월 24일)나 베를린을 떠나 프리드리히스루를 거쳐 키싱겐과 바친, 그리고 다시 작센발트 등 휴양지에 있는 자신의 별장을 찾아다녔다.

게다가 빌헬름 2세 역시 베를린을 비우는 일이 잦았다. 황제에 오른 이후 재상과 서로 얼굴을 마주하기 어려울 정도로 계속해서 해외순방 길에 올랐다. 따라서 함께 있는 시간이 많지 않았던 두 사람은 상호 간에 쌓였던 불만과 갈등을 원만하게 풀 기회조차 갖기 어려웠다.

그러나 그런 상황에서도 역시 칼자루를 쥔 사람은 황제였다. 더욱이 재상이 자주 베를린을 비우는 상황에서 황제는 그때그때 상황에 따라 누구든 가까이하는 자들로부터 쉽게 영향을 받아 정책을 발표하곤 했다. 국가의 지도자로서는 너무도 경솔하고 위험천만한 통치 행태였지만, 내심 자신의 입지와 인기에 해가 되지 않는 한 가능한 빨리 '늙은 거구'를 해임시킬 생각까지 품고 있던 황제를 거스를 자는 아무도 없었다. 결국 황제와 비스마르크의 불화설은 부인할 수 없는 현실로 치달았다.

황제와의 불화설

비스마르크가 건강상의 이유로 장기간 베를린을 자주 비우면서 제국의회나 지방의회에서 그의 모습을 찾기란 매우 힘들었다. 1887~1888년의 경우 프리드리히 3세와 빌헬름 2세의 제위식을 제외하고는 외교정책에 대해 두 시간가량의 연설을 위해 제국의회에 한 차례 모습을 드러낸 것이 전부였다. 특히 1889년부터 해임되는 시점까지는 누구도 그의 모습을 접할 수 없었다.

남달리 말하기를 좋아하고 지나치게 박수갈채에 연연하던 빌헬름 2세 또한 황제가 되자마자 부단히 해외순방을 나다녔다. 근대기술과 역동성, 독일의 경제력과 국제적인 위신 등 근대라는 시기에 국가의 대표로서 자칭 '미래의 인물'이 되기 위한 명분을 앞세워 각국을 돌아다니기에 여념이 없었다.

빌헬름 2세는 1888년 7월 14일부터 31일까지 페테르부르크, 스톡홀름, 코펜하겐을 시작으로 해서 9월 26일부터 10월 21일까지 남부독일을 거쳐 빈과 로마를 방문했다. 그리고 1889년 7월 31일부터 8월 7일까지 영국을, 10월 17일부터 11월 10일까지 이탈리아의 몬차를 거쳐 아테네와 콘스탄티노플 일대를 방문했다.

황제와 재상이 함께 베를린을 비우는 시간이 길어질수록 서로 얼굴을 마주하는 시간은 줄었고, 그만큼 상호 이해관계를 북돋울 기회도 적었다. 심지어 해임을 바로 코앞에 둔 1889년의 경우, 두 사람 모두 베를린을 비우는 바람에 마주할 시간이 아예 없었다. 이에 따른 타격은 비스마르크 쪽이 더 클 수밖에 없었고, 반비스마르크 정서를 가진 황제의 측근들로서는 유리한 기회를 거머쥔 셈이었다.

한때나마 재임 초반에 빌헬름 2세가 대부분의 여행에 헤르베르트를 동반함으로써 비스마르크에게 숨구멍이 트인 적이 있었다. 헤르베르트가 황제와 재상을 잇는 연락망으로서, 특히 아버지의 대리인으로서 나름대로 역할을 톡톡히 수행했기 때문이다. 이를테면, 비스마르크는 자신이 신뢰하는 아들을 통해 황제에게 자신의 정책을 전달하기도 했고 외국의 국왕이나 지도자와의 만남에서 황제의 언행에 대한 사소한 보고까지 받을 수 있었다.

그러나 시간이 흐름에 따라 각료들 사이에 나도는 젊은 황제와의 불화설이 걷잡을 수 없이 확산되는 바람에 비스마르크 스스로도 자신의 해임 사태를 인식하게 되었다. 원만치 못한 관계를 회복해야만 했던 그로서는 내심으로 헤르베르트가 후임자가 되어 계속해서 자신의 정치를 이어가기를 희망했지만, 다른 각료들이 그렇게 하도록 놔둘 리 없었다. 특히 반비스마르크 세력은 헤르베르트의 오만한 행동과 거만한 품행을

:: 1888년 10월 30일 프리드리히스루에서 비스마르크와 빌헬름 2세

질타하며 '비스마르크 왕조'니 '집사 집단'이니 하며 비웃어댔다.

불화설이 확산되는 가운데 1년이라는 기간을 가까스로 넘긴 1889년 여름부터 황제와 비스마르크의 관계는 사소한 일에서마저 사사건건 충돌할 만큼 틀어졌다. 비스마르크는 헤르베르트가 해온 가교 역할의 한계와 황제를 둘러싼 반비스마르크 세력의 공세를 극복하려 했지만, 황제의 피상적인 행동과 짧은 식견이야말로 그의 능력 밖이었다. 그런 상황이라면 설령 베를린에 함께 있었다고 하더라도 관계 개선을 기대하기 어려울 정도였다.

비스마르크는 거의 포기 상태에 접어들었다. 그동안 헤르베르트가 여러 차례 황제를 동행한 덕에 황제의 실체를 나름대로 정확하게 파악하고 있던 그였다. 황제 즉위 이후 1888년 10월 첫 해외 순방지에서 "우리의 새 황제는 주제에서 이탈하지 않고 침착하며 객관적입니다. 함께 일하기가 아주 좋습니다"라고 했던 헤르베르트의 평가는 1889년 7월쯤 되어 판이하게 달라져 있었다.

황제는 정치에 있어 너무 서두르고 일시적입니다. 학문과 사고의 탄탄한 기반이 부족한 때문인 것 같습니다.

헤르베르트의 판단은 틀리지 않았다. 빌헬름은 특히 긴 문서를 좋아하지 않았다. 3~4쪽을 넘어가는 문서는 외면해버리는 탓에 구두로 설명하는 것이 규칙이 되어버렸다.

헤르베르트의 보고대로 "황제와의 만남은 문서보다 구두로 이루어질 때가 훨씬 순탄하게 진행되고 일도 쉽게 처리"되었다. 황제의 친구인 오일렌부르크(August zu Eulenburg) 또한 경연 첫머리부터 문서로 된 보고문은 늘 제쳐두고 여기저기 오려낸 신문기사를 먼저 택하던 행동을 역시 잊지 않고 기억했다.

시간이 흐를수록 재상과 황제의 관계 개선은 요원한 일이 되었다. 일부에서는 1890년 3월의 비스마르크 해임이 빌헬름 2세가 즉위하기 전인 1888년 초 불화설이 나돌던 때부터 예정되어 있었다고 보았다. 빌헬름 1세의 재임 마지막 시기에 비스마르크가 왕자 시절의 빌헬름 2세와 처음 논쟁을 벌인 적이 있었고, 무엇보다 왕자가 그 일을 잊지 않고 마음에 품고 있었다는 데서 비롯된 견해였다.

1887년 11월 28일, 궁정의 전도사이자 정치가로서 활동하던 스퇴커(Adolf Stoecker, 1835~1909)가 도시 전도 기금 마련을 위해 주최한 집회가 그 불화설의 발단이었다. 종교적인 명목하에 이루어진 집회이긴 했지만, 집회 참석자들이 주로 반비스마르크 세력이었던 데다가 왕자 부부까지 참가한다는 사실에 몹시 예민해진 비스마르크가 이의를 제기하면서 문제는 확대되었다.

친황제 세력이자 반비스마르크주의자들로 구성된 이 모임은 소위 과격파(Ultra)로 불리면서, 가장 반동적이고도 공격적으로 시종일관 비스마르크의 정치적 입지를 위태롭게 만들던 세력이었다. 1886~1887년 빌헬름 1세의 위세가 위축되고, 1887년 6월 이후로 황태자 프리드리히 빌헬름의 중병 소식까지 퍼지면서 그들은 어느새 새 황제가 될 젊은 왕자의 눈길을 끌기 위해 갖은 노력을 다했다.

과격파의 핵심 인물로는 군 최고 통수권자인 발더제를 비롯하여 스퇴커의 활약이 두드러졌다. 그 밖에도 〈십자신문〉의 국장인 하머슈타인-게스몰트(Wilhelm Freiherr von Hammerstein-Gesmold, 1838~1904)와 외무부에서 막강한 정치적 영향력을 행사하던 홀슈타인까지 가세했다.

따라서 과격파의 모임에 분노한 비스마르크는 왕자와의 두터운 친분을 이용해 정당에서 활동하는 종교인 스퇴커를 지목하여 질타하기도 했다. 스퇴커는 신학자들 중에서도 아주 강경한 반유태주의자로서 19세기에 발생한 반유대인 배척 움직임에 적극적인 관심을 표명했고, 주로 유대인의 자유주의에 반대하는 투쟁에 광신적으로 앞장섰다. 1874년 이후로 그는 궁정과 주교좌성당의 전도사로 활약하면서 1878년에 기독교 사회주의당(Christlich-Soziale Partei)을 창당했고, 1878년 선거에서 참패한 뒤 1881년 독일보수당(Deutschkonservative Partei)으로 당적을 옮기면서 줄곧 정치활동도 해온 인물이었다.

비스마르크가 스퇴커의 놀랄 만한 에너지와 달변에 대해 호평의 글을 쓴 적도 있었지만, 지금의 상황은 달랐다. "좋지 못한 소식통"에 대해 "국가의 모든 권력이 그와 함께하는 것보다 그가 없음으로써 더 강력하다"는 진언을 올리면서 본질적으로 성직자로서 정치가이고, 정치가로서 성직자라는 실수 하나만으로도 치명적인 결격사유라고 비판했다.

그런데 문제는 비스마르크의 응징이 거기서 끝나지 않았다는 점이다. 스퇴커의 선동에 왕자까지 개입한 사실을 적절치 못한 처사라고 생각한 비스마르크는 1888년 1월 6일 왕자의 처신에 신중을 기하도록 해달라는 상소를 올렸기 때문이다.

사회개혁이란 국왕과 국가, 그리고 입법과정을 거쳐 이루어져야 합니다. 황제가 되기도 전에 벌써 정치성을 띤 기독교 단체에 관여해서는 안 될 일입니다.

비스마르크의 태도는 단순하고 이해력이 부족한 왕자의 심기를 건드리고 말았다. 이에 왕자는 불만을 드러내며 도시 전도에 대한 비호의 뜻을 포기하지 않는 것으로 대응했다. 황제에 오른 뒤에도 이 일은 빌헬름 2세의 기억 속에 남아 있었고, 황제의 후광을 등에 업은 스퇴커까지 나서서 비스마르크에 대한 비난에 가세하는 형국이 되었다. 특히 스퇴커는 1889년에 이르러 자신이 창간한 〈민중(Das Volk)〉이라는 신문을 통해 "독일 국민들의 민족적인 특성을 타락시키고 세상을 잘못 이끌고 있으며, 서서히 군주정까지 무너뜨리고 있다"며 비스마르크에 대한 정면공격을 서슴지 않았다.

재상에 대한 비방이 오래도록 끊이지 않자, 시끄러운 정국을 가라앉히기 위해 빌헬름 2세는 1889년 4월 마침내 스퇴커에게 전도활동과 정치활동 중 하나를 택할 것을 명했다. 전도활동을 택하는 것으로 사태는 종결되었지만, 결과적으로 비스마르크에게 유리하지는 않았다. 재상과의 첫 논쟁에 대해 심히 불쾌했던 기억을 그대로 지닌 빌헬름 2세와 반비스마르크 세력의 주동자로서 스퇴커의 정치생명이 끝나버린 것을 비스마르크 탓으로 돌린 발더제가 어느새 그를 향해 새로이 칼날을 들이대고 있었기 때문이다.

황제와 재상 두 사람의 불화설의 근원은 그뿐만이 아니었다. 프리드리히 3세가 죽고 난 뒤 그의 일기를 출간하는 문제가 비스마르크의 반대에 부딪혀 무산된 것도 한 요인으로 작용했다. 프리드리히 3세가 쓴 1870~1871년 진중일기에 비스마르크의 정치와 남부독일의 제후들에 대한 그의 태도를 비방하는 부분이 있었고, 프랑스와 전쟁 중이던 당시 황태자 신분의 프리드리히가 독일 문제에 대한 비스마르크의 해결방안에 대해 매우 비판적이던 입장도 실려 있었기 때문이다.

일기의 출판은 1888년 9월 죽은 황제의 절친한 친구이자 스트라스부르 대학의 역사학 교수인 게프켄(Friedrich Heinrich Geffcken, 1830~1896)에 의해 황제 일기의 진정성이 보증되고 출간이 위임되면서 진행되었다. 그러나 불편한 심기를 감추지 못한 나머지 비스마르크가 일기의 진위에 대해 의문을 제기하고 더 나아가 일기의 내용을 위조로 간주하는 바람에 사태가 더욱 어렵게 돌아갔다. 게다가 졸지에 국가 기밀을 누설했다는 명목으로 고소를 당한 게프켄은 도주하다 체포되어 구류형에 처해졌으나, 1889년 1월 5일 대법원이 사실무근으로 소송을 기각하면서 풀려났다. 하지만 이 재판 결과에 불만을 품은 비스마르크가 위조 문제를 계속 거론하면서 사태는 점점 복잡해져갔다.

마침내 비스마르크는 빌헬름으로 하여금 독일제국의 관보에 사실을 발표하고 연방의회에 관련된 모든 자료와 압수한 사본 등을 제시하도록 청했다. 법적으로 뜻을 이루지 못한 상황을 공공언론을 이용하여 피의자를 처벌하려는 심산이었다.

결과는 그의 뜻대로 프리드리히에 대한 문제를 더 이상 언급하지 않는 것으로 끝이 났다. 그러나 그 일 역시 장기적인 측면에서 그가 원하는 대로 해결된 것만은 아니었다. 피는 물보다 진하다고 했듯이 이런 일련의 과정을 거치면서 젊은 황제의 불만은 계속 쌓여갔다. 1월 19일 〈십자신문〉을 통해 과격파는 상처 받은 황제의 감정을 부각시키고 위로해 마지 않았다.

분명 황제의 부왕과 관련된 일인 만큼 비스마르크 지배체제에 적신호가 켜질 수 있는 사건이었다. 정치계 또한 황제에 가세하여 "지나간 하찮은 일에 과잉반응을 하며 가혹한 조치를 취한" 비스마르크의 행동에 신랄한 비판을 가했다. 그의 처신에 대해 말들이 많았고, 좌파 자유주의자들은 재상의 패배라고 외쳐댈 정도였다. 호엔로에-실링스퓌르스트의 일기도 그중 하나였다.

그때의 비스마르크는 내게 정신적으로 그리 건강하지 못하다는 인상을 남겼다.

황제와의 이런 불화의 역사에다 비스마르크의 계속된 친러시아 정책에 대한 반대 입장까지 겹치면서 그의 입지는 더욱 위태로워졌다. 황제의 눈에는 아무런 성과도 없이 계속 끌려다니기만 하는 러시아 정책이 실패로밖에 보이지 않았고, 그래도 굽히지 않는 비스마르크를 계속해서 받아들이기 힘들었다.

그런데 비스마르크의 해임을 재촉이라도 하듯 결정적인 사태들이 연속적으로 벌어졌다. 그를 향한 본격적인 공세를 막을 길조차 없어 보였는데, 그 근원지는 러시아도 영국도 아닌 바로 독일, 그것도 황제였다. 그렇게 비스마르크는 황제에 의해 마지막 수순으로 나아가고 있었다.

박혀버린 미운 털

마침내 빌헬름 2세는 비스마르크를 공략하는 첫 번째 조치로서 러시아와의 재보장조약을 인정하지 않기로 했다. 이로써 러시아를 독일 편에 잡아두는 것이야말로 대외정책상 최상의 안전장치라고 여겼던 비스마르크와는 생각을 달리함을 황제가 공식적으로 천명한 셈이었다. 한쪽 날개가 꺾인 비스마르크는 그럼에도 대외노선의 핵심인 러시아와의 동반관계를 포기할 생각이 없었다.

우리의 외교정책을 위해서는 제아무리 군주라 하더라도 러시아와의 좋은 관계를 마음대로 변화시킬 수는 없는 법입니다.

두 사람의 갈등이 최고조에 달했다. 비스마르크의 확고한 의지에 빌헬름 2세는 불편한 심기를 노골적으로 드러냈다. 매우 호전적인 참모총장 발더제, 하머슈타인, 홀슈타인 등 젊은 황제의 의지를 옹호하는 과격파까지 가세되면서 두 사람의 관계는 틀어질 대로 틀어졌다.

발더제의 경우 비스마르크 못지않게 제국의 대외정치 시스템이 점점 위기에 봉착할 것이라고 전망하면서도 방어 전쟁만이 그 유일한 해결책임을 강변했다. 적이 계속해서 군비를 확장하고 있기 때문에 "예방전쟁은 빠르면 빠를수록 좋다"고 주장한 그는 궁정 목사 스퇴커와 함께 여론을 조성하여 전쟁 분위기를 부추기기에 여념이 없었다. 과격파의 눈에 비스마르크는 나약하고 소극적으로만 비쳐졌다. 그리고 이 일의 반향은 비스마르크 러시아 정책의 위기가 아닌 비스마르크 정치 전반의 위기로까지 이어졌다.

비스마르크 지배체제의 위기 한가운데에는 발더제가 자리했고, 그는 비스마르크의 지위를 위협하는 가장 유력한 인물로 부상했다. 장군의 아들로 태어난 발더제는 1871년 초 파리 총독과 참모총장 등 요직을 두루 거친 뒤 1888년 몰트케의 뒤를 이어 군을 이끌었다. 몰트케가 군 통수권을 오래 장악하지만 않았더라면 훨씬 일찍 수뇌부에 올랐을 인물이었다. 초반에는 비스마르크도 발더제를 긍정적으로 평가했는데, 가령 1854년의 레오폴트처럼 국방장관의 적임자로서 칭찬하기도 했다. 그러나 그런 관계는 오래가지 않았고, 1871년 이후 "독일제국은 포만 상태로 더 이상 바랄 것이 없다"는 재상의 대외노선에 반대 입장을 드러내면서 정치적으로 대립관계에 놓였다.

비스마르크는 평화정책이 장기간 유럽에서 효력을 발휘하리라 장담하면서 무력에 의존하려는 발더제를 경멸했고 특히 황실에 아첨하는 태도를 역겨워했다. 1883년 이후로 발더제는 미국 출신의 부인과 함께 왕자 시절의 빌헬름 2세 부부와 돈독한 관계를 유지했다. 특히 부인의 독실한 신앙심으로 황제 부부와 특별한 관계를 맺고 이를 과시하는 발더제의 태도를 비스마르크는 이해하지 못했다.

마침내 재보장조약의 파기 문제를 둘러싸고 러시아에 대한 독일 황제의 비우호적인 처신은 차르를 자극하고 말았다. 아나나 다를까, 비스마르크의 염려대로 러시아는 즉각 프랑스에 접근했다. 경쟁관계이던 두 진영이 연대하면서 독일제국은 양쪽 전선의 위협을 모두 감수해야 하는 처지가 되었다. 호엔촐레른 왕가 마지막 통치자의 숙명적이고도 불운한 결점을 간파한 때문이었을까. "지금까지 유지해온 독일제국의 견고함이 어쩔 수 없이 사라지고 말 것"이라며 비통함을 금치 못한 비스마르크는 "새로운 젊은 지주"와 "오래된 늙은 관리인"은 서로 좋은 사이가 될 수 없다는 점을 절실히 깨달아야만 했다.

비스마르크의 고립된 위치에 쐐기라도 박듯 황제는 그 다음 조치로서 러시아 문제에 이어 자국 내의 노동자 문제까지 끌어들였다. 그 무렵 정치·사회적으로 들끓고 있는 파업 사태를 교묘하게 이용할 속셈이었다. 황제의 정책노선과 의중을 꿰뚫은 비스마르크는 황제라는 버거운 상대가 버티고 있는 현실에서 권력 중심에서 이미 벗어나 있는 자신을 새삼 느껴야만 했다. 프리드리히 3세의 일기 문제가 터졌을 때부터 자신의 주변을 맴돌던 세력들마저 벌써 많이 빠져나간 상태였다.

1889년은 파업이 범람한 해로서 독일 노동운동의 절정기였다. 공식적인 통계 발표에 의하면 1889년 1월 1일부터 그 이듬해 4월 1일까지 10명 이상이 참가한 노사분규를 포함하여 40만 명에 가까운 노동자가 1131번의 파업을 일으켰고, 그중 절반은 광산노동자들이 차지했다.

비스마르크는 1878년 사회주의자 탄압법 이후로 국가적인 사회보장 체제를 통해 노동자들의 상황을 개선하고, 그들을 국가질서 속으로 끌어들이기 위해 사회개혁을 추진해왔다. 그 일환으로 1883년 6월 15일 의료보험법 제정을 시작으로 그 이듬해 7월 6일 상해보험법도 실시했다. 그럼에도 유례없이 확산된 파업사태에 직면한 그는 1889년 5월 24일 노동자들의 투쟁력을 약화시키기 위해 새로이 폐질·노후보험 법안까

:: 1889년 초 제국의회에서의 비스마르크

지 통과시키도록 유도하며 노동자들을 포섭하고자 했다. 폐질·노후보험은 연간 2000마르크 수입의 노동자들로 하여금 30년간 보험료를 납입케 하고 70세가 되면 노령연금을 탈 수 있도록 의무화한 제도였다. 특히 생계능력이 떨어지는 사람들에 한해서는 최소 5년간의 보험료 납부로 평균임금의 3분의 1을 연금으로 받을 수 있게 했다.

그러나 그런 법안이 의회에서 가결되는 시점에서도 광부들은 파업을 멈추지 않았기 때문에 그로서는 이중고에 시달리는 격이었다. 19세기 독일에서 가장 큰 파업 중 하나로 꼽히는 5월 13일 루르 지역의 파업사태는 15퍼센트의 임금인상과 초과근무제 폐지 및 작업시간 축소 등을 내세우며 절정에 달했고 아헨, 자르, 작센, 슐레지엔 등지로 걷잡을 수 없이 확산되었다.

파업사태의 확산은 고용주는 물론 정부에게도 충격적이었다. 비스마르크는 급히 파업 지역으로 군대를 파견했다. 사회민주당원들의 지원까지 받은 광부들이 군대와 충돌하면서 보트로프와 보훔 등지에서 사상자가 속출했다.

사태가 걷잡을 수 없이 확산되자 황제는 파업을 주동한 사회민주당원 분테(Friedrich Bunte)와 슈뢰더(Ludwig Schröder, 1849~1914)를 접견했으나, 도덕적인 설교로 사회민주당을 호통치는 바람에 광부들은 문제를 털어놓지도 못한 채 자리를 떠야만 했다. 그때까지만 해도 비스마르크는 그 문제에 관한 한 황제의 생각도 크게 다르지 않다고 판단했다. 그러나 파업의 결과가 노동자들에게 실질적인 도움을 준 것은 거의 없었지만, 그들의 계급의식이 높아짐으로써 비스마르크에게는 매우 불리한 현실로 다가왔다. 내무부 각료 로만(Christian Theodor Lohmann, 1831~1905)이 한 친구에게 보낸 편지에서도 지적했듯, 고위관료들 사이에서는 비스마르크의 사회개혁 정책이 미궁에 빠진 것으로 받아들이는 분위기였다.

그러한 상황에서 엎친 데 덮친 격으로 정치적으로 영향력 있는 세력들 사이에서 강력한 권력 이탈 현상까지 일어났다. 국민자유당, 자유보수당, 그리고 보수당을 중심으로 제휴 상태에 있던 연합정당들이 중심이 되어 이탈 현상을 보이며 비스마르크에게 등을 돌리기 시작했던 것이다. 연합정당의 중심인물인 카르도르프(Wilhelm von Kardorff, 1828~1907)의 자유보수당을 제외하고 오히려 비스마르크의 탄압조치에 역공을 가하는 분위기마저 팽배해졌다. 그런 정세에서 정당 간의 제휴는 더 이상 아무런 의미가 없었고, 다가오는 선거에서 좋은 결과를 기대하기도 어려워 보였다.

하머슈타인이나 스퇴커를 중심으로 한 보수당 과격파는 드러내놓고 연합정당에 반대하며 노동운동에 대한 비스마르크의 정책을 정면으로 비판하는 등 공격을 서슴지 않았다. 거기에 황제에 아첨하는 '기독교-사회주의 왕조'까지 선동하고 나섰다. 심지어 노동자 보호법을 두고 의견들이 엇갈리는 가운데 국민자유당마저 5월 29일 밤베르거 의원의 발언대로 "당내 불만이 팽배해짐"에 따라, 광산 소유주들의 대표인 하마허(Friedrich Hammacher, 1824~1904)마저 비스마르크로부터 등을 돌렸다.

탈당하는 수많은 인사들 가운데 특히 미쿠엘의 경우는 의미심장한 행보를 보였다. 국민자유당의 의원으로서 비스마르크의 중요한 동반자였던 미쿠엘은 정치계의 새바람을 감지하고 당과 비스마르크로부터 등을 돌린 뒤 황제의 측근에게로 접근했던 것이다. 물론 젊어서부터 지지한 민주적이면서도 사회주의적 사상 때문이기도 했지만, 이미 영향력을 상실한 '노쇠한 재상'에게 등을 돌린 그는 1889년 반비스마르크 정서가 지배하는 당 지도부의 회람문서 작성에도 적극 가담했다.

일찍이 미쿠엘은 사상적 성향 때문인지 비스마르크에 의해 장관직에 기용된 적이 없었다. 비스마르크는 그를 "시기적절하지 않고 부적절한 지점에 잘못 장전된 로케트"로 인식했다. 그런 비스마르크의 의향을 감지하고 있었기에 훗날 미쿠엘이 비스마르크와의 관계를 끊는 일이 그리 어려울 것도 없었다. 비스마르크와 결별한 미쿠엘은 〈쾰른〉과 〈라인-베스트팔렌〉 같은 언론을 동원하여 황제를 지지하는 당파를 이끌면서 황제의 새로운 노선에 적극적으로 앞장섰다. 그 덕분인지 그는 비스마르크가 해임되자마자 6월에 재무장관이 되었고, 1897년에는 귀족으로 신분상승까지 하며 출세가도를 달렸다.

노동 문제와 그 여파로 주변 세력을 잃는 등 최대 위기에 처하고서도 비스마르크는 자신의 정치적 소신을 굽히지 않았다. 10월 1일 자신의 해임을 불과 4개월 앞둔 것도 모르는 채 그는 노동자들의 파업 사태와 관련하여 사회문제의 해결책을 더 이상 장밋빛 환상이 아닌 피와 투쟁으로 받아들이기로 했다. 그리하여 보나파르트식 독재 방법을 동원해서라도 기존의 노동운동에 대한 조치를 더욱 강화하는 한편, 노동운동에 대한 고용주의 입장을 반영하여 사회주의자 탄압법을 무제한으로 연장시킬 것을 주문했다. 과거에 자신이 취한 그대로의 해결방법이 산업화된 도시사회에 더 이상 적합하지 않음을 파악한 때문이기도 했다.

그러나 비스마르크는 이미 늪에 빠진 상황이나 마찬가지였다. 우선 연합정당 가운데 다수를 차지하며 자신의 지지 정당으로 자리매김했던 국민자유당이 예기치 않게 사회민주적인 선동을 부추기는 자를 거주지로부터 추방시킨다는, 소위 '평이 나쁜' 28조의 경찰권을 삭제할 경우에 한해 법안 연장을 승인하겠다는 조건부의 의사를 내놓았다. 정치적 상황에 대한 불만이 늘어나고 국가적 소요가 일어날 것 같은 불안감에 사로잡혀 있던 그들로서는 악평을 안고 선거전에 뛰어들 수는 없다고 판단했던 것이다.

거기에 황제의 '배반'이 상황을 최악으로 이끌었다. 비스마르크의 탄압조치에 반대하는 노동자계급의 강력한 움직임에 지배계층조차 의견 일치가 쉽지 않은 혼란한 상태에서 황제는 스스로 '가난한 자들의 왕'임을 재차 강조하고 비스마르크의 탄압정책을 전적으로 거부하면서 노동자들의 손을 들어주었다. 국민자유당의 요구에 어떤 확실한 답변도 내놓지 못한 채 머뭇거리기만 하는 비스마르크에게 황제마저 등을 돌려버린 셈이었다.

1889년 말, 돌변한 황제의 태도에 비스마르크는 할 말을 잃었다. 프로이센과 독일 지배계층의 우위를 근간으로 한 국가적 합의에 언젠가는 산업 노동자계급도 통합될 것이라던 희망이 무산되는 시점이었다. 그 목표를 달성하기 위해 그동안 억압과 개혁이라는 구호 아래 채찍과 당근으로 쉼 없이 달려온 그에게 정면으로 맞선 젊은 황제는 노동자들의 파업사태에 직면하여 더욱 강력한 채찍을 원하는 그 앞에서 당근만을 내놓은 채 전혀 꿈쩍도 하지 않았다.

프리드리히스루에서 돌아온 비스마르크는 황제에게 신년 소식을 보냈다. 반비스마르크 분위기와 함께 전반적으로 확산된 위기상황에도 불구하고 그는 자신의 진로를 다시 한 번 전달하면서 황제에 대한 충성을 다짐했다.

요즈음 저는 국가들과의 전쟁과 같은 상황을 국내에서도 가까이에서 느끼고 있습니다. 다만 제 자신이 1862년만큼 정정하지 못한 것이 매우 유감스러울 뿐입니다. 이제 기력이 쇠잔해지긴 했으나 황제 폐하께서 원하시는 한 기꺼이 섬길 뿐이겠습니다.

그러나 황제의 반응은 냉랭했다. 1890년 1월 25일, 비스마르크가 주장한 탄압법을 완전 수포로 돌려버린 황제는 비스마르크의 충성 따위는 더 이상 원치도 않는 눈치였다. 1888년 초, 제국의회에 사회주의자 탄압법을 연장하는 법안을 상정했을 때만 해도 2년으로 연장하는 데 합의했던 그가 이제 비스마르크의 탄압조치인 일명 추방법에 앞장서서 거부의사를 표명하는 것이었다. 광부들의 파업에 불안이나 불만을 늘어놓기는커녕 오히려 그들로부터 매우 깊은 인상까지 받은 듯 완전히 뒤바뀐 황제의 태도 앞에서 비스마르크의 정치적 입지를 과감하게 수용하고 지지해줄 자는 그 어디에도 없었다.

지금까지 황제 빌헬름 2세는 비스마르크처럼 노동자계급에 반동적이었다. 따라서 연합정당들이 계속해서 비스마르크를 지지하는 상황이었더라면 인기에 영합하는 그가 그렇게까지 강력하게 나오지는 못했을 것이다. 그러나 비스마르크식 독재체제를 자신의 개인적인 통치로 바꾸는 것이 주목적이었던 그로서는 사실 외형상 대중에 영합하는 전략을 택했을 뿐이었다. 비스마르크에 반감을 가진 황제는 반대당들, 특히 사회민주당의 성장이 가시화되는 시점에서 제국의회의 선거에 직면하여, 그리고 광부들의 거듭되는 파업 위험에 직면하여 인기 영합식의 친노동적인 자신의 의지를 가능한 한 장황하게 알림으로써 미궁에 빠진 사태에 최종적으로 해결책을 제시한 통치자로서 군림하고자 했을 뿐만 아니라, 무엇보다 재상을 축출하고 자신이 추구하려는 독재의 기반을 마련하고자 했다.

비스마르크에 반대하고 인기에 영합해버린 빌헬름 2세의 그러한 속셈은 매우 치밀하게 진행되었다. 비스마르크에게 자신의 새로운 결정을 전달하기 하루 전인 1월 24일 황제는 그 문제와 관련하여 갑작스럽게 추밀원을 소집했다. 그러고는 그 후속타로 1월 31일 비스마르크의 사회정책에 반대하는 인물로 알려진 라인 지방 장관 베를렙슈(Hans Freiherr von Berlepsch, 1843~1926)를 사회문제를 다루는 상공업부 장관으로 발탁해버렸다.

이어 2월 4일에는 비스마르크의 서명도 받지 않은 채 독단적으로 처리한 두 개의 칙서를 비스마르크와 베를렙슈 앞으로 각각 전달했다. 칙서는 형식상으로는 노동자계급의 보호를 강화한다는 의미에서 자본가들과의 관계를 '시험'할 것을 요구하는 내용이었다. 그것은 비스마르크와 대치되는 입장을 공표하는 수순에 지나지 않는 것으로서, 시민계급 출신 정치가들의 요구나 다른 나라들의 조치를 넘어서지 못한 채 기존의 내용과 별다를 것도 없어 사실상 당내 의원들 사이에서는 혼란만 초래할 정도였다. 어떻게 보면, 황제로서는 장차 시행하지도 않을 정책이었기에 제대로 된 작업에 헛수고할 필요도 없었던 셈이다.

황제와 재상, 두 사람의 대립은 확연해졌다. 더 이상 비스마르크를 개의치 않은 채 황제는 노동자들의 요구대로 법적 노동시간을 정하고 일요일 노동을 폐지하며, 어린이와 여성의 노동을 제한하는 제도도 요구했다. 이에 비스마르크는 노동시간을 법적으로 제한하는 것은 오히려 노동의 자유를 침해하는 조치라며 반대하고 나섰다. 농업 중심의 동부엘베 출신 지주인 그에게 대도시 산업공장의 세계는 익숙하지 않았던 것이다. 12세 미만의 어린이 노동을 일반적으로 금지한다는 제국의회의 법안에 "도토리 줍기도 안 된다는 말인가?"라고 의문을 제기할 정도였으니 말이다.

여하튼 자신의 신체적 결함 탓인지 늘 세상으로부터 인정받고자 했던 황제는 이른바 사회복지국가의 황제라는 명망에도 연연했다. 일방통행으로 내달리는 그 앞에서 비스마르크는 속수무책이었다. 거기에 연합정당의 지원도 받지 못한 채 황제의 칙서에 따라 노동자들의 권익보호를 확대하는 의미에서 공장주와의 관계가 벌써 시험단계에 들어선 지금, 비스마르크 홀로 동떨어진 신세임을 거듭 절감할 수밖에 없었다.

돌변한 황제의 모든 행동은 비스마르크에 대한 모욕이자 그와의 결렬을 의미했다. 그동안 비스마르크는 제국의 수장으로서 자신의 지배체제를 유지하기 위해 갖은 수단과 방법을 동원했다. 때로는 기존의 노선과는 달리 내부의 긴장을 완화하는 정책을 추구하고, 때로는 오히려 긴장을 강화하여 제국의회를 마비시키거나 극도의 정치적 압력을 동원하는 한편 의회를 해산하고 새로이 정비하면서까지 변함없는 자신의 위세를 지키고자 했다.

그러나 자신의 지난 행보와 다를 바 없는 황제의 처신 앞에서 비스마르크는 먼저 10년 동안 맡아온 상공부장관 직책을 내놓는 것 외에 다른 방도가 없는 일개 신하에 지나지 않았다. 2월 8일 황제를 접견하는 자리에서 "폐하에게 방해가 될까 두렵습니다"라는 그의 언급에 황제는 아무런 부인도 하지 않았다. 예전에 자신이 구해주었던 왕실 권력이 이제 자신을 거침없이 추락시키는 상황에 몰렸지만, 제휴한 정당들의 반응 또한 싸늘하긴 마찬가지였다. 그렇게 철혈 재상의 시대는 막 끝나가고 있었다.

1890년 2월 20일의 선거에서 사회민주당의 선전은 비스마르크의 정치적 패배를 공식적으로 알리는 최후의 신호탄과도 같았다. 전체 유권자 수의 19.7퍼센트에 해당하는 150여만 표를 득표하며 예전에 비해 세 배에 가까운 35개의 의석을 확보한 사회민주당은 갖가지 압박 카드를 불사해온 '철혈 재상'의 패배를 확실하게 알렸다. 보수당, 자유보수당, 그리고 국민자유당의 동맹으로 구성된 연합정당은 많은 의석을 잃었고, 그에 반해 중앙당이 선전하여 106개 의석의 최대 정당으로 부상했다. 비스마르크에 의해 제국의 적으로 몰렸던 중앙당과 사회민주당의 승리 앞에 비스마르크는 무릎을 꿇어야만 했다.

비스마르크의 참패에 자유주의자이자 오랜 적수였던 로겐바흐는 기쁨을 감추지 못했다. 그의 말대로 "제국을 창건한 공로로 인해 지녔던 천직 의식, 문화투쟁에서 드러난 사악한 열정의 극치, 국가 주도하에 보호관세를 통해 이익을 추구한 무역정책, 그리고 마지막으로 소위 전쟁의 위험으로 안팎을 오싹하게 만들었던" 비스마르크의 모든 행위들이

낱낱이 파헤쳐지는 순간 의원들의 환호는 극에 달했다.

등을 돌린 황제와 제후들, 관료들에 이어 우호적인 정당들마저 떠나고 노동자계급의 증오까지 한 몸에 받게 된 비스마르크는 미래에 대한 어떤 구체적인 생각조차 할 수 없는 지경에 이르렀다. 고립된 공직에서 은퇴까지 생각했지만, 분명 그런 처지에서 감행하고 싶지는 않았다. 다시 한 번 그는 최종적으로 권력을 휘둘러보기로 마음을 고쳐먹었다. 프로이센 수상이 되어 왕실을 위해 투쟁했지만, 이제 독일제국의 재상으로서 그 황실에 반대하여 투쟁해야 할 고통의 순간을 감수하기로 작정했던 것이다.

그리하여 그는 먼저 1852년의 각료 칙령을 내세워 자신에게 알리지도 않은 채 장관을 임명할 수는 없다는 의사를 밝히고 각료들에 대한 전권을 행사했다. 그러나 이를 거들떠보지도 않은 황제는 오히려 그 칙령의 폐지를 명령하며 재상의 조치에 즉각 맞대응했다.

이에 비스마르크는 최후의 방법으로 3월 10일 오랜 적수인 중앙당의 빈트호르스트와 대화의 자리를 마련했다. 제1당이 된 중앙당과의 연합을 노렸던 것이다. 때마침 빈트호르스트 역시 사회민주당의 팽창을 달가워하지 않던 터였기에 두 사람이 한 자리에 모이기는 그리 어렵지 않았다. 비스마르크는 자신의 정치생활의 종말까지 시사했고, 빈트호르스트는 실각 위기로 '정치적 임종'에 처한 그에 대한 지지 입장을 밝혔다.

그때까지 최대의 정적으로 서로에게 가차 없는 공격을 일삼았던 두 사람이 그렇게 자리를 함께한 사실은 그만큼 상황이 두 사람 모두에게 유리하지 않음을 의미했다. 비스마르크는 성직자 추방법의 폐지나 예수회 수도사들의 복직 문제 등 중앙당의 이해관계를 충족시키는 조건들을 제시했고 그 점진적인 해결도 약속했다.

그러나 상황은 뜻대로 전개되지 않았다. 중앙당과의 연합 계획은 보수당 지도부의 반대로 무산되었다. 한 보수주의 역사가까지 나서서 "자신의 무능함을 갖가지 유창한 말로써 은폐시키려 한다"며 재상의 나약한 대외 평화정책을 비판했다. 뒤이어 극우세력은 "황제 만세!"를 외치며 오히려 재상의 축출을 주장하고 나왔다.

이제 같은 진영 내부에서도 비스마르크를 신임하지 않았다. 전통적으로 비스마르크 정당으로 불린 자유보수당도 더 이상의 역할을 못하기는 마찬가지였다. 비스마르크와 빈트호르스트의 만남에 부정적이던 국민자유당의 다수도 완전히 등을 돌렸고, 특히 미쿠엘은 한 걸음 더 나아가 발더제를 재상에 앉히기 위해 몸을 사리지 않는 눈치였다.

게다가 3월 14일 은행가인 블라이히뢰더의 주선으로 비스마르크와 빈트호르스트가 만났다는 밀고를 전해들은 황제는 "교활한 자가 부유한 유대인과 협력한다"며 매우 격분해마지 않았다. 그 다음날 아침, 황제는 30분 뒤에 방문하겠다고 통보한 뒤 9시에 근무하는 외무부의 헤르베르트 사택에 느닷없이 나타나서 비스마르크가 행한 얼마 전의 일에 대한 보고를 일일이 요구했다.

불면증으로 시달리는 바람에 늘 아침 늦게까지 잠을 자던 비스마르크는 인근에 위치한 재상 관저에서 급히 달려와야 했다. 포츠담의 일개 소위에게나 던질 법한 말투로 황제는 중앙당의 당수를 만난 사실을 구실로 그를 거칠게 몰아세웠다. 비스마르크는 "제게는 모든 의원을 만날 권리가 있습니다"라고 해명했으나, 황제는 "프리드리히스루에 머물 때라도 다른 관료들을 만날 때는 자신의 동의를 받아야 한다"고 반박하며, 1852년 각료 칙령제의 폐지를 거듭 되새겼다.

이윽고 비스마르크는 서류더미를 탁자 위로 내리치며 분노를 참지 못했고, 황제는 자신을 보호하려는 듯 재빨리 검을 뽑아드는 사태마저 벌어졌다. 다소 누그러진 비스마르크는 끝내 눈물을 감추지 못했고, 황제는 비스마르크가 제안했던 육군 의안의 예산을 삭감할 것이라는 경고를 남기고 이내 자리를 떴다. 끝내 본색을 드러낸 두 사람 모두에게 최악의 상황이 연출된 셈이었다.

3월 17일, 드디어 빌헬름 2세는 참모총장을 통해 비스마르크로 하여금 즉시 독일제국 재상직을 비롯해 프로이센 수상과 외무장관직에서 모두 물러나도록 강요했다. 비스마르크로서는 절망의 나락으로 떨어지는 순간이었다.

비스마르크는 이미 투쟁력을 상실한 상태였다. 그는 잠시 시간을 달라고 요구했고, 그 다음날 오후 자신의 처지를 탁월하게 변호하는 사직서를 제출했다. 사직서에서 그는 다시 한 번 유럽의 평화와 헌법상의 책임에 대한 필요성을 언급했고, 러시아와의 관계 개선 문제도 잊지 않고 언급했다.

빌헬름 2세는 모든 면에서 자신의 부당함을 지적하고 있는 그 사직서의 공표를 거부했다. 그 대신 초조하게 기다렸던 사직서를 받은 즉시 그동안 생각해둔 카프리비를 비스마르크의 후임자로 임명했다. 그리고는 샴페인과 맥주가 준비된 축제 분위기 속에서 "불복종하는 신하", "바이드만스 하일(Weidemanns-Heil)!" 등을 거침없이 외쳐댔다. 특히 후자는 사냥꾼들 사이에서 많이 잡히기를 바라는 뜻에서 흔히 사용하는 인사말로써 황제는 비스마르크가 없는 무대의 건승을 꿈꾸고 있었다.

황제의 명령에 따라 비스마르크에게는 라우엔부르크의 대공 작위와 함께 육군원수의 계급 가운데 기병대 육군 대장직이 내려졌다. 악화된 건강과 그로 인한 해임이 마치 늙은 수상의 간절한 바람이었던 양 행동하며 거짓 눈물까지 보인 황제는 가히 위선적이라 할 만한 삼류 드라마를 멈추지 않았다. 황제가 바덴 제후에게 보낸 전보에서도 그런 모습은 역력했다.

마치 다시 조부를 잃은 것처럼 내 마음이 몹시 아프도다! 사람들이 그 때문에 쓰러질지라도 신이 정한 항해는 예전 그대로 변함없으리. 전속력으로 전진하라!

　드디어 황제는 독일제국 호의 새로운 선장이 되었다. 자신의 '비스마르크'를 만들고자 빌로(Bernhard von Bülow, 1849~1929)를 가까이 두면서 제국의 명성을 세우기 위해 '태양이 비치는 곳', 그 미래를 향해 강력한 세계정책을 외쳐댔다. 유럽에 치중하여 독일의 경계선을 잊지 않고 팽창적인 국가주의와 식민지에 열광하는 제국주의와는 거리를 두었던 비스마르크의 대외정책과는 정면으로 배치되는 노선이었다. 세계정치의 시대에 살아가게 될 사람들은 장차 비스마르크가 추종했던 노선을 절실히 그리워하게 될 줄은 꿈에도 모르는 채 황제의 긴 항해에 함께 환호를 지르며 따라나섰다.

　한 예언자가 "할리스를 벗어나면 이 커다란 제국은 멸망하고 말 것"이라고 경고했으나 고대 리디아의 크로이소스 왕이 이를 무시했던 것처럼 빌헬름 2세도 스스럼없이 그 경계선을 넘고 말았다. 목적도 나침반도 없이 세계정치를 향한 모험의 항해로 꿈에 부푼 채 그 대열에 적극 가담한 황제는 '적'들의 연합에 따른 전쟁 위험까지 무시하면서 해군장성 티르피츠(Alfred von Tirpitz, 1849~1930)에게 해군력 증강과 군함 증설 등 대해군 건설에 박차를 가하도록 명령할 뿐이었다. 순간의 감정에 사로잡힌 그의 세계정책 속에 비스마르크의 흔적이라고는 찾아볼 수 없었다. 식민제국들로서도 기존의 대외노선을 전면적으로 개편하는 빌헬름 2세와 신경전을 벌이지 않으면 안 되었다. 그들은 그동안 유럽의 문제를 비스마르크에게 내맡기고 식민지 쟁탈전에 전력을 기울였으나, 이제 더 이상 그런 상황은 기대할 수 없게 되었다.

비스마르크의 시대가 끝나다

권력의 뒤안길에서

1889~1890년 황제와의 불화가 사퇴 문제로까지 비화되는 가운데 비스마르크는 정치가로서 최후의 순간을 맞이했다. 건강까지 매우 나빠져 별장에서 휴가를 보내면서 주변에서 떠도는 소문들을 접하던 그는 자신의 퇴임을 예감했다. 그럼에도 그는 "서로 다르면서도 또한 서로 연관된 정치 영역들에서 동시에 위기상황이 초래될 것"이라는 두려움에 마지막 순간까지 재상으로서의 역할에 최선을 다했다. 그 때문에 부정적인 시각에도 불구하고 비스마르크는 꿋꿋할 수 있었고 새로운 정책들을 끊임없이 구상할 수 있었다.

그러나 깊은 고랑에 빠져 계속 헛도는 바퀴처럼 어떠한 새로운 정책으로도 그의 위상 회복은 힘들어 보였다. 무엇보다 빌헬름 2세는 자신의 정치체제와 맞지 않는 비스마르크에게서 더 이상 얻어낼 것이 없다고 결론 내린 지 이미 오래였다. 미운 털이 박혀버린 비스마르크는 스스로가 받아들이지 않았을 뿐 벌써부터 '낙동강 오리 알' 신세나 다름없었다. 그런 황제 밑에서 그는 그동안 자신의 삶 전체를 다 바쳐 지켜내고 강화시킨 권력세계의 희생양으로 남는 길밖에는 없었다.

그래도 노재상의 무대는 계속되다

빌헬름 2세와 비스마르크의 헤어짐! 그러나 두 사람 사이의 마지막 결별 과정은 그리 길지 않았다. 젊은 황제는 어떻게 해서든 서둘러 늙은이로부터 벗어나려고 일사천리로 일을 진행시켰다. "한적한 시골구석 쇤하우젠 출신이 어떻게 그리 오랫동안 프로이센과 독일 정부를 책임질 수 있었을까?" 하는 의문과 "누가 과연 그의 자리를 대신할 것인가?" 하는 고민으로 그동안 지체했을 뿐이었다. 사실 비스마르크의 능력과 카리스마에 견줄 만한 후임자를 고르기란 결코 쉬운 일이 아니었다. 황제로서도 서로 다른 통치방식이나, 하다못해 30대와 70대 사이의 세대 차이 등을 빌미로 나락으로 떨어뜨리기에는 비스마르크의 존재가 가볍지 않아서 곤혹이라면 곤혹이었다.

황제의 결정을 받아들인 이후로 비스마르크는 시종일관 굳게 입을 다물었다. 해임 통고를 받은 그 다음날부터 비스마르크는 바쁜 일정을 소화했다. 사퇴서를 작성하고 관료들과 조촐한 식사도 했다. 선황인 빌헬름 1세의 미망인 빅토리아를 예방하고, 또 빌헬름 1세가 안치된 샤로텐부르크를 찾아 눈물을 감추지 못했다. 그는 후임자인 카프리비를 반갑게 접견했으나, 자신의 퇴진에 일조한 뵈티허(Karl Heinrich Boetticher, 1833~1907)와 마르샬 폰 비버슈타인(Adolf Freiherr Marschall von Bieberstein, 1842~1912), 바덴 대공 등에게는 냉정함을 잃지 않았다.

1890년 3월 29일, 비스마르크는 거의 30년 가깝게 보낸 베를린의 권력 중심지인 빌헬름 가를 홀연히 떠났다. 베를린을 떠나 레어테 역을 향하는 마차에는 황제의 뜻과는 달리 사직을 결심한 아들 헤르베르트가 커다란 검은 개와 함께 자리했다.

:: 1890년 3월 29일 레어테 역에서 작별을 고하는 비스마르크

거리에는 몰려든 사람들이 긴 행렬을 이루었다. 창문과 발코니마다 사람들로 가득했다. 모자를 벗어 들고 깃발을 흔들어대는 사람들의 노랫소리가 쫓겨나는 지도자의 귓가로 끝없이 들려왔다. 1870~1871년 승리의 날에 부르던 찬가였다.

우렛소리와도 같고 칼이 연이어 맞부딪히는 소리 같기도 하며 바위에 부딪혀 되돌아나오는 물결소리와도 같은 노랫소리가 울려 퍼지는구나. ······사랑하는 조국이여, 고요하라, 굳건하라. 그리고 수비에 충실하라, 라인 강의 수비대여.

레어테 역의 풍경도 거리에 못지않았다. 비스마르크가 탄 기차를 향해 사람들이 밀물처럼 몰려들었다. 고함을 지르는가 하면 모자와 손수

건을 흔들고 꽃을 던져주기도 하는 인파 속에는 울음을 멈추지 않는 이들도 있었다. 〈라인 강의 수비대〉와 독일 국가가 연이어 울려 퍼지는 가운데 "다시 돌아오십시오!", "또 만납시다!" 하는 외침이 쉴 새 없이 들려왔다. 희비가 교차되는 순간이었다.

카프리비를 비롯한 고위관료들과 비서관, 외교관, 그리고 황실의 총사령관이 기차역 플랫폼에서 비스마르크를 배웅했고, 왕실 측에서는 바덴 제후의 모습만이 보였다. 급히 기차에 오른 비스마르크는 잠시 몸을 숨긴 뒤 다시 모습을 보였다. 창가에 기대선 그의 눈에서 눈물이 흘러내렸고, 바깥의 '소요'를 잠재우려는 듯 가만히 손가락을 입에 댔다. 그러고는 창밖으로 몸을 구부리고 카프리비와 악수를 나누는 것으로 이별을 고했다.

꽃에 파묻힌 채 여우 모피로 덮어씌운 좌석에 앉았지만, 권력의 뒤안길로 밀려난 비스마르크는 자기 생에서 그보다 더 초라할 수 없는 순간을 맞이하고 있었다. 제복 차림의 그는 마치 죽은 사람처럼 더없이 창백하기만 했다. '일등석의 장례식'과도 같은 분위기 속에서 더 이상 아무런 말도 없었다. 숨 가쁘게 살아온 지난날을 뒤로한 채 그의 마음은 이미 자신의 영지로 향하고 있었다.

비스마르크는 이미 나이가 75세에 이르렀기 때문에 그의 해임은 충분히 가능한 일이었고, 정치권에서도 그 문제에 대해 자주 거론하곤 했다. 그동안 그는 복잡하고 과도한 업무에 쌓인 채 수십 년을 격렬하게 지내왔다. 정권 말년에는 폭식과 신경과민 증세에 분노까지 겹쳐 심신이 모두 지칠 대로 지쳐 있었다. 여느 사람 같았으면 벌써 자리에서 물러나 한가로이 휴식을 취하며 자유로이 지낼 시기였다. 따라서 오히려 그런 처지를 받아들이고 안심하는 분위기가 지배적이었던 것도 사실이었다.

마침내 비스마르크의 퇴임설이 공식화되었을 때 제국의회든 지방의

회든 의원들은 어떠한 이의도 제기하지 않았다. 증권거래소가 잠시 업무를 중단하긴 했지만, 주식 시세는 곧 예전대로 상승 추세를 이어갔다. 언론 또한 '재상의 위기'에 대해 식상한 듯 별달리 놀라는 반응이 아니었다. 그나마 재상과 친분이 있던 〈전북독일신문〉이 상세한 퇴임 기사를 실었을 뿐, 황제의 송사에 비중을 두어 공식적으로 다루는 정도에 그쳤다. 그러한 반응들은 그동안 황제가 여론을 통한 싸움에서도 비스마르크를 가볍게 눌렀음을 말해주는 것이었다.

그러나 시급히 마무리해야 할 정책들을 놔두고 쫓겨나다시피 해임된 비스마르크에게 1890년 3월의 사태는 분노와 슬픔, 미완성과 무책임으로 점철되었다. 스스로는 정말 받아들이기 괴로운 퇴임이었다. 적어도 그런 시점에서 그런 방식으로 떠나서는 안 되었다는 생각을 떨쳐버리기가 여간 힘든 일이 아니었고, 그렇기에 자신의 해임 사실을 정치계나 언론처럼 초연하게 받아들일 수는 없었다.

독일 정계의 '거물'을 쫓아낸 황제 빌헬름 2세도 마음 한구석이 편치 않기는 마찬가지였다. 프로이센-프랑스 전쟁 이후에 성장한 젊은 세대인 그에게 자신의 아버지나 할아버지보다 더 존경을 받는 위치의 구세대 비스마르크는 충분히 부담스러운 존재였기 때문이다. 비스마르크가 행한 독재적이고 억압적인 정책으로 인해 생긴 많은 경쟁자와 정적이 모두 자신의 지지자이고 옹호자가 되어 그나마 위안이었을 뿐이다.

비스마르크가 베를린을 떠난 지 5일째가 되던 4월 3일 이래저래 위안이 필요했던지 빌헬름 2세는 오스트리아 황제 요제프에게 자신의 처지를 항변하는 편지를 보냈다.

그가 모든 것을 다하고 지배하려 했습니다. 그 바람에 내 인내도 한계에 달했습니다. ……그 시점에서는 늙은 도전자를 강제로 복종시키든지 아니면 헤어질 수밖에 없었습니다. 왜냐하면 황제든 재상이든 누군가는 우위에 있어야 하기 때문입니다.

마치 앓던 이를 빼버린 듯 황제의 홀가분한 기분은 비스마르크 반대파들도 마찬가지였다. 대표적인 비스마르크 전기 작가 폰타네도 비스마르크의 해임을 긍정적으로 평가했다. "비스마르크에게서 해방된 사실은 행운"이라고 언급한 그는 "많은 문제들이 예전보다 더 좋고 더 정직하며 더 투명하게 다루어질 것"임을 의심치 않았다. 비스마르크의 오랜 정적이자 역사가로서 1902년 독일인으로 첫 노벨문학상을 수상한 몸젠 역시 비스마르크의 해임 소식에 크게 환호했다.

저항력이라고는 없는 우리 국민들에게 경멸할 만한 곤경과 격정의 일들을 벌렸던 악마 같은 성격 파탄에 해롭기까지 했던 권력이 무너졌다. 대단한 일이다.

그러나 기대와 흥분으로 한껏 달아오른 독일 내의 분위기와는 달리 비스마르크의 실각에 대한 외국의 반응은 몹시 곤혹스러운 것이었다. 비스마르크가 내세웠던 독일의 국시가 유럽의 평화와 밀접하게 관련되어 있었던 만큼 그들에게 비스마르크는 곧 국제적인 안정을 위한 보증수표였고, 따라서 비스마르크의 몰락은 바로 유럽의 평화에 대한 위협이나 마찬가지였기 때문이다.

영국의 유명한 시사풍자 잡지 〈펀치(Punch)〉는 1890년 3월호에 테니엘(John Tenniel, 1820~1914)의 유명한 삽화 '배를 떠나는 항해사'를 실었다. 침통해 하며 고개를 숙인 채 독일제국이라는 거함에서 내려오는 항해사 비스마르크와 위에서 그를 물끄러미 바라보며 유유자적하는 선장

빌헬름 2세의 모습을 그린 이 삽
화를 못마땅하게 여긴 쪽은 단연
빌헬름 2세였다. 심지어 프랑스
도 그동안 비스마르크가 추구해
온 평화정책의 가치를 뒤늦게 인
정하면서 그의 심기는 더욱 불편
해졌다.

이윽고 재상의 해임에 대해 대
외적으로 비관적인 분위기를 못
마땅하게 여기던 황제는 공표하
지 않은 비스마르크의 사직서 대
신 그 나름대로 적절한 해임 사유
를 드러낼 필요가 있다고 판단했
고, 비스마르크가 국익을 해치는
위헌 행위를 시도했다고 공표했
다. 과연 어떤 위헌 행위였는지

:: 침통해하며 고개를 숙인 채 하선하는 비스마르크
와 그를 물끄러미 내려다보며 유유자적 즐기는 듯한
빌헬름 2세. 1890년 3월 영국의 시사풍자 잡지 〈펀
치〉에 실린 테니엘의 삽화 '배를 떠나는 항해사'.

구체적으로 언급하지는 않았지만, 오스트리아 황제에게 보낸 편지에서
처럼 비스마르크의 일방적이고도 독단적인 행동이 그 핵심이었다. 독
일 역사학계에서 자주 거론되는 문제이기도 하지만, 그런 비스마르크
를 해임하지 않고서는 최고의 자리를 되찾기 어렵다고 판단한 황제는
해임의 불가피성을 공개하고 설득하려 했던 것이다.

그러나 황제의 권위를 침해하는 위헌적 행위는 사실 비스마르크와
너무도 거리가 먼 이야기였다. 우선 국정 전반에 걸쳐 비스마르크가 시
행한 정책 가운데 아무도 모르게 집행된 사례는 없었기 때문이다. 다만
황제와 다른 통치방안을 두고 거론하는 것이라면, 물론 비스마르크식

:: 작센발트로 되돌아온 비스마르크. 1890년 4월 〈피가로〉 지 풍자화

의 위헌적 행위는 이미 오래전부터 있어왔고, 또한 한두 가지도 아닐 것
이다. 오히려 증명의 범위를 벗어난 그런 위헌 행위 발언으로 인해 비스
마르크가 해임되어버렸으니, 황제로서는 그 이면에 모함이나 객관성

없는 조작이 난무했다는 주장을 부인하기 어렵게 되었다.

정계를 떠나 프리드리히스루로 돌아온 지 여러 달이 지나면서 비스마르크의 건강은 상당히 회복되었다. 그의 말대로 "함부르크-아메리카 증기선을 타고 항해를 떠나도 될 정도"로 몸무게도 늘었다. 늘 전원생활의 평화로움을 동경해왔지만, 정작 경작이나 농업 경영에는 관심이 없었기에 이제 시골생활의 무료함과 내적인 공허감이 그에겐 큰 곤혹거리였다. 그렇다고 쓸쓸히 지낼 그도 아니었지만, 주변 환경 또한 그를 가만히 내버려두지 않았다.

그의 몸은 베를린을 떠나 프리드리히스루에 있었지만, 돌아온 지 겨우 이틀이 지나자 벌써 "제국의회에 입후보하겠다"는 말이 그의 입에서 튀어나왔다. 그는 1892년에 "공직생활로 돌아갈 생각은 단 한 번도 해본 적이 없다"고 말했으나 솔직한 발언은 아니었다. 두 번 다시 꿈도 꾸지 못할 세계였던 만큼 그 회한을 역으로 표현한 것이었을 뿐, 그의 정계 진출은 주변사람, 특히 헤르베르트의 만류로 번번이 좌절되었다.

그 연세에 다시 정계에 나가는 일은 다른 사람들의 눈요깃거리밖에 되지 않는, 생각하기에도 끔찍한 일입니다.

그럼에도 비스마르크는 정계 진출에 대한 미련을 버리지 못했다. 때마침 하노버의 국민자유당 위원회의 권유가 계속되자, 그는 1891년 4월 15일 보궐선거에 출마하여 공장 노동자 출신의 사회민주당 후보를 누르고 당선됐다. 언젠가 한 미국 기자에게 "제국의 쥐들이므로 근절해야 한다"고 표현한 대로 비스마르크는 사회민주당에 대한 적대감을 감추지 않았고, 중앙당이나 자유당 같은 강력한 정당에 대한 비난도 여전했다. 제국의회에 나가지 않겠다는 조건만은 끝까지 고수했던 그는 그렇

:: "비스마르크가 온다!" 도망치는 중앙의 카프리비와 싸울 준비를 하는 오른쪽의 리히터

게 정치세계의 끈을 놓치고 싶지 않았던 것이다. 오스트리아와의 무역
협정에 대한 논쟁만은 꼭 한 번 참석하고 싶어 했지만 요한나와 헤르베
르트, 그리고 특히 주치의 슈베닝거(Ernst Schweninger)의 간절한 만류로
포기해야만 했다.

　그 후 은행가와 산업가를 비롯하여 교수, 언론가 등 사회적으로 저명

한 국민당원 77인이 그의 관심을 자극하는 바람에, 1892년 12월 창당된 국민당(Nationalpartei) 소속으로 활동할 의향을 내비친 적이 있었다. 그러나 그 계획 역시 "이상적이고 시기적으로도 이르다"는 헤르베르트의 간청으로 포기했다. 다만 그 이듬해 1월 새로운 진로의 새로운 정당이 성공하려면 언론의 도움이 필수적이라는 판단하에 베를린 소재의 신문사를 설립하는 것으로 만족해야 했다.

가족들이 극구 만류하는 상황에다 지리적으로도 베를린에서 멀리 떨어진 프리드리히스루의 비스마르크가 정치적 열정이나 미련을 채울 만한 기회를 잡기는 쉽지 않았다. 따라서 그런 그에게 끊이지 않고 찾아주는 각계각층의 방문객들이야말로 커다란 기쁨이고 위안거리가 아닐 수 없었다.

비스마르크의 주변에는 공직자들과 기자들은 물론 역사가, 문학가를 비롯하여 외국의 사절단에 이르기까지 다양한 인물들이 항시 드나들었다. 정계와의 인연이 단절된 그에게 언론과의 만남은 세상과 연결되는 최고의 기회였다. 언론인들은 노재상의 건강과 전원생활 등 근황을 계속해서 보도했고, 프리드리히스루로 초대받은 경우에는 더없는 영광으로 받아들였다.

방문객의 수가 늘어나면서 비스마르크는 그들 가운데, 특히 언론인 몇 사람과 절친한 관계를 유지했으며, 그에 따라 철저한 인맥관리도 필요해졌다. 대표적인 인물로는 〈미래(Zukunft)〉지의 설립자이자 편집인인 하르덴(Maximilian Harden, 1861~1927), '비스마르크의 언론'으로 불린 뮌헨의 〈알게마이네 차이퉁(Allgemeine Zeitung)〉 편집장 야코비(Hugo Jacobi), 그리고 무엇보다 비스마르크의 정치적인 대변자 역할을 한 〈함부르크 소식지〉의 호프만(Hermann Hofmann, 1850~1915) 등이 있었다. 그들은 기회가 있을 때마다 은퇴한 노재상의 명예를 실추시키지 않으면서 그의 정치적인 견해를 널리 알리는 데 주력했다. "한 개인으로서 정치 문제에 개입할 권리는 그 누구도 박탈할 수 없다"는 비스마르크의 지론에 따라 그의 정보통 역할을 수행해주었던 것이다.

그리고 작센 출신의 언론인 부슈 또한 외롭지 않게 비스마르크의 곁을 지켜준 오랜 지인이었다. 언젠가 비스마르크가 주치의인 슈베닝거에게 "과대평가하기도 하고 성가실 정도로 수다를 떨기도 한다"고 넋두리를 늘어놓을 정도로 그의 생을 따라다닌 마치 '그림자'와도 같은 인물이었다.

언론인들과의 특별한 만남 이외에 낙향한 비스마르크에게 또 하나의 위안거리는 회고록《상념과 회상》의 집필이었다. 1890년 가을부터 시작한 회고록 작업은 그에게 삶의 활력소와도 같았다. 회고록에 대한 소문이 나돌자 관심 있는 방문객들이 더욱 늘어나기도 했지만, 그때부터 황제와 정부 쪽의 불쾌한 시선들도 그를 따라다녔다.

사실 비스마르크는 1870년대에 이미 회고록을 쓸 생각을 갖고 있었으나, 1888년이 되어서야 부슈와 함께 그 일에 착수할 수 있었다. 그러나 1890년 뜻하지 않게 정계에서 물러나면서 회고록 집필도 차질이 불가피했다. 그동안 베를린의 집무실에 산더미처럼 쌓아두었던 관련 자료들과 수많은 문서를 사전에 압수당할 가능성이 있었고, 그 자료들을 프리드리히스루로 옮겨놓는 일도 큰 고심거리였다.

예상대로 비스마르크는 뜻한 만큼의 자료를 챙길 수도 없었고, 작업을 도울 사람도 부슈 대신 부허(Lothar Bucher, 1817~1892)로 교체되었지만 회고록에 대한 그의 오랜 결심만은 꺾을 수 없었다. 곧바로 작업에 착수한 부허는 각종 자료들의 정리는 물론 모든 공문서와 데이터들을 구체적으로 기록하는 데 전념했다.

회고록 집필 과정에서 두 사람은 의견 차이로 심심찮게 어려움을 겪었다. 비스마르크는 역사적인 서술에 있어 상세한 면이 부족하고, 또 자기 마음대로 건너뛰는 경향이 있었는데, 그 바람에 설명하는 중에 서로 연관이 없는 부분이 생길 때마다 부허의 남다른 노력이 절실했다. 게다가 비스마르크는 당대인들을 가급적 관대하게 다루고, 심지어 문제점은 빼기를 바라는가 하면 유산을 비롯한 자신의 문제는 애써 정당화하려는 경향이 있었다. 이처럼 역사를 도구화하는 부분이나 독일 문제와 관련해서 노재상의 고집을 조율하느라 부허는 힘겨워했다.

비스마르크는 실패한 일인 경우 자신은 아무것도 관여하지 않았던 것처럼 말했고, 그 누구도 가령 늙은 '황제'로 취급하는 것을 허용치 않았다.

과연 이 작업을 완전히 끝낼 수 있을지 의문에 사로잡히기도 했지만 부허는 마지막까지 투혼을 발휘했다. 그러다 1892년 3월 방광염으로 고생하며 휴식을 취하던 끝에 10월 10일 끝내 제노바의 한 호텔 방에서 생을 마쳤다.

사실 부허가 없었다면 비스마르크의 회고록 출간은 생각지도 못할 일이었다. 10월 12일, 부허의 죽음을 애도하며 "내 모든 것에 대해 이야기할 수 있었고, 또 늘 나를 이해했던 유일한 사람"이라고 표현할 만큼 비스마르크에게 부허는 각별한 존재였다.

1892년 10월 부허의 죽음과 그 이듬해 8월과 9월 비스마르크의 병환으로 회고록의 출간은 어려움에 봉착했다. 그러나 불행 중 다행으로 1890년까지를 다룬 회고록 두 권은 이미 1892년에 완결된 상태였다. 국내외 출판사 40여 곳에서 관심을 보였으나, 코타 출판사의 대표 크뢰너 (Adolf Kröner)와 약속한 대로 비스마르크가 죽고 4개월 만인 1898년 11월 30일 비로소 비스마르크의 회고록이 출간되었다.

한때 1895년에 회고록 작업이 완전히 끝났다는 소문이 나돌자, 새로 재상에 오른 호엔로에-실링스퓌르스트가 갖은 협박과 50만 마르크라는 돈을 조건으로 코타 출판사로부터 원고를 사들이려 시도한 적도 있었다. 그러나 설령 법적인 어려움을 당한다 할지라도 수백 만 마르크의 경제적인 수익을 포기할 정도로 어리석은 크뢰너는 아니었다. 그는 말 그대로 장사꾼이었다.

비스마르크의 회고록 제1권은 그가 관계한 정책과 인물, 특히 1871년의 업적을 다루었다. 그리고 제2권에서는 자신의 해임 문제도 다루었지만, 솔직하고 정직한 모습을 잃지 않았다는 점에서 주목할 가치가 충분하다는 평가를 받았다.

그리고 빌헬름 2세의 사후에 출간하기로 약속된 제3권은 발행 때부터 이미 굉장한 파문을 일으켰다. 이 책이 출간된 1921년에 빌헬름 2세는 아직 죽지 않고 제1차 세계대전의 패배로 네덜란드에 망명 중이었기 때문에 더욱 그랬다. 게다가 시기가 시기였던 만큼 이 책을 통해 빌헬름 2세의 무능과 오만이 그대로 드러나게 되었고, 그런 정치적 효과를 노리고 서둘러 출간된 측면도 분명 있었다. 따라서 상대적으로 비스마르크에게로 되돌아온 역사적 관심은 실로 대단했고, 그에 대한 역사적 평가가 새로 이루어지는 계기가 마련되었다.

제3권에서 비스마르크는 왕정을 소중하게 여기는 태도를 보였고, 자신의 적들에 대해 잘 알지 못한 면이 있었으며, 특히 자신이 늘 비판했던 뵈티허에 대한 적대감이 지나쳤음을 고백하기도 했다. 그러면서 황제에 대한 불쾌한 감정만큼은 숨기지 않았다. 개인적으로 그는 황제를 결코 용서하지 못했지만, 여론의 심한 질타를 받는 황제에 대해 편치 못한 심경도 함께 털어놓았다. 스스로를 "황제와 찬란한 태양 사이에 끼어 있는 두터운 그림자"로 표현한 비스마르크는 특히 요한나가 품은 황제에 대한 증오심이 자신과는 비교할 수 없을 만큼 큰 것에 착잡한 심정을 가누지 못했다.

초판 10만 권과 재판 20만 권을 포함하여 한 달도 되지 않아 발행부수가 30만 권을 넘어선 비스마르크의 회고록은 20마르크(가죽정장의 경우 30마르크)라는 고가에도 불구하고 놀라운 판매부수를 기록했다. 물론 일부 역사가들이나 반비스마르크주의자들이 작품의 진실성에 의문을 제기하기도 했지만, 회고록에 담긴 역사적 사실에 대한 통찰력만은 부인하지 못했다. 특히 뛰어난 언어 구사력에 탁월한 문체까지 갖추어 오늘날까지도 정치 회고록으로는 최고의 걸작으로 꼽힌다.

예컨대 기자이자 은행가이며 반비스마르크 성향의 좌파 자유주의자인 밤베르거는 《상념과 회상》에 대해 "인간의 지력과 강인한 성격에 대한 풍부한 내용을 역사적, 정치적, 그리고 심리적 사고로 표현한 최고의 작품"이라고 평가했다. 비스마르크에 대해 가장 비판적인 인물 중 하나인 철학자 니체(Friedrich Nietzsche, 1844~1900) 또한 "'좋은 독일 책이 있습니까?'라는 질문에 '예, 비스마르크!'라고 거리낌 없이 간단명료하게 답하겠다"고 말했다. 심지어는 《상념과 회상》을 구입한 사람들 가운데 많은 경우 이 책이 왜 '독일의 성경'이라 부르는지 이해하지도 못했다. 그럼에도 불구하고 설령 읽지 않았다고 할지라도 그 책을 이미 소유하고 있다는 사실만으로, 그리고 괴테의 《파우스트》나 《시와 진실》과 나란히 책장에 꽂아두었다는 것만으로 그 가치를 충분히 인정하려 했다.

회고록의 출간 이후로 비스마르크 전기들이 속속 발표되기 시작했다. 이런 작품들에서 비스마르크는 한결같이 독일의 영웅으로 다루어졌다. 티데만, 숄츠(Adolf Heinrich von Scholz), 론을 비롯하여 정적이던 발더제, 슈바이니츠, 호엔로에-실링스퓌르스트에 이르기까지 저자들의 부류도 다양했다.

특히 당대인으로서 1882년부터 1911년까지 근 30년 동안 96권의 대작을 남긴 포싱거(Heinrich Ritter von Poschinger, 1845~1911)는 비스마르크에 대한 책도 여러 권 남겼다. 그의 작품은 각종 문서와 인터뷰를 비롯하여 대내외 정치와 경제 문제에 대한 비스마르크의 보고들을 대거 소개함으로써 역사가들에게 필독서가 되었다. 포싱거 못지않게 놀라운 연구 성과로는 콜(Horst Kohl, 1855~1917)의 책도 빼놓을 수 없다. 14권의 저서를 집필한 콜은 1892~1905년 의회 연설, 1890년까지의 연대기, 비스마르크에 대한 문서와 기사, 시 등을 담은 연보, 그리고 빌헬름 1세 및 요한나와 교환한 서신 등 방대한 자료를 바탕으로 비스마르크의 일대기를 상세하게 재현해놓았다.

비스마르크 개인과 그의 정치에 대해 쏟아지는 찬사들은 1890년대에 이르러 '비스마르크 숭배' 현상까지 만들었다. 이는 비스마르크 개인의 의지와 관계없이 그를 '신격화'하려는 대중들 스스로 만든 결과였다. 그렇게 해서 대중이 만들어낸 '철의 재상' 이미지 역시 독일 역사의 영웅을 만들어내려는 욕구의 소산이기도 했다.

그들은 더 나아가 프리드리히 바바로사나 프리드리히 대제처럼 비스마르크도 신화적인 존재로서 자리매김시키고자 했다. 더구나 멀리 떨어진 시대가 아닌 바로 같은 시대에 함께 살아 숨쉬던 그를 통해 '독일 정신'의 산증인을 발견하고 체험하고자 했다. 그렇게 비스마르크는 권력의 뒤안길에서도 자신의 무대 위를 떠나지 않고 있었던 것이다.

황제와의 영영 이별

해임 이후부터 1895년까지 비스마르크는 변함없이 언론의 관심에 노출되어 있었다. 계속되는 언론과의 접촉과 회고록의 집필 등으로 세간의 주목을 받았고, 개인적인 기회를 통해 정치 문제에 관여하기도 했다.

그러나 노재상의 여러 동향에 정부, 특히 젊은 황제의 심기는 불편하기 이를 데 없었다. 마침내 황제는 독일 외교관들로 하여금 비스마르크에게 "공적인 자격으로 발언할 자격이 없다"는 경고까지 내리도록 명령했다. 빌헬름 1세와의 긴밀했던 우호관계에 대해 늘 강조하면서 그 시절을 회상하곤 했던 비스마르크로서는 황제가 그렇게 나오면 나올수록 더욱 비판적인 입장을 취했다.

빌헬름 2세와 비스마르크 사이의 그런 신경전은 1892년 여름 헤르베르트의 결혼을 즈음하여 예상치 못한 황제의 행동으로 가시화되었다. 그동안 퇴임 이후로 한 번도 서로 마주한 적도 없었고 가급적 정부에 대한 비판을 자제해온 비스마르크로서는 그에 대한 앙금이 남아 있던 터였기에 지나쳐버리기 쉽지 않은 기억이었다.

43세의 헤르베르트와 21세의 헝가리 백작의 딸 마르게리테의 결혼식에 참석하기 위해 빈으로 향한 비스마르크는 그런 방문 자체만으로도 사회적 관심을 끌기에 충분했다. 그런데 수상 카프리비가 나서서 빈에 주재하는 독일 대사들에게 그 결혼식에 참석하지 못하도록 금지령을 내리면서 상황이 걷잡을 수 없이 전개되었다. 더욱이 6월 14일 빌헬름 2세까지 나서서 오스트리아 황제 요제프에게 비스마르크를 만나지 말도록 요청했고, 그렇지 않으면 양국 간에 어려움이 뒤따를 것이라는 식의 상당히 무례한 주문까지 전달한 것으로 알려졌다.

18일 여행길에 오른 비스마르크는 오스트리아 황제와의 접견이 원만하지 않을 것이라는 헤르베르트의 귀띔에도 혹시나 하는 마음이었다. 그러나 드레스덴에서 하룻밤을 보내는 사이 아들의 말이 모두 사실임을 알게 되면서 끝내 불편한 기색을 감추지 못했다. 특히 독일과 오스트리아 황실이 자신을 마치 부랑자와 같이 취급하며 기피하려는 행태에는 비참하고도 서글픈 심경이었다.

그러나 비스마르크는 예상치 못한 황제의 일방적인 처사에 대해 어떠한 언급도 자제하도록 당부했다. 다만 빈에서 〈신자유신문(Neue Freie Presse)〉과의 인터뷰를 통해 비스마르크는 베를린 정부와 연결되는 통로가 모두 중단된 처지를 해명하는 한편, "제국의회에서 반대세력의 우두머리로 등장할 것"이라는 자극적인 표현으로 심중을 대신했다. 공적인 자격으로 발언할 권리가 없다는 황제의 경고에도 불구하고 이미 1891년 제국의회 의원이 된 자격으로 그는 나름대로는 적어도 오스트리아와의 우호관계와 진실한 동맹관계를 재확인시키고, 또 자신의 처지를 해명할 권리가 있다고 판단했기 때문이다.

독일은 권력이 충분하지만 전쟁으로는 아무것도 얻지 못한다. 내 후임자가 폐기해버렸지만 러시아와 좋은 관계를 유지하려던 나의 노력은 오스트리아와의 관계에서도 마찬가지다. 그런데 지금의 나 자신은 유력인사들이나 내 후임자에 반대할 만한 어떤 책무도 갖고 있지 않다. 모든 연락망이 끊어져버렸다.

그런데 독일 정부, 특히 황제의 일방적인 처사가 오히려 여론을 자극한 듯 비스마르크는 가는 곳마다 대대적인 반향을 불러일으켰다. 다뉴브 강변을 따라 이어진 귀향길에서는 뮌헨, 아우구스부르크, 뷔르츠부르크를 거치는 길목 어디에서나 환영인파로 장관을 이루었다. 독일은 물론 오스트리아에서도 그가 머무는 역마다 몰려든 사람들로 가득했다.

6월 24일부터 26일까지 뮌헨에서 머물면서 비스마르크는 시청 광장에서 성대한 환영식을 맞이했고, 10개월 전에 빌헬름 2세도 서명했던 방명록에 당당히 기록을 남겼다. 이틀 밤을 지새우는 동안 여러 궁전에서는 그를 위한 영접이 끊이지 않았고, 저녁에는 잠자리에 들 때까지 학생들과 각종 단체를 비롯한 시민들의 환대와 환호가 끊이지 않았다. 그 다음날 정오 무렵 다시 여행길에 올랐을 때, 비스마르크 일행은 바이에른 정부가 특별히 마련한, 수많은 화환으로 장식된 마차를 타고 마지막까지 극진한 환대를 받았다. 아우구스부르크에서도 700명으로 구성된 대규모 합창단이 그를 마중했고, 뷔르츠부르크에서는 전 장교단이 참석하는가 하면, 곳곳에서 화환 세례와 함께 밤낮을 가리지 않고 '위대한 인물'에 대한 관심과 경애가 끊이지 않았다.

비스마르크는 여행 일정 동안 일어난 일들 하나하나를 잊을 수 없었다. 또 기회가 주어질 때마다 매번 자신의 견해를 아주 분명하게 밝힘으로써 퇴임 이후 2년 남짓의 시간이 지난 지금에도 여전히 건재함을 과시했다. 특히 7월 30일 예나 광장에서의 연설은 정치인들을 당혹스럽게 만들었다. "유럽의 한가운데에서 순전히 왕조 중심으로 정치하는 것은 대단히 위험한 시도"라고 지적한 그는 의회를 강화해야 한다는 주장을 펼치면서 의회의 기능에 대한 새로운 통찰을 보여주기도 했다.

이를 뒷받침하기라도 하듯 그는 다른 인터뷰에서도 황제의 권력과 의회 사이의 형평성 문제를 재차 제기했다. 이른바 사이비 의회주의자의 입에서 나온 참으로 아이러니한, 그럼에도 시대에 부합하는 그런 도발적인 발언은 황제의 심기를 건드리고도 남았다.

나는 수년간 피를 흘리며 제국의회와 투쟁했다. ……아마도 내가 너무 거기에 매진했던 것 같다. 우리에게는 균형이 필요하다. 나는 군주제 정부를 위해 자유로운 비판을 가하는 것이 불가피하다고 본다. 그렇지 못할 경우 정부는 관료 중심의 절대왕정 체제로 붕괴하고 말 것이다.

브란덴부르크와 폼메른을 거쳐 돌아오던 중 함부르크에 콜레라가 창

:: 1892년 여름 예나 광장에서 연설하는 비스마르크

궐하는 바람에 비스마르크는 여독을 풀 겸 8월 8일부터 12월 초까지 수 개월을 바친 별장에서 머물렀다. 역시 12월 3일 베를린에서 프리드리히스루로 향하는 열차에 오른 마지막 여정에서도 환영인파가 몰려들어 인산인해를 이루었다. 분위기는 마치 전쟁에서 승리하고 귀환하는 로마 황제를 맞이하는 듯 열렬했다.

가는 곳마다 열린 대규모 환영식은 정부와 황제의 공식적인 냉대와 비난에도 아랑곳하지 않았다. 경찰병력도 쏟아지는 폭우도 그 수많은 인파를 제어할 수는 없었다. 비스마르크는 이미 독일 통일의 상징이자 독일제국의 위대한 인물로서 모든 독일 국민의 영웅이 되어 있었다.

아들 헤르베르트의 결혼식을 마친 뒤 귀향하는 비스마르크의 심기는 뭐라 형용하기 힘들 정도로 복잡했다. 긴 여행은 예상치 않게 성공적이었고, 또 많은 의미와 교훈을 깨닫게 해준 기회였다. 누가 뭐래도 자신을 향한 대중의 관심과 열광은 대단한 감동이었고 또한 엄연한 현실이었다. 정계를 떠났지만 정치로부터 완전히 돌아서지 못한 지금, 그 개인적으로는 여행으로 인한 효과가 황제와의 관계에 영향을 주기를 바라는 심정도 없지 않았다.

그럼에도 다른 한편으로는 그동안 황제의 조치로 보아 대중의 영향력이 황제와 정부를 흔들어 깨우고 정치를 변화시킬 만큼의 힘을 이끌어낼 수 있을지 의문이었다. 자신의 '부활'이 오히려 긁어 부스럼을 만들지는 않을지 걱정되기도 했다. 황제와의 관계 개선도 암울해 보였지만, 집권 말기의 자신을 되돌아보면 탁월한 카리스마에도 불구하고 선거나 의회 표결 과정에서 정치적인 의지를 관철시키지 못했고, 퇴임 이후 출마한 보궐선거에서도 승리다운 승리를 거두지는 못했기 때문이다.

정치적 부활을 앞두고 비스마르크는 역시 빌헬름 2세의 태도로 보아 자신의 기대가 얼마나 부질없는 것이었는지 새삼 깨달아야만 했다. 황제는 자신을 다시 정계로 불러들일 인물이 아니었다.

사실 비스마르크 퇴출을 주목적으로 삼았기에 비스마르크가 떠나자마자 사회정책과 관련된 자신의 입장을 뒤바꾸어버린 황제가 아니었던가. 노동자들의 편을 들며 비스마르크의 노선에 강력하게 반대하면서 갈등을 조장했던 황제는 비스마르크 해임 직후 스스럼없이 자신의 노선을 뒤바꾸었다. 실제로 황제가 그렇게 태도를 바꾸자 1892~1893년 겨울 동안 자르의 탄광지대에서 수천 명의 노동자들이 파업을 벌였고 소요사태가 여기저기서 끊이지 않았으나, 황제는 아무 거리낌 없이 하층계급의 복지를 위해 스스로 약속했던 것을 하루아침에 무위로 돌려놓았다. 변화를 외치는 노동계의 목소리에 아랑곳하지 않으며 오히려 그들과의 갈등을 조장하기까지 한 황제는 아무런 구체적인 대안도 내놓지 않은 채 노동자들의 행동을 몰염치한 것으로 간주하고, 그들과 대립각을 세우면서 가급적 재빠르게 제압할 생각뿐이었다. 사실 노동자 보호법을 가결시키기 전부터 황제에게는 사회개혁의 의지가 없었다.

비스마르크는 정계 복귀 내지는 자신의 영향력을 두고 잠시 기대와 고민에 빠졌지만, 거듭되는 황제의 '전과' 앞에서 과감하게 기대를 접어야 했다. 특히 건강 문제가 발목을 잡았다. 1893년 8월 말, 좌골신경통과 대상포진으로 앓아누운 비스마르크는 프리드리히스루에서 조용히 칩거할 수밖에 없었다. 그렇다 보니 카프리비 정부의 정책 전반에 대해 비난할 뿐 다른 특별한 대안을 제시할 여력조차 없었다. 9월 들어서는 곤충에 물린 부분에 염증까지 생기는 바람에 한 달을 더 고생해야 했다.

원인이야 무엇이었든 비스마르크가 정계로 복귀하지 않은 것은 여전히 반비스마르크적인 정가의 분위기로 보아 잘한 선택이었다. 우선 비스마르크의 병환 소식을 전해 들은 황제의 반응 역시 예전과 비교하여 한 치도 달라진 것이 없었다. 노재상에 대한 진심어린 염려보다는 "나쁜 노인네"가 죽기라도 하는 날에는 "화해도 하지 않았다"는 세간의 눈초리만을 고심하는 눈치였다. 황제는 마지못해 비스마르크의 주치의인 슈베닝거를 불러들여 환자의 증세에 대해 수시로 알려줄 것과 회복을 당부하는 자신의 뜻을 전달하도록 의례적으로 대응했다.

그리고 카프리비를 비롯하여 로텐부르크(Franz von Rottenburg), 뵈티허 등 핵심 관료들의 태도도 황제와 전혀 다를 바 없었다. 9월 18일 한자리에 모여 앉은 그들은 벌써부터 비스마르크가 죽고 장례식을 치르기 전에 프리드리히스루를 찾아보아야 할지에 대해 논의하는 수준이었다.

심지어 그 방문 목적도 병문안보다는 각종 공문서와 사문서가 공개되어 황제나 정부에 해가 될까봐 사전에 압수해야 한다는 것이었다.

비스마르크가 병석에 누운 시간이 길어짐에 따라 황제나 관료들이나 베를린의 분위기는 마치 그의 죽음이 임박한 것처럼 서두르는 듯했다. 카프리비의 설득에 따라 헝가리의 귄스에 머물던 빌헬름 2세는 비스마르크에게 전보 한 통을 보냈다. 내용인즉슨 그의 회복을 위해 독일 중부에 위치한 황제의 성을 제공하겠다는 것으로, 양측 모두 그 기회를 통해 각자의 문제를 해결할 의도에서 나온 제의였다. 그러나 비스마르크는 감사의 뜻을 전하면서도 지금의 처지로는 오랫동안 살아온 집이 제일 편하다는 이유로 정중하게 거절했다.

빌헬름 2세는 몹시 못마땅해 했다. 특히 언론에서 두 사람이 주고받은 전보 내용을 자신에게 불리하게 묘사한 점에 매우 민감한 반응을 보였다. 비스마르크에게 우호적인 언론들이 황제의 제안은 노재상을 향한 화해의 뜻은 아니었다는 식으로 기사를 썼기 때문이다. 병든 노인에 대한 배려가 사려 깊지 않았든지, 또는 황제를 둘러싼 정부의 진의를 파악했든지 간에 요한나는 물론 헤르베르트나 막내아들 빌도 귄스에서 보낸 황제의 전보에 대해 논할 가치조차 없다는 기색이었다.

프리드리히스루와 베를린의 분위기는 1893년 말까지 변한 것 하나 없이 냉랭했다. 빌헬름 2세 쪽에서는 여전히 비스마르크가 자신의 죄를 인정하고 사죄하기를 기대하는 눈치였고, 반면 비스마르크는 황제가 자신의 잘못을 인정하고 용서를 청해오기를 고대했다. 다만 빌헬름 2세는 자신의 선심성 제안을 비스마르크 일가가 하나의 웃음거리로 취급한 데 대해 분노를 감추지 못했지만, 내심 '늙은이'의 갑작스런 죽음이 자신에게 부담으로 다가오리라는 점은 여전한 불만이었다.

그러던 중 빌헬름 2세는 1894년 1월 21일 수도회 기념일을 기회로 형식적이지만 비스마르크의 근황을 알아볼 겸 헤르베르트를 베를린에 초대했다. 빅토리아 황비나 다른 왕실 가족들은 헤르베르트와 대화를 나누었으나, 정작 그를 초대한 황제 자신은 어떠한 관심도 기울이지 않았다. 이를 보다 못한 오일렌부르크와 몰트케(Kuno von Moltke, 1847~1923)의 변명이 뒤따랐지만, 황제의 행동은 참으로 현명치 못한 처사였다.

빌헬름 2세는 바로 그날 몰트케를 통해 비스마르크에게 안부편지와 함께 황실의 라인 와인을 전달하는 형식에 치중했다. 그 다음날 황제의 선물을 전해 받은 비스마르크는 감사인사로 화답했다. 또 몰트케는 황제의 명령에 따라 베를린으로 그를 초대했고, 비스마르크는 약간의 망설임 끝에 수락했다. 사실 그로서는 얼마나 가고 싶었던 베를린이고, 또 얼마나 기다렸던 초대였던가.

그러나 황제를 결코 용서할 수도, 잊을 수도 없던 요한나는 남편의 결정에 언짢은 기색이 역력했고, 헤르베르트로 하여금 절대로 화해하지 못하도록 도움을 청했지만, 때는 이미 늦어버렸다.

별이 지다

노재상의 베를린 방문 소식은 언론을 통해 대대적으로 보도되었다. 여론은 황제가 노재상을 환영할 것을 믿어 의심치 않았고, 이를 황실의 공으로 추켜세우기까지 했다. 두 사람의 만남을 오랫동안 기다렸던 세인들에게는 대단한 화젯거리가 아닐 수 없었다.

정계에서 물러나고 4년이 지난 1894년 1월 26일, 황제의 생신을 하루 앞두고 비스마르크는 비로소 베를린으로 첫 공식 나들이를 했다. 순전히 화해를 빙자한 겉치레에 불과했지만 그런 사실을 알 리 없는 비스마르크의 마음은 몹시 들떠 있었다. 하지만 결국 실망과 상처만 안고 프리드리히스루로 발길을 되돌려야 했다.

시간이 흐르고 황제를 또 만날 기회가 있었지만, 비스마르크는 그와의 관계에서 더 이상 아무것도 기대하지 않았다. 임종을 앞둔 비스마르크의 마음속에는 그동안 덮어두고 덧나기만 했던 상처만이 남아 있을 뿐이었다.

빛 좋은 개살구

비스마르크의 베를린 방문과 퇴임 이후 황제와의 첫 대면에 독일 전역은 흥분의 도가니에 휩싸였다. 방문 당일에 출발지인 함부르크는 물론 베를린까지 수십만 명의 군중이 비스마르크를 환영하기 위해 거리로 몰려나왔다. 빈 여행 때와 다를 바 없는 장관이었다.

오랫동안 묵혀둔 제복을 갖춰 입은 비스마르크는 플랫폼에서 황제의 동생인 하인리히(1862~1929) 왕자의 영접과 기병중대의 호위를 받으며 마차에 올라탔다. "가급적이면 군중들이 접근하지 못하게 하라!"는 황제의 명령이 있었으나, 성에 도착할 때까지 쇄도하는 인파의 물결 속에 내내 박수갈채와 행진곡이 울려 퍼졌다. 베를린은 그렇게 그를 극진히 맞이했다.

마차에서 천천히 내린 비스마르크는 하인리히의 부축을 받아 계단을 올라갔다. 성에 들어서자마자 겉보기에도 벌써 흥분해 있던 황제가 다가와 악수를 청하고 두 뺨에 가볍게 인사를 했다. 그리고 곧바로 양쪽 문이 닫히면서 두 사람의 모습이 한동안 사라졌다.

10분가량 대화가 이루어졌다. 그러나 그 내용이 공개된 적은 단 한 번도 없었고, 또 그들만이 자리한 것은 퇴임 이후 처음이자 또 마지막이었다. 다만 두 사람은 여전히 군신의 관계였고, 또 비스마르크가 죽을 때까지 서로 화해하지 않은 사이였기에 그와 관련하여 황제 측에서 노재

:: 1894년 1월 26일 베를린 성 앞에서 왕자 하인리히와 함께한 비스마르크

상의 거동에 제재를 언급했을 것이라는 뒷소문만 무성할 뿐이었다.

그날 하루 종일 시끌벅적한 분위기가 계속되었다. 비스마르크에 대한 황제의 행동은 마치 외국의 국가원수를 맞이하듯 정중했지만, 두 사람의 회동은 서로의 이해를 구하기보다는 세간의 이목을 의식한 황제측의 의례적인 성격이 강했다. 낮 동안에는 군대 행렬과 관례적인 행사가 뒤따랐고, 오후에는 만찬이 열렸다. 그러나 빌헬름 2세는 정치에 대해 단 한 마디도 꺼내지 않았고, 비스마르크 역시 어떠한 반응도 내비치지 않았다. 10분가량의 대화중에 서로 약속이 되었음이 분명했다.

그리고 우레와 같은 박수갈채를 받으며 비스마르크는 다시 역으로 향했다. 황제는 마차까지 배웅하며 다시 인사를 나누고는 어둠 속으로 마차가 사라질 때까지 손을 흔들어 작별을 고했다.

두 사람의 만남으로 황제는 그동안 묵은 체증이 해소된 듯한 기분이었다. 언론에서 시시각각 보도하는 내용을 놓치지 않은 황제는 자신의 할 일을 다 한 듯 여겼다. 비스마르크 또한 적어도 한 번은 다녀오고 싶었던 곳이었기에 감회가 새로웠을 것이다.

빌헬름 2세와 비스마르크 두 사람의 내심이야 어떠하든, 베를린에서의 만남 이후 둘 사이의 화해 분위기가 언론을 비롯하여 세간에 오르내렸다. 홀슈타인이나 마르샬을 비롯한 정부 인사들은 비스마르크가 권력으로 복귀하지는 않을까, 또는 최소한의 영향력이라도 발휘하지는 않을까 촉각을 곤두세웠다. 그러나 정작 황제나 노재상 그 누구도 그들의 관계 개선에 전환점이 주어졌다고 생각지 않았다. 그 이후 답례차 이루어진 빌헬름 2세의 방문에서도 색다른 움직임은 전혀 없었기 때문이다.

그 후 2월 19일 황제는 친히 프리드리히스루를 방문했다. 역시 두 사람의 만남은 형식적인 대화만으로 끝났다. 그러나 빌헬름 2세로서는 초대에 이은 답방을 통해 누가 보더라도 최선을 다한 군주의 모습을 보여주는 데 성공한 셈이었다.

값비싼 군복 망토를 선물로 내놓은 황제는 정치에 대한 언급만은 애써 외면했다. 줄곧 새로운 군복과 군사들의 새 배낭에 대한 얘기만 늘어놓았다. 두 사람의 만남을 곁에서 지켜본 사람들이 털어놓았듯이 "진실을 말하려는 끓어오르는 욕구를 힘들게 자제하려는 듯 마주한 단 일 분조차 불안할 정도로 폭발의 긴장감이 감돌았다"는 뒷얘기만 무성했다.

프리드리히스루를 방문한 이후 좋은 평판에 매우 흡족해진 빌헬름 2세는 비스마르크를 공경하는 모습을 외부에 알리는 차원에서 그의 기념비를 세우는 사업을 후원하겠다고 발표했다. 그런 과정을 바라보는 세상의 시각은 지금까지의 불화를 완전히 끝내려는 화해의 징표로 받아들였고, 황제를 향해 더없는 칭송과 환영의 박수갈채를 보냈다.

그런 분위기에 마음이 끌렸던지 비스마르크는 몰트케가 전했던 와인을 2월 14일 하르텐과 나누어 마셨다. 물은 사람을 갈라놓지만 와인은 사람을 하나로 묶어놓는다고 하지 않던가. 그러나 황제의 마음은 황제

:: 1894년 2월 24일의 비스마르크

그 자신만이 알 뿐이었다.

아니나 다를까, 황제와 비스마르크 두 사람의 불협화음은 조금도 사라지지 않았다. 1894년 6월, 황제는 뵈티허와 그의 킬 군항에 대한 계획을 비난하는 비스마르크에게 분노를 참지 못했다. 세계정치를 표방하며 여느 식민제국들처럼 해군력 증강의 필요성을 강력하게 주장하던 황제는 호엔로에-실링스퓌르스트 재상을 즉각 프리드리히스루로 보내 응수했다. 호엔로에-실링스퓌르스트는 비스마르크의 둘째 아들 빌을 통해 "노재상이 황제와 계속 갈등을 빚지 않으려면 정부에 대한 새로운 공격을 포기하는 것이 좋을 것"이라고 경고했다. 생각지도 못한 황제의 처사에 당혹감을 감추지 못한 사람은 비스마르크였다.

6월 킬 운하의 개통을 축하하는 자리에서 황제는 의도적으로 비스마르크에 대한 발언을 회피했다. 그 이후로도 무반응과 무관심으로 임하되, 대외적으로 완전한 화합의 모습을 드러내 보이기 위한 취지에서 각종 기념일마다 전보, 편지, 선물 등을 프리드리히스루로 보내는 이중적인 전략을 취했다.

때로는 연회에 초대하기도 했으나 그런 상황에서 올 비스마르크도 아니었고, 한 번도 참석할 수 없을 정도로 건강도 좋지 않았다. 이미 여든을 바라보는 노쇠한 그가 베를린까지 오기는 무리라는 것을 황제도 잘 알고 있었기에 언론용의 인사치레에 불과한 초대였을 것이다.

1895~1896년 안팎으로 힘든 시기를 맞으면서 빌헬름 2세는 새삼 비스마르크를 떠올리지 않을 수 없었다. 더 정확히 말하면 비스마르크의 둘째아들 빌을 생각했다. 특히 1년 전 카프리비 정부가 호엔로에-실링스퓌르스트의 주도하에 교체된 이후로 분위기가 매우 어수선해졌기 때문이다. 게다가 관료들과의 원만하지 못한 관계가 12월에 접어들어 절정에 달했기에 빌헬름 2세는 극도로 예민해진 상태였다.

홀슈타인을 비롯한 많은 관료들은 계속되는 황제의 무례한 언행뿐만 아니라 대내외적 정치 상황에서의 독재적인 간섭으로 말미암아 그의 정신건강 상태에 의혹마저 품었다. 게다가 이미 가을 무렵 내무 회의의 내

:: 1895년 프리드리히스루의 비스마르크

용과 관련된 비밀을 누설함으로써 신의를 잃어버린 내무장관 쾰러(Ernst von Köller)의 임명권에 대한 철회 요청에도 황제는 시종일관 묵묵부답이 었다. 오히려 그는 쾰러를 높이 평가하며, 그런 철회 요구를 자신의 장관 임명권에 대한 공격으로 받아들여 매우 격노했다.

그러한 민감한 상황 속에서 황제는 12월 16일 킬에서 베를린으로 돌아가던 중 아무런 예고도 없이 프리드리히스루로 발길을 돌렸다. 호엔로에-실링스퓌르스트에게 사전에 알리지 않은 방문이었는데, 만약의 사태를 위해 쾰러의 후임자로 비스마르크의 막내아들 빌을 끌어들일 심산이었던 것 같다. 정치 경험으로 따진다면 첫째아들 헤르베르트가 더없이 좋겠지만, 비스마르크의 퇴임 문제와 얽힌 이후로는 역시 껄끄러운 관계에서 벗어나지 못했기 때문이다.

비스마르크를 마주한 황제는 늘 그렇듯 정치적인 주제를 피했다. 반면 예기치 않게 찾아온 기회를 빌려 비스마르크는 나름대로 소식통에 의거하여 애써 충고를 건넸다. 절대왕정과 입헌주의 가운데 어느 체제로 통치해야 하는지, 1856년 나폴레옹 3세가 자신에게 던졌던 질문을 그는 놓치지 않았다. 뼈 있는 발언이었다.

황제께서는 5만의 친위대를 거느리고 있는 한 절대왕정의 지배체제를 실험해볼 수는 있을 것입니다. 그러나 위기를 막아내기 위해서는 황제께서 주변에 관료들을 가까이한다면 그보다 더 좋을 것입니다. 그렇지 않으면 국민들은 나쁜 사태를 매번 황제의 책임으로 돌리고 말 것입니다. 그것이 통치자의 기술입니다.

프리드리히스루를 다녀온 이후 빌헬름 2세는 어떻게든 빌의 등용 문제를 구체화시키고자 했다. 황제가 비스마르크 가문과의 진정한 화해를 의도했는지는 알 수 없지만, 비스마르크 가문의 복직 문제가 그와 대적한 관료들에게 일종의 위협으로 작용하는 것만은 분명했다. 그런 의미에서 황제는 빌의 문제를 자신의 권위를 제한하려는 관료들을 길들

:: 1896년 2월 2일 프리드리히스루에서의 사진과 같은 해 렌바흐(Franz Lenbach, 1836~1904)가 그린 미완의 초상화. 고통에 시달리는 흐트러진 눈빛의 노인과 미래를 예견이라도 하듯 두 눈을 부릅뜬 국가 원로

이는 한 방법으로서, 또는 그들과의 관계를 개선하기 위한 최선책으로서 이용하고자 했던 것이다.

빌의 결정이 늦어지자, 1896년 여름 황제는 빌의 아들이자 비스마르크의 손자인 니콜라우스의 대부를 자청하고 나섰다. 그리고 이를 계기로 비스마르크의 병환이 심각한 사실을 접하고 빌을 불러들여 특별히 위로도 아끼지 않았다.

그러나 그러던 중 10월 24일 황제는 우연히 1890년 당시 카프리비가 재보장조약을 갱신하려는 러시아 정부의 요청을 거절했다는 과거 외교사의 한 부분을 끄집어낸 〈함부르크 소식지〉의 기사를 접했다. 러시아와의 관계의 중요성을 강조한 그 내용은 한마디로 황제의 현 러시아 정책에 대한 비판이었다. 그로서는 러시아와의 외교관계가 대중에게 공개된 것이 몹시 언짢을 뿐이었다.

황제는 〈함부르크 소식지〉에 대해 모든 법적 조치를 강행하도록 지시했다. 물론 이례적인 일이었지만, 비스마르크의 개입까지 확신하던 그는 빌의 등용에 대해 굳게 입을 닫아버렸다. 비스마르크 역시 사태의 확산에 놀라지 않을 수 없었지만, 양국의 관계 악화를 막기 위해 벌어진 사태를 재빠르게 수습해야 한다는 생각뿐이었다.

외무부의 발길이 매우 바빠졌다. 때마침 제국의회에서도 지나간 사건들을 두고 연이어 논란이 터져나왔다. 의원들 사이에서 비스마르크의 이름이 거론되는 가운데 중앙당과 좌파 자유주의자들이 친러시아적이었던 비스마르크의 결단을 신랄하게 비판하는 반면, 연합정당과 반유태주의자들은 "비스마르크 같은 사람은 어떠한 부당한 일도 행할 수 없었다"는 주장으로 대립각을 세웠다.

시간이 흐르면서 의회는 어느새 비스마르크를 숭배하는 분위기로 치우쳤고, 정부 내에서조차 긍정적인 목소리가 나돌자 호엔로에-실링스퓌르스트와 홀슈타인은 걱정을 감추지 못했다. 게다가 러시아 황제가 9월 독일을 방문했을 때 비스마르크를 만나려고 했으나, 윗선에서 막아 만남이 이루어지지 못한 사실까지 11월의 신문에 발표되면서 정가는 술렁이기 시작했다.

뜻하지 않게 대외정치 문제가 연속적으로 기사화되자, 빌헬름 2세는 비스마르크에게 화살을 돌려 사태를 무마하고자 했다. 그리하여 비스마르크의 영향력을 약화시키기 위해 그의 업적을 평가절하하는 한편 자신을 과대 포장하는 데 주력했다.

이를테면, 빌헬름 2세는 자신이 주문했던 베를린의 국가 기념비에 새겨넣은 "위대한 재상"이라는 글귀를 즉각 삭제토록 하고 그 대신 "강력한 지원"에 의한 "뛰어난 활동"이라는 문구를 새겨넣도록 지시했다. 황제는 독일 국민들이 "타고난" 그리고 "신의 은총을 받은" 지배자보다 일개 관료에 의해 통치되기를 바란다는 사실을 결코 받아들이려 하지 않았다. 비스마르크를 숭배하는 자들이 호엔촐레른 왕실 지지자들보다 훨씬 많다는 사실을 용납하지 않으려 했던 것이다.

비스마르크에 대한 황제의 분노는 좀처럼 사그라지지 않았다. 이유야 어떻든 그는 지금의 곤란한 사태에 대해 어떤 식으로든 비스마르크에게 앙갚음을 하고 싶은 심정이었다. 1897년 3월 21일부터 23일까지 빌헬름 1세의 탄생 100주년 기념식장에서 황제는 일부러 비스마르크에 대한 언급을 회피하는 것으로 다소나마 마음을 달랬다. 그날 베를린 성 앞에서 기념비 제막식이 거행되었을 때, 빌헬름 1세의 거대한 기마상이 대중들 앞에 그 모습을 드러냈다. 그러나 거기에 비스마르크의 흔적이라고는 없었다. 빌헬름 1세와 비스마르크는 그야말로 실과 바늘의 관계가 아니었던가. 빌헬름 1세 주변에는 어떤 관료나 장관의 모습도 아닌 천사, 사자, 깃발, 대포 등만이 둘러싸고 있었다.

그 후 빌헬름 2세는 4월 1일 노재상의 82세 생일에도 참석하지 않았다. 비스마르크의 생일을 축하하는 자리에는 축하객들로 들끓었다. 수많은 고위관료들과 왕족들을 비롯한 방문객들 중에는 중국의 태수와 태국의 국왕도 함께 자리해서 매우 이색적이고도 고무적인 분위기가 형성되었다. 박수갈채를 받고 떠벌리기 좋아하는 빌헬름 2세로서는 사람들의 이목을 생각해서라도 참석할 법했지만, 더 이상 누구의 눈치도 볼 필요가 없다는 듯 끝내 불참했다. 노재상에 대한 그의 반감은 더 이상 숨길 것이 없었다.

생의 마지막을 보내며

베를린을 떠난 1890년 3월 이후로 비스마르크는 유독 언론계와 가까이했다. 그러다 보니 자연스레 언론의 주목을 가장 많이 받는 인물이 되면서 그에 대한 수많은 말들이 뒤따랐다. 비스마르크는 상황에 따라 황제의 성과와 업적은 물론 자신의 후임자와 그 정책에 대한 평가나 비판을 곁들여 이야기했다.

그러나 전반적으로 삶에 대한 그의 자세는 신에 의지하며 인간의 참된 내면을 강조하는 쪽이었다. 1893년 "자만으로 지탱되는 능력 따위는 없애버려야 한다"는 말에서도 나타나듯이, 비스마르크는 만남에 있어서 항시 겸손함을 잃지 않았다. 재임 기간에는 비록 독재적인 지도자였지만 그야말로 자만심이나 허영심과는 거리가 먼 인물이 바로 비스마르크였다. 노년에 이르러서는 자신의 부족한 부분이나 심지어 게을렀던 대학 시절 이야기도 솔직하게 털어놓았고, 열광하는 대중 앞에서 보이는 소박하고 꾸밈없는 태도도 예전과 다를 바 없었다. 그런 그에게서 최고 통치자다운 카리스마는 찾아보기 어려울 정도였다.

개개인이 역사를 만들지는 못한다. 인간은 시대의 흐름을 마음대로 조종할 수도 없다.

1895년 말까지 거의 6년 가까이 비스마르크가 대내외적으로 대표단을 영접하거나 접견한 사례만 해도 약 150건에 달했다. 대부분의 만남은 프리드리히스루에서 이루어졌고 대개 10여 명 남짓이었지만, 때로는 수천 명의 방문객을 맞기도 했다.

그는 특히 멀리서 '순례'하러 찾아온 방문객들에게 특별한 감사 인사를 잊지 않았다. 대내외 정책에 대해 자신의 견해를 표명할 때는 애국심이 물씬 묻어났고, 때로는 정치와 국가에 대한 철학적 고찰도 늘어놓았다.

그런데 비스마르크가 사람들을 접견한 사례 가운데 가장 이목을 집중시킨 '사건'은 1895년 4월 1일 그의 여든 번째 생일에 일어났다. 그날은 비스마르크 인생에서 최후로 맞이한 절정기였다. 이미 3월부터 마련된 특별열차는 6월이 되어서까지 50차례 넘게 축하 사절단들의 행렬을 부지런히 작센발트로 실어 날랐다.

그중 가장 주목되는 방문객은 역시 빌헬름 2세였다. 3월 26일 여론을 의식하여 마지못해 노재상에게로 향한 황제는 가장 경륜이 풍부한 독일의 원수를 마치 장난감 병정 대하듯 하며 스스로 흡족해하는 소인배적 행태를 보였다. 그날 비스마르크는 내심 화가 치밀었지만 잘 참고 견뎌냈다.

제국의 창건자 비스마르크의 여든 번째 생일을 맞이하여 제국의회는 일체의 공식적인 축하인사를 하지 않기로 결정했다. 그러나 제국의회와 지방의회 소속 400여 명의 의원들은 개별적으로 비스마르크를 찾아 축하를 했다. 독일 제후들을 비롯한 외교 사절단이 줄을 이었고, 각 대

:: 1895년 4월 15일 80세 생일을 맞아 오스트리아의 슈타이어마르크 지방 대표단 앞의 비스마르크

학 및 전문기술학교 총장들도 비스마르크의 '은둔지'로 몰려들었다.

특히 독일 각지에서 제복 차림을 한 4000명의 학우회 회원들이 한적한 프리드리히스루를 꽉 메운 광경은 그야말로 장관이었다. 대학생들에게 보내는 답사에서 비스마르크는 "위협적으로 총기를 겨누고 있던 유럽의 상황에서 우리가 국익을 도모하고자 노력한 역사"에 대해 진심으로 이해해주기를 호소했다.

팔순의 비스마르크를 향한 독일 국민들의 열광은 극에 달했다. 국민들은 프랑스를 격파했던 세당의 날이나 군주들의 생신과 같은 국경일과 비교할 수 없을 정도로 역사상 유례없는 성황을 이루었다. 독일의 64개 도시와 오스트리아의 15개 도시, 그리고 미국의 80개 단체를 포함한 수백 개의 해외단체들이 일제히 대대적으로 기념일정을 치러냈다. 많은 지역에서 이날을 공휴일로 삼았고, 학교는 휴교했다. 베를린에서는 모든 공무원이 그날 하루를 축제일로 보냈고, 빌헬름 2세조차 각계의 고위관료들을 성으로 초대해 연회를 베풀지 않을 수 없는 분위기였다.

그 외에도 여러 도시의 대표단이 와서 비스마르크를 명예시민으로 추대하기를 원했으며, 함부르크 시민들은 그를 위해 촛불행렬까지 벌였다. 무엇보다 그날 하루 동안 축하 메시지가 끊이지 않은 바람에 특별히 23명의 도우미가 동원된 프리드리히스루의 우체국에는 9875통의 축전과 약 45만 통의 소포와 편지가 도착했다.

여든 번째의 생일을 기뻐한 사람들이라면 누구나 비스마르크를 향한 감격과 예찬 못지않게 함께하지 못한 요한나에 대한 슬픔과 위로도 아끼지 않았다.

해임 이후 비스마르크는 자신의 건강도 문제였지만, 그의 마음을 더욱 무겁게 억누른 것은 다름 아닌 요한나의 건강이었다. 50년 가까이 늘 함께한 부부였기에 그녀의 부재가 그에게 치명적일 것임은 당연했다.

1894년 초부터 요한나는 병색이 완연했다. 남편과 자식들에게 고통을 드러내 보이지 않으려고 애를 썼지만, 회복의 기미는 보이지 않았다. 특히 황제와 뵈티허 등 남편과 장남을 내쫓은 사람들에 대한 분노를 삭이지 못해 끝내 마음의 병까지 겹친 상태였다.

요한나의 병세는 마음을 놓을 수 없는 상태였지만, 그런 와중에도 비스마르크는 매년 그랬듯이 가족을 이끌고 7월에 쉰하우젠과 바친 등지로 여행을 떠났다. 요한나의 건강상태는 10월 초 가장 친한 친구 레코프 (Rekow)를 떠나보낸 후로 생긴 우울증과 수종증이 겹쳐 더욱 악화되었다. 11월 27일 아침, 여느 때와 마찬가지로 요한나는 집안일을 보고 난 뒤 저녁 무렵 내내 딸 마리의 팔에 안겨 깊은 잠에 빠졌다. 주치의 슈베닝거의 지시대로 비스마르크는 그녀를 깨우지 않았고, 그 다음날 아침 9시경에야 더 이상 눈을 뜨지 않는 아내를 발견할 수 있었다.

어떠한 위로도 비스마르크에게 도움이 되지 않았다. 철의 재상의 눈에서는 하염없이 눈물만 흘러내렸다. 요한나가 없는 미래는 암울함 그 자체였다. 평생 자기 자신보다 가족을 앞세운 요한나는 충실한 아내이자 어머니로서 살기를 주저하지 않았다.

끝내 홀아비가 되어버린 비스마르크는 평생을 위안이 되어준 아내를 그리워하며 한동안 슬픔에 젖어 지냈다. 12월 19일, 여동생 말비네에게 보내는 글에서는 요한나에 대한 한없는 그리움과 회한이 절절이 묻어났다. 그녀의 죽음으로 기가 꺾인 비스마르크에게서는 마치 자신의 절망적인 앞날을 내다보기라도 한 듯 삶의 활력을 찾아볼 수 없었다.

내게 남아 있는 것이라고는 요한나뿐이었다. 그녀와 주고받았던 대화, 그녀의 일상적인 질문, 48년을 되돌아보니 그 모든 것을 깨닫게 되어 감사하다. 그리고 오늘 모든 것이 황량하고 공허하다. 마음이 편치 못하지만, 나로서도 어쩔 수 없는 일이다. 국민들이 내게 베풀어준 크나큰 사랑과 관심처럼 그렇게 많이 베풀어준 그녀의 사랑과 존중에 감사할 줄 몰랐던 나 자신을 이렇게 질책할 뿐이다. 내 정적이라면 누구에게나 화를 내면서도 나한테만큼은 늘 다정했던 그녀 때문에 나 역시 지난 4년을 내내 즐겼는지도 모르겠다. 그러나 신께서 허락하는 한 항상 원했던 그 불이 오늘 꺼져버렸다. 지난 3주는 황량한 내 마음에 그 어떤 풀도 자랄 수 없게 만들어버렸다.

1894년 요한나를 먼저 떠나보낸 뒤, 비스마르크는 4년 가까이 홀로 마지막 생을 이어갔다. 그 무엇으로도 채워지지 않는 그녀의 빈자리가 더없이 크게 느껴지는 시간이었다.

요한나와의 결혼으로 비스마르크는 비로소 안정을 맛볼 수 있었다. 그녀는 그의 청춘 시절의 오랜 방황과 좌절을 모두 끝낼 수 있도록 이끌어준 길잡이와도 같았고, 오로지 공직에 전념할 수 있도록 배려해준 희생양이기도 했다. 얼마나 절실하게 원했던 가족의 행복이었던가!

되돌아보면, 결혼생활 3년이 되어가던 무렵 나는 요한나로 인해 순수하게 빛나는 태양을 바라보는 기쁨을 알게 되었고, 힘들고 어려운 일에도 정신을 잃지 않는 용기를 깨닫게 되었다.

언젠가 비스마르크는 오랜 동창 샤를라흐에게 신께 감사드릴 인생의 가장 큰 행운을 털어놓은 적이 있었다. 그 행운이란 "독일제국을 통일한 재상으로서 맘껏 누린 영광이 아니라, 요한나와의 결혼생활을 통해 지금의 내가 있게 된 것"이라고 스스럼없이 이야기했다. 1887년 마흔 번째 결혼기념일에 비스마르크는 요한나를 향한 변함없는 사랑을 확인해주었다.

나는 40년 동안 변하지 않은 사랑과 신뢰에 대해 신과 당신에게 감사드리오. 14610일에 2088번의 일요일과 10번의 2월 29일이 있었지. 좋고 나쁜 일들이 있었으나, 어쨌든 좋은 일들이 훨씬 더 많지 않았소.

그러나 오랜 정치활동에서 원치 않게, 그것도 떠밀리듯 비참하게 물러난 비스마르크에게는 프랑크푸르트의 시절이 오히려 슬픈 과거로 기억되었다. 정치무대에 인생 전부를 걸었건만 그렇게 허무하게 끝내버릴 것 같았으면, 아예 그 세계에 발을 들여놓지도 않았으리라는 회한에 가슴이 저며왔다. 비스마르크가 끝내 떨쳐버리지 못했던 정치인생을 시작한 곳이 바로 프랑크푸르트였다.

그런 의미에서 "생의 최고의 순간"으로 기억한 요한나 못지않게 왕성한 정치활동의 시작이었던 프랑크푸르트에서의 8년은 정치지도자 비스마르크에게 의미 있는 순간순간이었다. 어찌 보면 국가의 최고지도자로서의 삶을 제대로 끝맺지 못했던 만큼 회한이 더 깊은 곳이었을 것이다. 정계에서 밀려나 두 번 다시 그때 그 시절로 되돌아갈 수도 없고, 그때처럼 살 수도 없지만 요한나가 없는 지금의 현실에서는 그런 것마저 아무런 의미가 없었다.

> 말년에 이르러 신도 없고 아내도 아이도 없이 나는 외톨이가 되어버렸다. 그때 그 시절을 내가 어떻게 견뎌냈던지, 더러운 셔츠를 벗어버리듯 왜 그때 그 생활을 과감하게 그만두지 못했을까!

우려하던 대로 외로움과 상실감에 빠져 지내는 날이 지속되면서 비스마르크의 건강도 점점 악화되었다. 새 재상인 호엔로에-실링스퓌르스트가 자신의 오랜 정치적 동반자를 떠올리며 두 번씩이나 프리드리히스루를 찾았을 때, 비스마르크는 어느새 휠체어에 의지하는 노쇠한 노인 신세가 되어 있었다. 끊이지 않는 통증에 파묻혀 지낸 탓에 쇄도하던 사절단이나 방문객도 더는 받지 않는 상태였다.

요한나의 부재로 집안 곳곳에는 문제가 없는 곳이 없었다. 하다못해 하인들과 가정부는 물론 가족 구성원들 사이에서조차 언쟁이 끊이지 않았다. 심한 통증으로 자주 모르핀에 의지하던 비스마르크마저도 의사의 처방대로 식이요법을 따르지 않은 채 낙담하고 체념하기 일쑤였다. 요한나가 없는 집안은 한마디로 혼란 그 자체였다.

요한나의 빈자리와 악화된 건강으로 비스마르크는 생의 마지막 순간을 하루하루 겨우 버텨내고 있었다. 요한나가 묻힌 바친에서 여생을 보내고 싶었지만, 쇠잔해진 몸으로 폼메른에서 겨울을 나서는 안 된다며

주치의가 극구 만류하는 바람에 그는 프리드리히스루에서 홀로 지내야
했다.

그런 그에게 새로운 분위기를 마련해주고자 도네르스마르크(Henckel
von Donnersmarck)가 베를린에 있는 자신의 궁을 휴식처로 제공했고, 그
소문을 접한 빌헬름 2세까지 나서서 왕실의 궁을 사용할 것을 제의했
다. 그러나 병든 노구를 이끌고 장거리 여행을 하는 것이야말로 위험천
만한 일이었기에 그는 모든 제의를 정중히 거절했다. 결과야 어찌 되었
든 황제로서는 자신이 증오했던 노재상에게 공개적으로 베풀 수 있는
마지막 배려를 한 셈이었다.

그 후 마지막으로 자신을 찾은 황제를 보면서 비스마르크는 자신이
여전히 황제에게 지탄의 대상임을 실감해야 했다. 임종이 머지않았다
는 하인리히 왕자의 말을 전해 듣고 1897년 12월 15일 수행원들을 이끌
고 프리드리히스루를 찾은 황제에게서 비스마르크는 자신의 죽음을 재
촉하는 듯한 느낌마저 받았다.

한 시간 남짓 머무는 동안에 티르피츠의 눈에 비친 두 사람의 행동은
시종일관 엇갈리기만 했다. 그의 말대로 비스마르크가 프랑스를 비롯
하여 그 밖의 나라들과 독일의 관계에 대해 정치적인 대화를 나누려고
할 때마다 빌헬름 2세는 민망스러울 만큼 응해주지 않았다. 함께 자리
했던 몰트케조차 티르피츠에게 "지나친 처사"라고 말할 정도로 일상적
인 얘깃거리나 병영에서 떠도는 유머로 화제를 돌리면서 늙은이의 입
을 막아버렸다. 그것도 모자란 듯 황제는 무의미한 일상사만 늘어놓던
중 차마 듣기에도 민망한 발언까지 덧붙였다. 자신의 할아버지를 '빌헬
름 대제'로 한껏 추켜세운 반면, 그의 조언자였던 비스마르크는 '충견'
이라고 혹평했던 것이다.

비스마르크는 끝내 황제를 향해 경고인지 충고인지 모호한 말을 던

졌다. 자신이 죽고 20년이 지나 망명길에 오르게 될 빌헬름 2세의 처지를 마치 예언이라도 하는 듯했다.

> 폐하께서 그만한 군대를 장악하고 있는 한 당연히 무슨 일이든 해내실 수는 있습니다. 그러나 더 이상 그렇지 못할 때는 완전히 달라질 것입니다.

비스마르크와 빌헬름 2세 두 사람은 마지막 순간까지 서로 화합하지 못했다. 황제가 '충견'에게 진심으로 기회를 베풀지 않는 한 둘의 관계는 물 위에 뜬 기름과 같을 뿐이었다. 지금껏 그랬듯이 황제의 단순한 제스처는 그에게 진정한 화해의 분위기보다는 늘 위협에 가깝거나 전시 효과를 노리는 행위에 지나지 않았다. 황제의 그와 같은 언동에 대해 전기 작가 폰타네는 다음과 같이 진술했다.

> 나는 비스마르크 신봉자가 아니다. 그리고 내 안에 그를 저버리는 마지막 사람도 이름난 사람도 아니다. 그는 고귀한 성품을 지니지도 않았다. 그러나 호엔촐레른 왕가 사람들은 그를 저버려서는 안 되었다. 왜냐하면 예전의 빌헬름을 둘러싸고 빛을 발하는, 비스마르크의 두 손에 더러움이 남아 붙어 그나마 깨끗한, 완전한 영광의 호엔촐레른 가문의 완전히 새로운 영광이 작센발트의 천재적인 권력 청지기 덕분이었기 때문이다.

비스마르크를 떠나보내다

죽음이 임박해진 1898년 초, 비스마르크는 휠체어에 몸을 싣고 생의 마지막 순간을 받아들이고 있었다. 그렇게 좋아하던 숲이나 호밀 들판을 찾아 가끔씩 바깥나들이를 했고, 여름이 시작될 무렵에는 공원으로 조금씩 산책도 다녔다. 그러나 7월부터 호흡이 곤란해지고 고열이 잦아지면서 죽은 듯이 깊은 잠에 빠지는 날이 많아졌고, 더 이상 집과 침실 밖을 벗어나기 어려워졌다. 차라리 총을 달라고 할 만큼 심한 통증으로 눈물을 흘리며 호소하는 그의 목소리만이 간간이 집 밖으로 들려올 뿐이었다.

7월 28일 비스마르크는 좋은 하루를 보냈다. 슈베닝거에 이끌려 샴페인 한 잔을 들고 식탁에 둘러앉아 예전처럼 가족과 어울려 식사시간을 가졌다. 재미있는 대화를 나누며 즐겨 앉던 자리에서 신문도 읽고 오랜만에 파이프 담배도 피워 물었다. 그러다가 48시간 동안 깊은 잠에 빠지더니 다시 고열 증세와 함께 정신이 혼미해지면서 건강상태가 급속도로 악화되었다. 그러고는 삶에 넌더리가 나기라도 한 듯 30일 자정이 되기 직전 딸 란차우(Marie zu Rantzau) 백작부인이 지켜보는 가운데 길고도 길었던 숨을 멈춰버렸다. 노년의 고통이 완전히 끝나기도 전에 죽음으로 인해 해방을 찾은 그는 짧고도 절실했던 마지막 순간 "요한나를 다시 만나게 해주소서!"라는 간절한 한마디의 기도만을 남겼다.

독일에서도 가장 많은 소작지를 소유한 지주였던 비스마르크는 재임시절부터 해를 거듭할수록 많은 재산을 축적했다. 빌헬름 1세의 희사금으로 시작된 그의 재산은 화주 양조장과 제재공장을 비롯하여 바친, 작센발트, 쉰하우젠, 그리고 라인펠트 등지의 부동산에 이르기까지 엄청났다. 특히 은행가이자 그의 개인적인 행정가이기도 했던 블라이히뢰더의 도움으로 미국의 철도 개발에 투자하는 등 이래저래 끌어모은 현금과 주식만 해도 상당했다. 한마디로 비스마르크는 최고의 권력가이자 최대의 재력가로서의 삶을 누린 셈이었다.

그러나 비스마르크의 생활은 말 그대로 소박하고 간소했다. 때로는 생활공간에 대한 특별한 스타일이나 멋이 없다는 평을 들을 정도로 내세울 만한 것이 없었고 특별히 고집하지도 않았다. 자신의 사회적 지위

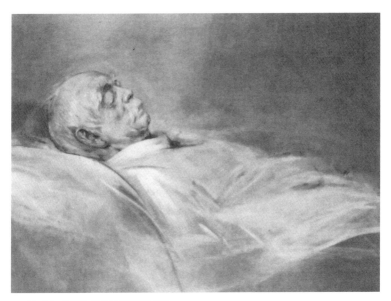

:: 비스마르크의 임종. 1898년 렌바흐의 작품

와 신분에 따라 요한나와 함께 겉치장에 어느 정도 신경을 썼던 것이 고작이었다. 뷜로가 처음 그의 저택을 방문했을 때 받았던 느낌 그대로 프리드리히스루의 비스마르크 가족의 생활상은 상류층의 르네상스식 화려함과도 거리가 멀었다. 도시생활의 화려함과 편리함보다는 요한나와 함께 시작한 프랑크푸르트 시절과 같이 전원적이면서도 가족적인 분위기가 그들의 일상사로 자리해온 때문이었다.

그러나 식생활만큼은 상황이 전혀 달랐다. 식탁에 올린 요리의 가짓수로 봐서는 더 이상 풍족할 수 없을 정도였다. 1880년 가을, 프리드리히스루에서 날아든 티데만의 보고에 의하면, 비스마르크는 엄청난 식욕과 과식으로 인한 불규칙적인 식생활에서 벗어나지 못했다.

사실 정치적으로 한창 왕성하게 활동하던 당시, 밤늦도록 잠을 설치고 아침 9시에 일어나는 것이 그의 일상이었다. 로스트비프나 비프스테이크에 감자요리를 곁들이고 사냥한 짐승의 고기에 개똥지빠귀의 일종인 새 구이까지 추가하며 푸딩으로 끝나는 10시 아침식사의 메뉴는 늘 푸짐하기 이를 데 없었다. 하인들은 보통 하루에 여섯 차례에 걸쳐 정식과 후식을 차례로 준비해야 했다. 특히 하루의 마지막 식사는 꼭 한밤중에 했고, 그 때문에 64세 때 이미 123.5킬로그램이던 몸무게는 제 아무리 190센티미터라는 큰 키를 고려하더라도 너무 비대했다.

고르지 못한 식생활에 더해 비스마르크는 지독한 애연가이고 애주가였다. 그 때문에도 건강상태가 양호할 겨를이 없었다. 근본적으로 불규칙적인 식생활 이외에 수많은 업무의 중압감과 책임감으로 인한 스트레스에다가 스스로 자제하지 못하는 극단적인 기질까지 한몫을 했기에 건강을 자신할 처지가 아니었다. 그럼에도 83세에 생을 마쳤으니, 대체로 50세를 넘기기 어려웠던 친가와 외가의 상황을 감안할 때 대단한 장수를 누린 셈이었다. 은퇴 이후로 몸과 마음이 모두 쇠약해지고, 특히 요한나의 죽음으로 병세가 악화되긴 했지만, 그전부터 건강상태가 양호하지도 않았음을 생각하면 타고난 건강 체질이 틀림없다.

1883년부터 새로운 주치의인 33세의 슈베닝거를 맞이하여 위험하고 해로운 생활습관을 바꾸고 식사량도 조절하는 등 새로운 처방을 받으면서부터 그의 건강이 확연하게 회복된 적도 있었다. 특히 육류 대신에 그가 즐겨 먹던 청어 요리를 주식으로 바꾸면서 체중 조절에 큰 효과를 보았다. 그 때문에 재치가 넘치는 한 기업가가 비스마르크의 사례를 이용하여 '비스마르크-청어'라는 이름의 상품을 새로운 인스턴트 요리로 개발해서 큰 수익을 올리기도 했다. 그것이 계기가 되어 각종 방법으로 요리된 청어 식품은 오늘날까지도 독일 전역에서 인기리에 판매되는 건강식품 중 하나로 톡톡히 제구실을 하고 있다.

비스마르크는 세상을 떠나기 2년 전부터 자신의 죽음을 조용히 준비했다. 특히 장례식에 대해서는 황제를 비롯한 많은 조문객들로 인해 번잡을 떠는 등 소란스럽게 치르지 말 것을 특별히 당부했다.

7월 마지막 날 그의 죽음이 독일 전역에 알려지고 조기가 올려졌다. 노르웨이 해변에서 여름휴가를 즐기던 황제는 곧바로 헤르베르트에게 조문을 발송했다. 그러고는 베를린의 최고 장인에게 석관을 만들도록 하고 장례식을 중요한 의식으로 치르도록 지시했다.

독일의 위대한 아들에게 ……내 선친들 옆 마지막 자리를 마련하노라.

8월 2일 프리드리히스루에 모습을 드러내자마자 황제는 헤르베르트에게 위로의 말을 전하며 매우 서두르는 듯한 말투로 자신의 계속된 바쁜 일정을 내비쳤다. 그러나 냉정을 잃지 않은 헤르베르트는 아버지의 유언에 따라 묵묵히 장례를 치렀다. 비스마르크는 사후 자신의 죽은 얼굴을 보이지도 말고 서명도 하지 말고 사진도 찍지 말 것이며, 자신이 선택한 영지 위쪽 언덕에 매장해 달라는 유언을 남겼다. 겨우 몇 분 만에 영결식이 치러지고 떡갈나무 관이 닫히자, 자기 말대로 일정에 쫓기던 황제는 30분가량 지체한 뒤 황급히 마차에 올라 베를린으로 떠났다.

며칠 뒤 황제는 황비와 여러 관료들을 모아놓고 공식적인 장례식을 교회에서 치르도록 했다. 그날 비스마르크 일가를 위해 특별석을 마련했으나, 그 자리는 모두 비어 있었다.

빌헬름 2세는 〈제국관보(Reichsanzeiger)〉에 이 비보를 전하도록 했다. 그리고 "빌헬름 대제 하에서 훌륭한 재상이 이룩했던 것을 보존하고 확대하며, 비상시에 자산과 피로써 방어할 것"이라는 자신의 추도문도 함께 싣도록 했다.

그러나 비스마르크에 대한 황제의 그러한 발언은 잘못된 인식이 아닐 수 없었다. 죽은 자를 이용하여 피의 재상이라는 일방적인 비스마르크 상을 부각시켰을 뿐만 아니라, 필요에 따라 피를 동원하겠다는 자신의 그릇된 의지까지 내비쳤기 때문이다.

비스마르크는 프리드리히스루에 안치된 지 7개월이 훨씬 지난 1899년 3월 16일 작센발트의 조묘 교회에 요한나와 나란히 묻혔다. 1890년 정계에서 물러나고 9년이 다 되어서야 비로소 자신의 영원한 안식처에 누운 셈이었다. 매장지는 사후에도 삶과의 관련성을 놓지 않고자 했던 그의 뜻대로 철도선 근처에 위치해 의미를 더했다.

소박한 관에는 "황제 빌헬름 1세의 충직한 독일 신하"라는 글귀가 선명하게 새겨졌다. 마치 빌헬름 2세와 여전히 투쟁이라도 하는 듯 무덤 속의 비스마르크는 마지막으로 자신이 해야 할 말을 스스로 정해두었던 것 같다.

비스마르크가 죽고 얼마 되지 않은 시점에 국가적인 차원에서 그를 기리는 기념사업이 대대적으로 계획되었다. 독일 전역 어디에서든 만날 수 있는 거대한 기념물은 정치적인 성과와 업적을 드높일 뿐만 아니라, 독일인들을 하나로 엮어주는 정신적인 지주로서 존경과 숭배를 한껏 자아내게끔 보다 깊은 의미를 담기 마련이다. 더욱이 일반적으로 제복을 갖춘 거대하고 자랑스러운 초인적인 영웅의 모습은 독일인들의 역사적인 사고에서 강력한 남성의 숙명적인 이상형으로 상징되는 법이기도 했다. 그런 차원에서 비스마르크의 경우도 예외는 아니었다.

1899년만 해도 470개가 넘는 단체들이 앞 다투어 그의 기념비 세우기에 나섰고, 그 가운데 절반에 가까운 계획이 실행에 옮겨질 정도로 그를 떠나보낸 독일인들의 마음은 각별했다. 특히 수많은 기념물 가운데 1901년 작품으로 베를린의 쾨니히 광장에 세워진 15미터짜리 거대한 동상이나, 1906년에 완성한 함부르크의 총 22미터에 달하는 화강암 동

:: 1899년 3월 16일 프리드리히스루에서 요한나와 비스마르크의 장례 행렬

상은 그 상징성은 물론 규모 면에서도 괄목할 만한 기념물로 꼽힌다.

시간이 흐르면서 빌헬름 2세에 대한 환상이 깨질수록 비스마르크를 전설적이고 신화적인 인물로 추대하려는 독일인들의 욕구와 의지는 커져만 갔다. 황제가 자기 자신과 왕조의 권세와 명망을 치켜세울수록 오히려 국민들은 독일의 산꼭대기에 비스마르크의 탑이 육중하게 솟아올라 돋보이길 원했던 것이다.

제1차 세계대전이 한창이던 1915년 4월 1일, 비스마르크 탄생 100주년을 기념하기 위해 1909년 2만 마르크의 상금을 내걸고 최대 규모의 동상 계획안을 모집했던 행사가 마침내 거행되었다. 그동안 370여 편의

:: 베를린 동물원에 위치한 높이 15미터의 비스마르크 기념비(베가스 제작). 1935년경 그닐카(E. Gnilka)의 사진

설계도가 제출되었는데, 조각가와 건축가, 그리고 민간인으로 구성된 심사위원회는 서정적인 분위기보다 기념이 될 만큼 웅장한 기획안 쪽을 채택했다. 라이프치히의 건축가 크라이스(Wilhelm Kreis, 1873~1955)의 작품이었으나, 끝내 완성을 보지는 못했다. 정작 1915년 4월 1일 기승을 부린 전쟁의 총소리를 피하기는 무리였기 때문이다.

그러나 그 이후로도 비스마르크 기념 사업은 계속되어 450개가 넘는 명예시민증과 약 500개에 달하는 기념비를 비롯한 동상과 탑들이 그 위엄을 드러냈다. 게다가 독일 전역에 골고루 퍼져 있는 그런 기념물의 수는 빌헬름 1세와 비교가 되지 않을 뿐만 아니라 그 유물에 대한 재정 지

:: 함부르크의 총 22미터 높이 비스마르크 기념비

원도 빌헬름 1세의 경우 정부였던 반면, 비스마르크의 경우 대부분 시민들의 자발적인 기부가 있었다는 점에서 더욱 놀랍기만 하다. 그에 대한 국민들의 경외와 사랑이 각별하지 않으면 도저히 이루어질 수 없는 역사적인 유산이고 현장인 것이다.

오늘날 두 개의 대리석 관이 나란히 누워 있는 곳을 찾아오는 사람들은 누구나 공원 내의 한 표지판에 적힌 폰타네의 시 한 편에 발길을 멈추게 된다.

……그리고 3000년이 지나서 오리니,

여기 이 길을 이방인들이 거쳐갔더라.

그리고 바라본다, 태양이 비치는 그 앞에서 편안히.

담쟁이덩굴로 숲의 땅이 깊숙이 휘감겼어라.

그리고 그 아름다움에 놀라고 기뻐 환호를 지르나니.

그때 한 사람이 청하기를 '그리 떠들지들 마오!

여기 아래 어딘가 비스마르크가 잠들었소.'

비스마르크
– 역사상(歷史像)

역사 편찬과 비스마르크 상(像)

독일인들은 1945년까지 공동의 역사를 지녀왔다. 그리고 두 개의 국가로 나뉘어 살게 된 지 거의 반세기 만인 1990년 다시 하나임을 선포했다. 이로써 독일인들은 동과 서로 분단된 1945년과 하나의 국가로 다시 통일된 1990년을 새로운 역사적 전기로 삼아 '우리의 역사를 어떻게 받아들이고 그 역사를 어떻게 계승할 것인가?'라는 시대적·국가적 과제를 안게 되었다.

이처럼 동서 분단을 극복하고 마침내 두 번째로 국가 통일을 이룬 시점에서 독일은 과거청산과 함께 '전체'에 대한 역사상의 재정립이 요청되는 가운데, 특히 분단국가의 직접적 계기인 히틀러의 제3제국과의 인과성 내지는 '연속성의 한계(Kontinuitätsgrenze)'가 화두로 자리하게 되었다. 그리고 그 과정에서 첫 번째 통일독일의 역사이기도 하지만, 히틀러로 인한 분단국가의 역사와 연장선상에 있는 비스마르크의 제2제국도 시험대에 오르지 않을 수 없었다. 그런 만큼 통일독일의 전체 역사 속에서 비스마르크의 제국 통일이라는 역사적 사건과 그의 시대에 대한 총체적인 해석과 재평가 또한 불가피해진 것이다.

분단 이전에 공통의 역사를 지녔던 동독과 서독 양국은 분단 이후 제
각각의 정권 수립과 함께 여러 시기를 거치면서 국시와 정체를 달리함
으로써 독일 역사에 대한 서로 다른 인식과 연구성과들을 제시해왔고,
그러한 차이들이 곧 해결해야 할 과제로 남겨졌다. 특히 동독의 경우 시
시각각 다른 의도에서 새로운 연구결과들을 내놓았던 만큼, 비스마르
크와 그의 시대 또한 역사적 인식과 평가에 있어서 그 대표적인 희생양
이라 해도 과언이 아니었다. 따라서 그런 양상을 염두에 두고 그의 시대
에 대한 '총정리'와 함께 향후 연구 방향에 더욱 주의를 기울일 시점이
다가왔다.

분단 역사 45년을 뒤로하고 독일 통일 20주년을 맞이한 이 시점에서
"각 세대마다 지나간 과거를 새롭게 기술하고 해석하려는 욕구가 있다.
역사는 적어도 30년마다 새로 기록되어야 한다"고 기술한 정치가이자
저널리스트인 호이스(Theodor Heuss, 1884~1963)의 주장이 새삼 의미 있게
다가온다.

동독의 비스마르크

1945년 4분할 점령으로 동서분단이 기정사실화된 상황에서 동독은 소
련 체제를 도입했고, 그에 따라 교육 분야의 개편도 당연시되었다. 그리
하여 당면한 사태를 역사적 결과로 받아들이는 선상에서 역사 편찬을
독려하는 한편, 기존의 부르주아 역사학을 거세게 비판하고 배격하는
공산주의 사관을 지지하는 풍토가 조성되었다.

동독의 그러한 '공식적' 입장은 특히 공산당과 사민당이 합쳐 발족한
공산정권의 통일사회당(Sozialistische Einheitspartei Deutschlands)에 의해 좌우
된 결과였던 만큼 역사학의 방향 또한 시간이 흐를수록 마르크스-레닌

주의에 맞춰지기 마련이었고, 반파시즘·민주주의의 근본적인 변혁으로부터 영향을 받지 않을 수 없었다. 역사가들로서도 파시즘을 극복하기 위해 자신들의 역사적인 뿌리에 대한 논쟁이 불가피해졌고, 마침내는 독일 역사에 대한 비판적이며 부정적인 인식에서 자유롭지 못했다.

따라서 1871년까지 거슬러 올라가는 프로이센과 비스마르크에 대한 평가도 통일사회당의 정책과 상황에 따르기 마련이었다. 그러한 역사관은 아부슈(Alexander Abusch)의 《한 민족의 잘못된 길(Irrweg einer Nation)》에서 밝힌 인식을 큰 흐름으로 받아들였다.

이에 따라 프로이센은 독일 역사의 사악한 영혼으로 '악마화'됨으로써 비스마르크는 자연 제3제국의 '선임자'로 굳어졌다. 그런 해석은 1945년 6월 11일 공산당 중앙위원회의 부름을 받은 피크(Wilhelm Pieck, 1876~1960)의 보고서에 의해 절정에 달했다. 피크는 "독일 민족 전체가 결국 국가사회주의의 공범인 동시에 공동의 책임이 있다"고 주장하면서 무엇보다 "집단적인 과오를 스스로 받아들임으로써 속죄가 필요하다"고 결론 내렸다.

그러나 얼마 지나지 않아 1949년 민주주의 공화국으로 정식 출범한 동독 정부는 새삼 자국에 대한 긍정적인 역사상을 세울 필요성을 느꼈고, 통일사회당을 중심으로 자신들의 역사적 뿌리를 재검토하도록 지시했다. 주권국가로서 스스로 독일 문화의 정통 후계자임을 자처한 동독은 '전체 독일 민족이 지니는 관심의 관리자'로 군림하려 했던 만큼, 서독에 대해서는 군국주의적 제국주의의 계승자라는 단정하에 갈수록 공격적인 입장을 취했다. 그리하여 '악마화'되었던 프로이센과 제3제국의 선임자로서의 비스마르크에 대한 수정작업에도 박차를 가했고, 더 나아가 '국민 의식의 수행자이며 중개자'의 과제로서 독일 역사를 위한 박물관 설립을 주도적으로 추진했다.

그러한 일련의 전환은 통일사회당의 지침에 따라 정치적이면서도 '사회주의적 애국주의'를 종용한 실용적인 의도를 기저로 삼았다. 역사학역시 그에 맞게 새로운 질서체제를 공포하고 연구방향과 학설을 강력하게 규제받지 않을 수 없었다. 그 결과 당의 권력은 안전하고 이념투쟁도 확고히 해나갈 수 있게 되었지만, 그러한 과정에서 한때 나치에 가담했던 많은 역사가들이 대거 국외로 망명하거나 서독으로 탈출하는 사태가 발생했다. 그러한 양상은 인적 불균형과 연구 및 출판 부진의 사태를 초래했고, 심지어 역사학에 대한 당의 기대가 충족되기 어려운 국면에 직면하기도 했다.

　　이후 1952년 북대서양조약기구(NATO)에 가입하고 연합국에 의한 독일 통일안을 제시하는 서독의 정치적 변화에 직면한 동독은 이를 독일점령 야욕으로 받아들여 소련과의 유착관계를 통해 사회주의국가 체제를 완성하는 데 더욱 주력했다. 그리하여 소비에트식 학문체계를 전면적으로 받아들였고, 역사학도 그 대열에서 예외가 될 수 없었다.

　　그러나 그 이듬해 스탈린(Iosif Vissarionovich Stalin, 1879~1953)의 사망을계기로 "역사적으로 민족은 언어, 영토, 경제를 중심으로 한 공동체는물론 문화의 공통성까지 포괄하며, 그중 하나라도 결핍될 경우 민족으로서 성립할 수 없다"는 그의 민족론 논리에 부딪히게 되었다. 하나의민족에 두 개의 국가가 존재하는 현실을 직시하게 됨으로써 자국의 현실정에 맞는 독자적인 민족론을 내세우지 않으면 안 되었다. 그런 과정에서 역사학계는 서독의 역사학과 진지한 토론의 장을 갖지 못했던 점을 인식하고 반성하는 의미에서 잠시 새로운 방향을 모색해나가는 일면을 보이기도 했고, 1954년 서독의 브레멘에서 개최된 '독일 역사학대회'에 참가하여 비마르크스주의 역사학과 대면하는 자리를 마련하기도했다.

그럼에도 1950년대 말경 동독 정부는 학문세계의 균형을 이룬다는 또 다른 취지 아래 철학과 문학 분야의 독립성을 추구하는 모든 노력을 억압하는 정책을 단행했다. 통일사회당은 체제 협력적인 역사 연구와 교육을 요구했으며, 사회주의 원리를 철저하게 적용할 것을 전제로 했다.

그러한 지향점은 1960년대 이후에도 계속되었다. 당 서기장 울브리히트(Walter Ulbricht, 1893~1973)가 주장한 대로 역사학계는 1918~1919년 혁명의 역사적 의미를 재조명하고, 또한 이로 인한 유물론적 역사상과 그간 소홀히 다루었던 독일 노동운동사에 역점을 두는 방향으로 나아갔다. 그러한 전략적 사고로 인해 독일 역사는 오히려 획일적이고 융통성 없이 정형화된 틀에 따라 나누어지는 서술방법에 고착될 수밖에 없었다. 이와 같은 '역사학의 도구화'는 동독에 관해서는 진보적인 관점에서, 서독에 관해서는 부정적이고 반동적인 방향에서 기술하는 당파적 성향을 강하게 띠는 것이 특징이었다.

그리고 통일사회당의 일방적인 강요로 도구화된 동독의 역사학에서는 집중적으로 연구하는 부분과 소홀히 다루는 분야가 양분되었다. 예를 들어, 농민전쟁과 해방전쟁, 1848~1849년 자유주의혁명을 비롯하여 몇몇 전통적인 노동운동, 특히 공산주의에 가장 큰 가능성을 부여하는 부분들은 긍정적으로 적극 기술하도록 권장했다.

반면 비스마르크부터 히틀러에 이르는 역사에 대한 비중 등 서독의 주요한 토론 요지와 밀접하게 관련된 부분에 있어서는 부정적으로 다루도록 지시했다. 특히 국가사회주의를 독일제국과 바이마르 공화국의 특징이며, 서독이 계승한 제국주의적 자본주의 체제의 변형으로 비처지도록 강요했다. 그런 태도를 대표하는 브로스차트(Martin Broszat, 1926~1989)는 일찍이 역사학에 대한 경계 설정을 신중하게 약술하면서, 동독에게 국가사회주의는 '낯선 통치단계'로 규정하고 나치 시대를 동독 사회의 과거 역사에 속하지 않는 영역으로 주장하기에 이르렀다.

이로써 비스마르크와 그의 시대는 정치적 여건에 따라 다시 부정적인 평가에 휩싸이게 됨으로써, 1945년 정권을 수립한 이후 극단적으로 정반대의 결과를 거듭함에 따라 오랫동안 보편적인 역사상을 갖기는 어려웠다. 전반적으로 그와 관련된 연구 분야는 1871년 제국 창건 이전 시대에 집중되었고, 그에 따라 제국 통일도 1848년 자유주의혁명과의 연관성에서 다루어지는 편이었다. 특히 독일제국을 시민계급이 건국한 민족국가로 판단한 만큼 노동자계급은 오랜 기간 억압당한 것으로 인식함으로써 프로이센을 독일 역사의 사악한 악마로 취급하는 경향이 지배적이었다. 그러한 시각에서 비스마르크 또한 히틀러 못지않은 '악의 존재'로서 인식되었다.

그 후 1960년대 말과 1970년대 초 냉전체제가 완화되면서 국제적으로 제3세계에 대한 새로운 시각이 부각되기 시작했다. 유럽의 각 대학에서는 학생 소요사태가 빈발하여 대학개혁을 요구하는가 하면, 좌파 자유주의와 급진 민주주의 성향이 진행되면서 사회개혁의 기치도 드높아졌다.

그러한 분위기에 힘입어 1969년 서독에서는 사민당과 자유당의 연립내각으로 브란트(Willy Brandt, 1913~1992)가 집권했고, 긴장완화 정책을 위한 일환으로 새로운 동방정책까지 표방했다. 그 정책은 한마디로 독일에 두 개의 국가가 있음을 인정하고 동독과의 외교관계 개선에 주력하면서 장기적으로 재통일을 추구하려는 의도를 갖고 있었다.

이에 동독의 통일사회당 또한 독일 역사에 대한 전반적인 인식에 있어서 서독과의 차이점을 역설할 필요성을 내세웠다. 동독은 여전히 나치즘의 국가사회주의 관점과는 거리를 두면서 자유주의정신의 전통과 결합시킴으로써 국가 의식을 강화하도록 주지시켰다. 그리하여 사회주의 국가의 발전이 계속되기를 확신하면서 새로운 사회사적 특징의 분위기도 중요하게 받아들여야만 했다. 독립된 사회주의 체제를 완성하여 사회주의 국가세계로의 편입을 강조하고 강화하는 입장을 독려하려는 그러한 움직임에 역시 역사학계가 앞장서야 했다.

이후 1971년 제8차 전당대회에서 울브리히트가 사임하고 그 후임으로 집권한 호네커(Erich Honecker, 1912~1994)는 그 새로운 경계를 설정하는 데 박차를 가했다. 그리고 그 과정에서 1871년 독일제국의 땅에 두 종류의 민족이 존립한다는 새로운 민족적 논제가 제기되었다. "하나의 민족에 두 개의 국가가 아닌, 서로 다른 사회질서를 가진 두 국가에 두 개의 국민이 존재(nicht zwei Staaten in einer Nation, sondern zwei Nationen in Staaten verschiedener Gesellschaftsordnung)"한다는 노르덴(Albert Norden)의 주장이 설득력을 얻게 되었던 것이다. 노르덴은 "'계급국가'에 제각각 자신의 문화를 가지면서 착취하고 착취를 당하는 계급인 두 개의 국민이 존재하는 것으로서, 독일의 경우 두 종류의 국민이 두 국가로 나누어졌다"고 주장했다.

그러한 인식 전환은 특히 역사학의 발전과정에서 어떻게 받아들여질지 관심의 대상이 되었다. 지금까지 늘 그래왔듯이 통일사회당의 확실한 정치적 목표 설정에 좌우되었기 때문에 역사학계는 민족 역사에 대한 관계를 새로이 숙고하고, 새로운 사회적 조건들과 민족적 문제 하에서 지금까지의 사회주의적 질서체제를 다시 검토하기에 이르렀다. 새로운 민족론이 제시되고 사회주의의 세계질서가 주창된 만큼 그에 부합하는 새로운 사회주의적 국민의 정체성이 획득되어야 했기 때문에 전체 독일 역사에 대한 확실한 '관계 인식'도 불가피해졌던 것이다.

결과적으로 1960년대까지 통일사회당에 전적으로 의지하도록 강요되었던 역사학도 '방향 전환의 움직임'을 보였으며, 이는 역사학 발전에 적잖은 의미를 부여했다. 그리고 1970년대 초에 이르러 비로소 연구기관과 연구계획을 준비함에 있어 보다 강력하게 독립된 위치를 확보하게 된 것은 일련의 성과로 자리매김했다. 그리하여 새로운 역사 이해를 통한 학술회의가 증가했고 그 활동분야도 확대되었으며, 마르크스 학설의 통찰로 역사를 설명함에 있어 유동적인 가능성이 발견되기도 했다. 특히 역사 편찬에 있어서 서독과 밀접하게 방향을 맞추어 변화하는 추세를 보이면서 서독의 새로운 사회사와 비교하는 방법상의 토론 등은 괄목할 만한 변화였다.

1970년대 중반 이후 동독은 서독과 마찬가지로 전체 독일의 역사로 되돌아갈 것을 선언했다. 민족론과 관련하여 서독 정부는 민족을 기본적으로 19세기의 민족적인 사고의 의미에서 '민족의 형성화(Nationswerdung)'보다는 브라허(Karl Dietrich Bracher)의 표현대로 '탈민족적(postnational)'의 미로 이해하고자 했다. 말하자면 민족을 사회 내 결합을 위한 요인으로 받아들여 민족적 감정은 포기하는, 즉 민족 역사를 의식적이고도 원하는 대로 바꾸고자 했던 것이다. 그 대신 '헌법적 애국주의'를 통해, 그리고 과거에 대한 비판적인 논쟁으로 사회 · 정치 질서를 의식하고 지지하는 인정을 통해 이루어져야 한다는 것을 전제로 삼았다.

1976년에 만하임에서 개최된 '역사가의 날'의 마지막 발표에서 콘체(Wener Conze)는 "독일 역사가 오히려 30년 전부터 두 개의 커다란 흐름으로 나누어졌다"며 매우 시사적인 발언을 했는데, 그런 흐름은 계속 이어져나갔다. 이것은 전체를 두 부분으로 나눈 것으로 독일 역사에 전환점을 제시하는 동시에 양쪽 모두 서로로부터 독립적으로 존재할 수 있다는 의미도 부여하게 되었다.

따라서 1945년 동서 분단은 구체적으로 두 방향으로 나누어진 역사학에 깊이 각인되었고, 특별한 방법으로의 연속성, 특히 단절 문제에까지 영향을 미치는 것으로 받아들여졌다. 결국 역사적으로 두 세계로 갈라질 수밖에 없었던 독일 역사의 연속성 문제는 현실적인 측면에서 이념적으로 더욱 단절로 치달았다. 그런 의미에서 동독과 서독 양국은 그런 역사적 이해를 근거로 삼아 오히려 예전처럼 그 공통점을 찾아야 할 시점에 직면한 셈이기도 했다.

동독 정부로서도 새로이 국민의 사회주의적 정체성을 확보하고 사회주의적 세계질서를 정립하기 위해 독일 역사 전반에 대해 새로운 인식을 요구하게 되었다. 이에 보다 독립적인 위치에서 인물 연구에 관심을 보이기 시작했고, 역사학 또한 역사 전체를 포괄하는 연속성의 문제에 접근하면서 비스마르크 시대에 대한 재정리가 이루어졌다.

그 결과 히틀러의 범죄 역사와 그의 선임자인 비스마르크의 프로이센 역사를 자국의 역사에서 단절시켜온 그동안의 인식과도 거리를 둘 필요가 있었다. 그러한 움직임에 따라 프로이센에 대한 부정적인 해석에서 벗어나는 것은 물론 비스마르크의 명예회복으로까지 이어졌다. 한마디로 비스마르크 시대의 소독일-대프로이센주의 중심의 역사적 인식으로의 전환이 이루어진 것이었다.

1980년 이후에도 그러한 역사관의 변화에 따라 동독 학계는 계속해서 비스마르크 시대에 대한 긍정적인 역사상을 집중적으로 연구하는 경향을 보였다. 본격적으로 비스마르크에 대한 긍정적인 상을 추구하게 되면서, 그의 정치 전반에 걸쳐 다양한 업적을 폭넓게 다루었고 유례없이 많은 성과를 가져왔다. 그 가운데 1871년의 제국 창건에 대한 연구는 가장 중요한 주제로서 양적으로 충분할 뿐만 아니라, 비스마르크 역사상의 평가에 있어서도 결정적인 역할을 했다.

특히 폼메른 출신의 융커 비스마르크에 매료된 나머지 경탄하는 분위기마저 팽배해졌다. 대표적으로 헬메르트(Heinz Helmert)의 경우, 비스마르크의 "노련하고 냉정한 판단력"과 독일 통일을 위한 전쟁들과 관련된 그의 "강력한 정치"를 칭송했다. 비스마르크 연구의 대가답게 엥겔베르크 또한 "항구적인 투쟁의 기질"을 비스마르크 정치의 전반적인 특징으로 꼽았다. 슈미트(Walter Schmidt)는 통일제국의 업적에 대해 사회적으로나 정치적으로 수많은 위기상황으로 인해 수반된 "투쟁"의 성과로 이해했다. 이를테면, 필요한 사회적 변화 앞에서 혁명이냐 개혁이냐 하는 양자택일의 문제를 두고 반동적이고 반혁명적인 세력과 진보적이고 혁명적인 세력 간의 투쟁으로 보았던 것이다.

이처럼 제국 창건과 관련하여 프로이센의 역사 전반을 다루는 작업이 진행되는 가운데 노동자계급은 특히 관심을 끄는 분야였다. 비스마르크 제국이 노동자계급에 미친 영향이 무엇이며, 사회주의국가에 어떻게 기여했는지에 대한 문제의식도 두드러졌다. 그러한 연구에는 단연 엥겔베르크가 앞장섰다. 그는 프로이센의 노동자계급에 역점을 두어 그들이 통일된 독일의 토대 위에서 자신들의 세력을 보호할 수 있었고, 정치적·사회적 목표를 향한 투쟁을 수행해나갈 수 있었다고 지적했다. 또한 그러한 토대가 있었기에 사회주의자 탄압법 하에서도 정치적으로 한목소리를 내며 자신들의 언론매체를 이용할 수 있었고, 동시에 의사소통과 조직 결성에까지 이를 수 있었다고 역설했다.

거기에 볼터(Heinz Wolter)는 계급 연구의 발전에 촉매제 역할을 했다. 그는 제국 창건 시기에 사회주의 노동자세력도 노동운동과 함께 발전했고, 엄청난 방해에도 불구하고 국가적인 토대를 형성해나갈 수 있었음을 강조했다. 이처럼 대부분의 역사가들도 동독 자체가 붕괴되고 말았던 1989년 11월까지는 사회주의국가의 정통성과 연속성을 위해 제국의 창건 하에 노동자계급의 발전이 함께 수반되었다는 관점에 이의를 제기하지 않는 편이었다.

그러한 경향에 힘입어 자연 비스마르크의 계급정치에 관심이 모아졌다. 그래서 비스마르크의 국내외 정치에 대한 업적을 평가할 때도 그가 속한 계급적 배경을 중요시했다. 특히 1980년대 초반 이후로 그의 인격은 물론 프로이센과 독일의 지도층 내에서 차지하는 이례적인 지위와 함께 그의 계급 문제가 집중적으로 다루어졌다. 이미 1970년대 스트라이잔트(Joachim Streisand)의 연구는 자유주의자들과 민주주의자들에 대한 비스마르크의 부정적인 태도를 언급하면서도 많은 관점에서 시골 융커의 정치적 감각에서 비롯된 임기응변의 재능을 집중적으로 조명했다.

역사학계는 비스마르크의 정치를 시민계급과 융커 간의 헤게모니 타협으로 간주하는 경향이 있었다. 그리하여 비스마르크는 비범한 융커, 또는 융커에 깊이 뿌리내린 이기주의자로서 여러 문제점을 가진 인물로 비쳤다.

그러한 흐름과는 달리 헬메르트의 경우 비스마르크가 제국 창건 시기 동안 오히려 자신의 계급과의 긴밀한 관계에서 벗어났다고 진술했고, 제버(Gustav Seeber) 역시 비스마르크가 정치적으로 보수의 틀에서 벗어났다며 그의 탈계급적 성격을 주장하기도 했다.

그럼에도 일반적으로 학계는 비스마르크가 민족적·자유주의적 시민계급과의 타협이 가능한 위치에 있었고, 그 스스로는 물론 자신의 계급적 동지들까지 조종했다는 데 의견을 모았다. 이로써 비스마르크는 "자본주의적 경영을 취한 융커"로 불리기도 했다. 그런 평가 속에서 1980년 볼타나 포글러(Günter Vogler)와 페터(Klaus Vetter)의 공동연구는 눈여겨볼 만하다. 비스마르크의 정치가 궁극적으로 독일제국에서 융커의 지배적인 위치를 고착화시키는 것을 목표로 삼았다고 기술한 볼타와 달리, 포글러와 페터 두 사람은 비스마르크를 다른 보수적인 계급 동지들과는 달리 보수주의와 현실적인 사고 사이에서 완고함과 유연성을 동시에 보여준 현실주의자로 바라보았다. 그러한 의미에서 비스마르크를 궁극적으로 "탁월한 융커이자 정치적 삶에서 융커주의를 지키고 오히려 강화한 인물"로 보는 제버의 판단도 시사하는 바가 적지 않았다.

결과적으로 동독의 역사가들은 비스마르크가 프로이센의 진정한 융커라는 평가에 한목소리를 냈다. 특히 같은 계급 동지들의 지지와 함께 뜨거운 열정, 강한 의지, 그리고 외교적 역량을 현실적으로 발휘한 탁월한 인물로 보면서도 바르텔(Horst Bartel)을 위시한 《12권의 독일 역사》의 저자들은 비스마르크가 주저 없이 폭력을 행사하는 전형적인 융커의 면모도 가졌다고 지적했다. 엥겔스가 반어적으로 표현했듯 "철두철미한 프로이센 반동주의자"로부터 "왕조를 지지하는 프로이센의 혁명가"에 이르기까지 재임 기간 동안 비스마르크는 전형적이든 또는 의도적이든 프로이센의 융커로서 그러한 평가 속에서 거듭 태어났다.

비스마르크 시대에 대한 긍정적인 역사상을 집중적으로 연구하는 과정에서 동독의 역사가들이 제국 창건의 업적 못지않게 많이 다루는 부분이 정치 분야였다. 특히 국내와 국외 두 영역으로 구분하여 비스마르크의 업적을 상호 대립적인 양상으로 파악하는 경향은 서독의 흐름과도 흡사했다.

비스마르크에 우호적인 역사가들은 국내 정치의 측면에서 제국 창건을 그의 대표적인 업적으로 간주했다. 그리고 대외정치에서도 프랑크푸르트와 페테르부르크를 거쳐 파리 등지에서 외교관으로 활동한 이후 펼치는 노련하고도 탁월한 외교적 역량을 인정했다. 그러나 반대 입장에서는 제국 창건 이후의 국내 정치를 시종일관 실패로 받아들였다. 대외 정책 또한 1880년대부터 그림자가 드리워지기 시작했고, 1890년 정계에서 물러난 이후 독일 외교정책의 오류와 실패가 그와 연관되어 있다고 지적했다.

찬반으로 엇갈린 가운데 동독의 역사가들도 대외정책상 제국 창건의 성과에 대해서만은 비스마르크에게 '외교의 대가'라는 수식어를 붙이는 데 인색하지 않았다. 심지어는 "유럽 외교무대의 위대한 마술사"로 평가하는 이들도 있었다.

그 가운데 엥겔베르크의 경우, 비스마르크의 정치 입문기인 프랑크푸르트에서의 8년을 두고 "정치적인 탁월함"을 보인, 깊은 인상을 남긴 시기로 평가했다. 심지어는 비스마르크가 1850년대 말부터 이미 1866년 오스트리아와의 문제를 준비했음을 암시하기도 했다. 그런 결단이 전략적으로 탁월했을 뿐만 아니라, 정치적·책략적으로도 사전에 충분히 검토되었음을 강조했다. 제버 역시 같은 맥락에서 비스마르크가 고도의 숙련되고 신중한 외교를 통해 제국 창건을 단계적으로 준비했으며, 특히 유럽 강대국들의 적대적인 동맹체제를 차단한 데 대해 찬사를 아끼지 않았다.

반면에 비스마르크의 국내 정치에 대해서는 찬사보다 신중하거나 비판적인 견해가 많았다. 그것은 프롤레타리아트와 노동자들에게 불리하게 작용했던 왕조주의와 자유주의에 대한 비스마르크의 이중적이고도 분열된 태도 때문이었다.

제버는 관료기구와 군대에 대한 의존을 유연성이 부족한 내정의 대표적인 사례로 꼽았다. 비스마르크는 프로이센 왕조의 합법성을 지켜내기 위해 쉴 새 없이 투쟁했고, 그러한 관점에서 포글러와 페터는 비스마르크가 통치권의 합법화를 위해 1848~1851년 시민계급의 자유주의에 반대한 반동혁명가에서 1866~1870년 해방된 시민계급과 함께 혁명가로 거듭 탈바꿈했다고 보았다. 그렇다고 해서 비스마르크의 노선은 부르주아 시민계급이 주장하는 의회주의 중심의 자유주의와 일치하는 것도 아닌, 부르주아의 정치적 야망과 대중에 대응하기 위해 헌법의 위반과 군사적인 테러마저 불사한 이중성을 띠었다는 것이다.

한편 대외정치와 국내정치를 구분하여 찬반으로 엇갈리는 평가들과는 달리, 볼터의 경우 매우 이례적이고도 고무적인 연구결과를 제시했다. 비스마르크가 안정적인 권력체제에 대한 관심을 표명하고 오스트리아, 러시아와의 대외관계에 지대한 관심을 가졌음에 착안한 볼터는 비스마르크가 투쟁적인 국내정치를 수행하는 과정에서 대외정책을 무기로 활용하는 경향이 있었다고 지적했다. 이른바 '대외정책의 도구화'라는 논리였다.

한쪽 영역에 치중하지 않고 비스마르크의 정치 전반을 다루는 차원에서 볼터의 방법론은 의미 있는 성과가 아닐 수 없었다. 말하자면 국내의 정치 · 사회적인 혁명세력을 척결하기 위해 비스마르크가 유럽 군주주의의 보수세력들과 결탁하여 최후의 보루 역할을 수행했다는 것이고, 어떠한 민족적인 통일주의도 발생하지 못하도록 소독일주의를 제외한 모든 수단과 방법을 동원했다는 주장이다.

그리고 곧이어 발표된 엥겔베르크의 연구는 볼터의 연구성과를 완성시켰다는 평가를 얻었다. 동독에서 비스마르크를 탁월한 혁명가이자 외교정치가로서 파악하는 역사가들 가운데 엥겔베르크만한 인물도 없다. 물론 그는 1860년대 비스마르크의 극악한 정치를 언급하며, 특히 다른 사람들의 약점을 이용하면서 교활한 음모와 비밀공작을 밀고나간 것에 대해 신랄한 비판을 가했다. 그렇지만 심오한 정치적 열정과 철저한 계산으로 수행된 그의 정치세계에 대해서는 끝내 인정하지 않을 수 없었다.

결국 볼터의 논리처럼 국내정치를 대외정치의 관점에서 바라보았듯이 대외정치 또한 내정 상황과 연결지어 수행했다는 점에서 엥겔베르크 역시 비스마르크의 지도자적 역량을 극찬했다. 이른바 '엥겔베르

현상'은 대외정치를 국내정치에 이용할 뿐만 아니라, 국내정치 또한 대외정치에 적용하는 비스마르크의 정치적 기술을 인정한 결과인 셈이었다. 그러한 관점에서 엥겔베르크의 연구는 외정을 내정의 도구화로 판단한 볼터의 연구에서 진일보했다고 볼 수 있다.

두 정치적 영역을 함께 다루며 서로 연관시키는 비스마르크의 다선적인 정치 특징을 잡아낸 엥겔베르크의 연구는 서독에도 큰 영향을 미쳤다. 그전까지 서독의 연구가들은 내정이든 외정이든 한 영역의 일방적인 우위에 대한 논쟁을 심도 있게 다루면서 한쪽으로 치우친 평가를 내려왔기 때문이다.

1980년대 비스마르크 연구에 대한 열기가 고조됨에 따라 특히 전기작업도 유행했다. 그 가운데 단연 으뜸은 방대한 사료작업을 바탕으로 1500쪽이 넘는 분량에 모두 두 권으로 이루어진 엥겔베르크의 대작《비스마르크》이다.

엥겔베르크는 진정한 프로이센 사람인 비스마르크가 제국의 창건자가 되는 길을 서술함에 있어 프로이센의 정치적 보수진영의 변화와 내부 분석을 최초로 마르크스주의적 시각에서 접근함으로써 높은 평가를 받았다. 엥겔베르크는 예측하지 못하거나 불가능한 것들에 대해 보다 정확하게 제시하는 통찰력을 비스마르크의 정치적 능력으로 이해하면서, 특히 철저한 원칙주의와는 구분되는 장기적으로 구상된 그의 '전략적' 사고에 큰 의미를 부여했다. 그뿐만 아니라 역사적인 인물의 완성도와 영향력의 상호관계에 있어서도 그는 역사적인 과정과 구조에 대한 철저한 학문적 분석을 최고의 역사 기술과 유기적으로 연결시켰다는 점에서 각광을 받았다. 예컨대 슈미트는 엥겔베르크의 저서가 좋은 역사 편찬과 전기 서술이 어떤 것인지를 보여주었을 뿐만 아니라, 동독의 역사 서술에 새로운 출발점이자 척도를 마련했다고 높게 평가했다.

엥겔베르크는 이에 그치지 않고 1년 뒤 비스마르크의 생애에 대한 사료들을 보강하여 500쪽에 달하는 전기를 다시 출간했다. 그는 두 번째의 전기에서 진보와 반동 사이의 역사에 대한 객관적인 토론을 명확하게 기술했을 뿐만 아니라, 다른 한편으로 지배계층인 착취자들과 그들의 뛰어난 지도력의 영향력에서도 괄목할 만한 성과를 이루었음을 놓치지 않았다.

전반적으로 1980년대 초 이후로 동독의 역사학계에서 비스마르크는 확실히 독일 역사의 탁월한 인물로 우뚝 섰다. 그러나 1989년 베를린 장벽이 붕괴되지 않았더라면 또 어떻게 달라졌을지도 모를 일이다.

비스마르크를 논하는 비평가들과 마찬가지로 카니스(Konrad Canis)는 통일사회당의 이념적 핵심 기관지 〈통일(Einheit)〉에서 다음과 같은 사항을 강조했다. "비스마르크는 1848년 자유주의 혁명가들의 숙적이며 사회주의자 탄압법의 창시자였다. 그렇기에 그에게 어떠한 경의도 표할 수 없다." 그럼에도 카니스는 "그것이 또한 비스마르크의 전부는 아니다"라고 인정했다. 최종적으로 카니스는 "제국의 안전과 평화를 고려하여 현실적인 외교정치를 추진했고, 융커 방식으로 위로부터 부르주아마저 전복시키는 역사적 성과를 이룬 비스마르크는 후임자들과는 분명 달랐다"고 역설했다. 그러한 발언은 동·서독의 정체나 이념을 뛰어넘어 비스마르크를 연구하는 데 있어 큰 지침이 아닐 수 없었다. 비스마르크의 부분적인 행적에 대한 평가 못지않게 비스마르크에게 주어진 시대 전반에 대한 통찰 또한 외면되어서는 안 되기 때문이다.

우리가 전체적인 독일 역사에 대한 입장을 취하는 것처럼 전체적인 비스마르크 역사상에 대해 역시 우리의 입장을 취해야 할 것이다.

독일의 비스마르크

제2차 세계대전이 끝나고 나서 서독 역시 정치적·사회적 변화와 더불어 독일 역사를 재조명하기 위한 토론의 장을 열어두었고, 그에 따른 역사학의 인식 전환에도 기대감을 모았다. 그러나 동독 못지않게 엇갈린 평가들은 1980년대에 이르러서야 결정적인 전환점을 맞이했다. 이른바 하나의 독일 민족에 대한 목소리가 더욱 높아졌고, 또한 어떤 관점에서 언급하든 독일의 정치적·역사적 정체성이 강력하게 논의되는 시점이었기 때문이다. 특히 1985년부터 시작된 사회주의국가들의 자유주의화 과정으로 인해 두 독일 국가의 국경 문제도 더 이상 남의 일이 아니게 되었다는 시대적 상황도 한몫을 했다.

그 후 1989년 11월 동독의 갑작스런 붕괴로 인한 1990년 '대전환'의 역사적 시점에서 서독 정부는 통일독일의 주체가 되었다. 이로써 '완전한 역사 새로 쓰기'에 직면하여 동·서를 막론하고 역사가들 또한 향후는 물론 과거에까지 이르는 전체 역사를 어떠한 방향으로 인식하고 서술해나가야 할지에 대해 관심의 차원을 넘어선 책임과 사명으로 받아들이지 않을 수 없었다.

그런 과정에서 히틀러의 제3제국과 제1제국인 신성로마제국 사이의 중간기에 해당하는 '비스마르크의 제국'이 '전체 독일 역사'의 새로운 분수령으로서 재조명되었다. 신성로마제국의 흥망성쇠가 비스마르크의 정치적 영향력과 직접적인 연관은 없었으나 독일의 지도자로서 그가 당연히 물려받아야 했던 독일 국가의 유산이고 숙명이었듯, 그 구조적인 연속선상에서 비스마르크 제국 또한 히틀러의 나치 체제로부터 벗어날 수 없기 때문이었다. 특히 전후 평화체제를 유지하고 국제적인 협조를 촉구하는 베르사유 조약의 기본정신을 위반한 채 협박과 테러로 국가 전체의 지배권을 장악하고 제3제국을 수립한 히틀러가 바이마르 공화국을 부정하는 대신, 비록 일시적이나마 비스마르크의 제2제국과 위대한 전통을 계승한 것으로 주장했기 때문이기도 하다.

그러나 무엇보다 1871년 처음으로 독일을 통일한 비스마르크와 그의 시대는 1990년 두 번째 통일 국가의 역사 속에서 재평가되지 않을 수 없었다. 사실 그동안 '비스마르크 제국'이라 불릴 만큼 제2제국의 비스마르크에 대해 서독 학계의 연구동향은 오랫동안 찬반양론의 극단적인 평가로 갈라져 있었다. 한편에서는 독일의 통일을 이룩한 비스마르크에 대해서 시대의 영웅으로 칭송하고, 그의 제국을 프로이센 정체성의 탁월한 특징이라 부를 만한 호전성을 고수했던 프리드리히 대제를 계승한 신성로마제국과의 연장선상에서 이해했다. 그러한 차원에서 비스마르크는 오스트리아를 물리치고 프로이센에 기여한 인물로서 프리드리히 대제에 견줄 만한 인물로 부각되었다. 심지어는 신성로마제국을 뒤이은 제국의 영웅으로서 비스마르크가 프리드리히 2세 통치의 관점을 자신의 정치 전반에 효과적으로 선전하고 이용했는지를 인식하는 것까지 하나의 핵심 과제로 다룰 정도였다.

그러나 다른 한편에서는 비스마르크의 제국 통일을 비의회주의적이고 비민주주의적인 '군부독재에 의한 쿠데타'나 사회적 갈등을 외면한 채 강압과 탄압에 의한 '위로부터의 혁명'이 일구어낸 정치적 결과로 비하했고, 더 나아가서는 그의 시대 전반을 악몽에 비유할 정도였다. 한마디로 반비스마르크주의자들에게 있어서 그는 전쟁과 피에 의존한 독재자이자 독일의 역사 발전에 모순을 안겨준 파괴범으로 존재했다.

이처럼 시대와 상황에 따라 긍정과 부정을 오가며 인식을 달리해온 비스마르크와 그의 시대에 대한 역사상이 새로이 정립되어야 하는 현 시점에서 어떤 인식이 절실한지가 화두로 떠올랐다. 통일독일의 역사를 그대로 구현해내는 '전체 역사' 속에서 프로이센과 비스마르크에게서 어떤 위치를 기대할 수 있을까? 특히 민주주의를 부정하는 융커와 군부 상층세력에 의한 권력국가라는 그의 제2제국이 히틀러 제국과의 관련성에서 벗어날 수 있을까? 1990년의 역사적 시점에서 통일독일의 주체가 서독 정부였던 만큼 향후 비스마르크 역사상은 서독에서의 연구결과를 중심으로 하면서 동독에서의 연구를 비교·참고하여 정리·평가되어야 할 것이다.

1847년 비스마르크는 의회에서 자유 진영의 정적을 향해 갖은 감언과 조소적인 경멸을 섞어가며 거침없이 행동하여 분쟁을 야기하는 요주의 인물로서 정계활동에 발을 들여놓았다. 10년 남짓 프랑크푸르트 연방의회를 비롯하여 페테르부르크와 파리의 대사직을 거친 후 1862년 47세의 나이에 프로이센의 수상으로 임명된 그는 집권 초기만 해도 편파적이고도 보수적인 융커이자 시민계급이 요구하는 자유에 반대하고 불성실하게 승부를 겨루는 무법자로 인식되었다. 보수주의자나 자유주의자를 막론하고 그는 확고한 원칙 없이 오로지 권력만 차지하려는 부정적인 인물로 비쳐졌다.

그러나 1864년 덴마크에 이어 1866년 오스트리아와 전쟁을 치르는 동안 그에 대한 부정적인 이미지는 달라졌다. 그의 민족적, 독일적, 그리고 또 소독일적 프로이센 중심의 정치노선은 트라이치케를 위시한 정적들에게까지 인정받기 시작했다. 그리고 1871년 제국의 창건으로 그에 대한 의혹이나 불신은 완전히 사라졌고, 그의 인생 최고의 전성기를 맞이했다. 정치가들, 특히 보수당은 물론 국민자유당의 경우 소독일 중심의 제국 창건과 오스트리아를 제외한 민족국가의 탄생을 프로이센의 승리로 받아들였다. 가톨릭-대독일주의자들과 진보적인 보수세력을 비롯하여 사회민주주의자들, 폴란드인, 그리고 알자스-로렌 주민들처럼 마지못해 독일에 편입된 사람들조차 제국 창건이라는 역사적 위

업 앞에서 비판적인 주장을 펼칠 기회를 가지기 힘들 정도로 제국 사회
는 비스마르크로 물들어 있었다.

당대 역사가들 가운데 프로이센 학파의 거두인 트라이치케를 비롯하
여 드로이젠(Johann Gustav Droysen, 1808~1884)과 쥐벨 등이 중심이 되어
'비스마르크와 국가'를 양자택일의 문제가 아닌 역사적인 숙명으로 받
아들였고, 통일독일의 의미에 대한 역사적 논증을 전개해나갔다. 이미
1848년 자유-민족주의 운동이 일어나던 그때부터 국가는 크나큰 관심
사였고 토론거리였기에 비스마르크라는 인물에 의한 제국 창건을 신화
로 인식한 나머지 독일 국가의 신화로서 그를 매우 영광스럽게 받아들
이기에 이르렀다. 뿐만 아니라 그에 의한 국가체제의 질서를 갖추어나
가기 위해 개별국가들의 관심사를 능가할 만한 시대적 · 역사적 이유를
찾으면서 더 나아가서는 비스마르크 전기나 그 가문의 역사를 연구대
상 1순위로 삼기도 했다.

마침내 당대 역사가들은 하나로 통일된 민족국가의 완성은 프로이센
이 짊어진 '독일의 과제'로서 권력국가의 수단을 동원해서라도 반드시
이뤄야 한다는 사고에 정당성을 부여하는가 하면, 많은 독일인들의 정
치적 염원을 이루어준 장본인으로서 비스마르크에게 인생 최대의 영광
을 부여하기에 인색함이 없었다. 국가를 보다 높은 도덕적인 조화와 이
성이나 자유의 실현으로 이해한 헤겔(Georg Wilhelm Friedrich Hegel, 1770~
1831)도 큰 호응을 불러일으킬 정도였다. 부르크하르트 역시 독일제국
을 "승리한 독일의 역사적인 겉모습"이라고 빈정대는 그 이면에 옛 제
국으로부터 제2제국을 향해 승승장구 일방통행로에 들어선 국가의 숙
명론을 고찰하기도 했다.

이처럼 독일인들에게 '영웅적인 인물'로 자리하게 된 비스마르크는
그 후 1890년 정계에서 물러났지만, 5년 가까이 끊임없이 언론과의 접

촉을 통해 그 나름대로 '비밀스런 핵심인물'로서 군림했다. 유례없을 만큼 대중의 지지와 관심을 받은 그는 제국의 창건자로서, 근대적 신화를 이룬 영웅으로서 독일의 역대 위인 가운데 그 누구보다도 많은 영광과 칭송을 누렸다. 빌헬름 2세에게 눈엣가시였던 그가 정치적 정점의 저 건너편으로 완전히 사라졌음에도 불구하고 역사 속에 그의 업적과 영광은 그대로 남아 있었고, 이는 독일 민족이 그런 점을 잊지 않았던 결과였다.

1898년 죽음을 맞이하면서 비스마르크는 19세기에 가장 유명한 정치가로서 다시 한 번 세간의 이목을 집중시켰다. 반대세력들의 기세가 여전한 가운데 비스마르크가 제국의 적으로 간주했던 사회민주당 진영의 경우, "8년 동안 작센발트에서 생매장되었고, 그의 정치적 죽음이 8년을 버텨냈다. ……비스마르크 전설은 프랑스의 나폴레옹처럼 두 세대 이상 우리를 짓누르지는 못할 것"이라며 후련함과 함께 기대감마저 감추지 않았다.

그러나 그와 상반되게 국내외의 많은 사람들은 거의 맹목적일 만큼 깊은 경애심과 애도를 표했다. 사람들은 "세상의 등불이 사라졌다"거나 "영원히 세계사적으로 침잠한 독일의 한 사건"이라며 슬픔을 가누지 못했다. 비스마르크를 잃은 비통함에 대한 세간의 일반적인 인식은 시인이자 극작가로서 비스마르크 신봉자의 한 사람인 빌덴브루흐(Ernst von Wildenbruch, 1845~1909)의 말 한마디에 잘 담겨 있었다.

당신 안에서는 비스마르크를 죽게 하지 말지어다!

비스마르크에 대한 역사적인 평가를 시대적으로 살펴보면, 이미 그의 생존 때부터 양극단적인 양상에서 벗어나지 못한 것이 대표적인 특징이다. 그리고 19세기가 막을 내리고 제1 · 2차 세계대전을 앞둔 그 역사적인 시점은 물론이고 이후 동서 분단의 역사 속에서도 그러한 현상은 변하지 않았는데, 비스마르크에 대한 평가가 정치적 목적을 위한 도구로 전락했던 점에 주목하지 않을 수 없다.

그 첫 예로서 비스마르크 사후 빌헬름 2세가 득세하며 세계정치를 표방하던 20세기 초, 새로운 세대의 역사가들이 중심이 되어 비스마르크를 비판하는 시대적 대열에 합류했다. 황제의 노선에 적극 편승한 그들은 비스마르크에 대한 기존의 영웅적인 상을 버리고 프로이센의 권력국가적 성격과 이에 관련된 대외정책적 관점을 보다 신랄하게 다루었다. 그들은 한편으로는 소독일 중심의 민족국가 창건이나 그 국가 내부의 문제에 대한 논의를 진행하면서도, 다른 한편으로는 역사학을 사회학 방향으로 돌리려는 새로운 시도 속에서 비스마르크의 업적을 애써 외면하는 경향까지 자연스레 드러냈다.

그러나 제1차 세계대전을 전후로 국가주의를 외치는 정치적 분위기가 조성되면서 수많은 역사가들은 권력정치를 위해 비스마르크의 대외정책적인 모습을 과감히 이용할 필요성을 느끼게 되었다. 전쟁이라는 사건을 통해 더 이상 정지상태가 아닌, 그동안 잃어버린 것을 되찾기 위해 수정을 요하는 작업이 활발하게 진행되었던 것이다.

마침내 옛 재상에 대한 신화적 미사여구가 절정에 달했고, 그의 위용은 높은 줄 모르고 치솟았다. 그의 탄생 100주년이 되는 1915년을 국가기념일 형태로 치를 정도로 그에 대한 숭배 현상은 역사학의 새로운 기능마저 만들어낼 정도였다. 대표적으로 온켄(Hermann Oncken)이나 마륵스 등에 의해 비스마르크는 어느새 독일 민족을 황야로부터 구출해낸 '구원자'로 거듭나 있었다.

오늘 독일은 비스마르크에 대해 듣고자 한다. 그의 엄청난 생존투쟁의 한가운데에서 그리고 그의 기념일을 즈음하여 예전보다도 더욱 그러하니, 비스마르크에 대해 말하고자 하는 자는 그렇게 하라.

1918년 독일 패전 이후 비스마르크에 대한 연구는 유례없을 정도로 활성화되었다. 그칠 줄 모르는 숭배 현상과 함께 그의 정치에서 국가적인 특성에 대한 모범사례는 1866년까지의 프로이센과 그 이후 독일 정치의 정체성으로서 자리하기에 이르렀다. 패전의 경험이라고는 없이 단연 투쟁적이며 영웅적이었던 그의 대외정책에 대한 평가는 찬양 일색이었다. 특히 그의 국가상에는 유럽의 국가주의를 맹목적으로 따르는 것이 아니라, 오히려 제어하고 완화시켰다는 인식까지 주목받았다. 그런 가운데 다른 한편으로 그의 내정은 물론 외정에 이르기까지 새로운 비판을 가하는 부류도 형성되었는데, 그들은 비스마르크의 필생의 과업을 극단적인 권력형 인간의 업적으로 간주했다.

민주주의 바이마르 공화국 시대에 이르러 비스마르크와 그의 독일제국은 그 역사상에서부터 논란을 일으키는 요인이 되면서 새로운 국면에 접어들었다. 전쟁 문제와 관련된 토론에 있어서 여전히 민족적·보수적 역사 편찬이 우세함에도 불구하고, 새로운 공화국에 대한 불만이 가시화되면서 1871년의 제국에 대해 달리 해석하는 경향이 역공을 취하게 되었다. 이로써 비스마르크와 관련하여 1871년 이전의 프로이센과 독일의 역사가 소독일 중심의 제국 창건으로 발전했다는 기존의 긍정적인 평가가 뒤바뀌게 되었다. 특히 한결같이 제국에 대해 어두운 상을 제시하는 자유민주주의의 친공화파 역사가들의 경우 비스마르크의 정치를 새로운 바이마르 공화국의 발전을 저해하는 요인으로 보며 비난 일색이었다.

그러나 비스마르크의 역사상을 퇴색시키려는 움직임에도 불구하고 오히려 그와 독일을 신화적인 결합의 형태로, 그리고 불가분의 통일체로 재인식하려는 부류도 함께 생겨났다. 그러한 경향은 특히 1920년대와 1930년대 초에 전쟁 책임 문제와 관련하여 정치적으로 불행한 조국의 입장에서 자국민을 정당화하려는 움직임이 이는 가운데 비스마르크를 보호할 만한 가치가 있는 인물로서 받아들이려는 학문적인 노력의 결과였다.

그 후 1933년 히틀러가 집권하여 나치의 독재체제에 대한 역사적인 합법성이 절실히 요구되는 시점에서 비스마르크와 새로운 체제 사이의 연속성을 강조하는 '거짓된' 노선이 개입되고 말았다. 그리하여 1933년 비스마르크의 탄생일을 지나치게 소모적인 축제로 치르는가 하면, 비스마르크를 새로운 제3제국의 '개척자'로 칭송하기에 이르렀다.

그러나 얼마 지나지 않아 히틀러의 눈에 비스마르크는 더 이상 제3제국의 개척자도 선임자도 아니었다. 마침내 비스마르크와 그의 이름으로 맹세한 전통에 대해 국가사회주의와 히틀러는 완전히 상반된 입장을 다시 표명하고 나왔다. 오스트리아와 연계한 새로운 이상을 품은 세계관의 토대를 만들고자 한 그로서는 독일 민족에게는 새로운 믿음을, 독일 국가에는 대독일주의의 고향을 안겨주어야만 했기 때문이다.

따라서 바이마르 공화국을 거부하고 그 종말을 고하며 독일제국의 위대한 전통을 계승했다고 떠벌리면서 비스마르크의 후임자를 자처했던 히틀러는 곧 제2제국을 계승한 제3제국에서 대독일주의를 새로운 정치적 목표로 받아들여 오스트리아를 배제한 소독일 중심의 비스마르크의 제국 창건을 오히려 오점으로 간주하고 나섰다. 1866년 훨씬 이후에 태어난 인물이지만, 1866년의 상처를 자신의 대독일주의 정책에 이용하기 위해 비스마르크의 업적을 극단적으로 비난함으로써 히틀러는 자신을 비스마르크의 '파괴자'로 거듭나게끔 했다.

그리고 제2차 세계대전이 발발하던 무렵 히틀러에 의해 파멸의 싹으로 평가된 비스마르크는 완전히 무대 뒤로 사라졌다. 그 대신 7년 전쟁으로 브란덴부르크 가문의 불가사의한 영웅이 된 프리드리히 대제가 매우 중요한 인물로 다가섰다. 히틀러의 국가사회주의로서는 비스마르크에게서 '세계를 바라보는 방법'을 찾을 수 없었기 때문인데, 역사학자 니퍼다이는 "전체 독일 역사에 있어서 서글픈 길의 재발견"이라고 역설했다.

1945년 전쟁이 종결되면서 지금까지 독일의 '공동 역사'는 끝나버렸다. 무조건적인 항복 이후 분단의 역사 속에서 서독 역시 동독 못지않게 기존 역사상의 전면 수정을 요구함에 따라 독일 역사에 대한 새로운 인식이 시도되었고, 결국 비스마르크 시대도 이를 피해갈 수는 없었다. 그 결과 소독일주의를 중심으로 하는 비스마르크의 프로이센 역사상을 부정적인 결과로 받아들이는 사고의 전환이 촉구되었다. 그리고 한 걸음 더 나아가 동독을 "국가사회주의적 독재 전통의 계승자"인 동시에 "프로이센 유산의 상속자이자 집행자"로 간주하기에 이르렀다.

이로써 1947년에 이르기까지 서독의 역사학에서 비스마르크가 설 자리는 없었고, 프로이센은 '군국주의와 반동주의의 집행자'로 분류되었다. 그 영향으로 역사학 수업은 정보학과 나란히 앞장서서 서유럽의 역사와, 특히 유럽의 이념, 인권, 그리스도교 신앙, 그리고 서구의 문화 등과 같은 일반적이고 보편적인 주제들을 다루고 평가하는 데 치중하는 경향을 보였다.

1949년 연방공화국을 수립한 서독은 새 수도인 본에서 의회주의와 정당정치의 새로운 기반을 마련함으로써 자신들의 새로운 시작을 알리는 데 주력할 필요가 있었다. 따라서 많은 관점에서 히틀러 독재의 후계자와도 같은 동독의 전체주의와는 거리를 두려는 움직임에 한층 주의를 기울였다. 한편 19, 20세기의 역사를 집중적으로 연구하기 시작하면서 히틀러가 정권을 장악하기 시작한 1933년 이후로 정치적 · 도덕적으로 멈춰버린 독일 역사로부터 벗어나 국가사회주의를 전체 독일의 과거의 한 부분으로 받아들이며 극복하려는 인식도 생겨났다. 그러한 영향을 발판으로 국가사회주의의 뿌리에 대해 비판적인 여건을 계속해서 조성한 점에서는 동독의 역사학과 다를 바 없었다.

19세기까지 거슬러 올라가는 독일 역사와 사회에 대한 비판적인 수정작업을 요구하는 새로운 시대의 정치체제 하에서 비스마르크와 프로이센에 대한 새로운 접근 또한 쉽게 이루어지지 않았고, 그러한 현상은 한동안 지속되었다.

1952년 나토에 가입하고 연합국에 의한 독일의 통일안을 제시하게 된 서독 정부는 서방국가들과의 정치적 · 경제적 · 문화적 유대강화에 더욱 치중했다. 공식석상에서 프로이센 역사에 대해 입을 열기 시작했고, 지금까지 나치 체제를 프로이센의 연장선상에 두어 그 체제의 만행에 대한 일체의 책임으로부터 벗어나려는 새로운 경향마저 보였다. 나치의 독재체제와 두 차례의 세계대전을 일으킨 독일의 과거사에 대한 책임과 함께 '역사상의 수정'이라는 과제를 해결하기 위한 취지에서 현대사에 대한 새로운 연구의 장도 함께 독려했다. 그 중심에는 19세기 국가주의와 소수민족 연구의 대가인 로트펠스(Hans Rotfels, 1891~1976)가 미국 망명길에서 돌아와 뮌헨 대학에 설립한 '현대사 연구소'가 자리했다.

정부의 시책에 따라 역사가들 또한 두 번씩이나 감행된 세계대전의 책임과 관련하여 프로이센에 대한 토론을 통해 무언가 동기를 부여받고자 했다. 그리하여 1933년부터 1945년까지 나치의 행위로 인해 전체 독일의 민족국가적인 과거를 문제시하며 뒤늦은 책임감마저 갖게 된 그들은 먼저 역사에 대한 모든 것을 어떻게 해명할지에 대한 문제에 초점을 맞추었다. 그 과정에서 나치 독재의 원인을 찾아내기 위해서는 결과적으로 또다시 바이마르 공화국을 거쳐 독일제국과 프로이센, 그리고 비스마르크까지 거슬러 올라가지 않으면 안 되었다.

그들은 역시 나치 체제에 대해 적대적인 경우, 히틀러에서 비스마르크로 거슬러 올라가는 확실한 연속성의 문제를 파악하고 도저히 받아들일 수 없는 역사로 인식했다. 그런 상황에서 프로이센의 공동책임은 불가피한 문제가 되었고, 독일 역사의 잘못된 발전 속에서 비스마르크나 그의 시대에 대한 해명이 과제로 남게 되었다.

1950년대 말 이후 비스마르크에 대한 연구는 그 어느 때보다 찬반양론의 확실한 경계선을 부여하는 전기를 마련했다. 물론 비스마르크와 그의 시대에 대한 비판을 아예 삭제해버리는가 하면, 비스마르크 영웅신화로부터 전적으로 벗어나려는 등 극단적으로 대립하는 양상에서 여전히 벗어나지 못하는 한계를 보이기도 했다. 그럼에도 불구하고 어느 쪽이든 하나의 틀에 정형화된 기존의 비스마르크를 다시 한 번 비교·검토함으로써 보다 다양한 시각에서 평가하려는 계기가 주어졌다는 점에서 그 의미가 작지는 않았다.

비판적인 시각의 경우 비스마르크를 히틀러의 선임자로서, 국가사회주의를 위한 역사적 선구자로서 확대시키는 선상에서 좀체 물러서지 않았으나, 독일이나 국제적으로 발표된 저작들 가운데는 비스마르크를 옹호하는 입장이 당대의 주류를 이루었다. 그것은 시기적으로 자국 국민을 정당화하려는 분위기가 팽배해진 때문이기도 하며, 또한 새로이 수립된 연방공화국이 독일 역사를 평가함에 있어 논쟁의 여지가 없는 연구결과를 얻으려 한 때문이기도 했다.

그런데 비스마르크 연구에서 반대를 표명한 이들 가운데 좌파 자유주의자들의 입장은 주목할 만했다. 그들은 비스마르크 역사상을 평가함에 있어 기존의 긍정적인 방향의 역사 서술을 부정하는 비판론적 입장에서 한 걸음 더 나아가 포괄적인 해석을 시도했기 때문이다. 그들은 정치 · 사회적 체제와 근대사회를 향한 독일의 특수한 길을 위해 존속하는 하나의 상징으로 비스마르크 시대를 받아들이고, 제3제국과 연결시켜 독일 역사의 연속성의 문제에 더욱 집중적으로 논의를 전개시켰다.

그 결과 그들에 의하면 1871년의 독일제국은 연이은 전쟁의 결과로 생겨났고, 또 독일인들을 파탄으로 몰고 간 사건에 지나지 않았다. 내부적으로나 외부적으로 '과거의 제국'으로부터 거리를 두려 한 그들은 비스마르크나 그의 제국이 아닌, 루터나 괴테 또는 1848~1849년의 혁명과 연결시켜 완전히 새로운 전통의 맥락에서 새로운 역사상을 발전시키려는 인식을 적극 권장하기에 이르렀다. 이에 따라 그들 사이에서 비스마르크와 관련된 주제는 기껏해야 학문적인 영역에서 거론될 뿐 어떠한 경우에도 직접적이고 적극적인 의미를 낳을 수 없는 영역에 국한되어버렸다.

한편 1950년대 말의 비스마르크에 대한 옹호적인 분위기는 1960년대에 이르러 그의 시대와 관련하여 역사적 인물과 엮으려는 고찰방법으로 전개되었다. 대학가가 그 중심에 섰고, 본 대학의 경우 1964년 '프로이센과 그 정신적 유산'이라는 강좌를 개설하여 그 시대의 역사에 대한 이해의 장을 마련했다. 베를린에서도 '독일 역사가의 날'에 즈음하여 프로이센 역사를 특별한 분야로 다루는 토론의 장이 열려 비스마르크 연구에 대한 새로운 의미를 부여하기도 했다.

그 영향은 1965년 비스마르크 탄생 150주년을 기념하여 프로이센 시대를 주제로 삼은 정기간행물들을 통해 다양한 관심사로 확산되었다. 수상 에르하르트(Ludwig Erhard, 1897~1977)는 공식석상에서 "서독은 재통일의 의지를 비스마르크로 각인된 제국의 이념과 연관 짓는 것으로부터 자유로워졌다"며 매우 간결하고 신중한 발표를 했다. 같은 날 역사가 로트펠스 또한 비스마르크 기념행사를 "전쟁 이후 역사적·정치적 사고에 있어 발전의 한 장"으로서 언급하고 축하해마지 않았다.

그 후 1969년에 이르러 브란트 정부의 동방정책에 힘입어 역사학 또한 새롭게 달라져 전반적으로 정치적·사회적 기능이 보다 세분화되었고, 본격적인 토론의 장도 아울러 형성되었다. 그 과정에서 전통적인 사료 비판의 형식을 벗어나 사회과학에 대한 관심이 증폭되는가 하면, 이와는 달리 다양하고 자유로운 다원주의에 입각한 연구방식이 새로운 기폭제가 되기도 했다. 제1차 세계대전과 관련하여 전쟁 책임을 전적으로 독일에게 돌려 맹렬한 반발을 불러일으킨 '피셔 논쟁(Fischer Kontroverse)'이나 외정이 아닌 내정의 우위로써 독일 정치사의 허구성을 고발한 케어의 주장을 재해석한 '케어 르네상스(Kehr Renaissance)' 등 새로운 학설들은 독일 역사에 대해 재해석하는 결정적인 계기를 마련했다.

그러한 변화에 따라 1970년대 초기부터 비스마르크에 대한 평가와 관련하여 전반적으로 양각의 구도를 벗어나 소위 '프로이센의 르네상스' 시대가 열린 것은 매우 시사적이었다. 1970년대 중반 이후로 특히 동독 정부 스스로가 독일 역사의 정통 상속자를 자처하며 프로이센에 대한 재발견의 확실한 전통을 의식적으로 보호한다는 명분으로 역사적인 인물들과 그 역할, 무엇보다 비스마르크에 대한 깊이 있는 연구의 장을 마련했듯이 서독도 마찬가지로 전체 독일의 역사로 되돌아갈 것을 선언하기에 이르렀다.

이에 역사가들도 역사적이고 정치적인 근본사상은 물론 역사적 판단과 정치적 경험들이 얼마나 상호 연결되어 있는가를 보여주는 데 앞장섰다. 그리하여 그들은 '비스마르크'라는 슬로건 하에 19세기 후반기

독일 안팎의 새로운 질서에 대한 가장 중요하면서도 자주 논란이 되는 문제들부터 치중하기 시작했고, 사료 편찬에 있어서 무엇보다 편파적인 '흑백 서술'의 방식을 회피하고자 했다. 그런 나머지 비스마르크의 업적을 모두 인정하고 뛰어나게 기술하거나 그의 인격과 정치적 수완을 지나치게 무비판적으로 평가하는 입장들마저 반대하고 유보하는 경향까지 생겨났다.

역사가들 사이에 흑백 논리를 피하려는 그런 과정에서 비스마르크 연구는 두 가지의 새로운 방향으로 나아갔다. 하나는 비스마르크의 인물과 정치를 조명하되, 특히 내정이나 민족국가의 형성 부분을 단계적으로 상대화시키는 완전히 새로운 접근방식이었다. 그러한 유기적 관계의 연구는 비스마르크가 독일의 발전에 어떠한 숙명적인 영향을 미쳤는지를 주된 관심사로 삼았기 때문에 독일 역사 속에서 비스마르크 시대의 정체성을 새로이 화두로 삼았다.

다른 하나의 연구방향은 비스마르크의 정치적 성과와 함께 근대 산업사회로의 전환을 의미하는, 전혀 다른 분야인 경제적·사회적 변화에 치중하는 것이었다. 특히 '벨러 현상'을 축으로 '내정의 우위'를 주장한 '빌레펠트 역사가들'의 상당히 폭넓은 고찰방법은 정치사나 외교사 중심의 전통적인 역사학에 비판적인 칼날을 들이댔다. 여하튼 그동안 정치적 이해관계와 관심 부족으로 제대로 연구되지 못했던 비스마르크의 역사상에 대해서 다양한 연구방향을 통해 전기나 인물사의 영역에서뿐만 아니라 독일사와 유럽사의 영역에서 보다 다양하고 광범위하게 이해하는 계기가 부여되었다.

1980년대부터 독일 역사에 있어 '독일 전체의 특성'을 자국의 유산으로 주장하는 동독과 마찬가지로 서독 역시 민족 역사에 대한 관심이 두드러지는 양상을 보였다. 그동안 히틀러 제국을 부정하고 각자의 정통성을 주장해온 정반대의 두 체제 하에서 무엇보다 민족의 정체성과 통일 문제에 대한 관심이 증가하는 가운데, 이를 위한 토대로서 새삼 전체 독일 역사를 돌아보려는 새로운 경향이 불가피해졌다. 양국 모두 1945년 이후의 역사에 대해 대대적인 변화를 보임으로써 제3제국 이후 40년이 지난 지금에 와서야 독일 역사에 대해 다시 자긍심을 가져도 된다는 의욕에 확실히 눈을 떴던 것이다.

이처럼 독일인들 전체의 정체성을 건드리는 역사 작업은 결국 히틀러는 물론 비스마르크와의 관계 규명으로까지 나아갈 수밖에 없었다. 특히 히틀러는 오스트리아를 포함한 대독일주의를 획책하고 독일인들의 '생활권' 확대를 위한 전쟁 준비에 총력을 기울이며 감행한 제2차 세계대전에서 패배한 책임과 함께 패전국의 독일인들에게 씻을 수 없는 멍에를 안겨주었기 때문이다. 게다가 오스트리아와 연계하는 새로운 이상을 품은 세계관의 토대를 만들기 위해 비스마르크를 새로운 제3제국의 '개척자'로 칭송하며 후임자이기를 자처했다가, 곧이어 "파멸의 싹"으로 칭하며 비스마르크와 단절함으로써 히틀러는 진정 비스마르크의 '후계자'였든 '파괴자'였든 간에 비스마르크에게도 쉽사리 벗겨지지 않을 덫을 씌워놓고 말았기 때문이다.

1985년 초에 이르러 동독의 호네커와 서독의 콜 사이에 개인적인 대화가 긴밀하게 오갈 정도로 양국의 관계는 크게 나아졌다. 특히 1987년 9월 호네커의 서독 방문까지 이루어졌고, 그러한 정치적 동향은 계속해서 독일 역사에 대한 양국의 사료 편찬에도 영향을 미쳤다. 그 결과 양국의 학계는 역사 인식에서 의견을 같이하면서도 저마다 새로운 변화로 많은 발전을 보였다.

서독 역사가들의 경우 집단적인 정체성 문제에 지대한 관심을 보이기 시작했고, '독일인으로서 누가 유효한가?'에 대한 문제에 상당한 기

대를 걸었다. 그에 따라 역사가들이나 언론들의 관심과 활동이 활발해
지면서 전체 독일 역사와 정치 발전의 한 과정으로서 프로이센과 비스
마르크 시대에 대한 연구도 깊이를 더해갔다. 특히 연이어 발표된 비스
마르크 전기들은 큰 호응을 불러일으켰는데, 오랜 시간 일방적으로 칭
송하거나 아니면 무조건 저주하는 식의 서술이 줄어드는가 하면, 또 때
로 거의 토론되지 않던 풍조에서 완전히 벗어남으로써 편파적이고 혼
미해졌던 그의 역사상에 대한 보편적인 연구에 박차가 가해졌다.

그런 대표적인 전기로는 비스마르크 전문가인 프랑크푸르트의 갈의
저서를 들 수 있다. 갈은 1980년 자신의 비스마르크 전기 《비스마르크—
백색의 혁명가》를 통해 지금껏 찬양 아니면 저주 식으로 이해되어온 비
스마르크의 상에서 벗어나고자 했다. 비스마르크 시대와 인물을 총체
적으로 분석하되 경탄이나 논박을 제외한 매우 객관적인 입장에서 기
술해나갔다. 특히 그는 프로이센의 보수주의 구조에 얽매인 최고의 왕
조주의자이면서 또한 그 누구도 시도하지 못한 근대화 과정을 추진하
고자 한, 즉 "신분에 사로잡힌" 보수주의자인 동시에 "변화를 주동하
는" 혁명가로서의 이중적 면모에 주목하여 비스마르크를 '백색의 혁명
가'로 칭했다. 이처럼 비스마르크에 대한 새로운 상의 정립은 큰 반향을
불러일으켰다.

1984년에 갈은 계속해서 '독일 역사에 물어보다'라는 주제의 전람회
를 통해 그동안 동독과 서독의 역사적 · 정치적 자의식이 상호 접근하
는 기회를 가져보지 못했음에도 불구하고 많은 관점에서 유사한 발전
을 거듭해왔음을 놓치지 않았다. 실제로 그 누구도 부인하기 힘들 정도
로 양국의 역사학은 비스마르크 연구에 관한 한 많은 변화와 발전을 이
루었다.

1989년 동독이 무너지면서 1990년 독일은 하나로 다시 합쳤다. 그동

안 동·서 두 체제는 모두 자국이야말로 반나치 집단에 의해 세워진 국가로서 그 역사적·도덕적 책임으로부터 자유롭다는 점을 의도적으로 내세우기에 바빴고, 나치의 범죄에 대해서는 서로 상대편에게 책임을 지우는 데 주저하지 않았다. 그러나 이제 독일인들은 통일조국의 정체성과 전체 독일 역사의 '거듭나기'를 위해 '대과거'의 올바른 청산작업과 함께 전체 독일의 '완전한 역사 새로 쓰기'에 돌입했다. 동독 사람이든 서독 사람이든, 또는 보수주의자든 진보주의자든 이제 그 누구라도 히틀러의 나치 시대와 그 책임에서 벗어날 수도, 다른 누구에게 떠넘길 수도 없게 되었다.

사실 그러한 분위기가 전혀 새로운 것은 아니었다. 이미 1985년 11월 2일 폴란드 신문 〈폴리티카(Polityka)〉를 통해 엥겔베르크가 그 시작을 알렸다고 할 수 있다. 그는 "독일인은 가장 중요한 사건을 전반적으로 조명해야 하고, 독일 역사에서 비롯된 인물들을 완전한 방법으로 제시해야 한다"고 강조하며 작금의 변화에 총체적인 의미를 부여했다. 그리고 "독일인들이 민족과의 관계를 상실해서는 안 되지만, 특히 히틀러의 범죄에 관한 한 젊은이들에게 책임은 없다"고 지적하면서 정부와 학계의 변화와 새로운 각오를 촉구했다. 예컨대 엥겔베르크는 "젊은이들이 영원히 속죄할 수는 없는 일이며, 의식의 균형을 위해서라도 독일 민족의 역사에서 밝은 측면 또한 필요하다"는 상당히 진보적인 입장을 역설함으로써 향후 독일 역사의 이해에 새로운 전환점을 제시했다.

나치의 과거에 대한 엥겔베르크식 논리는 서독에서 1986년 6월부터 1987년까지 진행된 '역사가들의 논쟁(Historikerstreit)' 양상과도 비교할 만했다. 이 논쟁은 히틀러와 나치즘의 역사적 위상을 놓고 놀테(Ernst Nolte), 힐데브란트(Klaus Hildebrand) 스튀르머(Michael Stürmer) 등 신보수의 시각과 하버마스(Jürgen Habermas), 몸젠(Hans Mommsen), 코카(Jürgen Kocka) 등 비판적 시각 사이의 불꽃 튀는 싸움으로서 영국과 미국의 학계에까지 엄청난 반향을 불러일으켰다. 이 논쟁에서 학자들은 독일 역사에 대한 뚜렷한 인식 차이를 보여주었다. 나치즘을 비교사적인 관점에서 상대화함으로써 독일인들을 나치의 죄과로부터 벗어나게 하려는 수정주의자들의 견해에 반해, 도덕적 책임조차 포기하려는 몰지각함에 칼날을 들이대는 사회사가들의 논리는 분단국가의 학자들로서 재통일의 전망에 대한 인식이 그만큼 쟁점화되었음을 보여주는 한 단면이기도 했다.

이제 전체 독일의 '완전한 역사 새로 쓰기'에 직면하여 신보수의 시각이든 비판적 시각이든 간에 비스마르크 제국과 그의 시대 또한 그 연속성과 정체성 문제와 관련된 정치적 합법화를 본격적인 화두로 삼게 되었다.

폰타네의 표현대로 비스마르크는 역시 "생각할 수 있는 한 가장 흥미로운 인물"이 되었다. 다만 지금은 비스마르크의 제국과 그에 관련된 정치적·사회적 상황과 제도에 대한 기존의 모든 속박을 던져버리고 편견 없이 본래의 의미대로 파악할 시점이었다. 코카가 언급했듯이, 비스마르크는 죽고 100년이 훨씬 지난 지금에도 계속적인 삶을 살아온 "살아 있는 신화"로서, 또 극렬하게 투쟁해온 그 두 번째 삶에 대한 "총체적인 회고"로서 매듭짓지 않을 수 없게 되었다. "독일 역사의 일부이면서 또한 유럽 역사의 일부"인 그의 삶이 역사 속의 일부로서 제대로 평가될 시점에 이른 것이다.

그러한 시점에서 역사가들의 전문위원회인 '신시대(Neuzeit) II'를 통해 오랫동안 계획해온 결과 동독 출신의 역사학회에서 뒬퍼(Jost Dülffer)와 휘브너(Hans Hübner)의 새로운 공동연구는 매우 고무적이다. 서독의 역사상과 상호 비교할 수 있음은 물론이고 그로 인한 총체적인 작업을 시도할 수 있는 계기도 마련될 것이기 때문이다. 통일된 시점에서 옛 동 · 서독 역사학자들의 학문적인 회합은 역사학의 발전에 특별한 의미를 지니는 출발점이자 전반적인 비스마르크 연구에도 매우 유익한 소득이 아닐 수 없었다.

게다가 비스마르크 서거 100주년에 즈음하여 통일독일의 전체 역사와 비스마르크 역사상에 대한 새로운 연구결과에 한층 관심이 커진 가운데, 1997년 가을 다양한 측면에서 연구된 세 편의 비스마르크 전기가 거의 동시에 출간되었다. 이는 역사적인 순간에 비스마르크 연구가 새로운 전환기를 맞이했음을 알리는 청신호이기도 했다.

세 편의 전기는 바로 크로코프(Christian von Krockow)의 《비스마르크》, 플란체(Otto Pflanze)의 《비스마르크, 제국의 창건자》, 빌름스(Johannes Willms)의 《비스마르크, 독일인의 악마》였다. 이 세 작품 모두 비스마르크의 투쟁적인 기질과 통치에 대해 옹호와 비판의 양극단적인 틀을 무너뜨리지는 못했지만, 그 전개 방식에서는 인간적인 측면을 보다 상세하게 다루었다는 공통점이 있다.

비스마르크 옹호에 비중을 둔 편인 크로코프는 영국 출신인 크랭크쇼(Edward Crankshow)의 전기에서 나타난 비스마르크에 대한 일방적인 공격을 조목조목 비판했다. 뿐만 아니라, 어린 시절을 보냈던 폼메른의 시골 전경과 숲길에 대한 비스마르크의 그리움, 그리고 1866년 이후 바친에서의 생활과 퇴임 이후 프리드리히스루에서의 여생을 생생히 묘사함으로써 인간 비스마르크에 대한 성찰에 깊이를 더했다.

그에 반해 빌름스는 비스마르크를 카멜레온에 비유하며 시종일관 그의 현실정치를 "횡포의 극치"인 동시에 "수치"로까지 받아들였다. 즉 빌름스는 비스마르크를 히틀러와 비슷한 인물로 취급하면서 둘을 각각 독일의 첫 번째, 두 번째 악마라고 부르며 신랄하게 비판했다. 그의 전기는 기존의 몸젠이나 아이크의 경우처럼 비판적인 노선을 고수하며, 일명 '비스마르크주의자들'의 금기를 과감하게 건드림으로써 서거 100주년에 맞춰 대중적 인기를 감안한 저술이라는 평에 시달리기도 했다.

그러한 맥락에서 마흐탄(Lothar Machtan)에 의한 비스마르크 연구는 한층 더 심화된 경향을 보여준다. 오랫동안 '고된' 죽음에 처한 비스마르크, 같은 인간으로서 다양한 행동들에 대한 서술을 새롭게 제시한 그러한 연구방법은 학문적인 근거에 의한 확실한 범주와 이해할 수 있는 범주 사이의 역사적인 '모험'을 터득하고 입증하는 것으로 평가를 받았다.

끝으로 플란체는 부모가 오토라는 이름을 지어줄 정도로 부모로부터 비스마르크의 영향을 많이 받고 자란 만큼 그에 대한 관심도 남달랐다. 1998년에 비스마르크 전기 제2권 《비스마르크, 제국의 수상》까지 발표함으로써 세간의 이목을 집중시켰던 플란체는 갈이나 엥겔베르크 못지 않은 비스마르크 연구의 대가다.

플란체의 비스마르크 전기는 1871년 제국 창건 이후 시기에 3분의 2가량을 할애함으로써 기존의 소독일·대프로이센주의에 역점을 두지 않고 제국의 결속력과 지속을 공고히 하기 위해 애썼던 측면에 초점을 맞추어 비스마르크를 새롭게 조명했다. 이로써 갈이나 엥겔베르크를 비롯한 기존의 연구들과 차별성을 보여준 그는 특히 1875년처럼 전쟁 직전에 퇴임까지 불사했던 비스마르크를 "폭풍의 시대"에 보다 강력하게 리더십을 발휘한 복잡한 인물로 파악했다. 이런 인물에 다가서기 위해 그는 '비스마르크의 인격'을 심리분석적인 차원에서 검토했고, 또 그 과정에서 그의 개인적인 취향과 입맛, 또는 좋아하는 작품이나 여성과의 관계 등 다양하고 세심한 분야까지 섭렵함으로써 '인간 비스마르크'에 보다 가까이 접근할 수 있는 다양한 시각을 제시해주었다.

한편 1997년 10월 23일 독일연방의회 법안에 따라 설립된 '오토 폰 비스마르크 재단'은 통일 이후 비스마르크의 역사상을 재정립하기 위한 대표적인 기관이다. 옛 프리드리히스루 역을 개조하여 증축한 재단 건물에는 공문서실, 도서관, 박물관 등이 갖추어졌다. 이 비스마르크 재단은 독일 역사의 분수령과도 같은 존재인 비스마르크의 인물과 정치는 물론 19세기 독일 역사를 연구하고 재조명하는 기관으로서 자리매김하고 있다.

비스마르크 재단은 정기간행물 편찬과 각종 행사 및 세미나를 주관할 뿐만 아니라, 문화와 교양을 비롯하여 정치적 교육 사업 증진에도 이바지하고 있다. 그 결과 재단은 유산과 기념물의 보관사업을 지원받게 되었고, 에버트(Friedrich Ebert, 1871~1925), 호이스, 아데나워(Konrad Adenauer, 1876~1967), 브란트 다음으로 국가원수로는 다섯 번째이자 20세기 이전의 유일한 인물로서 비스마르크를 세계적으로 연구하는 선구자적인 학문적 중심지로 자리하게 되었다.

통일 20년을 맞이한 독일인들은 자국의 역사를 어떻게 전망할까? 그리고 그 과정에서 비스마르크의 자취를 어떻게 받아들이기를 원할까? 유럽인들이 압도적으로 지지한 새로운 민족국가에서 한 국민으로서 함께 살기 시작한 독일인들이 내면적으로 통일을 이루기까지는 좀더 인내와 시간이 필요한 것 같다.

역사학계의 경우도 마찬가지다. 다만 비스마르크와 그의 제국에 대한 평가에 있어서 독일의 발전에 득이든 해든 한쪽 결과로만 단정하는 편파성에서 벗어나고, 특히 '사라진 국가들'과의 관계로 인한 의견 차이와 해석상의 갈등을 좁힘으로써 전체적이고도 균형적인 시각이 제시되었으면 한다. 독일이 비스마르크에 의해 이루어진 독일제국의 한 부분이긴 하지만, 그렇다고 해서 제4제국은 아니다. 지금의 독일은 비스마르크 제국인 첫 번째 민족국가의 헌법과 문화와는 현저하게 구별되는 국가다. 더욱이 독일의 건국이 제국의 복구나 부활도 아니며, 또한 엄밀한 의미에서 재통일도 아니다. 그러나 국가적인 연속성을 위해 공통점과 차이점은 그 나름대로의 의미와 함께 존재하는 것 아닌가. 그런 의미에서 비스마르크와 그의 제국 또한 독일이라는 전체적인 흐름 속에서 그 일부의 역사로서 제자리를 지켜내야 할 것이다.

신화적 영웅과 정치적 지도자

비스마르크에 대한 역사적 평가는 역사가나 정치가를 비롯하여 오늘에 이르기까지 수많은 찬반론자를 양산시켜왔다. 특히 당대인들을 중심으로 비스마르크를 강력하게 비난하면서도 그의 정치적 매력을 인정할 수밖에 없는 경우 또한 적지 않았다는 점에서 '비스마르크의 마력'을 되돌아보게 된다. 비스마르크 비판에 가장 앞장섰던 스토슈 장군도 "나는 그를 좋아할 수 없다. 그러나 내 모든 정신적인 힘으로써 그에게 경탄하지 않을 수도 없다"고 토로하며, "애국주의와 이기주의가 서로 융합된 그의 총체적인 힘에 압도당했다"고 털어놓았다.

케슬러(Harry Kessler, 1868~1937) 또한 1890년대 대표적인 비스마르크 비판론자로 유명했다. 그럼에도 "자유로운 독일의 성장과정을 중단시키고 그 대부분을 퇴보시킨 장본인"이라고 노골적인 악평을 늘어놓았던 그 역시 "비스마르크만의 카리스마를 인정하지 않을 수 없다"면서 그 지도자로서의 위상만큼은 인정했다.

그뿐만이 아니다. 비스마르크와 그의 정치를 아무리 반대하고 비난하더라도 그가 19세기 후반기 세력 균형의 감각으로 유럽을 지배하고 평화 유지에 결정적으로 기여한 인물이라는 사실에 이의를 다는 사람은 거의 없다. 그리고 보면 수많은 수식어가 말해주듯 격동의 시대에 변화를 주도해온 '위대한 혁명가'이자 '탁월한 지도자'로서 비스마르크

만큼 숭배와 영광을 한몸에 받았던 인물도 그리 흔치는 않다.

　대표적인 예로, 비스마르크 연구의 대가인 동독 출신의 엥겔베르크는 비스마르크에 대해 거침없이 비판을 가하면서도 "그 누구도 사고를 전환하고 새롭게 생각하는 용기와 열정에 있어서 비스마르크를 능가하지 못하며 …… 아무도 비스마르크의 날카로운 관찰력과 창조적인 상상력을 당해내지 못한다"며 최대의 찬사를 아끼지 않았다. 엥겔베르크가 보기에 비스마르크는 위기를 준비하여 새 길을 열어가는 혁명가였고, 망상 없는 인식으로 철저하게 현실을 이용한 그야말로 실용주의 정치의 대가였다.

　그랬다. 비스마르크는 모든 정치를 주도함에 있어 국가의 이해를 근본 원칙으로 삼았던 철저한 국가지상주의자였다. 1866년 소독일주의의 제국은 프로이센을 포함한 완전한 독일 국가 그 자체였다. 새로운 제국을 위한 토대에 있어 비스마르크는 오스트리아에게서 다른 국가상을 보았기에 그 제국의 경계선을 벗어난 민족 통일은 원치도 않았다. 심지어는 프로이센 국가의 영향력을 합법화하고 확대하기 위해서라면 독일의 민족주의 운동조차 언제든지 끌어들일 수 있는 수단으로 삼았다. 그야말로 독일제국과 구체적인 국가 개념으로 같이 묶이게 되고 기존의 역사적인 국가의 상을 해체하는 이념의 주범이기도 한 프로이센을 독일제국으로 흡수·계승한 비스마르크는 지칠 줄 모르는 '위대한 프로이센 사람', 곧 프로이센주의자였다.

　국가지상주의자인 동시에 프로이센주의자로서 비스마르크는 수용과 화합, 투쟁과 탄압의 방법을 서슴없이 활용했고, 또 그렇게 해야만 했던 이유와 목표가 오로지 국가에 있었던 만큼 법과 자유를 경시하고 권력과 폭력을 남용하는 보나파르트주의자도 거부하지 않았다. 게다가 자기 위주의 목적이나 이념은 물론 당파나 계파 또는 공감이나 반감에도 개의치 않았던 그는 과감히 보수주의자들과의 결별을 시도하는 현실주의자가 되기도 했고, 또 자유주의적 시민세력과의 연합을 강행하는 실용주의자도 되어야 했다. 국가라는 커다란 배의 항해사로서 비스마르크는 자신만의 냉철함과 유용성이라는 조종 키로써 시시각각 폭풍의 시대를 철저하게 파헤쳐나간 대표적인 지도자임에 분명했다.

1990년 독일은 비록 비스마르크 제국의 창건 때와 달리 통일적인 민족운동은 없었어도, 1871년에 프로이센이 헤게모니 역할을 했던 것과 같이 서독의 힘의 우위를 바탕으로 재통일을 이룩했다. 왕조가 몰락하고 이념적 갈등이 극복된 지 오랜 시간이 지난 지금, '완전한 과거, 완전한 역사' 되찾기와 그 일환으로 병행된 비스마르크의 '제자리 찾기' 작업이 시작된 지도 20년이 다 지났다.

그러나 프로이센과 독일, 그리고 유럽을 대표하는 국가 지도자로서 여전히 추앙받고 있지만, 또한 비난과 저주의 대상이 되기도 하는 비스마르크에게서 보편적인 전체상을 찾기란 그리 간단치 않다. 비스마르크에 대해 "인간이자 초인이고, 시대가 낳은 인물이자 시대를 뛰어넘은 자이며, 작은 수단을 이용하여 원대한 목표를 이룬 이 땅의 사색가"라고 말한 정치가 나우만(Friedrich Naumann, 1860~1919)의 예찬론을 내세우기에도 총체적인 역사상은 여전히 절실하다. 특히 역사가 마륵스의 말대로 "통일과 충성 그 자체이고 헌신과 열정의 화신"으로서의 신화적인 존재감과 영웅적인 이미지가 21세기 독일 역사에서 빛바래진 지 이미 오래전이기 때문이기도 하다.

비스마르크! 그는 국민 자치나 조화로운 화해를 고려하여 독일제국을 창건하지는 않았다. 시민계급의 민족운동과 연대하기도 했지만, 그의 민족국가는 오히려 보수적이고 왕조적인 프로이센 국가의 상징으로 존재했다. 사후에 그는 여러 시대와 정치체제를 거치는 동안 국민적인 불화를 가져온 장본인이 되기도 했고, 심지어 역사적인 구조를 파괴시킨 근원에 그의 시대가 있다고 인식되기까지 했다.

그렇다. 오늘날 역시 비스마르크는 독일 국민들 누구나 칭송하는 민족 영웅은 아니다. 심지어 통일제국을 이룩한 그의 업적도 '무력 혁명'이라 불리는 통일방법과 문화투쟁, 또 사회주의자 탄압법 같은 일련의 무력통치와 독재체제 등을 부정적으로 평가하는 사람들 앞에서는 단번에 무너지는 그런 한 사람의 사악한 위인에 지나지 않는다.

그러나 비스마르크가 군국주의와 독재체제만을 감행한 지도자는 결코 아니다. 그의 정치가 그뿐이었다면 그에 대해 거론할 가치도 없었다. 비판만이 그의 모습 전체를 뒤덮고 있는 것 또한 아니기 때문이다.

1860년대 이후 비스마르크로 인해 프로이센은 이원주의를 거부하며 일방적인 독주체제를 고수하던 오스트리아 중심의 독일연방이라는 틀을 깨고 헤게모니를 장악할 수 있었고, 또 1870년대에 접어들어 산업화와 함께 독일 북부의 경계를 뛰어넘어 늦게나마 통일된 독일제국으로의 활로를 활짝 열 수 있었다. 비스마르크로 인해 프로이센과 독일, 두 국가는 권력주의와 제국주의가 팽배하던 유럽 무대에서 당대 최고의 국익과 위상을 누릴 수 있었고, 그런 결과는 명백히 그의 정치적 성과이자 독일의 영광이었다. 그런 의미에서 '비스마르크의 길'은 대독일주의 중심으로 영토를 팽창한 민족국가를 포기해버린 체념의 결과가 아닌, 다른 유럽 강대국들까지 받아들이고 어깨를 견줄 수 있는 최고의 척도로서도 이해될 부분이 엄연히 존재한다.

그뿐만이 아니다. 비스마르크는 유럽의 중재자 역할을 맡음으로써 1870~1890년대 영국, 프랑스, 러시아 간의 전쟁 위기를 가라앉히고 유럽의 평화를 지켜내는 데 기꺼이 밑거름이 되었다. 유럽의 평화체제를 유지하기 위해 강대국들 간의 세력 균형을 조율해낸 외교적 성과는 평화의 메신저로서 비스마르크만의 치적으로 인정받기에 충분했다.

따라서 철저한 군국주의적 국가주의자로 군림한 이면에, 통일제국 독일의 위상을 떨친 지도자로서, 그리고 그 이후 반세기 이상 유럽의 세력 균형과 평화 유지를 지속하는 데 진력을 다한 평화의 메신저로서 존재한 것 또한 그의 모습이다. 그 모두가 비스마르크의 공로이며, 그런 의미에서 분명 그는 '역사의 창조자(Geschichtsmacher)'였다.

비스마르크, 이제 그는 어떤 모습으로 남게 될까? 신화적인 민족 영웅이 될 수 있을까? 역사적으로 '비스마르크 예찬'은 종교에 버금갈 때도 많았다. 그러나 그 누구도 더 이상 왈가왈부할 인물이 아닌, 모든 독일적인 것의 보편적인 상징으로서 가장 첫 번째의 독일인으로서 굳이 남아야만 하는 것일까?

독일과 유럽의 정치가로서 비스마르크의 정치생명은 분명 19세기로 끝나버리지 않았다. 그의 시대가 전체 독일 역사의 한 부분으로 자리하듯, 그 역시 독일제국과 새 통일독일을 이어주는 연결고리로서 죽어서도 살아 있다. 베를린 대학의 국가학 교수 베른하르트(Ludwig Bernhard)가 "위대한 인물은 두 번 산다"고 말했듯이, 1890년대 독일의 정치무대에서 사라진 이후로 죽고 묻힌 지 100년이 훨씬 지나도록 비스마르크의 유산은 그대로 남아 있으며, 세월을 뛰어넘어 수백만 명의 기억 속에서 그의 역사는 되살아나고 있다. 그러나 분명 '비스마르크의 죽음'과 관련하여 여러 역사적 사건들이 재조명됨으로써 비로소 '비스마르크 떠나보내기'는 단행되어야 한다. 역사적인 현장 속의 비스마르크와 각 시대가 원해왔던 비스마르크 사이에서 단호하게 '탯줄'을 잘라야 할 시점에 이른 것이다.

역사가들의 '자리'가 새삼 무겁게 여겨진다. 현재 참혹한 천안함 침몰사태에 직면한 우리는 이명박(1941~) 대통령이 건군 이래 처음으로 전군 주요 지휘관 회의를 주재하고, 김정일(1942~) 북한 국방위원장과 중국 후진타오(1942~) 주석이 회동하는 시점에서 그 어느 때보다 한반도의 위치와 통일의 의미를 되짚어보게 된다. 두 번 다시는 갈라서지 않는 나라에서 진정한 하나의 민족으로서, 그리고 세계 속에 어깨를 나란히 하는 세계인으로서 독일인들과 그들의 역사 작업에도 더없이 시선이 머무르게 된다.

그동안 비스마르크의 '제자리 찾기'를 위한 독일인들의 역사 작업을 지켜보는 것이 내게는 힘든 시간이었다. 수없이 그를 떠올리면서 그가 살아온 무대를 따라 발길을 옮기기도 하고 그의 말에 귀를 기울이기도 했다. 굵직굵직한 사건들이 터질 때마다 사람들의 입에 오르내리는 그를 바라보지 않을 수 없었고, 시대가 바뀔 때마다 시시각각 다른 모습으로 서 있는 그를 지켜봐야만 했다. 그의 정책이 최선이었는지, 후회라는 것을 해보았는지, 이제는 정말 조용히 쉬고 싶지는 않은지 간간이 던지는 내 질문에 그때마다 마치 지나간 사건 하나하나를 기억해내는 듯 깊은 회한에 젖은 모습으로 그는 다가왔다.

그가 즐겨했던 말들로써 나는 그를 말하며 또 그의 시대로 향한다. 그가 덧붙이는 이야기와 함께……. "한국에서도 나를 이야기하고 있소? 그렇다면 그 시대 속에 담긴 그대로의 나도 함께 기억해주시오."

인간이란 세상의 현자들처럼 현명할 수도 있지만, 그럼에도 언제든 그 다음 순간에는 어린아이마냥 어둠 속을 걸어가는 그런 존재에 불과하다오.

정치가는 시대의 흐름을 창조하는 것이 아니라, 다만 그 흐름을 조종할 수 있을 뿐이오. 얼마간의 경험과 기술로써.

우리가 역사를 만들 수는 없소. 단지 그 역사가 이루어지는 것을 기다릴 뿐.

역사가 카니스의 주장처럼 독일 역사 전체에 대한 연구가 불가피해 졌듯, 비스마르크 역시 그 공과(功過)의 전체적인 모습에서 반드시 재조 명되어야 한다. 다만 비스마르크의 '제자리'가 절실해진 시점에서 무엇 을 어디에서 어떻게 왜 바라볼 것인지도 함께 생각했으면 한다.

21세기의 정치문화에 부합될 수는 없는 한계를 지닌, 그러나 철저하 게 19세기를 살다간 정치 지도자이자 또한 근대적 신화의 장본인인 '비 스마르크의 교훈'을 찾아내고 '비스마르크의 효과'를 끌어낼 날도 멀지 않았다. 이제 그가 우리들의 목소리에 귀를 기울이고 있다.

비스마르크 연대표

1815년	4월 1일	쇤하우젠에서 출생
	5월 15일	세례
1816년	초	폼메른으로 이사
1822~1827년		베를린 프라만 초등학교
1827~1830년		베를린 프리드리히–빌헬름 김나지움
1830~1832년		그라우엔 수도원 김나지움
1832~1833년		괴팅겐 대학 법학과
		하노베라 서클 가입
1833~1835년		베를린 대학 법학과
1835년 5월~1836년		베를린 사법시보 연수(중도 하차)
1836년 7월 1일		아헨 행정시보 연수(중도 하차)
		영국 상류층 여성 라우라와의 연애
1837년 여름		영국 상류층 여성 이사벨라 로렌–스미스와의 연애
1838년 3월 말~10월 22일		포츠담과 그라이프스발트 친위대에서 군복무(중도 하차)
1839년 1월 1일		어머니 빌헬르미네의 죽음
		폼메른의 크니프호프 상속

1841년	쇤하우젠 상속
	오틸리에 폰 푸트카머와의 악연
1842년 7~9일	스코틀랜드, 영국, 프랑스, 이탈리아, 스위스 여행
1844년	포츠담 근무(중도 하차)
	진정한 첫사랑 마리 폰 타덴과의 만남
10월 4일	마리와 블랑켄부르크의 결혼. 아내 요한나와의 첫 대면.
1845년 11월 22일	아버지 페르디난트의 죽음
	쇤하우젠으로 이사
1846년 7월 말~8월 초	마리, 요한나 등 경건주의 친구들과의 하르츠 여행
9월 5일	요한나 부모님께 구혼편지 발송
	제방감독관
11월 10일	마리의 죽음
1847년 1월	비스마르크와 요한나의 약혼
4월	첫 통합의회 보결의원
7월 28일	요한나와의 결혼
8월 11일~10월 6일	체코슬로바키아, 프라하, 이탈리아, 스위스 신혼여행
1848년 3월	반혁명 투사로 활동
8월 21일	딸 마리 출생
1849년 12월 28일	장남 헤르베르트 출생
2월 5일	프로이센 하원의원
1850년	에어푸르트 연합의회 의원
12월 3일	올뮈츠 협약과 의회 연설
1851년 5월 8일~1859년 1월 29일	프랑크푸르트 연방의회의 프로이센 측 공사관 참사관, 대사
1852년 8월 1일	차남 빌헬름 출생

1853~1856년	크림 전쟁
1857~1858년	보수주의자 게를라흐 형제와의 갈등
1858년	프로이센의 '새 시대'
	왕자 빌헬름 섭정체제
1859년 3월 24일	페테르부르크 대사
1861년 1월 18일	빌헬름 1세 즉위
1862~1866년	의회 내 헌법 위기 사태
1862년 4월	파리 대사
8월	휴양지 비아리츠 휴양지에서 카타리나 오를로프 부인과의 만남
9월 23일	프로이센 수상 및 외무부 장관
1863년	폴란드 봉기
	프랑크푸르트 군주회의 거부
1864년 2~8일	덴마크 전쟁에서 프로이센과 오스트리아 승리
1865년 8월	가슈타인 평화협정
	백작으로 신분 상승
1866년 4월 8일	프로이센-이탈리아 비밀협약
5월 7일	페르디난트 코엔-블린트의 비스마르크 암살 기도
6월 7일~7월 3일	오스트리아와의 형제 전쟁
7월 26일	니콜스부르크 협약
8월	독일 남부국가들과의 군사동맹
8월 23일	프라하 강화조약
	북독일연방 창립
9월 3일	군비예산 지출 승인으로 헌법 분쟁 일소
	국민자유당과 자유보수당 창당

1882년 5월 20일	3국동맹(독일, 오스트리아, 이탈리아)	
1883년	사회보장법(의료, 재해, 노후, 폐질 보험) 시행	
1884년 11월 15일~1885년 2월 26일	콩고 회의	
1885년	베를린 회담	
1887년 2월 12일	지중해 협정(독일, 영국, 이탈리아)	
3월 23일	오스트리아 가담	
5월 4일	스페인 가담	
6월 18일	비밀재보장조약(독일, 러시아)	
1888년	세 황제의 시대	
3월 9일	빌헬름 1세 서거	
6월 13일	프리드리히 3세 서거	
	빌헬름 2세 즉위	
1890년 3월 20일	비스마르크 해임	
6월	비밀재보장조약 파기	
1891년 4월 15일	보궐선거에서 당선	
1892년	회고록《상념과 회상》출간	
1894년 11월 27일	요한나의 죽음. 황제와의 형식적 화해	
1897년	빌헬름의 세계정치 시작	
1898년 7월 30일	비스마르크의 죽음	

참고문헌

전기

Augstein, Rudolf, *Otto von Bismarck*, Frankfurt 1990.

Born, Karl Erich(ed.), *Bismarck-Bibliographie*, Köln 1966.

Bussmann, Walter, *Otto von Bismarck*, Wiesbaden 1966.

Engelberg, Ernst, *Bismarck. Urpreuße und Reichsgründer*, Berlin 1986.

Eyck, Erich, *Bismarck*, 3 vols., Zürich 1941~1944.

Gall, Lothar, *Bismarck. Der weiße Revolutionär*, Berlin 1980.

Krockow, Christian von, *Bismarck*, Stuttgart 1997.

Lehmann, Max, *Bismarck. Eine Charakeristik*, Berlin 1948.

Lenz, Max, *Geschichte Bismarcks*, Leipzig 1990.

Ludwig, Emil, *Bismarck—Geschichte eines Kämpfers*, Berlin 1926.

Marcks, Erich, *Bismarck.* vol. 1: *Bismarcks Jugend 1815~1848*, Stuttgart 1909.

_____, vol. 2: *Bismarck und die deutsche Revolution, 1848~1851*, Stuttgart 1951.

Meyer, Arnold Oskar, *Bismarck. Der Mensch und der Staatsmann*, Leipzig 1944.

Mommsen, Wilhelm, *Bismarck. Ein poltisches Lebensbild*, München 1959.

Pflanze, Otto, *Bismarck*, 2 vols., München 1997/1998.

Richter, Werner, *Bismarck*, Frankfurt 1962.

Rothfels, Hans, *Bismarck*, Stuttgart 1970.

Taylor, Alan J. P., *Bismarck*, München 1981.

Verchau, Ekkhard, *Otto von Bismarck*, München/Zürich 1981.

일반사

Botzenhart, Manfred, *Reform, Restauration, Krise. Deutschland 1789~1847*, Frankfurt 1985.

Burg, Peter, *Der Wiener Kongreß. Der Deutsche Bund im europäischen Staatensystem*, München 1984.

Craig, Gordon A., *Das Ende Preußens*, München 1985.

_____, *Geschichte Europas 1815~1980. Vom Wiener Kongreß bis zur Gegenwart*, München 1983.

_____, *Deutsche Geschichte 1866~1945*, München 1980.

Freund, Michael, *Deutsche Geschichte*, München 1985.

Görtemaker, Manfred, *Deutschland im 19. Jahrhundert*, Opladen 1989.

Gruner Wolf D., *Die deutsche Frage. Ein Problem der europäischen Geschichte seit 1800*, München 1985.

Hardtwig, Wolfgang(ed.), *Revolution in Deutschland und Europa 1848/49*, Göttingen 1998.

Hertz-Eichenrode, Dieter, *Deutsche Geschichte 1871~1890*, Stuttgart 1992.

Herzfeld, Hans, *Die moderne Welt 1789~1945*, Teil 1: *Die Epoche der bürgerlichen Nationalstaaten*, Braunschweig 1957.

Hein, Dieter, *Die Revolution von 1848/49*, München 1999.

Mann, Golo, *Deutsche Geschichte des 19. und 20. Jahrhundert*, Tübingen 1992.

Mommsen, Wofgang J., *1848. Die ungewollte Revolution. Die revolutionären Bewegungen in Europa 1830~1849*, Frankfurt 2000.

Nipperdey, Thomas, *Deutsche Geschichte 1800~1886*, München 1983.

Schieder, Theodor, *Staatensystem als Vormacht der Welt 1848~1918*, Berlin 1977.

Schnabel, Franz, *Deutsche Geschichte im neunzehnten Jahrhundert*, 4 vols., München 1987.

Schulze, Hagen, *Kleine deutsche Geschichte*, München 2000.

Siemann, Wolfram, *Vom Staatenbund zum Nationalstaat. Deutschland 1806~1871*, München 1995.

_____, *Gesellschaft im Aufbruch. Deutschland 1849~1871*, Frankfurt 1989.

Stuke, Horst/Forstmann, Wilfried(ed.), *Die europäischen Revolutionen von 1848*, Königstein 1979.

Volkert, Wilhelm, *Geschichte Bayerns*, München 2001.

Wirsching, Andreas, *Deutsche Geschichte im 20. Jahrhundert*, München 2001.

김진웅 외 공저, 《서양사의 이해》, 학지사, 1994.

이민호, 《근대독일사회와 소시민층》, 일조각, 1992.

_____, 《근대독일사연구》, 서울대학교출판부, 1991.

_____, 〈독일, 독일민족〉, 《독일사》, 느티나무, 1990.

_____, 《독일사의 제 국면》, 느티나무, 1990.

크랜 브린튼 외 저, 양병우 외 역, 《세계문화사》 3, 을유문화사, 1980.

시대사

Böhme, Helmut(ed.), *Probleme der Reichsgründungszeit 1848～1879*, Köln 1968.

_____, *Deutschlands Weg zur Großmacht*, Köln 1966.

Bussmann, Walter, *Das Zeitalter Bismarcks*, Konstanz 1965.

Engelberg, Ernst, *Bismarck. Das Reich in der Mitte Europas*, München 1993.

_____, *Über mittelalterliches Städtebürgertum. Die Stendaler Bismarcks im 14. Jahrhundert*, Berlin 1979.

_____, *Deutschland von 1871 bis 1897*, Berlin 1965.

Engelberg, Waltraut, *Das private Leben der Bismarcks*, Berlin 1999.

_____, *Otto und Johanna von Bismarck*, Berlin 1990.

Eyck, Erich, *Bismarck und das Deutsche Reich*, München 1983.

Fenske, Hans, *Im Bismarckschen Reich 1871～1890*, Darmstadt 1977/1978.

Fischer, Fritz, *Griff nach der Weltmacht. Die Kriegszielpolitik des kaiserlichen Deutschlands 1914/18*, Düsseldorf 1964.

Gall, Lothar, *Europa auf dem Weg in die Moderne 1850～1890*, München 1997.

Geiss, Imanuel, *Das Deutsche Reich und die Vorgeschichte des Ersten Weltkrieges*, München/Wien 1985.

Hardwig, Wolfgang/Brandt Harm-Hinrich(ed.), *Deutschlands Weg in die Moderne*, München 1993.

Hartung, Fritz, *Deutsche Geschichte 1871～1919*, Stuttgart 1952.

Hesekiel, George, *Das Buch vom Grafen Bismarck*, Bielefeld/Leipzig 1869.

Hillgruber, Andreas, *Die gescheiterte Großmacht. Eine Skizze des Deutschen Reiches*

1871~1945, Düsseldorf 1980.

_____, *Otto von Bismarck. Gründer der europäischen Großmacht Deutsches Reich*, Göttingen 1978.

Hüffer, Hermann, *Anastasius Ludwig Mencken—Der Großvater des Fürsten Bismarck und die Kabinettsregierung in Preußen*, Bonn 1890.

Kang, Mihyun, *Der deutsche "Imperilaismus" im allgemeinen Rahmen der Politik Bismarcks*, (Magisterarbeit) Göttingen 1992.

_____, *Das Bismarckbild nach der Wiedervereinigung Deutschlands und die Deutschen*, Friedrichsruh 2003.

König, Hartmut, *Bismarck als Kanzler*, Köln/Wien 1978.

Kunisch, Johannes(ed.), *Bismarck und seine Zeit*, Berlin 1992.

Lutz, Heinrich, *Zwischen Habsburg und Preußens*, Berlin 1985.

Marcks, Erich, *Der Aufstieg des Reiches. Deutsche Geschichte von 1807~1878*, 2 vols., Stuttgart 1936/1943.

Meyer, Arnold Oskar, *Bismarcks Glaube*, München 1933.

_____, *Bismarcks Kampf mit Österreich am Bundestag zu Frankfurt (1851~1859)*, Berlin/Leipzig 1927.

Mommsen, Wolfgang J., *Das Ringen um den nationalen Staat*, Berlin 1992.

_____, *Der autoritäte Nationalstaat*, Frankfurt 1990.

Ritter, Ggerhard A.(ed.), *Das Deutsche Kaiserreich 1871~1914. Ein historisches Lesebuch*, Göttingen 1992.

Schmidt, Georg, *Schönhausen und die Familie von Bismarck*, Berlin 1897.

Schwarzmüller, Theo, *Otto von Bismarck*, München 1998.

Stern, Fritz, *Gold und Eisen. Bismarck und sein Bankier Bleichröder*, Frankfurt 1978.

Studt, Christoph, *Lothar Bucher (1817~1892)*, Göttingen 1992.

Stürmer, Michael, *Die Reichsgründung*, München 1988.

_____, *Bismarck. Die Grenzen der Politik*, München 1987.

_____, *Das ruhelose Reich*, Berlin 1983.

Treue, Wilhelm(ed.), *Drei deutsche Kaiser*, Würzburg 1987.

Ullmann, Hans-Peter, *Politik im deutschen kaiserreich 1871~1918*, München 1999.

_____(ed.), *Das deutsche Kaiserreich (1871~1918)*, Frankfurt 1995.

Ullrich, Volker, *Der nervöse Großmacht*, Frankfurt 1996.

Wehler, Hans-Ulrich, *Das Deutsche Kaiserreich 1871~1918*, Göttingen 1988.

Zimmer, Frank, *Bismarcks Kampf gegen Kaiser Franz Joseph. Königgrätz und seine Folgen*, Graz 1996.

강미현, 〈Bismarck 식민정책의 연구〉, 성신여자대학교 문학박사 학위 논문, 1997.

빌헬름 몸젠 저, 최경은 역, 《비스마르크》, 한길사, 1997.

정상수, 〈비스마르크. 프리드리히와 히틀러 기억과의 전투〉, 박지향 외, 《영웅 만들기, 신화와 역사의 갈림길》, 휴머니스트, 2005, pp. 310~373.

사회경제사와 민족운동사

Berger, Stefan, Britischer und deutscher Nationalismus im Vergleich Probleme und Perspektiven, in: Hirschhausen, Ulrike/Leonhard, Jörn(ed), *Nationalismen in Europa. West- und Osteuropa im Vergleich*, Göttingen 2001, pp 96~116.

Borchardt, Knut, *Die industrielle Revolution in Deutschland*, München 1972.

Dann, Otto, *Nation und Nationalismus in Deutschland 1770~1990*, München 1996.

_____(ed.), *Die deutsche Nation. Geschichte. Probleme. Perspektiven*, Greifswald 1994.

Frölich Jürgen, *Geschichte und Entwicklung des Liberalismus in Deutschland*, Köln 1989.

Hirschhausen, Ulrike/Leonhard, Jörn(ed), *Nationalismen in Europa. West- und Osteuropa im Vergleich*, Göttingen 2001.

Jäckel, Eberhard, *Das deutsche Jahrhundert. Ein historisches Bilanz*, Frankfurt 1999.

Krockow, Christian von, *Von deutschen Mythen*, München 1997.

_____, *Die Deutschen vor ihrer Zukunft*, Hamburg 1995.

Langewiesche, Dieter, Staatsbildung und Nationsbildung in Deutschland—ein Sonderweg? Die deutsche Nation im europäischen Vergleich, in: Hirschhausen, Ulrike/Leonhard, Jörn(ed.), *Nationalismen in Europa. West- und Osteuropa im Vergleich*, Göttingen 2001, pp. 49~67.

_____, *Liberalismus in Deutschland*, Frankfurt 1988.

_____/Gall Lothar(ed.), *Liberalismus und Region*, München 1995.

Rosenberg, Hans, *Große Depression und Bismarckzeit*, Berlin 1976.

Schulze, Hagen, *Der Weg zum Nationalstaat*, München 1985.

Stolper, Gustav, *Deutsche Wirtschaft seit 1870*, Tübingen 1966.

Suter, Andreas, Der Nationalstaat und die "Tradition von Erfindung"—Die Schweiz, Frankreich und Deutschland im Vergleich, in: Hirschhausen, Ulrike/Leonhard, Jörn(ed.), *Nationalismen in Europa. West- und Osteuropa im Vergleich*, Göttingen 2001, pp. 68~95.

Wehler, Hans-Ulrich(ed.), Bismarcks Imperialismus, in: *Krisenherde des Kaiserreichs 1871~1918*, Göttingen 1979, pp. 309~336.

_____, *Bismarck und der Imperialismus*, Köln 1969.

Tilly, Richard H., *Vom Zollverein zum Industriestaat. Die wirtschaftlich-soziale Entwicklung Deutschlands 1834~1914*, München 1990.

마이클 휴즈 저, 강철구 역, 《독일 민족주의 1800~1945》, 명경, 1995.

내정

Becker, Otto, *Bismarcks Ringen um Deutschlands Gestaltung*, Heidelberg 1958.

_____, Der Sinn der dualistischen Verständigungsversuche Bismarcks vor dem Kriege 1866, in: *Historische Zeitschrift* 169 (1949), pp. 264~289.

Binder, Hans-Otto, *Reich und Einzelstaaten während der Kanzlerschaft Bismarcks 1871~1890. Eine Untersuchung zum Problem der bundessataatlichen Organisation*, Tübingen 1971.

Blackbourn, David, *Wenn ihr sie wieder seht, fragt, wer sie sei*, Reinbek 1997.

Fenske, Hans, *Deutsche Parteiengeschichte*, Paderborn 1994.

Friedjung, Heinrich, *Der Kampf um die Vorherrschaft in Deutschland 1859 bis 1866*, vol. 1/4, Stuttgart 1897/1942.

Gall, Lothar(ed.), *Otto von Bismarck und die Parteien*, Paderborn 2001.

Gruner, Wolf D., Bismarck, die Süddeutschen Staaten, das Ende des Deutschen Bundes und die Gründung des preußisch-kleindeutschen Reiches 1862~1871, in: Dülffer, Jost/Hübner Hans(ed.), *Otto von Bismarck. Person-Poltik-Mythos*, Berlin 1993, pp. 45~81.

Huber, Ernst Rudolf, *Bismarck und das Reich*, Stuttgart 1988.

Kolb, Eberhard, *Der Weg aus dem Krieg*, München 1989.

_____, *Der Kriegsausbruch 1870*, Göttingen 1970.

Lill, Rudolf, *Die Wende im Kulturkampf. Leo XIII., Bismarck und die Zentrumspartei 1878~1880*, Tübingen 1973.

Loth, Wilfried, *Das Kaiserreich. Obrigkeitsstaat und politische Mobilisierung*, München 1996.

Machtan, Lothar(ed.), *Bismarcks Sozialstaat*, Frankfurt 1994.

Martin, Alfred von, Bismarck und wir. Zur Zerstörung einer politischen Legende, in: *Der Monate* 2 (1950), pp. 215~218.

Morsey, Rudolf, Bismarck und das Zentrum, in: Gall, Lothar(ed.), *Otto von Bismarck und die Parteien*, Paderborn 2001, pp. 43~72.

Pflanze, Otto(ed.), *Innenpolitische Probleme des Bismarck-Reiches*, München 1983.

Ritter, Gerhard A., *Die Deutschen Parteien 1830~1914*, Göttingen 1985.

Srbik, Heinrich Ritter, *Deutsche Einheit. Idee und Wirklichkeit vom Heiligen Reich bis Königgrätz*, vol. 2/4, München 1935/1942.

Stürmer, Michael, Bismarckstaat und Cäsarismus, in: *Der Staat* 12 (1973), pp. 467~498.

_____(ed), *Das kaiserliche Deutschland: Politik und Gesellschaft 1870~1918*, Düsseldorf 1970.

_____, Staatsstreichgedanken im Bismarckreich, in: *Historische Zeitschrift* 209 (1969), pp. 566~617.

문기상, 〈비스마르크 사회정책연구—1880년대 노동자 사회보험을 중심으로〉, 서울대학교 문학박사 학위 논문, 1987.

외정

Canis, Konrad, *Von Bismarck zur Weltpolitik*, Berlin 1997.

Dehio, Ludwig, *Gleichgewicht oder Hegemonie*, Zürich 1996.

Elzer, Herbert, *Bismarcks Bündnispolitik von 1887*, Frankfurt 1991.

Fellner, Fritz, *Der Dreibund. Europäische Diplomatie vor dem 1. Weltkrieg*, Wien 1960.

Hagen Maximilian von, *Bismarck und England*, Stuttgart 1941.

Hampe, Karl-Alexander, *Das Jahrhundert, auswärtige Amt in der Ära Bismarck*, Bonn 1995.

Hildebrand, Klaus, *Das deutsche Reich im Urteil der Großen Mächte und europäischen Nachbarn (1871~1945)*, München 1995.

_____, *Deutsche Außenpolitik 1871~1918*, München 1994.

Hillgruber, Andreas, *Bismarcks Außenpolitik*, Freiburg 1972.

Lepsius, Johannes, *Bismarck als Pazifist. Auf Grund der neuen Bismarck-Akten*, Leipzig/München 1922.

Lahme, Rainer, *Deutsche Außenpolitik 1890~1894*, Berlin 1990.

Lutz, Heinrich, Von Königgrätz zum Zweibund, in: *Historische Zeitschrift* 217 (1973), pp. 347~380.

Mommsen, Wolfgang J., *Großmachtstellung und Weltpolitik*, Berlin 1993.

Townsend, Mary E., *Macht und Ende des Deutschen Kolonialreichs*, Leipzig 1932.

Windelband, Wolfgang, *Bismarck und die europäischen Großmächte, 1879~1885*, Essen 1942.

역사학과 역사 인식

Abusch, Alexander, *Der Irrweg einer Nation*, Berlin 1946.

Bartel, Horst(ed.), *Deutsche Geschichte in zwölf Bänden*, vol. 4: *Die bürgerliche Umwälzung von 1789~1871*, Berlin Köln 1984.

Bracher, Karl Dietrich, *Die deutsche Diktatur*, Köln 1969.

Broszat, Martin, *Der schwierige Umgang mit unserer Geschichte*, München 1986.

Canis, Konrad, *Bismarck und Waldsee. Die außenpolitischen Krisenerscheinungen und das Verhalten des Generalstabes 1882~1890*, Berlin 1980.

Conze, Werner, Die deutsche Geschichtswissenschaft seit 1945. Bedingungen und Ergebnisse, in: *Historiche Zeitschrift*, 225 (1977), pp. 1~28.

Engelberg, Ernst(ed.), Die politische Strategie und Taktik Bismarcks von 1851 bis 1866, in: *Die großpreußisch-militaristische Reichsgründung 1871, Voraussetzungen und Folgen*, vol. 1, Berlin 1971.

Helmert, Heinz, Zu den Ursachen der militärischen Siege Preußens in den Kriegen von 1864, 1866 und 1870/71, in Seeber, Gustav/Noack, Karl-Heinz(ed.), *Preußens in der deutschen Geschichte nach 1789*, Berlin 1983.

Mittenzwei, Ingrid, Die zwei Gesichter Preußens, in: *Deutschland Archiv* 16 (1983).

_____, Die zwei Gesichters Preußens, in: *Forum* 32 (1978) Heft 19, pp. 8~9.

Norden, Albert, Die Nation und wir. Eine historische Betrachtung zum 15. Jahrestag der DDR, in: *Zeitschrift für Geschichtswissenschaft* 12 (1964), pp. 1113~1124.

Schmidt, Walter, Die Entwicklung des Erbe- und Traditionsverständnisses in der Geschichtsschreibung der DDR, in: *Zeitschrift für Geschichtswissenschaft* 33 (1985), pp. 195~212.

Seeber, Gustav(ed.), Einleitung: Bonapartismus und Bourgeoisie. Ausgangspositionen und Probleme, in: *Bismarcks Sturz, Zur Rolle der Klassen in der Endphase des preußisch-deutschen Bonapartismus 1884~85 bis 1890*, Berlin 1977.

Streisand, Joachim, *Deutsche Geschichte von Anfängen bis zur Gegenwart. Eine marxistische Einführung*, Köln 1976.

Vogler, Günter/Vetter, Klaus, *Preußen. Von den Anfängen bis zur Reichsgründung*, Berlin/Köln 1980.

Wangenheim, Inge von, *Genosse Jemand und die Klassik*, Halle/Leipzig 1981.

Wolter, Heinz, *Bismarcks Außenpolitik 1871~1881. Außenpolitische Grundlinien von der Reichsgründung bis zum Dreikaiserbündnis*, Berlin 1983.

해임과 역사적 평가

Dülffer, Jost/Hübner Hans(ed.), *Otto von Bismarck. Person-Poltik-Mythos*, Berlin 1993.

Gall, Lothar, *Das Bismarck-Problem in der Geschichtsschreibung nach 1945*, Köln 1971.

Glotz, Peter, *Der Irrweg des nationalstaats*, Stuutgart 1990.

Haffner, Sebastian, *Zwischen den Kriegen*, München 1999.

_____, *Von Bismarck bis Hitler*, München 1987.

Hallmann, Hans(ed.), *Revision des Bismarckbildes*, Darmstadt 1972.

Hank, Maanfrred, *Kanzler ohne Amt. Fürst Bismarck nach seiner Entlassung 1890~1898*, München 1977.

Heuss, Thheodor, Das Bismarck-Bild im Wandel. Ein Versuch, in: *Bismarck, Otto von. Gedanken und Erinnerungen: Reden und Briefe*, Berlin 1951, pp. 7~27.

Hüttner, Martin, *Bismarcks Sturz an den Iden des März 1890 in historischer Literatur*, Frankfurt 1997.

Machtan, Lothar(ed.), *Bismarck und der deutsche National-Mythos*, Bremen 1994.

Mommsen, Wilhelm, *Biamarcks Sturz und die Parteien*, Stuttgart 1924.

Pflanze, Otto, *Bismarcks Herrschaftstechnik als Problem der gegenwärtigen Historiographie*, München 1982.

Röhl, John C. G., *Deutschland ohne Bismarck. Die Regierungskrise im 2. Kaiserreich 1890~1900*, Tübingen 1969.

Saitschick, Robert, *Bismarck und das Schicksal des deutschen Volkes*, Basel 1949.

Schnabel, Franz, Das Problem Bismarck, in: *Hochland* 421 (1949), pp. 1~27.

Schüssler, Wilhelm, *Bismarcks Sturz*, Leipzig 1922.

Seeber, Gustav, *Bismarcks Sturz. Zur Rolle der Klassen in der Endphase des preußisch-deutschen Bonapartismus 1884~1890*, Berlin 1977.

Wilms, Johannes, *Bismarck. Dämon der Deutschen*, München 1997.

Zmarzlik, Hans-Günther, *Das Bismarck-Bild der Deutschen-gestern und heute*, Freiburg 1967.